刘丹青语言学文选

从语言类型学到语言库藏类型学

刘丹青 著

From Linguistic Typology
to Linguistic Inventory Typology

商务印书馆
创于1897　The Commercial Press

图书在版编目(CIP)数据

从语言类型学到语言库藏类型学/刘丹青著.—北京：商务印书馆,2020
(刘丹青语言学文选)
ISBN 978-7-100-19167-8

Ⅰ.①从… Ⅱ.①刘… Ⅲ.①类型学(语言学)—文集 Ⅳ.①H003-53

中国版本图书馆 CIP 数据核字(2020)第 192033 号

权利保留,侵权必究。

刘丹青语言学文选
从语言类型学到语言库藏类型学
刘丹青 著

商 务 印 书 馆 出 版
(北京王府井大街36号 邮政编码100710)
商 务 印 书 馆 发 行
北 京 通 州 皇 家 印 刷 厂 印 刷
ISBN 978-7-100-19167-8

2020年8月第1版　　开本710×1000 1/16
2020年8月北京第1次印刷　印张40
定价:188.00元

总　序

　　感谢商务印书馆慷慨提供这么一个出版计划，让我有机会回顾梳理一下从大学本科以来写作并发表的论文形式的语言研究成果。

　　我第一篇非正式发表的论文是《试论吴语语法的研究及其意义》。这是本科毕业论文的改写版，刊登在江苏省社科联印行的省语言学会1981年年会论文选里。当时，方言语法还是一个少有人碰触的领域，所以还需要用实例来申说方言语法研究的意义。这篇没有书号刊号的文章，预示了我这几十年语言研究中的两个最核心的要素：方言与语法；两者之合，正是我后来拓展研究领域的内在动能。我最早正式发表的两篇论文，正好也是一篇方言，一篇语法。前者为张拱贵教授和我合作的《吴江方言声调的初步调查》；后者为《对称格式的语法功能及表达作用》，此文也是后来关注韵律对句法影响的起点。这三篇文章都是在本科阶段写就，在硕士研究生入学初期发表的。

　　以浓郁的语法学兴趣来关注方言，自然会发现，汉语方言不像之前很多学者认为的，差别只在语音，或至多加上词汇，语法则可以一招鲜吃遍天，一书覆盖南北话。事实上方言间的语法差异相当常见，有的还很显著。以跨方言的眼光看语法，则会发现孤立地研究普通话，随处会遇到认识的盲区甚至雷区，讲得头头是道的语法学道理，一放到方言语法中就可能理屈词穷。要想避免普通话偏见、方言偏见、印欧语偏见等种种偏见，以跨语言研究为己任的类型学研究，便成为我语言学探索之路上自然的优选项，这也是通向真正了解汉语特点和人类语言共性的康庄大道。跨语言的类型学视角，不但适用于语法，也适用于其他种种课题：研究亲属称谓、社交称呼语、颜色词这类特殊的小词库；研究语法与语义的互动,如类指成分在不同语言方言中迥异的表达方法;研究语法与语音的互动,如汉语中形态和词类对词长的敏感性就超过很多其他语言;研究形式和意义不同的对应方式,这正是库藏类型学的缘起。这次按照商务印书馆提议,把近40年来所发论文的大部分,分为五个专题出版,分别涉及汉语共同语句法语义研究、语序类型和话题结构、从语言类型学到库藏类型学、方言的语法语音研究、语言研究的文化和应用视角。这样出版,便于读者根据专业需求和兴趣选书。从各书所收论文目录可见,这五卷文集,其实有一个共同的主调:跨语言眼光与具体语言方言个案的结合。

我从本科二年级开始将兴趣聚焦于语言学,一路走来,得到了无数老师和同行的切实帮助,尤其是语音方言的启蒙老师翁寿元教授,语法学的启蒙老师王锡良教授,古汉语的启蒙老师王迈教授(均为苏州大学教授),硕士生导师张拱贵教授(南京师大)和博士生导师徐烈炯教授(香港城市大学)。希望他们为指导我所付出的心血,能在这五卷文集中得到些许慰藉。文集中也收录了多篇我跟我的老师、同行学者或我的学生合作的论文,他们慷慨允诺文集收录这些文章(有些已故合作者由家人表态支持)。谨向他们深切致谢!

我指导过和在读在研的博士生、博士后对本套书的策划编排提供了非常有益的意见、建议,而且他们全都参加了文章的校对工作。恕不一一列名,在此一并致谢。我的博士生、商务印书馆戴燃编辑为这套书的策划、组稿、编辑付出最多。我要衷心感谢商务印书馆特别是周洪波总编辑对本套书的大力支持,也要对戴燃博士表示特别的感谢。

目　录

语言类型学与汉语研究 ································· 1

漫谈汉语语法的类型特点 ····························· 13

语法研究的对象语言与参照语言
　　——为《马氏文通》出版一百周年而作 ············ 38

语法术语的象似性及其利弊 ··························· 51

民族语人称代词的语音象似性 ························· 69

汉藏语系重叠形式的分析模式 ························· 95

方所题元的若干类型学参项 ··························· 109

汉语给予类双及物结构的类型学考察 ··················· 130

差比句的调查框架与研究思路 ························· 150

汉语关系从句标记类型初探 ··························· 169

汉语名词性短语的句法类型特征 ······················· 191

谓词重叠疑问句的语言共性及其解释 ··················· 223

从所谓"补语"谈古代汉语语法学体系的参照系 ·········· 243

语法化中的更新、强化与叠加 ························· 263

赋元实词与语法化 ··································· 286

语法化中的共性与个性，单向性与双向性
　　——以北部吴语的同义多功能虚词"搭"和"帮"为例 ···· 311

重新分析的无标化解释 ······························· 327

汉语是一种动词型语言
　　——试说动词型语言和名词型语言的类型差异·············349
语言库藏类型学构想·············373
汉语的若干显赫范畴：语言库藏类型学视角·············397
显赫范畴的典型范例：普米语的趋向范畴·············419
论语言库藏的物尽其用原则·············440
古今汉语的句法类型演变：跨方言的库藏类型学视角·············466
汉语及亲邻语言连动式的句法地位和显赫度·············497
汉语指代词的若干库藏类型学特征·············528
语言库藏的裂变：吴语"许"的音义语法分化·············554
汉语动补式和连动式的库藏裂变·············583
语言库藏类型学与认知语言学·············610

语言类型学与汉语研究[*]

语言类型学是当代语言学的一门"显学",但目前还不能说已是汉语语言学中的"显学"。这部文集可能是汉语语言学第一部以类型学为专题的论文集,催生这部文集的第一届肯特岗圆桌会议也是第一次以类型学为主题的汉语语言学国际研讨会。这本身说明了类型学研究在汉语学界尚处开发阶段,同时也说明此次会议和这部文集在学术史上的重要意义,新加坡国立大学中文系及有关同人办会和编集的功绩也将被学界铭记。

语言类型学有广狭松严不同的种种含义,但都离不开一个"跨"字,即它必须有一种跨语言(及跨方言、跨时代)的研究视角,才能称其为类型学研究。而严格意义上的类型学,是具有自己研究范式的"语言共性与语言类型研究"。

从当代语言学的学术构成看,语言类型学既是语言学的一种分支,也是语言学的一种学派。说它是分支,因为它和其他研究领域构成了某种分工:承担了跨语言比较和在比较中总结人类语言共性的任务,从而与注重语言结构内部深入研究的工作形成学科上的互补合作。

说它是学派,是因为语言类型学有自己的语言学理念、特有的研究对象和研究方法,从而区别于其他主要的语言学流派,如形式语言学和功能语言学。其根本的理念,就是不相信仅靠单一语言的深入发掘,就能洞悉人类语言的共性、本质或者说"普遍语法",因此致力于通过跨语言的观察比较来获得对人类语言共性的认识。语言类型学家相信,对

---

[*] 本文系新加坡国立大学中文系主办的第一届肯特岗国际汉语语言学圆桌会议(2001年8月)论文集《汉语研究的类型学视角》一书的"代前言"。该文集由北京语言大学出版社出版。

人类语言机制和规则的任何总结概括都必须得到跨语言的验证，而对任何具体语言的"特点"之研究也必须建立在跨语言比较而得到的语言共性和类型分类的基础上（而不仅是基于一两种语言间的比较）。类型学特有的研究对象，就是人类语言间的共同点和差异点，差异的不可逾越之极限也就是语言共性之所在。其特有的研究方法，包括语种库（language sample）的建立及语种均衡性的追求、参项的选择、相关语言要素或语言特征间的四分表分析及其空格的发现、绝对共性和蕴涵性共性的建立、对跨语言的优势现象（prominence 或 priority）和标记性（markedness）的总结、将蕴涵性共性串成系列的等级序列的建立、基于大规模语种库统计的和谐性（harmony）的总结、对共性或倾向的解释，等等（参阅刘丹青 2003）。

关于学派，有学者将语言类型学归为功能语言学的一部分，而不是一个独立的学派，文献中也能看到"功能-类型倾向/方法"（functional-typological approach）这一类表述。这的确反映了部分的现实：类型学家中的多数学者在语言哲学上倾向于功能主义而不是形式主义，而功能派学者中也有不少人乐于做类型学研究。但这只表明类型学和功能语法的交叉，并不体现两者的等同。类型学的"区别性特征"是它在理念上对跨语言研究必要性、重要性的坚持和上面所述的研究对象和方法的特色，而不是功能主义的那些基本信念。不少功能派学者主要从事单一语言的内部研究并在此基础上构建自己的理论，并不重视跨语言研究，如一些话语分析的学者和认知语法的学者。虽然部分（哪怕是大部分）类型学者像功能学派学者一样相信，语言共性的存在，不是因为天生得来的普遍语法，而是为了满足人类语言交际或认知等功能的需要（参看科姆里 1981/1989：28），但也有一些类型学家，包括最专业的类型学家，却很乐意采纳形式语言学的观点。例如，Hawkins 在用处理机制（processing）解释语序共性的同时，就很强调句法的独立性，他不但乐意采纳 X 杠杆的理论来分析句法结构（Hawkins 1983：184），而且强调语序共性或倾向是为了便于处理纯句法结构而不是处理语义关系或语用功能（Hawkins 1994：425），这明显有悖于功能学派的基本信念，并且在成果的表达上也尽量地追求严格的形式化。此外，也有不少形式派学者，包括像来自生成语法大本营麻省理工学院的 Ken Hale 这样的学者，非常热心于类型学的研究，愿意让生成语法的理论解释去接受更多人类语言的验证。将语言分为结构定型语言（configurational languages）与非结构定型语言（non-configurational languages），被视为类型学中的一项重要分类，而这项类型划分正是由 Hale 等生成学派类型学家所做出的，而关于话题结构化语言、焦点结构化语言等的类型划分，也是由此派生出来的（参看本书[①]徐烈炯文）。这些学者构成了类型学中的一个分支——"原则与参项"类型学派（Fukui 1995），他们虽然从形式学派出发，但在相信跨语言验证的必要性和致力于从事跨语言比较方面跟其他类型学家是一致的，体现了类型学和形式学派的交叉。形式学派的最新分支之一优选理论更是大量吸收了类型学的观念和成果，如它对某个特征有无标记的判断就主要基于跨语言的分布情况。因此，将语言类型学简单地归入功能学派的分支，难以反映当代语言学学术分野的大势。

　　类型学作为一个学派，还在于它有自己的一套成熟并不断发展的科学研究范式，并据此获得了相应的重要成果。功能学者或形式学者从事的跨语言类型研究往往带有举例说明的性质，而不太讲究类型学特有的那套工作程序。"职业"类型学家的成果特别是经典性成果，则遵循 Greenberg（1963/1966）所奠定的方法并在此基础上不断发展。这些著述首先追求语种库的覆盖面和均衡代表性，一方面是逐步扩大语种库的数量，从 Greenberg（1963/1966）的 30 种语言，到 Keenan & Comrie（1977）的 50 多种语言，到 Hawkins（1983）的 200 多种语言；再到 Dryer（1992，1999）的 600 多种语言和 900 多种语言，另一方面是通过改进统计程序来减少谱系、地域方面的不平衡（如 Dryer 1992）。此外，这些成果在大型均衡语种库的基础上，或者寻求无例外的蕴涵性共性，如 Greenberg（1963/1966）和 Hawkins（1983）关于语序的共性，或者寻求严格的等级序列，如 Keenan & Comrie（1977）关于制约名词短语关系

[①] 本书指论文集《汉语研究的类型学视角》。

化的可及性等级序列（accessibility hierarchy），或者追求大规模的统计结果，如 Dryer（1992）通过 625 种语言的调查来确立各种句法结构与动宾结构是否和谐，或者追求全面覆盖的分类系统，如 Grinevald（2000）关于类别词（classifier，包括汉语所谓"量词"）的分类系统。在这种范式下所获得的研究成果，能够在语言普遍性方面获得最大的说服力。而功能主义学者或形式主义学者所从事的类型学研究，尽管在理论追求和洞察力方面也许有其不俗的表现，但其类型学的充分性（typological adequacy）①却无法与狭义的类型学成果相比，多多少少带有"客串"的性质。凭着自身特有的范式，语言类型学业已成为当代语言学中的一个重要学派，是一个与形式学派和功能学派都有交叉、都能沟通的学派。

单从语言学理念来看，类型学应当比形式学派甚至功能学派更具有与汉语语言学的亲和力。形式学派从语法能力的先天性假说出发，通过假设、演绎和母语者的语感测试来寻求与生俱来的普遍语法。功能学派则抱有与之对立的基本信念，认为语言之所以如此是因为要满足交际或认知功能的需要，于是以此为出发点，致力于从语言的使用或理解规则中去解释语言的结构及其演变。两者不同程度地带有从假设出发、"主题先行"的特点。语言类型学则更多保留了语言学作为一门经验性学科的特性：注重材料，讲究实证，主张旁征博引，提倡归纳推理，力求以事实说话，在调查之前不假设任何东西。这本是最容易为中国的语言学家认可的研究方法。然而事实上，在形式、功能、类型三大当代"显学"中，偏偏是类型学在中国国内最少为人了解。怪也不怪，这与中国学术界的另一些"国情"有深刻的关系。

中国的传统学术包括语言文字之学，素有尊夏贬夷、厚古薄今、重文轻语的传统。虽然华夏-汉民族数千年来就在众多民族部族的大交融中产生发展，中国也一直是一个多民族的大家庭，但在汗牛充栋的传统中文典籍中，我们几乎看不到对汉语以外语言文字的记述，更遑论研究了。不要说非汉族语言，即使是各地的方言，除了作为"匡谬正俗"的

---

① 这是 Dik（1997）所提倡的语言研究的三个充分性之一，其他两个充分性是交际的充分性和心理的充分性。显然这是针对 Chomsky 的观察、描写、解释三个充分性而提出来的。

对象偶尔一现,也很难引起历朝历代学者们的关注。也就是说,正统的学术向来缺少对异族语言的兴趣,更没有进行语言比较的传统。进入现代以后,外语、方言和少数民族语言研究都获得了强大的推动力,这本是孕育跨语言比较的良好时机。可是,20世纪50年代过于追求专业分工的苏联式教育科研体系,以及语言研究队伍和学术兴趣向普通话的高度集中,又强化固化了不同语种研究队伍间的壁垒,形成了纯粹语种导向的语言研究体系。不要说汉语、外语和少数民族语言三大队伍很少有切实的交流,即使在古今汉语之间、普通话和方言之间也缺少实质性的沟通,更谈不上在跨语言基础上对语言共性的追求了。这种学术格局下,结构主义、功能主义,甚至生成语法都有一定的机会被引进来成为汉语研究的利器,甚至发展成主流,唯独语言类型学很难获得发展的空间,因为这株树苗是无法在单一语言的土壤中生长的。① 而缺少了类型学视野的汉语语言学,也很难用汉语研究的成果为普通语言学理论做贡献。

当然,跨语言、跨方言、跨时代的兴趣和研究实践在现代中国并非完全没有,它主要表现为少数学者、特别是一些视野开阔的语言学大家的个人行为,未成风尚,更不成学派。赵元任先生公开发表的首篇语法论文就是《北京、苏州、常州语助词的研究》(1926),论文不但从语法和语义功能的角度比较了三地方言的许多虚词,而且不时穿插与英语、德语等的比较。黎锦熙先生在他开创现代汉语语法研究先河的《新著国语文法》之后又撰《比较文法》一书,进行古今汉语和英汉之间的语法比较。王力先生的《中国现代语法》以《红楼梦》为主要语料研究普通话的语法,但在各章之后设有与吴、粤等主要方言的比较。吕叔湘先生的《中国文法要略》首创将古今汉语合为一书的体例,便于读者在古今比较中体味汉语的内在联系和演变。陆志韦先生在给萨丕尔(Sapir)《语言论》(1921/1962)中译本所作的序和译注中,不时流露出他在汉语和其他语言比较中获得的一些真知灼见。朱德熙先生则在其学术生涯

---

① 在与历史比较语言学相关的领域,如方言、音韵、民族语言等,还是有不少跨语言跨方言语音及词汇方面的研究成果,但这多出于历史比较的研究目的,与语言类型学的学术目标大异其趣,而且也较少涉及语言类型学最关心的语法问题。

的后期写出了数篇方言比较和古今比较的语法论文，涉及结构助词、名词化标记、疑问句类型等。语言学大家对跨语言、跨方言、跨时代研究的兴趣不是偶然的，而是与他们的学术成就互为因果的。因为他们有超越汉语本身的更广阔的语言学兴趣，才会注意其他方言语言的情况；也正因为他们视野开阔，才会在汉语语法的研究上取得更加杰出的成就。这些研究虽没有同当代类型学的学术范式直接挂钩，但其精神仍与类型学有相通之处。遗憾的是，中国过细的分工、语种导向的语言学学术体系以及结构主义学派对纯共时状态和语种"特色"的过分追求，使跨语言研究在很长时间里难以发扬光大。有一些著作出于语言教学的需要进行一些中外语言的语法对比，这种基于应用的对比距语言类型学所关心的理论问题还是相当遥远的。

20 世纪 80 年代起，在介绍现代语言学理论的过程中，当代语言类型学开始为中国的语言学界逐步了解，其中数陆丙甫、陆致极翻译的 Greenberg 的经典论文（1963/1966）和沈家煊翻译的科姆里（1981/1989）最为重要。但比起其他学派来，语言类型学的介绍仍是最为薄弱的，对汉语语法的直接影响仍然相当有限。主要的积极影响在于，一些功能倾向的学者在研究汉语时有意识地以类型研究所得的语言普遍现象为背景，从而使汉语语法研究与人类语言共性的研究发生更加密切的联系，如陆丙甫（1993）关于语序的讨论、沈家煊（1999）关于语法单位和语法范畴的标记模式和关联模式的论述、张伯江（1997）关于汉语形容词词类地位和范围的研究等。直接关注汉语的类型学地位的则有徐烈炯、刘丹青（1998）和刘丹青（2003）关于话题、语序类型和介词类型的研究等。当代类型学对海外汉语学界的影响要早一些，如 20 世纪七八十年代关于汉语是 SVO 还是 SOV 的热烈讨论［参阅屈承熹（1984）和徐烈炯、刘丹青（1998）对此的综述］、桥本万太郎（1978/1985）的语言地理类型学，都是在 Greenberg（1963/1966）所开创的语序类型学的直接影响下产生的成果。不过海外的这些类型学讨论也并未延续且成为某种类型学派，参与讨论的多数学者后来仍分别主要从事形式语言学、功能-认知语言学或历史句法学的研究。20 世纪 90 年代以来，随着中国传统语法和结构主义二分天下的格局逐步消解，语言研究出现了多样化的取向，人们不再满足于单一语言纯粹共时的描写，跨方言、跨时代乃至与少数民族语言的语法比较逐渐兴盛起来。这些研究有的有类型学理论背景，有的（主要是历时研究）与语法化理论有关，更多的则是在结构主义范式描写基础上的朴素的比较、提炼和概括，可以认为是一种宽松意义上的类型学研究，它们无疑为类型学在汉语语言学界的下一步发展创造了有利的气候和土壤。肯特岗国际汉语语言学圆桌会议的第一届就以类型学为主题，真可谓得其时也。

语言类型学以跨语言研究为本，而汉语语言学以研究作为单一语言的汉语为本，在汉语语言学界提倡语言类型学，看似有点方枘圆凿，其实不然。语言类型学和汉语语言学的结合，有着广阔的发展空间，并且将给普通语言学和汉语研究两方面都带来巨大的促进。

典型的类型学研究，当然不能单研究汉语，汉语只是类型学所面向的大量语种之一。不过，语言类型学虽然面向众多语言，但不同语言的研究深度不可能完全一致。某些语言使用人口多、研究队伍壮大、在类型学上有一定的代表性，就有条件进行更加深入的研究，提供更加详尽的研究成果，这样的语言能成为类型学比较中的主干支撑语种。在这方面，汉语无疑是很有资格成为主干支撑语种的，汉语语言学界也有条件为语言类型学做出特殊的贡献。但是，由于汉语研究有自己特有的一些传统，特别是在中国，语法描写和研究所依据的工作框架与世界上通行的框架特别是类型学比较的框架还有诸多出入，许多基本的普遍性概念在汉语语言学中还不为人所熟悉，如非受格（non-accusative）动词、标句词（complimentizer）、关系化和关系从句、核心标注-从属语标注（head-marking vs. dependent-marking，参本书刘丹青文）等。而汉语学界习惯使用的一些概念，如补语、存现宾语、量词等，又不能简单地转换为普遍性的语法范畴。这使得汉语研究的大量成果还无法直接转化为类型学上的可比性材料。随着汉语本土和海外研究队伍日益密切的交流和合作，这一情况正在逐渐改善，而对类型学的关注将促使学界加速汉语描写现代化、通用化的进程。这一进程反过来将帮助汉语语法学发现更多描写研究中的死角，从而揭示出更多的汉语事实，而"汉语事实"正是汉语语言学界历来呼声最高的追求目标。

当代语言类型学远远不满足于对语言的分类，而将语言共性作为自己的追求目标。面对表现各异的众多人类语言，需要特别重视的就是如何判断某种现象属于个性（差异）还是共性。有了这种类型学的视角，我们才能在汉语研究中较好地把握有关汉语现象的本质和语言学价值，从而使汉语研究的成果可以直接服务于语言学理论的建设。例如本书徐杰的论文，借助于跨语言比较和理论概括，一方面注意到，话题的语用属性是在所有语言中都有的，属于共性；另一方面又注意到话题作为一个"句法特征"（而非"句法成分"）在不同语言中可以有不同的句法实现手段，其中有些语言有更丰富、更固定的实现话题（话题化）的句法手段，从而形成语言类型的差异。虽然他的构想尚有讨论的余地，试比较本书徐烈炯文对汉语话题的句法性的论述，但两篇"徐文"共有的特点是结合了形式语言学和类型学的研究思路与方法，这无疑有力提升了汉语"话题"研究的理论高度，这是单纯汉语内部的研究所难以达到的。

汉语的"特点""特色"向来是汉语学界的热门话题。但是有一些人所谈的特点，仅仅基于同英语等少数印欧语的一点印象式的比较，面对数千种类型各异的人类语言，这种印象式比较得出的结论难免片面。有人再把这种印象式结论拿来作为抵挡现代语言学的盾牌，声称西方的语言学理论全都是在印欧语基础上得出的，不适合汉语，等等，那又从片面走向了偏激，无益于汉语语言学的发展。假如了解几十年来语言类型学的丰硕成果及由此带来的语种视野的空前开阔，了解形式语言学、功能语言学从类型学成果中吸取的营养和它们自己所从事的大量跨语言比较，就不会轻率地发表这样的议论。我们要真正了解汉语的特点，应当了解语言类型学在这方面已经做出的类型概括，或者自己去从事具有一定的类型覆盖面的跨语言比较。而从事跨语言的类型比较，经常采用的一个策略是从语义范畴出发而不是从形态-句法范畴出发，因为许多语义范畴是人类语言的表达所普遍需要的，因而具有可比性，从中可以看出不同语言表达同一范畴时在形态-句法方面的类型差异；而特定的形态-句法范畴却可能只存在于部分语言,无法有效进行比较。本书崔希亮文,就是这方面的一个例子。他从空间范畴这个语义范畴出发,考察了近 10 种语言的相关表达,并结合认知语法探讨了古今汉语在空间表达方面的特点。他考察的语种数量虽然不算很大,但是类型上已有相当大的覆盖面和代表性,代表了语序和形态方面相当不同甚至对立的类型,如高度屈折的俄语、典型的黏着语日语和芬兰语、高度孤立的越南语、典型的 SVO 语言泰语、典型的 SOV 语言日语和韩国语、语序类型介于两者之间的汉语等。这样的比较才能让人对汉语在空间范畴表达方面的句法特点有较为客观的认识。跨语言考察对"特点""特色"的另一大冲击在于,许多被认为是汉语特色的东西远不像人们想象的那么特殊。《马氏文通》在"泰西葛朗玛"常见词类之外为汉语加设一类"助词",指的是语气助词。这一做法引来一片叫好,连批评马建忠过于"模仿"的学者也对"助词"之设不吝称赞。但由此便认为语气助词是汉语(或汉语的亲属语言)的"特色",却在跨语言比较面前经不起推敲。陆镜光(2001,手稿)的跨语言考察显示,语气词之属,遍及亚、欧、美几大洲的许多种没有亲属关系的语言中。中间不带连接性虚词的连动式也被认为是汉语区别于印欧语的一大特点。不过类型学的调查显示,这类结构广泛存在于西非、东南亚、大洋洲等许多语言中〔参看高增霞(2003)第一章所引文献〕。随着类型学愈益为人了解,随着人们的语种视野愈益开阔,那种拿汉语"特色"来抵挡现代语言学的努力恐会变得越来越困难,因为越来越多的汉语"特色"现象将被跨语言考察证明,原来"滔滔者天下皆是也"。①

带着类型学的意识来研究汉语,也并不是每一项课题都必须涉及众多语言。重要的是要有语言共性和类型的意识。有了这种意识,再借助于合适的理论框架,那么即使是与少量语言方言的比较也会获得可喜

---

① 当然,汉语确实存在一些真正的特点甚至很突出的特点,只是这些特点要放在人类语言共性和类型分类的大背景下来认识和研究,例如,汉语是世界上众多 VO 语言中几乎仅有的关系从句在核心名词之前、比较基准在形容词之后的语言。像这样的真正的特点,汉语学界还很少关注,因为缺少类型学的视野。

的收益。例如本书蔡维天文，讨论的是"一、二、三"三个基本数词的语义和句法。对这几个汉语数词，特别其语义，从传统的训诂学到现在的词义学和词典释义，探讨得不可谓少、不可谓浅。但蔡文以形式语法为理论背景，通过相关表达与英语等的对比，揭示了很多前人所未见的特点和规则。要是限于在汉语内部研究，我们是很难获得这些可贵的认识的。与之有异曲同工之妙的有本书中方梅的论文。她所讨论的北京话"这、那"向来只被看成指示词或曰指示代词。方文运用功能语法的视角，揭示口语中很多"这、那"已不起指别或代替作用，而发挥着某种指称标记或语篇标记的作用。她进一步借助功能语法关于冠词和指示词的理论及英语相关现象的比较，用可操作的标准判定某些"这、那"已从指示词发展为冠词。方文还比较了福州话等方言材料，更进一步显示从指示词到冠词并不是北京话特有的发展，而是具有一定普遍性的常见机制。方文整体上比较的语言方言并不多，比较所占的篇幅比例也不大，但这些跨语言跨方言比较对论文的研究成果起到了至关紧要的作用。

中国虽然在学术方面存在着某些不利于类型学发展的传统，但同时也存在着类型学发展的有利条件，除了前面提到的中国语言学界和类型学对材料优先的共同注重外，中国丰富的语言资源，是类型学所需的跨语言研究的绝佳条件。中国境内的上百种民族语言，汉语自身丰富多变的方言，还有汉语数千年有记载的演变历史，都为类型学的展开准备了充足的语言食粮。当然，为了面向人类语言共性的类型学比较，我们需要拓宽眼光，善于将国内的语言资源同世界上其他语种材料结合起来研究，以取得更有普遍意义的研究成果。另一方面也要认识到，只要以语言共性和类型研究的已有成果为背景，只要遵循语言类型学的研究方法和技术，那么，即使是同一类型或同一谱系内的跨语言比较、甚至同一语言（如汉语）内部的跨方言或跨时代比较，也能获得富有价值的发现。由此得到的一些局部性的共性，包括蕴涵性共性或等级序列等，有时反映的就是人类语言的普遍性，在今后更大范围的跨语言比较中就会获得验证，有时反映的则是某一类型或谱系内部的特点，这同样具有类型学的意义。我们有理由相信，在海内外同行的共同努力下，汉语和中国境内的语言方言的研究队伍，将逐步发展出类型学研究的新兴有生力量。汉语语言学家不会永远满足于关起门来做自己的汉语专家而置身于世界语言学之外，不会永远满足于只见树木（哪怕是汉语这棵大树）而不见森林的视线限制。随着学术的发展和交流的增多，越来越多的学者会从汉语出发进而产生对人类语言普遍性的关怀，从而在不同程度上介入类型学的研究，在世界的语言类型学研究中发挥越来越重要的作用，为探求人类语言共同的奥秘做出自己特有的贡献。

蒙本书编者相邀，写下以上个人的感想。本文主要是对语言类型学及其与汉语研究的关系做简要探讨，所提到本书中的论文，仅仅是为了说明某个问题而举的例子，而不是对本书内容做全面或重点介绍，大部分论文包括一些重要的论文并没有在此提及。因为这个缘故，所以本文难以担当真正"前言"的使命，权且作为一个"代前言"供读者参考、批评。

参考文献
高增霞　2003　现代汉语连动式的语法化视角，中国社会科学院研究生院博士学位论文。
科姆里（Comrie, B.）　1981/1989　《语言共性和语言类型》，沈家煊译，北京：华夏出版社。
黎锦熙　1933　《比较文法》，北京：中华书局。
刘丹青　2003　《语序类型学与介词理论》，北京：商务印书馆。
陆丙甫　1993　《核心推导语法》，上海：上海教育出版社。
陆镜光　2001　汉语语气词的类型学考察（手稿），香港大学语言学系。
吕叔湘　1942、1944　《中国文法要略》，北京：商务印书馆，1982。（原上卷初版于1942，中、下卷初版于1944）
桥本万太郎　1978/1985　《语言地理类型学》，余志鸿译，北京：北京大学出版社。
屈承熹　1984　汉语的词序及其历史变迁，《语言研究》第1期。
萨丕尔（Sapir, E.）　1921/1962　《语言论》，陆卓元译，北京：商务印书馆。
沈家煊　1999　《不对称和标记论》，南昌：江西教育出版社。
王　力　1943、1944　《中国现代语法》，北京：商务印书馆，1985。（原分上、下册，分别于1943、1944出版）
徐烈炯、刘丹青　1998　《话题的结构与功能》，上海：上海教育出版社。
张伯江　1997　性质形容词的范围和层次，《语法研究和探索》（八），北京：商务印书馆。

赵元任 1926 北京、苏州、常州语助词的研究，《清华大学学报（自然科学版）》第 3 卷第 2 期。

朱德熙 1990 《语法丛稿》，上海：上海教育出版社。

Dik, S. C. 1997. *The Theory of Functional Grammar: The Structure of the Clause*. Ed. by Kees Hengeveld, second revised version. Berlin & New York: Mouton de Gruyter.

Dryer, M. S. 1992. The Greenbergian word order correlations. *Language*, 68(1), 43-80.

Dryer, M. S. 1999. Word order in Sino-Tibetan Languages from a typological and geographical perspective (Draft).

Fukui, N. 1995. The principles-and-parameters approach: A comparative syntax of English and Japanese. In M. Shibatani & T. Bynon (Eds.), *Approaches to Language Typology*. Oxford: Clarendon Press.

Greenberg, J. H. 1963/1966. Some universals of grammar with particular reference to the order of meaningful elements. In J. H. Greenberg (Ed.), *Universals of Language*. Cambridge: M.I.T. Press. 中文本《某些主要与词序有关的语法普遍现象》，陆丙甫、陆致极译，《国外语言学》1984 年第 2 期。

Grinevald, C. 2000. A morphosyntactic typology of classifiers. In G. Senft (Ed.), *Systems of Nominal Classification*. Cambridge: Cambridge University Press.

Hawkins, J. A. 1983. *Word Order Universals*. New York: Academic Press.

Hawkins, J. A. 1994. *A Performance Theory of Order and Constituency*. Cambridge: Cambridge University Press.

Keenan, E. & Comrie, B.1977. Noun phrase accessibility and universal grammar. *Linguistic Inquiry*, 8(1), 63-99.

附录：《汉语研究的类型学视角》中本文提到的篇目

汉语是不是话语概念结构化语言？（徐烈炯）

一、二、三（蔡维天）

空间关系的类型学研究（崔希亮）

指示词"这"和"那"在北京话中的语法化（方　梅）

主语成分、"话题"特征及相应语言类型（徐　杰）

（原载《世界汉语教学》，2003 年第 4 期）

漫谈汉语语法的类型特点*

零、引言：何为类型特点

汉语的特点（本文主要关注语法特点），是汉语学界和汉语教学界长盛不衰的一个话题，谈到它的文献不计其数。其实，汉语的特点，本身是一道无解或多解之题。假如不设定比较对象，那么汉语的特点是一道无解之题。假如设定不同语言作为比较对象，那么汉语的特点就会有无数的解答。在世界语言中，如果你分别设定英语、日语、他加禄语或阿拉伯语为比较对象，得到的结果完全不同。如果你分别从上古汉语、中古汉语或近代汉语来看现代汉语，表现出来的特点也不一样。要是你拿广州话、厦门话或兰州话做参照，那么所得到的普通话特点参差明显。倘若比较的对象分别是境内的壮语、藏语、佤语和维吾尔语，看到的汉语特点又各不相同。

因此，谈论汉语的特点，很诱人、很困难、也很冒险。相比而言，谈论汉语的类型特点要相对安全一些，这是一道相对有解的题目。因为，所谓类型特点，是以人类语言共性和类型差异为背景来观照汉语特点，有大量跨语言研究成果为支撑。说汉语的特点，有些也许是汉语独一无二地拥有的特点，更多的是汉语所在类型组的特点，与大量其他语言构成区别。

本文所论的类型特点，尽量以语言类型学为基础来观察分析。既然

---

* 本文据作者在国家汉办公派汉语教师培训班（南开大学，2010年8月）、"语言学发展与硕博培养"研讨会暨北京大学外国语学院外国语言学及应用语言学研究所揭牌仪式（2010年10月）和第三届中青年学者汉语教学国际学术研讨会（北京大学，2010年12月）上所做讲座和报告的部分内容改写而成。相关研究获中国社会科学院重点课题"语言库藏类型学"资助。谨向以上各主办方和项目资助方表示衷心感谢。

是漫谈，所谈的类型特点只是举例性的，主要基于笔者和其他一些学者的现有成果（见所引文献），既非穷尽性的，也不能保证都是最重要的。希望漫谈所至，能对认识汉语和教学汉语有所裨益。

一、汉语的形态类型特点

形态是古典类型学的起点，也确实对一种语言的外貌和实质造成很大影响。在古典类型学阶段，汉语就被定性为孤立语，以后又被称为分析性语言，总之被认定形态不发达。另一方面，在汉语的描写中，也揭示出不少既不属于句法成分（难以用句法关系来描述）、又不是典型词汇成员的现象，我们只能将它们归入形态或准形态。但这些现象并没有改变汉语形态不发达的名声。这是因为，形态是否丰富发达，不仅要看有没有形态，还得看形态是什么样儿的，它们在语言系统中有怎样的表现，尤其是能产性、类推性和使用中的强制性如何。下面对汉语形态类型特点的讨论，就同时关注"有什么"和"表现如何"这两个方面。

1.1 有些什么形态或准形态？

1.1.1 "们"

"们"在人称代词后是典型的复数后缀，凡是复数的所指就只能用带"们"的复数形式来指称。但在名词后，"们"并不是典型的复数。请看：

（1）学生（们）都来了。

（2）a.*教室里有很多学生们。　b.*水牛们都死了。

　　　c.*凳子们都坏了。　　　d.*三个学生们。

例（1）显示，名词所指为复数时，"们"并不是必用的，副词"都"足以表明主语的复数。更重要的是，（2）显示，很多所指明明是复数，"们"反而是被禁用的。（2a）说明只能做无定解读的名词不能带"们"，由此看出"们"还有有定的限制（参看童盛强 2002）。（2b）显示生命度低于人的事物不能用"们"。(2d)则显示加了数词的复数单位反而不能用"们"。由此可见，汉语名词不存在严格的数形态和数范畴。"们"的使用对复数义名词而言，不但不是强制性的，而且常常是逆强制的——明明是复数却强制不能用"们"。

1.1.2　体标记"了、着、过"

汉语没有时范畴，但多数学者都承认汉语存在由虚词或分析性形态"了、着、过"表示的完成体（或实现体、完整体）、进行和持续体、经历体。此外还有虚化程度更浅的开始体"起来"、继续体"下去"等。体范畴不同于时范畴，但在没有时形态的语言中，体标记有时能起一些时的作用。例如，"了"在从句或连动句中可以用于现在（他现在还开了窗户睡觉）、过去（他吃了饭出去了）、将来（我明天走了就再也不回来了）的事件，但在单一谓语的主句中，"了"的默认解读是过去，如"他吃了一碗饭"，不能指将来或当前的行为。汉语体标记的使用，时而强制，时而非强制，如：

（3）强制性：你吃*（了）饭再走吧。｜他笑*（着）告诉了我。｜他抽#（过）烟。

（4）非强制性：我看（了）电影了。｜他身上带（着/了）一把刀。｜他来（过）三趟了。

（3）中的体标记都不能省略，否则或者句子不合格（括号外带星号，表示并非可有可无），或者句子意义改变（括号外带井号，表示若省去，语义会变）。这表明汉语的体标记介于典型的形态标记和语义标记之间。它们具有了一定的语法性，在某些时候是句法合格性的必要条件，但这种语法性没有脱离语义标记的性质，在语境信息足够的情况下仍能删除。

1.1.3　被动态

汉语动词有被动标记"被"表示的被动态（passive voice），但强制性不大：

（5）强制性：小良*（被）打了。

（6）非强制性：a. 小良（被）打伤了。b. 信已经[?]（被）寄走了。

（7）逆强制性：饭已经（*被）吃过了，不饿了。｜花已经（*被）浇了水了，不用再浇了。｜菜都（*被）做好了，可以开饭了。

当受事主语的生命度很高时，"被"很难省略，如（5），这时被动态标记具有一定的强制性。但是，当谓语为不带宾语的动结式时，主语即使是指人名词，也倾向于理解为受事（木村英树1983），所以"被"字可有可无。假如动结式再配低生命度主语，更是强烈倾向于不用"被"，否则反而不自然，如（6b）。被动句倾向于表达对主语或对说话人有所不利的事件。假如是良性事件，主语又是生命度低的，则出现对被动标记的逆强制，必须要删除，如（7）。

1.1.4 "子、头、儿"的性质

现代的"子、头、儿"是由实义名词逐步语法化而来的构词词缀，属于广义的形态。构词形态不像构形形态，一般都不具备无限能产性或类推性。"子、儿、头"在普通话中都有相当的能产性，是发育比较充分的构词形态。需要补充的是，"儿"先是发展成一个后缀，在某些方言中仍然是一个成音节的词缀，如杭州话的"儿"表现为许多浙江吴语中的自成音节的 [n] 或 [ŋ]（都是"儿"的方言读音），但在北京话和普通话的主流中，"儿"实际上已经不是一个由音段成分充当的词缀，而是进一步融入词根音节并导致词根音节发生音变的形态手段，形式上更接近内部交替手段而不是词缀。

1.2 少了什么？

跟形态丰富的语言相比，汉语缺少哪些人类语言比较常见的形态呢？

1.2.1 名词的性、数、格

有些语言的名词有性、数、格的形态。汉语名词没有格范畴（西北地

区一些方言因语言接触产生类似格的现象除外），也没有地道的数范畴，就更没有性的范畴了，因为在这几者中有性范畴的语言是相对较少的。

严格意义的性范畴，不是仅有从形态上区分阳性（雄性）名词和阴性（雌性）名词的手段就够了，而是要求存在主谓间、动宾间或定名间的性一致关系，这才会影响到句法，否则只是派生构词法而已。如英语由 actor、lion 派生的 actress、lioness，且不说这些构成的词数量很有限，它们的出现在所在句法结构中不会带来任何变化，所以英语不算有性形态范畴。

Greenberg（1963/1966）经典论文中有这两条共性：

共性 30：如果一种语言里动词有人称-数的范畴或有性的范畴，那么它总有时-式的范畴。

共性 32：只要动词跟名词性主语或宾语有性的一致关系，总也有数的一致关系。

这些共性意味着性不如时-式范畴常见，动词与主宾语有性的一致关系也不如有数的一致关系常见。因此，在名词的形态范畴中，有性范畴的语言相对少些，更不会出现在汉语中了。

数范畴的情况，前面已经有所分析。即使承认"们"带有数的属性，也没有产生一致关系，离典型的数形态很远。像英语 This student likes picnic（这个学生喜欢野餐）和 These students like picnic（这些学生喜欢野餐）就体现了动词上的数一致关系。

1.2.2 动词的时

动作行为都有时间属性，时范畴成为一种比较常见的形态，是帮助动词所述动作、事件及地（grounded，即在现实时间流中定位）的手段。汉语没有时形态，它的及地功能是靠体标记或其他词汇手段、语境解读等帮助来实现的。如上所述，体标记有一些默认或优先的时间解读，但它们本身不是时形态，可以出现于各种时间域中。如"昨天我开着窗户睡觉"中"着"用于过去事件，"明年现在，我已经去过巴黎了"中"过"用于将来。

1.2.3　形容词的级

"级"是很多语言形容词在用于差比范畴时需要采用的形态。英语 He is taller than me，就必须用比较级 taller，而 He is tall 则用其原形。汉语的差比范畴靠虚词（"比"等）和特定句式完成，如"他比我高"。这个"高"用的是形容词原形，跟"他个子高"中的"高"完全相同。所以汉语至少普通话和大部分方言没有级的形态。汉语及其方言中有大量的可以区分程度的生动式，属于构词形态，如"通红"的程度就比"红彤彤"的高，"煞白"的程度比"白苍苍"的高。但这些程度是对属性主体自身的描写，不涉及比较。

1.3　多了什么？

如果仅就有什么形态来讲，汉语还多了不少其他很多语言没有的形态。

1.3.1　动词重叠

如"尝尝、看看、想想"等。正因为这种形态所表达的语义范畴在世界语言调查成果中比较特别，在现有语法理论中难以找到相近范畴，所以需要汉语学者对此进行深入探讨。至今虽然有一些相对的共识，如表示动作行为的时间短、重复的次数少、尝试性质，等等，但是没能解决所有的问题。例如，"你给我待在家里好好地想想这个问题，再做出认真的选择"，这既不是时间短，也不是次数少，又不是尝试性的（而是严肃认真的）。以往的研究可能过多关注其时量、次数之类客观理性语义，而对这种形态的主观性语义重视不够，而正是这种主观性，使得这种形态不像时、态这类范畴那样具有使用的强制性。这也许是今后进一步探讨的一个方向。

1.3.2　量词重叠

有很多形式，最基本的是 AA 式，如"个个、条条、只只"等。其他还有"一个个""一个一个""一个又一个"等变化形式。对量词重叠的语义解释比较一致，就是表示周遍，用现代语言学的说法是全量（universal quantification），全量是普遍性的句法语义概念。但是全量的说法没有解释所有现象。"每（一个）""所有"等汉语中表示周遍（全量）的典型形式都可以自由地用于主、宾、介宾等各种论元的位置，而量词重叠式却只能用在动词之前，不能用于宾语位置。比较：

（8）每一个节目都好看。~ 所有节目都好看。~ 个个节目都好看。

（9）我看了每一个节目。~ 我看了所有节目。~ *我看了个个节目。

看来量词重叠也不是表示周遍、全量那么简单，其语义中一定有某种特别的因素阻止它出现在宾语位置，所以这应该是一种带有汉语特点的形态。

1.3.3 形容词重叠

汉语有丰富的形容词生动形式，又称状态形容词。朱德熙（1956）证明状态形容词和性质形容词具有非常不同的句法和语义属性，类似的分类在东亚、东南亚很多语言中存在（刘丹青1991），但更多语言无法做出类似区分。因此，构成状态形容词的形态，可以视为汉语及类似语言的形态类型特点。现代汉语状态形容词都是由性质形容词通过形态手段构成的［古代汉语有单音节的状态形容词，见杨建国（1979），石锓（2010）］。其中带词缀的形式，如"红彤彤、胖乎乎、酸不拉几"等因为没有类推性和能产性，只能算构词形态。而单音形容词的AA式（红红的、甜甜的）和双音形容词的AABB式（漂漂亮亮的），则具有一定的能产性和类推性，还在不断扩展其范围（任海波2001），具有构形形态的特色，因而其属于有类型特色的形态。至于它的语义范畴，像动词重叠一样，也有一些难解之谜。无论是表程度这种理性义定位还是表生动这种过分笼统模糊的定位，都难以解释它的一些句法特点：不能带程度修饰（*很甜甜的）、不能被否定（*不漂漂亮亮的）、比性质形容词更能充当谓语、而做谓语及定语都以带"的"为常。对汉语动词、形容词重叠形态的深入研究，肯定能充实普通形态学理论。

1.3.4 小结：重叠形态的手段特色和语义特色

以上三种有特色的形态现象，都以重叠为表达手段。重叠现象虽然见于许多语言，但在多数语言中，与加缀法、内部交替法等手段比起来，只能算一种边缘性或辅助性的形态，而在汉语中成为形态现象中远比加缀法等更加显赫的手段，不但用于上述三个词类，而且用于更多实词词类：包括名词（称呼重叠，方言中的小称重叠）、代词（谁谁）、副词（屡屡、频频）、方位词（山东，见吴永焕 2003）。而重叠形态所表达的语法范畴，也常常不是现成的范畴所能套用，因为常常与主观性表达有关，而现成语法理论更多关注的是基本属于理性语义的范畴。因此，重叠成为在形式手段和语义范畴方面同时富有类型特点的现象。

1.4 变了什么？

现代汉语中可归入形态的现象，很多都不见于先秦汉语，是在中古以后主要通过语法化机制逐渐形成的。但是这不等于说先秦汉语没有形态，只是因为以音节为基本单位的汉字难以充分记录小于音节的层面所发生的形态现象。通过对上古汉语的研究，辅以方言比较和汉藏语系比较，不少学者还是初步揭示出了一些现象中映射出来的形态，这些现象因为不见于现代汉语而容易被淹没。换句话说，古今汉语都有一些形态现象，只是中间发生了较大的演变，下面通过一些相关成果的择要介绍，探讨汉语形态发生了哪些变化。

1.4.1 词类转换手段

梅祖麟（1980）以汉藏比较剖析古汉语的四声别义现象，发现了一些形态表现，其中包括词类转化。其基本规则是，将入声字的清辅音韵尾变换为浊辅音韵尾（浊韵尾后世丢失，所以中古都属去声字），实现词类派生。如：

动变名（动词入声 -p、-t、-k，名词去声 -b、-d、-g。">"号后是中古音，中间阶段音从略）：

入 [njəp > ńźjəp]（动）~ 内 [nəbh > nuâi]（名。藏文 nub 沉下去，西边）

立 [gləp > ljəp]（动）~ 位 [gwjəbh > jwi]（名。藏文'khrab 顿足，践踏）

结 [kit > kiet]（动）~ 髻 [kids > kiei]（名）

织_{之翼切}[tjək > tśjək]（动）~ 织_{职吏切}[tjəgh > tśï]（名）

责_{之翼切}[tsrik > tṣɛk] ~ 债 [tsrigh > tṣai]

属于双唇韵尾类的还有"泣（动）~ 泪（名）；执（动）~ 挚、贽（名：所执之物）"。属于舌尖韵尾类的还有"锲（动）~ 契（名）、列（动）~ 例（名）、率（动）~ 帅（名）"。属于舌根韵尾类的还有"畜（动）~ 畜（名）、宿（动）~ 宿（名）、塞（动）~ 塞（名）"。

梅文也举出一些由名词派生动词的形态，如：嗌_{伊昔切，喉也}[ʔjik > ʔjäk]（名）~ 嗌_{於赐切，绞也}[ʔjigh > ʔjě]（动）。同类的还有"肉（入声，名）~ 肉（去声，动）、恶（入声，名）~ 恶（去声，动）、乐（入声，名）~ 乐（去声，动）"。

以上形态类型在现代汉语中或衰退或消亡。下面 1.4.2、1.4.3 两节所述也是如此。

1.4.2　动词的外向化

上引梅文还提到由非去声的内向动词变成去声的外向动词的机制。如"买 [mrigx > maï]（内向）~ 卖 [mrigh > maï]（外向）"。同类的还有"闻~问、受~授、貣（贷）~ 贷、学~教、籴~粜、乞（入声）~ 乞（去声）"。

1.4.3　动词变使动词

据金理新（2002：248），一大批有使动义的清声母词在藏文中是带 s- 前缀的，清声母即由 s- 变来。上古汉语中一些普通动词和使动词的区别，也是在上古音系中通过 s- 前缀实现的。只是后来的音变，尤其是复辅音的单辅音化，泯灭了这种音变的原貌。这一形态具有态（voice）

的性质。例略。

1.4.4 "们"、体标记"了、着、过"形成

这使汉语代词有了复数形态,动词有了体形态,而这是上古汉语所没有的。

1.5 形态特点对句法的深刻影响

汉语客观性语义范畴的形态相对较少,而表达主观性范畴的形态较为丰富。所具有的形态在使用中大多不具有强制性(这与其主观性语义有关)。这些因素一方面丰富了汉语的表现力,在另一些方面则限制了汉语形态在语法系统中的作用。简述如下。

1.5.1 语素、词、短语的界限比较模糊

如"大车(畜拉车)~大人(成年人)~大树",构成形式很相像,靠形式本身难以确定这些成分是词还是短语,需要依靠诸多综合标准来判定"大车"是词,"大树"为短语,"大人"介于两者之间。如果是词,"大"是语素;如果是短语,"大"是词。再如"吃穿用",看着像三个独立的动词,但是如果是三个动词自由并列的短语,为什么只说"吃穿用",不说"吃用穿""用吃穿""穿吃用"等?其间的界限是比较模糊的。至于离合词,合时如词,离时如短语,如"散步~散一下步"。

1.5.2 光杆名词可以直接充当论元

汉语没有真正的复数形态,也没有分析性的冠词这一类强制性的指称标记,指示词、数量成分等都因语境需要而用,没有强制性。语境明确的时候,光杆名词可以直接充当论元(从生成语法看是 NP 做 DP),指称意义各不相同。如:

(10) a. 孩子总是活泼好动。(类指,generic)

b. 我带了<u>盒饭</u>。（不定实指，indefinite specific）
c. 他想娶<u>老婆</u>。（不定非实指，indefinite non-specific）
d. 请你打开<u>箱子</u>。（有定，definite）

1.5.3 语序的重要性及其限度

在不存在格、一致关系等形态的情况下，语序就变得比较重要，同样的词形用于不同的语序位置可以承担不同的语义角色。如：

（11）狗咬住了狼。~ 狼咬住了狗。

虽然汉语不讲语序是万万不能的，但语序也不是万能的。既有同序多解现象，也有异序同解现象，语序显得比某些形态语言还灵活，这时还得依赖语境来区别：

（12）小张追累了小李。（小张追，小张累｜小张追，小李累｜小李追，小李累）（Her 1997）

（13）他想死你了。（他想你｜你想他）~ 你想死他了。（你想他｜他想你）

但这并不意味着，像（12）这样的情况，语序就是完全无效的。例如（12）就得不到小李追，小张累的解读，而"小李追累了小张"则可以获得小李追、小张累的解读。

1.5.4 动词没有限定非限定之分

这一类型特点造成多个句法后果。

1.5.4.1 连动句发达，几个动词连用分不清哪个是谓语动词，哪个是非限定动词。在这点上，汉语和其他一些连动型语言共同与英语这类非连动型语言构成区别。如：

（14）汉语：狗常抓鸡吃。

（15）非洲 Anyi-Sanvi 语：

  Cùá cì   ákó ˈdí.
  狗 抓（惯常体） 鸡 吃（引自 Aikhenvald 2006：6）

（16）英语：

a. The dog catches a chicken and eats it.
　　b. The dog catches a chicken to eat.

汉语的"抓鸡"和"吃"中间没有连词，也插不进连词，不是并列结构。同时，也无法分清哪个是主要的限定性谓语，哪个是从属的非限定性谓语。Anyi-Sanvi 语的情况与汉语类似。而英语没有连动句，它必须要在并列结构和从属结构之间做出选择。(14)、(15)的意思，要么用并列结构表达，即(16a)，要么用从属结构表达，让 catches 取限定形式充当主要动词，而让 eat 做不定式，即(16b)。

　　1.5.4.2　短语和句子界限模糊，使句子也像短语，这也是短语本位理论的某种类型背景，如：

　　(17) 小孩看书。｜<u>看书的小孩</u>｜<u>小孩看的书</u>｜<u>我想要看书</u>。｜<u>我想要小孩看</u>。｜<u>我想要小孩看书</u>。

除了第一句是主句，后面各句画线的组合，是短语还是从句（关系从句），确实较难分清，而且除了做定语的带个"的"，它们跟(17)中的主句都很相近。

　　1.5.4.3　单句和复句界限模糊，流水句使复句终点不明。先看单句复句的界限。

　　(18) a. 三天台风，毁坏了许多房屋。~
　　　　 b. 三天台风，许多房屋倒塌了。

　　(19) 不让你请罪（，）就美了你。｜伤员听了（，）大笑起来。（参看邢福义 2001：560—561）

(18)中同样一个名词短语"三天台风"，在(18a)中确实可以分析为主语，但是在意义基本相同的(18b)中，逗号后的部分已经是一个主谓齐全的句子，邢福义将这个"三天台风"分析为一个分句，这有一定的道理，带"数量名"结构在汉语中有一定的述谓性。但如将"三天台风"分析为一个大主语或全句话题，也不无道理。(19)中，同样的成分，加一个逗号就像复句，省掉逗号就像一个连动句。在意义完全相同的情况下，一个不改变语义的逗号，就能导致向单句或向复句倾斜，这本身就说明其界限不很分明。

由于句间界限比较模糊，有些叙事性的"流水句"（吕叔湘 1979：§30），中间都给人似断又连的感觉，似乎容忍"一逗到底"，也很难怪小学生作文会一逗到底。何处该用句号点断，有一定的任意性。例如以下《红楼梦》段落，其新式标点实际上是后人所加的、为多种版本采用的标点。再比较一下杨宪益和戴乃迭（Yang & Yang 1978）所译的英文版：

（20）a. 因这年秋尽冬初，天气冷将上来，家中冬事未办，狗儿未免心中烦虑，吃了几杯闷酒，在家闲寻气恼，刘氏也不敢顶撞。因此刘姥姥看不过，乃劝道：……（《红楼梦》第 6 回）

b. Autumn had ended, the cold was setting in, and because they had made no provision for the winter, Kou-erh drank a few cups to drown his cares then started venting his spleen on his family. His wife was afraid to talk back, but Granny Liu was not going to stand for this.

两者差异的要害在于中间句号位置的迥然不同。中文版的标点，相较于其内容和句法结构，句号类标点已经用得很少［Hawkes（1973）的英译文此段连段末共用 5 处句号，兹略］，"好不容易"用了一处句号，理论上应当是明显断开之处，而杨译文在此处的逗号恰好说明，这难得一现的句号，也未必是可以断开之处。其实这两种处理都未必符合原作者的心理，因为这种汉语式流水句并非一定要有明显大于别处的切分，允许很多藕断丝连之处。

二、汉语的词类类型特点

2.1　形容词近动

不同类型语言的形容词，词类属性不同。有些语言的形容词接近名词，被称为 nouny 形容词，可以和名词合为体词大类；有些语言的形容词接近动词，可以和动词合为谓词大类，被称为 verby 形容词。nouny 形容词用于谓语时需要系词，跟名词一样；做定语则直接修饰名词。印欧语形容词多属近名型，如 This classroom is bright ~ This is a bright classroom。verby 形容词做谓语不依赖系词，但做定语常常需要另加标记。汉语形容词基本上属于近动型，做谓语无须系词，但一般的句子中加上程度副词更自然些，如"这间教室很明亮"，有比较义时则不加程度副词，直接说"这间教室明亮"。形容词谓语前不能加系词，如果加"是"，那是焦点标记，而且要重读，有反驳语气，不是通常的表达，如"这间教室是明亮"。做定语多数要加"的"，如"这是一间明亮的教室"，但有一些常用形容词后"的"可加可不加，如"聪明（的）孩子"。形容词加系词的另一种情况是用在"是……的"式中，如"这间教室是明亮的"。由于"的"有名词化作用，其中的"形容词＋的"已经相当于一个名词性成分而不再是形容词性的，所以这种句式并不影响汉语形容词的近动属性。在表达方面，"这间教室很明亮"是描写句，而"这间教室是明亮的"是判断句，与名词做表语的句子同类，其中的"的"扮演了重要角色。

2.2 动词优先与动名互转不对称

近来我们发现，汉语作为 verby 形容词的语言，其整个语言都体现出动词更重要的类型特点；而英语作为 nouny 形容词的语言，其名词在句法中的活跃度远远超过汉语名词。对此，刘丹青（2010）有详尽的举例分析，并分别将汉语和英语整体称为 verby language 和 nouny language。下面是该文中的一小部分对比用例。大致情况是，英语很多只能用名词性成分或名词化形式表达的情况，汉语可以用动词性成分（包括形容词性成分）表达；英语很多可以用名词表达的地方，汉语只能用动词性成分表达。

（21）Better City, Better Life ~ 城市，让生活更美好！（上海世博会主题口号）

（22）Death to invaders! ~ 侵略者去死！

（23）No photos ~ 不准照相｜No smoking ~ 不准吸烟

（24）A: John.（= My name is John.）~ 我叫约翰。

B: Bill.（= My name is Bill.）~ 我叫比尔。

（25）Greetings! ~ 致礼！｜Attention! ~ 注意！／立正！｜Good luck! ~ 祝好运气！

Good morning! ~ 早上好！／早安！｜Happy Birthday!~ 生日快乐！｜Cheers! ~ 干杯！

（26）What a beautiful house!（what 为定语，修饰名词"房子"。可以单说 What a house!）

~ 多漂亮的房子啊！（"多"为副词，修饰形容词"漂亮"，可以转换成"房子多漂亮啊！"）

（27）I ate noodles, and he rice. ~ 我吃了面条，他吃了米饭。（不能省动词）

（28）to marry a <u>wrong</u> man（修饰名词）~ 嫁<u>错</u>了人（修饰动词）

（29）(to eat) two <u>more</u> apples（限定名词）~ <u>多</u>吃了两个苹果（限定动词）

（30）<u>Nobody</u> will agree with you.｜He believes <u>nothing</u>.（在名词论元上实现否定）~ <u>没有</u>人会相信你。｜他什么都<u>不</u>相信。（对动词谓语进行否定）

汉语的动词型语言属性和英语的名词型语言之间的差异在词汇的词性义项和儿童语言习得方面也有所表现。

将 Swadesh 的 207 基本词表（见刘丹青 2008：595）的名词词项与中型《朗文英语词典》和《现代汉语词典》释义相对照，可以发现两种语言基本名词派生动词义项能力的显著差异：

英语名词：有动词义项：63（80%）；无动词义项：16（20%）

汉语名词：有动词义项：4（5%）；无动词义项：75（95%）

只有作用活跃的词项才能派生出其他词性的义项。上述差异说明英语名词在语言中的作用和活跃度远超汉语，就因为汉语是动词型语言。反过来，动词用作名词，即用作论元（主语、宾语、介词宾语），在汉语里却很常见，很少限制，以致不必认为它们已经转化为名词。

麦克阿瑟交际发展库（Ma et al. 2009）记录了不同年龄和月份的婴幼儿分类词汇习得的平均数。在1岁4个月时，英语最常用的100词中只有3个是动词，而汉语的对应数字是27。汉语儿童在1岁7个月时平均掌握47个动词，而英语儿童到2岁时才平均掌握45个动词。虽然总体上人类早期语言的词汇习得都以名词为优势，但是由于汉语属于动词型语言，动词在使用中更加活跃，成人语言会作为儿童接收的输入语料影响到儿童自己的习得状况，使汉语儿童的动词习得比英语儿童迅速得多。

2.3 量词使用的动因

现代汉语在词类方面的一大类型特点是具有个体量词，即在数词和名词之间必须使用"个、只、条"之类个体量词。但是，量词的语义作用到底是什么呢？汉语习惯叫它们"量词"，好像是表示数量的，但是"他买了三条鱼，两只鸡"，这里明明是由"三"和"两"表示数量的，英语说 three fishes、two chickens，没用量词，而数量信息一点不比汉语少，显然"数量说"是难以服人的。根据英语的叫法，是 classifier，分类词。汉语量词分类功能如何呢？请看下例：

（31）他买了五条鲫鱼和鳊鱼。|他买了两条鲫鱼、三条鳊鱼，一共五条。

（32）*他买了五条毛巾和鱼|*他买了两条毛巾、三条鱼，一共五条。

（31）显示，"条"用于"鱼"时，可以进行数量的同类合并。另一方面，"条"还能用于毛巾。一般认为因为鱼、毛巾、街道等都是长形物，所以用表长形物的"条"来归类。假如它们在汉语使用者心目中真的范畴化为同类概念，那么应当能像（31）一样进行数量的同类合并，可是（32）显示，汉语不允许这样的合并。可见量词的分类和范畴化功能也很有限。

汉语量词最重要的功能是表实指和个体化，区别于抽象的类（参看大河内康宪 1985/1993），如：

（33）a. 我招了个/些学生很聪明。~ b.*我招了学生很聪明。

（33a）中的"学生"前面有量词，不管是单数的"个"还是复数的"些"，表示的是实指的个体，所以可以在同句中被零形回指，"很聪明"这个谓语就是陈述这个零形回指的主语。（33b）中，"学生"前没有量词限定，只是表达学生这个抽象的类，不指具体的个体，所以无法在同句中被零形回指和陈述。

2.4 介词的前置、后置与框式介词

先秦汉语在介词类型方面基本上是单纯使用前置词的语言。如《左传·庄公八年》[本小节所述，主要根据刘丹青（2003），详见该书]：

（34）豕人立而啼。公惧，队＝坠<u>于车</u>。伤足，丧屦。反，诛屦於徒人费。弗得，鞭之，见血。走出，遇贼<u>于门</u>。劫而束之。费曰："我奚御哉？"袒而示之背。信之。费请先入。伏公而出，斗，死<u>于门中</u>。石之纷如死<u>于阶下</u>。遂入，杀孟阳<u>于床</u>。曰："非君也，不类。"见公之足<u>于户下</u>，遂弑之，而立无知。

例中"于车""于门""于床"，都是前置词和名词直接组合。方位词基本上只在语义需要时才用，如"于门中""于阶下""于户下"等。值得注意的是，这些前置词短语都用在谓语动词之后，前置词正好位于动词和由名词充当的处所题元中间，符合联系项居中原则。但是，如果介词短语前置于动词，前置词就不位于中介位置了，这时，古汉语常常在介词短语和动词之间用一个连词性质的"而"或"以"来连接。这是连词的超常用法，因为连词本来只连接并列型的关系，不连接偏正关系，连接偏正关系的虚词就有介词性质了。所以，这样的组合，带有框式介词的性质，如《左传》中的下列例子：

（35）宋人以兵车百乘、文马百驷以赎华元于郑。(《宣公二年》)（以……以）

（36）晋师三日馆谷，及癸酉而还。(《僖公二十八年》)（及……而）

（37）越子以三军潜涉，当吴中军而鼓之，吴师大乱，遂败之。(《哀公十七年》)（当……而）

（38）天子建德，因生以赐姓。(《隐公八年》)（因……以）

另一个保持介词在中介位置的办法，是让前置词临时用作后置词，即在介词所引的题元之后，如"夜以继日"。但这一用法不能出现在介词短语后置于动词时。其中规则见表1：

表1 "夜以继日"相关句式与语序原则配合

句式	联系项原则：介词"以"居中	"以"的常规属性：前置词
夜以继日	+	−
继日以夜	+	+
以夜继日	−	+
*继日夜以	−	−

前面三例，都符合联系项居中原则和"以"作为前置词的常规属性两项中的至少一项，而第四例两项都不符合，因此不合古汉语语法。

中古以后，更多前置词短语用于动词之前，一个相关变化是前置词短语中越来越多出现方位词，而且方位词在前置词短语用于动词之前时更常出现，比较下例：

（39）譬如大龙，若下大雨，雨于阎浮提，如漂草叶；若下大雨，雨于大海……。譬如其雨水，不从天有，元是龙王于江海中将身引此水……(《六祖坛经》)

同一段文字中，"于大海"在动词之后时，"于"位于动词和状语的居中位置，没用方位词。"于大海"在动词之前时，"于"不再位于居中位置，就用了个"中"。鉴于这种发展趋势，到现代汉语中，空间性前置词"在、动、从"等后的处所成分要使用方位词已经成为一种刚性规则，方位词，特别是其中的单音节词，已语法化为后置词。

三、汉语的句法类型特点

3.1 汉语的基本语序类型：现代汉语是一种不典型的 SVO 语言

受事成分可以有多样化的句法实现，不一定在动词后充当宾语，而且受事不做宾语的句式在汉语中都很常见，如：

（40）a. 老王卖了房子。（受事做宾语）
　　　b. 老王把房子卖了。（受事位于做状语的介词短语中）
　　　c. 房子，老王卖了。（受事做话题）
　　　d. 房子卖了。（受事不带被动标记做主语或话题）
　　　e. 房子被老王卖了。（受事做由介词引出施事的被动句主语）
　　　f. 房子被卖了。（受事做无施事的被动句主语）

其中 e、f 两项在其他 SVO 语言中也常见，而 b、c、d 在其他 SVO 语言中不出现或很少用。

3.2 汉语名词短语的语序类型

所有定语一律前置核心名词是汉语名词短语最根本的语序特点，例如：
（41）[我][那件][昨天下午买的][很厚的][棉麻]衬衫

总体上，VO 语言与定语后置是和谐语序，都是从属成分居后。事实上，SVO 语言也不一定定语全部后置，也常有一部分定语前置，如英语中的名词定语、领属格定语、单个形容词定语和指示词等，俄语中的形容词定语（包括领属形容词定语）。但是，像现代汉语这样全部定语在名词前的，在 SVO 语言中是绝无仅有的。特别是关系从句、领属定语等，在绝大部分 SVO 语言中都是后置于名词的。甚至 SOV 语言也只有日语、朝鲜语、阿尔泰语等一部分语言是所有定语都前置的，另有不少SOV语言至少有部分定语——如形容词定语是后置的［参考Hawkins（1983）和Dryer（1992）的统计］。例如，与汉语关系最亲近的藏语，以及汉藏混合的四川倒话，都有一部分定语后置：

（42）藏语：

　　ribong　dkarpo　gsumpo　de
　　兔　　　白　　　三　　　那
　　'那三只白兔'（胡坦1999）

（43）倒话：布黄黄di个（一块黄黄的布）｜牛三个（三头牛）（意西微萨·阿错2004：53）

关系从句前置和SVO这两种不和谐的语序"混搭"，容易造成中部膨胀的"大肚子句子"：

（44）我看了一部［描写旧时代一对恋人冲破封建家庭的重重束缚追求幸福生活的］电影。

这一混搭也比和谐的语序配置更容易造成歧义句，如著名的"咬了猎人的狗"，在和谐的SOV语言里（关系从句前置、OV语序，如日语）跟和谐的SVO语言里（关系从句后置，VO语序，如英语）里，都不会发生歧义，因为两种意思语序不同，如：

（45）日语：

　　a.（これは）、りょうしを　かんだ　いぬ　だ
　　（kore wa）　ryooshi wo　　kan-da　inu（da.）
　　这　（话题）　猎人　（宾格）　咬-（完成）狗
　　'（这是一条）咬了猎人的狗。'
　　b.（くろい くまが）りょうしのいぬを　かんだ
　　（kuroi kuma ga/wa）ryooshi no inu wo　kan-da.
　　黑色的大熊　主格/话题　猎人　的 狗（宾格）咬-（完成）
　　'（黑熊）咬了猎人的狗。'

（46）英语：

　　a.（This is）a　dog　that　bit　the　hunter.
　　　　　　　　这　是　一　狗　关系代词　咬了　定指　猎人

'(这是一条)咬了猎人的狗。'
b. (A black bear) bit the dog of the hunter.
 （一 黑色的 熊） 咬 定指 狗 前置词 定指 猎人
'(黑熊)咬了猎人的狗。'

3.3 话题优先和语用优先及其句法后果

自从 Li & Thompson（1976）以来（另参看曹逢甫 1995；徐烈炯、刘丹青 1998/2007），许多学者同意汉语是一种话题优先的语言。话题优先不仅让话题结构在汉语中常用，而且还具有一定的句法地位，从而造成许多在非话题优先语言中难以出现的句法现象。

3.3.1 话题结构的多层性

一个句子的动词前允许出现很多个做话题的单位，主要是名词性的，其中有些可以理解为后面主要动词的论元，有些跟动词没有显性的论元关系：

（47）[这项提议][全班同学][每个人][一点异议]都提不出。

"一点异议"可以是"提不出"的受事，而"这项提议"在此句中却不是"提不出"的受事，也没有其他直接的论元关系，其间只有更疏远的语义关系。

3.3.2 话题结构的多样性

话题结构可以构成形式和语义都有浓郁汉语特色的很多种构式：

（48）他烟，烟不抽，酒，酒不喝。
（49）小张叫又叫不住他，拉又拉不动他。
（50）酒他不喝一点，烟他有时候抽几支。

例（48）代表了名词性同一性（拷贝式）话题，即话题位置上（包括主语之后的次话题位置）的一个成分与述题中的一个成分是同一个单位，而且两者在语义结构中的作用是重合的，并不给句子的语义结构增加新的语义成分。(49)代表了动词性的同一性话题,即话题与句子谓语动词是同一个单位,也并不给句子增加动作行为。(50)代表了分裂式话题,同一个论元(一点酒丨几支烟)被拆成了两个部分,其中核心名词部分(酒丨烟)在前面做话题,限定名词的数量成分(一点丨几支)等在后面做宾语,前后两者加起来也只有句中一个论元的作用。像这么有特色的话题结构,在非话题优先语言中是很难存在的。

3.3.3 话题成分的功能扩展

有些名词性单位说不上有很强的话题性,但是因为汉语在主语之外还有一个或多个现成的话题位置在谓语动词之前,因此汉语就可以把某些论元结构扩展出来的成分放在话题的位置,使话题结构物尽其用,在语言中发挥更加广泛的作用。如:

(51)动词次话题句:他学习很好,待人热情、态度认真、做事麻利。
(52)复杂差比句:价钱他比我便宜,货物我比他好。

例(51)中的句首指人 NP"他"是句子的主语,后面的形容词"很好、热情、认真、麻利"都是形容"他"。句子第二个成分,"学习、待人、态度、做事",看起来都是 VP,孤立地看很容易被误认为是句子的谓语。其实不然,它们都是表示后面形容词所述属性体现在什么方面。如"他学习很好"是说"他在学习方面很好"。所以这个成分也可以由名词来担任,如第三个分句的"态度"。整个四个分句结构和语义关系是完全一致的。如果将三个动词分析为谓语,"态度"就无法分析或不适当地硬做分别处理了。如果它们是谓语,后面的成分就无法落实,除非处理为补语,但表状态的补语应当可以加"得",而这些句子并不都能加"得"(*待人得热情、*做事得麻利),可见也不是动补关系。在话题结构不发达的语言里,这些分句中的第二个词比较会以名词化形式由介词引出来,如英语 He is efficient in doing things。而汉语因为主语之外有话题、次话题的位置,这类位置可以由名词也可以由动词充当(比较上面的同一性话题),不与主语抢位置,也就不需要用介词,于是表达得更加简洁。

话题结构也可以进入差比句,像动词次话题句一样帮助简洁地表达复杂的论元结构。如在（52）中，"价钱""货物"分别是形容词"便宜""好"所陈述的属性主体，而"他"和"我"分别是两句的比较主体。在非话题优先语言里，差比句的形容词谓语只能陈述一个主语论元：要么属性主体和比较主体本身同一，如 He is taller than me，he 是属性主体和比较主体；要么属性主体和比较主体两者合一，如（52）中两个分句的主语可分别译为 his price（"他"和"价钱"的合一），my goods（"我"和"货物"的合一）。只有汉语这样既有主语位置又有话题位置的语言，才可以让各个成分单独出现，由主语表达属性主体，由话题表达比较主体。

3.4　汉语的节律制约

汉语语法光有句法规则和语义规则并不能保证造出合格的句子，因为汉语对语音节律尤其是语音单位的音节数目（字数）非常敏感，完全相同的句法和语义条件，常常因为音节数目不同导致合格性迥异。吕叔湘（1963）已开始系统考察单双音节单位的功能差异。我们（刘丹青 1993，1996）为此提出在汉语语法研究中需要设立"语音平面"，冯胜利（1997，2000等）则多年来一直倡导并实践韵律句法学和韵律形态学的研究。请看下列例子：

（53）他唱着歌～他唱唱歌～他唱着唱着流下了眼泪～*他唱着唱着歌流下了眼泪

（54）种树～种植果树～种果树～*种植树

（55）煤店～煤炭商店～*煤商店～煤炭店

（56）方（的）桌子～木头方（*的）桌子～方*（的）木头桌子～正方（的）木头桌子

例（53）显示汉语动词形态的音节数目对带宾语能力的影响。动词"唱"可以带进行体助词"着"，也可以重叠成"唱唱"，这两种形式都可以带宾语，说明体助词"着"和重叠都是跟宾语相容的。此外，"唱"还可以既带"着"又重叠，构成"唱着唱着"，但这个形式不再能带宾语。这与它是四音节单位有关,因为"着"和重叠都不是失去带宾能力的原因。

例(54)说明单音节动词跟单音宾语和双音宾语都能相配,而双音节宾语排斥与单音宾语的搭配。例(55)说明,双音节名词做定语跟单音核心名词和双音核心名词都相配,而单音节名词定语只能修饰单音核心名词,不能修饰双音核心名词。两例的具体规则不同,但都体现了音节数对语法规则的刚性制约。

例(56)涉及定语"的"的隐现规则与音节数的相关性。单音词"方"单独做定语,"的"可现可隐。但是前面再带一个定语,"的"就只隐不现。如果后面再带一个定语,情况倒过来,"的"只现不隐。但是这一规则对双音词定语"正方"无效。"正方"后面再带一个定语,"的"仍是隐现两可。这再次说明在同等句法语义条件下起决定性作用的是节律。

以上几例,涉及形态、结构关系、语序、虚词使用等语法的各个方面,说明节律对语法规则的刚性制约涉及语法的所有方面。我们在其他很多语言中看不到节律对语法有如此广泛的制约。

参考文献

曹逢甫 1995 《主题在汉语中的功能研究》,谢天蔚译,北京:语文出版社。
大河内康宪 1985/1993 量词的个体化功能,靳卫卫译,《日本近、现代汉语研究论文选》,大河内康宪主编,北京:北京语言学院出版社。
冯胜利 1997 《汉语的韵律、词法与句法》,北京:北京大学出版社。
冯胜利 2000 《汉语韵律句法学》,上海:上海教育出版社。
胡　坦 1999 藏语语序及其变异,《贤者新宴》第1期,王尧主编,北京:北京出版社。
金理新 2002 《上古汉语音系》,合肥:黄山书社。
刘丹青 1991 从状态词看东方式思维,《东方文化》第1辑,南京:东南大学出版社。
刘丹青 1993 汉语形态的节律制约——汉语语法的"语音平面"丛论之一,《南京师大学报》(社会科学版)第1期。
刘丹青 1996 词类与词长的相关性——汉语语法的"语音平面"丛论之二,《南京师大学报》(社会科学版)第2期。
刘丹青 2003 《语序类型学与介词理论》,北京:商务印书馆。
刘丹青 2008 《语法调查研究手册》,上海:上海教育出版社。
刘丹青 2010 汉语是一种动词型语言:试说动词型语言和名词型语言的类型差

异,《世界汉语教学》第 1 期。
吕叔湘　1963　现代汉语单双音节问题初探,《中国语文》第 1 期。
吕叔湘　1979　《汉语语法分析问题》,北京:商务印书馆。
梅祖麟　1980　四声别义中的时间层次,《中国语文》第 6 期。
木村英树　1983　关于补语性词尾"着 /zhe/"和"了 /le/",《语文研究》第 2 期。
任海波　2001　现代汉语 AABB 重叠式词构成基础的统计分析,《中国语文》第 4 期。
石　锓　2010　《汉语形容词重叠形式的历史发展》,北京:商务印书馆。
童盛强　2002　"们"的定指意义,《中国语文》第 3 期。
吴永焕　2003　山东郓城方言的一种方位词重叠,《中国语文》第 3 期。
邢福义　2001　《汉语复句研究》,北京:商务印书馆。
徐烈炯、刘丹青　1998/2007　《话题的结构与功能》(增订本),上海:上海教育出版社。
杨建国　1979　先秦汉语的状态形容词,《中国语文》第 6 期。
意西微萨·阿错　2004　《倒话研究》,北京:民族出版社。
朱德熙　1956　现代汉语形容词研究,《语言研究》第 1 期。

Aikhenvald, A. 2006. Serial verb constructions in typological perspective. In A. Aikhenvald, & R. M. W. Dixon (Eds.), *Serial Verb Constructions: A Cross-Linguistic Typology*. Oxford: Oxford University Press.

Dryer, M. S. 1992. The Greenbergian word order correlations. *Language*, 68 (1), 43-80.

Greenberg, J. H. 1963/1966. Some universals of grammar with particular reference to the order of meaningful elements. In J. H. Greenberg (Ed.), *Universals of Language*. Cambridge: M.I.T. Press.

Hawkes, D. 1973. (Translation) *The Story of the Stone* (by Cao Xueqin). Harmondsworth: Penguin.

Hawkins, J. A. 1983. *Word Order Universals*. New York: Academic Press.

Her, O. -S. 1997. *Interaction and Variation in the Chinese VO Construction*. Taipei: Crane Publishing Co., Ltd.(文鹤出版有限公司)。

Li, C. N., & Thompson, S. A. 1976. Subject and topic: A new typology of language. In C. N. Li. (Ed.), *Subject and Topic*. New York: Academic Press.

Ma, W., Golinkoss, R. M., Hirsh-Pasek, K., McDonough, C., & Tardif, T. 2009. Imageability predicts the age of acquisition of verbs in Chinese Children. *Journal of Child Language*, 36(2), 405-423.

Yang, H., & Yang, G.1978. (Translation) *A Dream of Red Mansions* (by Tsao Hsuehchin and Kao Ngo). Beijing: Foreign Language Press.

(原载《语言学研究》第十、十一辑,高等教育出版社,2011、2012 年)

语法研究的对象语言与参照语言

——为《马氏文通》出版一百周年而作

1898年出版的马建忠著《马氏文通》，虽然不是第一部成本的汉语语法著作，但它的确是中国人自己写的第一本系统的汉语语法著作。它的100岁生日给汉语语法学提供了一个回顾、总结和思考自己的发展道路的机会。

考察语法学的发展历史，就像考察其他人文社会学科的历史一样，通常会特别注意下面几个因素的影响：特定时代、特定地区的整体学术环境（如法国社会心理学派对索绪尔语言理论的影响，美国行为主义思潮对美国描写学派的影响），重要的学者个体或学者群体的活动及其影响（比如乔姆斯基个人，布拉格学派群体），外部社会的需求或制约（如20世纪50年代中国普及教育运动的需求对语法学的促进）。本文想讨论的则是上述因素以外的一个因素，即语法研究的"语种因素"，包括语法研究的对象语言问题（研究什么语言）和参照语言问题（拿什么语言作为参照）。"语种因素"对语法理论和研究方法的影响之大可能远远超过通常的设想。对汉语语法研究来说，充分认识语种因素的影响，尤其显得重要和迫切。因为经过100年的发展，到今天，语种因素看来已成了制约汉语语法学发展和走向世界的关键因素之一。

自《马氏文通》以来，汉语语法学的发展始终同西方语法学有直接或间接的联系。讨论语种因素，不妨也从西方的语法研究史开始。

西方的语法理论起源于以古希腊语和拉丁语为对象语言的语法研究。当时形态学是语法学系统的主体，词类及其形态和范畴占了语法书的几乎全部。这种状况与这两种对象语言的类型直接有关，寓句法于形态的语言类型自然容易造成寓句法于形态的语法观念。这是对象语言影响语法理论的最明显、最直接的形式。

然而，这种形态主导的语法学体系的影响远不限于这两种语言。这就引导我们进一步注意语法研究中参照语言的作用。

由于罗马帝国和罗马天主教廷的巨大影响，拉丁语在欧洲维持了千余年的强势地位。这样，拉丁语在欧洲不但长期成为语法研究最重要的对象语言，而且还成为研究、教授其他欧洲语言时最重要的参照语言。其他欧洲语言的语法书常常从框架到细节都模仿甚至照搬拉丁语法（参看帕默 1971/1982：10—16）。当然，绝大部分欧洲语言都与拉丁语同属印欧语系和屈折语类型，原先综合性也都很强，模仿和照搬在一定程度上无碍大局。文艺复兴以后，欧洲民族语法的研究逐渐兴起，但拉丁语法作为主要参照仍长期影响欧洲各民族语言的语法学体系。可是，从中世纪到近代，欧洲许多语言发生了影响语法类型的历史演变，总趋势是形态简化，语法范畴发生合并乃至消失，其中的英语更是从综合性趋向于分析性。这时再照搬拉丁语法，难免会方枘圆凿。帕默在上述著作中深不以为然的正是这种扭曲现象，例如认定英语中实际存在的 It's me（这是我）不合语法，要求改用实际不说的 It's I，因为拉丁语的对应句中"我"为主格。

模仿照搬不可能永远延续。对象语言的改换迟早会诱发研究范式的变迁。随着英语等形态简化的活语言逐步成为主要研究对象，语法理论对句法的关注逐渐增多。不过，自觉摆脱拉丁语框框、面向语言实际的语法学范式几乎直到 19、20 世纪之交才逐步形成。叶斯柏森的著作是这方面的重要代表。这一类著作虽然总体上可以归入传统语法，但是其对语言事实的尊重、对客观性的追求、对句法的注意等都已经突破了以模仿、照搬和强行规范为特征的更早的传统语法。

对象语言的改变虽然可以孕育较适合特定对象语言的语法学体系，但适合一种语言的语法学框架未必适合其他的语言。而一些语言学大师能在语法理论方面有较大建树，原因之一就是他们能在更加广阔的语种背景下来思考问题。19世纪的洪堡特（W. von Humboldt）、20世纪的萨丕尔（E. Sapir）、布龙菲尔德（L. Bloomfield）等理论大家都在跨语系、跨类型基础上构建自己的语言理论包括语法理论，使之植根于更广阔的语种基础。他们基本上摘掉了"拉丁语眼镜"，而且还努力摆脱印欧语偏见。由博厄斯（F. Boas）等倡导和大力推动的对印地安诸语言的调查研究，自觉追求以非印欧式的客观眼光看待陌生语言，为语法研究树立了更少偏见的范式，加深了对人类语法结构多样性的认识。对陌生语言的调查研究，还"迫使"追求客观性的描写学派发展出了具有方法论意义的所谓"发现程序"，成为该学派的主要特征之一。这是对象语言影响语法理论及研究方法的又一显例，但是其影响方式跟母语影响语法研究的方式大异其趣。

不过，即使在描写学派的鼎盛时期，英语仍然对语法研究起着一定的作用。英语毕竟是这些研究者最容易观察、体会的对象语言。比如，在描写学派中，占优势的模式是"项目与配列"，各级语法单位从语素到句子的构成都被描写为语法单位的组配过程，所以walks是walk与s的组合，而took则是t...k与oo的组合，相应地，take也宜分析为t...k与a的组合。与之相对的是比较传统的"项目与变化"模式，把walks和took分别看作walk和take的变化形式。显然，"配列"模式对walks之类的分析比对took之类的分析更加有说服力，而英语中walks之类的现象远比took之类的现象普遍。假如充满了take-took之类现象的拉丁语仍是首要对象语言，"配列"模式不大可能占优势。描写学派的另一贡献是直接成分（IC）分析法。以后乔姆斯基（N. Chomsky）革命发源于对描写学派的批判，但IC的基本精神不但被他继承下去，而且还贯穿于他理论发展的所有阶段。其实，IC分析法对各种语言的适应程度并不均等。对于语序较为固定的语言来说，IC是句法结构的重要表现，但对于语序比较自由的语言来说，IC的适应性和理论价值就会大打折扣。面对不改变句法和语义关系的语序变化，要么认为IC没有改变，这样就得承认"直接成分"其实经常不直接组合，要么认为每个变体都有一个不同的结构，而这些语言的格、一致关系等却显示语序变化并未改变句法结构。有趣的是，英语正是语序比较固定的语言，而拉丁语是语序相对自由的语言。IC 分析的出现和英语作为主要对象语言的情况恐怕不只是偶然的巧合。所以比起传统语法来，描写学派的确具有更强的语种适应性，但其理论特性中还是暗含了不少英语等具体语种的影响。

结构主义语言学另一个重要流派是活跃至今的布拉格学派。其重要贡献之一是句子和话语的信息结构的分析，例如主位-述位理论，所以该学派是当代功能学派的理论源泉之一。布拉格学派的主要对象语言即斯拉夫语族诸语言的句法语序都比英语自由，但语序受话语信息结构的影响十分明显。这正是适于滋生话语分析理论的语种土壤。

乔姆斯基及其创立的生成语法以追求"普遍语法"为目标，实际上却重新把语法理论建立在单一语言即英语的基础上，因为他相信普遍语法是一套抽象规则，存在于任何一种具体语言中，只要深入挖掘就能发现。于是，研究者对自己母语的内省测试（testing）成为生成语法等形式学派的基本方法，合格句与星号句的对比则成为这种方法的主要表现。内省测试法成功地发掘出许多曾被忽略的语法现象，其研究深度常为非母语研究所难以达到。在此背景下，拉丁语这类难以进行内省测试的古语言便很难成为构建理论的基础。对活语言和说话者语感的重视，代表了语法学的又一个进步，它已经成为现代语言学多个流派的共识。不过，由多语种向单一语种的回归，毕竟是一种后退。我们确实难以保证从单一语言中总结出来的某些"普遍"语法规则真的具有普遍性。事实上我们的确看到了生成语法理论中影影绰绰的英语背景。在生成语法中，"语法"成为传统的"语言"的代名词，而"句法"成为语法的代名词，在传统语法中独立的甚至涵盖句法学的形态学，现在只是句法内的一部分。这种语法体系，与英语屈折性减弱而分析性增强的特点有明显的关系。20 世纪 80 年代以后的生成语法有两个特征，一是强调移位在句法中的作用，二是将小句的核心确定为主谓之间的一致关系或谓语动词的时形态。前者正是英语中的疑问词前置规则的某种泛化（generalization），后者与英语至今部分保留一致关系的形态有关。很难设想，若基于汉语或日语来建立"普遍语法"会形成这种模式。当然，对研究者自身语感的强调，也使许多认同或掌握了形式语法而不以英语为母语的研究者，尝试将形式语法的理论和方法应用于自己的母语，使普遍语法的假设能在更多的语种里得到验证。不过，将生成语法理论应用于英语以外的语言时，英语作为参照语言仍会产生很大影响。例如，有人认为汉语深层结构也存在疑问词前移规则，汉语的话题也遵循疑问词前移规则，汉语句子即使表层没有话题也都存在一个空话题，等等（参阅徐烈炯、刘丹青 1998：§1.1.3）。对待参照语言，可以有两种态度。一种是模仿乃至照搬，例如传统语法对拉丁语法的态度。另一种是对比，力求发现对象语言与参照语言的不同之处。所以也有研究者在应用形式语法理论研究英语以外的语言包括汉语后，对形式语法的某些规则提出质疑和修正。

与形式语法几乎同步发展的语言共性与类型学理论（简称类型学），第一次自觉地将跨语言对比作为语言理论的基础，形成了以统计和逻辑推导为主要特征的方法论模式。以往的理论也常宣称关注人类语言整体，但实际上很难摆脱个别语种的局限。只有到类型学形成后，普通语言学和语法理论才真正开始有了超越特定语言的语种基础。数百种语言的重要事实被放到面前，超出通常想象的语言现象可能被证明为鲜活的事实。例如：约四分之一人类语言是作格（ergative）语言，其不及物动词的施事和及物动词的受事为同一种格，而及物动词的施事则为另一种格；澳洲 Warlpiri 语允许主语、宾语和动词六种可能语序中的任何一种；北美 Ojibwa 语句子的基本信息结构是述位在前，主位在后。从此，不管以什么语言为对象语言，参照语言都不再能局限于拉丁语或英语之类个别语言，而应该以经过概括的人类语言共性为参照物。尽管生成学派和类型学都高频率使用 universal（普遍的、共性），实际上曾很长时间井水不犯河水。然而，随着类型学成果的不断涌现，立足于单一语言的形式语言学也不再忽视类型学的成果。例如，面对 X 标杆理论所无法解释的语序完全自由的 Warlpiri 之类语言，形式学派也做起了类型学式的工作，将语言分为固定结构型（configurational）和非固定结构型（non-configurational）两类，然后指出 X 标杆理论的某些规则只对固定结构型语言有效。Chomsky 提出的原则与参数理论，更是对类型学发展的主动回应。类型学所揭示的语言多样性使形式语法学家们意识到，依靠单一对象语言得出的语法规则，未必都具有普遍性。有的是普遍性"原则"，有的只是可选性"参数"。确定两者的界限少不了跨语言研究。

功能学派有着更强的类型学意识，不少功能语法学家同时是类型学家，例如吉冯（T. Givón），海曼（J. Haiman）等，许多理论发展都奠基于英语以外或印欧语以外的语言。李讷（C. Li）和汤普森（S. Thompson）提出的主语-话题类型学，既是功能语言学的成果，也是类型学的成果，直接得益于对日语、朝鲜语、汉语、傈僳语、拉祜语等藏缅语和菲律宾诸南岛语的深入研究。解释语言结构的交际因素或认知因素的功能派理论，常常基于类型学的成果，或者在得到类型学式的跨语言验证后才被人信服。当然，类型学的发现也并不总是对功能学派的既有理论有利。例如新信息前置型语言的发现就对布拉格学派的主位-述位语序规律提出了挑战。

由此可见，西方语法理论和流派的发展确实深受对象语言与参照语言的影响，理论、方法与语种因素几乎是息息相关。语种面的扩大和多样化，对语法理论的发展至关紧要，而蓬勃发展中的当代语言类型学则让我们看到了语法理论摆脱语种偏见的真正希望。

比起西方的语法学来，汉语语法学是非常年轻的。在这不长的时间里，汉语语法学的发展史同样与对象语言和参照语言息息相关。

中国古代没有独立的语法学，原因可能很多，下面这几个因素当也有关系。1.汉语本身较少显性语法标记，形态不发达，这是对象语言的因素。2.讲究夷夏之辨的汉民族，曾长期视汉语以外的语言为蛮夷语言而不予关心，缺少参照语言，因而不容易意识到语法的存在。假如中国古代学者能像马建忠一样真正了解一两种异族语言的语法和语法学，中国人写的汉语语法书当不会晚至清末才产生。3.重文言轻口语，而汉以后的文言本质上是死语言，无法进行内省式研究。中国学者在研究古汉语时常常互相提醒"说有易，说无难"，换句话说，没有把握给句子打星号。不知道哪些是不合格句，也就难以知道造出合格句的语法规则。

这也是对象语言对语法学的限制。

系统的汉语语法研究始于西方传教士对汉语口语、方言及文言语法的研究。从1703年出版的瓦罗神父的《国语语言文法》起直到20世纪中叶，这类由西方神职人员写的汉语语法书不绝如缕（参阅贝罗贝1998；钱乃荣1997）。这些书当然都有印欧语言为参照语言，对参照语言的模仿和对比兼有。作者不以汉语为母语，所以难以借助内省。这一传统对国内以后的语法研究影响不大。不过它们让我们知道，汉语有意识的语法学史确实可以从《马氏文通》再往前推近两个世纪，而且最先出现的是口语及方言语法而非文言语法，但这一认识不改变汉语语法由参照语言直接催生的事实。

《马氏文通》明确以文言为对象语言，以拉丁语等印欧语言为参照语言。在系统上，由于对参照语言的模仿多于对照，所以出现了重词类轻句法的拉丁式格局，但设立助词一类，让介词包括前置词和后置词（"之"）两类，则是与参照语言对比的结果。在方法上，由于对象语言不是活语言，所以只能采用归纳举例的方法，而内省手段仍无法充分使用。在内容上，现代汉语许多重要的或有特色的现象如量词、方位词等虚化中的后置介词、体标记、结果补语与可能补语等，则被忽略。黎锦熙的《新著国语文法》以活的国语（普通话）为对象语言，使汉语语法学第一次有了内省研究的基础，这是汉语语法学的一次飞跃。不过由于现代白话规范尚在形成，黎著的实际取材兼容近代白话，语料的同质性仍不够高，而不同质的语料混在一起是不利于严格的内省研究的。黎氏自觉地以英语为主要参照语言，相信语言的逻辑基础是各民族相通的，所以模仿也多于对比，这也造成了黎著的历史局限。由此可见，从草创阶段开始，语种因素就在各个方面影响和制约汉语语法学。

汉语语法学以后的发展长期建立于黎锦熙式的语种基础：一方面以普通话为基本对象，也因多从书面语取材而有非同质成分如文言、方言及欧化语法等掺入；另一方面或明或暗地以欧洲大语种尤其是英语为参照语言。当对参照语言的模仿多于对比时，汉语面貌较易被扭曲；当对比多于模仿时,"汉语特点"较易被发现。王力、吕叔湘20世纪40年代的语法著作较有创意,较接近汉语实际,就得益于其对比的取向。王力书以《红楼梦》为取材语言,虽然有一部分已非当代口语实际,但具有难得的同质性,所以使其语法系统更贴近自然语言。王著的另一特点是章节后附上几种汉语方言的语法对比,实际上为汉语(普通话)语法提供了欧洲语言以外的参照语言,难能可贵,可惜这一做法长期以来并没有被继承或借鉴,语法学史家也不太重视这一独到贡献。吕叔湘的著作首创结构与功能双视角模式,这与他同时以古今汉语为对象语言(但并不混同)有关,因为有些古今项目单以结构形式为纲便难以放在一起讨论。黎锦熙的《比较语法》在古今对比方面与吕著异曲同工,都为普通话语法增加了一种供对比的参照语言,对揭示普通话语法的特点有好处。

更重视口语的语法著作有赵元任的《国语入门》(李荣编译后改称《北京口语语法》)、《中国话的文法》(吕叔湘译本改称《汉语口语语法》)和丁声树等《语法讲话》。赵著直接强调口语,而丁著口语书面语兼录,但在书面语中似乎更乐于取接近口语的材料,而少见半文不白的语料,因而两者在口语化和同质性方面都有进步。这几种著作实际上也有英语等作为或明或暗的参照语言,但作者的明显取向是对比多于模仿、尽可能贴近汉语实际。口语和书面语各有研究价值,但从语法理论建设来说,口语应该具有更高的价值,因为它最能诉诸内省式研究,从而揭示单凭收集的语料无法显示的规律,而同质性则是内省式研究的前提。这些著作的背后其实都直接间接地有描写学派作为理论背景,其重口语、重对比、反模仿的做法,都是描写学派的公开取向。

张斌、胡裕树、朱德熙等的语法论著主要以方法和理论上的创新和探索而产生影响,但他们的语法思想也体现了他们重视汉语与参照语言的对比和对汉语特点的发掘。如张斌对汉语句法中节律特点的揭示,朱德熙关于汉语语法特点的思考等。进入20世纪80年代,朱德熙更是注意到跨方言、跨时代比较对汉语语法研究的特殊作用,对已经开始的汉语语法学对象语言的扩大起了进一步推动的作用。

由于普通话在现代中国的特殊重要地位，从现代汉语语法学诞生起，普通话语法的系统框架就实际上同时成为古代汉语、方言和许多少数民族语言的参照语法。普通话是中国可以进行内省式研究人数最多的语言，因此最容易得到深入研究。用它作为国内语法学的参照语言是最自然的，在技术上也是很方便的。然而，普通话语法作为参照语言带来的并不全是好处。

汉语语法研究的语种问题远没有完美解决，有些语种因素甚至还在制约汉语语法学乃至整个中国语法学的发展。主要的问题包括：

1. 方言语法研究的现有成果已经显示汉语方言之间的语法差异比原先设想得大。因此，对包括笔者在内的许多语法研究者来说，普通话其实并非真正意义上的母语，在判断一些句子的合格性时难免受母语方言的影响，这种内省测试中常见的判断失误或犹豫不决难免影响研究的质量和深度。

2. 由于有长时期的言文脱节的特殊历史背景，因此汉语虽然是历史悠久的大语种，但比起英、法等语言来，普通话和当代白话文作为标准语形成规范的时间是很短的；比起许多小群体使用的语言来，长期的历史积淀和复杂的方言背景又使普通话尤其是其书面语内部的非同质要素不可忽视。于是，对许多现象的认定即使在官话区出身的研究者中也难以形成共识，如许多语素的自由与黏着就难以确定。这背后还有更棘手的现实问题：北京话和普通话的界限何在？"现代汉语"语法的真正对象语言应该是什么？

3. 汉语研究的参照语言对国内研究者而言，实际上基本局限于英语等极少数印欧大语种。所谓"汉语特点"往往只是与英语等相比而言，其中许多也许在人类语言中不乏同道：不依赖形态表达主要的句法关系并非汉语独有的（壮侗语和一些非洲语言都属此类），但又不是汉藏语系共有的（藏缅语常有表示格关系的虚语素）；有分类作用的个体量词，不是汉语特有的，但也不是汉藏语言共有的；语法组合规则受词语音节数目的制约，单双音节词语句法表现不同，这也是许多藏缅语如景颇语的特点；在许多语言里，受事成分既能直接做宾语，也能由介词引出成为间接格（oblique），因此被认为最有汉语特点的"把"字句，其实也并不那么独特。只通过有限对比便得出的一些所谓"特点"，经过一些人夸大后用来证明汉语应该有无须与世界沟通的独特语法学理论，这是很有误导性的。而已经为国际语言学界所熟知的语言共性与类型方面的许多发现，在国内了解得还不够。例如，介词有前置和后置两类，介词的位置同动宾结构的语序，同状中结构的语序，都有关系（状语后置的语言通常用前置介词，状语前置的语言通常用后置介词）；SOV 型语言通常是有名词格标记的；等等。同世界上绝大部分形成对比的真正特点，却不易被发现。例如，"咬猎人的狗"这样的歧义结构早已被研究过。但很少人意识到，这种结构的歧义性，在世界语言中是极其罕见的，其罕见性又跟汉语的另一罕见现象有关：有"咬猎人"这样的 VO 结构，"咬猎人的"作为关系从句又前置于中心语，而世界上的 VO 语言大都是关系从句后置于中心词的（参阅刘丹青 1998）。总之，参照语言的局限使人难以真正认识汉语中的共性和特性，也限制了在汉语语法学中形成有价值理论的条件。

4. 普通话语法作为古代汉语、方言和民族语言的共同参照，在对普通话语法学模仿多于对比的情况下往往会扭曲原来语种的面貌。例如，缅甸境内的语言大多为藏缅语，但缅甸本国的语言学家不多，常有来自印度和中国的学者参与研究。结果，同样的语言，同样的语法，印度学者描写得很像梵语或印地语，而中国学者描写得则很像汉语，足见参照语言的扭曲作用［据罗仁地（R. LaPolla）在香港城市大学的讲座和私人交谈］。再比如，状语是一个普遍性句法范畴，而汉语语言学中的"补语"却并不是一个普遍性范畴，而主要是根据现代汉语特点设立的。怎样把"补语"现象放在人类语言共性的背景下来认识，其实还有待探讨。但中国的语法研究者却往往把现代汉语的状补之分当作普遍适用的范畴机械地搬到其他民族语言或其他历史时期的汉语，这是大可商榷的。英语有谓语前的状语和谓语后的状语，但没人把两类状语当作两种不同的句法范畴并分别称为状语和补语，因为其句法性质是一样的。其实在英语中，不但状语有前后置之分，定语也有前后置之分（定语有前后置之分的语言很多，如法语、俄语、壮语等），同样没有谁将其归为不同的句法范畴。在这方面，古代汉语和壮侗语的情况其实跟英语而不是现代汉语更接近。古代汉语的所谓"补语"，没有超出英语后置状语的范围，没有必要另列一类补语。但现在的古代汉语语法基本上完全人为地设置了"补语"这种成分。至于把状补之分搬到壮侗语语法的弊端，已经有壮侗语学者提出。有趣的是，壮语的前后置状语被一些人分别称为状语和补语，而壮语的前后置定语却没有人用不同的名称来称呼，理由只能是：现代汉语普通话没有后置定语，所以没有这样的范畴。对普通话语法系统的照搬所带来的扭曲由此可见一斑。

5. 普通话语法学向上述领域单向输出理论，很少反过来拿古代汉语、方言和民族语言作为参照，使普通话语法对上述领域的参照作用更容易带来扭曲。作为语法理论主要输出者的汉语语法学（其实是现代汉语普通话语法学），应该更清楚地认识到客观情势赋予（或强加给）自己的特殊使命，假如在建立自己的语法框架和理论时，不能更多地考虑到人类语言的普遍性和多样性的因素，不能更多地了解祖先、亲属和邻居，难免给国内其他对象语言的语法学带来误导。

对于上述1、2两个问题，学界已经有所察觉。吕叔湘非常鼓励陈建民及后来的张伯江、方梅研究北京话口语的语法，朱德熙（1987）明确提倡加强北京口语语法研究，把语法研究的对象语言问题提升到语法理论的高度来认识，虽然还有一些人不能充分理解其用意。而张伯江、方梅凭借自身在北京话方面的语言优势所著的《汉语功能语法研究》则是体现朱先生提议的一项重要成果。当然，作为世界大语种汉语正式代表的普通话，有着不言自明的研究价值，只是其所能达到的理论深度可能受到非母语、非同质性等因素的制约，而北京口语在这方面有明显的优势。同时，另一类具有母语性、同质性的对象语言即汉语方言的语法研究经过一些人多年的提倡和实践，也越来越引起人们的关注，并有许多成果问世，徐烈炯、刘丹青（1998）甚至采用同时以普通话和方言为主要对象语言的新形式来讨论语法理论问题。以明确的理论和方法意识加强对活语言的深入研究将是汉语语法理论建设的重要希望所在。

问题 1、2 是对象语言问题。而属于参照语言问题的 3—5，至今仍是汉语语法研究建立理论高度和走向世界的瓶颈因素。汉语语法学在语种问题方面可能很需要：

1. 尽可能了解人类语言共性和类型研究的材料成果与理论成果，改变单纯以印欧大语种为或明或暗的参照语言的传统，在人类语言共性的背景下认识汉语内在的共性与真正的特点，并以汉语及其他中国语言和方言的研究成果参与国际间有关语法共性和类型的讨论。

2. 汉语语法理论建设不应满足于解释当代普通话。单纯的描写可以不必考虑普通话以外的因素，但假如解释和理论层面的研究还是一到普通话以外的方言就难有作为，则这种解释和理论的价值就是值得怀疑的。作为汉语语法研究者不应该只有"汉语意识"，而应该还有"语言学意识"。作为走向国际语法理论的第一步，汉语语法学家首先应更多关注甚至参与就在身边的方言语法、汉语语法史和民族语言语法的研究。而普通话以外的语法研究者，同样需要改变单纯以普通话语法或至多再加上英语等少数语言为参照语言的传统，而需要更多了解语言共性和类型的成果，并与汉语普通话研究者一起参与语法理论的建设，以批评审视的态度而不是盲目照搬的做法来对待普通话语法研究的理论成果。

总而言之，中外语法学史都表明，对象语言对于语法研究中的理论见解和方法论都有很深远甚至很直接的影响，参照语言也会在很大程度上影响人们对对象语言语法的认识。当模仿多于对比时，参照语言会扭曲对对象语言的认识；当对比多于模仿时，参照语言可以帮助发现对象语言的特点，但假如供对比的参照语言很有限，所谓的特点仍是很片面的。要消除或减少语种局限给语法研究和语法理论带来的成见效应，必须扩大语法研究中的语种视野，而最有效的途径是利用语言类型学有关人类语言共性和类型的成果。此外，更多关心甚至参与跨时代、跨方言和跨语言的语法研究，对有理论意识的汉语语法学家来说也非常有益。

参考文献

贝罗贝　1998　二十世纪以前欧洲汉语语法学研究状况,《中国语文》第 5 期。
刘丹青　1998　语序共性与歧义结构——汉语中若干歧义结构的类型学解释,《中国语言学的新拓展》,石锋、潘悟云主编,香港:香港城市大学出版社。
帕　默　1971/1982　《语法》,赵世开译,上海:上海译文出版社。
钱乃荣　1997　《上海话语法》,上海:上海人民出版社。
徐烈炯、刘丹青　1998　《话题的结构与功能》,上海:上海教育出版社。
朱德熙　1987　现代汉语语法研究的对象是什么?《中国语文》第 4 期。

（原载《语法研究和探索》十,商务印书馆,2000 年）

语法术语的象似性及其利弊[*]

一、"象似性"例说

"象似性"的英文原文 iconicity 派生自 icon"人像、肖像",意指肖像般的直观性相似。作为语言学术语,它指的是人类语言多少具备的一种结构属性,即语言的形式本身作为能指——其声音、大小、繁简、结构——会直观地模拟该形式所指的某些属性。[①]

下面我们按象似性在形式方面的不同属性各举一些简单的例子。

拟声词是词类中象似性最强的词类,体现的主要是声音的象似性。开口度大、响度大的元音模拟洪亮的声音,如敲钟的"当当"声(ang 韵母,主元音 a),试比较小铃铛的"丁零零"声(ing 韵母,主元音 i),后者的开口度、响度小很多。再如单一重复之声是"当当当当",两个声音交替重复是"叮当叮当",而多种声音复杂的重复是"丁零当啷"。这几个词的语音构成一个比一个复杂,不过仍是有节奏的声音。假如是无节奏的发散开去的声音,那语音也会没有节奏,如"呼啦——"。可见语音方面不但有音质的象似性,还有声音结构的象似性。"丁零当啷"不是只模仿四种声音各响了一下,而是通过交替有序的声音结构表示交

---

[*] 本研究得到中国社会科学院重点项目"汉语方言语法研究与方言语法语料库"的资助,内容曾先后在东亚语言比较国际学术研讨会(上海师范大学)、香港理工大学、河北师范大学等处报告,蒙陆丙甫、罗仁地、朱晓农、孙景涛、宋文辉等先生提出意见,深致谢忱。尚存问题均归笔者。

[①] 关于象似性理论的论述,参看 Haiman(1985)、Croft(1990)、沈家煊(1993:§7.2)。iconicity 也有人译为临摹性。象似性一名据沈家煊(1993)说明取自许国璋的译法。语音象似性在海外也叫语音象征性(sound symbolism),而语音象似性一名的好处是能跟形态、句法等方面的象似性联系起来,统一在"象似性"这一个大类下。

替有序的复杂声音的反复和持续，模拟的是节奏的结构。

拟声词在性质上毕竟跟大部分词很不同，光靠拟声词不足以有力说明语言主体的象似性。事实上，有象似性的词类远不限于拟声词。

有些名词就有象似性。"鸡、鸭、鹅"三大家禽的得名都来自其叫声。再如"乌鸦"的"鸦"，指杜鹃鸟的"布谷"（英语 cuckoo 指杜鹃鸟，其理相同）。考虑到更接近得名时语音的上古音，象似性就体现得更加明显。例如，据潘悟云（1997）论证，"鸦"的声母来自小舌塞音[q]。[qa] 音很适合模拟乌鸦鸣叫。

有些动词也有象似性。如"爆、破、喷"这些音的声母，都是气流在双唇处先阻塞、再突然"爆破"后"喷"出来的。在不同的发音部位中，双唇位置的爆破音阻塞和爆破过程表现得愈外在，象似效果也就愈加明显。而且，"喷"字从口，最先指用嘴喷，即用双唇完成的动作，与其声母一致。与之对比，"吐"的动作主要由舌尖完成，这个字的声母也是舌尖音。这些似乎不全是巧合。英语中，有些跟鼻子有关的动作就是由 s 加鼻音开头的动词表示的，sniff（用鼻子吸气作声）、sniffle（发鼻音）、snuff（嗅鼻子）（参看布龙菲尔德 1980：189）。

朱晓农（2004）用大量材料证明了名词小称等亲密形式跟高调的关系。其动因是高调模拟声带薄小的人和动物幼小者的声音。这显然是一种象似性。

甚至指示词也有语音象似性，而且比名词动词等更普遍、更有规律。突出表现之一是，在具有远近区分的指示词系统中，总是用元音开口度大等响度大的声音指更远的声音，汉语普通话"那"比"这"元音开口度大，广州话"嗰"[ko]（那）的元音开口度比"呢"[ni]（这）开口度大，英语 that 比 this 的开口度大，there[ðer] 比 here[hiər] 大，日语 are（那）之 [a] 比 kore（这）之 [o] 元音开口度大（参看刘丹青、刘海燕 2005）。这不仅可以用举例来显示，还可以用更大范围的统计来证实（详见刘丹青、陈玉洁 2006）。此外很多方言语言都用语音的加重加长来表示指示词的远指或更远指，也是基于类似的象似性。

语音的象似性是最直观的。语法的象似性就要隐蔽一些，需要学者们去揭示和总结。

形态中比较明显的象似性是重叠，如重叠常表示复数、周遍、多量、反复、持续等义，都符合或接近重叠这一形态操作本身的属性（参看张敏2001）。句法中相对明显的是语序象似性。语序象似性的一大作用是模拟事件过程的时间顺序。戴浩一（1990、1991）对此有很好的分析。例如，"他在马背上跳"，是先在马背上，再跳；而"他跳在马背上"是先跳，再在马背上。两句成分出现的先后次序直接与所指事件过程的先后次序相对应。还有一些与语序有关的象似性其实是时间象似性的引申。例如，条件分句和原因分句一般位于结果分句之前，这是逻辑关系。而在现实世界中，条件和原因在时间上也在结果之前。本质上仍是时间象似性。

另一种语法象似性是单位大小象似性。比较：

（1）a. 他买了一束玫瑰给女朋友。
　　　b. 他买了一束玫瑰，给了女朋友。

a 句用了一个单句，给人感觉是叙述一个事件。b 句用了包含两个分句的复句，给人感觉是两个事件，或者说是一个宏事件中的两个微事件。这是因为，复句单位比单句大，与客观世界中容量更大的复杂事件相吻合，是一种单位大小的象似性。固然这两个句子也可以表达客观上完全相同的事件，甚至就表达同一的事件，但是至少说话人用 a、b 两式能获得不同的表达效果。假如一个是买与送紧相连接且在同一地点发生的事件，另一个是买与送分离并且不在同处发生的事件，肯定是 a 句比 b 句更适于表达前者，而 b 句比 a 句更适于表达后者。① 这是事件层面的，再来看指称层面的。在一定的语境中，"他""张为金老师""第三中学数学教研组长张为金老师"可能指同一个人，但在语篇中它们的信息作用并不相同。越长的单位，信息量越大（客观的），说话人所赋予的信息强度也更强（主观的）。假如听话人知道"他"的身份，而说话人仍用长的形式，则扩展的单位并不增加客观信息量，但确实增强了主观的信息强度。这也是一种单位大小或复杂度的象似性。

---

① 关于表达给予关系的种种不同句式及其与事件结构的象似性关系，沈家煊（1999）、刘丹青（2001）有更详细的分析。

越长的单位,信息量越大,不同语言中象似性作用的范围和大小不同,同一语言中不同的结构形式体现象似性的程度也不同。这是因为语言还受到其他一些原则的制约,有些原则跟象似性是竞争关系,例如同样很重要的经济性原则。象似性有时跟经济性一致,比如"在马背上跳"和"跳在马背上"没用时间词语或相关的虚词,仅靠不增加语言单位的语序就表达了两个行为的先后次序,比"在马背上以后再跳"或"跳了以后在马背上"都更加简洁。但是很多时候经济性和象似性的作用力是相反的。比如:

(2)总统会见了代表团全体成员,总理也会见了代表团全体成员。

(3)总统和总理分别会见了代表团全体成员。

(2)句用两个分句表达两个事件,更符合象似性,但颇不经济。(3)句反之,符合经济性,但少了点象似性。再如,翻译 Australia 这个国名,用"澳大利亚"翻译,语音上相对保真,象似而不经济;用"澳洲",则简洁而失真,缺少象似性①。

象似性的作用范围受到一个基本的限制——它必须在一个语言的音系规则、构词法、形态和句法的允许范围内起作用。比如拟声词基本上只能在特定语言的音系范围内构成。吴语可以用清浊对立模拟某些声音差别,如 [tin toŋ tin toŋ] 之清脆和 [din doŋ din doŋ] 之浑厚,也可以用舒入对立模拟某些声音差别,如 [tɕi li kua la] 之舒展和 [tɕiəʔ liəʔ kuaʔ laʔ] 之急促,它们都难以在没有清浊对立和舒入对立的普通话中体现。当然语言规则的形成本身就凝固了一些象似性因素,如人类语言中条件分句都倾向位于结果分句之前(Greenberg 1963/1966),即使在偏句倾向居后的语言中条件句也比其他偏句更容易居前,如英语。但是毕竟还有其他原则在起作用,所以语法规则并不都符合象似性,否则不同语言的语法系统就非常雷同了。例如,用工具操作的行为总是先使工具再做动作,汉语状语在前的语序与这一顺序是一致的,因而符合象似性,如"他用镰刀割麦";而英语介宾状语的默认位置在后,工具状语要遵守这一规

---

① 关于象似性和经济性的关系,也可参看上页注 ① 所引文献。

则位于谓语动词之后，所以要说 He cut the wheat with a sickle，这就不符合象似性了。一般来说，刚性语言结构规则使象似性作用受限，而灵活的结构规则则给象似性以更多用武之地。戴浩一（1990、1991）同意不同的语言象似性的程度可以不同，在某些方面汉语比英语象似性程度更高。

下面就来分析本文的正题——中文语法术语中的象似性现象，然后讨论这种象似性的利弊。分析术语的象似性，是为了认识象似性在汉语中作用之深远；分析其利弊，则是为了讨论这些术语对语法学术研究的作用。两个目的其实领域各异，但语法术语作为一种特殊的语言现象充当一个纽带恰巧将两者联系起来。

二、中文语法学术语中的象似性

本文讨论用中文表达的一些体现象似性的语法术语。这里说"中文"而不说"汉语"，是因为"汉语语法术语"容易被理解为"汉语语法学"所用的术语，而事实是这些术语也被用于其他语言的研究，而且这种情况正是本文要探讨的术语象似性的弊端之所在。

象似性一般是指语言形式对所指的事物现象的模拟。语法术语则属于描述语言的语言，带有元语言的性质，所以其象似性是语法术语的形式对语法现象的模拟，属于元语言对语言的模拟。语法术语的象似性，集中体现在语序的象似性，即以术语自身的语序模拟语法系统中的语序现象。① 下面的讨论为了醒目，所论术语都像词条一样放在方括号中。

---

① 语言学也有一些带语音象似性的术语，如语言起源理论中的摹声说或咆哮说（theory of bow-bow）、感叹说或"啵啵说"（theory of pooh-pooh），象声说或"叮当说"（theory of ding-dong）（引自高名凯 1963/1999：345—346）。其中中文的"啵啵""叮当"和英文的 bow-bow、pooh-pooh、ding-dong 都是语音象似成分。语音学、音韵学中有声音象似性的术语更多些，如"平上去入"四个调类名都取本调类字，三十六字母和各韵部韵类的名称也都取本音类的字。英语语音学术语中的有些名词似也有象似性，如 lateral（边音）以边音 [l] 开头，nasal（鼻音）以鼻音 [n] 开头，dental（舌尖齿音）以舌尖齿音 [d] 开头（中间也含舌尖齿音 [t]），retroflex（卷舌音）以含卷舌动作的 [r] 开头，labial（唇音）不以唇音开头但中间含唇音 [b]（有趣的是双唇音 bilabial 又以双唇音开头）。如此高比例的辅音术语以本类辅音开头恐非偶然。

[**主谓结构/主谓关系/主谓短语/主谓句/非主谓句**]

汉语中，主语总是在谓语之前。有些结构曾被分析为主语在后，如吕叔湘（1942、1944/1982：40—41）分析"东隔壁店里午后走了一帮客""每个船上点了一个小灯笼"一类句子时，认为"动词后成分……对于句子则同为主语"。但这类句子毕竟不占汉语的主流，况且现在多数学者不采用这种"谓语+主语"分析法，而归为存现宾语句。"冷得怪呢，这房子""怎么了，你"这类句子，则是口语句法里的"易位现象"句，其主语被视为"后移部分"（陆俭明 1980），也就是不在正常位置。先主后谓是汉语学界高度统一的共识。因此，"主谓结构"及相关的这一组术语，无一例外取"主-谓"语序，从未见到有"谓主"的说法。"主谓"二字是一种等立关系，理论上等立结构内的并列肢是可以互换位置的，而中文语法术语中清一色的先"主"后"谓"语序，实际上是用等立结构两个并列肢的语序来模拟语言中的先主语后谓语语序，实属典型的语序象似性。而语言中的先主后谓语序，其实就是时间上主语先于谓语出现，因此术语的语序象似性本质上仍是一种语序的时间象似性。其实对于"非主谓句"来说，并没有主语谓语两大成分的并存，因此也不存在两者的语序问题，即使说成"非谓主句"理论上也不违背象似性。但由于默认"主谓句"是先主后谓的，因此其否定概念也套用了这一语序。这也可以说是更抽象的象似性——否定概念对肯定概念的模拟。

以上分析思路，也基本适合下列各组术语，所以下面的分析会简略一些。

[**动宾结构/动宾关系/动宾短语/述宾结构/述宾关系/述宾短语**]

显然，汉语中动词在宾语之前，所以有这些术语的先动（述）后宾语序。现代汉语的动宾语序也有一些复杂情况。部分学者承认存在少量的宾语前置现象，另一些学者则认为受事前置均属主谓谓语句，或者认为是受事做话题的话题结构。这些观点耳熟能详，无须赘述。这些都不影响汉语以先动后宾为基本语序的共识。在古代汉语中，先宾后动语序的存在更无疑问，如"我谁欺""我毋尔诈，尔毋我虞""莫我肯顾"

等，但这也不影响古汉语以先动后宾为基本语序的共识。这组术语是对先动后宾主导现象的模拟。

［动补结构／动补关系／动补短语／述补结构／述补关系／述补短语］
［动结式／述结式］
［动趋式／述趋式］

这三组都跟汉语中的补充结构有关。"述补"也有称"谓补"的，不再赘列。动结式和动趋式都属于动补结构下的小类，因此它们可以放在一起讨论。补充结构的先动后补语序比主谓和动宾结构的语序更没有疑问，因为汉语语法学对补语的定义就是根据语序而定的，谓语核心后的从属性非宾语成分被划归补语，同类的成分只要出现在谓语核心之前就是状语，如"走在马路上""走得慢慢的""慢得很"是动补结构，而"在马路上走""慢慢地走""很慢"是状中结构。这种分类法未必完全合理（详见刘丹青2005a，2005b），但这种规定至少在理论上已经排除了"补语"在前的可能，使"谓词-补语"成为唯一可能的语序。而这三组术语，正是对这种语序的象似性表征。

［偏正结构／偏正关系／偏正短语］
［状中结构／状中关系／状谓结构／状动结构］
［定中结构／定中关系／定中短语／定名结构］
［数量结构／数量短语］
［指量短语］

汉语的定名结构是定语一律在前的语序，状中结构也被规定为状语一律在前，因为在后的状语性成分都被划归补语（参看前文）。至于补充结构算不算一种偏正结构，不少著作将"偏正"和"补充"（述补）列为句法关系中互不隶属的大类（如朱德熙1982：14—17）。这样，偏正结构就包括定中和状中两种结构，理论上都是先偏后正，因此，"偏正""状中""定中"这三组术语，都是汉语中修饰成分在前、核心在后的语序的象似性表征。在广义的定中结构下，还有"数量结构""指量短语"等，也都是模拟汉语"数词＋量词""指示词（＋数词）＋量词"的语序。虽然"数量"是一个现成的词，意义上具有整体性，但作为语法术语，"数量短语"是"数词＋量词"的意思，所以有仿此造出的"指量短语"之类。

　　复杂的情况也存在。在粤语等部分南方方言中，存在着"走<u>先</u>"（先走）、"食碗<u>添</u>"（再吃一碗）、"食<u>多</u>啲"（多吃点）这类结构，至少有些人分析为状语在后的结构。但即使在这些方言中，状语在前仍是大势。定语方面，古代汉语有些名词后加"X者"的结构被分析为定语在后，如"禘<u>自既灌而往</u>者，吾不欲观之矣"（《论语·八佾》）、"请益其车骑壮士<u>可为足下辅翼</u>者"（《史记·刺客列传》）、"士卒<u>堕指</u>者什二三"（《史记·高祖本纪》）等例中的画线部分，吕叔湘（1942、1944/1982：78）认为是"加语"（定语）移在"端语"（中心语）之后，周法高（1961：135）将此类归入"后加的形容语"。此外，俞敏（1991）认为"原始汉语的常见词序是'头词'（head-word）在前，'定语'在后。这种遗迹在《诗·大雅》里还残存一些，像'桑柔'（柔软的桑树）、'王季'（顶小的王）。《易》也有，第两个'九'叫'九二'。藏语这种排法极多，如 siŋhdzámpo（树柔）。这跟闽南的'鸡母'不一样。那可能是用鸡描写母"。所有这些，都不改变古代汉语以定中为优势语序的大势。而俞敏不看作定语在后的南方的"鸡公、鸡母"这类词，以及"风台、菜干、鞋拖、鱼生"等，也有部分学者看作定语在后的复合词。其实这类词在普通话中也有一些，如"肉干、饼干、肉松"等。它们即使被看作定语在后，也是一种化石成分，只存在于构词层面，即使在构词层面也远不能跟定语在前的大势相抗衡。"偏正、定中、状中"这类术语模拟的就是定语、状语居前的绝对优势。有意思的是，少数认为汉语存在定语在后复合词的著作，也造出了"正偏词"的术语，如钱乃荣主编（1990：71）列出了复合词的"少数其他类型的形式"，其中就包括"正偏词：饼干、银圆、肉松、熊猫"。这说明造术语时已经有意识地利用语素语序的象似作用了。

[偏正复句]

[因果复句]

汉语复句构成的大势是从属的分句在前，主句在后，跟短语结构的语序一致，因此自然采用了"偏正复句"的说法以模拟这一语序。

复句小类术语中，像"主谓、动宾"那样用两个相对成分来命名的不多，"因果复句"是一例，这也符合汉语原因分句在前的大势，这种大势本身是时间象似性的一种体现（参本文第一节），"因果"的名称则是对这一分句语序的模拟，因而是一种双重语序象似性：前因后果的分句语序模拟语言之外的过程，而"因果复句"的术语内语序是元语言模拟语言现象。其他复句如"并列、转折、假设、条件、顺承"等都不是由两个分句名构成的，无所谓象似与否。需要补充的是，"因果"之名不是语言学家专造的，而是早就存在于汉语中的，尤其多用于佛家文献，构词本身是对前因后果现象而非复句语序的模拟。语法学家接过这个名词用来表示一种复句，则客观上造就了一种双重象似性。[①]

从以上分析看，由两个成分名的并列所构成的语法术语，都遵循与汉语实际语序一致的象似性原则。对汉语使用者来说，这类术语自然合理、天衣无缝，自然得都不会去想为何如此，也不会去设想逻辑上还有语序相反的选项，如"谓主关系""宾动结构"之类。象似性本来体现的是语言的直观感性的属性，而语法术语则是科学领域的理性概念。象似性能对理性科学术语产生如此大的影响，足见象似性确实是语言构成机制中的强劲动力。

---

① 在复句方面，还有"主从复句"的说法，而"主从"的说法似很少用于短语结构。例如，黎锦熙（1924/1992）就将复句分为"包孕复句""等立复句"和"主从复句"三大类，其中的"主从复句"就相当于后来通行的偏正复句，而同书中"主从"一语不见用于单句内的结构关系。"主从"既可理解为一种关系的描述，也可理解为"主句"和"从句"的组合。更喜欢采用主从复句概念的外语学界都是可以取后一种解读的，这可能是因为外语老大"英语"就以"主句+从句"语序为主。而在汉语中，"主从复句"的这种解读显然是违背语序象似性的，似乎成为一系列象似性术语的反例。我们的解释是，跟"主谓、动宾、偏正"这类专用于语法学的术语不同，"主从"并不是一个专用于语言学的术语，它也表达一般的有主有次的关系。作为一个普通词语，它不存在要直接模拟的序列，却要遵循其他一些规则，如并列结构从重要到不重要的排列，而重要不重要的确定又常基于社会文化等因素，所以"主从"的内部语序跟"官兵、天地、君臣、主仆、父子、兄弟、夫妻"等属于同类。另一方面，"主从"用于复句毕竟容易产生象似义，被理解为先主后从，所以这个术语盛行于英语界却未在汉语学界占主流地位。

三、象似性语法术语的利弊

对汉语语法来说，象似性的术语不但自然合理，也便于理解和记忆，好处多多。而且，在这些术语上，时常闹矛盾的象似原则和经济原则也呈现和谐之态。"动宾关系"短短四字，不但刻画了这种结构的句法关系，而且显示了两个成分的线性语序，信息量很大。任何非象似的其他表达法，都难以用如此简短的形式同时包含这两种关系。其他术语的优点也依此类推。

然而，中文象似性术语的便利纯粹植根于汉语的优势语序现象。即使在汉语内部，只要语序有异，象似之利就可能转化为弊。假如承认粤语"走先"的"先"是状语，那么说它是"状中结构"就相当别扭，因为与象似性正好相反。假如为了方便而另造一个"中状结构"，则我们又缺少一个术语来概括"先走"和"走先"这两种结构的共同属性，而这种概念是语法学里非常需要的。将"吾谁欺"中的"谁欺"、"我毋尔诈"中的"毋尔诈"说成是"动宾结构"也面对同样的尴尬。

假如将眼光放到同样使用这些术语来描写的我国少数民族语言和世界上其他语言的语法，上面讨论的各组术语会遇到更严峻的问题，因为这些术语所依据的汉语语序格局远不能代表其他语言，中文里又缺少另一套可以超越象似性的术语可用，这就使中文的象似性术语很不方便跨出"汉门"，更别说跨出国门。下面我们逐一检讨一下。

[**主谓结构**]组

根据 Tomlin（1986，转自 Hawkins 1994：329）对 402 种抽样语言的统计，SVO 语言有 168 种（近 42%），SOV 有 180 种（近 45%），这两种都是主语在谓语前的类型，共占近 87%。但是，语种库里还有 VSO 语言 37 种（逾 9%），VOS 12 种（近 3%）和 OVS 5 种（约 1.2%），加起来超过 13%。这逾 13% 的语言都是谓语或谓语的核心动词在主语之前的，在不带宾语时就是 VS 语序。将"主谓结构"用于这类语言，不但失去了它原有的象似性优点，还因为与实际语序相反而显得非常别扭。谓语动词居首的语言就存在于我们身边。属南亚语系的佤语，就并存着 VSO 和 SVO 两种语序，前者在问答体和多方对话语体中是优势语序（颜其香、周植志 1995：464—466），如 VSO 句的例子：

(4) sauh   ʔoʔ   ʔɯp.
    翻搅   嫂子   饭
    '嫂子翻搅米饭。'

(5) gaik sam   lai.
    看   老三   书
    '老三看书。'

此外，台湾的南岛语言也多使用动词居首的语序，如（李云兵 2005：171—172）：

(6)〈阿美语〉

   tajraaj   tʃinira   i-tukuʃ
   去了   他   在-山上
   '他到山上去了。'

当然，从上文 Tomlin 的统计看，主在谓前毕竟占了人类语言的大部分，"主谓结构"在很大范围内仍能维持其象似性。对动词居首语言来说，"主谓结构"的叫法也不一定跟象似性完全相反，因为通常只是谓语动词居首，并非整个谓语都在主语前。如(4)—(6)所示，当句子谓语还有动词核心之外的宾语状语等成分时，它们仍在主语之后。①

---

① 在动词居首语言中，"主谓结构"的叫法还面对下面这样的严峻问题：动词居首语言是否存在一个与主语相对的统一的"谓语"？进而，是否存在"主谓结构"这种句法结构（且不计主语谓语的语序问题）？以(6)为例，按建立在二分层次分析法基础上的"主谓结构"说，这个句子的第一层要切分为嵌在中间的 tʃinira（他）为主语一方，tajraaj…i-tukuʃ（去了……在-山上）这种不连续的单位为谓语一方。可是，在每语人语感中，这种不连续的单位是否真的构成了一个句法成分（谓语），这是不清楚的。假如采用以动词为句子核心的多分法分析，将动词后的主语和处所状语都看作围绕着动词的不同论元和从句法成分，就避开了上面的疑惑，在这样的语言中，也许不需要建立一个包含了宾语、状语、补足语等成分的统一的谓语，句子第一刀也就不必切为二分的主谓结构。这个问题已超出本文的论题，不在此详论，只想提一下，基于多分法观念的分析模型已有不少，如陆丙甫（1981）提出的主干成分分析法。其他像国际上的配价语法、角色与指称语法（Role and Reference Grammar）等，其实都近于以动词为核心的多分法。有趣的是，从类型学的角度看，二分法便于分析主语居首的 SVO 或 SOV 语言，而不便于分析动词居首的语言；多分法则可以分析所有语序类型的语言。可见"主谓结构"之类观念未必是天经地义、到处畅行无阻的语法观念。

[动宾结构]组

上引 Tomlin 的统计已经显示，SOV 的语言占 45%，多于 SVO 语言的 42%。此外，占 1.2% 的 OVS 可以加入 SOV，构成 OV 大类，共占 46%；占 3% 的 VOS 则可以加入 SVO，构成 VO 大类，共占 45%。总之，适合"动宾结构"叫法的 VO 语言还略少于不适合这种叫法的 OV 语言。可见"动宾结构"一组术语与语言现象的抵触范围比"主谓结构"一组要严重得多。而且，谓语核心居首的语言通常还只限于谓语核心在主语前，不算完全违背"主谓结构"的象似性；而 OV 语言是整个宾语都在动词前，与"动宾结构"的象似性是完全颠倒的。在中国，除白语是 VO 和 OV 并存外，所有藏缅语言都是 SOV 语言（藏缅语仅有的 SVO 语言是克伦语，在缅甸），阿尔泰语言也全都是 SOV 型。这些 OV 语言可能占了中国境内语种的多数。对于这些语言来说，"动宾结构"一类提法相当怪异，我们注意到不少阿尔泰语言著作和藏缅语著作确有避免或减少使用"动宾"组术语的倾向，而改用"支配结构/支配关系"等。上面没有把 VSO 放在 VO 的大类里面，因为其他类型不管语序前后，动词和宾语在线性序列中是相连成分，有充足理由构成一个句法结构；而在 VSO 语言中，V 和 O 并不相连。这种句子中是否包括一个整一的动宾结构，这是可以怀疑的。[①]

[偏正结构]组，[状中结构]组，[定中结构]组，[数量结构]组，[指量短语]

这几组术语的象似性与其他语言的抵触，可能比前面"动宾"组和"主谓"的情况更严重。这些术语的语言基础是修饰限制成分无论在名词短语中还是在谓词短语中都是修饰语一律在前，核心成分一律在

---

① VSO 语言中的 V 和 O 由于不相连，因此能否在母语人语感中形成一个整合的动宾关系的结构单位，这是有疑问的，况且因为其"谓语"（V...O）不连续，也难以作为整一的单位和主语构成主谓结构（参看上页注①），使 VSO 成为最不适合二分法分析的类型（第 1 层 S 对 V...O，第二层 V...O 都很别扭）。假如我们舍弃二分法，把 S 和 O 分别看作小句核心 V 的不同论元和从属成分，则 VSO 句子能得到较合理的分析。假如这种处理可行，则所谓"动宾结构"也未必是个普遍存在的单位，但"动宾关系"仍可以设定为普遍存在的，因为宾语总是一个整一的单位，而不相连的成分间（V 和 O）也能发生句法关系，只是两者未必构成一个更大的单一句法单位。

后。而世界语言的状况是，很多（可能是多数）语言并不将所有修饰成分都放在同一侧。且不说定语状语之别，就是在定语和状语各自内部，不同的类别也往往有不同的语序，因此语言类型学很少笼统地讨论一种语言里定语在前还是在后，状语前置还是后置。例如英语，有些定语必须前置，有些定语必须后置；有些状语必须前置，有些状语必须后置，还有不少状语是两可或视情况而定。这些是英语学习中的常识，无须细述。再如跟日语、朝鲜语等同为 SOV 语言的藏缅语，即使是形容词做定语，也有在前在后复杂的分工（参看戴庆厦、傅爱兰 2002）。壮侗语里不同的状语普遍存在有前有后及两可的情况（参看梁敏、张均如 1996：842—876）。对这些可能占人类语言多数的语言，无论是叫"偏正""状中""定中"还是"正偏""中状""中定"，都无法象似性地概括修饰成分的语序。至于同一种修饰限制成分在不同语言中位置不同，更是常态。且看一下 Dryer（1992）中的部分材料。该文统计了由 625 种语言组成的 252 个语组的多种语序表现，下面只选摘其中几种修饰成分的语序情况（只计语组总数，不计各大洲的分别统计，也不分原文所分 VO 和 OV 语言，合在一起计算①）：

领属结构：领属语+名词：142 组；名词+领属语：75 组。

形容词定语和核心名词：形+名：95 组；名+形：129 组。

关系从句和核心名词：从句+名词：27 组；名词+从句：97 组。

方式副词状语和动词：状+动：78 组；动+状：50 组。

程度状语和形容词：状+形：66 组；形+状：50 组。

此外，再看"数量结构""指量短语"，语序异于汉语的比比皆是。戴庆厦（1997）考察藏缅语量词指出，该语族量词发达的语言采用"名+数+量"；而量词不发达的语言，如藏语、景颇语、门巴语、珞巴语、僜语，使用量词时采用"名+量+数"结构。在壮侗语中，数字为 1 时多采用"量+名+数"或"名+量+数"的语序，不但数词都后置，而且量词和数词可能根本不相邻，如（梁敏、张均如 1996：853）：

---

① 因为材料所限，有些语言样本缺少某一参项，所以每一参项的总数难以达到 252 语组。

（7）〈武鸣壮语〉

　　pau⁴　vun²　deu¹
　　个　　人　　一
'一个人'

（8）〈泰语〉

　　nɔ:ŋ⁴sa:u¹　khon²　nɯŋ⁵
　　妹　　　　个　　　一
'一个妹妹'

无论是藏缅语的"量+数"结构，还是壮侗语的"量（+名）+一"结构，都是"数量结构"的象似所无法覆盖的。至于"指量短语"，用"量+指"语序的语言也不少见。大多数壮侗语都取此语序（梁敏、张均如 1996：854），这是"指量短语"的象似难以覆盖的。

　　以上充分显示，无论在语种内部，还是跨语言比较，各种修饰语的位置都是很不一致的，用带有固有的语序象似性的术语来指称并不恰当。

[动补结构]组，[动结式]组，[动趋式]组

　　与上述几组术语不同，汉语语法学意义上的动补结构本身不是通用的语法学观念，除了模仿汉语语法的国内民族语言学研究，很少出现在其他语言的语法研究中。这是因为单纯根据在动词之前还是之后来定某个句法成分的性质并不科学（详见刘丹青 2005a，2005b）。正因为它们不是通行的术语，在很多语言的研究中没机会出现，因此是否适合其他语言的问题倒不严重。至于国内民族语言研究中模仿汉语设立"动补结构"，需要探讨的是补语确切的句法语义属性，特别是与状语的区别（因为状语或部分状语在核心动词后是人类语言中很常见的现象）。至于"动补结构"的象似性问题，由于理论上人为规定了在后的非宾语都是补语，因此已经人为排除了补语在前的可能，不会出现"动补结构"与补语语序相抵触的问题。

　　"动结式"的情况可以专门谈一下。动结式在汉语以外的不少语言中存在（未必用补语之名，常用的术语是"结果语"resultative，"动结

式"verb-resultative construction），而且结果成分通常总是在动词之后，并不一定与一般的动词修饰语位置相同。这是由象似性造成的——结果总是发生在动作之后。例如，英语有少量动结式 make sure、make (it) clear、paint (something) white、take it easy 等，而一般的简短状语是前置的。因此，"动结式"或其英语名称 verb-resultative construction 可能较少遇到与实际语序相抵触的场合，可能是本文讨论的各个象似性术语中最有适应性的一个。

[偏正复句]，[因果复句]

将偏句放在主句之后是很多语言的常规，特别是核心成分倾向在前的语言，从属分句的位置通常与状语的位置相和谐，位于主句之后，英语就是这样的语言。"偏正"所模拟的语序显然跟很多语言的情况相抵触。因果句虽然有时间象似性的支持，但因为语篇功能的需要，也常有原因句后置的情况。即使在汉语中也有吕叔湘（1942、1944/1982：387）所说的"释因句"，原因句就在后。从句后置为主的语言更是如此，如英语中 because 分句以后置于作为正句的结果句为常（since 所引导的原因句则以前置为主，两者形成语篇功能上的分工）。因此无论是"偏正复句"还是"因果复句"，其象似性的语序含义都会在很多语言中，甚至就在汉语中，成为与实际语序相抵触的负因素。

四、象似性语法术语弊端的对策

上文的讨论说明，汉语中这些主要由语序象似性促成的语法术语，对汉语语法尤其是现代汉语普通话的语法现象，无疑是很适应的，而且实现了象似性和经济性的理想统一。但是，这些术语既常用来调查研究与普通话不尽相同的汉语史和方言，也用来研究与汉语亲疏不等的民族语言，还用来探讨一般语法理论。这个时候，语序象似性的益处就可能转化为"负资产"，因为它所体现的语序可能正好跟对象语言的实际语序相反。那么如何对待这个问题呢？出于汉语语法研究本身的需要，我们大概会继续保留这些熟悉术语，因为汉语毕竟是中国语法研究的最重要对象。问题是如何应对它们与其他语言的语序相龃龉的情况。

一种办法，是淡化和消除这些术语中的语序含义，例如"动宾结构"只指动词和宾语的结构关系，不管两者处于什么位置。这是一种可选办法，但做起来并不容易。第一，这些术语的语序意义深深扎根于定义之中，并不容易消除。例如，"**偏正结构** 偏正结构的前一部分修饰或者限制后一部分"，"**述宾结构** 述宾结构的前一部分是述语，后一部分是宾语"（朱德熙 1982：14—15，黑体为原文所用）。修改这些定义，远不是取消其中的语序用语那么简单，因为语序是定义中的主要因素，去掉其语序意义，就必须给出其他足以界定其内涵外延的属性，目前至少汉语学界似乎尚未为此有足够理论准备，例如去掉语序义如何界定动宾和受事主语？如何界定状语和所谓补语？而保留它们在汉语中的语序含义，只在用于其他语言现象时消除其语序含义，又等于要让这些术语有双重含义，这不符合科学术语的单义性追求。第二，这些术语的语序含义是由其字面语序的象似性作用固定和强化的，对于语序类型不同的语种来说，总是难以消除其怪异的感觉，如研究 OV 类型的藏缅语或阿尔泰语时，"动宾结构"听起来非常别扭。

另一种办法，是为不同的语序类型另造一套符合象似性的术语，如为藏缅语造出"宾动结构""正偏结构""中定结构"等，为壮侗语造"中状结构""量指结构"等。这种办法也不可取。第一，这样一来，在语法理论的讨论中，我们就缺少一套能覆盖不考虑语序的纯粹结构关系的术语，"动宾结构"和"宾动结构"成为两种不同的句法结构，那么"动宾关系"和"宾动关系"是否也是两种不同的句法关系呢？显然不是。那用什么来称呼其共有的关系属性呢？假如没有第三套术语，就会割裂同一种句法结构的不同语序表现，这不但造成术语过度膨胀，有悖科学研究的精简性追求，而且严重影响到研究的科学性。第二，前文说过，同一种句法结构在同一种语言中也常有不同的语序，例如"定中"和"中定"并存于英语、藏语、壮语等大量语言，按此做法就要为这些语言同时准备两套术语，而且用了两套术语后又难以称呼不同语序的共有句法关系（如"定中"和"中定"共有的修饰关系）。这同样是严重的科学性问题。

合理的设想是，在有限保留语序象似性术语的同时，尽量使用或新造新译不带有语序象似性的术语，特别是在进行汉语和其他语言对比、研究汉语以外语言及一般的语法理论时。事实上，中文里已经有很多单位和关系是不靠两个成分名的并列来构成的，如前文说过，复句中的多数类别都不采用"因果"这种构词法，如"顺承、转折、条件"等。对于已经有语序象似性术语的现象，我们可以另有选择。例如，用"及物结构"（transitive structure / transitive construction）代替"动宾结构"或"宾动结构"（已有"支配结构"的说法，可用，只是比较起来似乎语义性偏强而句法性及国际通用性不如"及物结构"）；用"修饰结构/修饰关系"代替"偏正结构/偏正关系"；用"从属复句"或"依存复句"（dependent sentence）代替"偏正复句"。甚至主谓结构、主谓关系也可以称为述谓结构、述谓关系（predication）［已有"陈述关系"的说法，也可用。但"陈述"更多反映话题-述题的关系，而不是主语-谓语的关系，参看 Shibatani（1991），此处无法详论］。其他的状中、定中等组术语，也可以通过协商和约定俗成选出可用的代替术语。比较起来，这可能是比较现实而可取的做法。

参考文献

布龙菲尔德（Bloomfield, L.） 1980 《语言论》，袁家骅等译，北京：商务印书馆。
戴浩一 1990、1991 以认知为基础的汉语功能语法刍议（上）（下），叶蜚声译，《国外语言学》1990 第 4 期，1991 第 1 期。
戴庆厦 1997 藏缅语族个体量词研究，《彝缅语研究》，国际彝缅语学术会议论文编辑委员会编，成都：四川民族出版社。
戴庆厦、傅爱兰 2002 藏缅语的形修名语序，《中国语文》第 4 期。
高名凯 1963/1999 《语言论》，北京：商务印书馆。
黎锦熙 1924/1992 《新著国语文法》，北京：商务印书馆。
李云兵 2005 中国南方民族语言名词性短语句法结构语序类型研究，中国社会科学院语言研究所博士后出站报告。
梁 敏、张均如 1996 《侗台语族概论》，北京：中国社会科学出版社。

刘丹青　2001　汉语给予类双及物结构的类型学考察,《中国语文》第 5 期。
刘丹青　2005a　从所谓"补语"谈古代汉语语法学体系的参照系,《汉语史学报》第五辑,上海:上海教育出版社。
刘丹青　2005b　小句内句法结构:《语法调查研究手册》节选,《世界汉语教学》第 3 期。
刘丹青、陈玉洁　2006　汉语指示词语音象似性的跨方言考察,东亚语言比较国际学术研讨会论文,上海师范大学,2006 年 12 月。
刘丹青、刘海燕　2005　崇明方言的指示词——繁复的系统及其背后的语言共性,《方言》第 2 期。
陆丙甫　1981　主干成分分析法,《语文研究》第 1 期。
陆俭明　1980　汉语口语句法里的易位现象,《中国语文》第 1 期。
吕叔湘　1942、1944/1982　《中国文法要略》,北京:商务印书馆。
潘悟云　1997　喉音考,《民族语文》第 5 期。
钱乃荣(主编)　1990　《现代汉语》,北京:高等教育出版社。
沈家煊　1993　句法的象似性问题,《外语教学与研究》第 1 期。
沈家煊　1999　"在"字句和"给"字句,《中国语文》第 2 期。
颜其香、周植志　1995　《中国孟高棉语族语言与南亚语系》,北京:中央民族大学出版社。
俞　敏　1991　东汉以前的姜语和西羌语,《民族语文》第 1 期。
张　敏　2001　汉语方言重叠式语义模式的研究,香港《中国语文研究》第 1 期。
周法高　1961　《中国古代语法·造句编(上)》,台北:"中研院"史语所专刊 39。
朱德熙　1982　《语法讲义》,北京:商务印书馆。
朱晓农　2004　亲密与高调——对小称调、女国音、美眉等语言现象的生物学解释,《当代语言学》第 3 期。
Croft, W. 1990. *Typology and Universals.* Cambridge: Cambridge University Press.
Dryer, M. S. 1992. The Greenbergain word order correlations. *Language,* 68 (1), 43-80.
Greenberg, J. H. 1963/1966. Some universals of grammar with particular reference to the order of meaningful elements. In J. H. Greenberg (Ed.), *Universals of Language.* Cambridge: M.I.T. Press.
Haiman, J. (Ed.). 1985. *Iconicity in Syntax.* Amsterdam & Philadephia: John Benjamins.
Hawkins, J. A. 1994. *A Performance Theory of Order and Constituency.* Cambridge: Cambridge University Press.
Shibatani, M. 1991. Grammaticalization of topic into subject. In E. C. Traugott, & B. Heine (Eds.), *Approaches to Grammaticalization* (Vol. Ⅱ). Amsterdam & Philadephia: John Benjamins.

(原载《燕赵学术》,2007 春之卷,四川辞书出版社)

民族语人称代词的语音象似性*

一、引言

1.1 任意性与象似性

语言符号任意性与非任意性两种观点自古以来一直存在争论。20世纪以来，因索绪尔学术观点的巨大影响，"语言符号任意性"的观点长期统治着现代语言学界。索绪尔指出：语言符号是任意的。这是语言符号本质的第一原则和首要真理。"任意性"不是"取决于个体的自由抉择"这一意义上的任意性，而是相对于概念来说，它是任意的，因为它本身与这概念毫无特定的关联（索绪尔2002）[①]。索绪尔还提到虽然拟声词和叹词的声音和概念之间的确存在着某种关联，但认为"人们夸大了拟声词的数目，这部分词汇的范围相当有限，感叹词也一样"。并且又用下面的证据来否认这两种词汇与概念之间的关联性：不同历史时期拟声词会发生演变，不同语言里的感叹词也不相同。

尽管任意性观点占统治地位，但一直以来都有不少学者对此表示异议。认为语言的能指和所指之间并不是完全任意的关系。

就连支持语言符号任意性说的布龙菲尔德，在他的《语言论》

---

* 本文承张敏先生惠赠语音象似性参考资料并提出意见，且参考了石锋先生与学生关于"任意性与必然性"的讨论，本文初稿曾由严艳群在中国语言学会第十六届学术年会（云南大学，2012年8月）报告，承与会学者参与讨论并提出意见，一并申谢。尚存问题一概由作者负责。

[①]《普通语言学教程》1916年初版由索绪尔的学生据听课笔记与作者札记整理而成，本文所引《索绪尔第三次普通语言学教程》是屠友祥根据1993年小松荣介（Eisuke Komatsu）编辑法文本（Ferdinand de Saussure, Troisième Cours de Linguistique Générale）翻译的中文本。

（1955/1997）中也发现了非任意性，即象似性的例子：第九章"意义"中提到"象征（symbolic）形式比起一般言语形式来有比较直接的描绘意义的附带色彩。在说话人看来，某些语音似乎特别适合于某种意义。例如：flip（用指头弹），flap（拍击），flop（鼓翼，摇拍），flimmer（摇闪），flicker（闪烁），flash（闪光），flush（脸红），flare（火光）……"在第十四章"形态类型"中更详细地列出英语中一些由起首音和收尾音构成词根的词素（root-forming morphemes）以及它们所代表的意义，部分列举如下：

[fl-]（闪动的光）：flash、flare、flame

[fl-]（在空中的动作）：fly、flap、flit

[sl-]（平滑潮湿的）：slime、slush、slop

[-ɛʃ]（激烈的动作）：bash、clash、crash

[-ɛə]（大的光或声音）：blare、flare、glare

语言的象似性（iconicity）是与任意性相对而言的，说的是语言符号的形式和意义即能指和所指之间存在一种可论证的理据关系（沈家煊 1993）。目前关于象似性一般从句法和语音两个层面进行研究。

1.2　语音象似性

1.2.1　概念及研究背景

语音象似性（phonetic iconicity）是指语音形式和表达的概念意义之间存在某种联系。国际文献中也称为语音象征（性）（sound symbolism/phonetic symbolism）。我们采用语音象似性与句法上的象似性（iconicity in syntax，见 Haiman 1985）相对应。

语音象似，柏拉图就曾提到过，在现代语言学领域，又再次被 Jespersen（1922）发现（转引自 Körtvélyessy 2011）。Jespersen 称为语音象征性（sound symbolism）。语音象似性的存在不断被后来学者证明（Jespersen 1933；Sapir 1929；Newman 1933 等）。如 Sapir（1929）的实验显示，说英语的人倾向于用开口度大的 [a] 而不是 [i] 来表示更大的物体，Sapir 称这种现象为 phonetic symbolism（语音象征性）。Newman（1933）做了进一步的实验，对元音、辅音以及元音组合、辅音组合在表示"大－小""黑暗－明亮"相对概念时的排序做了详细考察，证明了 Sapir 的结论。Jespersen（1933）考察了元音 [i] 的象似值，提到含有元音 [i] 的单词用来表"小、弱"等概念，像"little、tiny"或者小的物体，如挪威语中"pit、pita"（细小物）、丹麦语中"kvist"（细枝）、英语"twig、sprig"（小枝）。也可指儿童或幼小动物：英语"kid"（孩子、小山羊），含 [i] 音成分也出现于不少语言小称后缀中，如：英语"Willy（威利）、baby（宝贝儿）、auntie（阿姨）"等昵称中，后缀都有 [i]，瑞士德语中"Roudi"是"Rudolf"（鲁道夫）的小称。

Hinton 等（1994）将语音象征分为下列四种类型：（1）有形语音象征（corporeal sound symbolism），是指使用某些语音、语调来表达说话人内心的、情感的或生理上的状况，像感叹词等。（2）模拟语音象征（imitative sound symbolism），跟表现周围环境声音的拟声词和短语有关，像语音模拟鸟和动物的声音、小孩模拟汽笛声、表示节奏性行为的拟声词"ding-dong 叮咚"等。（3）联觉语音象征（synesthetic sound symbolism），使用"联觉"来定义"听觉象征非听觉"的现象。这类象征是指某些元音、辅音、超音段被用来表示对象物体的视觉、触觉、立体感受的性质，比如大小、形状。此类语音象征是该领域学者关注最多的。（4）规约语音象征（conventional sound symbolism），指某些音位或音丛跟某些意义之间的类推关联。布龙菲尔德（1955/1997）提到的诸如 [fl-] 在"flash、flare、flame"中表示"闪动的光"等便属于此类。不像前三类表现出许多跨语言共性，第四类在音段的选择上表现更多的语言特性。所选的音段有时也称为联觉音组（phonestheme，又见 Bergen 2004）。根据 Hinton 等（1994）对语音象征的分类，Chan（1996）对汉语进行了相应的分类考察：感叹词、拟声词、反义形容词（轻、重、细、粗等）与语音的对应、圆唇音与"圆圈、卷、团"等词的关联。

朱晓农（2004）从一种"高调表小"的动物行为学理论出发，分析了汉语方言中的小称变调和其他高调现象与所表达的意义之间的关系。指出：在生物学上，高调首先表小，引申出屈服、示爱、讨好等义。语言中的高调昵称先表示爱，表小是附带伴随的意义。高调示爱表小有生物学基础，是个随时可用且取之不尽的资源，即使在目前没有"高调化"的语言中，也可能有这种现象。郭小武（2000）考察分析了"了、呢、的"在强语气条件下元音开口度加大由[ə]变为[a]的现象。指出多数语气助词，以及叹词、象声词等，都有[a]化变韵的规律，即[ə]变为[a]，响度增大，表现更强的语气，这一点符合语音象似性的原则。刘丹青、陈玉洁（2008，2009）对汉语指示词语音象似性进行了跨方言考察，提出指示代词的语音形式和它们所表示的空间距离之间存在对应关系遵循三个原则：响度原则、重度原则、背景原则（以声音之同表示同一范畴，作为衬托其他方面差异的背景，如英语 this、that 中共同的 th）。应学凤（2010）对汉语方言和民族语的指示代词进行了分析和统计，结果表明指示代词的语音象似受语音音响度和复杂度象似动因驱动。这些研究应属于 Hinton 等（1994）所提到的第三类"联觉语音象征"。郭小武（2000）虽然研究的对象是叹词、象声词，但考察的是元音响度与语气强弱的关系，也应归为第三类。我们考察的民族语人称代词的语音象似性也主要从第三类特征入手。

1.2.2 语音响度等级序列及象似性原则

刘丹青、陈玉洁（2008，2009）参考前人的研究，对用音段和声调表达的距离象似性提出一组近指和远指采用的语音形式假设序列，并进行了广泛的汉语方言材料验证。序列如下（左对右代表近对远）：

辅音：塞音＜塞擦音＜擦音＜鼻音＜边音

元音：闭＜开

　　　前＜后

调：降＜平＜升

他们总结的三条指示词的象似性原则具体如下：

象似性原则Ⅰ：背景原则，指示系统倾向于构成音素中同中显异的最小对比对。

象似性原则Ⅱ：响度原则，下分为两个由近指到远指的序列：

（1）辅音象似性序列：塞音＜塞擦音＜擦音＜鼻音＜边音

（2）元音象似性序列：a. 闭＜开（闭近开远律）

b. 前＜后（前近后远律）

象似性原则Ⅲ：重度原则，包括：

（1）声调象似性序列：降＜平＜升

（2）重读、长音、重叠等形式指示的距离比相应的非重读、非长音、非重叠形式指示的距离远。

在辅音的象似性序列中，没有考虑到塞音、塞擦音、擦音的清浊及送气不送气问题。发浊音时声带振动，响度大于清音；送气音发音时，除了在收紧点以内形成高压，还要有较大气流送出，响度大于不送气音。因此我们尝试将辅音象似性序列补充为：

（1）塞音＜塞擦音＜擦音＜鼻音＜边音

（2）清音＜浊音（3）不送气＜送气

另外，声学上辅音的响度小于半元音、元音的响度，所以还有：辅音＜半元音＜元音。

二、人称代词语音象似

人称代词在空间距离上的差异有近于指示代词之处。第一人称是说话者，第二人称是听话者，第三人称无论在场与否，不是谈话双方的任何一方，算是缺席者。只是第三人在场时离谈话双方近点，不在场时离得更远，类似于指示代词远指中的视线内和视线外之别。说话者是最近的，听话者次之，缺席者第三人称最远。

人称代词与指示代词关系密切，尤其是第三人称。如，古汉语中没有真正的第三人称，用表远指意义的指示代词来表示（吕叔湘1985）。汉语方言中有不少第三人称用远指代词表示的例子，如：关中话（唐正大2005),晋语(侯精一、温端政1993:269—272)等。这种现象在很多语言中都存在,像日语、法语、俄语、藏缅语等。在另一些语言中,表示近指和远指意义的指示代词都可用来表示第三人称,如阿尔泰语系的鄂温克语。

因此,参考语音象似性的研究,主要是参考刘丹青、陈玉洁(2008,2009)关于指示代词语音象似性的研究,我们推测:人称代词可能也有类似于指示代词的语音象似性。具体地说,我-你-他,类似于近指-中指-远指,在发音响度上依次增强。但是,在汉语方言之间,人称代词的相似度超过指示词,仅从方言来看,恐怕因同源度太高而缺乏统计意义。而国内民族语言,尤其是不同语族语言间人称代词相差较大,若能从中发现语音象似性,应当比较有说服力。

初步考察发现,民族语人称代词的语音也存在一定程度的响度-距离象似性,遵循响度原则、重度原则、背景原则,并有应学凤(2010)提到的复杂度象似性。如,载瓦语三身代词单数分别为:[ŋo^{51}]、[naŋ^{51}]、[jaŋ^{31}]。半元音 [j] 的响度大于鼻音,所以"我-他"和"你-他"之间符合辅音响度原则,第一人称和第二人称辅音都是鼻音,响度差异不大,符合背景原则。在元音响度上闭元音 [o] 响度小于开元音 [a],第一人称与其他人称之间符合响度原则,第二人称与第三人称之间元音都为 [a],但有松紧差别,响度是否有差异目前未知,暂定为无差异。第一人称所含音位少于第二、三人称,因此第一人称与其他人称之间符合复杂度原则。声调均为降调,差异不大,符合背景原则。另如,普米语三身代词分别为:[ε^{55}]、[nε^{13}]、[tə^{55}gɯ^{55}],复杂度递升,完全符合复杂度象似原则。多数有声调语言人称代词声调倾向于符合背景原则,但也有少部分符合重度原则的,如水语人称代词单数分别为:[ju^{31}]、[n̩a^{31}]、[man^{24}],一、二人称声调同为降调,第三人称为升调,因此一、二人称与第三人称之间符合重度原则。

另外我们还发现,许多人称代词的语音具有位置方向象似性。并且位置方向象似性的表现远比响度-距离象似性显著。位置方向象似性遵循的是:发音部位-直指方向象似原则(以下简称为"部位原则")。即通过发音部位在内和在外，象似性地直指言谈角色所处方向的内和外。第一人称是说话人本身，所以从内，用发音部位在内的音表示。第三人称在言谈角色之外，用发音部位在外的音表示。第二人称内外度在前两者之间，发音部位也居于两者之间。因此所遵循的位置方向象似性序列（由第一人称到第三人称发音部位的序列）为：内＜外。典型的例子如，白语三身代词 [ŋo³¹]、[no³¹]、[mo³¹]，辅音都是鼻音，元音相同、声调相同、音位数量也相同，所以在响度、重度、复杂度上均无差别，全部都做背景。但是从辅音发音部位上来说，"我、你、他"的发音部位分别为舌面后、舌尖中、双唇，依次从口腔内部移向外部，三身代词两两之间完全符合部位原则。下文统计中也可看出，位置方向象似性表现显著，如下文表20：所有121个样本中有88个"我-你"之间符合部位原则，再如表19：64个样本"我-他"之间符合部位原则，均大于符合其他原则的样本数量。

三、民族语人称代词象似性统计分析

3.1 统计说明

在下面的统计中，我们将参考刘丹青、陈玉洁（2008，2009）总结的三条反映指示词象似性的原则及补充，以及应学凤（2010）的复杂度象似性原则和我们发现的部位原则，来具体考察民族语人称代词的语音象似性。刘丹青、陈玉洁（2009）已经证明，对汉语指示词来说，元音开口度是很有效的距离象似性参项，元音前后相对不是一个有效参项。因为人对元音开闭也就是元音高低的敏感度大于元音舌位前后。但由于本文统计的是中国不同语族甚至不同语系的语言，所以元音开闭、前后都进行统计。另外本文将重点关注两个方面的表现：响度-距离和发音部位的内外方向。

3.1.1 材料来源及考察范围

民族语言人称代词材料来源首先是民族出版社 1980 年至 1987 年陆续出版的《中国少数民族语言简志丛书》（下文称《简志》），《简志》中没有收入的语言，我们参考商务印书馆 2007 年出版的《中国的语言》（孙宏开等 2007）。共选取藏缅语 46 种，壮侗语 22 种，苗瑶语 6 种，阿尔泰语 22 种，南亚语 9 种，南岛语 16 种，总共 121 种语言。苗瑶语族的巴哼语在《中国的语言》中虽有介绍但没有人称代词的记录，未参与统计。印欧语在上述两种资料中都只有塔吉克语有记录（中国境内印欧语也只有塔吉克语和俄罗斯语），样本少，因此也未做统计。另外《中国的语言》中还有的汉语以及 5 种混合语也未在本文统计之列。

3.1.2 人称代词语素的选取

由于人称代词的复数构成形式比较多样，因此先只取单数人称进行比较分析。藏缅语、南岛语中有格形式的只取主格，主格之外还有基本格的取基本格。藏缅语和阿尔泰语部分第三人称的发音是双音节或三音节，复杂度比第一、二人称大，因此也是符合象似性的。南岛语三个人称中都不乏双音节或三音节，我们将做综合分析。有的语言第三人称代词分指人的和指动物的，如苏龙语，第三人称代词有 [va^{55}]（他）、[dʑi^{55}]（它）之分，我们选指人的人称代词为比较参项。有的人称代词分常式与非常式，如嘉绒语第三人称分：[mə]（常式）、[wəjo]（非常式），我们选常式。部分语言第三人称分视线内和视线外形式，如南岛语中的布农语、巴则海语、邹语等，选视线内形式作为比较参项。

3.1.3 对比音素的选取

对元音我们选取主要元音进行比较，介音和韵尾作为参考。分开-闭和前-后两个参项，对辅音的响度统计主要是以发音方法体现的响度等级为标准。如果音素或音节数量有差异，那么会在复杂度的统计数字中表现出来。元音、辅音的发音部位和方法统计标准参照中国语言学会语音学分会 2007 年公布的国际音标表（修订至 2005 年）中文版，以及罗常培、王均（2002：86，109）的元音表和辅音表。

在位置方向象似方面，主要对比辅音声母的发音部位，因为多数音节以辅音起始，而且辅音的成阻部位容易被感知，如果起始辅音部位相同或音节中没有辅音，也参考半元音和元音的发音部位，半元音 [j] 为舌面中音、[w] 为双唇音，元音为舌面音或舌尖音。

南岛语人称代词有较为丰富的形态变化。我们一般选主格作为参项。主格有统一标记的，比较时只比较主格标记外其余部分。如主格没有统一标记，或者去掉统一标记后音节仍为多音节，那么比较重音所在的那个音节。南岛语音节相对较多，但除了回辉语有声调之外，其他南岛语都无声调，只有重音。多音节词的重音一般在倒数第 1 个或者倒数第 2 个音节上，比较时将重点比较重读的音节。

3.1.4　统计方式

（1）按藏缅、壮侗、苗瑶三个语族，阿尔泰、南亚、南岛三个语系将收集到的语料分为 6 组。先对这 6 组语言的单数人称代词语音象似性表现分别进行统计，采取第一、二、三 3 种人称两两相对的办法，统计其在辅音、元音开闭、元音前后、声调、音节复杂性、发音部位（表中略记为"辅音、元 1、元 2、声调、复杂、部位"）等方面是否遵循语音象似性，以及分别主要遵循哪些原则。然后对表现出来的语音象似性特征进行综合统计与比较分析。

（2）分值说明

第一，参照刘丹青、陈玉洁（2008）的记分方法，符合预测的语音象似性原则的记 1 分。辅音发音方式相同，如都是鼻音或都是塞音，不细分其响度差异，记 0 分。主要元音相同、声调同为降调、平调或者升调等响度及重度无差别或差别不大的比较结果，以及发音部位相同不能体现距离象似的结果分值都记 0 分，违反预测的语音象似性原则的记为 –1 分。比较参项的语音不在我们预测之内，或比较项中有缺辅音、元音或者无声调无法比较的记为 NA（not applicable，无关、不适用），各人称代词音节数量不同，无法对应比较的也记为 NA。表中具体数字为得该分值的语种数。

第二，如果第三人称代词是双音节或多音节并且每个音发音部位（主要是辅音）前后差异大，而第一、二人称是单音节，那么除了音节复杂度可以比较外，其他特征不容易比较。像义都语三身代词单数分别为 [ŋa³⁵]、[no³⁵]、[e³¹tɕa⁵⁵he⁵⁵]，第一、二人称之间可以比较，但与第三人称之间除复杂度外，其余项目均为不相关，记为 NA。但是并不是音节数量不同就一定无法比较，如羌语第一人称是 [ŋa⁵⁵]，第三人称是 [tsa⁵⁵lə⁵⁵]，很明显第三人称不管是辅音还是元音，发音部位均前于第一人称，记 1 分，且声调是背景，均为 55 调，记 0 分。

第三，人称代词语音复杂度象似性考察具体办法为：首先看音节数量有无差异，如果音节数量相同，那么比较音节中所含音位数量。比如：第三人称的音节多于第一人称，或者音节数量相同但包含音位数量多于第一人称，那么符合语音复杂度象似原则，记 1 分；如情况正好相反，则不符合复杂度象似原则，记为 –1 分；如果二者音节数量相同并且音位数量也相同，表示复杂度无差异或差异不大，那么记为 0 分。各列最高分值用方框凸显。

3.2 民族语人称代词语音象似性统计结果

3.2.1 藏缅语人称代词语音象似性统计结果

表 1　藏缅语人称代词"我–他"之间语音象似性分值

比较结果	比较项					
	辅音	元1	元2	声调	复杂	部位
NA	10	6	6	7	0	5
–1	20	22	19	9	4	2
0	6	9	10	25	27	7
1	10	9	11	5	15	32

表 2　藏缅语人称代词"我-你"之间语音象似性分值

比较结果	比较项					
	辅音	元1	元2	声调	复杂	部位
NA	2	1	1	3	0	0
−1	5	26	19	6	3	2
0	37	12	14	35	33	0
1	2	7	12	2	10	44

表 3　藏缅语人称代词"你-他"之间语音象似性分值

比较结果	比较项					
	辅音	元1	元2	声调	复杂	部位
NA	10	8	8	5	0	5
−1	19	7	11	7	7	22
0	8	23	19	28	28	7
1	9	8	8	6	11	12

藏缅语人称代词总共46个语言样本。表1—表3统计结果显示：（1）第一和第三人称，即"我-他"之间，在辅音响度、元音开闭和前后上分值在四栏中均有分布，但−1分语种数最高，其中辅音和元音开闭不符合象似原则的均超过了40%。符合辅音响度象似的为10例，只有22%。符合元音开闭和前后象似的分别占总样本数的20%和24%，与响度趋同的例证数量基本持平。声调和复杂度0分占优势，分别占总数的54%和59%，即超过半数做背景。其中复杂度方面1分居第二位，约占总数的三分之一。而发音部位模拟人称相对距离方面，符合部位象似性原则的样本数量占明显优势，为70%。（2）第一和第二人称即"我-你"之间辅音响度、声调和复杂度明显倾向于做背景，得0分的分别占总数的80%、76%、72%。部位象似原则除两例不符合外，其余均符合，占绝对优势，为96%。元音响度则表现为多数不符合响度原则，尤其是元音开闭，57%都违反响度原则。（3）藏缅语第二和第三人称，即"你-他"之间无明显在符合象似性上占优势的原则，得1分者最高

的也仅为12例,在部位象似一栏,占总数的26%。辅音和部位上,最高的为不符合象似原则的 −1 栏,其余元音开闭、前后、尤其是声调以及复杂度趋同的样本数量均超过其他,仅能作为背景。也就是说,在以其余参项为背景的条件下,"你-他"之间违背辅音响度、部位象似原则。

总体来说,多数藏缅语人称代词在响度,尤其是在元音响度上,并不遵循响度-距离象似原则,"我-他、我-你"之间符合部位象似原则,而"你-他"之间在各方面都没有明显的语音象似性表现。

3.2.2 壮侗语人称代词语音象似性统计结果

表4 壮侗语人称代词"我-他"之间语音象似性分值

比较结果	比较项					
	辅音	元1	元2	声调	复杂	部位
NA	2	0	0	2	0	0
−1	5	4	10	1	6	4
0	6	6	3	15	10	3
1	9	12	9	4	6	15

表5 壮侗语人称代词"我-你"之间语音象似性分值

比较结果	比较项					
	辅音	元1	元2	声调	复杂	部位
NA	2	3	3	2	0	0
−1	4	8	7	4	8	0
0	1	5	3	15	11	0
1	15	6	9	1	3	22

表6 壮侗语人称代词"你-他"之间语音象似性分值

比较结果	比较项					
	辅音	元1	元2	声调	复杂	部位
NA	2	3	3	2	0	1
−1	8	2	6	1	5	13

续表

比较结果	比较项					
	辅音	元1	元2	声调	复杂	部位
0	10	11	8	13	8	0
1	2	6	5	6	9	8

壮侗语共22个样本。表4—表6统计结果显示：（1）在壮侗语人称代词"我-他"之间，辅音、元音开闭以及部位象似原则上符合象似性的样本占最多数，分别占总样本的40%、55%、68%。元音前后不表现响度象似，-1分值的最多。而声调和复杂度趋于做背景。（2）第一和第二人称"我-你"之间，与"我-他"在元音响度上表现不同的是，元音开闭不表现响度象似，响度象似是由元音前后表现的。在辅音响度和部位象似上符合语音象似原则，尤其是部位象似，全部22个样本分值均为1。声调和复杂度依然倾向于做背景。（3）第二与第三人称"你-他"语音象似性表现不明显，仅在复杂度上1分值最多，为9例，只比做背景的8例多1例，占总数的41%。其余"辅音、元音开闭、元音前后、声调"均趋向于做背景，而多数样本（59%）也不符合部位象似性原则。

因此，壮侗语人称代词在"我-他""我-你"上表现出较为明显的响度象似和部位象似，声调和复杂度倾向于做背景。而在"你-他"之间有复杂度象似倾向，响度、声调趋于做背景，不符合部位象似原则。

3.2.3　苗瑶语人称代词语音象似性统计结果

表7　苗瑶语人称代词"我-他"之间语音象似性分值

比较结果	比较项					
	辅音	元1	元2	声调	复杂	部位
NA	0	0	0	1	0	0
-1	1	2	2	1	1	4
0	0	3	2	4	2	0
1	5	1	2	0	3	2

表 8　苗瑶语人称代词"我-你"之间语音象似性分值

比较结果	比较项					
	辅音	元1	元2	声调	复杂	部位
NA	0	1	1	1	0	0
−1	1	1	1	1	1	1
0	1	2	2	3	2	0
1	4	2	2	1	3	5

表 9　苗瑶语人称代词"你-他"之间语音象似性分值

比较结果	比较项					
	辅音	元1	元2	声调	复杂	部位
NA	0	1	1	2	0	0
−1	0	1	2	0	2	4
0	5	4	3	4	3	0
1	1	0	0	0	1	2

苗瑶语共 6 个样本。表 7—表 9 统计结果显示：(1) 人称代词"我-他"在辅音响度和复杂度上符合语音象似原则，元音开闭 0 分最多，有 3 个样本趋同，做背景，占 50%。而元音前后方面，−1、0、1 分的均为两个样本，没有哪个占优势。声调还是趋于做背景，而部位象似方面多数不符合象似原则。(2)"我-你"在辅音响度、复杂度、距离三方面均趋于符合语音象似性原则，声调依然趋于符合背景原则，即语音象似性原则 I。元音响度上无论前后还是开闭，0 分、1 分相同，均有两个样本。也就是做背景和符合响度原则的样本数量相同。(3)"你-他"之间只在辅音、复杂度和部位上有一两个样本符合象似性原则。多数样本在"辅音响度、元音开闭、元音前后、声调、复杂度"五个方面均为 0 分，又不符合部位象似原则。

在三组人称比较中，依然是"我-他""我-你"的象似程度比"你-他"高。"我-他""我-你"在辅音响度和音节复杂度方面多数符合响度和复杂度象似原则，只是"我-他"不符合部位原则，而"我-你"

是符合的。"你-他"之间发音部位违反象似原则，其他参项多数做背景。

3.2.4 阿尔泰语人称代词语音象似性统计结果

表10 阿尔泰语人称代词"我-他"之间语音象似性分值

比较结果	比较项					
	辅音	元1	元2	声调	复杂	部位
NA	13	1	0	22	0	0
−1	3	4	3	0	10	22
0	0	6	2	0	7	0
1	6	11	17	0	5	0

表11 阿尔泰语人称代词"我-你"之间语音象似性分值

比较结果	比较项					
	辅音	元1	元2	声调	复杂	部位
NA	0	1	1	22	0	1
−1	9	0	3	0	0	21
0	0	19	17	0	21	0
1	13	2	1	0	1	0

表12 阿尔泰语人称代词"你-他"之间语音象似性分值

比较结果	比较项					
	辅音	元1	元2	声调	复杂	部位
NA	13	1	1	22	0	1
−1	2	6	2	0	11	14
0	0	6	2	0	6	1
1	7	9	17	0	5	6

阿尔泰语共22个样本，由于阿尔泰语无声调，因此声调一栏全部样本均为不适用（NA），而第三人称"他"多数为"元音"开头（还有

少量为双音节或多音节词），因此"我-他""你-他"在辅音一栏的统计结果也多数为 NA，但元音的响度是大于辅音的，从这方面来说，第三人称"他"的整体响度要分别大于第一人称和第二人称。

其余项目在表 10—表 12 的统计结果显示：(1)"我-他"元音开闭上 50%，元音前后上 77% 符合响度象似原则。而在复杂度和部位上得 −1 分的最多，特别是部位象似，全部样本都不符合，因为第三人称"他"多数为舌面元音开头，没有辅音声母。而第一人称"我"基本都是发音部位最前的双唇辅音声母，不管是和元音开头的"他"相比，还是和剩余不多的双音节多音节中的"他"中的辅音发音部位相比，"我"的发音部位都是靠前的。因此"我-他"在发音部位上是违背人称代词距离象似原则的，但元音开头的"他"在响度上，双音节和多音节的"他"在复杂度上当然符合语音象似原则。(2)"我-你"多数符合辅音响度等级，但各语族情况不同，突厥语族 9 种语言第一人称全部以鼻音 [m] 为声母，响度较大，"我-你"辅音响度比较分值全部为 −1，其余蒙古语族和满-通古斯语族语言均符合辅音响度象似原则。阿尔泰语人称代词"我-你"倾向于将元音响度和复杂度作为背景，分别为总数的 86% 和 77%。由于"我"多数为双唇音声母，因而在发音部位上"我-你"违背象似原则。(3)"你-他"在元音开闭和前后上符合语音象似性原则分值最高，分别占总数的 41% 和 77%，在复杂度上（50%）和部位上（64%）均违背语音象似原则，得 −1 的最多。

总之，阿尔泰语人称代词符合响度-距离象似，但不符合位置方向象似。"我-他""你-他"的响度-距离象似性是由元音开闭和前后体现的，而"我-你"的响度-距离象似是由辅音的响度体现的。"我-他""你-他"违背复杂度象似原则，而"我-你"复杂度则符合背景原则。值得注意的是，"我-他""我-你""你-他"均违背部位象似原则，也就是说，多数阿尔泰语"我-你-他"在发音部位上的相对位置与部位象似原则是相反的，从双唇、舌尖到舌面，是从外往里的。

3.2.5 南亚语人称代词语音象似性统计结果

表13 南亚语人称代词"我-他"之间语音象似性分值

比较结果	比较项					
	辅音	元1	元2	声调	复杂	部位
NA	1	0	0	4	0	0
−1	0	4	6	0	3	2
0	4	5	1	3	5	4
1	4	0	2	2	1	3

表14 南亚语人称代词"我-你"之间语音象似性分值

比较结果	比较项					
	辅音	元1	元2	声调	复杂	部位
NA	1	0	0	4	0	0
−1	0	3	9	0	2	0
0	0	3	0	5	4	0
1	8	3	0	0	3	9

表15 南亚语人称代词"你-他"之间语音象似性分值

比较结果	比较项					
	辅音	元1	元2	声调	复杂	部位
NA	1	0	0	4	0	0
−1	5	4	1	0	4	9
0	3	3	2	3	4	0
1	0	2	6	2	1	0

南亚语共9个样本。表13—表15统计结果显示：（1）"我-他"在元音开闭上没有符合响度等级表现。5例符合背景原则，4例违背响度原则，后两者数目差别不大。而元音前后方面2例符合前近后远律，1例元音相同符合背景原则，其余6例均违背象似原则。所以总体上违背象似性的较多。而在辅音响度上，除1例无法比较外，其余8种样

本，4种符合背景原则，4种符合响度等级原则。4种语言无声调，其余5种符合背景原则或重度等级原则，无违背语音象似性原则的样本。多数样本在复杂度和部位上符合背景原则。(2)"我-你"辅音响度除1例为NA外，其余全部符合响度原则。全部9个样本均符合部位象似原则。复杂度上4例符合背景原则，3例符合语音象似性原则，违背响度象似的也有2例。元音开闭违背象似性、符合象似性以及响度无差别做背景的各占3例，比例相同。而元音前后方面，9例样本全部不符合响度原则，盖因南亚语第一人称多数元音发音位置靠后。有声调的样本中全部将声调作为背景。(3)"你-他"辅音多数不符合响度原则，因"你"的辅音为[m]，响度较大，而"他"的辅音除3例也为鼻音、1例无辅音外，其余5个塞音响度都小于鼻音。也因此"你-他"全部样本均不符合部位象似原则。符合复杂度象似的只有1个样本，其余8个样本，4个复杂度相同，4个违背复杂度原则。元音开闭上也有4个样本不符合响度原则。但在元音前后上1分的最多，有6种语言符合象似性原则。

整体上来看，南亚语人称代词"我-他"之间语音象似性程度不高，仅辅音响度参项稍强于其他参项。"我-你"在辅音和部位上，"你-他"在元音前后上象似性表现明显。

3.2.6 南岛语人称代词语音象似性统计结果

表16　南岛语人称代词"我-他"之间语音象似性分值

比较结果	比较项					
	辅音	元1	元2	声调	复杂	部位
NA	3	0	0	15	0	0
−1	4	3	11	0	3	3
0	1	5	3	1	5	1
1	8	8	2	0	8	12

表 17　南岛语人称代词"我-你"之间语音象似性分值

比较结果	比较项					
	辅音	元1	元2	声调	复杂	部位
NA	6	0	0	☐15	0	0
−1	3	7	4	0	☐9	4
0	1	☐8	☐7	1	5	4
1	☐6	1	5	0	2	☐8

表 18　南岛语人称代词"你-他"之间语音象似性分值

比较结果	比较项					
	辅音	元1	元2	声调	复杂	部位
NA	4	0	0	☐15	0	0
−1	3	0	☐11	0	3	5
0	1	7	5	1	1	1
1	☐8	☐9	0	0	☐12	☐10

南岛语人称代词有丰富的格形式，且为黏着语，音节明显比其他语系语言的音节多，统计起来有很大困难。因此我们只选主格或基本格，并且去掉相同的格标记，去掉非重读的音节，仅比较剩余部分的语音，只能做非常粗略的统计。统计结果很可能与现实的响度有差异。南岛语除了回辉语有声调，三个人称全部是33调，符合背景原则以外，其余语言没有声调，因此我们只做其他方面的比较。总共16种语言样本。

表16—表18统计结果显示：（1）"我-他"符合响度、复杂度、部位象似原则的分值最高。其中元音响度-距离象似体现在元音开闭上，元音前后不符合象似性原则。（2）"我-你"符合辅音响度原则和部位象似原则的分值最高，元音符合背景原则。而多数样本"我-你"不符合复杂度象似原则。但"我-他"和"你-他"符合复杂度象似原则分值是最高的，也就是说有超过半数的"你"音节结构相对其他人称要简单。（3）"你-他"比较分值显示的趋势与表16中的"我-他"趋势相似。也是在响度、复杂度、部位上都符合语音象似性，同样元音响度象似只表

现在元音的开闭上,元音前后不符合象似性原则。

3.2.7 全部样本人称代词语音象似性统计结果

表 19 全部样本人称代词"我-他"之间语音象似性分值

比较结果	比较项					
	辅音	元1	元2	声调	复杂	部位
NA	29	7	6	51	0	5
−1	33	39	51	11	27	37
0	17	34	21	48	56	15
1	42	41	43	11	38	64

表 20 全部样本人称代词"我-你"之间语音象似性分值

比较结果	比较项					
	辅音	元1	元2	声调	复杂	部位
NA	11	6	6	47	0	1
−1	22	45	43	11	23	28
0	40	49	43	59	76	4
1	48	21	29	4	22	88

表 21 全部样本人称代词"你-他"之间语音象似性分值

比较结果	比较项					
	辅音	元1	元2	声调	复杂	部位
NA	30	13	13	50	0	7
−1	37	20	33	8	32	67
0	27	54	39	49	50	9
1	27	34	36	14	39	38

表19—表21统计结果显示:除了复杂度没有无法比较的NA,其他各项各个分值上都有语种分布,我们重点看哪一项象似原则在哪个分值上语种数最多。121种语言样本中有44种无声调,因此声调一项

NA 数目较多，在声调方面我们只比较其他三个分值的表现。（1）在全部样本的第一和第三人称之间，有声调语言的声调和全部语言的复杂度得 0 分的语言最多，也就是说，声调和复杂度趋同，倾向于符合背景原则。辅音和发音部位得 1 分的最多，即符合响度原则和部位原则的语言最多。元音开闭得 1 分的有微弱优势，占 35%。而元音前后违背响度等级的较多，有 42%，符合响度等级的语言数量居第二，占 36%。（2）全部样本的第一和第二人称之间，辅音符合响度原则的语种数量比符合背景原则的稍占优势。声调和复杂度还是有明显的趋同倾向，符合背景原则。发音部位大多数符合部位象似原则，占总数的 73%。元音开闭和前后符合响度象似原则的样本不多，仅占 17% 和 24%，符合背景原则的样本数最多，分别占 40% 和 36%，但违背响度原则的也不在少数，分别为 37% 和 36%。（3）第二和第三人称之间的语音象似性程度没有"我-他"和"我-你"高，各项象似原则得 1 分的语种数都不是最多的，其中最大数字复杂度上有 39 个语种，部位象似有 38 个语种，分别只占总数的 32% 和 31%。声调和复杂度依然是多数语种倾向于符合象似性原则Ⅰ，即背景原则。而元音开闭和元音前后符合背景原则的语种数也最多，分别占总数的 45% 和 32%。在表 19 和表 20 中，符合象似性语种数占优势的辅音和发音部位两项区别特征在表 21 中表现正相反，违反象似性的语种数值最大。

从表 19—表 21 汇总结果总体来看：声调和复杂度在人称代词两两相对比较中，趋同的语种最多，倾向于符合背景原则。辅音和部位在"我-他"和"我-你"的比较中符合响度原则和部位象似原则的语种数量也最大，而在"你-他"之间违反象似原则的居多。元音响度比较的表现不太规整，"我-他"元音开闭符合响度原则的多，而前后不符合的多，"我-你"元音响度做背景的多，违背原则的次之，"你-他"同样做背景的多，但符合原则的语种数次之，这又不同于"我-你"。元音响度统计结果如此也与我们将开闭和前后分开统计的方式有关，前开元音和后闭元音在响度上的差别相对较小，在一些前开元音与后闭元音的比较中，容易出现从开闭上来说"前开-后闭"应该是 –1 分，不符合响度原则，而从前后来说又是 1 分，符合响度原则的情况，造成元音响度两个参项分值矛盾。Shinohara & Kawahara（2010）的实验显示，不同族群对元音所表对象的大小序列有所差异。例如：

汉语者元音序列：i＜e＜u＜o＜a（由小到大，下同）

英语者元音序列：i＜e＜a＜u＜o

日语者元音序列：i＜e＜a＜u＜o

韩语者元音序列：e＜i＜u＜o＜a

可以看出，前开元音 [a] 和后闭元音 [u、o] 与所表示的意义之间的关联在汉语、韩语中符合闭小开大，而在英语和日语中是符合前小后大（前文也提到从刘丹青、陈玉洁（2008，2009）的统计中可看出，对汉语指示词来说，元音开闭是更有效的参项）。那么我们分开统计，只要闭开和前后两个参项其中之一符合语音象似性即可。我们将"元 1"和"元 2"中得 1 分的语种数加起来的话，"我–他"符合元音响度原则的比例高于"你–他"，而"你–他"高于"我–你"，分别为 84、70、50（当然，此数字没有排除"闭开"和"前后"都符合响度原则的语种，实际符合响度原则的总数要比这些小）。这个差别也符合"我"离"你"较近，响度差较小，而离"他"较远，响度差当然就大的距离象似性。

四、结语

4.1 民族语人称代词语音象似性特点

从藏缅、壮侗、苗瑶、阿尔泰、南亚、南岛 6 组不同语族或语系的人称代词统计分析结果来看，它们的声母、韵母、有声调语言的声调体现着不同程度的语音象似性，在复杂度和部位象似性表现上也有差异。在各组语言内部，"我–你–他"三个人称之间的语音象似性程度也不平衡。但总体上：

（1）声调和复杂度符合背景原则的占明显优势；

（2）"我-他"和"我-你"总体语音象似性程度高于"你-他"；
（3）位置方向象似表现显著。

4.2 人称代词与位置方向象似

与指示词相比，人称代词有几个特点：

（1）至少涉及言谈行为中三种不同的角色，而指示词不管几分，主要是在距离远近这单一的参项轴线上。

（2）指示词的所指对象可以是一切事物，不分生命度，也往往与言谈者或言谈双方都没有关系，因此主要用比较客观的距离这一参项来构成系统。人称代词的所指对象主要是人，这是生命度最高的所指，而且涉及到说话人和听话人，因为有强烈的主观性和交互主观性，因此涉及的参项不是距离那么简单，其象似性也就不仅受距离象似性影响，位置方向成为比距离更重要的参项。

（3）言语交际最不能离开的基本方是说话人，即第一人称，第一人称也是体现主观性最强的一方，因此，人称代词的象似性主要表现在第一人称和其他人称的对立上。

在这样的背景下，通过考察，我们可以看到，作用于指示词的响度-距离象似性在人称代词上只是象似性的一个方面，更重要的方面是通过发音部位体现的位置方向象似性，即通过发音部位的内外体现言谈行为中与说话人的内外之别，因此这种象似性也主要存在于第一人称和第二、第三人称之间。

因此，就第一人称和第二、第三人称的对立而言，以发音部位的内外模拟言谈角色的内外的象似性是以很高的统计数字显著存在的。这也是本文所发现的人称代词与指示词在象似性上的区别所在。

4.3 任意性、或然性与必然性

从多数的统计表中我们也可看出，并不是所有语言各个参项都很整齐地全部符合语音象似性，或者是全部违背语音象似性。我们统计出的语音象似性的结果只是统计学上的倾向。就样本语言人称代词的语音形式与其所表示的概念意义之间的关系来说，既不完全是索绪尔所坚持的"任意性"的，也不完全是"必然"符合象似性的，而是居于"任意性"和"必然性"之间的一种中间状态。有的象似性程度高一点，相对偏向"必然性"一方，如"我-他"之间；而有的象似性程度低一点，相对偏向"任意性"一方，如"你-他"之间。

目前质疑索绪尔任意性的学者已经不少。至于理据性，更是很少有人反对。但按我们的理解，索绪尔、赵元任所否认的是语言形式和语义之间的"必然联系"，即决定性的影响力，这在逻辑上本质上都没有问题。至于理据性，反映的是语言意义对形式的大量或然性影响，或然性影响和非必然性联系本质上并不冲突。或然就是不必然。刘丹青、陈玉洁（2008，2009）谈的就是指示词的语音象似性即语音理据，但只是用跨方言统计来表现其倾向。这仍是一种或然性倾向，不是必然联系。我们所做的人称代词跨语言语音象似性，发现了一些不同于指示词的语音象似性，但这仍是或然性的。可以说任意性和唯实论（必然联系论）的关系是类似"大和小"的反义关系，这是相对反义，不是绝对反义，中间还有不大不小的地带。理据就是这中间地带。也就是说，这本来就是三分地带。如石锋（个人交流）所说，争论双方却都认为这是相当于"死~活""曲~直"这样的二分绝对反义关系，所以互相难以说服并认为绝对对立。承认了三分，就空出了一大块尚未好好开发的中间地带。也说明以前的有些争论可能是无谓的。需要大力开发的是"任意性"和"必然性"之间的中间地带，并且通过开发来确定中间地带与两边的界限各在何处。

参考文献

布龙菲尔德　1955/1997　《语言论》，袁家骅、赵世开、甘世福译，钱晋华校，北京：商务印书馆。

郭小武　2000　"了、呢、的"变韵说——兼论语气助词、叹词、象声词的强弱两套发音类型，《中国语文》第4期。

侯精一、温端政　1993　《山西方言调查研究报告》，太原：山西高校联合出版社。
刘丹青、陈玉洁　2008　汉语指示词语音象似性的跨方言考察（上），《当代语言学》第 4 期。
刘丹青、陈玉洁　2009　汉语指示词语音象似性的跨方言考察（下），《当代语言学》第 1 期。
罗常培、王　均　2002　《普通语音学纲要》（修订本），北京：商务印书馆。
吕叔湘　1985　《近代汉语指代词》，上海：学林出版社。
沈家煊　1993　句法的象似性问题，《外语教学与研究》第 1 期。
索绪尔　2002　《索绪尔第三次普通语言学教程》，屠友祥译，上海：上海人民出版社。
孙宏开、胡增益、黄　行　2007　《中国的语言》，北京：商务印书馆。
唐正大　2005　关中方言第三人称指称形式的类型学研究，《方言》第 2 期。
应学凤　2010　指示代词语音象似性的跨语言考察，《汉语学报》第 3 期。
《中国少数民族语言简志丛书》编辑组　1980—1987　《中国少数民族语言简志丛书》，北京：民族出版社。
朱晓农　2004　亲密与高调——对小称调、女国音、美眉等语言现象的生物学解释，《当代语言学》第 3 期。
Bergen, B. K. 2004. The psychological reality of phonaesthemes. *Language*, 80 (2), 290-311.
Chan, M. K. M. 1996. Sound symbolism and the Chinese language. In *Proceedings of the 7th North American Conference on Chinese Linguistics and the 4th International Conference on Chinese Linguistics* (Vol. 2). Los Angeles: GSIL Publications.
Haiman, J. 1985. *Iconicity in Syntax*. Amsterdam: John Benjamins.
Hinton, L., Nichols, J., & Ohala, J. 1994. Introduction: Sound-symbolic process. In L. Hinton, J. Nichols, & J. J. Ohala (Eds.), *Sound Symbolism*. Cambridge: Cambridge University Press.
Jespersen, O. 1933. Symbolic value of the vowel I. In O. Jespersen (Ed.), *Linguistica: Selected Papers in English, French and German*. Copenhagen: Levin & Munksgaard.
Körtvélyessy, L. 2011. Phonetic iconicity—Lost in universality. *Bulletin of the Transilvania University of Braşov*, 4 (53), 137-144.
Newman, S. S. 1933. Further experiments in phonetic symbolism. *The American Journal of Psychology*, 45 (1), 53-75.
Sapir, E. 1929. A study in phonetic symbolism. *Journal of Experimental Psychology*, 12 (3), 225-239.

Shinohara, K., & Kawahara, S. 2010. A cross-linguistic study of sound symbolism: The images of size. *Proceedings of the 36th annual meeting of the Berkeley Linguistic Society*. Berkeley: Berkeley Linguistic Society.

（原载《云南师范大学学报》（哲学社会科学版），
2003 年第 4 期，与严艳群合作）

汉藏语系重叠形式的分析模式

零、引言

重叠是一种十分常见的语言手段,在世界各地的许多语言(特别是口语)里都能看到(萨丕尔 1921/1964:46—48)。在亚太地区的一些语系中,如汉藏语系、南亚语系、南岛语系,重叠用得尤为广泛;不但形式更加丰富,表义作用和语法功能也特别发达。可以说,重叠是把这些尚未发现亲属关系的不同语系联结为一个地域上相连的语言联盟(sprachbund, language-union)的重要纽带之一。

随着汉语方言调查的广泛开展和汉藏语系研究的深入,人们接触到了越来越多的重叠形式,如何描写和分析这些形式,往往因人而异,甚至对重叠是什么性质的手段,哪些现象属于重叠,也是言人人殊。这就不利于科学地展开语言和方言调查,不利于发现各语言和方言在重叠形式上有哪些共同点和不同点。本文根据所接触到的汉藏语系多种语言和方言的材料,参考了学者们在描写和分析重叠形式时所采用的一些方法,试图提出一套综合性分析模式,供描写和研究重叠式时参考。

本文所用的汉语以外的材料,都来自书面文献(声调标法则做了统一处理),但对这些材料的分析方式与原作者不尽相同。汉语材料用得不少,包括古代汉语和汉语方言。

重叠的研究除了形式分析外,还应包括语义和语法两方面,我们将另文讨论。

一、几个基本概念

本文经常用到以下这些概念：重叠、重叠式、基础形式、新形式、新增形式、生成过程。它们在本文中的含义需要解释一下，这些解释体现了我们对重叠现象的看法。

重叠是一种抽象的语言手段（operation）[①]，其作用是使某个语言形式重复出现。

重叠式是一种具体的语言单位，是重叠手段作用于某个语言形式的产物。比如重叠作用于汉语量词"个"，就得到"个个"这个重叠式。

基层形式是语言手段（本文主要指"重叠"）所作用的语言单位。它是重叠式所赖以产生的基础。如上所述例子中"个"就是基础形式。

新形式就是经过一定的语言手段的作用所形成的语言单位。重叠式是新形式的一种，所以，"个个"对"个"来说就是一个新形式。在某种情况下，"新形式"的名称或许比"重叠式"更合适一些。

新增形式是指新形式中基础形式以外新增加出来的部分。如"个个"中，一个"个"是基础形式，另一个"个"，就是新增形式。

生成过程是从基础形式经过重叠的作用形成重叠式的过程。

汉藏语系中重叠的种类极其繁多，这就是生成过程中涉及了种种不同的因素。生成过程的不同可以从十个方面去分析。

二、重叠形式分析的十个方面

2.1 基础形式：语音重叠、语素重叠和语段重叠

重叠所作用的基础形式可以处于两个不同的语言平面。有的基础

[①] 关于"重叠"和生成过程的观念，参考了瑞典学者 J. -O. Svantessen 的论述（1983）。

形式是无意义的语音单位；有的则是音义结合的语法单位，包括语素和语段（语素组合）。我们把两个平面的这三种重叠分别叫作"语音重叠""语素重叠"和"语段重叠"。

北京话的"饽饽"是个重叠式，它的基础形式"饽"不成一个语素，只是一个音节，重叠作用于一个音节生成了一个可以构成语素和词的重叠式。"蛐蛐儿""蝈蝈儿"也属这类。它们都是语音重叠。

苏州话的"珠珠"（圆珠、珍珠）是个重叠式，它的基础形式"珠"是一个有意义而不成词的语素，还可以用在"珍珠、珠粉"等复合词中，这是语素重叠。如果基础形式成词，但只包含一个语素，仍然属于语素重叠，如景颇语重叠词 [kaŋ³¹ kaŋ³¹]（稀疏地），其基础形式 kaŋ³¹（相距）是个动词（徐悉艰 1982）。北京话"天天、个个"也是语素重叠。

重叠还可以作用于一个语素组合——语段。基础形式为复合词的重叠式便是语段组合之一种。如北京话"照看照看"，基础形式是复合词"照看"，两个语素合成一个语段。比词大的语段也可以成为重叠的基础形式。如北京话"一个一个地走出来，一个字一个字地写下去"，带点的重叠式分别以短语"一个"和"一个字"为基础形式。撒尼彝语 [mæ⁵⁵]（尾巴）、[vʐ⁴⁴]（摇）、[mæ⁵⁵ vʐ⁴⁴ sa²²]（助词"地"）、[m³³]（作）（马学良 1957：207），其中的状语是重叠式，其基础形式 [mæ⁵⁵ vʐ⁴⁴]（摇尾巴）是一个述宾短语。

在重叠研究中，注意得最多的是语素重叠。实际上，对汉藏语系来说，语音重叠和语段重叠也有不可忽视的重要性。

汉语的语素系统有个明显特点——绝大部分是单音节的，而在为数有限的超过单音的语素中，除音译词之外，其余绝大部分是有重叠关系的音节组合，包括叠音（赳赳）、双声（蜘蛛）、叠韵（蜻蜓）。双声叠韵分别属于变韵重叠和变声重叠（详后）。在上古汉语中，词汇系统大体上也就是现代汉语语素系统的这种状况。因此，对汉语来说，语音重叠使许多无意义的音节变成能构成词或语素的重叠形式，是实现语音平面向语法平面转换的重要手段。汉藏语系的其他许多语言也有这种情况。

在语段重叠中，合成词的重叠受到较多的重视，而大于词的单位的重叠就不大为人注意。其实，在汉藏语系中，由于重叠手段十分发达，因此也常常被用到大于词的单位上。其中有的是明显的重叠关系，如上举北京话和彝语的例子，有的看似并列关系，其实作用更接近重叠（详见§2.10）。

2.2 新增形式与基础形式的相同度：完全重叠和变形重叠[①]

在重叠过程中，新增形式和基础形式的相同程度是不同的。有时候，二者的形式完全相同，这种重叠叫完全重叠。如傈僳语 [dʒi^{33}]（好）→ [dʒi^{33} dʒi^{33}]（好好地）（中国科学院少数民族语言研究所主编 1959a：88），北京话"大批→大批大批"。有时候，新增形式有一部分跟基础形式不同，就是说，在重叠过程中变了形，这种重叠叫变形重叠。如苏州话有象声词"笃"[toʔ]，可以重叠成"笃录"[toʔ loʔ]（"录"不成象声词），新增形式的韵母跟基础形式相同，声母则变成了 [l]。

变形重叠有许多种小类，常见的有以下这些：

（1）变声重叠。新增形式仅仅与基础形式声母不同，习惯上称为"叠韵"。如北京话象声词"当"重叠为"当朗"，"啪"重叠为"啪沓"。双音节的基础形式也可以这样重叠，如景颇语 [a^{31}tip^{31}]（压）→ [a^{31}tip^{31} a^{31}ʒip^{31}]（强制、压迫）（中国科学院少数民族语言研究所主编 1959a：14）。

（2）变韵重叠。新增形式与基础形式韵母不同，习惯上称为"双声"。如武鸣壮语动词 [pai^{24}]（去）、[sak^{33}]（洗）、[kom^{35}]（盖）、[ɣam^{55}]（砍）分别重叠为 [pai^{24} pauɯ^{35}]（快去）、[sak^{33} sauɯ^{35}]（快洗）、[kom^{35} kauɯ^{35}]（快盖上）、[ɣam^{55} ɣauɯ^{35}]（快砍）（李如龙 1984：21）。双音基础形式也可以有这种重叠，如景颇语 [a^{31} ʒu^{31}]（根）→ [a^{31} ʒu^{31} a^{31} ʒat^{55}]（后代）、[thiŋ^{31} pu^{31}]（邻居）→ [thiŋ^{31} pu^{31} thiŋ^{31} pen^{31}]（邻居）（中国科学院少数民族语言研究所主编 1959a：89）。

（3）变韵腹重叠。新增形式与基础形式仅仅韵腹（包括韵头）不同，即除了双声关系时，韵尾也相同。如苏州话象声词 [tsʻiəʔ tsʻaʔ]、[diŋ doŋ]、[pʻiŋ pʻaŋ]，北京话的"丁当"[②]、丁冬"。

[①] 关于变形重叠及下文顺向逆向重叠的观念，部分参考了朱德熙先生（1982）的论述。
[②] 保留发表时字形，余同。

（4）变音节重叠。只适合于基础形式超过一个音节的情况，在重叠中发生整个音节的变换。傈僳语四字式就有一些由双音词经过变音节叠构成，如 [dza³³ ʃɯ⁵⁵]（粮种）→ [dza³³ ʃɯ⁵⁵ lo⁴⁴ ʃɯ⁵⁵]（种子）、[si⁵⁵ ka⁵⁵]（树枝）→ [si⁵⁵ ka⁵⁵ lo⁴⁴ ka⁵⁵]（树枝）（中国科学院少数民族语言研究所主编 1959b：14），基础形式的前字在新增形式里都变成了 [lo]。再比如景颇语 [tsin³¹li³¹]（毛病）→ [tsin³¹li³¹ tsin³¹ tɑm³³]。北京话的"胡里胡涂，古里古怪"也属于这类。

变形重叠在语音平面上比在语法平面上可能更活跃一些。汉藏语系中占非复合双音词很大比重的双声词、叠韵词，都属于语音平面的变形重叠。不过，由于单个音节没有意义，因此没法知道其中哪个音节是基础形式，如"逍遥、蜘蛛"。在现代汉语方言中，形容词的生动词缀也常常由变形重叠式构成。苏州话的这类词缀形式非常多样，这里略举几例：笔<u>力</u>直（叠韵），火冒<u>利拉</u>（双声），宽司<u>郎当</u>（叠韵），的<u>力</u>滚圆（叠韵），厚注<u>赫纳得</u>（三字叠韵），毛<u>梯他通</u>（三字双声），毛<u>希哈拉</u>（"希哈"双声、"哈拉"叠韵），这些带下划线的变形重叠式也是语音重叠。

正如古代有些学者所指出的，有些"联绵词"可以分析出一个有意义能单用的音节。这类变形重叠应是语素重叠，是变形重叠作用于一个语素生成一个双音词，如（画线的字为基础形式）双声：悉<u>蟀</u>、<u>黾</u>勉、<u>蠛</u>蠓；叠韵：<u>般</u>桓、童<u>蒙</u>、<u>仳</u>㒟（甘大昕 1946）。

2.3 生成过程的次数：一次生成和多次生成

有些基础形式到新形式变化比较大，涉及多种语言手段。如北京话"试""扭"重叠成"试巴试巴""扭搭扭搭"，苏州话"弓"（向某一方向用力挤）重叠成"弓松弓松"，壮语武鸣话 [kom³⁵]（盖）重叠成 [kom³⁵ kaɯ³⁵ kom³⁵ kaɯ³⁵]（李如龙 1984）。这就涉及一个生成次数问题。有些复杂的新形式是一次生成的，就是说几种语言手段同时作用于基础形式从而生成新形式。如北京话的"试巴试巴""扭搭扭搭"，使用了后加和重叠两种手段，但"试巴""扭搭"不能单说，并不是先后加再重叠，而是由"试""扭"一次生成"试巴试巴"和"扭搭搭扭"的。北京话的"说着说着"形式上跟前二式相仿，但"说着"可以单说，因此是由后加和重叠分两次作用于基础形式然后生成的，这就是多次生成。二者的区别可以图示如下：

$$一次生成：试 \xrightarrow[\text{重叠}]{\text{后加"巴"}} 试巴试巴$$

$$多次生成：说 \xrightarrow{\text{后加"着"}} 说着 \xrightarrow{\text{重叠}} 说着说着$$

当然，在一次生成中，各种手段还存在运用的次序，上述图示"试巴试巴"中后加先于重叠；如果先重叠，会生成一个不存在的形式：

$$试 \xrightarrow[\text{后加"巴"}]{\text{重叠}} 试试巴$$

苏州话的"好好叫""慢慢叫"倒是这样生成的。又比如，苏州话的"弓"生成"弓松弓松"，运用了变声重叠（"弓松"叠松）和完全重叠，但"弓松"不能单用，因此是一次生成。壮语武鸣话 [kom³⁵] 生成 [kom³⁵ kaɯ³⁵ kom³⁵ kaɯ³⁵] 运用了变韵重叠和完全重叠，但 [kom³⁵ kaɯ³⁵] 能单用，因此是多次生成。二者区别也可以图示如下：

$$弓 \xrightarrow[\text{完全重叠}]{\text{变声重叠}} 弓松弓松（朝某一方向动呀动的）$$

$$[kom^{35}]（盖）\xrightarrow{\text{变韵重叠}} [kom^{35}\ kaɯ^{35}]（快盖上）$$

$$\xrightarrow{\text{完全重叠}} [kom^{35}\ kaɯ^{35}\ kom^{35}\ kaɯ^{35}]（快快盖上）$$

2.4 重叠手段的运用次数：单一重叠、反复重叠和复杂重叠

单一重叠只包含一层重叠关系，如北京话"星星、看看、慢慢儿、试巴试巴、说着说着"。如果新形式中包含的重叠关系超过一层，并且几种重叠手段是在多次生成（§2.3）过程中先后运用的，这就属于反复重叠。上节举的武鸣壮语 [kom³⁵] → [kom³⁵ kaɯ³⁵] → [kom³⁵ kaɯ³⁵ kom^{35} kaɯ^{35}］就属这类。再比如福州话［t'i$^{23}_{21}$t'i$^{23}_{21}$t'ei?$^{22}_{5}$t'ai?^{23}］（胡乱地贴来贴去），是由［t'ai?^{23}］（贴）先重叠成［t'i$^{23}_{52}$t'ai?^{23}］（随便贴一下），再经过完全重叠构成的（ei～ai 是正常的连读音变）（李如龙 1984）。南京话，"讲讲讲讲不讲了"，由"讲"重叠成"讲讲"（可以说"讲讲不讲了"），再重叠成"讲讲讲讲"，反复运用了完全重叠。如果新形式中包含的重叠关系超过一层，而几种重叠是在一次生成（§2.3）过程中同时运用的，这就属于复杂重叠。如上节举的苏州话"弓"重叠成"弓松弓松"，同样地，"摸"重叠成"摸索摸索"（"摸索"不成词）。再比如西周金文中，有一些 AABB 式形容词，如"丰丰霬霬，仓仓恩恩，雔雔雔雔"，其中 AA、BB 内部是重叠关系，A 和 B 也有双声关系（管燮初 1981：196），因此包含了两层重叠关系，但 AA、BB、AB 都不成词，所以也是复杂重叠。不过它们属于语音重叠，无法确定基础形式。

2.5 重叠与其他手段的结合：单纯重叠和综合重叠

单纯重叠指从基础形式到新形式仅仅运用重叠手段，如北京话"看看、天天、丁冬、丁丁冬冬"，苏州话"弓松弓松"。它们都不涉及重叠以外的其他手段。

在汉藏语系中，重叠也常常跟其他语言手段结合使用，这就是综合重叠。这主要表现为两种情况。

一种是重叠与附加的综合。前举北京话"试巴试巴、扭搭扭搭"、苏州话"好好叫"，就同时运用了重叠后加两种手段。同时运用重叠与中加两种手段的也很常见，如苏州话单音动词的"A 勒 A"式（摇勒摇、飘勒飘），昆明话单音谓词的"A 了 A"式（黑了黑、怕了怕）（李兆同 1984），南京话量词的"A 把 A"式（个把个、次把次），湘语益阳话数词的"A 什 A"（百什百、半什半）（崔振华 1983），傈僳语动词的"A li A"式［[dʒy^{42}]（吹）→［dʒy^{42} li^{33} dʒy^{42}]（飞扬）]。重叠也可以跟前加结合，如傈僳语［mo^{44}]（高）重叠成［a^{31} mo^{55} mo^{44}]（高高的）（中国科学院少数民族语言研究所主编 1959b：87—88），吴语吴江话动词的"密 A 密 A"式（密吃密吃、密看密看）。

另一种情况是重叠与复合的综合。如苏州话"花花绿绿、长长短短"，形式上跟"明明白白"一类词相同，但这些词中的 AB 不成词，AA、BB 也不成词（苏州话没有 AA 式形容词），因此，这些词是重叠与并例两种手段同时作用于基础形式（"花"和"绿"等）而构成的。水语的谓词也有这种重叠方式，如 [paːi²⁴ paːi²⁴ taŋ²⁴ taŋ²⁴]（来来去去），[haːn³³ haːn³³ ɕu²⁴ ɕu²⁴]（红红绿绿）（张均如 1980：42，45）。重叠也可以与并列以外的复合手段综合。如苏州话"风风转"（纸风车玩具），"风风"不能单用，"风转"也不能单用，是重叠与偏正同时作用的产物。

综合重叠应该是一次生成的，如果几种手段分别在多次生成过程中运用，就不是综合重叠。长沙话"说倒说倒"（说着说着）中，"说倒"可以单说，重叠的基础形式就是"说倒"，没有和后加同时作用，不是综合重叠。北京话的"唱唱跳跳"，是"唱唱"和"跳跳"两个可以单用的重叠式的并列，并不是重叠与并列的综合。

2.6 新增形式的数量：等量重叠和超量重叠

基础形式经过重叠（不计其他手段）产生的新增形式一般总是一个跟基础形式同样大小的单位，如：家→家家，慌张→慌里慌张，整箱子→整箱子整箱子，新增形式分别是"家、慌张、整箱子"。这叫等量重叠。

在某些情况下，新增形式的单位数倍于基础形式，这就叫超量重叠。普通话代词："谁"重叠成"谁谁谁"，新增形式"谁谁"是基础形式的两倍，如张贤亮《绿化树》（三十三章）中：

他像运筹帷幄的将军似的调兵遣将：

谁谁谁去北边那条路，谁谁谁去南边那条路，谁谁谁去镇南堡，谁谁谁朝东北方向追。

徐州话量词、副词、形容词都有 AAA 式重叠，如"家家家（每家每户）、偏偏偏（偏偏）、远远远（很远很远）"（李申 1982）。厦门话形容词用"AAA"式表示"极、很"，如"红红红、水水水（极美）"

（袁家骅等 1983：271）。闽语潮阳话谓词有 AAAA 式重叠，新增形式是基础形式的三倍，如"食着涩涩涩涩（吃着感到涩），又如"想想想想、笑笑笑笑"（张盛裕 1979）。

2.7 重叠手段的作用范围：整体重叠和部分重叠

重叠手段的作用范围如果是整个基础形式，这就叫整体重叠。北京话"常常、商量商量、一个人一个人"，潮阳话"涝屎下㴷涝屎下㴷"（拉稀的样子），"无乜好相辅无乜好相辅"（不怎么愿意帮忙的样子）（张盛裕 1979），基础形式的单位大小不同，而重叠手段都分别作用于整个基础形式"常、商量、无乜好相辅"等，这些都是整体重叠。

重叠的作用范围也可以只是基础形式的一部分，其余部分不受重叠影响，这叫部分重叠。凉山彝语的多音词在表示疑问时，只重叠后音节一，如 [n̥o²¹ bo²¹]（劳动）→ [n̥o²¹ bo²¹ bo³³]（劳动吗？），[dz̩³³ mo³⁴]（平安）→ [dz̩³³ mo³⁴ mo³³]（平安吗？）（李民 1984），这便是部分重叠。景颇语的双音谓词用整体重叠和部分重叠表示不同的语法意义，如 [ʃa³¹ mu³⁵]（动）→ [ʃa³¹ mu⁵⁵ ʃa³¹ mu⁵⁵ ʒe³³]（助词）（有点动的样子）或 → [ʃa³¹ mu⁵⁵ mu³³ ʒe³³]（常常动）（中国科学院少数民族语言研究所主编 1959a：87）。苏州话双音动词重叠式一般是 ABAB（照应照应），但"字相"（玩儿）一词一般重叠为 ABB（字相相），也是部分重叠。

2.8 基础形式的完整性：完整重叠和分散重叠

以基础形式为一个完整的重叠单位，新增形式处于基础形式之外，不影响基础形式的完整性，这叫完整重叠。如北京话"高兴高兴、商量商量"，重叠后基础形式"高兴、商量"仍然完整地存在。汉藏语系中，基础形式是单音节的重叠都是完整重叠，如"某某"。

以基础形式内部的各个部分为重叠单位，新增形式分别附在各个部分上，破坏了基础形式的完整性，这叫分散重叠。最常见的是双音形式重叠成 AABB，如北京话的"高高兴兴、商商量量"，重叠在"高""兴""商""量"每个音节上进行。先秦汉语双音词"委佗"既可以完整重叠为"委佗委佗"，也可以分散重叠为"委委佗佗"（周法高 1959：157）。凉山彝语一种特殊四音词在表示疑问时以每两个音节为重叠单位，如 [ŋo^{21} bo^{21} tsa^{33} ɕe^{34}]（劳动）→ [ŋo^{21} bo^{21} bo^{21} tsa^{33} ɕe^{34} ɕe^{34}]（劳动吗？）（李民 1984），当然这种分散重叠同时也是部分重叠。

2.9 基础形式和新增形式的相对位置：无向重叠、顺向重叠和逆向重叠

重叠式包含了基础形式和新增形式两个部分。二者的相对位置体现了重叠过程的方向。

重叠式里看不出哪个是基础形式、哪个是新增形式，因而体现不出重叠的方向，这是无向重叠。无向重叠一般就是完全重叠（§2.2）。如仫佬语方位名词 [u^{42}]（上）重叠成 [u^{42} u^{42}]（每……上），动词 [tsha:m^{53}]（走）重叠成 [tsha:m^{53} tsha:m^{53}]（走走）（中国科学院少数民族语言研究所主编 1959c：36，38），我们不能说哪个 [u^{42}] 哪个 [tsha:m^{53}] 是重叠的起点——基础形式，而另一个 [u^{42}] 另一个 [tsha:m^{53}] 是重叠的终点——新增形式。但语音重叠（§2.1），不管是否是完全重叠，都只能是无向重叠，因为也看不出基础形式，如"逍遥"，无法确定"逍"还是"遥"是基础形式。

基础形式在前、新增形式在后的变形重叠是顺向重叠。西双版纳傣语中，[kin^{55}]（吃）重叠成 [kin^{55} kan^{55}]（吃一吃），[tum^{13}]（煮）重叠成 [tum^{13} tam^{13}]（煮一下）（李如龙 1984），显然，在重叠式里，前面的 [kin^{55}]、[tum^{13}] 是基础形式，后面的 [kan^{55}]、[tam^{13}] 是通过变形重叠产生的新增形式，这便是顺向重叠。再如苏州话象声词"籔"[soʔ] 重叠成"籔箓"[soʔloʔ]，"箓"不成词，是新增形式。

基础形式在后、新增形式在前的变形重叠是逆向重叠。黔东苗语 [naŋ^{55}]（吃）重叠成 [nu^{55} naŋ^{55}]（随便吃），[ti^{33}]（打）重叠成 [tiu^{33} ti^{33}]（胡乱打）（李如龙 1984），前面的 [nu^{55}]、[tiu^{33}] 是通过变韵重叠产生

的新增形式，基础形式反倒居后，重叠方向由后至前。北京话"胡涂"重叠为"胡里胡涂"也是一种逆向重叠。

有些重叠式包括了顺向和逆向两种重叠。如北京话"乒林乓啷"，可以看作由单音象声词"乒"经顺向变声重叠生成"乒乓"，再经过"乒乓"的逆向变韵重叠生成。"啷""乒林"都不成词，是由重叠产生的新增形式。

2.10 重叠和并列的关系：真性重叠和准重叠

重叠式是两个相同或相近的部分用在一起，形式上，跟并列式有共同之处。然而，重叠式的两部分不能有任何句法结构关系，包括并列关系；如果两部分之间有并列关系，即使形式相同也不能是重叠式。如"心心相印、官官相护"中的"心心、官官"，是"心和心、官和官"的意思，有并列关系，因而不是重叠式。上文所述的各种重叠式都是没有任何句法关系的。

不过，语言现象是复杂的，并列和重叠也并不是处处泾渭分明。例如在汉语中，有大量结构对称的词汇形式或句法组合，这些形式往往兼有重叠和并列两方面的特点。普通话的词汇形式"A 头 A 脑"（胖头胖脑、呆头呆脑）、"A 来 A 去"（想来想去，写来写去），句法组合"你一句我一句""我看你你看我""东碰碰西碰碰"，这些形式的两部分既有同，又有异。异的部分肯定不是变形重叠关系，如"头……脑""来……去""东……西"，因此，整个两部分是并列关系，有时又确实有并列的意义关系，如"走来走去"。但是，从意义看，两部分又经常不同于一般的并列关系。有的两部分没什么差别，无所谓意义的相加，如"呆头"和"呆脑"；有的整个形式的意义并不等于两部分意义的简单相加，如"你一句我一句"，指的可能是好多人，却可以不包括听话人"你"和说话人"我"。而且，这些形式的语法功能往往不同于它的组成部分，如"他写来写去写不下去""大家你一句我一句"，不能说"他写来写不下去""大家你一句"，而真正的并列式的功能应该跟它的组成部分一致。这些形式跟重叠式倒有许多一致之处。整个形式往往获得一种并列以外的附加意义，如"呆头呆脑"从性质形容词"呆"变成了状态形容词，"我看你你看我"则获得一种"相互"的意义。这些附加意义正可以认为是由重叠造成的，整个形式不同于组成部分的语法功能，这也是由重叠造成的，因为汉语中重叠经常造成语法功能的改变，如"干净"和"干干净净"。再说，两部分在形式上也确有"同"处。所以，这些形式确实兼有并列与重叠双重特点，我们称之为"准重叠"，而没有并列关系的重叠就是真性重叠。苏州方言中，准重叠形式比普通话更丰富，如"七商量八商量""有吃无吃""有商有量""有滋有味""好尽好绝""破家破生"（家生，家具）。这种现象也不是汉语独有，如仫佬话 [ton^{44}]（算）、[pa:i^{42}]（来）、[ton^{44} fan^{11}]（去）（中国科学院少数民族语言研究所主编 1959c：30）。

三、区别性特征：有标记和无标记

本文为汉藏语系的重叠形式提出了十种分析的角度，也就是说，每个重叠式都能从十个方面去分析，由于汉藏语系中重叠形式丰富多样，因此确实从多种角度才能反映出种种区别，然而，在实际的描写和研究中，不需要也不可能对每个重叠式都从十个方面去分析它的特点，特别是比较简单的重叠式。比如，北京话"个个"，根本用不到逐一指出它的属性：语素重叠、完全重叠、一次生成，等等。其实，只要借用区别性特征理论，分析过程就可以大大简化。

本文的分析模式，大体上是一套二分制（binary）特征，每一种分析角度基本上都是一对区别性特征（distinctive features），其中一种是较常见的，可以看作无标记的（unmarked），另一种是较特殊的，可以看作有标记的（marked）。据此，可以将十个角度列成表 1，其中有的情况稍复杂一些，表中"+"表示有标记，"–"表示无标记。

由于无标记特征是常见的，有标记特征则比较少见，通常各种重叠式里无标记特征都大大多于有标记特征。因此，在分析时，只有有标记特征才是注意的重点，不必关心有多少无标记特征，这样就能简单明了地揭示出各种重叠式的不同特点。

最后，我们来分析几个实例。吴语温州话"慢慢能"，"慢慢"可以单说（郑张尚芳 1979），是先重叠后后加，属于多次生成。吴语常熟话"慢慢能"，"慢慢"不能单说，属于综合重叠——重叠与后加的结合。西双版纳傣语动词重叠式 [xap^{55} xap^{55} fɔn^{11} fɔn^{11}]（唱唱跳跳），[xap^{55} xap^{55}] 和 [fɔn^{11} fɔn^{11}] 都不能单说（喻翠容、罗美珍 1980：57），也是综合重叠——重叠与并列的结合。德宏傣语动词 [luŋ^{33}]（穿）重叠成 [luŋ^{33} laŋ^{33}]，这是变形（变韵腹）重叠，[luŋ^{33} laŋ^{33}] 又可以重叠成 [luŋ^{33} luŋ^{33} laŋ^{33} laŋ^{33}]，这是分散重叠，整个 [luŋ^{33} luŋ^{33} laŋ^{33} laŋ^{33}] 则属于多次生成（李如龙 1984）。

表 1

分析角度	无标记特征和有标记特征		
基础形式	语法平面—	语素重叠—	
		语段重叠＋	
	语音平面：语音重叠＋		
新增形式与基础形式的相同度	完全重叠—		
	变形重叠＋		
生成过程的次数	一次生成—		
	多次生成＋		
重叠手段的运用次数	单一重叠—		
	非单一重叠	反复重叠（属多次生成）＋	
		复杂重叠（属一次生成）＋	
重叠与其他手段的结合	单纯重叠（不结合）—		
	综合重叠（结合）＋		
新增形式的数量	等量重叠—		
	超量重叠＋		
重叠的作用范围	整体重叠—		
	部分重叠＋		
基础形式的完整性	完全重叠—		
	分散重叠＋		
基础形式和新增形式的相对位置	无向重叠—		
	有向重叠＋	顺向重叠—	
		逆向重叠＋	
重叠和并列的关系	真性重叠（不兼并列）—		
	准重叠（兼并列）＋		

参考文献

崔振华　1983　益阳方言的几个词缀,《湘潭大学学报》增刊《湖南方言专辑》。
甘大昕　1946　双声叠韵联绵字研究,《国文月刊》第 50 期。
管燮初　1981　《西周金文语法研究》,北京:商务印书馆。
李　民　1984　凉山彝语骈俪词,《中央民族学院学报》第 2 期。
李如龙　1984　闽方言和苗、壮、傣、藏诸语言的动词特式重叠,《民族语文》第 1 期。
李　申　1982　徐州方言的 AAA 重迭式,《江苏省语言学会 1982 年年会论文选》(内部发行)。
李兆同　1984　昆明话的谓词重迭式 p 了 p,《思想战线》第 1 期。
刘丹青　1986　苏州方言重叠式研究,《语言研究》第 1 期。
马学良　1957　《撒尼彝语研究》,北京:商务印书馆。
萨丕尔　1921/1964　《语言论》,陆卓元译,陆志伟校订,北京:商务印书馆。
徐悉艰　1982　景颇语中一种特殊的状述结构,《语言研究》第 2 期。
喻翠容、罗美珍　1980　《傣语简志》,北京:民族出版社。
袁家骅等　1983　《汉语方言概要》(第二版),北京:文字改革出版社。
张均如　1980　《水语简志》,北京:民族出版社。
张盛裕　1979　潮阳方言的重叠式,《中国语文》第 2 期。
郑张尚芳　1979　温州方言的儿尾,《方言》第 3 期。
中国科学院少数民族语言研究所(主编)　1959a　《景颇语语法纲要》,北京:科学出版社。
中国科学院少数民族语言研究所(主编)　1959b　《傈僳语语法纲要》,北京:科学出版社。
中国科学院少数民族语言研究所(主编)　1959c　《仫佬语语法纲要》,北京:科学出版社。
周法高　1959　《中国古代语法:构词编》,台北:"中研院"历史语言研究所。
朱德熙　1982　潮阳话和北京话重叠式象声词的构造,《方言》第 3 期。
Svantessen, J.-O. 1983. Kammu phonology and morphology. *Travaux de l'Insitut de Linguistique de Lund*, 18, 1-142.

(原载《语言研究》,1988 年第 1 期)

方所题元的若干类型学参项

一、方所题元和方所语义

方所题元（locative/spatial theta roles）就是在小句结构中表示空间类语义角色的成分，包括方位、处所、方向、空间性的源点和终点（locative source/destination）等。从语言处所主义（linguistic localism）的观点来看，许多句法语义关系用方所关系的隐喻来表达，方所标记也是其他题元标记的主要源头。例如，古代汉语由方所性的"于"派生出接受者（"嫁祸于人"）、施事（"劳力者治于人"）、差比基准（"重于泰山"）、对象（"回也，非助我者也！于吾言无所不说"）等题元作用。因此，方所题元的研究，可以作为间接题元（主宾语以外的题元）研究的一个代表。

近年来，不少语法学者专注于方所范畴的研究，如方经民、郭锐、储泽祥、齐沪扬等。不过，这些研究似乎大都有精于语义、认知，而略于句法、结构的特点。一个比较突出的现象是，词汇意义的方所成分和作为谓语的一种语义角色（题元）的方所成分这两个概念，没有得到清晰的区分。试比较工具范畴，研究者不会只看词汇意义不管句法作用就给"工具、剪刀、锄头、机床"这些词贴上"工具成分"的标签；再比较施事，更不见有人把指人名词代词都看作施事。但是，在方所研究中，确实存在混同词汇意义和语义角色的做法：只要是词汇意义上属于方所类别的，就列为"方所成分"的研究范围。

要看到，句法上的方所成分是一种相对于谓语核心的关系概念，表明跟谓语核心的一种语义关系，同施事、受事、当事、客体（对象）、与事、受益者、工具等并列,而不是一种实体指称概念,不跟自然、生物、无生命物、社会生活、组织、抽象概念、动作、性质、状态等并列。方所题元和作为词汇意义的方所语义只是交叉,而远不是等同的。例如,"咱们新加坡见"中"新加坡"是方所题元,但在"新加坡是个好地方"中,"新加坡"在词汇意义上仍表示方所(所以用"地方"来定义),但句法上不再是方所题元,而是判断句的主体。方所范畴的语义和认知研究当然有其不可替代的重要作用,但方所范畴的句法研究首先关注作为方所题元的成分。区分词汇意义的方所成分和作为题元的方所成分,应该是方所范畴句法研究的起点和前提。正如标题所示,本文重点关注方所成分的句法方面。而且,本文不单就普通话本身的句法事实来研究汉语方所范畴,而是从跨语言跨方言的类型学角度探讨方所题元在汉语整个句法类型中的作用。

语言类型学的研究以确定参项为起点。一类结构涉及的方面很多,不可能每个方面都进行比较。类型比较只能把部分范畴拿出来作为参项,然后比较不同的语言方言在该参项下表现为哪一种属性,即参项下的赋值。参项的选择一般取决于这几个因素:1. 参项是否具有普遍性?普遍性越大,可比性也就越强。2. 属性是否具有差异性?假如在某一参项下各语言表现完全相同,就无须比较。3. 该参项的属性是否同其他参项或现象有关?一种参项影响到的其他现象越多,即可以构成和谐关系或蕴涵关系,其类型学意义就越大。

本文将围绕语序问题,提出对汉语方所题元进行类型学比较的几个参项,然后逐一讨论在该参项下汉语的类型特点及方言间的类型差异,并分析这些参项对语言类型学和汉语研究的价值。希望这种研究为汉语语法的类型学研究做一点方法上的尝试。我们提出的4个比较参项分别是:1. 方所题元的位置:位于谓语动词之前,还是谓语动词之后。2. 方所题元的标注位置:是从属语标注,还是核心标注。3. 方所介词的类型:使用前置词,还是后置词。4. 方所题元认知象似性的作用:动词前表起点、动词后表终点这类象似性原则在多大程度上影响方所题元的语序?

二、方所题元的位置

方所题元是修饰或补足谓语核心的，因此本文首先关注的是其相对于谓语核心的位置。对于处所成分来说，这一参项在语序类型学中还特别重要。方所题元的常见句法身份是介词短语。据 Dryer（1992，1999）分别对包含 625 种和 940 多种语言的大型语种库的考察，在跟动宾结构语序相和谐的各种结构中，介词短语修饰动词的结构在语序上跟动宾结构的对应最严格。具体地说，VO 型语言总是使用 VPP 语序（PP 表示介词短语），OV 型语言总是使用 PPV 语序。在 Dryer 录得介词短语语序的 199 组 VO 型语言中，汉语组（官话、粤语、客家话）是唯一使用 PPV 的语言，构成突出的例外。这使汉语方所题元尤其值得深入探讨。

在方所题元位置这一参项下，不同语言方言可以体现为这几种属性：都在谓词前；都在谓词后；谓词前后都有（其中又包括前置为主、后置为主、语序自由等几种情况）。

下面就根据这一参项和相关属性来考察汉语的方所题元问题。

现代汉语普通话属于方所题元以动词前为主、动词后为辅的类型。根据贝罗贝（Peyraube 1993）、孙朝奋（Sun 1996）、张赪（1999）等的研究，汉语方所题元是由上古汉语以后置于动词为主逐步转化到中古以后以前置为主的格局的，这是整个介词短语位置大转移的重要组成部分。按孙朝奋的看法，介词短语的由后至前也是汉语两千年来仅有的主要语序演变。不过，这一演变在汉语中不是孤立现象，有一系列语法演变与此相关。当方所题元以后置为主时，动词后可以同时带宾语、方所介词短语等多个成分，如：

（1）寡人有弟，不能和协，而使糊其口於四方。（《左传·隐公十一年》）

（2）戎伐凡伯于楚丘以归。（《左传·隐公七年》）

（3）子击磬於卫。（《论语·卫灵公》）

而在现代汉语中，虽然方所题元仍有留在动词后的，但方所题元和宾语却很难再并存于动词后，动词后只能有一个带重读的短语（冯胜利2000）。目前似没有足够理由确定介词短语前移和动词后只允许带一个重读成分到底何为因何为果。与动词后介词短语式微相关的另一个历史演变是动结式、动趋式、可能式等结构。这些述补式都是在秦汉到中古期间逐渐发展起来的。这些结构也与动词后介词短语相排斥，比较：

（4）a. 他不能住<u>在家里</u>了。

b. 他在家里住<u>不下去</u>了。

c. *他住<u>不下去</u><u>在家里</u>了。/ *他住<u>在家里</u><u>不下去</u>了。

（4a）、（4b）意义相当，说明表达这一意义时，方所介词短语可以在动词前，也可以在动词后。表示"不可能"的情态，可以在动词前用"不能"，也可以在动词后用可能补语，但就是不能让可能补语和方所介词短语同时在动词后出现，否则就会出现（4c）这种病句。不管谁是因谁是果，介词短语前置和述补式的发展肯定是相互制约的。

现代汉语不同方言在方所题元位置的参项上并不等同，这构成了方言间的类型差异中的一种。粤语最接近方所后置型；吴语，尤其是东南部吴语，有强烈的方所前置倾向；北京话则介于两者之间。不妨取北京话为中轴线，来看一下粤语和吴语如何偏离北京话的属性。

表示位移行为的动词主要有两类。一类是以客观位置为坐标的客观位移动词，即趋向动词"进、出、上、下、回"等。它们大多带终点题元，如"上后山"就是"往后山去"。"出"则以带源点题元为主，如"出北京（＝从北京出去）、出了校园（＝从校园出去）"，但在一些固定组合中也可带终点题元，如"出海"（从陆地出去到大海）。另一类是以说话人位置为坐标的主观位移动词，主要是"来、去"。使用客观位移动词时，终点题元及"出"的源点题元都在动词后，如上举短语所示；而使用主观位移动词时，方言间的差异就显露出来。广州话只使用"嚟/去＋终点"的语序，如"嚟广州、去北京、嚟我哋学校、去黄老板间公司"。普通话也使用这一格式，但这是一种较后起的结构（刘丹青2000），北京话原来的优势格式是"到/上+终点+来/去"，如"到北京来、上王府井去、上我们学校来、到黄老板的公司去"等，而广州话基本不用此式。现在虽然"来北京、去广州"这类结构在北京话中也用开了，但终点题元在前的表达仍是强势格式。此外，广州方言"趋向动词+终点题元"也是比普通话中的该式更强势的结构，广州话中一些用此式表达的意思，在北京话更常用或只能用终点题元前置的结构。最明显的是"出+终点"结构，如"出九龙"（从香港的新界地区到九龙去），"九龙"是"出"的终点，在普通话中只能说"到九龙去/来"（普通话也能说"出九龙"，但那是离开九龙之意）。由此可见，至少在位移动词方面，粤语有比北京话更强的方所题元后置的倾向。

再来看吴语。在苏州话、上海话及我们调查的江浙各大片的吴语中，都没有"来/去+终点"的结构（少数人现在受普通话影响认可"来上海、去北京"这类说法，但在实际口语中仍极少用）。这类意义都用终点题元居前的"（到+）终点+来/去"的结构，可见吴语有比北京话更强的终点题元前置的倾向。这里在"到"上打上括号，是因为在吴语口语中，这个"到"更常省略。如"到上海来、到北京去"更常说"上海来、北京去"①，这就与广州话的"嚟广州、去北京"形成了更加鲜明的对照。此外，比起北京话来，吴语趋向动词带方所题元的结构也更不发达。"进、出"分别带终点和源点题元的说法尚能接受，如"进教室、出上海市区"，不过还是有些人觉得前一例改成"到教室里去"更自然常见。至于"上、下（较保守的吴语用"落"）"带终点题元的结构，在很多吴语中限于"上山、（太阳）落山、下海"等复合词，其余情况都选用"到……上/下/里去"的形式，如"上山（顶）、下山、下河"在吴语中一般说"到山（顶）上去、到山下去、到河里去"。这进一步说明吴语对处所题元前置的偏好，与粤语形成强烈对照。

上面说的是吴语的总体情况，在绍兴、宁波等方言中，方所题元前置的倾向更加强烈，连以存在动词（与"在"相当）和动趋式为谓语

---

① "上海来"这种结构在吴语中是歧义结构。假如这个短语的说话地点是北京，则其意义是"从上海来"。而"北京去"只能表示"到北京去"。这里，"来/去"句的语义是可以不对称的。

的句子也常常让方所题元前置,这是北京话和广州话都很少见或不允许的。下面(5)—(7)是绍兴话,(8)—(9)是宁波话:

(5)伊<u>图书馆里</u>来亨。'他在图书馆。'

(6)a. 老王刚刚<u>大门里</u>走进垌。'老王刚刚走进了大门。'

  b. 贼骨头<u>卫生间里</u>躲进垌。'小偷躲进了卫生间。'

  c. 辫阵头伊已经<u>上海市区</u>逃出哉。'现在他已经逃出上海市区了。'

(7)a. 伊个首饰都<u>我里</u>放埭。'她的首饰都放在我这儿。'

  b. 伊两本书<u>桌子高头</u>摆亨。'他把两本书放在桌子上。'

  c. 则伊<u>房里</u>关亨。'把他关在房间里。'

(8)a. 我<u>图书馆里</u>来堆。'我在图书馆里。'

  b. 有一个生头人到<u>屋落里头</u>来该。'有一个陌生人在房间里。'

(9)纸片<u>天里</u>来该飘。'纸片飘在半空中。'

例(5)中的绍兴话"来"表示"在",但绍兴话的"来"是黏着单位,后面必须跟处所语素"亨 [haŋ](远指)、埭 [da](近指)、垌 [doŋ](不分远近)"。"来 X"复合词做谓语时,方所题元虽然也能居后,如"伊来亨图书馆里",但不如(5)的说法常见和自然。例(6)中的谓语核心"走进、躲进、逃出"都是动趋式,这时仍是以方所题元前置为常,这样的语序在北京话中很难成立,在广州话中完全不能接受。例(7)中的句子都是用放置义动词做谓语核心,要求带一个表示被置物终点的题元。这种情况下北京话常通过"到、在"或轻声的 de 在动词后介引方所题元,如例后的释义句。当然在动词前介引也可以,但较不常用,如"他的首饰在我这儿放着"。而在绍兴话中,却是以方所题元在动词前为常。值得注意的是,我们调查时用的普通话例句是方所题元在后的,就是上面的释义句[(5)—(7)例均如此],而绍兴人仍觉得用方所题元前置的结构来对应更自然。再看宁波话。例(8)相当于绍兴话例(5),"来堆 [te](远指)、来该 [ke](近指)"是相当于绍兴话"来亨、来埭"的复合存在动词,也是以方所题元前置为常。例(9)是行为动词构成的动态存在句。虽然这时候北京话也能用方所题元在前的结构,如"纸片在半空中飘着",但我们调查所用的却只是例(9)的释义句，方所题元是在后的，而宁波人就是觉得方所题元在前才合适。

由此可见，在方所题元上，我们面对的是这样的方言地理类型分布：

粤语（方所后置倾向）——**官话**（介于两者之间）——**吴语**（方所前置倾向）

这与人们常持的吴语在类型上介于南（粤语）北（官话）之间的印象（如桥本万太郎 1985）很不相同，而与我们总结的汉语小句结构语序类型的方言地理分布模型相符。刘丹青（2001）指出，粤语是汉语方言中 SVO 倾向最明显的方言；相反，吴语由于话题优先的特点高度发达，导致受事成分前置于动词做次话题的 STV 结构成为常规结构，出现了 SOV 类型的萌芽；官话等方言则介于两者之间。吴语方所题元前置的倾向在语序类型上是与此高度和谐的，都是动词居末的倾向。而且，吴语中 STV 最发达的是绍兴、宁波一带方言，恰好方所题元前置倾向最明显的也是这一带的方言，更可见这两者在语序上的相关性。

三、方所题元的标注位置

方所题元的第二个参项是方所题元的标注位置：是从属语标注，还是核心标注。

从属关系（dependent relations，也称依存关系）由从属的一方（定语、状语、偏句等，也可包括相对于谓语核心的主语、宾语等）和核心的一方构成。有些从属关系是不加标记、单靠语序表示的，如"我父亲""吃米饭"等。更多的从属关系是通过某种形态或虚词的标注来表明的，这时，就出现在从属关系的哪一端标注的选择。像主谓、动宾这种关系，似乎没有明显的倾向。用名词的格形态表示相对于谓语核心的关系，这是从属语标注（dependent marking），用加在动词上的一致关系标注，这是核心标注（head marking）。两边都标注，这是双重标注。英语人称代词有主宾格之别，这是从属语标注，而动词有对主语的一致关系，这是核心标注，从而形成双重标注，如 He likes them，he 是主格，them 是宾格，都是从属语标注，而 likes 与主语的单数第三人称一致，是核心标注，宾语则无法核心标注，them 对动词的形式不产生影响（在很多印第安语言里动词与宾语也必须保持一致关系，则主宾语都有核心标注）①。对于定语、状语这类修饰限制性从属关系来说，人类语言总体上表现出从属语标注的倾向，即在从属成分上加上标记，起介引作用。例如，汉语的从属语标记"的/地"都是加在定语或状语上的（大的/车），而不是加在核心名词上（*大/的车），英语 a student's book，领属格标记 s 也是加在领属定语上。介词是把从属语介引给核心的重要手段，介词一般也是加在从属语一方的。不过，从属语标注虽然是优势策略，却不是唯一策略。事实上，人类语言是允许定语状语的标记加在核心上的（参本页注①），对方所题元来说也是如此。下面讨论这一参项下汉语方所题元的具体表现。

汉语方所题元有不依靠标注、单凭语序表示的，如"去上海、来新加坡、进学校、上大街"等。不过，能进入这一格式的名词本身在语义上往往兼有方所名词性质，表现为能直接加在"在、往、从"等前置词后。就加标注的情况来看，汉语表示方所题元有两类基本手段，都是从属语标注的。一是来自动词的前置介词（其中虚化程度不够者可叫副动词），如"在、从、向、往、到"及带有书面性的"于、自"等。二是来自名词的后置介词（其中虚化程度不够者可叫方位名词），如"上、下、里、外、中、以外、以内、以上、以下、上面、下面、前面、后面"等。当谓语带方所题元时，这两类手段是加在方所题元上的，而不是加在谓语核心上。如"在上海念书"，"在"附加于"上海"；"沙发上坐"，"上"附加于"沙发"。当前后置词一起出现时，会形成框式介词短语，但其实是后置词加在名词短语上，前置词加在后置词短语上，如：

（10）[~PreP~ 在 [~PostP~ 沙发上]][~VP~ 坐]（3 个符号分别表示前置词短语、后置词短语和动词短语）

除此之外，汉语方所题元也表现出或发展出部分核心标注的现象，

---

① 关于从属语标注和核心标注的观念和实例，Van Valin & LaPolla（1997）有较详细的介绍，如 23—25 页涉及主语、宾语的核心标注，61—62 页涉及领属结构的核心标注。

主要有以下方面。

1. 前置词在动词后被吸纳为动词的一部分，成为加在核心动词上的方所标记。

一般的语法教材把"坐在椅子上、开往上海、走向主席台、来自民间"等结构分析为动词加介词短语。这是有道理的，因为"在椅子上、往上海、向主席台、自民间"确实是前置词短语，它们可以移到动词前，是可以跟动词分离的，如"在椅子上坐、往上海开、向主席台走去、自民间来"，而跟后面的方所成分却不能分离，"坐在、开往、走向、来自"等除了后面带方所成分外不能单用。然而，林焘（1962）、赵元任（1968/1979：177）到李艳惠（Li 1990：59—62）、赵金铭（1995）、范晓（1998）等一大批语法学者，从结构主义、生成语法、三个平面理论等不同角度，主张把"坐在、开往、走向、来自"等分析为一个单位，然后带后面的方所成分。这也是不容忽视的意见。总结各种论证，其关键依据是两条：一是"在"等韵律上依附于前面的动词，停顿只能加在"在"后而不能加在"在"前，即只能读成"坐在｜椅子上"而不能读成"坐｜在椅子上"。二是体标记可以加在"在"后而不能加在"在"前，如可以说"坐在了椅子上"而不说"坐了在椅子上"。前一个是韵律的理由，后一个是更直接的句法理由。在这派观点中，有些把"坐在"等看作"复合词"，此说不很理想，因为这类"动介"组合毕竟是一个相当开放的类，很难设想人的大脑词库里有这么庞大的一个复合词类，而且"坐在、走向"这种"复合词"的语义也很难解释。比较可取的是李艳惠的"重新分析"说，就是说，在进入结构前，"在椅子上"是一种介词短语，进入句子后由于外部结构的制约促发了重新分析，"在"依附到前面的动词上了，从而导致上面这种韵律和句法表现。至于为什么会发生这种重新分析，我们基本上同意冯胜利（2000：149—155）的分析，即主要是由汉语小句的韵律结构导致的，在动词的作用下前置词被吸纳进动词所在的韵律词。本质上，这是韵律对句法的反制而不是反映。从类型学的角度看，"在、往、向、自"这些方所题元的标记经过了重新分析，就不再是加在题元上的标记，而成了加在核心上的成分，在方所题元的标注类型上就起了重要的质变，由题元标注型变成了核心标注型。

需要补充说明的是，把"坐在椅子上"分析为核心标注，目前还只是一种有一定道理的看法。我们也可以仍然坚持"V+PP"的分析法，而把介词的轻读看作一种附缀化（cliticization）。就如英语"I've got a book"，"ve"虽然作为"have"的简缩形式附缀到"I"上，但结构上"have"仍首先与后面的"got"组合，是完成体形式的一部分。至于"在"后加体助词的现象，可以用句法错位（syntactic dislocation）来解释。由轻读标记引起的句法错位在汉语中并不罕见。比如"他骂得你很凶"，"你"是"骂"的直接宾语，却被"得"隔开，"很凶"应由"得"引出，跟宾语"你"没有句法和语义关系，却跟"你"直接组合，这便是错位。下面将讨论的第2类，却是没有疑义的核心标注现象。

2. 完全附着于动词的虚化方所标记。

在北京话、南京话、南昌话中，都有一个动词后的轻声方所标记，北京话念 de，南京话念 [tae] 或 [tɛ]（刘丹青 1995：100），南昌话念 [tet]（熊正辉 1994：256），如"住~城南、坐~椅子上、搁~桌上"。赵金铭（1995）把北京话的 de 跟动词后的"在"放在一起分析。但从共时平面看，de 等轻声标记与"在"的性质已不完全相同。de 等由于念彻底的轻声并导致音质本身的变异，词形上已不再与任何前置词相同。de 和后面的方所题元已完全无法组合成一个介词短语，"de 城南、de 椅子上"等都不成为一个单位，也不能移到动词前面去（*de 城南住）。因此，这种标记无须重新分析，本来就已成为动词的附着语素。但是，这个语素不是动词本身的一部分，也很难说这种 Vde 是复合词，而只能认为 de 是附加在动词上的方所标记，表明动词后的成分是方所题元。这正是方所题元典型的核心标注现象。由于现有的汉语语法理论中还没有核心标注这样的观念，因此这种现象的句法性质和类型学意义还没有引起足够的重视。

3. 兼动词体标记的方所题元标记。

在南方地区的不少方言（西南官话、湘语、江淮官话、客家话）中存在着一种兼有体标记作用的方所标记。体标记是加在动词上的,而它作为方所题元标注手段也是加在动词上的。记录者常把这种方所标记手段归入介词,但实际上它们属于核心标注成分,不是真正的前置词。这种身兼二职的虚词表现为昆明方言的"的"de[tə^{44}](张华文、毛玉玲1997:124)、长沙方言的"哒"[ta^{11}]和"得"[tə^{24}](鲍厚星等1999:322—328)、江淮官话泰如片泰县话(现称姜堰话)的"阿"[a]["阿"在入声和鼻音韵尾后分别变读[ka]和[ŋa],见张建明主编(1991:184)]、梅县、大埔等客家话的"阿"[a^{52}][在不同韵尾后有[na^{52}]、[ai^{52}]、[ta^{52}]等变体,见林立芳(1997:93—95)]。这种虚词作为处所题元标记都只用在动词后,而不用在动词前,这与"在、往、向"等不同,而同北京、南京的de/[tɛ]一致,而且有些词形都与北京、南京相近。比较:

(11)〈昆明〉坐 de 床上～在床上坐～*de 床上坐

(12)〈长沙〉住哒/得县城～在县城住～*哒/*得县城住

(13)〈泰县〉走阿路上～在路上走～*阿路上走

(14)〈梅县〉住阿内蒙古～嗨内蒙古住～*阿内蒙古住

另一方面,北京、南京、南昌的 de 等只能作为动词后的方所标记,而上述方言中的处所标记却还兼有体标记的作用,或表完成,或表进行,或表持续,如:

(15)〈昆明〉读 de 信｜下 de 雪｜门开 de 呢(进行或持续)

(16)〈长沙〉买哒一支笔｜坐哒看书｜手上拿哒一只碗(完成或持续)

(17)〈泰县〉昨日吃阿面｜他上阿课就家来了｜台上放阿一本书｜你整天想阿吃(完成或持续)

(18)〈梅县〉佢下阿撇课就走了｜钱係辛苦做阿来个,唔係天上跌阿落来个(完成或方式)

由用例可见,这种方所标记可以离开后面的方所题元而存在,却不能离开前面的动词而存在,可见是加在动词上的附加成分,一些学者已注意到这一性质。鲍厚星等(1999:328)指出:"我们认为长沙话中的 tə^{24} 和 ta^{11} 原为补语,补充说明动词的完成实现,原来是出现在[V+补语+方位词组］的结构中。但因为这一结构刚好与［V+在/到+方位词组］相同，所以被再分析为介词。"有些学者还注意到"阿"必须紧靠动词的另一些句法表现。何耿镛（1993：26）注意到，大埔话"有时在介词性的'a（去声）'的后面又可再放进另一个介词，组成'谓语动词+a+介词结构'"，如"放阿帮哪得"（放在什么地方），其中的"帮"是表示"在"的介词。林立芳（1997：95）注意到梅县话的"阿"和前面的动词之间不能有任何成分，如普通话可以说"写一个名字在上面"，而梅县话不能说"写一条名字阿上背"。这些事实都清楚地显示这类虚词是加在动词上的，所以不妨碍后面有真正的介词出现，却不能允许前面有东西挡在它和动词之间。但是，这些兼体标记的虚词却的确表示方所关系，语义上指向后面的方所题元，这就具备了核心标注的性质。也正因为是加在动词上的，才可能身兼方所标记和体标记两种身份，只是目前还难以断定是谁派生了谁。

4. 用趋向词标注方所题元。

汉语里有"走进教室、逃出虎口、爬上山顶、跳下大海"这样的结构。这类结构表面上跟"送进礼物、掏出手绢、呈上密件、吞下苦药"一样都可分析为动趋式带宾语，但实际上早已有学者指出两类结构的重大差异。范继淹（1963）提到动词后的趋向成分"可以分为两种变体：出现在一般宾语和存现宾语之间的是副词性变体；出现在处所宾语之前的是介词性变体"，其中"介词性变体有'上、下、进、出、回、过'"。《现代汉语八百词》［吕叔湘主编（1980：34），范继淹是作者之一］也提到"跟某些外语比较，当动趋式动词后边是代表处所的名词时，动趋式里的'趋$_1$'的作用像一个介词，如'话说出口''走出门来'"。这些分析正确地看到了"走进教室"这类结构中趋向词有介引方所题元的作用，这是真正动宾之间的趋向词所没有的功能。在这个意义上，说它们有介词性也是合理的。不过，真正的介词在类型上是一种从属语标注的手段，而介引方所题元的趋向词却属于核心标注的类型，类型上还无法归入介词。有确凿证据显示这一点：动趋式可以插入"得/不"构成可能式，如"走得进教室、爬不上山顶"等，而用来表示可能的"得 C/ 不 C"只能是加在动词上的,而不能加在后面的方所成分上。这样,汉语的方所题元又多了一种核心标注的现象。不过比起上面的 de 来,趋向词的虚化程度较低,其构成可能式的功能也显示它仍然是一种补语,而补语是具有实词性的句法成分,不纯粹是一种题元介引者。

顺便说一下,从可能式的测试中,也可以发现动词后的"到"作用不像"在"而像趋向词,尽管人们常把"到"和"在"相提并论(它们有时还确能互换:藏在箱子里~藏到箱子里)。"到"像"进、上"等一样可以有可能式:"开得到上海、走不到火车站",而真正的前置词不能和动词构成可能式,不能说"坐得在椅子上、开不往上海"。

值得注意的是,用趋向词作为方所题元的核心标注手段在各方言中表现出类型差异,这里又一次呈现北京话介于吴语和粤语之间的格局。这种结构在广州话中最发达,不但"进、出、上、下"等客观位移趋向词可以介引方所题元,而且主观位移词"嚟_来、去"也有此功能,如"飞嚟广州、行去中山大学",这样的结构北京话还不说。这种差异源于主观位移动词带方所题元的能力。北京话"来广州、去中山大学"一类说法是相当后起的,所以还没有来得及让"来、去"发展出在趋向补语位置介引方所题元的作用。至于吴语,客观趋向词介引方所题元的结构能力也很弱,"来、去"等主观趋向词更无此功能。在苏州话中,客观趋向词中只有"进"用于这种结构略微自然一些,如"走进教室里、开进上海"。"逃出监牢、跳出圈子"等说法可以接受,但确实很少说。而"爬上山顶、走上三楼、跳下长江、滚下山坡"则在苏州话及整个吴语中都是基本不合格的,相应的意思通常要用"爬勒_在/ 到山顶上、走到三楼上、跳勒长江里、滚勒/ 到山脚下"来表达。在这些说法中,"到"当然也有趋向词的性质,但"勒"却只与"在"相当。而且即使用"到",名词后的后置词"上、里、下"等仍是不可省的,可见从属语标注仍然是必须的,还不是单纯的核心标注,而北京话、广州话用趋向词介引方所题元时不需要后置词,如广州话"跳落珠江"。

上面共讨论了四类用核心标注的方式表示方所题元的手段。其中第一类还不是典型的核心标注,只是在理论上可以这样处理。即使作为核心标注也是前置词短语用在动词后时才发生的重新分析。不过，在重新分析中，不同的前置词被动词吸纳的程度是不同的。"V 在、V 往、V 向"只是临时性的吸纳，而"V 自"已经相当凝固，有成为复合词的迹象，能够进入"V 自"式的动词极其有限，比如"来自"就不能说成"到自"，而"来自"后还能加"于"变成"来自于"，可见"来自"已用如一个词。可见，共时的重新分析也可能演变为历时的重新分析，成为真正的核心标注。"V 于"结构也有很多已成为复合词，如"善于、敢于、勇于、至于"。后面三类，都是比较典型的核心标注，只是趋向词作为核心标注手段还不是真正的虚词，尚保留一些实词的性质。

四、方所介词的类型：前置词与后置词

假如方所题元使用的是从属语标注，那么加在方所题元上的标记就是介词，于是我们就面对第三个参项，即方所介词的类型：使用前置词还是后置词。

使用前置词还是后置词与第一个参项（方所题元相对于谓语的位置）有密切关系。根据 Dik（1997）的联系项（relator）原则，介词是联系项的一种。联系项的优先位置是介于所联系的两个成分之间，对于介词来说就是位于所介引的 NP 和所修饰的动词之间。当方所题元位于动词后时，只有前置词位于 VP 和 NP 之间，这正是英语等语言的常规情况，也是上古汉语的优势语序，如"越王寝于地"，"于"位于动词"寝"和名词"地"之间。当方所题元位于动词前时，只有后置词位于 NP 和 VP 之间，这正是日语等语言的常规情况。那么汉语的情况又如何呢？中古以后，汉语方所题元由动词后为主（英语型）转向动词前为主（日语型），假如汉语仍像英语那样只使用前置词，就会出现联系项不在中介位置这种类型学上较劣势的现象。汉语确实存在这种情况，并且一直延续到现在。如"他在上海治病"，"在"就不在中介位置。不过，这种

情况不是汉语方所题元表达法的全部。就在方所题元开始历史性前移的时候，汉语也同时发生了另一些相关的演变。最明显的是方位名词加速语法化为方位后置词，由主要满足语义需要的**方位名词**逐步虚化为主要满足句法需求的**方位后置词**；与此同时，"省略"前置词的情况愈益增多，前置词在汉语文本中的频率大幅下降，而单用后置词介引方所题元的现象越来越多。这一演变导致变中不变的结果：方所题元前移后，方所成分和谓语核心的中介位置仍经常有介词出现，不过现在的黏合剂靠的是后置词而不是前置词。古代说"寝于地"，中古时候可以说"（于/在）地上卧"，现代则说"（在）地上睡"。有关这方面的情况，笔者已有详论（刘丹青 2002），此处不赘。

需要补充说明的是，介词类型的参项不但在汉语历史演变中与方所题元的位置密切相关，而且在方言类型中也是如此。前文已经提到，吴语有更强烈的方所题元前置的倾向。与此相应，吴语中方所后置词的使用比官话和粤语更具有强制性，前置词则更自由地"省略"。在北京话中，当"学校、邮局、公司、百货店、操场、花园、教室、大会堂、餐厅、房间、厨房"这类词用在"在"的后面时，"里、上"这类方位后置词是可加可不加的，而在吴语中，这时后置词是绝不能省的。比如：

（19）〈苏州〉勒学堂*（里）读书｜勒操场*（上_音浪）跑步

另一方面，动词前的"在、从、到"一类前置词在吴语中则经常省略，如：

（20）〈苏州〉a. 小明［］学堂里蹲勿牢_小明在学校里呆不住。

　　　　　b. 我刚刚［］公司里转来_我刚从公司回来。

　　　　　c. 我想［］街上去。

这些句子在苏州话中也能加进前置词，但还不如"省略"前置词的更常说。例（20）各句都还是存在或位移性动词句。在方所题元前置倾向最强烈的绍兴、宁波方言中，修饰行为动词的方所题元也经常不用前置词，后置词却不能省。比如：

（21）〈绍兴〉a. 小红［］健身房里来亨_在那儿锻炼。

　　　　　b. 诺［］老板里要话些好话_你在老板那儿要说些好话。

(22)〈宁波〉a. 小红 [ ] 健身房里来该_在这儿_锻炼。
　　　　　b. 老师 [ ] 黑板上写字。

由此可见，介词的类型与方所题元的位置，这两个类型学参项有着极其密切的关系，把它们两者联系起来的主要动因是尽量让介词介于谓语核心和方所成分之间的语序原则。

五、方所题元认知象似性的作用范围

普通话由介词介引的方所题元以动词前为主，也有部分是可以在动词后的。假如考虑到位移性动词或动趋式的情况，则在后的方所题元还要多一些，如"来北京、走进教室"等。许多学者已经注意到方所题元的位置与象似性原则有关：动词前表示源点或行为发生的场所，动词后表示行为后主体或客体到达的场所。戴浩一是把这一原则纳入时间顺序象似性的总原则的，因为行为的时间顺序正是由源点或发生地点到终点的。出于题旨，本文还是把方所题元所遵循的原则单独叫作"方所语序象似性原则"。张赪（1999）在总结以往研究的基础上通过详尽的考察证明这条原则并不是自古而然的，汉语是从魏晋南北朝开始逐步遵循这一原则的。在此之前，汉语方所题元以在动词后为主，并不遵循这一原则。

有些语言方所题元都在前或倾向在前，有些语言方所题元都在后或倾向在后，因此就难以让这些语言严格遵守象似性原则。换言之，不同语言或同一语言的不同时代、不同方言遵循方所语序象似原则的程度可以很不相同。这不等于说该条原则没有普遍价值。事实上，特定语言可以不起用该原则，但未见有语言正好与该原则对着干，即将源点类题元放在动词前而将起点类题元反而放在动词后。可见这仍是一条有普遍意义的原则。本节将考察这一参项和同一语言方言中其他类型属性的关系，看看这一原则在什么条件下、在多大程度上、以什么方式发生作用。

对方所题元的前置后置主要由句法规则决定的语言方言来说，方所题元的象似性无法由动词前后来体现。例如日语一切状语都要在动词前，不管是源点、行为发生的场所还是终点，而复活节岛语（Easter Island）一切状语都要在句子的尾部出现。不过，这些语言中象似性仍能用另一种方式体现：当源点和终点一起出现在动词前或句尾时，倾向于用"起点＋终点"的语序。如：

（23）日语（Kuno 1978：79）

Taroo ga   zidoosya de Hanako to Tookyoo
太郎（主格） 汽车   用   花子   和   东京
kara   Hiroshima made   ryokoosita.
从   广岛   到   旅行
'太郎和花子一起坐车从东京到了广岛。'

（24）复活节岛语（Chapin 1978：146）

He   oho te   miro   mai Magareva ki Nuku Tava.
过去时 去 这/那 船   从   （地名） 到 （地名）
'那条船从 Magareva 到 Nuku Tava 去了。'

日语和复活节岛语的语序类型完全对立。前者动词居末（SOV），方所题元在前，使用后置词；后者动词居首（VSO），方所题元在后，使用前置词。但是，两者有一点是共同的，都是源点先于终点。

对方所题元的位置不统一的语言来说，方所语序象似性原则的作用方式也不尽相同。从梁敏、张均如（1996）描写的情况看，壮语方所题元前后都有，表示源点的多在动词前，表示终点或方向的多在后。英语以方所题元后置为主，当起点和终点同在动词后时，也倾向于起点置于终点前，这也多少体现了象似原则。但是，英语中哪些方所成分用在动词前却似乎跟方所象似性关系不大，而主要取决于信息结构等其他因素（有话题性或焦点性的方所题元倾向前置于主语之前，而不是主语和动词之间）。可见，即使在方所题元的位置有一定灵活性的语言中，起作用的也不限于象似原则，还有信息结构等其他原则。

上古汉语的情况与英语类似，句法上决定了方所题元后置于动词为主，受方所语序象似性原则的制约很少，连表示源点的"自、于"也照样经常后置于动词，如"冬，公至自唐"（《左传·桓公二年》）、"青，取之于蓝"(《荀子·劝学》)。汉代以后,方所题元开始前移,方所题元在前在后两可的情况较多,这给方所语序象似性原则提供了更大的用武之地。在其作用下,表示源点、行为场所的题元多移到动词前,而表示终点以及表示存在处所的题元则多留在动词后,从而形成现代普通话方所成分较为遵循象似原则的格局。比较微妙的是方向题元。方向题元有两种语序可能,"开往北京、走向主席台"和"往北京开、向主席台走",而用"到"表示终点的题元只能在动词后:"开到北京"("到北京开"中的"到北京"是一个独立的行为,不是"开"的终点)。这看来是因为方向题元有两重性:一方面,它跟终点一样是位移行为最终将达到的位置,所以适宜放在动词后;另一方面,方向是在行为前就定下的目标,先于行为而存在于行为者的头脑中,但结果未必都能到达("汽车往北京开,开到半路就坏了"),这是不同于实际到达的终点的,所以方向题元也可以放在动词前。这两种用法分别体现了方向题元两重性的一个方面,都符合方所象似性。

与介词短语的情形不同,由趋向动词或趋向补语所带的方所题元都是后置的。这类方所题元大多是表示终点的,如"进教室、上山顶、躲进房间、跳下长江",但也有不属终点、甚至属于源点的,如"出了校园、走出困境","校园、困境"是源点,"过了河、跨过门槛","河、门槛"是经由处而非终点,甚至"走进了大门"的"大门"也不是终点而只是经由处,真正的终点是大门里的地方。而这些方所题元都是后置的,其语序与象似性原则没有明显关系,主要是句法决定的。

以上分析表明,方所题元的象似性主要在方所题元的语序有一定自由度的语言方言中发挥作用。句法本身的制约力越强,象似性的制约力就越弱。据此,我们相信,象似性原则不是汉语历史上方所题元前移的主要动因(其他介词短语的前移更不能用此原则来解释),只是演变造成的语序自由度给这一原则提供了用武之地。当句法重新强有力地制约方所题元的语序时,语序象似性又会减弱其力量。绍兴、宁波等吴方言的情况证明了这一点。这些方言的方所题元有比普通话强得多的前置倾向,已成为其句法类型特点。在这种情况下,各种方所题元都可以前置,语序象似性难以得到体现,如例(25)、(26)中带下划线的方所题元都属于终点类的,在这两种方言中都是以前置为常。

(25)〈绍兴〉

　　a. 诺再罗唆个说话么,我河港里跳落垌哉喔。'你再啰唆的话,我就要跳到河里去了。'

　　b. 贼骨头卫生间里躲进垌。'小偷躲进了卫生间。'

(26)〈宁波〉

　　a. 其山岗头墩已经爬上该唻。'他已经爬到山顶上了。'

　　b. 其勿当心河里翻落去该唻。'他不小心摔下河去了/摔到河里去了。'

六、小结

本文从句法类型学的角度提出了方所题元的四个参项,讨论了在这四个参项下汉语的类型特点及几种方言间的类型差异。

第一个参项是方所题元相对于谓语核心的位置。普通话属于前置于动词为主的类型,这是由上古后置为主的类型逐步演变而来的。与普通话相比,粤语方所题元后置倾向更强,而吴语特别是绍兴、宁波方言则前置倾向更强。这与这些方言小句结构的语序特点是和谐的:粤语 SVO 倾向较明显,吴语则有因受事次话题化而引起的 SOV 的萌芽。

第二个参项是方所题元的标注位置。汉语的方所题元主要靠前置词和后置词标注,都属于从属语标注类型,但汉语也存在几种核心标注现象。有些本来是前置词,因为韵律的缘故被动词所吸纳,句法上可以重新分析为后加在动词上的方所标记;有些是只能加在动词后,不能跟后面的方所成分构成介词短语的方所标记,包括口语中轻声的 de、方言中一种方所标记兼体标记、具有介引方所题元作用的趋向补语等。

第三个参项是方所介词的类型。本参项与参项一密切相关。为了使作为联系项的介词位于中介位置,方所题元后置者倾向于使用前置词,如英语、上古汉语；方所题元前置者倾向于使用后置词，如日语。汉语方所题元前移后，方位名词加速虚化为语法上强制使用的后置词，而前置词的省略则更常见，就是一种相应的类型变化。而方所题元前置倾向更明显的吴语，方所后置词的强制性更强，前置词的省略也更常见。

第四个参项是方所语序象似性原则的作用范围和程度。只有对方所题元在句法上没有固定位置的语言方言，源点在前、终点在后这类象似原则才起较明显的作用。上古汉语方所题元基本上后置，象似性作用不大，中古以后方所位置较灵活，象似性起作用。绍兴、宁波等吴语中方所题元强烈倾向前置，象似性作用不再明显。

参考文献

鲍厚星、崔振华、沈若云、伍云姬　1999　《长沙方言研究》，长沙：湖南教育出版社。
范继淹　1963　动词和趋向性后置成分的结构分析，《中国语文》第 2 期。
范　晓　1998　动介式组合体的配价问题，《现代汉语配价语法研究》，袁毓林、郭锐主编，北京：北京大学出版社。
冯胜利　2000　《汉语韵律句法学》，上海：上海教育出版社。
何耿镛　1993　《客家方言语法研究》，厦门：厦门大学出版社。
梁　敏、张均如　1996　《侗台语族概论》，北京：中国社会科学出版社。
林立芳　1997　《梅县方言语法论稿》，北京：中华工商联合出版社。
林　焘　1962　现代汉语轻音和句法结构的关系，《中国语文》7 月号。
刘丹青　1995　《南京方言词典》，《现代汉语方言大词典》分卷本，李荣主编，南京：江苏教育出版社。
刘丹青　2000　粤语的句法类型特点，香港《亚太语文教育学报》第 2 期。
刘丹青　2001　汉语方言语序类型的比较，日本《现代中国语研究》第 2 期。
刘丹青　2002　汉语中的框式介词，《当代语言学》第 4 期。
吕叔湘（主编）　1980　《现代汉语八百词》，北京：商务印书馆。
桥本万太郎　1985　《语言地理类型学》，余志鸿译，北京：北京大学出版社。
熊正辉　1994　《南昌方言词典》，《现代汉语方言大词典》分卷本，李荣主编，南京：江苏教育出版社。
张　赪　1999　汉语处所介词词组和工具介词词组的词序变化，北京大学博士学位论文。
张华文、毛玉玲　1997　《昆明方言词典》，昆明：云南教育出版社。
张建明（主编）　1991　《泰县方言志》，上海：华东师范大学出版社。

赵金铭　1995　现代汉语补语位置上的"在"和"到"及其弱化形式·de,《中国语言学报》第 7 期。

赵元任　1968/1979　《汉语口语语法》，吕叔湘译，北京：商务印书馆。

Chapin, P. G. 1978. Easter Island: A characteristic VSO language. In W. P. Lehmann (Ed.), *Syntactic Typology*. Austin: University of Texas Press.

Dik, S. 1997. *The Theory of Functional Grammar: The Structure of the Clause* (2nd, revised edition). Edited by K. Hengeveld. Berlin & New York: Mouton de Gruyter.

Dryer, M. S. 1992. The Greenbergian word order correlations, *Language*, 68 (1), 43-80.

Dryer, M. S. 1999. Word order in Sino-Tibetan Languages from a typological and geographical perspective, SUNY Buffalo (draft).

Kuno, S. 1978. Japanese: A characteristic OV language. In W. P. Lehmann (Ed.), *Syntactic Typology*. Austin: University of Texas Press.

Li, Y.-H. A. 1990. *Order and Constituency in Mandarin Chinese*. Dordrecht: Kluwer.

Peyraube, A. 1993. On the history of Chinese locative prepositions. 台北《中国境内语言暨语言学》第 2 期。

Sun, C. F. 1996. *Word-Order Change and Grammaticalization in the History of Chinese*. Stanford: Stanford University Press.

van Vanlin, R. D. Jr., & LaPolla, R. J. 1997. *Syntax: Structure, Meaning and Function*. Cambridge: Cambridge University Press.

（原载《中国语文研究》，2001 年第 1 期）

汉语给予类双及物结构的类型学考察*

一、释题

双及物结构向来为语法学界关注，近年来就有 Xu & Peyraube（1997）、Her（1997）、Zhang（1998）、沈家煊（1999a）和张伯江（1999）等值得注意的著述问世。这些论著较成功地借鉴形式语法、功能语法或结合两者考察汉语（包括粤语），加深了人们对汉语双及物结构的认识。本文拟以类型学视点来考察一下汉语双及物结构。

双及物结构指的是一种论元结构，即由双及物（三价）动词构成的、在主语以外带一个客体和一个与事的结构，在句法上可以表现为多种句式，有的是双宾语句，有的不是。虽然双及物结构是人类语言的普遍现象，但双宾式却并不是人类语言的共有结构，甚至不是优势句式。所以，类型学适于用人类共有的双及物结构而非特定语言方言专有的双宾句式作为比较的参项。在双及物结构中，本文只讨论表示给予义的一类。张伯江指出："从现实语料统计中的优势分布，到儿童语言的优先习得，乃至历史语法的报告，都表明'给予'意义是双及物式的基本语义。"本文把给予类句式当作双及物结构的原型来考察。具体地说，本文考察的是如（1）所示的几种句法形式。式中 O_t 表示充当直接宾语的客体（theme），O_r 表示充当间接宾语或介词宾语的与事（recipient）：

（1）a. VO_rO_t，如"给他书"（双宾 A 式）

---

* 本文初稿蒙徐烈炯、陆丙甫、张伯江诸先生赐阅并提出意见，后又在第十一次现代汉语语法学术讨论会（芜湖，2000 年 10 月）上宣读，承多位先生提出意见，谨深表谢意。不当之处概由笔者负责。

b. VO_tO_r，如南京话"给书他"、广州话"畀书佢"（双宾B式）
　　c. VO_t 给 O_r，如"送书给他"（介宾补语式）、"买书给他"（连动式）
　　d. V 给 O_rO_t，如"送给他书"，中宁话"给给我一碗水"（复合词式）

以上各例括号内的文字是本文给各句式的句法定性。其中（1c）式又代表了两种句式，只有"送书给他"才属于双及物结构，"买书给他"不是真正的双及物结构（详第五节）。①

二、直接宾语和间接宾语

　　一些汉语学者不喜欢用直接/间接宾语称呼双宾句式的两个宾语，而改以"指人宾语"或"近宾语"指间接宾语，以"指物宾语"或"远宾语"指直接宾语，可能是因为汉语没有格形态，客体和与事没有形态上的区别，反倒是与事位置上离动词更近。但是类型学事实和对汉语的进一步考察都说明，其他叫法未必比"直接、间接"的叫法合理。

　　首先，直接宾语和间接宾语之分有语言共性的依据。凡是宾格和与格区别的语言，都是客体取宾格，跟其他宾语有同等句法地位，而与事取与格，跟一般的宾语不同，如俄语、德语、日语、藏语等。更重要的是，在这些语言中宾格是动词更为直接、更无标记（unmarked）的论元，而与格是动词更为疏远、更有标记的论元。在藏语的给予类双宾式中，"与事宾语带标记 la[13]，受事（即本文所说"客体"——引者）宾语为零标记"（王志敬 1995：345）。在俄语的双宾式中，客体取宾格，与事取与格。与格是独立的形态格，宾格只有阴性名词有自己的形态，阳性中性名词的宾格分别同零形态的主格（非动物性名词）或领属格（动

---

① 限于篇幅，有两种相关句式无法详论。一是"把"字双及物句，如"把书给他"，它属于"把"字句这个重要句式，需要结合"把"字句的整体性质来研究。二是与事介宾状语式，如"给他送书"。本式中的介宾状语实际上不是一种与事位置，而是受益者（benifactive）的位置。

物性名词）。显然宾格是更直接、更无标记的动词论元。所以从语言共性讲，双及物结构的客体是直接宾语，与事是间接宾语或像其他靠介词引进的题元一样是间接格（oblique）。

再从汉语内部来看，直接间接之分也有所表现。首先，在普通话里，主语和直接宾语可以无须复指代词的帮助而关系化（relativization），即成为关系从句修饰的中心语，而间接宾语不能这样关系化，加了复指代词也只是勉强可以。比较：

（2）a. 老师给学生一本书。→
　　　b. 给学生一本书的老师（主语关系化）
　　　c. 老师给学生的一本书（直接宾语关系化）
　　　d. *老师给一本书的学生（间接宾语关系化）
　　　e. ?老师给他一本书的学生（间接宾语关系化，借助复指代词）

Keenan 和 Comrie（见科姆里 1981/1989：193）通过跨语言比较提出了一条广泛有效的关系化可及性等级系列（accessibility hierarchy），即：主语 > 直接宾语 > 间接格（科姆里 1981/1989 称"非直接宾语"）> 领属成分。越靠左的越容易关系化。汉语能否关系化的界限正好在直接宾语和间接宾语之间，不但符合这一系列，而且显示两类宾语跟动词的关系的确有亲疏之别。其次，直接宾语可以被动化，做主语，或直接改做话题，而间接宾语很难被动化和话题化。比较：

（3）a. 老师给了这名学生这些书。→
　　　b. 这些书被老师给了这名学生。（直接宾语被动化）
　　　c. *这名学生被老师给了这些书。（间接宾语被动化）
　　　b. 这些书老师给了这名学生。（直接宾语话题化）
　　　d. ??这名学生老师给了这些书。（间接宾语话题化）

汉语中普通及物结构中的客体宾语一般都能被动化和话题化。双及物之与事难以如此，显示它与真正的宾语性质有别，称为间接宾语是有道理的。

下面再说一下"近/远宾语"和"指人/指物宾语"之说有何欠妥之处。"远宾语"或"近宾语"只是一个语序标签，并没有自己的语义基础和句法结构属性,无法成为句法成分概念。① 北京话说"给他书",近宾语表与事,远宾语表客体;广州话却说"畀书佢",近宾语表客体,远宾语表与事;南京话"给他书"和"给书他"两可,远近宾语说更难解释两者的句法和语义差异。"指人/指物宾语"的叫法也不合理。首先双及物结构并不严格遵循与事指人、客体指物的分工,如"给每个车间一个技术员"。其次,指人指物是属性概念,而不是关系概念,并不适合作为句法成分的类别名称。所以,由传统语法沿用至今的"直接/间接宾语"的概念,现在看来相当合理。

三、观念距离象似性、重成分后置与双宾句的有标记性

第二节看似在讨论名称问题,实际上已涉及一项实质性内容,就是双及物结构中两个名词短语的结构地位所遵循的原则。

人类语言的句法有模拟语义关系距离的倾向,即观念距离象似性(见 Croft 1990:174;张敏 1998:222)。本文将此分为两种表现形式:结构象似性和线性象似性。结构象似性指语义关系紧密的成分在句法结构上也更加紧密。比如与动词关系最密切的施事和受事通常分别占据直接格即主宾语位置,而其他题元则充当间接格状语,用介词一类标记引出。线性象似性指语义关系紧密的单位在线性距离上也更加靠近,多项定语的排列典型地说明了这一点,参阅陆丙甫(1993:94)。

上一节已确认在双宾式的两个宾语中,直接宾语跟动词的关系更加密切。现在再来考察双及物结构各句式对观念距离象似性的遵守程度。先比较两种常见的双及物句式:

(4)老师给了学生一本书。

(5)a. 老师送了一本书给学生。

---

① 语序不一定显示句法位置。例如英语的领属结构 John's books,在前的 John 是领属定语,the books of John,在后的 John 是领属定语。

   b.〈南京〉老师给了一本书给学生。

   c.〈邵阳〉把给本书把给我。（储泽祥 1998：193）

（4）即上面说的双宾 A 式，其中直接宾语和间接宾语都不加介词。（5）属介宾补语式，其中客体做宾语，与事则由介词"给"等所支配，已不是动词的宾语。此式的动词在普通话中较少用"给"，南京话、邵阳话等许多方言不受此限。从结构象似性看，双宾 A 式的两个宾语都受动词支配，地位平等，而介宾补语式使受事和与事跟动词的关系有直接间接之别，更好地模拟了两者与动词关系不同的紧密度。从线性象似性看，双宾 A 式中间接宾语与动词的距离近，直接宾语与动词的距离反而远，违背了线性象似性。而介宾补语式客体距动词近，与事距动词远，模拟了两者与动词的亲疏关系。可见，双宾 A 式不体现结构象似性，还违背线性象似性。介宾补语式同时符合两种象似性。

  根据上面的分析再来看另外两种句式。

（6）〈广州〉老师畀本书个学生。

（7）a.老师送给学生一本书。

   b.〈宁夏中宁〉给给我一碗水。（李树俨 1987，转引自黄伯荣主编 1996：675）

   c.〈内蒙晋语〉我给给二娃家一箩头山药。（邢向东、张永胜 1997：151）

（6）属于双宾 B 式。此式不体现结构象似性，但符合线性象似性，因为间接宾语离动词更远。（7）属于复合词式，由动词和介词"给"紧密组合，如"送给、借给"等。此式的动词部分在普通话中不用"给"，在一些兰银方言或晋语中不受此限，所以有"给给"的组合。考虑到复合词后字"给"的介词作用，用"给"引进与事符合结构象似性。但在线性象似性方面，复合词式比双宾 A 式更严重地违背线性象似性。此式不但像双宾 A 式一样跟与事更靠近动词，而且让结构上明显带间接格标记的"给+与事"插在动宾之间，使直接宾语离动词更远了一个节点，比间接宾语插在动词和直接宾语之间更严重地破坏动宾的直接组合。不过实际上此式对线性象似性的违背没有这么严重，因为在现代汉语中"V

给"已接近一个复合词，结构上已跟双宾 A 式趋同，"给"的介词性有所淡化。构成复合词的迹象是体标记只能加在"V 给"之后而非 V 之后，[①] 如：

（8）a. 老师送给了学生一本书。 b. *老师送了给学生一本书。

根据以上分析，以上各句式遵守观念距离象似性的程度形成如下序列：

（9）介宾补语式 > 双宾 B 式 > 双宾 A 式 > 复合词式

根据（9），双宾 A 式是相当有标记的句式，这与人们通常把该式当作给予类双及物结构代表句式的印象不合。当然，以上序列只关心距离模拟原则，而影响双及物结构句式选择的因素不限于这类原则，对照其他原则而得出的序列未必与（9）一致。不过，从普通话本身、跨方言和跨语言三个角度，我们的确能证明双宾 A 式在相当程度上是有标记句式。

普通话没有双宾 B 式。那么，双宾 A 式是否比介宾补语式更有标记？目前文献中尚未见到有关两种句式的文本频率统计。凭印象式的观察，两者至少都算常用。频率不是确定标记性的唯一标准。另一个标准是分布：无标记项的分布大于或至少等于有标记项（沈家煊 1999b：32）。我们注意到，在所用动词相同的情形下，凡是双宾 A 式的句子都能变换为介宾补语式，而许多介宾补语式难以变换为双宾 A 式。其突出表现是双宾 A 式受"重成分后置倾向"严重制约，而介宾补语式不受此倾向制约。比较：

（10）a. 我送他一本书。~ b. 我送一本书给他。

（11）a. 我送他一本上个月刚刚出版的畅销书。

　　b. 我送一本上个月刚刚出版的畅销书给他。

（12）a. *我送一个我读中学时候的同学书。

　　b. 我送书给一个我读中学时候的同学。

重成分指相对于相邻成分而言长而复杂的单位。重成分后置是各语言中都起一定作用的倾向［关于重成分后置的最新研究，参阅 Arnold & Wasow（2000）］。它有时表现为一种选择上的柔性制约。如英语中 that

---

① 这种融合也有节律方面的原因，其他紧跟动词的介词也有构成复合词的趋向，如"坐在了椅子上"。

从句做主语时通常移到谓语后，让代词 it 充当形式主语，但需要时（如谓语部分也很复杂时）长而复杂的 that 从句照样可以做主语。重成分后置倾向对汉语双宾语来说则几乎是一种刚性制约。双宾 A 式实际上只适合在间接宾语简短时使用，如（10a）、（11a）。直接宾语因为本来处于后置位置，所以本来能接受重成分，如（11b）。假如间接宾语长而复杂，特别是远比后面的直接宾语复杂，双宾句便不适用，如（12a）。而宾语的长短繁简对介宾补语句的可接受性没有影响，如（10）—（12）的 b 句所示。这说明该句式是受限制最少的无标记句式。假如再考虑到词汇差异，则双宾 A 式的分布更不如介宾补语式。沈家煊（1999a）注意到他所说的 A 式（包括本文的介宾补语式：卖一所房子给他）、B 式（＝本文的复合词式：卖给他一所房子）和 C 式（＝本文的双宾 A 式：卖他一所房子）适合的动词依次减少。换言之，双宾 A 式适用的动词最少。① 这说明即使在普通话内部，双宾 A 式也是比介宾补语式更有标记的句式。

下面再看跨方言的分布。就笔者自己会说、调查过或大量接触过的吴语、江淮官话、徽语、粤语来说，没有一种方言没有介宾补语式，至今也没有看到哪种方言语法的描写报告说该方言没有介宾补语式。双宾 A 式的情况则不同。除下江、兰银、西南以外的官话区的报告几乎都不提双宾语问题，看来情况跟普通话一致。下江官话往南，情况就很不同。南京话给予类双宾 A 式（给他书）、双宾 B 式（给书他）和介宾补语式（给书给他）并存（刘丹青 1994）。前两者都受限制，只有最后一式最自由。北部吴语的情况跟南京话一致，如苏州话"拨俚书（双宾 A 式）、拨书俚（双宾 B 式）、拨书拨俚（介宾补语式）"。不少赣语没有双宾式。万波（1997：240）指出安义话"没有由'给予'类动词构成的双宾句"，而采用"拿＋宾语（表物）＋到（介词）＋宾语（表人）"，即介宾补语式，如"渠拿得一支笔到我"。据陈满华（1995：231），属湘东赣语的安仁话也如此，与"送你一本书"相应的格式是"送本书得你"或"得本书得你"。属鄂东赣语的阳新话也只有介宾补语式，如

---

① 沈文用一些认知原则解释了这种分布差异，而本文认为不符合结构象似性至少也是原因之一。

"把书得你",而没有双宾式(黄群建主编 1995:196)。另据戴耀晶(1997),赣语泰和话虽然有双宾 A 式、B 式和使用"得"的介宾补语式,但表示给予义时"加'得'的句子(介宾补语式——引者)比不加'得'的句子(双宾 B 式——引者)更为常见"。"在间接宾语较为复杂的句子里,为了语法关系看得更为清楚,有时侯'得'字必须出现。"湘、粤方言大体上双宾句有 B 无 A。据储泽祥(1998:192—193)对湘语邵阳话的描写,给予类双宾句有 B 式(把本书我)无 A 式。储著并指出其他双及物句式中,"把本书把我""借一块钱把你"(介宾补语式)最常见,"借把你一块钱"(复合词式)不及前者常见。广州话的情况,以往注意较多的是其双宾句有 B(畀书我)无 A(*畀我书)。实际上,其双宾 B 式也是受限制的句式。当直接宾语长而复杂时,也需要在间接宾语之前加"畀"或"过",成为介宾补语式,如:

(13)〈广州〉我送咗一本上个月啱啱出版嘅畅销书*(畀/过)一个同学。

'我送了一本上个月刚刚出版的畅销书给一个同学。'

此外,假如间接宾语极简短而直接宾语较长,粤语也能用双宾 A 式(张双庆 1997),如:

(14)〈香港〉我畀你几千文同埋一张机票。

'我给你几千元和一张机票。'

可见粤语双宾语也很受重成分后置倾向的制约,而介宾补语式最自由,不受制约。西北兰银官话的给予句形式十分多样,但恰恰排斥双宾式[(7b)的中宁话例是复合词式]。公望(1986)指出,北京话里的双宾句在甘宁青方言里通常并不出现。它们一般都转换为带"把""给"的双介词句。如:

(15)〈兰州〉他(把)书给我给了。(第一个"给"是介词)

公望把引出客体的介词"把"放入括号,即可以省略,而引出与事的"给"没有加括号。可见,兰银官话倾向于把间接宾语作为间接格放在给予义动词前用介词引出,以介宾状语式代替其他方言中的介宾补语式。这与兰银方言受阿尔泰语言或藏缅语言影响产生 SOV 倾向(动词居末倾向）有关（参阅刘丹青 2001）。

综上所述，许多方言根本不存在给予义双宾句（赣语、兰银官话）或不存在双宾 A 式（湘语、粤语），即使在有给予双宾句的方言中它也是受重成分后置等原则限制的有标记句式，而用介词介引与事的句式（介宾补语句或兰银官话中的介宾状语句）不但普遍存在，而且是不受类似限制的无标记句式。

最后再看跨语言比较。根据 Polinsky（1998）的考察，双宾式和与格式（用专用的介词或与格标记表示与事的句式）似乎在语言分布上没有优劣之别。她举的语种分布为：两种句式都有：英语、朝鲜语；只有双宾语：部分班图语、Tzotzil 语、Pari 语、阿布哈兹语（Abkhaz）；只有与格式：许多印欧语①、楚克奇语（Chukchi）、豪萨语（Hausa）；两种结构都没有：无例。经笔者核对材料，发现所谓只有双宾式的语言，如 Tzotzil 语等，都是属于谓语动词核心标注型（head-marking），即通过加在动词上的一致关系语缀表明句中论元的不同性质，如施事、受事、与事等。②核心标注语言中的直接宾语和间接宾语的不同论元性质已在谓语动词上标明了，所以其实际的形态地位还是不同的。这种情况下的双宾语跟真正的双宾语并不相同，无法简单类比。假如排除了这种不可比的情况，那么我们看到的就是双宾句和与格句在分布上的不对称：有双宾句的语言必然也有"与格句"，如英语、朝鲜语及汉语中的普通话、北部吴语等。而有"与格句"的语言不必有双宾语句，如许多印欧语及汉语中的赣语等。这种分布再次证明双宾语句是有标记的句式。

双宾句虽然从语言内部和类型比较上看都是有标记、受制约的句式，但它为什么还是相当普遍地存在，并在英语、普通话一类语言中还相当常用？下一节将讨论这一问题。

---

① 在法语和西班牙语中，除人称代词与事可用在双宾结构中，其他与事只能由介词引出放在直接宾语后。德语、俄语的与事必须取与格而非宾格。这些都不是真正的双宾句。所以英语式的双宾句是印欧语中的少数派，普通话中的给予类双宾 A 式在各大方言中也未必是多数派。英语和普通话在双宾句上倒非常接近。

② 除部分班图语外，其他三种被提到的语言都属于高加索语群，该语群以动词形态复杂著称。

复合词式（送给他一本书）是双宾句的一种特殊形式，它由于在动词和直接宾语之间插入了带有介词性质的"给"，破坏了动宾的连续性，以致成为比双宾 A 式更有标记的结构，这也在跨方言比较中得到印证。吴语除双宾 A 式和双宾 B 式并存外，复合词式也存在，但使用范围更受限制。许多发音人倾向于换用其他结构来对应普通话例句中的复合词式。笔者用于吴语区 12 个点的句法调查表中有两个例句是复合词式的：

(16) a. 已经打给他两个电报。
　　　b. 姐姐打给他两件毛衣。

对（16a）句，苏州、无锡、台州（椒江）、金华、东阳、丽水 6 点的发音人说的是原句的对应结构，如苏州"已经打拨俚两只电报"。常州、绍兴、宁波、乐清大荆、温州 5 点的发音人改用其他结构（相当于"打了两个电报给他"或"给他打了两个电报"）。上海话两个发音人一个沿用原句、一个改用其他结构。对于（16b）句，苏州、无锡、乐清大荆、金华、东阳、丽水 6 点的发音人说的是原句的对应结构，常州、绍兴、宁波、台州（椒江）、温州 5 点的发音人改用其他结构。上海两个发音人仍是一个沿用一个改用。与此形成鲜明对照的是，当给出的普通话例句是介宾补语式或连动式时，如"姐姐打了两件毛衣给他"，所有发音人都沿用原句式，无一人改用复合词式。可见复合词式是说话时尽力避免的有标记句式。

四、经济原则、话题性与双宾句

据 Collins（1995）对 20 万词澳大利亚英语语料（口语书面语各半）的统计，双宾句和介词与格句分别有 108 例和 57 例。为什么双宾语作为有标记的句式文本出现率不低？本节提出几条有助于双及物结构实现为双宾句的原则，它们是作为关系紧密度模拟原则的制衡力量出现的。

首先是经济性原则。以尽可能少的语言单位表达同样的意义是语言中又一条广泛起作用的原则。有些时候，语言的经济性与象似性是相冲突的（Croft 1990：192），无法兼顾。① 在双及物结构上，选用介词与格式符合关系紧密度象似性，选用双宾句节省了一个介词，符合经济性。两者也难兼顾。

经济原则对双宾 B 式的作用最直接。不少学者指出双宾 B 式来自介宾补语句的省略。Xu & Peyraube（1997）对分析粤语双宾 B 式的几种观点进行了详尽讨论，结果发现只有介词省略说才在结构上可信。再如戴耀晶（1997）指出，泰和话里在直接宾语和间接宾语间加"得"的句子（乾旺叔要还一笔钱得你）比不加"得"的句子（乾旺叔要还一笔钱你）更常见，后者可以理解为前者的省略形式。在泰和话、连城客家话（项梦冰1997）和苏州话（刘丹青1997）等双宾 A 式和 B 式并存的方言中，都还存在一种由取得义动词构成的给予义双宾 B 式，如连城话"买张邮票渠"，表示"买一张邮票给他"。这类句子都不能改用双宾 A 式（"买渠一张邮票"表示从他那儿买来邮票），但都能加入给予义动词兼介词（泰和"得"、连城"分"、苏州"拨"），如"买一张邮票分渠"。当间接宾语不是人称代词一类简短形式时，这个给予动词是不可省的。所以项梦冰恰当地称之为"由连谓结构省略给予动词造成的'假双宾句'"，这也是经济原则的产物。当然，由于作为省略形式的双宾 B 式在某些方言中出现频率很高，因此在一定程度上已语法化为真正的双宾句式。

双宾 A 式虽然也比介宾补语式少用一个介词，但是两式中两个宾语的相互位置不同，所以 A 式在汉语某些变体中的常用无法单独靠经济原则来解释。除了经济原则外，间接宾语的话题性和重成分原则扮演着重要角色。

不少形式学派的学者认为，双宾句的间接宾语和直接宾语形成一种表拥有关系的主谓小句，其中间接宾语为主语、直接宾语为谓语；类型学家则注意到人类语言双宾句的两个宾语间有话题性的差异，间接宾语的话题性高于直接宾语（参阅徐烈炯、刘丹青 1998：77—79）。根据

---

① 假如说"澳大利亚"的译名体现了象似性，则"澳洲"的译名体现了经济性，两者也无法兼顾。

Mallinson & Blake(1981：161—163)，间接宾语的话题性体现在生命度和有定性两方面。间接宾语多指人，生命度高于通常指物的直接宾语。间接宾语以有定为常，往往取人称代词、人名一类形式，而直接宾语以无定为常。在生命度和有定性两方面都是间接宾语的话题性更强。徐烈炯、刘丹青（1998：77）用吴语和粤语加话题标记的测试证明间接宾语可以做话题而直接宾语不行。一些国外学者则从信息结构来分析两个宾语的差异（其实也属话题性问题），注意到两者的语序遵循由已知信息到新信息的原则。世界上多数有双宾句的语言间接宾语前置于直接宾语，其实都体现了话题或旧信息居前原则，因为统计表明与事总体上强烈倾向已知、有定而客体倾向新信息、无定［参阅 Collins（1995）和 Arnold & Wasow（2000）对澳洲英语和加拿大英语的统计］。假如出现客体有定已知和/或与事属无定新信息的情况，这些语言通常也会转而将与事后置于客体并用介词介引。

　　再来看看汉语的情形。比较普通话的下列各句：

（17）a. 老师送了这位同学一本书。

　　　b.[?] 老师送了一位同学一本书。

　　　c.^{??} 老师送了一位同学这本书。

（18）a. 老板给这个助手一家店。

　　　b.[?] 老板给这家店一个助手。

　　　c.^{??} 老板给一家店一个助手。

　　　d.[*] 老板给一家店这个助手。

（17）a 句是"有定与事＋无定客体"，最自然。b 句是"无定与事＋无定客体"，已不如 a 句自然。c 句是"无定与事＋有定客体"，极不自然。即使真有这样说的，"一位"也倾向于理解为表全量（universal quantification）的"每一位"，而全量也是适合话题化的。（18）a 句是"有生与事＋无生客体"，最自然。b 句是"无生与事＋有生客体"，不如 a 句自然。c 句是"无生与事＋有生客体"，而且与事无定，极不自然，只有"一家店"理解为全量成分（＝每家店）才勉强可说。d 句是"无定无生与事＋有定有生客体"，句子完全不成立。

由此可见，汉语双宾 A 式的出现动因主要是间接宾语的话题性。当间接宾语的话题性被削弱时，双宾句也就成为一种劣势结构，必须换用其他结构。而真正无标记的双及物句式，即介宾补语句，基本上是没有条件制约的。即使是适合双宾句的场合照样可换用介宾补语句，如（17a）说成"老师送了一本书给这位同学"，（18a）说成"老板给一家店给这位助手"，都没问题。所以，双宾 A 式在某些语言方言中的频率优势，并不体现双宾 A 式在双及物结构中的优势地位，而只显示与事比客体更容易具有话题性，使话题前置原则有起作用的机会。至于经济原则，可能也有一定作用，因为双宾 A 式毕竟节省了一个介词。不过双宾 A 式不用介词更可能是为了兼顾观念距离象似性，因为间接宾语在前时再用介词就成了复合词式（送给他书），这是最不符合距离象似性的结构（见第三节）。

话题性原则在双宾 B 式中无效，因为话题性强的与事在双宾 B 式中反而后置于话题性弱的客体，如广州话"佢畀本书我"。我们知道双宾 B 式在线性象似性方面强于双宾 A 式，它让与动词关系更紧密的直接宾语位置上也更靠近动词。双宾句 AB 两式的选择是优先注重话题性还是优先注重线性象似性之别，看来普通话选择前者而粤语选择了后者。这不奇怪，在汉语方言中，粤语似乎是对信息结构等与话题有关的因素较不敏感的方言，参阅刘丹青（2001）。跟介宾补语式比，则可以说两种双宾句都更加符合经济性原则。

此外，Arnold & Wasow（2000）通过文本统计和心理语言学实验证明，重成分与新信息在很大程度上是一致的。人们常用单词形式提及已知信息，而用较长的描写式短语引入新信息。文本中与事不但大多是有定已知信息，而且平均词长远小于客体。所以普通话让客体后置于与事的同时也满足了重成分后置的要求。当出现与事较"重"的非常规现象时，与事仍会"被迫"退到客体后，并且以介词短语的形式出现。Arnold 等的研究还证明，当客体和与事信息地位相似时，重成分原则是英语说话人决定是否采用双宾式的主要因素。普通话的情况与此相似。

五、观念复杂度象似性与双及物结构

以上讨论都把双及物结构的几种句式大体看作同义句式。实际上，正如沈家煊（1999a）注意到的，不同的双及物句式的结构意义不完全相同。"SVO给X"句（我寄一封信给他）表示"惠予事物转移并达到某终点，转移和达到是两个分离过程"。"SV给XO"句（我寄给他一封信）表示"惠予事物转移并达到某终点，转移和达到是一个统一过程"。既然后者表示一个统一的过程，那么不用介词的"我送他一本书"更表示一个统一过程了。这里的意义差异，反映了观念复杂度象似性：分离的过程用分离的赋元方式表示，客体和与事分别由动词和"给"赋予题元；统一的过程用统一的赋元方式表示，客体和与事由同一个动词同时赋予不同的题元。

仔细分析起来，普通话由客体后的"给"引出与事的句式，实际上代表了两种句法结构，分别模拟两种事件结构。一种是介宾补语式，模拟的是一个单一给予事件的两个过程。一种是连动句，模拟的是相连的两个事件构成的一个复合事件。只是由于普通话给予义动词和介引与事的前置词用了同一词项，所以两种结构出现了相同形式。假如两者词项不同，则可以更清楚地看到这种区别。

先说结构。何万顺（Her 1997：92）指出，普通话里的"VO给NP"实际上代表了两种结构。假如V属要求带一个客体和一个与事的小类（即所谓三价动词），如"送、还、赏"等，则"给"是一个前置词，介引V的与事论元，如"李四送了一束花给她"。假如V不属该小类，如"丢出、买下"，则"给"是一个动词，整个结构是连动式，后面的NP是"给"的论元而不是前面V的论元，如"张三买下了一束花给她"。笔者方言调查所得材料显示何书对两种结构的区分是有道理的，因为在给予动词和与事介词不同形时，两种结构是可以不同的。试比较吴语中下列句子：

（19）a.〈东阳〉送两朵花唎渠。'送两朵花给他。'
　　　b.〈丽水〉送两朵花忒渠。'送两朵花给他。'
（20）a.〈东阳〉阿姐儿缉勒两件毛线衣分渠。'姐姐打了两件毛衣给他。'
　　　b.〈丽水〉佗佗结两件毛线衣克渠。'姐姐打了两件毛衣给他。'

（19）中的"唎/忒"是表示与事的前置词，属纯粹虚词，而（20）中的"分/克"是给予动词。当前面的动词用双及物动词"送"时，与事由前置词"唎/忒"介引，（19）为介宾补语式。当前面的动词是普通及物动词"缉/结编织（毛衣）"时，便不能由前置词介引与事，而需要给予动词"分/克"来构成连动式（20）。

再说结构的意义。借鉴沈家煊、何万顺的分析，再考虑到表达给予行为的更复杂的形式连动式和复句，我们可以看到下列复杂度渐增的句法象似关系：

（21）a. 双宾式～单一事件，单一过程：我送了她一束花。
　　　b. 介宾补语式～单一事件，两个过程：我送了一束花给她。
　　　c. 连动式～两个小事件，一个复合事件：我买了一束花给（了）她。
　　　d. 复合句～两个事件：我买了一束花，给（了）她。

以上四类事件性质不是在同一层次上并列的。a 和 b 之间客观所指（真值条件）相同，只是说话人视点不同。c 和 d 之间也是客观所指相同，只是说话人视点不同。a、b 和 c、d 之间则客观所指也不尽相同。a、b 各是一个双及物结构，c、d 已分别是一个复合述谓结构，不再属于双及物结构。"给"也不是前置词而是动词。所以，c 和 b 的一大区别就是能否改用 d 式：c 能而 b 不能（*我送了一束花，给了她）。

上述分析也使我们对双宾 B 式有更清楚的认识。由双及物动词构成的双宾 B 式，如广州话"我畀本书你"，可以看作由介宾补语式省略前置词而来（见第四节），但形式的省略也会影响事件结构。既然已经语法化为双宾句，便只有一个及物结构，可以跟双宾 A 式一样表示单一给予事件的单一过程。比较麻烦的是由取得类动词构成的双宾式，如连城客家话"买张邮票渠"。它所省略的不是前置词而是给予动词,原本是两个及物结构而不是一个双及物结构,句意也明显是两个事件构成的复合事件:"买张邮票+给他",所以项梦冰称之为"假双宾句"。这是一种不遵守事件结构象似性的高度有标记的结构。句法上它也确实很受限制。项梦冰指出,在连城客家话中只有人称代词能用作该式的间接宾语,连人名都不能用于此式。苏州话、泰和话也基本如此。如苏州话可以说"买瓶汽水俚$_他$",但不能说"买瓶汽水小张"。

六、影响双及物结构形式的各原则及其互动与优先系列

本文在分析双及物结构的诸句式时,致力于发现影响这些句式的一般性原则或倾向,以便解释不同结构的存在原由及优劣。由于本文涉及的原则为数不少,我们必须对这些原则做进一步的检验,以免"原则"成为随文释义、水来土掩式的武断解释,失去其普遍价值。检验的方法有二。第一,独立证明。即能在其他结构上同样看到该原则的作用,而不只在被讨论的对象结构上起作用。第二,指出互动规则和优先等级。不同的原则应有固定的互动规则和恒定的优先等级。这样才能解释原则不起作用时的情况:处于等级系列中较低的原则需要其他原则的帮助才能起作用,它也容易受到更高等级原则的制约而不起作用,而高等级原则可以独立起作用,不受低等级原则的制约。

本文讨论过的原则或倾向计有:

(22) a. 观念距离象似性:a_1. 结构象似性;a_2. 线性象似性

    b. 重成分后置

    c. 话题前置:c_1. 高生命度前置于低生命度;c_2. 有定/已知信息前置于无定/新信息

    d. 经济原则

    e. 观念复杂度象似性

以上诸原则或倾向是众多学者对许多结构进行考察后总结出来的原则，都不是只对双及物结构有效的原则，属于已获独立证明的原则。本文需要讨论的是它们在双及物结构上表现出来的互动规则和优先等级。

最优势的汉语双及物句式是介宾补语句。它的出现有最少句法限制，且在方言和语言中分布最广泛。该句式遵循的原则是观念距离象似性，包括结构象似性和线性象似性。该句式不符合话题前置倾向，不符合经济原则（比双宾式多用一个介词，按生成语法还多了一个最大投射），可以不符合重成分后置倾向。其他句式可以自由地换用该句式。可见观念距离象似性是最优先的原则。复合词式正因为同时偏离结构和线性两种象似性而成为最劣势的句式。

重成分后置是力量仅次于观念距离象似性的倾向。在双及物结构的诸句式中，只有遵循距离象似性的介宾补语句不受重成分后置倾向的制约，其他句式都难以违背这一倾向。双宾 A 式、复合词式都不允许在前的间接宾语明显重于在后的直接宾语。方言中的双宾 B 式（送本书我、买张邮票我）似乎是反例，因为其在后的直接宾语常常很简短，以人称代词和人名甚至只能以人称代词的形式出现。其实双宾 B 式并没有背离重成分后置原则。双宾 B 式中的间接宾语都是非重读形式，不构成独立的韵律词，在韵律上已经依附于前面的直接宾语，即发生了附缀化（cliticization）。在苏州话中，"送本书我"的"我"没有独立声调，只是句法上不成立的连读变调二字组"书我"的后字，由前字"书"决定"我"的实际调值。假如要重读"我"，或者用超过双音节的名词代替代词，那么句子就得改成介宾补语式，如"送本书拨'我／拨'陈小兵"。可见在双宾 B 式中，间接宾语根本无法与直接宾语构成相对的轻重关系。使用双宾 B 式的方言严格限制间接宾语的重度，就是为了不让它成为一个独立的韵律单位从而违背重成分后置倾向。

话题前置倾向是双宾 A 式所遵循的原则。该句式在普通话及部分方言中相当常用，这是因为与事通常在生命度、指称义、信息属性方面有更强的话题性，而话题性强的成分又常采用"轻"的形式。所以此式的常用实际上是话题前置和重成分后置合力的结果。话题前置的倾向受到三方面的限制。第一，话题前置只在符合重成分后置原则的前提下有效，而距离象似性不受重成分原则制约。第二，话题前置倾向只在部分方言的双及物结构中有效，而距离象似性和重成分原则在所有方言中都有效。第三，话题前置倾向是可违背的，即使间接宾语话题性强，仍可使用介宾补语句，而重成分后置是不可违背的。从以上几点看，话题前置倾向的作用在双及物结构上不如距离象似性和重成分原则有力。①

经济原则在双及物结构上的作用不是很突出。双宾 B 式可以认为是介宾补语式因经济原则而省略介词。双宾 B 式保持了线性象似性但不符合结构象似性（间接宾语不用介词）。经济原则的作用有方言分布限制，因为只有部分方言有双宾 B 式。而且经济原则不能违背重成分原则。当直接宾语很复杂，或者间接宾语超出附缀化的长度限制时，与事介词的省略就变得困难或完全不允许。

观念复杂度象似性主要是说话人的一种语义选择，其中用连动式或复句表达给予行为已经超出双及物结构的范围，只有模拟单一行为单一过程的双宾式和模拟单一行为两个过程的介宾补语式的选择涉及双及物结构。这两种模拟的差别只反映说话人主观视点而不反映真值条件的差别。其选择事实上以不违背上述原则或倾向为前提。说话人不能为了突出事件的单一过程而在不适合用双宾句的时候（如间接宾语过长）强行使用双宾句。因此，事件结构象似性在双及物结构中的作用是最弱的。

至此，我们可以列出影响汉语双及物结构的诸原则或倾向的优先序列：

（23）观念距离象似性（结构象似性＋线性象似性）＞重成分后置＞话题前置＞经济原则＞观念复杂度象似性

给予类双及物结构不同句式的标记性不同，其实就是由上述原则的优先地位不同造成的。违背的原则位置越靠左，句式就越有标记性。

---

① 我们说话题前置倾向在双及物结构中的作用不是最优先，这与汉语话题优先的整体类型特征（详见徐烈炯、刘丹青 1998）不矛盾，因为间接宾语并不是句法上的原型话题，只是相对于直接宾语来说有较强的话题性。它在一定条件下可以加话题标记成为真正句法话题中的一类——次次话题，见徐烈炯、刘丹青（1998：76）。

参考文献

陈满华　1995　《安仁方言》，北京：北京语言学院出版社。
储泽祥　1998　《邵阳方言研究》，长沙：湖南教育出版社。
戴耀晶　1997　泰和方言的动词谓语句，《动词谓语句》，李如龙、张双庆主编，广州：暨南大学出版社。
公　望　1986　兰州方言里的"给给"，《中国语文》第 3 期。
黄伯荣（主编）1996　《汉语方言语法资料汇编》，青岛：青岛出版社。
黄群建（主编）1995　《阳新方言志》，北京：中国三峡出版社。
科姆里　1981/1989　《语言共性与语言类型》，沈家煊译，北京：华夏出版社。
刘丹青　1994　《南京方言词典》引论，《方言》第 2 期。
刘丹青　1997　苏州方言的动词谓语句，《动词谓语句》，李如龙、张双庆主编，广州：暨南大学出版社。
刘丹青　2001　汉语方言的语序类型比较，日本《现代中国语研究》创刊 2 期。
陆丙甫　1993　《核心推导语法》，上海：上海教育出版社。
沈家煊　1999a　"在"字句和"给"字句，《中国语文》第 2 期。
沈家煊　1999b　《不对称和标记论》，南昌：江西教育出版社。
万　波　1997　安义方言的动词谓语句，《动词谓语句》，李如龙、张双庆主编，广州：暨南大学出版社。
王志敬　1995　《藏语拉萨口语语法》，北京：中央民族大学出版社。
项梦冰　1997　连城客家话的动词谓语句，《动词谓语句》，李如龙、张双庆主编，广州：暨南大学出版社。
邢向东、张永胜　1997　《内蒙古西部方言语法研究》，呼和浩特：内蒙古人民出版社。
徐烈炯、刘丹青　1998　《话题的结构与功能》，上海：上海教育出版社。
张伯江　1999　现代汉语的双及物结构式，《中国语文》第 3 期。
张　敏　1998　《认知语言学与汉语名词短语》，北京：中国社会科学出版社。
张双庆　1997　香港粤语的动词谓语句，《动词谓语句》，李如龙、张双庆主编，广州：暨南大学出版社。

Arnold, J. E., & Wasow, T. 2000. Heaviness vs. newness: The effects of structural complexity and discourse status on constituent ordering. *Language*, 76 (1), 28-55.
Collins, P. 1995. The indirect object construction in English: An information approach. *Linguistics*, 33 (1), 35-50.
Croft, W. 1990. *Typology and Universals*. Cambridge: Cambridge University Press.
Her, O.-S. (何万顺) 1997. *Interaction and Variation in the Chinese VO Construction*. Taipei: Crane.
Manllinson, G., & Blake, B. 1981. *Language Typology: Cross-Linguistic Studies in Syntax*. Princeton: North-Holland Publishing Company.

Polinsky, M. 1998. Double object constituents: Motivating object asymmetries (draft).

Xu, L. J., & Peyraube, A. 1997. On the double object construction and the oblique construction in Cantonese. *Studies in Language*, 21 (1), 105-127.

Zhang, N. 1998. The interactions between construction meaning and lexical meaning. *Linguistics*, 36 (5), 957-980.

（原载《中国语文》，2001 年第 5 期）

差比句的调查框架与研究思路

缘起

在本论文集之由来的"现代语言学理论与中国少数民族语言研究学术研讨会"上,笔者作了"汉语方言间及汉藏语言间量词的句法类型差异"的发言。后来,此发言还以每次略为不同的题目和重点在中国和日本的若干场合宣讲,虽几经加工修改,但仍只是一个详细提纲,材料和观点尚未成熟到可以发表。现在,戴庆厦教授嘱我将论文提交给本论文集,我无以应命,便征得戴教授同意,选出另一篇文章加以修改整理,供这本文集之选。① 这篇替补之作,原系"中国东南部方言比较研究第九届国际研讨会"(杭州,2002年3月)准备的一个调查提纲说明。2001年的"东南"会议经笔者提议、大家同意,定下2002年"东南"会议讨论比较句,为此笔者准备了一个粗略的调查提纲发给大家。后来有参与者觉得提纲过简,提议扩充。于是,笔者又根据类型学上比较句(尤其是差比句)研究的成果,写了一篇较为详细的说明文章,解释差比句研究的意义及调查研究时需注意的问题,材料多取自汉语方言,也有部分取自其他语言,包括少数民族语言。文章在会前发给各位与会者参考,其主要内容还曾在香港大学主办的"首届中国语言文字学国际研讨会"上报告。在写作过程中,查了一些少数民族语言研究的著作,发

---

① 本文的发表,除了得益于主办会议并编辑本论文集(《现代语言学理论与中国少数民族语言研究》)的中央民族大学、香港中文大学现代语言及文化系外,还得益于香港中文大学中国文化研究所吴多泰中国语文研究中心为"东南"研究计划提供的资助。此外,本文写作、修改还得到中国社会科学院语言研究所重点课题 ZD01-04 的资助。上海师范大学博士生高云峰、硕士生姚洁青和刘海燕为本文收集了部分资料。在此一并感谢。

现国内民族语言的语法研究中对差比句还注意得相当不够，不少语言的语法描写缺少差比句这一项，而在国际上，差比句是语法调查中最重要的参项之一，即使是很简略的调查也会把差比句作为一个必查项目，因为差比句的结构在语言类型学方面有重要价值（见下面"引言"）。此外有些提供差比句材料的描写，也存在没有抓住要害、描述语言事实不够清楚的情况，汉语（包括方言和汉语史）的差比句研究从类型学的角度看也存在类似的问题，对差比句各个组成部分所使用的术语也相当混乱。由此感到民族语言差比句的调查研究确实有待加强，汉语差比句的调查研究也需要更多引入语言共性和类型学的视野。因此，特将原文重新修改加工呈于这本文集。这便是本文的缘起。

零、引言

作为类型学参项的差比句，首先是一种语义结构，它在不同语言中的句法实现可以相当不同。差比句在语序类型学中占有重要地位，特别是其构成成分的语序，与动宾语序和介词类型（前置词/后置词）密切相关，是重要的类型指标（type indicator）。在现代语言学特别是类型学的语法调查中，差比句的句法表现已成为基本的必查项目。

差比句在语序类型学中的重要性，从当代类型学的奠基之作 Greenberg（1963/1966）及 Dryer（1992）总结的共性就可看出。前者基于 30 种语言得出的 45 条共性中的第 22 条指出："当差比句的唯一语序或语序之一是'基准—比较标记—形容词'时，该语言为后置词语言；如果唯一语序是'形容词—比较标记—基准'时，大于偶然性的绝对优势可能是该语言为前置词语言。"该共性指出了比较句语序与介词类型的关系。Dryer（1992）基于 100 多个语组 625 种语言的统计发现，可以把差比句的语序进一步简化为两个要素：形容词和基准。他发现 OV（宾动）型语言基本上都取"基准+形容词"的语序，VO（动宾）型语言则一律用"形容词+基准"语序。该共性指出了差比句与动宾结构语序的相关性。在他的语种材料中，汉语是唯一作为 SVO 语言却使用"基准＋形容词"（比小王高）的语言。① 相比之下，在作为前置词类型的古汉语和粤语中，差比句（分别如"苛政猛于虎"和"阿福肥过阿明"）正是"形容词—比较标记—基准"的语序，符合 Greenberg 的共性，其形容词在基准前的语序也符合 Dryer 发现的 VO 型的常规。属于 VO-前置词类型的壮侗语言和属于 OV-后置词类型的藏缅语言大都采用符合语言共性的差比句类型。

然而，差比句并非只有"基准—比较标记—形容词"和"形容词—比较标记—基准"两种句法表现，实际语言和方言中差比句的句法表现要复杂得多。普通话的"比"字句已经在上述两种结构之外。有些语言方言的差比句甚至无法简单地分解成上面三种句法成分，例如大田闽南话"我比汝恰大汉"（我比你高壮），"汝恰悬我"（你比我高）中的"恰"是差比句的重要成分②，但它似乎又不是 Greenberg 共性所说的那种比较标记。因此，我们需要对差比句在语言方言间可能的句法差异进行更全面的了解和更深入的分析，以使我们的描写框架更具有类型学的覆盖性。

下面我们主要通过将差比句进一步分解为几个次参项来细化和深化对差比句的观察和分析，为不同语言方言差比句的调查、描写和分析提供一个框架和思路。

一、差比结构的基本要素

以"小张比小王高"为例，差比结构有四个基本构成要素：(1) 性

---

① 当然 Dryer 的材料不是穷尽性的。就我们所知，至少某些受汉语影响的壮侗语和苗瑶语虽然是 VO 语言，但也使用基准在前的语序，如刘叔新（1998：132）所记述的广东连山壮语就使用与汉语"比"字差比句同类的语序：

| kjiɛu¹ | ni³ | pu⁶ | pɛi³ | kjiɛu¹ | ʔɐn⁵ | kuaŋ⁶ |
| 件 | 这 | 衣服 | 比 | 件 | 那 | 阔 |

'这件衣服比那件肥。'

不过这类现象毕竟是汉语的直接影响，连标记也是用借词"比"，并不影响汉语"基准＋形容词"语序在 VO 语言中的罕见性。

② 本文未注明出处的方言材料中，吴语、粤语材料为笔者自拟或调查所得，其他方言材料取自黄伯荣主编（1996）中的有关专题。

质属性的主体（小张）；（2）表示属性的形容词（高）；（3）基准（小王）；（4）比较标记（比）。这些要素如何投射为句法成分呢？

属性主体在典型的差比句中一般充当主语或话题，在有格的语言中取主格，形态和句法上都变化不太大。语序类型学通常不关心比较句主体的位置，只关心（2）—（4）这三项（见上引 Greenberg 共性），甚至只关心（2）、（3）两项（如上引 Dryer 的共性）。为了类型比较的便利，可以这样简化。不过，若要深入研究，则属性主体也存在与基准的语序问题（见本文"基准的位置和比较标记的位置"）。而这里要简略讨论的属性主体与主语及话题的关系，则涉及另一个类型学问题。

汉语差比句的一大特点是比较主体和属性主体可以分离。典型的差比句，比较主体（与基准相比较）同时就是属性主体，两者是统一的。如"小张比小王高"，"小张"是比较主体（与基准"小王"相比较），也是属性主体（被"高"陈述）。但是，汉语可以说"东西你比我好，价钱我比你便宜"。两个分句中比较主体分别是"你"和"我"，属性主体却分别是"东西"和"价钱"。这样的句子很难直译成英语。较接近原义的翻译大概是"As for goods, yours are better than mine; as for price, mine is lower than yours."。"你"和"我"都取了领格形式，而不是属性主体。属性主体是代词 yours 和 mine 中隐含的 goods 和 price，仍然与比较主体是统一的。而更合英语习惯的翻译大概是"While your goods are better than mine, my price is lower than yours."。主体的这一特点也影响到基准。既然被比较主体可以不是属性主体，那么基准也可以与属性没有直接关系。如"价钱我比你便宜"，基准"你"不是"便宜"陈述的主体，"便宜"陈述的是"你"的"价钱"。汉语允许两种主体分离的特点是汉语话题优先的整体类型特点在差比结构中的反映。因为汉语的谓语前有主语和话题两种句法位置，① 所以可以让属性主体和被比较对象分别占据这两个位置。例如"东西你比我好"，"好"的属性主体是"东西"，它当然就是形容词的主语。被比较主体"你"则充当了

---

① 关于汉语话题的句法地位，参徐烈炯、刘丹青《话题的结构与功能》，第 2、7 章，上海教育出版社，1998 年。

次话题。假如说成"你（ ）东西比我好"，则被比较对象"你"做了主话题，"东西"仍是主语。在英语这类非话题优先型语言中，话题不是基本的句法成分，因此让属性主体和被比较对象等同，便于安放在主语的位置。

另一方面，汉语也因为是话题优先语言，属性主体又只能占主语或话题之位，比较形容词只能占谓语或有谓语性的补语之位，而其他语言却比汉语灵活多变。如：

(1) I eat more pork than fish. *我比鱼吃更多的肉。

左边英语句中的主体 pork（猪肉）是在宾语位置，而表示属性的比较级形容词 more（多）是在定语而非谓语位置。假如直译为右边的汉语句，显然不通。普通话较近似的翻译是"我吃肉比吃鱼多"。注意这里已拿整个 VP"吃肉"做"多"的主语，而"我"则成了话题。另一种译法是"我肉比鱼吃得多"，"我"做"吃"的主语，主体"肉"则做受事次话题。这方面，方言不一定与普通话相同。广州话似乎就允许比较主体充当宾语，比较：

(2)〈广州〉我食肉多过鱼。

上例中主体"肉"充当了宾语。主体占宾位、难以直接做主语或话题的时候，汉语可能会诉诸"意会式差比句"（详见本文"不含比较标记的差比表达法"），将主体和基准一起话题化，再在宾语中突出主体。Ansaldo（1999：109）就注意到用这类表达法的例子：

(3) 鱼和肉我更喜欢吃肉。

(4)〈上海〉白酒搭和啤酒伊他欢喜吃白酒多点。

此外，英语、葡萄牙语和日语等类型不同的语言都可以拿谓语本身作为比较主体，汉语没有这种机制，大概也因为谓语不在话题之位。同类的意义需要用复句才能表达，如：

(5) 英语：

He was more sad than angry.
他 是 多 悲伤 比 愤怒

'*他比愤怒更悲伤。'~'他与其说是愤怒，还不如说更多地

是悲伤。'

(6) 葡萄牙语：

Ele é mais rico do que feliz.
他   更   富有 比   幸福

'*他比幸福更富有。'~'他与其说幸福，不如说富有。'

(7) 日语：

haradatasii no o   toorikosite okasiku   naru.
令人气愤   的（宾格）超过   滑稽   变的

'（某人）感到滑稽超过了感到气愤。'

汉语差比句在属性主体和比较主体方面的灵活性和受限性看来都与其话题优先的特点有关。国内的民族语言中，至少很多藏缅语被公认为属于话题优先类型，藏缅语是否存在汉语的类似现象很值得研究。不过这一类问题需要较为深入的句法和语义分析，时间、规模有限的语言调查有时难以达到这样的细致深入程度。

语言类型学尤其是语序类型学关注更多的是属性主体以外的三个要素。

表示属性的形容词既涉及语序，也涉及形态：有些语言要求形容词在差比句中取比较级，如英语不能说 John is tall than Bill，tall 必须换成 taller。这时，比较关系实际上被双重标注，即在形容词上加比较级后缀 er，又在基准上加标 than。前举大田闽南话"我比汝恰大汉"（我比你高壮）、"汝恰悬我"（你比我高），其中的"恰"是加在形容词上表示比较关系的，表义功能与英语 er 相近。而且，"恰"跟比较句的语序安排没有关系。不管基准在形容词前还是在形容词后，"恰"都在形容词前，不一定与基准组合。

基准作为一个重要参项在有些语言中也有形态问题。如在俄语中，基准名词不需要另加英语 than 那样的虚词，但是要取第二格（领格），如：

(8) Он сильнее брата. '他比哥哥有力气。'（张会森主编 1983：110）

сильнее（有力气）是形容词比较级形式，基准 брата（弟兄）是名词第二格形式，没有另用虚词。汉语中的基准主要涉及语序问题。古今汉语的一大差别就是基准伴随着"比"字句的兴起从动词后位置演变成动词前的位置,但是从胶东方言到粤语很多东南方言仍然保留基准在动词后为主的格局。从类型学角度看,基准在后是 VO-前置词语言如英语、壮语、佤语的特点,基准在前是 OV-后置词语言如日语、藏语、蒙古语等的特点。OV-后置词语言基准在前的例子如毕节彝语(丁椿寿 1993):

(9) ŋʊ²¹　bu¹³　ʔa³³mu³³　ŋʊ²¹　　ka³³　　mu²¹.
　　　我　的　　哥哥　　　我　　　于　　　高
　　　'我哥哥比我高。'(ka³³ 是处所后置词兼比较标记,古汉语"于"也兼具这两种功能,所以用"于"来对译)

比较标记情况比较复杂,需要专门讨论一下。

比较标记一般指具有一定独立性的表示比较关系的虚词,如"比"和古汉语的"于"、英语的 than。加在形容词上的比较级形态或标记如英语的 er 和 more,或闽南话的"恰",也有表比较的作用,也可看作一种比较标记。假如像俄语那样不用独立的虚词,仅仅用形容词的比较级和基准的格形态来表示差比,那么形态要素的标记作用就更显得重要。

语序类型学所关心的比较标记,在英语中指的是加在名词基准上的 than,而不是加在形容词上的比较后缀 er 或分析性成分 more。这是有道理的。比较级后缀可以脱离基准而存在,如 John is taller。这就不再是结构完整的差比句。而 than 一定要与基准一起出现,永远用在差比结构中。OV-后置词型的藏语拉萨话(王志敬 1994:201)也是双重标注的。形容词取比较级(通过词尾交替或内部屈折),基准上则加差比后置词。像英语一样,比较级也可以用在不出现基准的比较句中,如例(10),而出现基准的差比句一定要加后置词 lɛʔ¹³²(比)或wɛʔ⁵¹,如例(11):

(10) pʰu¹³　tsa⁵³　tɕʰe⁵³ki⁵³re:¹¹　　tɕu¹³　tsa⁵³　tɕʰe⁵³ki⁵³re?
　　　 儿子　贵重　(比较级)　　　 财物　贵重　(比较级)
　　　'儿子(更)贵重还是财物(更)贵重?'

(11) lɛʔ¹¹ka⁵³　ti¹³　ŋa¹³　lɛ　kʰɛ:¹³　tɕʰe⁵³ki⁵³reʔ¹¹　pɛʔ⁵¹?
　　　 工作　　这　我　比　重要(比较级)　　　　　吗
　　　'这工作比我还重要吗?'

可见，形容词的比较级形态虽有差比语义，但是并不是构成差比句的结构手段，是比较结构中的次要标记；只有必须与基准同现的标记才是构成差比句的结构手段，是主要的比较标记。不过，对差比句的全面的（不限于语序的）类型学考察也应当注意次要标记。假如一种比较结构只使用加在形容词上的标记，就更应当重视这种标记的作用。例如闽南话"恰+形容词+基准"式比较句（汝恰悬我）中，有基准出现，但基准不带标记，只有形容词上加了标记"恰 [kʰaʔ₀]"。

从来源看，差比标记除了像"比"那样来自比较动词或"过"那样来自超过义动词外，还同处所空间标记有密切关系，如古代汉语的"于"、山东方言的"起"、闽北方言的"去"和前举毕节彝语的后置比较标记 ka[33]。有些藏缅语借用更具体的方位后置词表示差比，根据形容词意义的积极或消极而选用不同词项。如傈僳语表示高（积极）和小（消极）要分别选用表上和表下的后置词，相当于"我你上面高"（我比你高）和"你我下面小"（你比我小）。怒语也用类似的表达法。此外，近代汉语"似"由等比动词转义为差比标记（试比较德语 als，由等比标记兼做差比标记），吴语"傍"、闽南话"并"和山东方言"伴"等差比前置词都与伴随义动词有关，语言调查中还会发现更加多样的差比标记来源。

二、不含比较标记的差比表达法

有些差比表达法完全不用比较标记。这又有几种情况。

有些语言完全没有语法化的专用差比句。比如在马来语中，"石头比木头重"的意思说成相当于"木头，石头，石头重"的形式（见 Comrie & Smith 1977）。这种句子是一种话题结构，而不是专用的差比句。比较的意义是需要说话人通过字面意义用语用推理获得的，不妨叫作"意会式差比句"。意会式差比句是最不语法化的比较句式。不排除某些汉语方言和民族语言也只有某种意会式差比句，那就只能把意会式差比句记录下来。另一种复句形式的差比句比上述马来式的差比句略微专用一些，因为其中用了表示比较级的成分，如"木头轻，棉花更轻"。这种句式仍没有将属性主体和基准组合在一个小句内，因此仍不属类型学上所说的句法性的差比句。

有时差比意义可以通过实词的语义而非虚词或形态来表示。如"一号楼比二号楼高"这一比较句的意义，也可以说成"一号楼的高度超过二号楼（的高度）"。后一种说法中，没有虚词性的比较标记。比较的意义是通过"超过"这个动词来表示的。这也不是语法化的表达，属于"词汇性差比句"，不是语法调查的对象。假如一种语言只能用词汇式差比句来表达差比，那调查时也只能把词汇性差比句记录下来。不过词汇性差比句也可能通过语法化转化为语法性差比句。粤语等不少方言用"形容词+过+基准"的差比句，其中的比较标记"过"就是从超过义的动词"过"虚化来的，试比较"过人的本领""武艺过人"。

另一种似乎离语法更近一些的词汇性差比句是汉语及其方言中"比起+基准（+来）"。如：

（12）比起老王来，老陈的身体是好的。

（13）桶匠有本钱，有手艺，在越塘一带，比起那些完全靠力气吃饭的挑夫、轿夫要富足一些。和杀猪的庞家就不能相比了。（汪曾祺《故里杂记》）

这种"比起+基准（+来）"短语类似于一个话题["V起来"有话题功能，详唐正大（2002）]，它不能独立成句或独立做谓语。但是，这种"比"不是真正的介词，其结构明显比介词短语"比……"松散。"比起……"可以很自然地跑到主语之前，如例（12）及下面例（14），而介词短语"比……"在主语之前不太自然。

（14）比起大洋孤帆之随波逐流，无所依照，这陆地行舟已实在是够幸运的了。（语料库）

正因为它松散，后面常有停顿（而介词短语"比……"后面不宜停顿），所以人们喜欢在基准比较复杂的时候采用它，使谓语版块不致过分累赘。例（14）若说成介词"比"字句，读起来就会比较吃力。

"比起"句和"比"字句还有一点重要差别。"比"字句的谓语否定词应当在"比"前，而"比起"句的否定词不能在"比起"前，而要加在形容词上，比较：

（15）我不比他高。~ *我比他不高。

（16）*我不比起他来高。~ 我比起他来不高。

可见"比起……"不在谓语否定词的辖域内，不是谓语 AP 的一部分，因而不是真正的比较句基准。"比起"句不是真正的差比句还表现在它后面的谓语不一定是一个比较命题，而可以出现各种不同于比较句的成分，所以并不都能简单地变换为"比"字比较句。如：

（17）比起地方上的文攻武斗的惊涛骇浪来，相对而言，老宅毕竟还可以算是一个安定平静的避风港。（语料库）

~（相对而言，）*老宅毕竟比地方上的文攻武斗的惊涛骇浪还可以算是一个安定平静的避风港。

（18）现代英语比起古代英语，这些形式标记已经所剩无几。（语料库）

~ *现代英语比古代英语这些形式标记已经所剩无几。

~*这些形式标记现代英语比古代英语已经所剩无几。

因此，"比起……"句式基本上还是一种词汇性的比较句，"比起"不是真正的比较标记。英语中相应的表达式是分词短语 compared with，使用这一短语时形容词不用比较级而用原级，可见它在语法上不被看作差比句：

（19）He is diligent compared with me. 比起我来他是勤奋的。

以上讨论的几种表达式都不是真正语法上的比较句，但我们还是作了详细分析，因为考虑到缺少专用句法性比较句的语言方言也许会较多采用这类格式作为表达差比的手段。以上采用的一些分析角度，如否定词的位置、"比起"短语和"比"字介词短语的语序差异、是否用比较级等，都可以在测定语言方言中相关格式是不是句法性差比句时用作测试的尺度。

不用比较标记的差比句还有一种可能性是纯粹依靠语序手段。典型的是"主语+形容词+基准"式。这可以称为"纯语序型比较句"。简单的差比句（不带度量成分等）用纯语序型比较句的方言较少，毕竟形容词带宾语不是类型学上的优势结构。现在发现的有泉州一带（陈法今1982）和浙江平阳的闽南话，如闽南"我勇汝"（我比你强壮）、"伊大汉我"（他比我高大），平阳"你高伊"（你比他高）等。此外侗语也存在这种句式，其例句可直译为"他小我""你高我""他钱多我""他吃多我""他走快我""他说客话流利我"等。在两种情况下，纯语序型比较句在汉语中比较常见。一是带度量成分，如"他高我一头""你胖我一圈""我穿的鞋大你一号"。这一小类可能在汉语方言及壮侗语中分布较广，它似乎是双宾语句式的类推用法。二是同一主体在时间维度上的差比，可叫时间递比句。在普通话中会说"他一天比一天瘦"，但在一些方言中，包括现在已主要使用"比"字句的方言，仍然使用可能由中古近代汉语沿用下来的基准在后的格式，如瑞安吴语"渠一日瘦似一日"。假如这种句式不用比较标记"似"，便成了纯语序型比较句，如老上海话"伊一日瘦一日"。而在普通的差比句中，瑞安话和上海话都采用与普通话一样的"比"字句。

三、比较标记的标注方向

人类语言表达从属关系（广义的），除了语序以外还常使用一定的标注手段。这时，就出现在从属关系的哪一端标注的选择。比如，小句以动词为核心，主语、宾语等为从属成分，用名词的格标记表示主谓、动宾关系是从属语标注，用加在谓语动词上的一致关系表示这类关系是核心标注。两者俱用则为双重标注［参看刘丹青（2001）第2节和所引文献］。前面提到，英语和藏语差比句实际上是双重标注的。在句法性差比句中，形容词是谓语核心，基准是修饰核心的从属成分。因此英语、藏语中加在基准上的主要标记属于从属语标注现象，加在形容词上的次要标记（比较级形态）属于核心标注现象。俄语的差比句，基准名词的领属格形态为从属语标注，形容词的比较级形态为核心标注。调查分析差比句时，应当设法确定标记的标注方向（参阅 Ansaldo 1999）。下面举例说明。

普通话的"比"字句，"比"显然是加在基准上的前置词，这是从属语标注，性质上与英语的 than 接近，区别在于基准的语序。

古汉语的"苛政猛于虎"，粤、闽、客等许多方言的"阿福高过阿明"式，闽北方言的"伊悬去我"（他比我高）式，即墨话等大量山东方言尤其是胶东官话的"他高起你"式，金乡等鲁西南方言的"他大似你"（他比你大）式（也见于湖北黄孝片江淮话），恒台等鲁北方言的"打针强的吃药"（打针比吃药强）式〔山东方言例均见钱曾怡主编（2001）〕，都采用"主语+形容词+标记+基准"的语序，但标记的标注方向并不相同。

古汉语的"于"是一个独立的前置词，可以和后面包括比较基准在内的多种名词组成一个前置词短语，其中某些"于 NP"还可以出现在动词前，如"富贵于我如浮云"。因此，差比句的"于"是加在基准上的，属于从属语标注，其性质和英语的 than 一致；和普通话的"比"也同属从属语标注，区别也只在基准的语序。

正如李新魁（1994）、Ansaldo（1999）等所指出的，粤语的"过"不是前置词，而是动词后的补语，是加在形容词上的。句法上的证据就是"过"可以构成可能式，如：

（20）阿福高唔高得过阿明？～阿福高唔过阿明。

可能补语只能是加在形容词上的，因此用来构成可能补语的"得/唔"后的成分即"过"也就必然是加在谓词上的结果或趋向补语。所以"过"是一个核心标注的成分。

古汉语"猛于虎"和粤语"高过阿明"的不同结构层次可以对比如下：

（21）猛/于虎（英语 fiercer / than tigers）～高过/阿明

至于用其他词做比较标记的情况，由于原描写没有提供可能式测试，暂时还难以断定其标注方向。但是，还是有一些线索可以帮助我们进行判断。"高起你""悬去我"的"起""去"当来自趋向补语，"高起""悬去"像汉语中的很多"V起"一样可以形成一个结构,而"起你""去我"形不成一个结构。因此它也应当是加在形容词上的核心标注成分。不少论著称这个"起"为"介词",这大概是比照"猛于虎"的"于",其实定性未必合理。"强的吃药"的"的"是个轻声的语素,来源不明。不管其来源为何,现在只能是往前依附了,因此至少从共时平面看它是加在形容词上的核心标注成分。"似"是可以做前置词的虚词,"似NP"在汉语中可以构成一个结构,而"形+似"较难形成一个结构。从来源看,"似"当属于加在基准名词上的从属语标记。但现代方言中这里的"似NP"能否形成一个结构,我们不敢断定,因为动词后的介词由于韵律的原因很容易并入前面的动词,出现结构上的重新分析。如"住+在学校"→"住在(了)+学校"(冯胜利1997:93)。不排除带"似"的比较句也出现这样的重新分析。①

以上这些"于、过、起、似、的"虽然附加方向不同,但有两大共同点需要强调。第一,这些标记不管是加在基准上还是加在形容词上,作为比较性虚词都不能脱离基准而存在,从而区别于形容词比较级形态。第二,这些标记都用在形容词和基准之间,有明显的介引基准的作用,正像汉语的"走进教室"中的"进"这类趋向补语,尽管是加在动词上,仍有介引后面处所成分的作用,被《现代汉语八百词》等称为介词性趋向补语。根据这两条,它们都属于语序类型学所关注的作为类型参项的比较标记。

现在我们再根据上面的理论来分析部分闽、客方言的一些差比句。这些差比句的特点在于不管是否出现普通话"比"字那样的前置词或"于""过"那样的加在形容词后的比较标记,形容词前都使用一个表比较的副词性成分。闽南话通常加"恰"[kʰaʔ]（有作者写"较",本文一律作"恰"）、"加恰"[˗ke kʰaʔ]或"恰加"。不出现其他比较标记时,闽南话可以采用"恰+形容词+基准"的句式,如(据陈法

---

① 当然,用今天的汉语来念"猛于虎"也会出现"猛于/虎"的切分。所以"敢于、勇于、对于"等都被看作复合词。但是这里讨论的是古代的比较句,而古汉语的韵律结构不同于现代汉语,因此我们不假设古汉语也存在类似的重新切分。

今 1982）：

（22）小弟大成紧，恰悬阿兄。'弟弟长得快，都比哥哥高了。'

（23）阿母恰想食婴仔。'妈妈比小儿子更想吃。'

像粤语那样在形容词后加标记再加基准，闽南话也可以加"恰"一类比较副词，形成"恰+形容词+过/于+基准"句式，如：

（24）我担即担恰锤过汝许担。'我挑的这个担子比你的那个担子重。'

闽南话相当于"比"的前置词用"并"[piŋ˧]。加"并"时，闽南话仍可加"恰"一类比较副词，形成"并+基准+恰+形容词"句式，如：

（25）小弟并阿姐恰仙。'弟弟比姐姐清闲。'

（26）去广州并去泉州加恰远。'去广州比去泉州远。'

显然，闽南话差比句的特色在于形容词前的比较副词，这属于加在核心上的标记，但从语序角度看不同于形容词后的"过、起、似"等。"过"等核心标注成分总是位于形容词和基准之间，这是比较标记的理想位置（详见"基准的位置和比较标记的位置"）。而"恰"假如出现在"并"字比较句中，它位于前面的基准和后面的形容词之间，这种"恰"可以作为辅助性比较标记；当它出现在基准在后的句式中，"恰"就不再与基准相邻，不再位于形容词和基准之间的理想位置。这在类型学中是很少见的差比句式。此外，"恰"一类词加在形容词上时，基准似乎可以不出现，如"小弟恰悬""小弟恰仙"，则它们仍不是差比句的真正的结构手段，性质上与形态语言中的比较级形态更相近，不是语序类型学所关注的比较标记。所以"小弟恰悬阿兄"这类差比句基本上仍是"纯语序型比较句"，而"阿福高过阿明"中的"过"有结构作用。

客家方言也有使用形容词前的副词性比较标记的，不过多与其他比较标记同现。梅县客家话用"比……过"同现的句式，其中的"过"是不能省的。如（林立芳 1997）：

（27）比你过高。

（28）老弟捉棋比阿哥过会。'弟弟比哥哥会下棋。'

由于这个"过"位于基准和形容词之间，而且是不能省略的，因此有一定的结构作用，不妨看作辅助性的比较标记。远在湖南的炎陵县客家

话也用"比……较/过"同现式,情况当与梅县客家话相同,如:

(29)糖比梨子较甜。
(30)你比佢过高。

四、基准的位置和比较标记的位置

比较标记的位置涉及两个方面。一是相对于基准来说它在前还是在后,如英语的 than 和汉语的"比"都前置于基准,彝语的 ka[33] 和藏语的 lɛʔ[132] 都后置于基准。二是相对于形容词的位置。如英语的 than 与形容词也相邻,因此能起中介作用,这点上跟藏缅语的后置比较标记的作用反而一致,而"比"远离形容词,无法起中介作用。造成这一差别的主要原因是基准的位置不同,英语的基准在形容词后,汉语和藏缅语的基准在形容词前。因此,基准的位置不但本身是类型学的重要参项,而且它与比较标记的位置密切相关。

在句法上,基准是形容词的修饰成分,因此比较标记有介引修饰语(基准)给中心语(形容词)的作用。根据 Dik(1997)的"联系项原则",介引性的虚词都属于"联系项"(relator),其理想的位置是介于所联系的两个成分之间。对于差比句来说,就是要尽量让比较标记位于形容词和基准之间。联系项居中实际上是一条象似性原则(详刘丹青 2002),所以中介位置为联系项的理想位置。人类语言的多数结构都符合这一原则。

简单地说,VO-前置词的语言绝大多数是基准在后的。这种语言通常在基准上使用前置词作为比较标记,形成"形容词+标记+基准"的语序,这样标记就处于中间位置,如英语 taller than Bill、古汉语"猛于虎"中的 than、"于"。现代一些方言使用的"形容词+过+基准"式差比句,虽然"过"不是前置词,而是加在形容词上的,但位于中介位置,仍能发挥介引作用,符合联系项原则。OV-后置词语言则绝大多数是基准在前的。这种语言一般在基准上使用后置词作为比较标记,形成"基准+标记+形容词"的结构,这样标记也位于中介位置,如彝语的 ka³³ 和藏语的 lɛʔ¹³²。而近代汉语中发展起来的"比"字短语，却像中古以来的其他前置词短语一样，位于谓语形容词之前，使标记不再位于联系项的理想中介位置，形成"标记（比）+基准+形容词"这一类型上较罕见的不符合联系项原则的差比句式。

不过，仔细考察普通话、吴语及其他方言，我们发现汉语的"比"字句违背联系项原则的情形其实不是绝对的，实际使用中有很多补救手段，也显示了语言共性的力量。在普通话和使用"比"字句语序的方言中，"比 NP"短语和形容词之间常常出现辅助性词语。其中有些带些实义，如"还、更"，有些则意义很虚，主要就是用来填补中介位置的空缺的，如"要、来得"等。这些辅助性的词语在翻译成使用"形容词+过+基准"式的方言时，就不再需要，因为中介位置已经有比较标记。例如，老派北部吴语常说"阿福比阿明来得长"，翻译成广州话，只说"阿福高过阿明"，不说"阿福来得高过阿明"。闽南话、客家话使用"并/比"字差比句时，常常使用"恰/较/过"一类辅助成分，也有这样的作用。因此可以认为，在普通话类型的差比句中，除了使用前置词"比"以外，还经常使用"比……更/还/要/来得/还要/更要/都"等框式比较标记。这样的句式在"比"字句语料中占有相当大的比例。书面性语体还使用"比……为"式。如：

（31）这件事可不那么容易……起码<u>比</u>解习题<u>要</u>难多了。(王小波《白银时代》)

（32）我总是注意到她长得人高马大，体重<u>比</u>一般人<u>为</u>重。(王小波《白银时代》)

所以，在调查语言方言时，假如见到比较标记不在形容词和基准的中介位置的情况，要注意它是否使用填补中介位置的辅助性标记，使用哪些，意义虚实如何，使用频率如何。

关于基准的位置，还要注意一种情况。基准在动词前的语言，大多让基准位于主语之后。这也符合句法结构的常规，因为基准是修饰形容词而不是修饰全句的。但是，也有些语言基准可以出现在主语前，甚至以在主语前为主。从王志敬（1994）看，拉萨藏语带后置词的基准在主语前后似乎比较自由，如：

（33）tʰɛ⁷⁵⁵raŋ⁵⁵　kuk⁵⁵pə⁵³　lɛ　ku⁷⁵¹ka.
　　　你　　　　傻瓜　　　比　傻（比较级）

　　　kuk⁵⁵pə⁵³　lɛ　tʰɛ⁷⁵⁵raŋ⁵⁵　ku⁷⁵¹ka.
　　　傻瓜　　　比　你　　　　傻（比较级）
　　　'你比傻瓜还傻。'

藏缅语中可能这种情况还比较多，甚至也不排除有语言以基准在主语前为常。遇到这类情况，要注意从几个方面去调查分析。（1）基准的两种位置有无主次？有无条件限制？很可能两种语序中有一种更常规、更无条件，另一种则是更有标记、更受条件限制的。例如在日语中，带后置词的基准短语在主语后和主语前会带来句子其他部分的变化。显然基准短语后置于主语是更常规的表达。比较：

（34）Chiuugoku　wa　　Nihon　yori　hiroi　desu.
　　　中国　　　（话题）日本　　比　　大　　是
　　　'中国比日本大。'

（35）Nihon　no　zinko　yori　Chiuugoku　no
　　　日本　　的　人口　　比　中国　　　　的
　　　zinko　no　hoo　ga　ooi　desu.
　　　人口　　的　一方（主格）多　　是
　　　'比起日本的人口，中国的人口更多。'

例（34）基准短语 Nihon yori（比日本）在作为属性主体的话题 Chiuugoku（中国）之后，用后置词 yori 做比较标记，句子结构较简单。例（35）基准短语 Nihon no zinko（日本的人口）在属性主体之前，属性主体 Chiuugoku no zinko（中国的人口）就不能单独做主语，还要带上一个半虚化的核心名词 hoo（一方）才能做主语，而且要带上在日语中比话题助词 wa 更有标记的主格助词 ga。基准移到属性主体前句子结构就变得更加复杂、更有标记。（2）介引基准的标记是充分语法化的虚词，还是像前述"比起……来"那样的词汇性手段？一般来说，词汇性基准短语的语序比较自由，而带有话题性的基准短语特别容易占据靠前的位置,参看"不含比较标记的差比表达法"对"比起……(来)"的分析。古汉语句子如例(36)的基准虽然也用"于/於"来介引,但这个"于/於"实际上是引出范围性话题的"于/於",所以也位于主语前:

(36)吴人曰:於周室,我为长。(《左传·哀公十三年》)

这句语义上虽然是差比,但谓语部分不是简单的形容词,而是用动词短语"为长",已不属句法上的差比句,实际上无法将"於周室"移到后面(*我为长于周室)。

五、差比句的否定形式

以上所谈都是差比句的肯定形式。调查差比句时也要注意调查其否定形式,而否定形式又不仅仅是加个否定词的问题,肯定和否定可能存在形式和意义两方面的不对称,需要在调查时注意。

形式方面,一个肯定差比句式可能对应于两种不同的否定句,其中一种在肯定式上加否定词(单纯否定式),另一种则可能使用不同的比较标记和句法结构(变异否定式)。如"比他高"的否定式一种是"不比他高"(单纯否定式),另一种是"没有他高"或"不如他高""不及他高"等(变异否定式)。变异否定式中的"没有"和"不如""不及"等既是否定词,又兼比较标记,句法表现接近介词(介词可以是否定性的,如英语 without,古汉语表示"若无"的"微"等),因此与肯定差比句的标记和结构形式都不一样。

意义方面,"比他高"是差比性的,而"不比他高"指"等于或矮于",包括了"跟他一样高"和"比他矮"两种情况,因而事实上覆盖了等比和差比两种比较,不再是单纯的差比句,因而跟其肯定式在意义上并不完全对称。至于"没有他高"及"不如他高"则仍是差比性的,只是从正差比变成了负差比。有意思的是,"没有他高"和"不如他高"的字面肯定式在一定条件下是可以成立的,但其语义不是正差比,而是等比。"我有他高了"是说跟他一样高了,"如他(一样)高"也是说跟他一样高。可见，比较句肯定否定的极性转换，往往会带来等比和差比的相互转换，这是在比较句调查时需要充分注意的。

参考文献

陈法今 1982 闽南方言的两种比较句,《中国语文》第 1 期。
丁椿寿 1993 《彝语通论》，贵阳：贵州民族出版社。
冯胜利 1997 《汉语的韵律、词法与句法》，北京：北京大学出版社。
黄伯荣（主编） 1996 《汉语方言语法资料汇编》，青岛：青岛大学出版社。
李新魁 1994 《广东的方言》，中山：广东人民出版社。
林立芳 1997 《梅县方言语法论稿》，北京：中华工商联合出版社。
刘丹青 2001 方所题元的若干类型学参项，香港《中国语文研究》第 1 期。
刘丹青 2002 汉语中的框式介词,《当代语言学》第 4 期。
刘叔新 1998 《连山壮语述要》，北京：高等教育出版社。
钱曾怡（主编） 2001 《山东方言研究》，济南：齐鲁书社。
唐正大 2002 "V 起来"的句式语义，上海师范大学硕士学位论文。
王志敬 1994 《藏语拉萨口语语法》，北京：中央民族大学出版社。
徐烈炯、刘丹青 1998 《话题的结构与功能》，上海：上海教育出版社。
张会森（主编） 1983 《现代俄语语法新编》（上），北京：商务印书馆。

Ansaldo, U. 1999. *Comparative Constructions in Sinitic*: *Areal Typology and Patterns of Grammaticalization* (Unpublished doctoral dissertation). Stockholm University.

Comrie, B., & Smith, N. 1977. Lingua descriptive studies: Questionaire. *Lingua*, 42 (1), 1.

Dik, S. C. 1997. *The Theory of Functional Grammar: The Structure of the Clause* (second, revised version). Edited by K. Hengeveld. Berlin & New York: Mouton de Gruyter.

Dryer, M. S. 1992. The Greenbergian word order correlations. *Language*, 68 (1), 43-80.

Dryer, M. S. 1998. Word order in Sino-Tibetan Languages from a typological and geographical perspective (draft) .

Greenberg, J. H. 1963/1966. Some universals of grammar with particular reference to the order of meaningful elements. In J. H. Greenberg (Ed.), *Universals of Language*. Cambridge: M.I.T. Press.

（原载《现代语言学理论与中国少数民族语言研究》，民族出版社，2003）

汉语关系从句标记类型初探*

关系从句是语法理论中的一种重要结构，在当代语言学诸学派中都受重视（详刘丹青2003b）。但国内通行的汉语语法学系统缺少关系从句的概念，[①]尤其缺少"关系从句标记"（relativizer，也可叫"关系化标记"）的观念，印象中好像一个"的"字管所有要标记的定语，没有专门的关系从句标记，如"小孩看见<u>的</u>蛇、看见蛇<u>的</u>小孩"，跟"他的学生、昨天的书"同用一个"的"。

本文主要从关系化标注法的角度研究汉语的关系从句，通过初步的跨方言比较，揭示汉语的关系从句实际上存在着好几种标注手段，并不限于一个通用的"的"类定语标记。由于汉语关系从句的范围尚未很好划定，因此更全面地考察关系从句标记也有助于拓展关系从句研究的范围，为这一课题的研究打下更全面的基础。此外，名词短语可及性等级序列（参阅Keenan & Comrie 1977；科姆里1981/1989；Kortmann 1999）在具体语言和方言中的验证一直是类型学关注的焦点。注意到汉语关系从句不同的标注手段，也能使我们在更加全面的语言事实基础上验证或补充可及性序列的理论含义。

---

* 本研究获国家社科基金重点项目"名词短语句法结构的类型比较"和中国社会科学院重点项目"汉语方言语法研究和方言语法语料库"资助。方梅、方小燕、唐正大等课题组成员参与了有关问题的讨论并提供有益意见，石汝杰教授帮助核对苏州话用例。一并致谢。初稿曾在国际中国语言学学会第十二届年会（天津，2004年6月）宣读。尚存问题概由笔者负责。

① 朱德熙（1978）基本上是从关系从句角度研究"的"字结构的重要论文，其所讨论的"潜主语""潜宾语"实际上说的就是该成分在关系从句中的主语或宾语身份。但该文并没有使用关系从句或类似的概念，因而并没有能在汉语语法学界明确地引入关系从句的概念。

一、指示词和指量短语兼做关系从句标记

关系从句在汉语传统语法中被笼统地归在定语中,而汉语普通话的定语标记向来被认为只有一个"的",称为结构助词。但至少在北京口语中,除了"的"之外,也可以有条件地使用指示词"这""那"或指量短语[指示词(+数词)+量词]兼做某些定语的标记,包括关系从句的标记(参看刘丹青2001a,§2.1;2002,§3.2)。

先从指示词兼做领属定语标记的情况说起。看例(1):

(1)我这书│小王那朋友│老张这帽子│大家这想法│北京这胡同

其中的"这""那"都保留了其作为指示词的指称作用和信息特征,但值得注意的是,这些"这""那"在结构上通常不能省略,否则结构就可能不合格或转化为其他结构。如:

(2)*我书│*小王朋友(做同位结构成立)│*老张帽子│*大家想法│北京胡同(≠北京这胡同)

(1)、(2)中的领属结构基本上都属于可让渡(alienable)领属关系,也不是亲属关系[亲属关系的领属结构在汉语和一些美洲、大洋洲语言中被处理为不可让渡关系,参阅张敏(1998:230—231,358—360)],通常需要连接项来连接。假如不使用定语标记"的",就靠指示词起连接作用,从而在结构上不可省略。假如指示词不兼定语标记的作用,就不好解释它们为什么在结构上不能省略。

这里体现了一个成分具有或兼有定语标记作用的两个句法特点:(1)用了它可以不用"的"类标记;(2)删除它必须补进其他标记。本文就根据这两条来进行判断。

另一个值得注意的现象是,假如名词前使用指量结构[指示词(+数词)+量词],前面的"的"可加可不加;假如单用指示词,再加"的"反而难以接受。这显示单用的指示词比指量短语更具有定语标记的作用,对其他专用的定语标记已有一定的排斥性。比较:

(3)我(的)这本书~我(??的)这书

（4）小王（的）那个朋友～小王（??的）那朋友
（5）大家（的）这个想法～大家（??的）这想法
（6）北京（的）这些胡同～北京（??的）这胡同

用指示词兼做领属标记的情况已大量见于用北京话写作的书面作品中，如：

（7）你这架势是打算跟这儿过一辈子？（王朔《过把瘾就死》）
（8）种儿是早叫你们汉人串了，除了眼珠子还有点波斯猫那劲儿，鼻子狐臭什么的全改了。（王朔《一点正经没有》）
（9）打下月起咱这房钱再涨几块钱吧！（邓友梅《那五》）
（10）一篇文章中你这名字就得提好几回，还怕众人记不住？（邓友梅《那五》）

比起下面要讨论的吴语量词来，北京话指示词兼做定语标记时仍保留了很强的指示作用。这些指示词的指别作用（区别于另一对象）是降低了，因为领属定语往往限定了该名词语的所指范围，有时甚至是唯一的对象，指示词很少甚至完全没有指别作用。如"我这脸"，等同于"我的脸"，一人只有一张脸，不可能另有"我那脸"。但是指示词的语篇作用仍强烈地保留着，特别是方梅（2002）所介绍的指示词与情景、现场、上文有关的三种话语功能，即情景用、示踪用和语篇用。一个相关的现象是，不少兼做定语标记的指示词还不宜换用没有指示作用的泛用标记"的"，就因为"的"无法发挥所需的话语功能。如例（7）的"你这架势"是情景用（现场事物），例（9）的"咱这房钱"也是要突出房钱和现场的社会关系（房主和听话人兼租住人之间）的相关性。若换用"的"，就无法体现这些现场相关性。因此，这些指示词离专用定语标记还比较远。

再看关系从句。用指示词或指量短语兼做标记的用法也已见于用北京话写作的书面作品，只是不如兼做领属标记那么常见。像领属语和核心名词之间的指示词一样，关系从句和核心名词之间的指示词也都保留了明显的指示功能，特别是与现场情景有关的话语功能。例如：

（11）刚才我看这《小家碧玉》不是全本都写好了吗？（邓友梅《那五》）

（12）张作霖应该到达这天，全城不管忙人闲汉，清晨起就都挤到街头看热闹。（邓友梅《陋巷旧闻录》）

（13）她这么一句倒把我怄笑了，没词可说，指指地上："你瞧你砸这一地东西，这家还像个家么？"（王朔《过把瘾就死》）

（14）杨重说，"你瞧咱请来这些人一个赛一个德行。"（王朔《一点正经没有》）

例（11）的"刚才我看这《小家碧玉》"就是"刚才我看 [t_i] 的这部《小家碧玉》$_i$"，例（12）的"张作霖应该到达这天"就是"张作霖 [t_i] 应该到达的这天$_i$"，例（13）"你砸这一地东西"就是"你砸 [t_i] 的这一地东西$_i$"，例（14）的"咱请来 [t_i] 这些人$_i$"就是"咱请来 [t_i] 的这些人$_i$"，都是关系从句加中心名词的结构。例句中的中心名词都提取了关系从句中的宾语或时间词语，或者说与关系从句中谓语动词的空位宾语或空位时间语同指。同类的还有"我买（的）那本书""他盖（的）这些房子"等。

北京话中指示词介引关系从句的功能不如介引领属语的功能强，这是有道理的。在汉语中，名词做定语本来就比动词短语或小句做定语更自由、更不需要标记。对于某些不可让渡的领属关系和亲属关系来说，不带标记直接组合也是允许的，如"他心脏（不太好）、（我们想去）德国公司、我奶奶、小张爸爸"等。而动词短语或小句做定语时标记是强制性的。换句话说，关系从句对定语标记的需求本来就强于领属语。而北京话的指示词还不是专用的定语标记，其介引定语的功能还比较弱，所以介引对标记的需求小一些的领属语要容易一些。但指示词或指量短语毕竟已开始兼有关系从句标记的作用，这是值得重视的，因为关系从句后的定语标记更具有强制性，离真正的定语标记更近。如（11）—（14）诸例中的指示词或指量短语在句法上是绝对不能省略的。

用指示词介引的关系从句提取主语也可以，但书面作品中难找，频率上确实比提取宾语的少见，其原因后文将解释。下面是我们自造的例句：

（15）a. [t_i] 买小汽车（的）这些人$_i$ 也不都是有钱的。

b. [t_i] 提议挖井那工人$_i$ 早就走了。

关系从句以提取宾语为主，也使关系化标记的使用更加必要，否则容易误解为其他结构,如"王师傅炒的/这菜"省略标记"的"或"这"就成为"王师傅炒菜",就是主动宾句式了。当然单纯加指示词仍有歧义的可能,如"王师傅炒这菜"也可以理解为主动宾式。但由于汉语宾语的无定性倾向(有定的受事容易通过话题化、"把"字状语化或被动化而实现为非宾语),因此人们还是较容易将动词后的"这NP"理解为关系从句修饰的核心。

作为关系从句标记,专用定语标记"的"、指示词和指量短语(后两者有时合称为"指示类标记")三者之间在语义上有所区别。

先看指示类标记和"的"的差别。指示类标记词都保留其原来的有定指称意义,因而保证整个名词短语是有定的。而靠"的"标记并且不带指示词的关系从句并没有明确的指称义,整个名词短语有多种理解的可能。比较:

(16)a. 我穿上了妈妈买这衣服(,显得很新潮)。

　　　b. 我穿上了妈妈买的衣服。

(17)a. 妈妈买这衣服很新潮。

　　　b. 妈妈买的衣服很新潮。

汉语宾语的优势指称义是无定。(16a)"妈妈买这衣服"只能理解为有定,因此整个分句不自然,要加上后续分句才好些。(16b)很自然,这是因为"妈妈买的衣服"有定性较弱,甚至可以是无定(妈妈买的衣服中的一件)。主语的优势指称义是有定或类指。(17)关系化结构做主语,用"这"的是有定的,很自然,用"的"的这时又可以理解为有定或类指,也很自然。"这"和"的"指称义的差别显示指示类标记还不是单纯的关系从句标记,其指示词语的性质仍然保留着。

在一种情况下,指示词作为关系化标记反而与"的"接近而与指量短语明显不同。"的"可以用于表类指的名词短语,指示词"这"作为关系化标记用于类指短语虽不太自然,但还在一定程度上能接受(这时"这"只念轻声zhe,不念zhè或zhèi,属于方梅(2002)所说的定冠词用法之一),而指量短语若这么用就完全不能接受。如:

(18)a. 玩蹦极的游客还挺多的。~ b. 玩蹦极这游客还挺多的。~ c.*玩蹦极这些游客还挺多的。

刘丹青（2002）用"多、少"类谓语做类指成分的测试项。光杆名词短语是表示类指的典型形式，带定冠词"这"的名词短语也能表类指，而出现量词（种类量词"种、类"等除外）的名词短语只能表个体，不能表类指。(18) a 句用"的"引导关系从句，实际修饰的是光杆名词，所以可以与谓语"多"同现。b 句用冠词性的"这"兼做关系化标记，由于"这"有时可表类指，所以 b 句也基本能接受。c 句用个体性指量短语兼做关系化标记，因此完全不能与"多"同现。

"的"和指示类标记在句法上也存在差别。"的"兼转指性名词化标记，可以构成无核（headless）关系从句，"的"代替被删除的核心名词。而指示类标记无法构成无核关系从句。比较：

(19) a. 他买的书好看。→　　b. 他买的好看。
(20) a. 他买这书好看。→　　b. *他买这好看。
(21) a. 他买这些书好看。→　b. ??他买这些好看。

两类标记的这种句法差别肇源于"的"和指示类标记更深层次的一大差异。关系化偏正结构中，"的"属于从属语标注手段，是加在关系从句上的，即应当切分为"他买的/书"。而指示类标记原来是加在核心名词上的，作为关系标记属于核心标注手段，^① 即应当切分为"他买/这书"和"他买/这些书"，指示类标记与前面的关系从句在句法上并非直接成分。这就可以理解为什么指示类标记难以脱离名词构成无核关系从句了。同样道理，指示类标记可以脱离关系从句与核心名词单独组合（这书，这些书），而作为从属语标记的"的"不可以（*的书）。^②

Matthews & Yip（2001）将由指量短语标记的关系从句看作香港粤语的特点，是比用"嘅"（相当于"的"）标记的关系从句更加地道和

---

　①　关于从属语标注和核心标注，参阅刘丹青（2001b）及所引文献，刘丹青（2003a：§9.1.3）。
　②　当然，这里分析的是指示类标记的现实状况。在句法的历史演变中，核心标注的手段也可以经过重新切分（re-segmentation）成为从属语标注的手段，如古代汉语的"之"就是由指示词发展成从属语标记的（麟之趾→麟之/趾）。假如采纳"的"来自"之"的说法（王力1980），那么今天的从属语标记"的"正是由来自指示词的核心标注手段"之"演变来的。不排除"这"今后也出现类似的演变。

固有的粤语层次。如：

（22）佢唱嗰首歌。（她唱的那首歌。"嗰"＝那）

从本文的以上分析看，北京话也能用指量短语标注关系从句，只是用得没有粤语那么多。此外，北京话的"她唱那首歌"可以认为是更自然的"她唱的那首歌"省略"的"来的；而根据 Matthews & Yip（2001），（22）是最自然的粤语式关系从句，假如加进"嘅"（的）说成"佢唱嘅嗰首歌"，反而是"佢唱嗰首歌"和"佢唱嘅歌"两种类型混杂的产物，带有书面色彩，口语中很不自然。换言之，粤语中指量短语标记的关系从句是更基本的，北京话中用"的"的关系从句是更基本的。

由指示词派生出关系从句标记是很自然的语法化过程，英语的关系从句标记 that 也是由指示词来的，所以传统语法称为关系代词。有趣的是，英语的 that 也不能用于无核关系从句，无核关系从句都由从疑问代词来的标记来表示，如 what、which、where 等。

二、量词兼做关系从句标记

用指量短语兼做关系从句标记是从南到北很多方言的共同特点，只是这种标记的语法化程度不很高。单用量词做关系从句标记则仅见于部分量词功能发达的南方方言，具有很强的方言特色，下面我们以苏州话为例来分析这种广泛存在于吴语中的关系化标记类型。

石汝杰、刘丹青（1985）已详细描写过苏州话量词的定指功能，其中有些用例就用在定语和核心名词之间，包括本文所说的关系从句和名词之间。刘丹青（1986）进一步明确把量词作为苏州方言定中关系的表达手段之一，即看作定语标记，用例中也包括关系从句的情况（当时未使用"关系从句"之名）。（23）是上述二文中的一些用例：

（23）a. 我<u>本</u>书（我的那本书）｜红颜色<u>件</u>衣裳｜乡下<u>间</u>房子｜归面<u>点</u>人（那边的那些人）

b. 俚剪<u>块</u>布（他剪的那块布）｜小王勿见脱<u>本</u>书（小王丢

了的那书）｜剩下来碗菜

跟北京话一样，苏州话最基本的关系化标记是泛用定语标记"葛"[kəʔ]（相当于"的"，由于与"个"同音，也不排除同源，所以本文量词举例尽量避开"个"），如"我买葛书""买书葛人"等。下面我们比较一下用量词做关系化标记和汉语中其他关系化标记的情况，以观察量词类标记的特点所在。

在指称功能上，量词类标记和北京话单个指示词所充当的关系化标记较接近。量词类标记是由量词的定指用法而来的，其作用相当于定冠词（详石汝杰、刘丹青1985），它们在用作关系从句标记时仍保留着有定性，这与北京话指示词相似。如"我买本书"（我买的这/那本书），其中的"本书"在苏州话中也成立，而且很常用，就相当于英语不分远近指的 the book。不过苏州话个体量词只相当于单数定冠词，复数要换用不定量复数量词"点"，比较：

（24）a. 俚买本书好看。（他买的那本书好看。）

　　　b. 俚买点书好看。（他买的那些书好看。）

苏州话量词和北京话指示类标记作为关系化标记在各自方言中的重要性是不相匹敌的。北京话关系从句使用指示类标记仍然是一种边缘性手段，仅偶见于口语，远不如用"的"的关系从句常见和顺口，如"我买这书"作为名词短语远不如"我买的这些书"或"我买的书"常见而自然。用指示类标记的口语表达鲜有进入正规书面语者。而在苏州话中，用量词引导关系从句是相当自然而常见的说法，"我买本/点书穷好看"不比"我买葛书穷好看"不自然。事实上在有定的情况下前一种说法至少在中老派中还占着明显优势。

是否明确表示有定是量词和定语标记"葛"的主要差别。除此之外，量词和"葛/的"也有一个重要的共同点：都能用于无核关系从句，如：

（25）a. 俚买本书好看。→ 　b. 俚买本好看。

（26）a. 生病只猫死脱哉。→ 　b. 生病只死脱哉。[生病的那只（猫）死了。]

相比之下，北京话指示类标记不能用于无核关系从句，见前例（20）、（21）。

上文指出，指示类标记为核心标注手段，"的"则为从属语标注手段。那么苏州话的量词属于哪种手段呢？这个问题不那么简单。在苏州话中，量词既可以像指示词、冠词那样单独加到名词上，如"本书""只猫""点人"，又可以像"的"一样与定语构成一个名词性短语，如"我本"（我的这／那本）、"小王买本"（小王买的这／那本）、"买书个"（买书的这／那个）。对"小王买本书"（小王买的这／那本书）这类结构，就会出现两种切分都有道理的情况，即"小王买本｜书"或"小王买｜本书"。于是还有"第三条道路"可选，即三分法的"小王买｜本｜书"，从而将量词看作不依附任何一方、句法位置中立的关系从句标记。这种不依附于任何一方的标记，是人类语言的客观存在，还是一种特设（ad hoc）的解释，这是句法理论中有争议的问题，本文姑且存疑。

量词作为关系化标记和泛用定语标记"葛"（及北京话"的"）的更重要差别在于两者的适用范围。请注意苏州话量词在标记适用范围上的一种限制：

（27）红通通<u>葛</u>书～红<u>葛</u>书～红通通<u>本</u>书～*红<u>本</u>书

标记适用范围的问题又牵出一个本文尚未正面论述的更基本的问题：汉语中关系从句包括怎样的范围？行文至此必须先探讨一下这个更大的问题。

对于一个主动宾齐全的小句（如"学生买书"）来说，将其主语或宾语提取出来做核心名词，在关系从句中留下一个与核心名词同指的语迹，这是最典型、争议最少的关系化结构，如"[t_i]买书的学生$_i$"和"学生买[t_i]的书$_i$"。但是在下列情况下，就会遇到难以确定的情况。

一种情况是不及物动词及形容词充当小句谓语，如"学生游泳"和"学生聪明"，这时只有主语可以提取，得到的关系从句结构将会是"游泳的学生"和"聪明的学生"。在汉语传统语法中，这向来被分析为简单的动词／形容词做定语，而其他语言中动词（或者其分词形式）和形容词也能做定语，并不看作关系从句，因此"游泳的学生"和"聪明的学生"之类似乎不存在关系从句的问题。可是，从理论上来说，汉语的不及物动词和形容词带定语标记做定语时又难以完全排除关系从句的定性。

首先，既然及物动词谓语在修饰其句内提取的论元时构成了关系从句,那么不及物谓语和形容词谓语同样的操作所构成的也应是同样性质的结构,即关系从句。

其次,汉语中做定语的不及物动词和形容词都属于谓词,可以做名词的谓语(游泳的学生＜学生游泳;聪明的学生＜学生聪明),因此有资格分析为关系从句(关系从句的主语是与被提取的核心名词同指的语迹),①而英语这样的语言中,做定语的不及物动词必须取分词形式(如 working girls,电影名《上班女郎》或《白领丽人》),形容词则为其原形(如 pretty girls,漂亮姑娘),这两种形式都不能直接做谓语,必须加上系词才能做谓语(如 The girls are working 和 The girls are pretty),因此不带系词、只能做定语的不及物动词和形容词自然也就不能分析为关系从句了。可见英语类语言的情况和汉语不同,难以一概而论。

不过,需要注意到,光杆的不及物动词和形容词其实在汉语中述谓性也不强,上面举的"学生游泳、学生聪明"之类,主要还是一种静态的短语,单独成句的能力并不强,只有加上一些增加述谓性的成分,如时体、程度词语等,才成为自由而自然的句子,如"学生在跑步""学生很聪明"。因此光杆的不及物动词或形容词即使看作关系从句也只能算不典型的关系从句。

至于不带定语标记直接做定语的动词(不管及物不及物)和形容词,则可以完全排除做关系从句的可能。直接修饰名词的谓词通常与核心名词构成一个不可扩展的紧密组合,如"聪明学生"不能说"非常聪明学生",而作为关系从句中的谓语应当是能够扩展的,如"聪明的学生"可以说"非常聪明的学生""从小非常聪明的学生"等。由动词做定语的"报考学生""游泳健将"等也是如此,其中有些定语实际上已有名词的性质,如上例中的"游泳"。这些定语是跟英语中的动词分词和形容词最接近的定语,是不需要标记就可以直接修饰名词的。②

---

① 有部分形容词定语不能转换为谓语,见刘丹青(1987),这些定语不宜分析为关系从句。
② 张伯江(1997)根据类型学原理,将可以直接做定语的有关词语看作形容词;传统归入形容词、但做定语时必须带"的"的一大批词如"安静、悲伤、充沛"等则排除在形容词之外。从关系从句的角度看,这样处理虽然未必为国内学界所习惯,其实却是合理的。带"的"以后就有关系从句的性质而不是地道的形容词定语。做关系从句是谓语尤其是动词的特征,假如它不能直接做定语,确实不宜分析为形容词。

另一种情况是做定语的及物动词论元残缺，即一个论元（宾语或主语）出现为核心名词，另一个论元（主语或宾语）阙如，谓语位置只有单个及物动词，如"买的书"、"买的学生"（指买东西的学生）。假如将核心名词放回其论元的位置，则应当是"买书""学生买"。因此，上述例子中做定语的"买"算不算关系小句，实质就是"买书""学生买"算不算小句。在英语这样的语言中，一方面存在定式动词和非定式动词的显性差别，另一方面主语要求强制性出现，及物动词的宾语一般也要求出现，因此相应的意义只能用分词来修饰名词，如 the bought books，不能用关系从句。但是在汉语中，既缺少动词定式和非定式的差别，又存在主宾语省略都较自由的现象，因此"买的书""买的学生"似也可以看作关系从句修饰名词。但是，比起论元齐全的及物动词谓语，这种关系从句显然是不太典型的。

综上所述，根据汉语的实际类型特点，单个不及物动词、单个形容词和单个及物动词带定语标记修饰名词，从理论上说都有理由看作关系从句，但比起论元齐全的及物动词或带有述谓性强化成分的不及物动词和形容词定语来说，它们只能算不典型的关系从句。

关系从句的典型和不典型之别，在吴语量词型关系从句上表现得非常明显。

苏州话单个的谓词（包括及物动词、不及物动词、性质形容词），都不能带量词做定语，这些正好作为关系从句都是不典型的。这些词类如果加上一些增加关系从句典型性的成分，就可以用量词来做定语标记了。

先看及物动词：

(28) a. *买本书穷好看。（买的那本书很好看。）
　　　b. 俚买本书穷好看。（他买的那本书很好看。）
　　　c. 昨日买本书穷好看。（昨天买的那本书很好看。）
(29) a. *咬只狗穷大。[咬（人）的那条狗很大。]
　　　b. 咬小干儿只狗穷大。（咬小孩子的那条狗很大。）
　　　c. 咬牢半日天只狗穷大。（咬住半天的那条狗很大。）
　　　d. 勒后门口咬只狗穷大。（在后门口咬的那条狗很大。）

(28) a 句由单个的及物动词"买"带量词做定语，修饰由宾语提取出来的"书",结果句子不成立。但只要如 b 句补上主语,或如 c 句加上时间状语,句子就"合法化"了。(29) a 句由单个的及物动词"咬"带量词做定语,修饰由主语提取出来的"狗",句子也不成立。但只要如 b 句补出宾语,或如 c 句加上一些补语性成分,或如 d 句加上地点状语,句子也都"合法化"了。

再看不及物动词:

(30) a. *走位客人是我朋友。(走的那位客人是我朋友。)
　　　b. 走<u>脱</u>位客人是我朋友。(走掉的那位客人是我朋友。)
　　　c. 走仔<u>半日天</u>位客人是我朋友。(走了半天的那位客人是我朋友。)
　　　d. <u>早浪向</u>走位客人是我朋友。(早上走的那位客人是我朋友。)
　　　e. <u>走来走去</u>位客人是我朋友。(走来走去的那位客人是我朋友。)

a 句由单个不及物动词"走"做定语,修饰由其唯一论元提取出的"客人",句子不成立。但只要如 b 句加唯补词"脱<u>掉</u>",或如 c 句加时量成分"半日天",或如 d 句加时间状语,或如 e 句变成反复貌重叠式"V 来 V 去",句子就都合格了。

最后看形容词:

(31) a. *厚块布勿好看。(厚的那块布不好看。)
　　　b. <u>厚纳纳</u>块布勿好看。(厚厚的那块布不好看。)
　　　c. <u>穷/顶</u>厚块布勿好看。(很/最厚的那块布不好看。)
　　　d. <u>比衬衫</u>厚块布勿好看。(比衬衫厚的那块布不好看。)

a 句由单个性质形容词"厚"做定语,修饰由其主语提取出的"布",句子不成立。但只要如 b 句改用状态形容词,或如 c 句加程度状语,或如 d 句用"比"引入差比基准,句子都能成立。

上面改变光杆谓词身份的手段既有句法性的,如添加论元,也有形态性的,如"厚纳纳"这种形容词的生动形式和"走来走去"这种反复貌复杂重叠式。然而,并非所有的形态手段都能让光杆谓词转换为合格的关系从句。动词重叠或带体标记"仔"(相当于"了")就无法使关系从句成立,比较(28)—(30)的 a 句和下列各句:

(28) a'. *买买本书穷好看。(买买的那本书很好看。)

a". *买仔本书穷好看。（买了的那本书很好看。）

（29）a'. *咬咬只狗穷大。［咬咬（人）的那条狗很大。］

a". *咬仔只狗穷大。［咬了（人）的那条狗很大。］

（30）a'. *走走位客人是我朋友。（走走的那位客人是我朋友。）

a". *走仔位客人是我朋友。（走了的那位客人是我朋友。）

上文所举均为单音节谓词，而（28）—（30）的 a' 句显示即使重叠为双音节 VV 式，一样不成立。双音节形容词也并不改变上述限制，如"漂亮只面孔"不成立，而"漂漂亮亮只面孔"就成立。况且量词在介引领属语时也允许单音节定语，如"我本书"。可见上述限制与音节数目无关。

以上（28）—（31）中的 a 句假如将量词换成泛用定语标记"葛"（或对译时用普通话"的"），句子就都能成立。由于"葛/的"也能用于领属定语等明确不属于关系从句的定语，因此这种泛用定语标记无助于划出关系从句的范围。而苏州话的量词对关系从句有限制，它排斥的是不属典型关系从句的光杆谓词，接纳的是更像关系从句的种种更复杂的谓语形式。这提示我们，苏州话充当定语标记的量词正好用作一个标尺，以此可以划出关系从句和一般定语的界限，或至少是典型的关系从句和不典型的关系从句的界限。

从大处着眼，这一界限是可以理解的。关系从句毕竟是一种小句，比单词层级要高，它要求比单词更复杂的形式是很正常的。此外，比起谓词的原形来，一些具有形态性的单位如生动式或反复貌重叠式有更强的述谓性，这在单句中也有反映，因此它们比光杆谓词更能充当关系从句也是可以理解的。具体到细节，为什么形容词生动形式和反复貌重叠式等在这条界线里边，而动词的简单重叠式和完成体标记在这条界线外边，目前还难有完满的解释。我们想到的一些语义范畴，如"有界/无界"之类，都难以理想地概括上述情况。[①] 这是值得今后深入探究的。

---

① 有些满足关系从句条件的谓语并不具备有界性。如（28）b 句的"俚买"比 a 句的"买"只是多了一个主语，而根据有界性理论，光添加主语并不能使一个无界谓语变成有界，因为被认为无界的谓语经常是带着主语的（例见沈家煊 1995）。另一方面，有些明显能造成有界性替换的并不能改变关系从句的不合格性。如动词重叠是有界的，动词带完成类体标记后也是有界的（沈家煊 1995），但它们却无助于动词构成关系从句的能力。

以上苏州话用量词兼做关系化标记的情况基本上反映了北部吴语区的情况，下面是钱乃荣（1997：99）用到的一个说明上海话量词定指用法的例句：

（32）我专门用来画图画<u>块</u>板阿里搭去了？（我专门用来画画的那块板到哪儿去了？）

据 Matthews & Yip（2001），香港粤语用指量短语做关系化标记的句子有时也可以省去指示词，如（33a）中的远指词"嗰"，特别是用复数量词"啲"（些）时指示词常常不用，如（33b），这样就形成了粤语中的量词型关系从句：

（33）a. 我写咗（嗰）<u>封</u>信好长嘅。（我写了的那封信很长。）

　　　b. 佢写<u>啲</u>嘢有冇用㗎？（他写的那些东西有没有用处啊？）

不过据方小燕（课题组讨论）介绍，（33a）这种单靠个体量词连接的说法在广州话中还是不太能接受，不如加上指示词"嗰"自然。看来量词单独兼做关系化标记的用法在粤语中还是不如吴语发达。由此可见，尽管量词的定语标记功能与其定指用法有关，但两者毕竟不是一回事。总体上粤语量词的定指作用比吴语发达和常用，但在关系化标记方面，粤语量词还远不如吴语量词发达和常用。

量词的定语标记作用来自其定冠词用法。冠词（article，泛指冠词和尾词）和定语标记的相关性在类型学上不乏其例，术语"连接性冠词"（linking article）就指兼有冠词和介引定语作用的虚词，见 Hemmelmann（2001），例如他所引的阿尔巴尼亚语后置冠词（即尾词）i 的例子：

（34）shok-u　　　　　　　　*i*　　　　　mirë
　　　朋友-有定.主格.单数.阳性　连接性冠词　好
　　　'这个好的（男性）朋友。'

连接性冠词的一大特点是不用在整个名词短语上（如英语 the 那样），而是用在定语和核心名词之间，以符合 Dik 提出的"联系项居中"原则（参看刘丹青 2003a：§2.3）。吴语的量词和阿语的尾词都是如此。吴语和阿尔巴尼亚语的区别在于，吴语定语在前，所以用由量词充当的前冠词，而阿语形容词定语在后，所以用后冠词（即尾词）。

三、半虚化的处所词-体标记兼做关系从句标记

吴语区普遍存在一种由处所短语紧缩而来的复合处所词语，结构有如近代汉语中的"在里"①，其前字为表示"在"的存在动词兼前置词，后字为方所后置词，大致可用"在这儿/在那儿"来翻译。苏州话中这类词有勒里（老派，近指，在这儿）、勒哚（老派，远指，在那儿）、勒海（早期多表示"在里边"、"在内"的范围义，现表中性或远指）、勒浪（不分远近）、勒搭（后起，中性或近指）。关于这些词的构成和语义分工及其由来，详见刘丹青（2003a，2003c）。刘丹青（2003a）将其简称为 PPC（pre-postpositional compound，前后置词复合词）。本文沿用这一简称。

苏州话 PPC 是多功能词，兼有存在动词（我勒里_{我在，我在这儿}）、处所介词短语（整体上相当于"在 NP 里"一类短语，如"我坐勒里_{我坐在这儿，我坐着}"）、处所前置词（整体用如一个前置词"在"，后置词作用淡化，如"我住勒里苏州"），动词前的进行体标记和动词后的持续体/存在体标记（我勒里看书_{我在［这儿］看书}｜倷坐勒里_{你坐着}）、句末语气词（开心杀勒里_{高兴着呢}｜我定心勒里_{我安心着呢}）等功能。除此之外，PPC 还可以兼做关系化标记，如：

（35）我摆<u>勒海</u>饼干啥人吃脱哉？（我放着/放在那儿的饼干谁给吃了？）

PPC 的关系化标记用法是从其动词后的持续/存在体标记用法而来的，事实上它们在用作关系从句标记时，仍然保留着它们的体意义尤其是动词后的存在体意义。我们说它这时兼有关系从句标记的作用，是因为假如去掉 PPC "勒海"，就必须要加进定语标记"葛"，否则句子就不合格，如：

---

① 吕叔湘（1941）最早考察近代汉语的"在里"，并指出了其与苏州话这类词语的相关性。

（35'）我摆*（葛）饼干啥人吃脱哉？

可见"勒海"除了表示存在体外还起了介引关系从句的作用。

在清末的苏白小说《海上花列传》（以下简称《海》）中，我们检索到PPC这类用法的不少例子（"勒"写作"来"。可能当时有"来"读，现在邻近的无锡方言也是"来~勒"两读）。从《海》书语料中，我们观察到以下事实：

（一）当时有这种用法的PPC主要是表示远指的"来哚"，此外不分远近的"来浪"有个别例子，其他PPC没有兼做关系化标记的用例。

（二）当PPC用在关系从句和核心名词之间时，绝大多数（15个"来哚"中的13个，3个"来浪"中的2个）用例不再用定语标记"葛"。可见PPC确实兼有关系化标记的作用，"葛"在此时已显得多余。当作为体标记的PPC和被修饰核心名词之间还隔着一个宾语（例子中是间接宾语）时，即PPC不在关系从句和核心名词之间时，"葛"是不能省的。下面（36）是15个不带"葛"的例子中的4例，（37）是这类句子中带"葛"（该书作"个"）的仅有的2例。（38）是PPC不居中时带"葛"的那个例子：

（36）a. 耐放来哚"水饺子"勿吃，倒要吃"馒头"！［你放着的"水饺"（隐指女阴）不吃，倒要吃"馒头"（隐指乳房）！1回］

b. 写来哚凭据阿有啥用场？（写下来的凭据有什么用处？8回）

c. 耐少来哚几花债末，我来搭耐还末哉。（你欠下的好多债么，我来给你还好了。10回）

d. 耐说来浪闲话，我总归才依耐。（你说下的话，我总是都依你。58回）

（37）a. 四老爷叫来哚个老倌人，名字叫啥？［四老爷叫到这儿的那个老倌人（妓女），名字叫什么？15回］

b. 倒好像是俚该来哚个讨人！［倒好像是他拥有的讨人（从妓院娶的妾）！17回］

（38）"嫁时衣"还是亲生爷娘拨来哚因件个物事。（"嫁时衣"还是亲生父母给了女儿的东西。48回）

（三）使用PPC的全部关系从句用例，不管带不带"葛"，都是提取宾语论元，没有一例提取主语或其他论元，如上所举。从整个关系化结构在主句中的句法位置看，15例（13例"来㗖"，2例"来浪"）使用PPC而不用"葛"的关系化结构都在谓语前。有的是主语，如（36b）；有的是受事主话题（所谓"大主语"），如（36c）；有的是受事次话题（所谓"小主语"），如（36a）。换句话说，PPC兼做关系化标记的用例仅限于关系从句提取宾语、整个NP在主句中充当主语或话题的情况。而带"葛"的例子，则关系从句所在的NP也可以出现在动词后的表语位置，如（37b）和（38）。此时关系从句已由"葛"介引，PPC已没有关系从句标记的作用，仅起体标记的作用。

（四）用PPC介引的关系从句，不能删除核心名词构成无核关系小句。这是很容易理解的。虽然PPC作为动词的体标记显然是加在关系从句上的，像北京话"的"一样是从属语标注成分，但V+PPC不能像"的"字结构一样形成一个名词性单位，因此无法取代核心名词。

当代苏州话"勒㗖"已不常用，以上关系从句用法大多换用"勒海"来表示，如例（35），而"勒海"是当代苏州话略带远指义的PPC。除了这一词汇替换外，上述《海》书的情况基本反映了当代苏州话的实情。可能在最新派的苏州话中，由于普通话的影响，更多采用带"葛"的关系从句，用PPC做标记的关系从句逐渐衰落，具体细节还有待观察和调查。

《海》书PPC介引关系从句的以上情况，有些方面可以方便地找到合理的解释。

为什么只有位于关系从句和核心名词之间的PPC才可以取代"葛"作为关系化标记？这又是因为"联系项居中"原则的作用（参看刘丹青2003a：§2.3）。关系从句标记是一种联系项，联系项的优先位置是位于所联系的双方（这里是关系从句和核心名词）之间。"葛"、量词做标记时都占此位。PPC也只有在这种中介位置，才可能像语法化进程中常见的那样，吸收所在单位的结构义（关系化修饰关系），从而兼有（进而可能完全获得）关系化标记的作用。

关系从句优先选择有远指义的PPC（老的"勒㗖"，新的"勒海"）

而非近指 PPC 做标记，这可以从关系从句的功能得到解释。关系从句主要是用来限定名词短语的所指范围，以帮助听话人辨认。如"我买的书"比"书"更容易确定范围。而需要用关系从句限定范围的对象，通常是不在眼前的对象或尚未激活的信息，这类成分用远指词语更合适。上一节苏州话用量词介引的关系从句，我们也多用普通话"那"的指量短语来翻译才觉自然（如"我买本书"~"我买的那本书"），这也基于同样的功能动因。这一解释看起来有个反例：北京话优先选择近指的"这"而不是远指的"那"作为关系化标记。其实这未必是反例。由于关系从句已有很强的帮助确定所指的功能，因而所在的名词短语实际上已不太需要用标明远近的指示词来指别，只是当必须在远近指示词中挑选时才会优先选择远指词。对存在冠词的语言来说，此时更优先的选择是冠词而不是远近指示词。如上文例（22）"佢唱嗰首歌"虽然用了粤语远指词，但作者的英译文用的却是定冠词 the（the song she sang）。北京话"这"比"那"更多具备不分远近的冠词功能（方梅 2002），用作关系化标记的"这"主要是作为定冠词而非近指词来兼做关系化标记的，像吴语的量词一样，是经由冠词语法化为定语标记的。

　　上承近代汉语"在里"的 PPC 式复合词在南方方言中广泛存在，如温州话的"是搭"、广州话的"喺度"、福州话的"伫咧"等。这些方言中 PPC 能否兼做关系化标记，还有待考察。

四、小结与余论

　　汉语中最普遍的关系从句标记类型是泛用定语标记"的"及其方言对应词，如广州话的"嘅"、苏州话的"葛"等。本文则显示另有一些其他性质的功能词也可以兼做关系从句标记，甚至颇为常用。上文根据两条句法标准确认下列要素兼有关系从句标记的作用：1. 北京话的单个指示词；2. 北京话、广州话及很多其他方言中的指量短语；3. 吴语中整类具有定冠词作用的量词；4. 以苏州话为代表的部分吴语中表示处所及存在体的紧缩式 PPC 复合词。这些要素在兼做关系化标记时都保留了其原来的语法意义（有定、存在体等），同时又在不同程度上出现向专职化标记语法化的迹象，有的已对泛用定语标记有所排斥。

以上四类要素的这一"兼职"都与其位于关系从句和核心名词之间的中介位置有关，是语法化中常见的结构义吸收现象。在带关系从句时，这些要素也可以出现在关系从句之前，这时它们就无法兼做关系化标记，而必须另有定语标记。关于 PPC 复合词的情况已有上面例（38）为证。例（39）和例（40）分别是北京话指示词和苏州话量词的例子：

（39）a. 小张买这书很好看。~ b. 这小张买*（的）书很好看。

（40）a. 小张买本书穷好看。~ b. 本小张买*（葛）书穷好看。

指示词"这"、量词"本"在中介位置时，不必用"的/葛"，如（39）—（40）a 句；"这/本"在关系从句前面时，"的/葛"就不能省，如（39）—（40）b 句。这清楚显示了中介位置对联系项形成的关键作用。

苏州话量词在做关系化标记时，对从句谓语有一定的形态-句法要求。这些限制可以帮助我们在动词定式范畴缺乏和主宾语省略自由的汉语中界定典型的关系从句的范围。

北京话指示词介引的关系从句主要是提取宾语，提取主语的例子很难找。苏州话 PPC 介引的关系从句也主要提取宾语。不仅如此，我们在初步考察汉语各方言的关系从句时也发现，即使是主宾语都能提取的"的"类定语标记，被试也常常觉得提取宾语更加常见而自然。看来汉语整体上有优先提取宾语的情况。这不尽符合 20 世纪关系从句方面一个重要的类型学发现，即 Keenan & Comrie（1977）考察 50 种语言后提出的"名词短语可及性等级序列"，该序列表示如下：

主语 > 直接宾语 > 间接宾语 > 旁格宾语 > 领属定语 > 比较句基准

根据这一序列：（1）不同语言关系从句可提取的成分范围可以是不同的，但总是按照从左到右的优先顺序，若位于右边的某个成分可以提取，则其左边的所有成分都能提取；（2）同一语言中不同的关系化策略可提取的成分范围也可以是不同的，但同一种策略也总是按照从左到右的优先顺序提取。如何解释汉语多种关系化手段都是优先提取宾语的现象呢？

唐正大（课题组讨论）提出一个较可信的解释。在汉语中，提取宾语时只要在动宾之间插进关系化标记，变动小，操作简单；提取主语时，主语和谓语还要换位，操作更为复杂。比较：

（41）a. 学生买书。→ b. 学生买的书

（42）a. 学生买书。→ b. 买书的学生

根据语言的经济原则，省力的操作比费事的操作更有优势。当然，人们可以问，经济原则在其他语言中也起作用，为什么 Keenan & Comrie（1977）的大规模跨语言研究仍然得出主语比宾语更容易提取的结论呢？上述解释是不是为汉语特设的解释呢？不是。

事实是，汉语在关系从句的语序类型上本身是极其特殊的。根据 Dryer（1992），在他所统计的 625 种语言 252 个语组中，汉语语组（收了普通话、客家话、粤语、马来西亚粤语四种变体）是 VO 语言中唯一关系从句在核心名词之前的语组。其他所有的 VO 语言中，关系从句都后置于核心名词。因此，VO 语言的常规是，提取主语不变语序，如英语（43）例，提取宾语却要变语序，如（44）：

（43）a. The boy likes the birds. → b. the boy who likes the birds
　　　　 这个男孩喜欢这些鸟。　　　　喜欢这些鸟的这个男孩

（44）a. The boy likes the birds. → b. the birds that the boy likes
　　　　 这个男孩喜欢这些鸟。　　　　这个男孩喜欢的这些鸟

由此可见，仅就上述经济性动因而言，VO 语言的常规确实是提取主语比提取宾语更省力，只在关系从句语序特殊的汉语中才会出现提取宾语更省力的情况。由此可见提取时的经济性确实可能是造成名词可及性等级的普遍性因素之一，对汉语和其他 VO 语言都是起作用的，汉语罕见地优先提取宾语是由其罕见的关系从句语序类型造成的。

另一个值得一提的现象是，北京话用指示词介引的关系化结构和苏州话用 PPC 介引的关系化结构在主句中都优先居于主语或话题之位。这个问题的原因可能比较简单。借用沈家煊（1999）一书系统采纳的"标记关联模式"，可以说汉语中存在着"主语（或话题）与有定"和"宾

语（或焦点）与无定"的无标记关联模式。由于这两种关系从句明确表示或倾向于表示有定，因此优先占据主语或话题之位就很自然了。

从可及性序列看，本文基本上只讨论了提取主语和直接宾语这两种最常见的情况，提取其他论元时标记使用情况如何？尚未能展开讨论。为什么某些形态能够帮助动词构成苏州话中靠量词标注的关系从句，而有些形态无此作用？诸如此类的问题，在汉语关系化标记的研究中还有很多。除了关系化标记以外，关系从句还有很多其他尚未开垦的领域。关系从句需要汉语语言学界更多的关注。

参考文献

方　梅　2002　指示词"这"和"那"在北京话中的语法化，《中国语文》第 4 期。
科姆里（Bernard C.）　1981/1989　《语言共性和语言类型》，沈家煊译，北京：华夏出版社。
刘丹青　1986　苏州方言定中关系的表示方式，《苏州大学学报》第 2 期。
刘丹青　1987　形名同现及形容词的"向"，《南京师大学报》第 3 期。
刘丹青　2001a　粤语句法的类型特点，香港《亚太语言教育学报》第 2 期。
刘丹青　2001b　方所题元的若干类型学参项，香港《中国语文研究》总第 9 期。
刘丹青　2002　汉语类指成分的语义属性与句法属性，《中国语文》第 5 期。
刘丹青　2003a　《语序类型学与介词理论》，北京：商务印书馆。
刘丹青　2003b　试论汉语方言语法调查框架的现代化，《汉语方言语法研究和探索——首届国际汉语方言语法学术研讨会论文集》，戴昭铭主编，哈尔滨：黑龙江人民出版社。
刘丹青　2003c　苏州方言"勒 X"复合词，《吴语研究》（第二届国际吴方言研究学术研讨会论文集），上海市语文学会、香港中国语文学会合编，上海：上海教育出版社。
吕叔湘　1941　释景德传灯录之在、著二助词，《华西协合大学中国文化研究所集刊》一卷三期。
钱乃荣　1997　《上海话语法》，上海：上海人民出版社。
沈家煊　1995　"有界"与"无界"，《中国语文》第 5 期。
沈家煊　1999　《不对称和标记论》，南昌：江西教育出版社。
石汝杰、刘丹青　1985　苏州方言量词的定指用法及其变调，《语言研究》第 1 期。
王　力　1980　《汉语史稿》中册，北京：中华书局。
张伯江　1997　性质形容词的范围和层次，《语法研究和探索》（八），北京：商务印书馆。

张　敏　1998　《认知语言学与汉语名词短语》，北京：中国社会科学出版社。

朱德熙　1978　"的"字结构与判断句，《中国语文》第1、2期。

Dryer, M. S. 1992. The Greenbergian word order correlations. *Language*, 68 (1), 43-80.

Hemmelmann, N. 2001. Articles. In M. Haspelmath, E. König, W. Oesterreicher, & W. Raible (Eds.), *Language Typology and Language Universals: An International Handbook*. Berlin: Walter de Gruyter.

Keenan, E. L., & Comrie, B. 1977. Noun phrase accessibility and universal grammar. *Linguistic Inquiry*, 8, 63-99.

Kortmann, B. 1999. Typology and Dialectology. In B. Caron (Ed.), *Proceedings of the 16th International Congress of Linguists*, Paris 1997. CD-ROM. Amsterdam: Elsevier Science.

Matthews, S., & Yip, V. 2001. Aspects of contemporary Cantonese grammar: The structure and stratification of relative clauses. In H. Chappell (Ed.), *Sinitic Grammar: Synchronic and Diachronic Perspectives*. Oxford: Oxford University Press.

（原载《中国语文》，2005年第1期）

汉语名词性短语的句法类型特征*

一、引言

1.1 本文从类型学的视角、参考"名词性短语句法结构的类型学比较"课题组近年来的系列成果,对汉语(指现代汉语普通话)名词性短语的若干句法类型特征进行初步的小结。在不强调词和短语之别时,名词性短语简称"名词语"或NP。

对汉语名词语的特点,以往已有很多立足于不同角度的研究(如下文各节所引文献,此处暂略),富有启发性和参考价值。但有些研究,从语言类型学的角度看,限于跟少数印欧语相比,类型学基础相对薄弱,而且多集中于普通话,无暇顾及汉语不同变体间的差异。本文拟以语言类型学成果为背景,在下面两个方面设定研究路向:1)比较参项:我们将选取类型学上较为重要的参项,明确区分为语序、标记、范畴三个方面。重点关注在汉语中表现较为显著或以往研究重视不够的名词语的类型特征。2)比较范围:通过比较维度的拓展寻找汉语名词语的类型特点,本文的观察来自于下列方面的比较:类型学的既有重要成果;人们较熟知的语种;同为SVO型的语言;近亲近邻语言;古代汉语和方言。

1.2 定语是NP复杂化的主因。本文对"定语"(attributive/modifier)取传统语法的广义理解,再结合现代语言学的成果,并部分参考陆

---

* 本文是国家社科基金重点项目"名词短语句法结构的类型学比较"成果之一。课题组方梅教授、唐正大博士和陈玉洁博士等和上海师范大学陆丙甫教授均提过有益意见,部分内容在香港合作研究时与李行德、胡建华二教授有过讨论。初稿曾宣讲于首届两岸三地现代汉语句法语义小型研讨会(香港城市大学,2007年8月)和2007年全国语言学暑期高级讲习班(北京大学),同行、听众多所指教。在此一并感谢。尚存问题均归笔者。

丙甫（1988）的提法，将定语分为内涵定语和外延定语两大类，本文将显示这一分类对认识汉语 NP 的诸多类型特点至关紧要。

内涵定语由实词性/开放性语类充当，是给整个名词语增加词汇性语义要素（即内涵）的定语，包括描写性和限制性定语，由名词、区别词、形容词、动词、介词短语及定语从句（英语这类语言中还包括部分副词）等充当。如"木头桌子、慢性疾病、吃的点心、修车工具、他买的书、看门的老头儿"等名词语中的定语。这些也是各学派公认的定语。句法上，内涵定语大都是核心名词的加接语（adjunct），加得再多也不改变整个结构光杆名词语（bare NP）的性质，从生成语法角度看，内涵定语受核心名词管辖，两者构成的短语充当 DP 核心即限定词 D 的补足语，受 D 管辖。在汉语中，所有的内涵定语都可以带"的"[①]。

外延定语由指称和/或量化成分充当，用来给名词语赋以指称、量化属性，表明它在真实世界或可能世界中的具体所指范围，即在不改变内涵的情况下指明其外延，由指示词、冠词、数量词语、量化词语（全量或分量词语）充当。这类定语在生成语法中不但不称为定语，而且分析为限定词短语 DP 的核心 D 或量化名词语 QP 的核心 Q，是管辖 NP 的成分。如"这人、那支笔、三本书、所有人、一些商店、上述人员"等短语中的定语。它们在汉语中都不带"的"。本文部分吸收但不全盘采纳 DP 框架的精神，所以仍称定语。

领属定语的地位需要专门说明，因为其属性因语言而异。在英语、爱尔兰语等语言中，领格定语占据限定语的位置，不能与指示词、冠词同现，只取有定解读。这类语言 Lyons（1999：23—26）称为限定性领格语言（determiner-genitive language），按本文术语可称外延领格语言，占据生成语法所说的 D 位置。而在意大利语、希腊语等语言中，领有成分占据形容词定语一类的位置，领属结构本身不附带有定、无定信息，有定或无定表达需要加冠词等限定词，这类语言属形容性领格语言（adjectival-genitive language），按本文可称内涵领格语言。这类领属

[①] 由直指性实词（如"上述、下列"，英语 following 之类）充当的定语是用形容词性的定语来表达外延定语的语义，句法上不同于真正的外延定语。

语不占据生成语法的 D 位置。汉语的领属结构虽然在语用上容易被理解为有定，实际上没有固定的指称属性，可以通过限定词决定其指称，如有定（我那本书丢了）、无定（我的一本书丢了）和类指（我的书很多）（参看刘丹青 2002）。因此，汉语属于 Lyons 所说的形容性领格语言，领属语为内涵定语。作为内涵定语的领属语一般也是核心名词的加接语，但假如遇到核心名词是关系名词（参看刘丹青 1983），则领属语成为核心名词不可省略的补足语（complement），如"于福的老婆""小芹的妈"中的定语。

二、语序特征

2.1 作为以前置词为主的 SVO 语言，所有定语一律前置于核心名词。这是汉语名词短语最根本的语序特点，例如（内涵性下标 i，外延性下标 e）：

（1）[我]$_i$[那件]$_e$[昨天下午买的]$_i$[很厚的]$_i$[棉麻]$_i$衬衫

这一汉语使用者习以为常的现象，实际上是人类语言中非常独特的类型特点。

汉语的这一现象，自 Greenberg（1963/1966）的语序类型学经典论文发表后就引起海外学者的关注，一些学者甚至据此及其他一些特征（如有后置词）否定或怀疑汉语 SVO 语言的属性（参看 Li & Thompson 1978 及所引文献），尽管后来这些观点并未被普遍接受。如 Li 和 Thompson 提到"抽样文本显示 VO 比 OV 出现数量更多，但修饰语必须在中心语之前，后者是一种 OV 的伴随特征"。本文试更精确地查验定语一律前置在 SVO-前置词语言中特殊到什么程度，依据的是 Hawkins（1983）含各大洲 357 种语言的语种库。在该书 284 页所列 SVO 配前置词的语言中，领属语和形容词都居前的语言只有 7 种，而 SVO-前置词语言中这两种定语都后置或一种后置的达 70 种语言加 3 个语族。从 129 页关系从句语序的详细列举可见，这 7 种语言中有 5 种（澳大利亚 Maung

语、"澳-泰语系"Kiriwinan、印欧语系立陶宛语、丹麦语和瑞典语）都是关系从句后置的，均非定语一律前置。只有两种语言（澳大利亚 Tiwi 语和古西伯利亚语系 Kamchadel 语）是多种定语前置的。但要注意两点。第一，这两种语言关系从句的资料从缺，而关系从句是所有定语中最有后置倾向的（参看 §2.2），因此仍无法确定是否它们所有定语一律前置。第二，在此书附录的语序分类总目中，这两种语言都被标为 SOV/SVO，即它们都不是纯 SVO 型，而是 SVO 为主，SOV 为辅。换言之，在这一很大的语种库中，汉语之外没有一种语言是真正的 SVO-前置词类型而所有定语都前置的。

在人们熟悉的 SVO-前置词语言中不乏定语后置语序，如英语的分词、介宾、从句等定语，法语的形容词定语，俄语的名词领格定语等，特别是在与汉语关系最密切的 SVO 语言壮侗语中，各种定语以后置为主，并且受汉语影响越少的语言定语后置越多（参看梁敏、张均如 1996：844—867）。同时，这些 SVO 语言普遍存在若干种前置的定语。与汉语 NP 语序最一致的是部分邻近的 SOV 语言，如日语、朝鲜语、阿尔泰语言，但是这跟汉语和藏缅语的同源关系无关，因为藏缅语言虽为 SOV 型，却常有多种定语是后置的，并且还影响到了藏汉混合的四川"倒话"，请看藏语（胡坦 1999）和倒话（意西微萨·阿错 2004：53）的例子：

（2）藏语

  ribang dkarpo gsumpo de

  兔　　白　　三　　　那（那三只白兔）

（3）倒话

  a. 布黄黄 di 个（一块黄黄的布）

  b. 牛三个（三头牛）

在 OV 语言中，像藏缅那样的定语不同侧类型不比日语的定语同侧类型少见，说定语前置是 OV 的伴随特征并不确切。看 Dryer（1992）所列的 OV 语言，关系从句前后置之比为 26∶37、形容词前后置之比为 55∶77、领属语前后置之比为 112∶12，指示词前后置之比为 79∶32。可见，很多 OV 语言存在后置定语，关系从句、形容词后置的语言还占多数；而且不同类定语前后置的语种比例很悬殊，表明很多语言的定语不在同一侧。

再比较一下状语。虽然汉语总体上状语前置，但仍有部分状语性成分是后置的〔汉语学界归入补语，其实本质上属于状语，当然并非所有补语都有状语性，参看刘丹青（2006）〕，如部分前置词短语（走在大路上｜定在30号｜取材于农村）、部分程度副词（好得很）和方式副词（走得慢点儿）。因此，定语一律前置是比状语前置更突出的汉语语序特征。

定语语序的这种超常一致，使内涵定语和外延定语在汉语中具有统一的语序表现，两类定语之别得不到凸显，强化了汉语使用者及母语研究者的定语总是在前的语感。而定语的一律前置也给汉语 NP 句法带来诸多影响，这里先举一例。在名词前后都有定语分布的 SVO 语言中，可以用以动作名词为核心的 NP 模拟 SVO 语序表达一个及物事件，如Chomsky（1970，转引自 Bernstein 2000：540）所举的英语例子：

（4）a. NP：Rome's destruction of Carthage（罗马对迦太基的毁灭）
　　　b. 句子：Rome destroyed Carthage（罗马毁灭了迦太基）

从（4a）的汉译可以看出，汉语施事和受事两个论元充当定语只能一起挤在 NP 的核心"毁灭"之前，无法模拟及物句的语序；而且施事做了领属语，受事只能用前置词"对"引出，后面还得用定语标记"的"，整个表达不简洁。由于汉语小句可以无须标句词直接做论元，这类"动作名词"结构还不如直接用小句做论元更简洁，比较（＜表示优势度低于）：

（5）a. 他们目睹了王兵对张利的殴打。＜b. 他们目睹了王兵殴打张利。
而且有些转换因为缺乏合适的前置词而无法实现，如：

（6）a. 我知道陈伟看见了他。　～b.*我知道陈伟对他的看见。
（7）a. 我知道陈伟认识他。　≠　b. 我知道陈伟对他的认识。

2.2　关系从句前置

这是上面说的定语一律前置的具体表现之一，似乎不必单立一点。其实不然。虽然定语一律前置为其他 VO 语言所无，但是就具体定语类别来讲，多半能在其他 VO 语言中找到一些同样前置的例子，如领属格、指示词、数词、量化词、形容词等定语在英语中都是前置的。唯独关系从句表现突出。据 Dryer(1992,2003)，在包含 625 种（1992）或 910 种（2003）语言的样本库中，关系从句只能前置的只有汉语这一个亲缘组。Dryer 文显示，关系从句在人类语言中是以后置为绝对优势的，甚至 OV 语言也有约 59% 的语言是关系从句后置的，后置比例超过 OV 语言的任何其他定语。因此，汉语关系从句前置是比其他定语前置更加独特的特点。而关系从句前置给汉语句法直接带来一系列重要后果。下面略举几端。

2.2.1 造成了一些汉语特有的歧义结构。首先是"咬死猎人的狗"（朱德熙 1979）这类常被提到的结构。这类歧义结构的存在条件是宾语在动词之后而关系从句在核心名词之前（刘丹青 1999），而符合这种条件的语言按 Dryer 的统计只有汉语。因而这是集中反映汉语类型特点的歧义结构。此外，汉语的前置词多来自动词，跟介词语序有关的歧义结构类型"对营业员的意见"也与此类型特点有关①。再如，由于定语一律前置，领属定语和关系从句也会造成一种结构歧义，如：

（8）a.［他昨天买的］衬衫 ～ b.［他］［昨天买的］衬衫

例（8）一般按 a 例分析，这是成立的，可能还是优势解读。但是（8b）在句法上确实也成立，即"他"充当领属定语，因为汉语中位于其他定语前的领属语是可以不带"的"的（详 §3.2）。假如插入指示词语或数量词语，（8b）的成立就更加明显，如：

（9）a. 他那件昨天买的衬衫 ～ b. 他三件昨天买的衬衫

由于"他那件/三件昨天买"不成为一个关系从句，因而"他"只能分析为领属语。（8）这种句法歧义常常不改变真值语义，因为（8b）中的领属语可以优先理解为"买"的施事。但实际上也可以改变真值语义，因为（8a）也可以理解为"他"只是买者，领有者是别人，即他为别人去买的衣服，如（10a）；而（8b）也可以理解为"他"只是领有者，买者另有其人，如（10b）：

（10）a. 他昨天买的（儿子的）衬衫 ～ b. 他（那件）（女朋友）昨天买的衬衫

---

① 当然，此类歧义结构同时也反映了前置词和关系从句前置的不和谐，这是一种罕见的语序配置。

2.2.2　限制了关系从句的长度，催生了多种减少大肚句的句法策略。关系从句在正常情况下是定语中最"重"（长而复杂）的单位，因为它是句子而其他定语是词或短语。但在汉语中，假如任关系从句自由扩展，动词与其宾语的核心就会间隔很远，形成所谓大肚子句子（而其他 VO 语言关系从句在后，没有大肚之虞），如：

（11）我看了一部［描写旧时代一对恋人冲破封建家庭的重重束缚追求幸福生活的］电影。

大肚句违背了 Dik（1983）所说的"核心靠拢原则"和 Hawkins（1994：§3）所说的"直接成分尽早确认原则"，让作为谓语核心的动词和作为宾语核心的名词相隔很远，在核心名词出现之前，动宾的直接成分关系无法确立，尚未跟核心名词组块的各项定语都得暂存于短时记忆，加重了记忆负担（参看陆丙甫 1986）。此外汉语"定语一律前置"的独特规则还使得其他定语也只能跟关系从句一起挤在动宾之间，给短时记忆"百上加斤"。

当然，关系从句不只是修饰宾语，也可以修饰主语。唐正大（2006a）通过大规模跨语言比较，提出制约关系从句语序的另一条原则："主语核心尽早确认原则"。而关系从句前置，有拖延主语核心确认的作用，这也是人类语言关系从句倾向后置的原因之一。

针对关系从句（尤其是宾语位置的关系从句）前置造成的处理难度，汉语及其方言在实际口语中都使用了一些抑制其复杂性的策略。

一是在口语里限制关系从句的平均长度。方梅（2004）据大量北京口语实际语料指出前置的关系从句有"简单结构"的限制。唐正大（2005：§6.1.1）就此做了统计，取王朔小说《过把瘾就死》中的北京话对话，共 59133 字，得关系从句结构 77 次，其关系从句字数为：1 字 4 次，2—3 字 46 次，4—5 字 19 次，6—7 字 6 次，8 字 1 次，8 字以上 1 次，即 5 字以内的关系从句出现频率为 89.6%，半数以上只有 1 到 3 字。达到 8 字的已属罕见。关中方言的几段真实对话的统计也得到相近的结果，5 字以下的关系从句分别占 82.1% 到 92.3% 之间。作为小句只含 5 字（亦即两三个词）以下确实是非常简短的。

另一种策略是，遇到宾语带复杂关系从句时，将整个宾语话题化至句首位置，以减轻处理难度，因为在句首时，短时记忆中尚无其他成分，可以将整个宾语说完组成一块后再开始其他成分。马诗帆（Matthews 2003）以粤语的心理语言学实验证明话题化可以降低复杂宾语的处理难度，因而由关系从句前置的类型特征引发的宾语位置定语过长的状况也被马诗帆视为粤语话题化的动因之一。这一分析对汉语其他方言也是适用的。

2.2.3 催生了口语中的后置关系从句。受到长度和复杂度的制约，汉语口语的名词前最多只能放置一些对宾语的所指进行必要限定的简短的限制性关系从句。而关系从句的另一项常见功能，即对核心名词进行补充性说明（非限制关系从句），在汉语里就只能以后接分句形式来表示。其中有些，根据方梅（2004）的分析，已带有后置关系从句的性质。显然这是关系从句前置的类型特点及其功能局限所催生的现象，不过这种口语中的后置关系从句句法化程度还不太高，与核心名词的整合度还处在较低的水平。

2.3 领属定语可以跟指示词同现并以前于（＝外于）指示词为常

领属定语和有定限定词（指示词、指量短语、定冠词等）能够在同一侧同现，只是部分形容性领属语型语言的特点。假如领属语是限定性的，如英语，就不允许领属语与其他有定限定词同现，因为领属语已占了限定词之位并表示有定（见 §1.2）。假如领属语是形容性的，但领属语和限定词不在同一侧，也不涉及领属语和限定词的语序问题。而在能够同现于一侧的语言中，常见情况是限定词占据最外层，统摄包括领属语在内的其他各种定语。例如：

（12）武鸣壮语（梁敏、张均如 1996：863）：

fa:k^8 mit^8 ɤai^6 ɤai^6 po^{6}luŋ^2 kau^1 han^4
把　 刀　 快　快　 伯父　　　我　 那
'我伯父那把特快的刀'

（13）葡萄牙语（王锁瑛、鲁晏宾 1999：102）

o　　　　 meu　　　 pai
（定冠）　 我的　　　 父亲

而汉语的情况却是以领属定语前置于限定词为常，如例（12）的原作者翻译"我伯父那把特快的刀"所示。而反过来的"那把我伯父的特快的刀"则常用度和自然度要差许多。吕叔湘（1985：209）在论及近代汉语（用例含现代汉语）时就说"与领属性定语连用，这、那无例外地在后"。这意味着汉语倾向于让领属语处于比限定词更外层的位置。汉语领属语居外，并不意味着它像英语领属语那样鹊巢鸠占地接管了指示词的限定语位置，因为汉语整个NP的有定无定仍是由指示词决定的，如"我（的）这把刀"是有定的，而"我的一把刀"是无定的。这与由冠词决定NP指称性的葡萄牙语相似，虽然葡语定冠词外于领属语，如：

（14）meu　　filho　［出处同（13）］
　　　我的　　儿子　（表示说话人还有其他儿子）

（15）o　　　meu　filho　［出处同（13）］
　　　（定冠）我的　儿子　（表示说话人只有这一个儿子，或这是他偏爱的儿子）

汉语领属语居前居外的特点，也造成了一种汉语特色的歧义结构，因为汉语领属语在后接其他定语时可以省"的"（见§3.2），如"他（的）很多的财产"，当领属语和核心名词的生命度等属性相同时，省"的"后整个NP可能与同位结构同形，如：

（16）张伟这个助手：a.张伟的这个助手。　b.张伟＝这个助手
（17）茅台这种酒：a.茅台（公司）的这种酒。b.茅台＝这种酒
（18）他们那些亲戚：a.他们的那些亲戚。　b.他们＝那些亲戚

与领属语外置于限定词相关，汉语的限定词也比领属语更能容忍其前的其他内涵定语，如：

（19）很暗的那小屋～??很暗的我的小屋～我的很暗的小屋
（20）卖菜的这些亲戚　～??卖菜的小张的亲戚　～　小张的卖菜的亲戚

汉语指示词比较容易兼带内涵定语标记的作用，如"他这脾气""我们那些朋友""坐着那人"，其实它是汉语限定词居内特点的一个历时性后果。

2.4 外延定语相对内涵定语的漂移性和外延定语内部的语序固定性

多项定语的语序已经有很多富有启发性的研究成果（参看陆丙甫 1988，1993：92—97；方希 2002 及所引文献）。但这些研究没有基于内涵定语和外延定语之别。如以这两类定语之别为视角，则可以看出，汉语定语间语序的根本特点是：外延定语相对于内涵定语的语序较灵活，外延定语内部很固定。当内涵定语带"的"时，各项外延定语都可以漂移，例如：

（21）a. 三本新的书 ～ b. 新的三本书
（22）a. 我看过的所有电影 ～ b. 所有我看过的电影
（23）a. 这张红木的桌子 ～ b. 红木的这张桌子
（24）a. 一些/那些正在散步的悠闲的老人 ～ b. 正在散步的一些/那些悠闲的老人 ～ c. 正在散步的悠闲的一些/那些老人

再看外延定语之间：

（25）a. 这三张桌子 ～ b. *三张这桌子
（26）a. 三张这种/类桌子 ～ b. *这种/类三张桌子
（27）a. 所有这些书 ～ b. *这些所有书
（28）a. 所有（的）一百名参赛者 ～ b. *一百名所有（的）参赛者

领属定语本质上兼有内涵性和外延性，所以在有些语言中是外延定语，在汉语、葡萄牙语等语言中是内涵定语。汉语领属语总体上符合内涵语的常规，也更证明其内涵性，如：

（29）a. 三本我的书　　～　　a'. 我的三本书
　　　b. 所有我的书　　～　　b'. 我的所有书
　　　c. 这本我的书　　～　　c'. 我的这本书

从跨语言的角度看，外延定语内部语序固定是比较普遍的现象，而外延定语的漂移是较罕见的现象。Greenberg（1963/1966）有一条共性：

共性 20：当任何一个或者所有的下述成分（指别词、数词、描写性形容词）居于名词之前时，它们总以这种语序出现。如果它们后置，语序或者依旧，或者完全相反。

这一共性涉及一种典型的内涵定语（形容词 A）和两种外延定语（指示

词 D、数词 Num）的相对语序。我们知道，当三个成分都在名词前时，共有 6 种逻辑可能的排列：DNumA、DANum、NumDA、NumAD、ADNum、ANumD，该共性显示只有 DNumA 这一种排列成立。当它们都在名词之后时，也有这 6 种逻辑可能，该共性显示只有 DNumA 和 ANumD 这两种可能成立〔后来发现 DANum 和 ADNum 也有些实例，总共是 4 种，参看陆丙甫（1993：90—91）的介绍〕。12 种逻辑可能性只有 5 种成立，说明在不同语言间，外延定语相对于内涵定语的位置非常固定；特别是都在名词之前时，6 种可能只有一种成立。由此可见它们在一种语言内部就更固定了。假如外延定语常常漂移，上述共性就不可能出现。就我们了解到的情况说也确实如此。在英语中，these three big tables，三者都在名词前，只有这种语序成立，其他如 three big these tables 等都不成立。再如在 SOV 的藏缅语族仙岛语（戴庆厦等 2005：112）和 SVO 的壮侗语族泰语（梁敏、张均如 1996：865）中，这三种定语都在名词后，均取名词前的唯一语序 DNumA 的镜像 ANumD 语序，如：

（30）a. 仙岛语：tsi^{31}　ŋjau^{35}　sum^{31}　tuŋ^{51}　xai^{55}
　　　　　　　衣服　　绿　　　三　　　件　　　这　'这三件绿衣服'
　　　b. 泰语：ma^4　kha:u^1　thi^3　sɯ^4　ma^2　mai^5　sɔŋ^1　tuə^2　nan
　　　　　　　马　　白　　（助词）买　　来　　新　　两　　只　　那
　　　　　　'新买来的那两匹白马'

戴庆厦等（2005：113）指出，仙岛语中"当指示代词、形容词、数量词组和的字结构（指核心名词先带定语标记的关系从句——引者）等同时做名词的定语时，它们的前后位置是"的字结构＋名词中心词＋形容词＋数量词组＋指示代词"。这说明其语序固定而不漂移①。

因此，外延定语可以漂移，是汉语非常突出的类型特点。当然，漂移的结果会带来指称意义和信息属性的细微差异（具体看法不一，参看

---

① 在有量词的藏缅（戴庆厦、傅爱兰 2002）、壮侗（梁敏、张均如 1996）等语言中，实际出现的语序确实也不止共性 20 所说的这几种，这可能是因为量词在有些语言里不是名词的限定成分，而是真正的句法核心（犹如英语 a cup of tea 中的 cup），造成一些复杂现象，但并未见到这些语言中指示词、数词可以漂移的报道。

赵元任 1968/1979：148；吕叔湘 1985：214；唐正大 2007；陈玉洁 2007a：§9）等，此不赘言。至于内涵定语之间的语序，既有固定性，也有一定的灵活性（尤其带"的"定语），其排序主要受语义、认知和语用等方面的制约（详前引陆丙甫 1988、1993；方希 2002 等），除了韵律制约较有汉语特点，其他制约条件多体现人类语言的共性，而外延定语漂移则是较强的汉语个性。

三、标记特征

3.1 定语标记"的"：内涵定语和外延定语的基本界限

名词性短语的扩展除并列外主要源于定语的使用，定语如何标记也是一种语言 NP 的类型特点。汉语在定名关系方面是从属语标注语言，即标记都加在定语上，而不像有些语言可以在核心名词上标注，如匈牙利语（例见顾宗英、龚坤余 1989：88—89）和鄂伦春语（例见胡增益 2001：77—78）。与许多语言相比，汉语定语标记有如下显著的基本特点：

1）标记单一，专用定语标记只有一个"的"。这个后置性助词用于很多不同种类的定语，如领属语、名词/区别词属性定语、形容词定语（包括性质形容词和状态形容词）、动词及关系从句充当的定语等。这些种类的定语在其他语言中很可能使用多个不同形不同质的标记，例如英语的领属格后缀 -s，形容词构词后缀（名转形的 -al 等），分词形态 -ing 和 -ed，介词 of，关系代词 that、who 等。至于汉语非专用的兼职定语标记，详见 §3.2。

2）内涵定语都可以（但不一定必须）带"的"，而外延定语不能带"的"，如：*三张的桌子、*这的人、*那个的城市。标记使用方面最大的界限划在这两大类定语之间，与语序表现方面的分野一致，再次说明区分这两类定语之重要。

3）定语标记不是纯句法性的，而兼有语用性（广义）。几乎所有定语后的"的"都不是强制性的,都在一定条件下可以省略,这些条件包括句法、语用和韵律等。

关于1)、3)两点,下文还将分析,这里先分析一下第2点。

各种内涵定语都可以带"的",即使一般无须带"的"的,也可以随时插入,如"我(的)姐姐、木头(的)桌子、慢性(的)肠炎"等。

外延定语不能带"的",上面已有举例。但是这里有一些复杂情况需要分析。

外延定语中的全称量化词"所有"有时可以带"的",这是例外,可能与它们的实词来源有关。吕叔湘主编(1980)"所有"条注为形容词性,同时认为"一切""有指别词的作用",不能带"的"。同属全量词的"每(个)"和部分量化词"一些"都不能带"的"。"有的"是单词,这个"有"离不开"的",量化词是"有的"这个整体。除了"所有"这稍不整齐的状况外,内涵定语和外延定语凭能否带"的"区分是很清楚的,而且也再次证明领属语在汉语中是内涵性的。

普通话数量短语作为外延定语似乎有时可以带"的"。有些是整类的,如计量词(度量词和容器量词)都可以带"的"。实际上,它们带不带"的",整个定语性质完全不同。数量短语带"的"后,就不再是数量短语,而是描写性定语,对度量词来说还有句法明证:

(31)a. 三斤肉｜五尺线　～　b. *一块三斤肉｜*两段五尺线

(32)a. 三斤的肉｜五尺的线　～　b. 一块三斤的肉｜两段五尺的线
一个名词只能带一个数量限定成分。"三斤、五尺"是数量限定词,不能再受数量限定词的限定;而"三斤的、五尺的"是描写性定语而非数量限定词,所以前面还可以加真正的数量限定词。Cheng & Sybesma(1999)将是否可带"的"作为区分计量词和个体量词的句法依据。其实加"的"与否关乎定语的类别(内涵/外延)而非量词的类别。个体量词一般不带"的"是因为缺少做描写性内涵定语的语义条件。只要数量大到足以体现主观大量,个体量词也可以带"的"转化为描写性定语,不再是计量成分,这与单位量词是一样的。如:

(33)……桥前约250平方公尺的小河口滩地,聚集着<u>108只的白</u>

鹭鸶，(*……5只的白鹭鸶)(报)

(34)……所以一般的繁育者都是在维持<u>10—20只的繁殖猫</u>。(*……1—3只的繁殖猫)(报)

这些带"的"的个体量词也同样可以再带真正的计量成分，而不带"的"的不可以，如：

(35) a. 一群108只的白鹭鸶 ~ b. *一群108只白鹭鸶

汉语的泛用定语标记"的"相当清楚地划出了内涵定语和外延定语的界限，这与同样具有泛用定语标记的日语形成对照。日语的の(no)在领属语和形容词后标记内涵定语，在量词和指示词后则标记外延定语。如：

(36) 内涵性：a. neko   no   mimi   b. midori   no   hane
              猫   的   耳朵   绿   的   羽毛
(37) 外延性：a. sam biki no neko b. ano   hito c. kono hon
              三   只 的 猫   那(的) 人   这(的) 书

虽然(37b)、(37c)中ano和kono习惯将no拼写进指示词里，但实际上no仍然是定语标记，专用于限定语位置。当指示词作为代词单独充当论元时，其词形是相应的are和kore，不再用no。可见no跨越了内涵和外延两类定语，而另有一些内涵定语则不加定语标记，直接与核心名词组合，如关系从句，如：

(38) a. e-o   kai-ta   gaka
        画(宾格)   画了   画家 '画了画的画家'
     b. gaka-ga   kai-ta   e
        画家(主格) 画了   画   '画家画的画'

由此可见，我们可以把汉语在定语方面的第1)、2)两点合而为一，成为汉语的一个显著特点，就是：使用泛用的定语标记，并且这个标记只用于内涵性定语。这样既区别于使用多种定语标记手段的大量语言，也区别于定语标记跨越内涵外延两类定语的那些语言。

不过，"的"可以用来在语感中测试某个定语属于内涵性还是外延性，却不能用来判断实际语料中的定语是内涵性还是外延性，因为"的"的一大特点是非强制性(详下)。

3.2 各种语类充当的内涵定语后"的"都不具有强制性

关于定语后"的"的隐现规律,已有很多成果,而依然有分歧(参看陆丙甫 2003)。难点在于定语的语类或简单的句法规则不足以预测"的"出现与否。其实这一现象本身就是一条类型特点。从现已揭示的事实看,虽然汉语内涵定语都可以带"的",但实际使用中并不都带,在很多条件下"的"是可省或宜省。这使得"的"难以成为一个纯粹的句法性标记。下面择要分析。

多层定语(定语本身是内含定语的 NP)和多项定语(几个定语依次修饰核心)都有排斥"的"在一个名词性短语内多次出现的倾向。两类情况的共同倾向是"尽前省略",即位置在前的定语,尤其是在定语之首的领属语,最容易或最需要省略"的"。而紧靠核心名词的领属语不能省"的"。此外,对多项定语来说,由名词、区别词等充当的非领属属性定语在紧靠核心名词的情况下也以无"的"为常。如:

(39)多层定语:a. 办公室(?的)王主任(的)要好朋友(的)外甥*(的)同学
~ b. 办公室王主任*(的)朋友
~ c. 要好朋友*(的)外甥

(40)多项定语:王主任(的)年纪很轻(的)在湖北老家经商*(的)远房(?的)亲戚

例(39)显示,作为多层领属定语,第一个出现的"办公室"后的"的"从语用上是强烈需要删除的,否则很不像汉语表达。而同为领属语,最后一个紧靠核心的"外甥"必须带"的"。值得注意的是,那些可以省"的"的领属定语假如单独直接修饰核心名词,多须带"的",否则不合格,如(39b)、(39c)所示。(40)显示,作为多项定语,前面两个尤其是第一个定语的"的"强烈倾向删除(而它们单独修饰该核心名词时"的"为必用),而倒数第二个定语"在湖北老家经商"跟"年纪很轻"一样是描写性定语,却必须带"的",末一属性定语"远房"则又是近乎要强制删除的。

这里的规则主要是语用性的。定语在其他定语之前或之后,其句法属性并无不同，难以从句法上解释其删除规则，而且可删除的"的"句法上也都可以补上，只是补上后显得重复、啰唆——而"重复、啰唆"只是语用瑕疵而非句法语病。连接定语的纯句法标记，如英语的领格后缀 -s 和引出定语的前置词 of 等，不管定语有多少层、多少项，都不能自由隐现[①]。由词性等语类属性决定的定语隐现规则是句法性的规则，可是汉语定语标记"的"的省略与定语语类关系不大，连已经被分析为词内后缀的状态形容词后的"的"（朱德熙的"的$_2$"）也是可以省略的，如"漂漂亮亮（的）一件衣服"，其他语类后的"的"更是如此，这强化了"的"非句法性的一面。除语用修辞影响外，"的"的隐现还很受韵律的影响，例如：

（41）a. 木头方（*的）桌子　～　b. 方*（的）木头桌子　～　c. 正方（的）木头桌子

（41a）中"方"后不能带"的"，而（41b）中同一个"方"却必须带"的"，这似乎是位置决定的。事实上（41b）中的"方"换成双音节的"正方"，"的"就可加可不加了，可见起作用的是定语的音节数。这里，韵律条件有独立于句法语义条件的作用，"的"成为调节音节数的手段。这进一步显示"的"不是单纯的句法标记。

总之，"的"是一个兼有句法、语用和韵律功能的定语标记，从而构成汉语定语标记的显著特点。有些句法条件下"的"是必用的，不能省略，如"（你看好）小张的行李"，具有句法性，另一些条件下"的"的隐现由语用或韵律等因素决定，因而又具有非句法性。

"的"经常隐去的另一个原因是汉语中存在一些正在虚化或尚未严重虚化的兼用定语标记。有这样功能的主要有北方话口语中的指示词，如"他这书、小王那技术"（参看吕叔湘 1985：209；张伯江、方梅

[①] 陆丙甫（2003）用语义规则来概括"的"的隐显规则及语序相关性，认为"的"的基本作用是描写性：定语越居后其描写性越强，越需要加"的"；越居前则区别性越强，描写性越弱，越倾向于省"的"。此说有一定解释力，但难以面对由名词、区别词等充当的属性定语。首先，这类定语倾向于紧靠核心名词，位置最居后，但陆文也承认这类定语描写性弱、区别性强。这背离了陆文越居后描写性越强的预测。其次，这类定语在后时通常不带"的"，但若移到前面，反而需要带"的"，如"远房*（的）在湖北老家经商的亲戚""那张木头桌子～木头*（的）那张桌子"，违背了越在前描写性越强、越不能带"的"的预测。其他试图用语义来概括其隐现规律的说法也各有薄弱点，兹不细述。

1996：157—158），第三人称单数代词，如"王平他爹、小丽她奶奶"，指量短语，如"他这本书"，数量结构，如"他三本书、厚厚三本书、干干净净两间屋子"，这些或多或少具有联系项作用的兼用定语标记很难去掉，否则就要请出"的"字。说它们是"兼用"标记，是因为它们在帮助连接定语时，全都保留原有的指称或量化语义，对核心名词的指称量化属性有严格的选择限制。大体上，由指称量化成分兼任的定语标记可以代替专用定语标记"的"（如"我那位同学"），也可以与"的"同现（如"我的那位同学"），同现时就不再有定语标记作用，而是纯指称量化成分。但是，有一类定语后指称量化成分可以代替"的"而很难与"的"同现，就是所谓同一性定语，即核心名词的补足语从句，如：

（42）a. 张明获胜的消息　~　b. 张明获胜这条消息　~　c.*张明获胜的这条消息

（43）a. 病从口入的说法　~　b. 病从口入这个说法　~　c.*病从口入的这个说法

这是因为，当这类带补足语的核心名词前出现指示词时，前面的补足语在句法上已不再是定语，而是同位语了，所以不能再带"的"。这一特性，可以用来测试名词的补足语和其他内涵定语的区别。语义上，其他内涵定语只表达名词的一方面属性，而补足语表达核心的全部属性，因而句法上容易实现为同位语。不过，正因为指示词在起定语连接项的作用的同时仍保留其限定词的作用，因此难以避免定中结构与同位结构的歧义，如前文例（16）—（18）。

3.3　NP 的并列标记"和"等在某些条件下也可省，从而可能造成与领属结构的歧义。这只会在并列连词和领属标记都能省的语言中发生。有时甚至造成与同位称谓语的三重歧义，这除了上述类型条件外，还得有"专名+通名"的同位语语序。三重歧义例如：

（44）大明舅舅也去了：大明和舅舅/大明的舅舅/名为大明的舅舅也去了

（45）张慧组长不同意：张慧和组长/张慧的组长/名为张慧的组长不同意

四、范畴特征

这里重点关注的是与汉语 NP 的句法类型特征紧密相关的一些语法范畴特征。

4.1 范畴的合并或趋同

汉语 NP 内定语一律在前这一根本语序特征,助长了某些范畴在汉语中的合一或趋同。

4.1.1 单词及短语性定语和定语从句的趋同。由于汉语的以下类型特点:1)各类定语都"挤"在左侧且所用标记单一,2)谓词在充当定语时与直接充当谓语时没有形态上(如限定非限定范畴)的清晰区别,3)句子较容忍论元省略;因此,单词、短语和从句充当定语时在句法上趋同。一个单个的不及物谓词充当定语也可以被分析为关系从句,如"学生聪明"关系化后就成为"聪明的学生",而这种定语形式同于正常的形容词定语。同理"游泳的孩子"也可以分析为"孩子游泳"的关系化(参看刘丹青 2005)。假如像英语那样形容词定语在前而关系从句在后,或像多数藏缅语那样基本形容词在后而关系从句在前,或像南岛语系 Kwamera 语那样虽然形容词和关系从句都后置,但存在标记使用等句法表现的不同,都容易区分形容词定语和关系从句,如 Kwamera 语例(Lindstrom & Lynch 1994:31):

(46) a. 形容词定语:nimwa　　vi　　　　te
　　　　　　　　　　房子　　新　　　　有定标记
　　　　　　　　　　'the new house'

　　　b. 关系从句:nimwa　　te　　　　sa-vi
　　　　　　　　　　房子　　有定标记　关系化标记-新
　　　　　　　　　　'the house that is new'

此外,在汉语中,即使由单个及物动词做定语,由于小句省略主语和宾语都比较自由,因此仍可分析为关系从句,如"买的书"可以理解为省主语的小句"买书"的关系化,"复习的学生"可以理解为省宾语的小句"学生复习"的关系化。

不过,汉语中有一些测试项可以帮助区分典型的关系从句和一般的VP定语(详参刘丹青 2005)。1)汉语中带"的"的定语语序规则与常规小句相同,而不带"的"的内涵定语,其语序规则不同于常规小句,不是真正的小句,也称不上关系从句。比较:

(47)a. 鱼塘守护人员 ～ b. 守护鱼塘*(的)人员

(47a)无"的",其受事定语前置于动词;(47b)定语同于小句之 VO,必须用"的"。顾阳、沈阳(2001)注意到,在构成吕叔湘所说的"拿起词作端语"(以施事为中心词)的复合词中,含动宾关系的定语往往要将动词(述语)和止词(宾语)颠倒次序,如"飞机乘客",从而区别于短语中的语序。可见,(47a)在结构和语序上更接近复合词而不是短语,不存在关系从句结构。(47)例显示关系从句在汉语中必须用联系项,推而广之,"大房间、聪明孩子、学习材料、住宿旅客"这类组合都不含关系从句。2)某些关系从句(如吴语中用量词兼做联系项的关系从句)对谓词的复杂度有要求,排斥单个光杆动词,比较苏州话:

(48)a. 我看本书(我看的那本书)～ b. 看三遍本书(看三遍的那本书)～ c.*看本书(看的那本书)

这一对立,可视为典型的关系从句和一般的 VP 定语(或非典型关系从句)的区别。

4.1.2 限制性关系从句和非限制性关系从句的合一

汉语限制性和非限制性的关系从句在句法实现上完全合一,如唐正大(2006b)所举(编号重排,释义有调整):

(49)吃螃蟹的毛利人。(限制性:存在吃螃蟹的毛利人和不吃螃蟹的毛利人)

(50)吃螃蟹的毛利人(非限制性:基于毛利人都吃螃蟹的情况而这么说)

这一限制-非限制的范畴合一也与汉语定语一律居前的类型特征有关。居前的定语只有紧密组合一种选择,定语和核心名词间不能有停顿,无法凭定语的松紧来区分限制-非限制。而英语关系从句居后（几乎全部 VO 语言和多数 OV 语言关系从句也都居后），居后的定语可以有紧密和松散两种组合，便于像英语那样区分限制-非限制。汉语也不像有些语言那样关系从句只有限制性一种（如南岛语系托克劳语，Hopper 1996：40），后者也不会有限制-非限制的合一。据方梅（2004），在北京口语中，存在后置于核心名词的较为松散的关系从句，都是非限制性的。我们认为这种关系从句作为定语的语法化程度及与核心名词的整合度都较低，因此尚未动摇定语一律在前的大势。而且即使在北京话中，也仍然不能有效区分限制和非限制，因为仍然存在前置于名词的非限制性关系从句。

4.2 范畴的对立：语类之别、定语标记之别或有无定语标记之别增加了定语的对立范畴

4.2.1 称谓性定语（黏合定语）和非称谓性定语（组合定语）之别

汉语内涵定语多为加不加"的"两可，因而加"的"与否形成了汉语中语义语用功能有别的定语大类。吕叔湘（1979）已指出"大树"和"大的树""语法上是很有分别的"，朱德熙（1982）正式划分黏合式偏正结构（名词、区别词和性质形容词定语不带"的"）和组合式偏正结构（定语带"的"或为指示词、指量短语、数量短语）两大类，认为黏合式结构作用相当于单个词。陆丙甫（1993：40）将朱德熙的黏合定语称为"称谓性定语"，指出其有分类功能，而带"的"的则为非称谓性定语。张敏（1998）也同意黏合式/称谓性定语有分类性，"在概念上作为核心名词的分类依据"，整个黏合定名结构的"作用就像一个表类指的名词"。但陆、张两位似都未就本文所说的外延定语的类属明确表态，但他们主要对比的都是不带"的"和带"的"的内涵定语，基本不涉及外延定语。

基于是否加"的"而区分的黏合式/称谓性定语和组合式/非称谓性定语是极有价值的分类。不过，正如本文已显示的，内涵性和外延性是定语内区别最大的两类，让组合式定语包括外延定语无法体现内涵外延之别（当时还未有这一区分），而且使组合式定语出现带"的"不带

"的"两种情况，模糊了黏合和组合的划分标准。这可能也是陆、张两位在谈黏合组合之别时避谈外延定语的部分原因。本文提出下列改进后的区分：

（51）A. 外延定语（不可带"的"，有时还能代替"的"。构成短语）：
　　　　这人、三头猪、那五间房、这六十斤大米
　　　B. 内涵定语（可带"的"）：
　　　　B1. 称谓性定语（可带而未带"的"。构成复合词或"短语词"）：
　　　　　大树、我姐姐、木头枪、免洗大米、聪明孩子、鱼塘守护人员
　　　　B2. 非称谓性定语（可带且已带"的"或带来自外延定语的兼用标记。构成短语）：
　　　　　大的树、我这姐姐、木头的房子、圆圆的眼睛、守护鱼塘的人员、出差那位经理

这一分类可使定语的句法范畴的分类标准更加清晰：凭是否可带"的"可在句法上确立内涵和外延两大类定语，凭是否已带定语标记可将内涵性定语再分为称谓性和非称谓性大类。同时，这一分类还将原来身份不明的不带"的"而带兼用定语标记的现象包括了进来。

以上句法范畴系统的存在，需要下述特定类型条件。1）内涵定语和外延定语在标记上形成对立。如日语因为定语标记的横跨内涵和外延两大类，而内涵定语中又有多类不能用标记，因而无此条件。2）各类内涵定语可以使用单一的定语标记。至今我们未发现有其他语言有这种情况。如英语内涵定语的标记方式五花八门（见§3.1）。藏缅、壮侗等亲邻语言中也未见到有这种统一的标记〔我们检视了李云兵（2005）中所有民族语言定名结构材料〕。3）内涵定语的标记经常可用可不用，从而出现同样语类的定语有"黏合"和"组合"之别。这种情况也不多见。以上每个条件都颇难找到，而三者齐备的语言更是绝无仅有。因此，上述定语范畴分类应是汉语 NP 相当独特的现象。可见，定语的黏合/称谓性和组合/非称谓性之分不但极富创见，而且也是汉语语法学

对普遍语法理论的特殊贡献。

4.2.2 性质定语和状态定语。这是从定语角度采纳朱德熙（1956）首创的性质形容词和状态形容词之分而得到的范畴对立。由于性质形容词和状态形容词内部在句法表现上都不完全同质，各有一些小类不同程度向对方靠拢，因此沈家煊（1997）将形容词的类别扩展成下面这个连续的等级：

非谓形容词	单音性质形容词	双音性质形容词A	双音性质形容词B 状态形容词乙	状态形容词甲	唯谓形容词
"大型"	"大"	"普通"	"大方、黑兮兮"	"黝黑"	"盎然"

在以上等级中，越靠左越近"性质"，越靠右越近"状态"。从定语的角度看，以上小类都表恒久或临时的属性，但右端的唯谓形容词不能做定语，应当排除；而名词充当非领属的属性定语也表属性，如"木头桌子、心理障碍"等，应当加入。此外，还要加入比双音性质形容词更接近状态形容词的带程度修饰的性质形容词短语。至于内涵定语中的领属语和关系从句，主要表关系而不是属性，因此不宜列入。这样我们可以将上述等级修改后用作汉语内涵定语的"性质-状态"等级序列，图示如下（"性质""状态"后省略"形容"二字）：

（52）性质定语 ←——————————————→ 状态定语
　　　名词—区别词—单音形容词—双音性质词A—双音性质词B/形容词短语/状态词乙—状态词甲

从类型学角度看，性质和状态的语法范畴对立，虽然不见于英语之类印欧语，却广泛见于东亚语言，如藏缅语［如戴庆厦、徐悉艰（1992）所述景颇语状态词］、壮侗语［如梁敏、张均如（1996）所说的声貌词］、阿尔泰语言［如特可图（1980）所述蒙古语"状态词"］、日语（称为拟声拟态词）等。因此，性质-状态对立本身是众多东亚语言共有的区域类型特征，其汉语特色不像本文讨论的其他范畴那么浓郁。不过，这一对立具体在形态句法上如何表现，各语言间却显参差。汉语表现为（52）那样的多级系统，景颇语表现为与形容词有别的另一词类，壮侗语表现为专门修饰谓词的声貌词。因此，汉语属性定语的类型特征，更突出的表现不在于性质和状态之别，而是（52）这种有句法依据的范畴等级系列。

4.2.3 个体与类指。个体量词和度量词在汉语中有相当一致的句法表现，因而被通称为"量词"，这也是很多量词语言的共同点（Greenberg 1974）。可是在带个体量词的 NP 中数量信息是由数词负载的，个体量词并不为 NP 增加数量信息，本身不属于数量范畴，"量词"之名对它并不贴切。当然，世界上许多语言没有个体量词，因此它肯定会给汉语带来语法范畴方面的某种特点。其确切的范畴属性可通过比较其他一些语言而看出。现代汉语中，量词是数词和名词之间强制使用的，因而不同于藏语等量词尚无强制性的语言，说明这一词类虽然不表达数量范畴，但与数量范畴有某种关系。西方学界称个体量词为 classifier（分类词），但是与壮侗语能用量词对人类和事物系统分类相比（参看梁敏、张均如 1996：889），汉语量词分类功能并不强，只能给少数名词分类，多数名词使用无分类作用的通用量词"个"（Erbaugh 2002），而且句法测试也显示汉语量词的分类功能可疑：

（53）a. 他买了五条鲫鱼和鳊鱼。| 他买了两条鲫鱼，三条鳊鱼，一共五条。

　　　b. *他买了五条毛巾和鱼 | *他买了两条毛巾，三条鱼，一共五条。

大河内康宪（1985/1993）用"个体化"来概括汉语量词的根本功能，说到了汉语量词最本质的作用。Lyons（1977，转引自 Rijkhoff 2002：50）也把各种语言中的这类个体量词看作某种个体化标记（a kind of individualizer）。由于数词后量词是必用的，因此难以据此判断量词的表义作用何在；而指示词后量词是可选的，"这本书""这些书"跟"这书"相比，个体性明显增强。此外，动词后不带数词时，量词也是可选的，"买了本书""买了些书"跟"买了书"相比，个体性也明显增强。这种个体性可以得到句法的验证：

（54）a. 我招了个/些学生很聪明。～　b. *我招了学生很聪明。
（54a）句宾语名词带量词，有个体性，所以可以在同句中被后续谓语作为零形回指主语进行陈述，而（54b）句没带量词，倾向于类指义，因此无法作为个体性对象在同句中被回指和陈述。也许有人认为这里是数范畴的隐现之别："个"和"些"分别明示了单数和复数，而"这书""买了书"不凸显数范畴。这一解释无法说明"他是医生"和"他是个医生"的区别，因为"医生"在这里都只能理解为单数的。因此只有"个体性"才能覆盖更多语言事实。至于带量词的 NP 比不带量词或数量词的 NP 在语篇中有更大的重要性或主观性等语篇功能（如孙朝奋 1988/1994；张伯江、李珍明 2002），可以认为是由其个体性语义派生出来的语用功能。因此，个体量词的存在给汉语 NP 带来的主要是其个体性，这与汉语光杆名词本身的类指性有关（参看 Krifka 1995；Chierchia 1998；Rijkhoff 2002；刘丹青 2002），由此构成个体与类指的范畴对立。对汉语小部分名词来说，量词附带分类的作用。

4.2.4 处所性名词、非处所性名词和两属名词。与汉语数-名组合都要加量词来增加个体性平行，汉语普通的 NP 在与基本的处所前置词结合时都要加方位名词或更虚化的方位后置词（常被合称为方位词）。储泽祥（2006）认为这反映了现代汉语名词本身的特点，存在相对独立的处所词，也就意味着一般名词没有空间性，不同于没有此类限制的语言。据此，我们可以将汉语名词分成三类：A. 地名等处所名词，排斥方位词（*上海里｜*尖沙咀上）；B. 普通的名词，受空间前置词支配时要强制添加方位词（在桌子上/*在桌子）；C. 一些两属的名词，方位词可加可不加（在邮局/在邮局里）（参看刘丹青 2003：163）。由此形成汉语名词的范畴对立：A 类空间名词，B 类实体（非空间）名词，C 类空间兼实体名词（加方位词时为实体名词，直接用在空间前置词之后为空间名词）。虽然实体名词的非处所性在东亚语言中不同程度地存在，但很多语言表现得没有汉语那么突出，其名词直接与空间前置词/后置词组合的情况多于汉语名词，如有些苗瑶语的空间前置词可以直接支配相当于"这/那"的指示词（李云兵 2005：§5.1.6，普通话的"在这/那"是"在这儿/那儿"的略写，仍带处所语素），仡央语群有相当于"从塘、在山、在田"的组合（李云兵 2005：§6.1.5），佤语等南亚语有相当于"于树枝、于眼、于脚、于桌子、于田"等的组合（李云兵 2005：§7.1.6），藏语有相当于"天/这山/饭锅/江"等 NP+方所后置词的组合（李云兵 2005：§3.1.6）。英语之类语言则不存在这种空间/非空间的范畴对立。

五、内部差异

以上对汉语 NP 类型特征的分析主要基于普通话材料。实际上它们在一定程度上也代表了汉语 NP 的整体特征，许多特征具有跨时代性和跨方言性。不过往细处看，古今之间和方言之间在 NP 上也存在一些类型差异。这个问题需要专文讨论，这里只略陈数端。

5.1 个体性范畴和空间性范畴的古今差异

先秦汉语名词可以直接受数词限定，个体量词尚不发达，句法上远不是必要成分（王力 1980：234），因此以个体量词为载体的 NP 的个体性范畴尚未完全形成。到现代汉语诸方言中，数词和名词间强制性加量词已成普遍规则，这是数千年渐进发展的结果。

先秦汉语空间前置词可以直接支配名词，不必加方位词（当时只有方位名词，尚未虚化成后置词），自古沿用的"于"至今承此规则；以后方位词的句法强制性逐步增加，较后起的空间前置词在现代汉语中要求所支配的非处所名词必须加方位名词或方位后置词（参看李崇兴 1992；刘丹青 2003；储泽祥 2006），比较"卧于床～躺在床*（上）"。这说明以方位后置词的强制性为表征的 NP 的空间范畴（空间名词-非空间名词-两属名词之对立）的确立也是古今汉语演化的产物，不是古汉语的固有特征。

参考 Rijkhoff（2002：50）的名词类型分类，（现代）汉语、泰语等的名词属于类别名词（sort nouns），区别于其他语言的单体名词（singular object nouns，英语等）、泛称名词（general nouns，Yucatec 玛雅语等）、集合名词（set nouns, Oromo 语等）。由此看来，汉语名词成为需要借助量词获得个体性的类别名词和需要借助方位词获得空间性的实体名词，两条演化轨迹有可能相关。据 Rijkhoff（2002：§2.4）单体名词具有形状属性和个体离散性，而需加量词才能表达个体的名词只表类别，不含形状性和离散性。可以设想，只有带形状和离散的个体才能占据空间，无形状性的抽象类别不占空间。据此可以推测汉语从古到今名词空间范畴的形成和个体范畴的形成并非偶然。储泽祥（2006）倾向于肯定两者的联系。不过两者的发展程度并不完全同步。吴语中量词的强制性比北京话强，指示词和名词之间必须加量词，一般没有"这书"这类说法；其方位后置词的强制性也比北京话强，"在邮局/图书馆/学校/百货商店/宾馆"等说法在吴语中一般不合格，而要说"在邮局里"等。这显示了两者的一致。另一方面，粤语量词的强制性比吴语更强，如普通话和吴语有定主语的"人走了"，粤语必须说"个人（那个人）/啲人（那些人）走咗喇"。但是粤语后置词的强制性不如吴语，如可以说"喺邮局"。名词个体范畴和空间范畴间的关系尚待深入研究。

5.2　指示词发达和量词发达

在名词性短语中，北方汉语是指示词发达类型，以吴语、粤语为代表的一批南方方言是量词发达类型（刘丹青 2000，2002，2005）。这一对立对 NP 的句法结构有一系列影响。北京话指示词可以单用及脱离量词直接限定名词（这是新车、那朋友），而粤语、吴语等的指示词只有跟量词连用后才能单用和限定名词。我们知道，指示词本身有直指性和有定性，但在没带量词之前没有个体性，而量词有个体性。这说明这些南方方言是更典型的以量词强制性为特征的类别名词语言，NP 要靠量词凸显个体性。

此外，北京话指示词有类似冠词的作用（吕叔湘 1985：206；方梅 2002），还有兼做定语标记的作用（吕叔湘 1985：209；张伯江、方梅 1996：157—158），而这些用法在吴语、粤语中也都是由量词来承担的（石汝杰、刘丹青 1985；刘丹青 1986，2000）。指示词发达和量词发达的类型差异再次体现。陈玉洁（2007a：§6；2007b）论证，指示词的类冠词用法由其不分远近的"中性指示词"进一步虚化而来。指示词在兼做定语标记时仍保留其作为类冠词的有定功能，但不表个体性；而南方方言量词在兼做定语标记时也仍保留其作为类冠词的有定功能，并带个体性语义（如广州话个体量词表单数个体，"啲"表复数个体）。这些也说明这些南方方言的 NP 更具有靠量词凸显个体性范畴的类型特征。

有些研究似乎低估了这种南北差别的类型学意义。如 Cheng & Sybesma（1999）认为汉语做论元的光杆名词都可视为带零量词的量词短语 ClP，N 非显性地移位到 Cl 的位置才能充当论元，量词帮助实现了其他语言用数形态实现的名词语的数范畴及用限定词实现的指称范畴。这一解释可以很好解释粤语、一定程度解释吴语，却难以解释北京话/普通话。因为，第一，这一解释设定出现在论元位置的非类指光杆名词语只是量词省略（无定）或指量词语省略（有定），可是不带数词和指示词的"量+名"短语在粤语吴语中成立，而在北京话中不成立，因此难以认为是量词的省略。第二，这一解释认为非类指的光杆名词语都含有量词所体现的可数不可数对立并表示了其他语言中的数范畴语义，从而忽略了从近代汉语到当代北京话都大量存在"指示词+名词"的名词语（它们在吴语粤语中不成立）。这类组合不区分可数和不可数，如可以说"这水、这苹果、那学生"，不区分单数和复数，即在表有定时对数范畴模糊不计，所以"<u>这苹果</u>坏了"和"把<u>那书</u>都扔了"都是既能指单数也能指复数。假如这里存在隐性的具有数范畴作用的量词，不会允许出现这种单复数不明的语义解释。我们注意到 Cheng & Sybesma（1999）作为比较普通话和粤语名词语结构和指称的专文，完全没有提及"这/那+名词"这种普通话常说而粤语不允许的组合，这一疏忽可能是该文立论缺憾的关键原因。由于北京话作为由量词凸显的个体范畴发达的语言不如粤语典型，因此与其说普通话光杆名词充当论元是由 N 位置非显性移至 Cl 位置，还不如说是由 N 位置移至由指示词充当的 D 位置更接近事实。

参照 Rijkhoff（2002）的名词分类，可以看出，允许指示词直接限定名词的语言中，名词多少带点集合名词（set noun）的属性，而不是纯粹的类别名词，因为其名词不需要用量词来个体化就能充当论元。

Rijkhoff(2002：148—155)的分类观察显示，使用集合名词的语言中名词常有一些与复数或集体有关的标记，而在使用类别名词的语言中至多只有普通话"们"这种表集体的标记，带"们"的指人名词已有集合名词的性质。我们注意到，粤语名词连这样的后缀也基本没有，复数代词"我哋、你哋、佢哋、人哋（人家）"中的"哋"不用于其他名词。吴语的代词复数后缀也极少用于非专有名词。这也旁证了这些南方方言是更典型的以量词强制性为表征的类别名词语言。因此，对普通话和粤语等南方方言的名词语句法结构不宜做完全统一的类型分析。

六、小结

名词性短语主要由并列和添加定语两种途径构成。定语的基本分类是内涵定语和外延定语。这一分类是认识汉语 NP 类型特点的重要基础。

汉语 NP 在语序方面的突出类型特点是一切定语包括内涵定语和外延定语都在核心名词之前，这在世界上的 SVO-前置词语言中堪称罕见。这一特点也深刻影响汉语的其他类型特点。其中关系从句前置在 SVO-前置词语言中最为罕见。这种独特的类型配置造成了一些汉语特有的歧义结构。在汉语中领属语属于内涵定语，可以与限定词等外延定语同现，而且同现时一般领属语前置于（外于）限定词，这也使汉语限定词有机会发展出定语标记的作用。汉语外延定语内部的语序比较固定，而外延定语相对于内涵定语的位置却有漂移性。内涵定语之间的语序主要由语义、认知、语用和韵律决定，除韵律制约外多体现人类语言的共性。

汉语定语标记凸显定语内涵外延之别。各类内涵定语都可以使用"的"，而外延定语都不能加"的"（数量短语带"的"时转化为内涵定语）。另一方面，各种语类充当的内涵定语都可以在一定条件下省略"的"，尤其是遇多层或多项定语时。"的"的隐现很受语用、韵律等影响，因而它不是纯粹的句法性标记，而兼有句法、语用和韵律作用。汉语 NP 的并列标记"和"也不具有句法强制性，省略连词的并列式有时会与省略定语标记的定名式和不用标记的同位式发生歧义甚至三重歧义。

汉语 NP 存在一些有特色的范畴合一和范畴分化。定语一律前置及缺少词语与小句的句法对立，使汉语单词/短语性定语跟定语从句在句法上趋同，也使汉语限制性和非限制性关系从句在句法上合一。汉语具有很多东亚语言共有的性质词语和状态词语的差异，造成内涵定语内的性质-状态对立。汉语的特点在于性质定语和状态定语形成了一个多级切分的范畴等级序列，而不仅是一种二元对立。汉语个体量词的存在显示汉语名词本身只是种类名词而不是单体名词或集合名词，个体量词的最大功能在于使名词带上个体性。汉语个体量词本质上属于个体性范畴，既不是数量范畴（所谓"量词"），也主要不是分类范畴（所谓 classifier）。现代汉语普通名词没有空间属性，所以在受空间前置词支配时需要添加方位名词或方位后置词，据此可分出非空间名词、空间名词和两属名词三类。

汉语各变体 NP 句法类型有大同也有小异。以量词强制性为表征的个体性范畴和以方位词强制性为表征的空间/非空间范畴在先秦时都未形成，是长期历史演化的产物。个体性范畴的形成和空间性范畴的形成可能有相关性。北京话/普通话是指示优先类型，而吴语粤语等南方方言是量词优先类型，表现为一系列句法差异，造成一定的类型差异。

参考文献

陈玉洁　2007a　指示词的类型学考察，中国社会科学研究生院博士学位论文。
陈玉洁　2007b　量名结构与量词的定语标记功能，《中国语文》第 6 期。
储泽祥　2006　汉语处所词的词类地位及其类型学意义，《中国语文》第 1 期。
大河内康宪　1993/1985　量词的个体化功能，靳卫卫译，《日本近、现代汉语研究论文选》，大河内康宪主编，北京：北京语言学院出版社。
戴庆厦、丛铁华、蒋颖、李洁　2005　《仙岛语研究》，北京：中央民族大学出版社。
戴庆厦、傅爱兰　2002　藏缅语的形修名语序，《中国语文》第 4 期。
戴庆厦、徐悉艰　1992　《景颇语语法》，北京：中央民族学院出版社。
方　梅　2002　指示词"这"和"那"在北京话中的语法化——指示功能的衰减与冠词的产生，《中国语文》第 4 期。

方　梅　2004　汉语口语后置关系从句研究，《庆祝〈中国语文〉创刊50周年学术论文集》，北京：商务印书馆。

方　希　2002　黏合式多重定名结构的语序，《语言学论丛》第二十五辑，北京：商务印书馆。

顾　阳、沈　阳　2001　汉语合成复合词的构造过程，《中国语文》第2期。

顾宗英、龚坤余　1989　《匈牙利语语法》，北京：外语教学与研究出版社。

胡　坦　1999　藏语语序及其变异，《贤者新宴》第一集，王尧主编，北京：北京出版社。

胡增益　2001　《鄂伦春语研究》，北京：民族出版社。

李崇兴　1992　处所词发展历史的初步考察，《近代汉语研究》，胡竹安、杨耐思、蒋绍愚编，北京：商务印书馆。

李云兵　2005　《中国南方民族语言名词性短语句法语序类型研究》，北京：北京大学出版社。

梁　敏、张均如　1996　《侗台语概论》，北京：中国社会科学出版社。

刘丹青　1983　汉语关系名词初探，《语文研究》第4期。

刘丹青　1986　苏州方言定中关系的表示方式，《苏州大学学报》第2期。

刘丹青　1999　语序共性与歧义结构——汉语歧义的类型学解释，《中国语言学的新拓展——庆祝王士元教授六十五岁华诞》，石锋、潘悟云编，香港：香港城市大学出版社。

刘丹青　2000　粤语句法的类型学特点，香港《亚太语言教育学报》第2期。

刘丹青　2002　汉语类指成分的语义属性与句法属性，《中国语文》第5期。

刘丹青　2003　《语序类型学与介词理论》，北京：商务印书馆。

刘丹青　2005　汉语关系从句标记类型初探，《中国语文》第1期。

刘丹青　2006　小句内句法结构：《语法调查研究手册》节选，《世界汉语教学》第3期。

陆丙甫　1986　语句理解的同步组块过程及其数量描述，《中国语文》第2期。

陆丙甫　1988　定语的外延性、内涵性和称谓性及其顺序，《语法研究和探索》（四），北京：北京大学出版社。

陆丙甫　1993　《核心推导语法》，上海：上海教育出版社。

陆丙甫　2003　"的"的基本功能和派生功能——从描写性到区别性再到指称性，《世界汉语教学》第1期。

吕叔湘　1979　《汉语语法分析问题》，北京：商务印书馆。

吕叔湘（主编）　1980　《现代汉语八百词》，北京：商务印书馆。

吕叔湘　1985　《近代汉语指代词》，江蓝生补，北京：学林出版社。

马诗帆（Matthews, S.）　2003　广东话话题化的处理动机，杨月英译，《话题与焦点新论》，徐烈炯、刘丹青主编，上海：上海教育出版社。

沈家煊　1997　形容词句法功能的标记模式，《中国语文》第4期。

石汝杰、刘丹青　1985　苏州方言量词的定指用法及其变调,《语言研究》第 1 期。
孙朝奋　1988/1994　汉语数量词在话语中的功能,徐赳赳译,戴浩一、薛凤生主编,《功能主义与汉语语法》,北京:北京语言学院出版社。
唐正大　2005　汉语关系从句的类型学研究,中国社会科学院研究生院博士学位论文。
唐正大　2006a　与关系从句有关的三条语序类型原则,《中国语文》第 5 期。
唐正大　2006b　汉语关系从句的限制性和非限制性解释的规则,《语法研究和探索》(十三),北京:商务印书馆。
唐正大　2007　关系化对象与关系从句的位置——基于真实语料和类型分析,《当代语言学》第 2 期。
特克图　1980　蒙古语的状态词,《民族语文》第 1 期。
王　力　1980　《汉语史稿》中册,北京:中华书局。
王锁瑛、鲁晏宾　1999　《葡萄牙语语法》,上海:上海外语教育出版社。
意西微萨·阿错　2004　《倒话研究》,北京:民族出版社。
张伯江、方　梅　1996　《汉语功能语法研究》,南昌:江西教育出版社。
张伯江、李珍明　2002　"是 NP"和"是(一)个 NP",《世界汉语教学》第 3 期。
张　敏　1998　《认知语言学与汉语名词短语》,北京:中国社会科学出版社。
赵元任　1968/1979　《汉语口语语法》,吕叔湘译,北京:商务印书馆。
朱德熙　1956　现代汉语形容词研究,《语言研究》第 1 期。
朱德熙　1979　汉语句法中的歧义现象,《中国语文》第 2 期。
朱德熙　1982　《语法讲义》,北京:北京大学出版社。

Bernstein, B. J. 2000. The DP Hypothesis: Identifying clausal properties in the nominal domain. In M. Baltin, & C. Collins (Eds.), *The Handbook of Contemporary Syntactic Theory*. Hoboken: Blackwell Publishing Ltd.

Cheng, L. S., & Sybesma, R. 1999. Bare and not-so-bare nouns and the structure of NP. *Linguistic Inquiry*, 30 (4), 509-542.

Chierchia, G. 1998. Reference to kinds across languages. *Natural Language Semantics*, 6 (4), 339-405.

Dik, S. C. 1983. Two constraints on relators and what they can do for us. In S. C. Dik (Ed.), *Advances in Functional Grammar*. Dordrecht: Foris Publications.

Dryer, M. S. 1992. The Greenbergian word order correlations. *Language*, 68 (1), 43-80.

Dryer, M. S. 2003. Word order in Sino-Tibetan languages from a typological and geographical perspective. In G. Thurgood, & R. LaPolla (Eds.), *Sino-Tibetan Languages*. Richmond: Curzon Press.

Erbaugh, M. S. 2002. Classifiers are specification: Complementary functions for sortal and general classifiers in Cantonese and Mandarin. *Cahiers de Linguistique*

Asie Orientale, 31 (1), 33-69.

Greenberg, J. H. 1963/1966. Some universals of grammar with particular reference to the order of meaningful elements. In J. H. Greenberg (Ed.), *Universals of Language*. Cambridge: M.I.T. Press.

Greenberg, J. H. 1974. Numeral classifiers and substantival number: Problems in the genesis of a linguistic type. In L. Heilmenn (Ed.), *Proceedings of the Eleventh International Congress of Linguistics*. Bologna: Societa Editrice il Mulino.

Hawkins J. A. 1983. *Word Order Universals*. New York: Academy Press.

Hawkins J. A. 1994. *A Performance Theory of Order and Constituency*. Cambridge: Cambridge University Press.

Hopper, R. 1996. *Tokelauan*. München & Newcastle: Lincom Europa.

Krifka, M. 1995. Common nouns: A contrastive analysis of Chinese and English. In G. Carlson, & J. Pelletier (Eds.), *The Generic Book*. Chicago: University of Chicago Press.

Li, C. N., & Thompson, A. S. 1978. An exploration of Mandarin Chinese. In W. P. Lehmann (Ed.), *Syntactic Typology*. Austin: University of Texas Press.

Lindstrom, L., & Lynch, J. 1994. *Kwamera*. München & Newcastle: Lincom Europa.

Lyons, J. 1999. *Definiteness*. Cambridge: Cambridge University Press.

Rijkhoff, J. 2002. *The Noun Phrase*. Oxford: Oxford University Press.

（原载《中国语文》, 2008 年第 1 期）

谓词重叠疑问句的语言共性及其解释*

一、引言

  汉语部分方言及一些藏缅语言中有一种谓词重叠是非问句，如用"吃吃？"表达"吃不吃？"的问题，其中多数语言、方言中，这种重叠疑问句与紧密型的正反问句（A-Neg-A 问句[①]）并存，可以确定前者系由后者脱落否定词 Neg 而形成。在某些方言和语言中，已只有重叠问句而没有正反问句，但比较邻近方言或亲属语言，可以推知重叠问句也是由正反问句因否定词脱落的固化而造成的。从历史句法学角度说，这种问句的来源虽然是正反问句（正反问句则由选择问句发展而来），但经过重新分析，在共时平面已可分析为重叠问句，特别是在否定词已不能出现的语言、方言中，它只能分析为重叠问句了。徐杰（2001：§7.4）在分析部分汉语方言和彝语用重叠表疑问的现象后就肯定它们"是一种独立的，用重叠形式表达疑问的语法手段"。徐杰在这里取的也是共时视角。

  在观察问句材料时，我们发现了一个有趣的不对称现象。简单地说，在出现重叠疑问句的方言或语言中，单音节谓词 A 的重叠式都是 AA 式（吃吃？），其中有的语言还有变调现象，有时看得出就是否定词

---

  * 本研究获中国社会科学院重点项目"汉语方言语法研究和方言语法语料库"的资助。写作修改中承陆丙甫、吴福祥、唐正大、陈玉洁、强星娜诸位多所指正，并蒙中央民族大学和南京师范大学诸多同行在讲座讨论中提出有益意见，在此一并致谢。尚存问题均属笔者之责。
  ① 紧密型正反问句的扩展成分在正反问之外，如"看不看电影？"，松散型正反问句的扩展成分可以在中间，如"看电影不看？"。松散型正反问句不会脱落成重叠问，以下作为重叠问句前身的正反问都指紧密型的。

的声调融进了邻字；而汉语方言中的双音节谓词 AB 的重叠问句一律是前一谓词脱落后字 B 的 AAB 式（喜喜欢？要要紧？），有重叠问的藏缅语则必然是后一谓词脱落前字 A 的 ABB 式，找不到一种语言、方言使用不脱落 B 或 A 的完整 ABAB 式（*喜欢喜欢？）。正反问句本是可以让双音词完整地重复出现的，如"喜欢不喜欢""要紧不要紧"，为什么否定词脱落后就不能完整地重叠了呢？这是本文要解决的核心问题。

此外，我们也注意到重叠问句有 AAB 式和 ABB 式而没有 ABA 式和 BAB 式。AAB 式和 ABB 式的实质分别是 A-AB 和 AB-B，分别来自 A-Neg-AB 和 AB-Neg-B；而 ABA、BAB 可能的切分 AB-A 和 B-AB 及其逻辑上的来源 AB-Neg-A 和 B-Neg-AB 并不存在。我们将借鉴其他学者的看法顺便解释其中的原因。

下面先摆语言材料，然后从中归纳出相关的语言共性，最后提出本文的解释。

二、语料和共性

正反问句（或称反复问句）是汉语方言最常用的是非疑问句式之一。汉语语法学通常将正反问句看作与是非疑问句并列的一大类问句，本文按普通语言学的看法将是非问句（又叫极性问句）看作一个功能大类，内含诸多形式小类，如句末助词问句（"吗"类：去吗？）、正反问句（去不去？）、"可 VP"问句（可记得？格去？阿来？）、重叠问句（去去？）、纯语调问句（你去？），以及其他手段构成的是非问句，如藏缅语的词缀问句，印欧语的主谓换位问句等（理由详见刘丹青 2005）。基于共同的是非问功能，有些小类间还有重新分析造成的句法演变关系，如：正反问 > 句末助词是非问（"无" > "吗"），正反问 > 重叠问（否定词脱落）。既然正反问和"可 VP"都属于是非问内并列的小类（刘丹青 1991；黄伯荣主编 1996：711—714 所摘王福堂手稿），那么本文的正反问也就不包括"可 VP"问句。

在使用正反问句的汉语方言中，可以脱落否定词的方言比例不大。在黄伯荣主编（1996：693—714）的"反复问句（正反问句）"中共收了47则正反问句的方言材料（含少量"可VP"式材料），涉及数目大致相当的方言数（但方言的层级因材料来源不一而很不一样，既有大片性质的"东北话""闽北话"等，又有某市县的方言点或方言小区域，不太符合统计上的可比性，只计大概）。该份材料中，只有湖北随州方言、浙江绍兴吴语和福建长汀客话三地方言有否定词脱落式重叠问句，大致占这份材料的6%。此外，我们收集到的存在谓词重叠问句的方言有福建连城客家方言、江西于都县客家方言（谢留文1998；刘伦鑫2001：335）、山东招远方言、长岛方言（钱曾怡主编2001：301）[①]。下面做个简要转述。

绍兴话（黄伯荣主编1996引王福堂手稿；王福堂2003）：重叠问句和其原式即带否定词的正反问句都使用。单音词情况简单，重叠问是AA式，正反问是A勿A式。遇谓词为双音词时，在前的双音词都只出现其前字，即重叠问为AAB式，正反问为A勿AB式，重叠问部分例子如下（重叠式首字后插"勿"就恢复为正反问，如：去勿去？晓勿晓得？）：

重叠问：AA式：诺去去？（你去不去？）｜饭热热㗎？（米饭热了没有？）｜伊肯肯话？（他肯不肯说？）｜周先生葛学问好好？（周先生的学问好不好？）

AAB式：伊晓晓得？（他知道不知道？）｜眼镜戴得看字灵灵清？（戴了眼镜看字清楚不清楚？）｜新人好好看？（新娘好看不好看？）

绍兴话是连读变调发达的方言，重叠问也有连读变调，其中双音词AAB式的变调与表示"短暂"或"尝试"的动词AAB式变调不同，而单音词AA的变调与动词AA变调有同有异（细节从略）。王福堂先生

[①] 承中央民族大学一讲座参加者惠告，福建浦城吴语也有AA式和AAB式重叠问句，没有ABAB式。这与上述方言情况相同。南京师范大学段业辉教授惠告，他听到过说黑龙江方言的人也有用AA式疑问句的。详情均待核。另据报福州方言也有此类现象（见朱德熙1991所引），但笔者承陈泽平教授惠告，福州话的正反问在前字末尾留有体现否定词的舌根鼻音，只在舌根鼻韵尾后隐形，并非真的AA式重叠。本文暂未计入。

指出，赵元任1928年的《现代吴语的研究》已经记录到绍兴方言可以"光把动词说两遍就算问话式"，王先生并且肯定它就是"两个述语间减少了'勿'"。请注意王先生将这种减少了否定词"勿"的疑问式归为"绍兴方言中的两种述语重叠方式"之一（另一种即表短暂的重叠式）。我们同意王先生的定位，因为正反问脱落了否定词之后，正反相叠的形式不复存在，结构上就重新分析为重叠问句了。重叠式来自其他结构的重新分析并不罕见。现代汉语公认的动词重叠式VV就来自近代汉语动量结构"V（一）V"的重新分析（刘丹青2001）。其实在正反问阶段，正反相叠形式已逐步丧失句法性而带上形态性，因为句法组合不允许一个双音实词只以一个黏着语素的形式出现，而正反问可以，如"喜不喜欢""糊不糊涂"。黄正德（1988）就将这种正反相叠形式看作以动词重叠插入"不"字为语音实现形式的疑问屈折范畴，这是合理的。而重叠问句则在形式上进一步接近一种表疑问的形态。另据寿永明（2005），绍兴话双音词AB可以用完整ABAB式表示疑问，我们咨询了复旦大学绍兴话专家陶寰教授，证实王福堂先生的描写合于事实，绍兴话双音谓词用ABB式而不用ABAB式表示疑问；两次出现AB的疑问式只能是AB勿AB（王先生未提此式），这个"勿"可以弱读。寿著可能忽略了这个虽弱读但仍存在的"勿"。

邻近绍兴的嵊县话也有同类现象（据朱德熙1991所引傅国通语例）。

连城客家话（项梦冰1997：386—399）：重叠问的情况与绍兴话相类，单音词用AA式，如"甜甜"（甜不甜），双音词用AAB式，如"相相信"（相信不相信）。两式中前一个A一律变调为35调，这正是连城客话否定词"唔"[ŋ³⁵]的调值，可见A的变调是否定词的调值融入的结果①。项梦冰认为这种疑问句是反复问的"并合式"，平时一般使用并合式，"只在不耐烦或特别强调时"才使用原式。不过在定位上，项著认为"并合"后其性质仍属于反复问，"而不是一种新类型。'重叠'只是一种表面现象，它是由合音造成的"。这与王先生对绍兴话的处理

---

① 绍兴话的变调可能也与否定词声调的融入有关，但由于变调模式较复杂，而且绍兴话普通的字组也都有连调，因此连调受否定词融入的影响不像连城的35调表现得么直接。

和我们上面的看法有所不同。王先生提绍兴话表疑问的"重叠"时不带引号，而项著给"重叠"二字加了引号，虽然两地情况基本一致。此外，项著还提到，反复问还有 AB 唔 AB（相信唔相信）、A 唔 AB（只用于动宾式，B 不限于单音节，如"食酒唔食_{喝不喝酒}"）两式，都只有原式，否定词不能脱落①。

福建长汀客家话（黄伯荣主编 1996：702 引蓝小翎 1984）：如"粥食食"（粥吃不吃），"肯肯来"（肯不肯来）。因例中只有单音动词例，暂未知晓其双音动词的情况。

属于江西客家话的于都方言（谢留文 1998）："于都方言的反复问句比较有特色，它是通过动词（包括动词短语）重叠或形容词重叠来表达反复问的"，并且"前 V 总是读入声 [?⁵] 短调"，举例有"吃⁵吃饭、喜⁵喜欢、标⁵标致"等，未见 ABAB 式例。刘纶鑫（2001：335）则明确说于都县贡江镇方言"正反问句没有否定词'呒'，如果是单音节的动词或形容词，就将它们重叠一次即可……，如果是双音词，重叠第一个音节即可"，如"底只瓜食食得"（这只瓜吃得吃不得）、"你打打算去"（你打算不打算去）。注意于都客家话的重叠问已不能复原为正反问，但从同属客家话的连城、长汀等地来看，无疑来自正反问，谢、刘两位作者也都将其归为正反（反复）问。刘著是全面描写江西客家话的专著，而提到有重叠问句的只有于都一点。看来这种问句在江西客家话中分布并不广泛。

山东招远、长岛方言（钱曾怡主编 2001：301）：重叠问句在该书中被列为反复问句中的一个小类，码化为"V+VP"式，特点是"如果提问部分是单音节词，则直接重叠该音节；如果是多音节词或短语，则只重叠第一个音节"（这里虽然将其归在反复问句中，但仍使用不带引号的"重叠"）。至于其分布，"流行地区较窄，主要集中在胶东半岛

---

① 连城客话还有一种"二次并合"现象。其表现是，由否定词第一次脱落所造成的并合式 AA 或 AAB 中的两个 A 再次并合，但 A 要念两个声调的时长，其中前段都是 35，即前一个 A 中融合进来的"唔"字的调值。后段则是原来 A 的单字调。单音词 A 的二次并合有一个句法限制：只限于连谓结构前项的位置，如"去³⁵³看电影"（去不去看电影），其中 35 是"去"原来带的"唔"的声调，3 是"去"字原来的阴去调。双音词则不受句法限制，如"喜³⁵⁵¹欢"（喜欢不喜欢）、"洗得伶³⁵⁵⁵俐"（洗得干净洗不干净 / 洗得干不干净）。这种现象本文暂不再展开讨论。

的招远、长岛等地",在该书所考察的一百多个方言点中比例很小,如招远"你去去?""愿愿意吃干饭?",长岛"花儿香香?""家干干净?"。在该地区否定词显形的"V+不+VP"也可以说,但否定词念得很弱,而且不如重叠问句常见。

湖北随州方言(黄伯荣主编 1996:695 引刘村汉手稿):重叠问和正反问并存,但重叠问只适合于动词,形容词必须用正反问。重叠问材料中只有单音词 AA 式,未见双音词例。其正反问只有 A-Neg-AB,没有 AB-Neg-AB,可以推测由正反问而来的重叠问即使可用于双音词也只会是 AAB 式。

除以上材料外,吴福祥先生提示我注意甘肃南部藏汉等多族杂居的白龙江流域汉语方言中的一则疑似材料。根据莫超(2004:181—190)的描述,该方言区中的舟曲县东南一带有 VV 式正反问句,如"致朵花香子很,是是?"(这朵花香得很,是不是?),而与前文所引诸方言不同的是,其双音词的疑问式是完整的 ABAB 式,如"致事他知道知道?""今天舒服舒服?"。但是从诸多现象看,该方言的这种疑问句跟本文探讨的重叠问句性质很不相同。1)描写及语料显示,整个白龙江流域方言区没有紧缩式正反问句,谓词的肯定和否定形式之间要加连接性的助词"吗"或"哩吗"等(这也符合西北方言的大势),如"你再做生意哩吗不做?"(你再做生意不做?)、"他是学生吗不是?",没有"做生意不做""是不是",更没有"做不做生意"。至于舟曲方言,在不用重叠形式的地方,连上述松散式正反问都不用,而用"VP 哪?"式来表示正反问的意思。因而其表疑问的重叠式不可能是本文所讨论的从紧缩式 V-Neg-V 脱落否定词而来的。2)舟曲东南部方言中表疑问的重叠式还可以是整个动宾结构,如"你买药买药?"(你买不买药?);可是,请注意该流域方言区"问句中的宾语只能出现在'正'的一边,而不能出现在'反'的一边。如'做生意不做'不能说成'做不做生意'"①。可见,"买药买药"也不是从"买药哩吗不买药"

---

① 作者这里大概是为了方便用普通话例句来说明问题,按莫书描写和所引例句,"做生意不做"要插入"哩吗"这样的助词才成立,如上引"做生意哩吗不做"。

脱落否定词等中间的成分而得来的，因为"药"不可能出现在"不买"后。既然这种问句形式不可能来自正反问，其来源还需要另外探求。3）舟曲东南部方言表疑问的重叠问还可以用于松散的短语级单位，如上举动宾式的"买药买药？"，再如主谓式的"走了一天，腿疼腿疼？"，动补式的"拿动拿动？"。情态助动词结构"你能来能来？"，可见这是一种作用于整个短语的操作，无法分析为词的形态，因而其共时性质也有别于本文讨论的重叠问——本文讨论的重叠问已经重新分析为谓词的一种重叠式形态。根据以上分析，下文的讨论不再考虑舟曲东南部方言。

以上是我们检视数十种汉语方言文献所载的数百种汉语方言中具有重叠问句的全部方言。从这些材料中，可以总结出这么几点：

1. 单音谓词 A 的重叠问句总是 AA 式，来自 A-Neg-A 中否定词 Neg 的脱落，这些方言多同时存在 A-Neg-A 问句，一般不如 AA 式问句常用。

2. 双音词 AB 的重叠问形式总是 AAB 式，理论上也应存在的 ABAB 式完全阙如。这些方言多同时存在 A-Neg-AB 问句，这应是 AAB 式的直接来源；但有些方言（如绍兴、连城）也存在 AB-Neg-AB 问句，却并没有相应的 ABAB 式问句。

3. 有不少有重叠问句的方言存在特定的变调模式，变调总是发生在前一个 A 上，其中有些（如连城）可以明显看出是否定词的调值加在了前一个 A 上。

第 1、2 两点可以表示为下面这样的生成模式：

A ⇒ A-Neg-A → AA（看看？想想？好好？肯肯？）

AB ⇒ AB-Neg-AB → A-Neg-AB → AAB（商商量？高高兴？要要紧？愿愿意）

↓

*ABAB（*商量商量？ *高兴高兴？ *要紧要紧？ *愿意愿意？）

以上模式中"⇒"表示疑问操作；"→"表示意义不变的操作（此处都是脱落）。我们可以从上述模式及相关描写中提炼出两条语言共性：

共性Ⅰ：因双音节谓词 AB 的正反问句脱落否定词而造成的重叠问句，只能重叠前字 A 构成 AAB 式，不能重叠整个双音词 AB 构成 ABAB 式。

共性Ⅱ：在使用重叠问句的方言中，如果有 AB 两次都完整出现的 AB-Neg-AB 式正反问，则肯定有其中一个 AB 脱落一个音节的 A-Neg-AB 式正反问。

共性Ⅱ说明假如双音节谓词的重叠问与其源构式正反问同时存在，必定有 B 脱落的 A-Neg-AB 式，但可以没有不脱落的 AB-Neg-AB 式。

这两条共性之间显然存在着相关性，后文将进一步解释它们的相关性。

共性Ⅰ的表述方式需要做一点说明。在描写 AAB 式时，不同的作者使用了"部分重叠"和"脱落"两种不同的角度。"部分重叠说"和"脱落说"分别体现了共时视角和历时视角。类型学的语言共性主要建立在共时平面上。假如引入历时视角，则不同语种语料的历史深度不同，同一语言还有多个历史阶段，难以具有可比性。为此，上述共性采用共时视角的"部分重叠说"。不过，"脱落说"的价值也不容忽视，在解释共性时，"脱落说"将扮演更重要的角色。上面给出的生成模式，就兼顾了共时和历时两种视角。

共性Ⅰ广泛适用于有重叠问的方言，不受其他条件的制约，因而是一条非蕴涵性的语言共性。共性Ⅱ关注重叠问和正反问之间的一种蕴涵关系，因而是一条蕴涵性共性。

两条共性体现出的实质是，正反问句的否定词脱落无论是作为共时操作（正反问和重叠问并存）还是作为历时演化（重叠问取代正反问），都只作用于 A-Neg-A 和 A-Neg-AB，却无法作用于 AB-Neg-AB。

这条共性只要稍做调整，就能兼顾藏缅语的情况，并上升为一条普遍适用的共性。

戴庆厦、傅爱兰（2000）调查了 15 种藏缅语的是非疑问句（其是非疑问句的范围与本文看法一致，包括助词式，选择式——肯定否定间有助词、连词等成分，反复式——肯定否定直接选择，重叠式，词缀式等①），其中使用重叠式的只有彝语（凉山、撒尼、大方），使用反复式的只有彝语（撒尼、大方）和哈尼语，使用选择式的则包括全部15种取样语言。此文认为比较少见的反复式当来自普遍采用的选择式，至于重叠式的来源则"还难以定论，也有可能是由选择式演变而来。但是从选择式直接到重叠式，还是中间经过了反复式，还有待进一步研究"。我们同意他们的推测，而且相信重叠应是经过反复式再发展成重叠式的（这正是下引孙宏开1997的观点），因为一步到位完成多项脱落不符合语法演变的渐进性特点。有重叠式的三种彝语方言中两种都有反复式，也说明了重叠式与反复式的关系。至于凉山彝语没有反复式，可能是脱落而成的重叠式已取代了反复式，像江西于都客家话一样，完成了语法形式的更替。此外，戴庆厦、傅爱兰（2001）还提到藏缅语中纳西语也可以用重叠表示疑问②。戴、傅合作的上述两文都只引了单音节谓词重叠之例。孙宏开（1997）在介绍藏缅语的"重叠问"时也指出这种重叠在藏缅语中仅见于彝语北部方言（具体地点未注），其举例中有双音谓词 $a^{31}vu^{55}$（绿），重叠问形式为 $a^{31}vu^{55}vu^{33}$：

z_l^{33}　$a^{31}vu^{55}vu^{33}$　li^{33}　o^{44}？
草　　绿绿　　　　去　了
'草绿了吗？'

孙文明确指出"双音节动词、形容词重叠仅重叠最末音节"，即AB的重叠式不是汉语式的AAB，而是ABB。从文中实例和分析可见，无论是AA还是ABB都是最末音节变调（变调细则此略）。孙文推测重叠问起源于反复问句，并且认为这些北部彝语的否定副词 $[a^{21}]$ 可能与被否定的词（即在否定词后的谓词）紧缩成一个词，使这个词发生声调的变化。这一推测完全可信。此外，陈士林等（1985：166）也举过彝语双音词重叠问ABB式之例，如：

---

①　他们这么做是因为"藏缅语中，这几种问句的表达形式及功能不像汉语那么容易界定，具有许多交叉特点"，似乎有点不得不适当调整的含义，其实他们的分类才是更合于问句功能本质的合理分类。

②　在中央民族大学的讲座讨论中承社科院民族所纳西族学者木仕华博士证实，纳西语老年人有重叠问，像彝语一样双音词为ABB式，青年人则只用词缀问句。

ths ʅ²² i²¹n̠i²¹ n̠o²¹bo²¹bo³³?
他　今天　劳动（后音节重叠）
'他今天劳动吗？'

汉语和藏缅语双音节重叠问虽然有 AAB 和 ABB 之别，却有着一点同样的实质性共性——只能重叠一个音节，排斥 ABAB 式的出现。此外，从戴庆厦、傅爱兰（2000）的材料看，藏缅语的反复问句如遇双音词，其音节脱落形式是 AB-Neg-B，这是 ABB 的直接源头。所以，前面的共性只要稍做调整，就能覆盖藏缅语的情况：

共性Ⅰ（修正版）：因双音节谓词 AB 的正反问句脱落否定词而造成的重叠问句，只能重叠其中的一个音节（A 或 B）构成 AAB 式或 ABB 式，不能重叠整个双音词构成 ABAB 式。

共性Ⅱ（修正版）：在使用重叠问句的方言中，如果有双音节谓词两次都完整出现的 AB-Neg-AB 式正反问，则肯定有其中一次谓词脱落一个音节的正反问 A-Neg-AB 式或 AB-Neg-B 式。

下文提到的共性Ⅰ和Ⅱ，均指此修正版。

虽然共性Ⅰ和Ⅱ正面揭示的只是十来种语言、方言的情况，但这是我们验证了数百种汉语方言（部分材料见附录）和数十种中国境内民族语言材料所得到的结论，其语种基础并不单薄。当然，这些语言的分布还不够广泛均匀，但是实际上其语种基础还可以扩展到世界范围，因为据吴福祥（2008）考察世界上众多语言而得出的结论，正反问句在世界上仅有汉语及邻近汉语及受其影响的少数语言使用，其他地方都没有正反问句，因此这两条语言共性在世界范围内未见例外，因而都可视为无例外的绝对共性。

三、解释和原则

以上共性只是摆出了现象，由此而来的一个自然的问题是，为什么脱落操作无法应用于 AB-Neg-AB 式问句，使逻辑上存在的 ABAB 式问句实际不存在？下文将尝试解释这一现象。

此外，从双音词 AB 的脱字重叠看，除了汉语方言的 AAB 式和藏缅语的 ABB 式，逻辑上还有 ABA 式和 BAB 式。这个问题本身很好解释。AAB 式和 ABB 式的实质分别是 A-AB 和 AB-B，因中间脱落了否定词而形成，不可能是 AA-B 式和 A-BB 式，因为没有 AA-Neg-B 和 A-Neg-BB 式正反问，在这种不存在的正反问中，AB 这个双音词被完全割裂，所以不成立。同样道理，为了保持 ABA 式和 BAB 式中 AB 的完整性，其切分只能分别是 AB-A 和 B-AB，逻辑上分别来自正反问 AB-Neg-A 和 B-Neg-AB，可是这两种正反问不存在。所以，对于 ABA 和 BAB 的阙如，需要解释的是正反问 AB-Neg-A 式和 B-Neg-AB 式的阙如。本文的议题是重叠问而不是正反问，但因为两者相关，我们也将顺便予以解释。

重叠问句系否定词脱落的结果，双音节的不完全重叠式则是正反问句中双音节谓词 AB 中前一个 B 或后一个 A 脱落的结果。要解释重叠问的来历和共性，需要从脱落现象着手。

为什么正反问句允许脱落？脱落当然是由经济原则驱动的。可是我们发现，离开了是非问句的环境，无论是否定词还是双音谓词中的单个音节，都不是可以自由脱落的要素。而重叠问为什么同时允许否定词和双音词中的单个音节脱落，这是需要解释的。

经济原则要受区分原则的制约，语言里允许的脱落不会影响语义，如"他（的）姐姐来了"脱落"的"不影响"他姐姐"的领属关系。而否定词的脱落会导致意义相反，真值颠倒。如"我不去"不能说成"我去"，"他不高兴"不能说成"他高兴"，除非作为修辞上的反话。所以否定词一般绝不能脱落。这里反映了一条显而易见的语言原则：

原则 1：词语的脱落不能以导致语义改变为代价。

正反问脱落否定词成为重叠问既没有改变语义，也与反话无关。在多数有重叠问的语言、方言中，重叠问成为比正反问更常用的普通是非问，在有些语言里甚至完全取代了正反问，成为与正反问功能等价的问句形式。那么，只能推断，既然正反问句中否定词可以脱落而不改变语义，说明该否定词在此位置已不表达否定语义。正如徐杰（2001：181）

对此所言:"在汉语中,在任何语言中可以省略的只能是那些没有携带多少语言信息的,可有可无的次要语法成分。句子的否定词是语义的焦点,绝对不是这种不重要的成分,它可以省略,说明它在这里已经虚化、弱化,不再是典型的否定词。"

再看谓词的音节脱落,或者说谓词的缩减。谓词的音节脱落会造成谓词不成词(破坏了词的整一性),或变成语义不同的另一个词(破坏了词的同一性),如"他们下午商量这事儿"不能说成"他们下午商这事儿"或"他们下午量这事儿","房间漂亮"不能说成"房间漂"或"房间亮"。而仍能成词并保持原有语义的脱落则允许发生,如"我给你邮寄过去"可以说成"我给你邮过去"或"我给你寄过去"。这里反映了另一条关于脱落的语言原则:

原则 2:词语内部音节的脱落不能改变词的整一性和同一性。

而由双音谓词 AB 的音节脱落所造成的正反问句 A-Neg-AB 或方言中的重叠问句 AAB 并没有造成词语残缺或变成另外一词,即使 AB 是不可分割的联绵词如"糊涂""苗条"等。双音谓词中一个音节的脱落在形式上明明造成了该词整一性的受损,却可以在正反问句中发生,据此可以推断,该谓词在该位置上已不是一个句法上自主的词。

为什么在正反问句中,否定词可以不表达否定语义?谓词可以部分失去句法上的自主性?就因为正反问已不是自由的句法组合,而是一种有一定程度凝固化和形态化的构式。

虽然有些学者将大小层级的一切句法结构体都看作构式(如 Croft 2001:17①),但我们还是参考 Goldberg(1995:13②),认为典型的构式是带有一定习语性的语法单位,形式和语义不是直接简单的对应关系,但其间仍有一定的理据,不同程度地介于自由句法组合的可推导的形义对应和完全没有理据的单位之间。

---

① Croft:"构式语法已经泛化了构式的概念,使之可用于任何语法结构,包括其形式和意义。"
② Goldberg:"当且仅当其形式、意义或用法不能从语法的其他方面,包括其他已建立的构式中严格地预测出来,一个构式才可以在语法中确立。"这意味着可以从规则中预测的单位不宜确立为构式。

正反问的前身是正反选择问，正反选择问是选择问的一个特定小类，将某命题与其否定命题（负命题）作为两个选择项。普通的选择问广泛存在于人类语言中，但它不一定都实现为一种独立的问句类型，而可能是普通的是非问内的一个小类，如英语"Do you like rice or noodles?"（你喜欢米饭还是面条？），"Is he tall or short?"（他高还是矮？），形式上都能归入是非问大类。正反选择问作为选择问的一个小类可能也广泛存在，但出现在实际话语中的机会要少一些，因为其实际语义（真值条件）与是非问基本重合（是非问语义就含正反两方面），在具有专用是非问句表达手段的语言中，只有需要特殊强调的场合才可能用正反选择问，如"Do you like or not like this?"（你喜欢还是不喜欢这个？）。正反选择问已可看作一种构式，但尚处在规则性理据性较强而习语性较弱的阶段，接近自由的句法组合。正反问句是正反选择问脱落选择连词或其他连接性虚词（常称助词，如近代汉语"去也不去？"中的"也"）、由正负命题直接组合而成的。在人类语言中，跨出这一步的非常少，据吴福祥（2008），只有汉语及受汉语影响的部分亲邻语言才有正反问。这说明，正命题和负命题的直接组合不能自然地得出是非问的语义，音义间的对应关系比正反选择问更弱，更接近典型的构式。典型的构式意味着听说者更多地从构式整体上而不是其分解形式的组合推导上来使用和理解构式的语义。当构式的整体性凝固性大于其分解性临时性的时候，其内部构成成分的独立性自主性就变得很弱，甚至由句法成分重新分析为形态成分（即形态化），也容易在高频压力下由经济性原则促成脱落，催生理据性更弱的构式。例如，当"非X不可"（他非去不可！）凝固为一个典型的构式时，作为否定词语的"不可"也可以脱落（演化详情参看洪波、董正存2004），出现"非X"（他非去！）这种更简短、形义更无理据的"语义短路"构式（赵元任1956/1981所创"语义短路"一语即以此式为例）。同样，否定词"无"也在松散式正反问构式中发生语义弱化，不再明显地表否定，从而重新分析为疑问语气词"吗"。紧密式正反问正是在成为高度整体性的形态化构式后才容易发生脱落现象。

这里反映了有关脱落的另一条基本原则：

原则3：越是整体性凝固性强的构式其内部成分越容易脱落。

以上三条原则可以解释正反问的脱落机制，也就是重叠问的来历。至于共性Ⅰ、Ⅱ所体现的ABAB的阙如，要用涉及语义贡献度的原则4来解释。

任何构式都有一定的句法语义理据性。所谓句法语义理据性，指的是可以根据该语言的一般句法规则从句法组合中推导出它的语义，是一种语法内的语义理据性，不同于象似性之类语言外的认知理据性。正反问句的理据性的关键是一正一反双方的组合，由此建立与正反选择问的联系，而正反选择问可以表示是非问语义。在这一理据性中，否定词扮演着关键的角色，体现了正反问的"反"的一方，没有它，语形上就缺了"反"的一方。事实上否定词经常能独立代表整个否定命题，如在"——你明天去吗？——不！"的对话中，"不"就代表了整个否定命题"我明天不去"。相比之下，谓词两次出现中的一次出现对语义理据性的贡献要小一些，其部分的缩减不影响正反两方面的大格局，而它作为凝固构式的内部成分又不具有很强的词汇自主性，这使得谓词的部分脱落要容易出现得多。正反问的另一种减缩形式（常见于东北、山东等方言中）也是以保留否定词而让谓词隐去的方式形成的，如：

你能吃辣不能吃辣？→你能吃辣不？

而且，谓词在正反问构式中出现了两次，冗余性强，其中的一次即使部分脱落，说话人仍然可以从其另一次出现的完整形式中借助构式的力量在理解时加以复原，如从"要不要紧"的后一个"要紧"中推导出前一个"要"是"要紧"的减缩形式。而否定词在构式中只出现一次，冗余性小，脱落之后，难以在理解时复原。冗余性大，则语义贡献度小；冗余性小，则语义贡献度大。这一总结可以称为脱落的语义贡献度顺序原则，表述为：

原则4：脱落的优先序列，与该要素对构式语义理据性贡献的大小成反比。

具体地说，贡献大，难以脱落；贡献小，容易脱落。在同一种结构中，只有语义贡献度小的成分脱落后，语义贡献度大的成分才能脱落。这一原则也可以进一步提升为经济原则作用域的优先原则：

原则4（升级版）：经济原则在一个结构内的作用顺序是成分的语义贡献由小到大。

变调的情况也可以从一个角度从旁证明否定词比谓词的一部分冗余度小（语义贡献大）。否定词脱落常常引起相邻音节的变调，有些证据明确显示变调就是否定词的原调（如连城客话），亦即脱落后的否定词仍有部分语形留在显性成分中，成为帮助理解构式的线索。而没有任何报道提到双音谓词脱落一个音节后给相邻音节留下声调痕迹。

上述原则4还能在跨方言比较中得到有力证明。

我们见到的使用正反问的方言，有很大一部分（可能包括南方几乎所有使用正反问的方言）都允许双音节正反问句脱落前一个 AB 的 B，即说成 A-Neg-AB 式，而使用脱落否定词的 AA、AAB 式疑问句的方言至今只见到本文所举的少数方言，占正反问句方言中很小的一部分。这说明 AB 中的一个音节的脱落远比否定词的脱落容易而常见。

至此，前面的共性Ⅱ就可以与共性Ⅰ互证并得到统一的解释。共性Ⅱ说明，重叠问只有在 A-Neg-AB 式正反问句中产生，而不能从 AB-Neg-AB 式中产生。共性Ⅱ所体现的蕴涵关系，正是受到了原则4的制约，当语义贡献度小的正反两次谓词尚未脱落音节时，语义贡献大的否定词肯定不会脱落，否则就违背了语义贡献度由小到大的经济原则作用顺序。共性Ⅰ和共性Ⅱ本质相同，只是共性Ⅰ反映共时视角，共性Ⅱ则反映历时视角。而共性Ⅰ所排除的逻辑上存在的 ABAB 式，违背了经济原则的作用顺序，让语义贡献度大的否定词脱落了，却让语义贡献度小的重复出现的谓词仍然完整保留，因此被实际语言完全排除。

以上分析也适合于藏缅语。只是藏缅语优先脱落的是后一个 AB 的 A，形成 ABB 式。戴庆厦教授指出（中央民族大学的讲座讨论），藏缅语双音谓词多前轻后重，常为"词缀+词根"，ABB 及其前身 AB-Neg-B 脱 A 留 B 实即删轻留重。汉语双音谓词则多前重后轻，AAB 及其前身 A-Neg-AB 脱 B 留 A 也是删轻留重。这里的轻和重也是语义贡献的小和大。戴先生此说殊为可信，删轻留重正符合原则4所预测的经济原则作用顺序。

此外，构式中词内成分的脱落还与构式的形态化有关，而形态化的发生与构式的结构类型有关。假如构式是一个紧密组合的整体，中间不容其他成分插入，则容易发生形态化，使构式内的词失去自主性，容易部分脱落，重新分析为形态要素，AB-Neg-AB 脱落成 A-Neg-AB（你喜不喜欢这个人？）都发生在 AB-Neg-AB 中间不插入成分的方言类型中。另一些汉语方言可以使用松散型正反问句，如朱德熙（1991）讨论过的 VO-Neg-V 式，例如"你喜欢这个人不喜欢？"，这种正反问构式难以形态化，也不允许 AB 脱落为 A，如"*你喜这个人不喜欢""*你喜欢这个人不喜"①。

至此，我们对本文发现的共性做了完整的解释。值得注意的是，本文的解释借助了多条语言学原则，但这些原则都不是为本文所讨论的重叠问特设的，而是可以得到独立证明的普遍性原则。这些原则是：

原则1：词语的脱落不能以导致语义改变为代价。

原则2：词语内部音节的脱落不能改变词的整一性和同一性。

原则3：越是整体性凝固性强的构式其内部成分越容易脱落。

原则4（升级版）：经济原则在一个结构内的作用顺序是成分的语义贡献由小到大。

原则1至3都是为了解释正反问为什么能由成分脱落而成为重叠问，是解释共性Ⅰ和Ⅱ的背景，只有原则4才正面解释了不允许出现 ABAB 式问句的共性Ⅰ和共性Ⅱ的原因。值得强调的是，原则4在正反问句上造成的是刚性的制约，以至可以形成很强的语言共性，排除了逻辑上可以但违背本原则的 ABAB 式重叠问。这是本文的主要收获。

最后顺便说一下为什么音节脱落的正反问句只有汉语的 A-Neg-AB

---

① 朱德熙（1991）举过北京话"游泳不游？"一类例子，指出这些都是"假动宾复合词"，即说话人都将前字看作动词。由于能这么用的 AB 中的 A 都必须成词且与 AB 同义，不受原则2制约，而重叠问的脱落是不在原则2制约范围的，两者性质迥异，因此"游泳不游？"不是本文所论的音节脱落。在中央民族大学的讲座讨论中，有听众提出陕西户县、泾阳等关中方言存在 AB-Neg-A 问句（喜欢不喜？），待核。即使存在，也不影响 A-Neg-AB 对 AB-Neg-A 在汉语分布中的绝对优势。

和藏缅语的 AB-Neg-B，没有逻辑上存在的 AB-Neg-A 和 B-Neg-AB，正是这两种正反问的阙如直接造成了 ABA 和 BAB 这两种逻辑上存在的重叠问的阙如。

本文初稿写成发给一些同行征求意见后，金立鑫先生在东方语言学网（www.eastling.org）的语法板块观察到，很多脱落现象（包括正反问，但不限于正反问）都必须保留第一个音节和最后一个音节。对此，陆丙甫先生做了一个解释：人在辨认一个单位时，头尾的单位很重要，中间的单位不太重要。他们的观察和解释很有道理，因为我们注意到，国外一些重要成果已有很多独立的证据可以用来支持陆先生提出的"首尾重要原则"（我们姑且如此命名），不过该原则是一条更大的等级序列的一部分。Hawkins & Cutler（1988）在解释后缀优势时引用心理语言学实验证明，在理解词语时，词内各段对理解的重要性呈如下等级序列：

词首 > 词尾 > 词中

Whaley（1997：274）在介绍并列复句内相同成分的缩减时提到一条跨语言有效的原则：语言会尽可能避免删除最开端或最末尾的成分，这说明首尾原则不仅仅在词级单位有效①。而实际存在的正反问两种音节脱落形式 A-Neg-AB 和藏缅语的 AB-Neg-B 恰好都在脱落的同时保持了该构式之开首为 A 和末尾为 B 的格局，维持了双音词 AB 的头尾，变的只是中间。而被排除的 AB-Neg-A 和 B-Neg-AB，前者末尾是 A，脱落了原来的 B，后者开头是 B，脱落了原来的 A，都违背了首尾重要原则。

四、余论

汉语方言研究和历史语法研究常常用到成分脱落的概念（或减缩、

---

① 现代汉语以双音词为主，在没有形态变化时，这一原则主要体现在整个等级序列的前两项间的关系，即首比尾重要，表现为双音词轻声都出现在后字。而三音词在排除结构干扰（如 ABC 中的 BC 本为后字轻声的双音词）的情况下中间的音节最弱最短，如"西直门"。两项都符合该等级序列。

并合等相关概念)。本文讨论的重叠问句,就是由脱落造成的现象。希望本文的讨论有助于在两个方面加深我们对脱落等相关现象的认识。

第一,脱落可以是一种共时操作,也可能是一种历史演变。在历时进程中,脱落有可能造成结构的重新分析,脱落后的结构与脱落前的结构不一定能做同样的分析。例如,在一个已经只有重叠问而没有正反问的方言中,虽然历史上重叠问来自正反问的否定词脱落,但对于目前使用该语言的人来说,他从小习得的语言能力中就只有用重叠这种方式来构造是非问句,可能全然不知它与正反问的关系,重叠问才是反映该语言是非问构造手段的真实定性。其他涉及脱落、缩减、并合等现象的演变也可作如是观。

第二,脱落并不是毫无章法的,它会呈现出一些共性模式,其背后是一些普遍性原则的制约,有时甚至是刚性的制约。发现有关脱落的语言共性,发掘制约脱落的普遍原则,是描写分析之后值得一做的工作。而共性及普遍原则在推测、构拟古代可能存在过的脱落现象时尤为重要,因为它们可以用来帮助判断所推测的脱落现象在多大程度上合理。

参考文献

陈士林、边仕明、李秀清 1985 《彝语简志》,北京:民族出版社。
戴庆厦、傅爱兰 2000 藏缅语的是非疑问句,《中国语文》第5期。
戴庆厦、傅爱兰 2001 从语言系统看景颇语动词的重叠,《汉语学报》第2期。
洪 波、董正存 2004 "非 X 不可"格式及其语法化过程,《中国语文》第3期。
黄伯荣(主编)1996 《汉语方言语法资料汇编》,青岛:青岛出版社。
黄正德 1988 汉语正反问句的模组语法,《中国语文》第4期。
刘丹青 1991 苏州方言的发问词与"可 VP"句式,《中国语文》第1期。
刘丹青 2001 语法化中的更新、强化与叠加,《语言研究》第2期。
刘丹青 2005 句类及疑问句和祈使句:《语法调查研究手册》节选,《语言科学》第5期。
刘纶鑫 2001 《江西客家方言概况》,南昌:江西人民出版社。
莫 超 2004 《白龙江流域汉语方言语法研究》,北京:中国社会科学出版社。
钱曾怡(主编) 2001 《山东方言研究》,济南:齐鲁书社。
寿永明 2005 《绍兴方言研究》,上海:上海三联书店。
孙宏开 1997 藏缅语疑问方式试析——兼论汉语、藏缅语特指疑问句的构成和来源,《彝缅语研究》,彝缅语国际学术会议论文编辑委员会编,成都:四川民族出版社。
王福堂 2003 绍兴方言中的两种述语重叠式及其语义解释,《吴语研究》(第二届国际吴方言学术研讨会论文集),上海市语文学会、香港中国语文学会合编,上海:上海教育出版社。
吴福祥 2008 南方语言正反问句的来源,《民族语文》第 1 期。
项梦冰 1997 《连城客家方言语法研究》,北京:语文出版社。
谢留文 1998 《于都方言词典》,南京:江苏教育出版社。
徐 杰 2001 《普遍语法范畴原则与汉语语法现象》,北京:北京大学出版社。
赵元任 1956/1981 汉语结构各层次间形态与意义的脱节现象,田砥译,《国外语言学》第 1 期。
朱德熙 1991 "V-neg-VO" 与 "VO-neg-V" 两种反复问句在汉语方言里的分布,《中国语文》第 5 期。
Croft, W. 2001. *Radical Construction Grammar*. Oxford: Oxford University Press.
Goldberg, A. E. 1995. *Constructions: A Construction Grammar Approach to Argument Structure*. Chicago/London: The University of Chicago Press.
Hawkins, J., & Cutler, A. 1988. Psycholinguistic factors in morphological asymmetry. In J. Hawkins (Ed.), *Explaining Language Universals*. Oxford: Basil Blackwell.
Whaley, L. 1997. *Introduction to Typology: The Unity and Diversity of Language*. Thousand Oaks: Saga.

附录:成片收录多种方言的部分问句材料来源(大量单点材料书目从略)

《汉语方言语法类编》,黄伯荣主编,青岛出版社,1996 年版。反复问句收录 47 则(片、点)方言材料,其中随州方言、绍兴吴语和长汀客话两处有重叠问。

《河北省志·方言志》,吴继章、唐健雄、陈淑静主编,方志出版社,2005 年版。所收方言约百种,反复问句有例句的方言有 59 种(包括紧密式和松散式),无一使用重叠问句。

《山东方言研究》,钱曾怡主编,齐鲁书社,2001 年版。所收方言 109 种,反复问句仅招远、长岛两地有重叠问句。

《当代吴语的研究》,钱乃荣,上海教育出版社,1992 年版。有关于是非问句(含正反问)的专节和 8 个例句的 33 种方言对照,无重叠问。绍兴在列,但只列出正反问,未提及赵元任和王福堂描写的重叠问句。

《吴语处衢方言研究》,曹志耘、秋谷裕幸、太田斋、赵日新著,日本东京好文出版,2000 年版。收录代表点 7 个,有反复问句(含松、紧两式)和 "可 VP" 式("可"用"近"的同音词),未见重叠问句记录。

《严州方言研究》,曹志耘,日本东京好文出版,1996 年版。收录严州方言(属徽语）4个代表点，都有反复问句（含松、紧两式），未见重叠问句记录。

《徽州方言研究》，平田昌司主编，日本东京好文出版，1998年版。收录徽州方言8个代表点，都有反复问句（含松、紧两式），未见重叠问句记录。

《南通地区方言研究》，鲍明炜、王均主编，江苏教育出版社，2002年版。概括南通地区吴语和江淮官话泰如片的多个次方言，代表点8个。关于疑问句，指出正反问很少用，一般用"果VP"句。未见重叠问记录。

《粤北十县市粤方言调查报告》，詹伯慧、张日昇主编，暨南大学出版社，1994年版。收10个点，475页提到正反问句遇双音词前段常省去一字（如，应唔应该），未见重叠问句记录。

《广东粤方言概要》，詹伯慧主编，暨南大学出版社，2002年版。收广东粤语7个区片数十种方言，关于正反问句的说明基本同上。

《客赣方言调查报告》，李如龙、张双庆主编，厦门大学出版社，1992年版。收录34个点，有多个正反问对照例句，未见重叠问例。本文提及的有重叠问的几个客家方言点不在此书收录范围内。

《江西客家方言概况》，刘纶鑫著，江西人民出版社，2001年版。收录代表点40个，有正反问（含松、紧两式），另设专节介绍都贡江方言特有的正反问句不用否定词（即重叠问）的现象，称为"特殊问句"。

（原载《语言学论丛》第三十八辑，商务印书馆，2008年）

从所谓"补语"谈古代汉语语法学体系的参照系[*]

一、引言：从"印欧语眼光"谈起

假如不考虑西洋传教士编写的语法书[①]，那么古代汉语的语法学体系开始于1898年的《马氏文通》，而现代汉语语法学体系开始于1924年黎锦熙的《新著国语文法》，后者颇受前者影响。后来的发展，却是古汉体系跟随现汉体系演变，以致出现用现汉体系硬套古代汉语的情况。现在有一种说法，研究汉语要摆脱"印欧语眼光"。这非常好。用到古代汉语上，同样可以说，研究古代汉语要摆脱现代汉语的眼光，更确切地说是摆脱"普通话眼光"（现有的现汉体系并未很好照顾方言的事实），包括摆脱"普通话眼光"中的印欧语眼光。此外，研究少数民族语言更要摆脱汉语的眼光。接下来要考虑的问题是，究竟什么是"印欧语眼光"？摆脱"印欧语眼光"以后，汉语语法研究应当采取什么样的眼光？摆脱普通话眼光后，古代汉语语法研究应当采取什么样的眼光？有人说，不要任何其他语言的眼光，就要汉语自己的眼光。回顾一下历史，这样说未必公平，不但难以从"印欧语眼光"前进，还可能导致后退，甚至是更严重的印欧语眼光。

---

[*] 本文初稿在"新世纪汉语史发展与展望国际学术研讨会"（浙江大学，2003年12月）上宣读。研究得到中国社会科学院重点项目（B类）的资助。

[①] 传教士编写的这些语法书是真正最早的汉语语法书，其中瓦罗（Varo）编的《华语官话语法》（1703年出版）比《马氏文通》早了近200年。这些著作中也不乏对汉语语法的真知灼见，但它们对汉语语法学日后的发展实际作用不大，其在中国国内学术史上的实际影响力无法比肩《马氏文通》。

本文想以古代汉语的所谓"补语"问题为例，说明以先秦汉语为标准的古代汉语语法学套用现代汉语语法学造成的问题，探讨摆脱印欧语眼光和普通话眼光后用人类语言共性和类型差异的眼光来改进古代汉语语法学体系的意义。在此之前，先简要分析一下"印欧语眼光"的含义和来历。

印欧语的眼光是汉语语法学体系的直接催生者，其作用至少不亚于当时梵文语音学的引进对汉语音韵学的促进作用。在模仿"泰西葛郎玛"的《马氏文通》之前，我们的祖先研究汉语至少已有两千多年，也出现了一些虚词类著述，其中有些还有相当的分析细度，但并未形成系统的语法学。正是在受过西方传统语法学训练的传教士接触汉语实际、中国学者接触西方语言及其语法学说的双向交流中，在汉语和印欧语言的对照中，或者说在用印欧语眼光注视汉语的过程中，汉语语法学体系才从无到有地诞生。印欧语眼光在这一历史性转折中是功不可没的。假如要寻求摆脱"印欧语眼光"之后的所谓汉语自己的眼光，那就只能是印欧语眼光引进之前的汉语眼光，也就是从《马氏文通》走回《经传释词》。难以相信这样的眼光能给语法研究带来更大的进步。另一种对印欧语眼光的摆脱，是以印欧语为参照来突出汉语的特点，但是其结果却可能是更彻底的印欧语的眼光，也未必可取（详下）。

分析起来，印欧语眼光在汉语语法研究史中依次出现过两种主要的表现。一是模仿，强调中西共性；二是参照比较，强调汉语特性。现在往往只将前者说成印欧语眼光，下面我们将说明后者也是一种强烈的印欧语眼光。

模仿，就是用原供分析印欧语言尤其是拉丁语或英语而用的西方传统语法框架来分析汉语。学者一般所批评的印欧语眼光也主要针对这种学术实践。《马氏文通》和《新著国语文法》都被认为有很深的模仿印记。模仿的正面作用，就是从无到有地构建了系统的汉语语法学，这是千秋伟业，铸就了我们今天汉语语法研究一切工作的基础。其消极的一面，就是有时难免扭曲汉语语法事实，或不能确切地揭示汉语语法自身规律。这种印欧语的眼光，在当时的历史条件下，是功大于过。若永驻于此，则不利于汉语语法研究的深入。

参照比较，就是以印欧语为参照，找出汉语的特点。20世纪40年代以后传统语法向结构语法过渡期的代表性著作如吕叔湘、王力等的著作，以及20世纪50年代以后结构主义语法的著述，大多有此倾向。这种做法的积极一面就更加明显，就是发掘出了汉语中大量不同于某些印欧语的特点（其中有些特点在模仿为主的阶段多少是被忽略的），这无疑深化了对汉语语法的认识。不过，这本质上仍是一种印欧语眼光，因为所谓的特点，只是从英语等个别欧洲语言的角度看出来的。像印地语、波斯语、普什图语、僧伽罗语、爱尔兰语等也都是印欧语，使用者从数百万至数亿不等，似乎并未被谈论汉语特点的论著所关心，尽管它们的语法特点与英语有诸多不同之处。如俄语之无冠词无系词判断句、拉丁语和僧伽罗语之SOV和后置词、普什图语和德语之框式介词、罗曼语族之大量无主句等，其中有些还是与汉语更相近的特点。与世界上另外的数千种语言相比，汉语的某些所谓特点未必就是特点，只有戴着个别印欧语的有色眼镜才会认为它们是汉语独一无二的特色。比如，汉语的否定词是直接加在谓语上的，英语的否定词必须加在助动词上。可是，在这里更有特色的不是汉语而是英语，因为即使在欧洲的印欧语言中，否定词也全部都是跟汉语一样直接加在谓语上的，甚至英语的很多方言也是直接加在谓语上（见 Kortmann 1999），英语是欧洲印欧语中的唯一例外。由此可见，假如只以欧洲个别语言为参照来找汉语的所谓特点，是很不可靠的，是一种更狭窄的印欧语眼光。现在主张摆脱印欧语眼光的呼吁，有些恰恰是戴着这种狭窄的印欧语有色眼镜的观点，这是需要学界十分小心地看待的。

参照比较式的印欧语眼光在一定阶段也是功大于过，但假如永远停留于此，也会出现负面作用。首先，由于只跟英语等个别语言相比，因此在看到某些语法范畴的细节差异时，看不到范畴本身的普遍性，结果把印欧语中具有普遍意义的语法范畴例如从句标记词、关系从句、表语等也抛弃了。为了突出汉语不同于英语等少数语言的"特点"，学界发明了许多为汉语特设的概念。而20世纪60至70年代学术上闭关自守乃至一度停滞的局面，也使汉语语法研究在某些方面出现了与世界语言学研究脱节的状况,客观上给新的理论和新的语法分析技术的进入增加了障碍,同时也严重限制了汉语研究的成果对语言学理论本来应有的贡献。下文将讨论的所谓"补语"问题就是一个突出的例子。更严重的是,有些人从怀疑欧洲语言的语法学体系对汉语语法的适用性和合理性,到进而怀疑模仿阶段以来汉语语法体系的合理性和当代语言学理论的合理性和适用性,特别是由于对当代类型学的大量成果无知或忽略,看不到当代语法理论在大量语言的比较概括基础上摆脱印欧语眼光、面向人类语言共性的一面,因此出现了或明或暗的要走回《马氏文通》之前的诉求。事实上,在已经具有现代语法学概念的今天,谁也不可能真正走回《马氏文通》之前,因此可能出现这样一种情况,即以狭隘的印欧语眼光来看待所谓汉语的特点,客观上是以一种间接的印欧语旧式传统语法的眼光来排斥面向人类语言的当代语言学的眼光。这种状况,不可能带来汉语研究的深化和对汉语特点的真正认识,反而会有更深地陷在印欧语狭隘眼光中的危险,造成与世界上蓬勃发展的人类语言普遍性和类型特点研究的长久隔阂[①](参阅刘丹青 2003)。

因此,汉语研究发展到今天,的确非常需要逐渐摆脱印欧语眼光,以几十年来已积累了丰硕成果和理论概括的人类语言的普遍性理论为背景来研究古今汉语。我们的古代汉语研究,也应当摆脱狭隘的普通话眼光[②],包括其中暗藏的印欧语眼光,将古代汉语放在广阔的人类语言共性和差异的背景下去研究,以发现其真正的特性和所蕴藏的人类语言共性。无论对古今汉语及其方言,还是对英语、日语或其他语言,这都是一条康庄大道。

[①] 一位从国内到澳大利亚攻读博士学位的同行告诉我,她常被其导师批评为看问题总带着印欧语眼光。这听起来奇怪,其实十分正常,澳大利亚是语言类型学发达的国度,不但学业课程中就包含对世界上众多语言类型的介绍,而且语言学博士生都被要求去调查研究一到数种陌生的土著语言,语言视野普遍比较开阔。而今天国内的语法学体系,多多少少或是模仿印欧语的体系,或是只跟个别印欧语比较而片面强调所谓的汉语特点,无论哪种看法,都是印欧语眼光。

[②] 应当看到,现汉语法研究领域近年来的不少研究实践比古汉语法领域更多地突破了传统语法和结构主义语法中模仿性或参照性的印欧语眼光,而采用更具有普遍性的参照系,这是值得古代汉语界借鉴的。现有的普通话眼光所产生的消极作用,是因为古代汉语领域更多地搬用较为陈旧的现代汉语教学语法体系或普通话式的结构主义体系。

二、"补语"的特设性、非普遍性、不同质性和不可比性

下面讨论古代汉语的所谓"补语"问题。

《马氏文通》并没有"补语"一说。黎锦熙的《新著国语文法》（1924/1933）、吕叔湘的《中国文法要略》（1942、1944/1982）、王力的《中国现代语法》（1943—1944/1985）都没有现在"补语"的概念。上述诸书黎著有"补足语"、吕著有"补词"、王著有"补语"，都不是现在"补语"的意思。丁声树等《现代汉语语法讲话》（连载 1952—1953，成书 1961）开始使用"补充结构"和"补语"的概念，主要用于动结式、动趋式，附带谈到带"得"的情状补语。注意这三类正好都是先秦汉语不存在的成分。后来"补语"的范围愈益扩大，以致古代汉语语法体系也最终采纳了补语之说，将谓词后一切不归宾语的成分归为"补语"。影响所及，中国境内其他语言的研究中，也采用了"补语"的概念，引出的问题也更多，容另文详述（后文略有涉及）。其实，"补语"概念是典型的普通话眼光的产物，间接地可能也跟印欧语眼光有关。

让我们先对比一下"状语""定语"概念的普遍性和"补语"概念的非普遍性。"状语""定语"是在各种语言的句法描写中普遍采用的概念，没有哪种语言的语法书能不用这两个概念的相应术语，需要时两者也可合称"修饰语"。汉语语法所说的"补语"，以及相关的补充结构、动补结构、谓补结构、述补结构一类名称，则并非语法描写通用的概念，所以至今仍没有合适的国际译名。人们翻译时常用 complement 对译中文"补语"，字面义不错，而实质相差很远。complement 的准确翻译是补足语（也有人译为"补语"，但含义不同于汉语学界的"补语"）。吕叔湘先生（1979/1984：86 节）早就注意到这一点，他指出"早先没有'补语'的名称，只有'补足语'。这补足语的内容跟后来的

'补语'完全不同。"

那么，与"补语"合用一个西文名称的"补足语"到底指什么呢？在传统语法中，补足语指主宾语以外动词的必要连带成分，主要是名词性的（相当于现在说的"论元"），也包括主、谓（谓语核心）、宾以外的一些必要的谓语性成分。如表语是"主语补足语"，I call him John 中的 John 是宾语补足语。有些外语的教学语法系统则将主语以外的论元包括直接宾语、间接宾语都叫补语，称宾语为动词的直接补语。在现代语言学中，补足语是一切动词论元的总称，连主语都包括在内，也包括充当动词的主宾语的小句，所以这些补足语从句的标记即关系代词或从句连词就被称为标句词（complementizer），字面意义就是（小句）补足语化的标记。总之，补足语的主要属性是名词性或小句性的，属于论元。而汉语所说的"补语"，其基本性质是副词性或谓词性的。用 complement 翻译"补语"，对海外学者理解"补语"的含义可能误导大于帮助。这就不难理解，善于从普通语言学高度考虑问题的吕叔湘先生，在一篇生前没有发表的专论"补语"的论文（吕叔湘 1975/2002）中，完全抛开"补语"在国内通行著作中的含义，而实际上用其来指谓语动词各种各样的论元或题元，更接近"补足语"的含义。假如吕先生觉得当时已非常通行的"补语"是个有用而合理的句法概念，他是不会"夺人之爱"把这个术语"抢"来另作他用的。吕先生的做法清楚地显示他不认为通行的"补语"用法是合理的。他在《汉语语法分析问题》中再次提议采用他的"补语"新用法，可见他的看法并不为通行常规所动，是经过深思熟虑的。

补语之所以没能成为一个普遍性的概念，是因为它是一个无法用语义和句法标准定义的概念。定语是名词性单位的修饰语，状语是动词、形容词、副词性单位的修饰语。它们都基本上可以用句法形式标准来定义（当然存在一些边缘状态，如汉语中句首处所成分的主语与状语之辨）。充当定语和状语的成分各有一些性质上的共同点，不同语言的定语、状语都有相当程度的可比性。而所谓的"补语"，是汉语中一群非常不同质的成分的总称，这些成分语义性质相差悬殊，句法表现也很不相同，唯一的共同点是语序在谓词之后，但是4.1节将分析到，语序根本不能作为定义一个句法成分的充分标准，尤其是不具备同其他语言的可比性，因为很多语言状语定语本来就在后面，那还有什么补语而言？由于无法界定和没有可比性，因此"补语"无法充当一个具有普遍性的句法成分概念，补充关系也无法成为一种具有普遍性的句法关系。补充关系和修饰关系的区别难以在学理上说清。在汉语内部，补语也是一个对说清句法规律没有什么帮助的概念。真正有解释力、预测力的汉语句法规律，会使用补语的一些下位概念，如"结果补语""时量动量补语""处所补语"等，而很难使用作为总称的"补语"，定语、状语则是阐述句法规律时经常需要用到的概念。

另一方面，我们也看到，尽管"补语"不具备语言内的同质性和语言间的普遍性，但是它在现代汉语里还是一个无法简单取消的概念。这个问题比较复杂，有机会将另文讨论。简略地说，某些补语是在一定程度上已经同状语和某些谓语在句法上有所区别的一种成分，是从新到旧的信息结构规律和时序象似性一类的认知规律在现代汉语中语法化或者说句法化的产物。如何对汉语的补语进行分类分析，在各类补语和其他语言的相关成分间如何建立起可比性，这是现代汉语语法学界有待深入探索的问题［刘丹青（2000），尤其是陆丙甫（2004），已做过一些初步的思考］。

本文想说明的是，即使在现代汉语中存在暂时难以简单取消"补语"的理由，这些理由对古代汉语（主要指先秦汉语）来说也并不成立。在古代汉语中使用"补语"这个特设的概念，是有弊无利的做法。下面我们就将逐类比较古今汉语的相关成分，看看补语之设在古代汉语中引起的问题。

三、古代汉语所不存在的"补语"类型

本小节将先说明，现代汉语所说的"补语"类型，绝大部分在先秦

汉语中尚不存在，光这一点，就使得古代汉语设立补语的必要性大打折扣，后文则还将提出古汉语没有必要设"补语"的更重要理由。

现代汉语中被归入"补语"的成分，有下面 11 类：

1. 结果补语：打死、喝醉、拉长、说明白、打扫干净
2. 趋向补语：走来、躺下、开过去、提上去、爬起来、滚下去
3. 可能补语：走得远、跳不高、吃不下、说得清楚、洗不干净、装不了、填不满
4. 带"得"的副词性程度补语：好得很
5. 带"得"的谓词性情状-程度补语：唱得很动听、走得很慢、恨得要命、累得慌
6. 带"得"的谓词性结果补语：唱得哑了嗓子、累得倒在田里、漂亮得令人眩目
7. 带"得"的小句补语：说得大家都笑了、重得两个人也抬不动
8. 不带"得"的副词性程度补语：好极了（忙透了、累坏了）
9. 动量补语：打了一记、说了五次、跑了两趟、输了三回
10. 时量补语：飘了三天、聊了半个钟头、住了半年
11. 介词结构补语：走在大路上、住在农村、关到监狱中、取自民间、来源于生活

以上 1—9 种补语，在先秦汉语中都不存在。下面做简要说明。

1 类，结果补语，多数学者同意，先秦汉语中即使有表面相似的现象，如"扑灭、助长"等，其实也是并列或连动结构。动结式的形成，王力（1989：262）认为大约在汉代，而太田辰夫（1958/1987：197）根据一些更严格的句法测试，推断当晚至唐代才产生，梅祖麟（1991）在太田辰夫的基础上做进一步考察，推断动结式产生于六朝。以上还都是就有使成义的动结式而言的，至于没有使成义的动结式，出现得更晚。太田辰夫（1958/1987：199）指出"结果复合动词是由使成复合动词类推而来的，它的确立比较晚，直到唐代还几乎不用"。另有一点值得注意，很多学者并不将结果补语看作真正的句法成分，周迟明（1958，转引自梅祖麟 1991）及上引太田辰夫、梅祖麟诸学者都将动

结式归入"复合动词",因此并无专为结果补语设立句法上的补语的需要①。吕叔湘(1979/1984:86节)更明确指出,"走不了""走出来""提高""说清楚"等"这样的动词短语实质上是一种复合动词,只能作为一个造句单位,构成一个句子成分,不该分成两个成分"。由此也可以理解,吕先生主编的《现代汉语八百词》(1980)虽然使用补语概念,但动词带结果补语和趋向补语的结构分别称为"动结式""动趋式",而且在提到这两种结构的后一成分时,似乎有意避开了"补语"的叫法,而分别说成"作为动结式的第二个成分的动词和形容词"和"动趋式里的趋向动词"。假如吕先生认为它们是句法上的补语,尽可以简单地称之为"结果补语"和"趋向补语"。《现代汉语八百词》行趋繁避简之法,反映了吕先生不想将两者称为"补语"的态度。

2类,趋向补语,论者不像讨论动结式的那么多。太田辰夫(1958/1987:200)将趋向补语称为"趋向后助动词",认为"趋向后助动词是等立复合动词的后一部分虚化而成的……它的产生和使成复合动词有很深的关系,有的例子不能加以区分。但是无论如何,我认为单一的趋向后助动词的发达是在唐代"。由于趋向补语和结果补语在形式和功能上都有相当的共同点(如构成可能式),因此这两种结构的产生密切相关是很可信的,其产生时间也应很接近,当不会早于六朝。虽然有些书也举出了先秦汉语中的个别例子(如潘允中1982:238),但没有证据显示这个别例子不是一种连动式(或用太田辰夫的话说是"等立复合动词")。此外,将动结式看作复合词的学者也将动趋式看作复合词,而非句法结构。

3—7类,都是带结构助词"得"的补语,综合各家说法(潘允中1982:235;王力 1989;太田辰夫 1958/1987:370),"得"作为补语的标记不早于南北朝,可能更晚。因此,先秦时没有这些类别的补语是毫无疑问的。

---

① 在中古的一小段时间里,存在可以拆开的动结式,如"吹我罗裳开"等。这种动结式不能看作复合词,但这种格式存在时间不长,而且也可分析为兼语句,仍不需要专为此式设立句法上的"补语"成分。

我们也注意到，先秦汉语虽然没有带"得"补语句，但楚辞中有不少"（动＋）名＋之＋形"用例，其中有些"之"被认为与普通话补语标记"得"相当，因此需要讨论一下。

一类如"驾八龙之婉婉兮，载云旗之委蛇"。廖序东（1979/1995：110—114）比较了四种分析法（其中与本文相关的是将"之"分析为相当于补语标记的"得"），然后指出，唯一能解释所有同类例句的是"中心名词＋之＋形容词定语"的分析。廖先生特别指出，双音节形容词定语在《离骚》中只有这一种语序，没有"定语＋之＋中心词"的结构。这充分显示这种定语的后置是《离骚》语言（可能有楚方言成分）的常规语序。

另一类用例较少，如"揽茹蕙以掩涕兮，沾余襟之浪浪"。廖序东（1979/1995：114）认为这个"之""相当于现代汉语的'得'"，但同时又指出，对这些补语，古今的注译者都是用动词前的状语来解释、翻译的，如王逸的"沾濡我衣，浪浪而流"和郭沫若的"我的眼泪滚滚地沾湿了衣襟"。我们认为，这种译注不但说明这类所谓补语意义上其实与现代的状语更一致，而且联系前面"中定"结构的分析，更说明这是一种"中状"结构——既然定语在后仍是定语，没有另立名称，那么状语在后也仍是状语，完全没有必要另立补语之名，否则反而是双重标准、自相矛盾了。关于状语在后仍是状语，下文还要进一步分析。

此外，周法高（1961：160—161）举了程度词语前带"之"即"之至、之甚"的例子作为一种补语类型。可是，即使就用他的一些例子，也能明确显示该式不宜分析为动补结构，而是一种名词性单位做主语、判断谓语（表语）等。如（原加着重点的"补语"以黑体代替）：

　a. 孝子之**至**，莫大乎尊亲；尊亲之**至**，莫大乎以天下养。为天子父，尊之**至**也；以天下养，养之**至**也。（《孟子·万章上》）

　b. 是以夫事其亲者，不择地而安之，孝之**至**也；夫事其君者，不择事而安之，忠之盛也。（《庄子·人间世》）

　c. 既得人爵，而弃其天爵，则惑之**甚**者也。（《孟子·告子上》）

a 例中三个"至"被看作程度补语。可是，"尊亲之至"和上句不看作动补式的"孝子之至"显然是平行的相同结构，都是以"至"为中心语的名词性短语做主语，即"……的极点/顶点"，后面跟的谓语也完全是同样的结构"莫大乎……"，两者的区别只在其定语一为名词"孝子"，一为谓词短语"尊亲"。既然"VP/AP 之至"和"NP 之至"都是名词性成分，则后面两个"尊之至、养之至"乃至其他"VP/AP 之至"也当分析为名词性成分，尤其是"尊之至"与"尊亲之至"说的是同类事情，只是一为主语、一为表语（故带"也"）。名词性成分在古代汉语中可以做主语和名词性谓语（表语）。NP 做表语常带"也"，"VP/AP 之至"做表语也常带"也"。b 例，"孝之至"又与"忠之盛"完全对称。"忠之盛"显然是定中结构，"之"是定语标记，形容词"盛"为名物化的形容词，所以周著没有将"盛"分析为补语，那么上句的"孝之至"也是完全相同的结构。这些"至"不可能是程度补语。"VP/AP 之至"的分析也同样适用于"VP/AP 之甚"，况且当时"甚"做形容词谓语很常见（详下文第 8 类），它像"盛、至"一样在"VP/AP 之 A"中做名词化的中心词。（这种"甚"还可以带"者"，如例中的"惑之甚者"，上面的"忠之甚"也可以说成"忠之甚者"，显示这类结构整体上的名词性。这种"甚"不是真正的程度补语，其中的"之"仍是定语的标记。）

8 类，不带"得"的副词性程度补语，现代只有"好极了"一种组合。括号中的"忙透了、累坏了"虽然意义上表示程度，但"透、坏"是谓词性的，其本质上属于结果补语，只是借结果补语的形式夸张地表示程度，所以不算副词性的程度补语。古代汉语"极"没见到此类用法。常用程度副词"甚"倒有在形容词后的用例。但马建忠（1898/1983：229）已说明这种"甚"字实际上是"表词"（即形容词谓语）。他分析《史记》"丞相言灌夫家在颍川横甚"："'灌夫家在颍川横'七字，为读之起词，'甚'字其表词也。"当时"甚"字在谓语位置表程度的用法很常见，如马氏同页所举的"王之好乐甚""暴其民甚"。这种"甚"自身还能受副词修饰，并且与前面的谓词有句中语气词"也"隔开，更显其谓语性，如马氏同页所举的"鲁之削也滋甚"。"甚"还能用于主谓倒置的感叹句，如"甚矣，汝之不惠"。因此，古代汉语不存在程度副词直接在形容词后表程度修饰的结构。

9类，动量补语。古代汉语动量词不发达，动量成分多只以不带量词的数词形式出现。王力（1989：34）指出："在上古时代，行为的次数不用单位词来表示，而是把数目字放在动词的前面。"举例有"吾日三省吾身""子重、子反于是乎一岁七奔命"等。他还指出"行为单位词大约起源于南北朝时代"。先秦汉语倒确实有用在动词后的动量成分，不过这种动量成分前的整个小句首先要通过加"者"变成主语，动量成分虽然在意义上接近现代汉语的动量补语，但在句法上已经是谓语而不是什么补语了。如：

a. 楚王与凡君坐，少焉，楚王左右曰凡亡者三。（《庄子·田子方》）

b. 主人县布，堇父登之，及堞而绝之。队则又县之。苏而复上者三，主人辞焉，乃退。（《左传·襄公十年》）

10类，时量补语。时量成分在古代汉语中比在现代汉语中更多地前置于动词，当然也可以后置于动词。比较：

a. 甲子，新宫灾。三日哭。（《春秋·成公三年》）（《公羊传·成公三年》"庙灾三日哭，礼也"）

b. 齐人弑悼公，赴于师。吴子三日哭于军门之外。（《左传·哀公十年》）

c. 初，宣子田于首山，舍于翳桑，见灵辄饿，问其病，曰："不食三日矣。"食之，舍其半，问之，曰："宦三年矣，未知母之存否，今近焉，请以遗之。"（《左传·宣公二年》）

上面三例的时量短语都是表示动作延续的时量，语法意义是相同的，但语序却不同，有前（a、b）有后（c）。这些成分在普通话中都要放在动词后，说成"哭了三天、不吃三天了"（古代"三天"也泛指多日）等。可见，在古代汉语中，时量成分有语序灵活性。语序的改变不影响时量成分和谓语动词的意义关系和结构关系，正像当时数量成分在名词前后并不影响其与名词的结构关系，如"三马"和"马三匹"。

以上讨论现代汉语看作补语的共10类成分，前面9类成分都不存在于古代汉语中，只有第 10 类时量补语在古代汉语中有相近的成分，但该类成分在古代汉语中也可以自由地出现在动词前，在动词前后并没有改变其语义关系和结构关系，因此，也没有必要为此而设补语之名。当然，这是为了简化讨论。即使上面有些类型的"补语"存在于先秦汉语，通过下文讨论也可以说明没有必要特设"补语"概念。下面我们就重点考察一下古代汉语中比现代汉语更常放在动词后的一类成分：介词短语。其中获得的一些认识，也将适合于其他一些被分析为"补语"的结构。

四、后置介宾题元的状语性

经过上文的梳理，古代汉语真正以后置为主的所谓"补语"，就剩下谓词后的介词短语了。现在通行的做法是仿照现代汉语体系，将谓词前后的介词短语分别叫作状语和补语。下面我们将分析，这种观点放到人类语言的眼光而不是普通话或印欧语的眼光下，会产生一系列的逻辑矛盾和难以解决的理论困难，使汉语研究的概念系统无法与其他人类语言研究的总框架沟通，因而也使汉语研究的成果难以很好地为人类语言的普遍理论服务。

4.1 语序不是确定一种句法成分的标准

从跨语言的角度看，语序不是确定一种句法成分的性质的条件，因为同类的句法成分可以在不同的语言里位于不同的线性位置。如谓语核心可以位于句首（VSO 型，如爱尔兰语）、主宾之间（SVO 型，如英语）或句末（SOV 型，如日语）。主语可以位于句首（SVO、SOV 型）、动宾之间（VSO 型），或者在同一种语言里有句首和动宾之间两种位置（V_2 型，如德语主句），甚至句末（VOS 型，如马尔加什语）。不同类型的语言的谓语核心都有一些共同点（如以动词为主、可以带名词论元、是时体式等标记的载体、有些语言有和主语或宾语的一致关系等），主语也有一些共同点（如以名词为主，以施事论元为原型，在格系统中是最无标记的形态，在控制句内反身代词、省略和关系化等方面具有优先性），所以我们无法根据某个成分的语序来确定某个成分是不是谓语核心，而只能在根据其他条件确定了该语言的有关句法成分的常居位置后，才能进而确定该语言的语序类型。换言之，操作的程序只能是据成分定语序，而不是据语序定成分。

根据这一原则，我们来看介词结构。在任何语言中，介词结构共同的基本作用就是充当谓语动词的状语，为动词引进直接论元（即主宾语）以外的其他题元（即旁格成分），其性质的确定就以介词（前置词、后置词）为标记，它属于状语中的一个基本的小类，具有很大的普遍性。至于介词短语做状语的语序，在语言中有两种基本位置，一是后置于动词（如爱尔兰语、佤语以及以后置为主的俄语、壮语等，多属 VO 语言），一是前置于动词（如藏语、日语、朝鲜语等，多属 OV 语言），当然也有两者兼有的，如汉语、苗语，及一定程度上的英语等。用这个标准来看，古代汉语的介宾状语以后置为主，尤其是以最常用的前置词"于"为核心的介词短语，从甲骨文、金文到《左传》等先秦典籍，都是以后置于动词为绝对优势［参看何乐士（1992）、管燮初（1994）、郭锡良（1997）、张赪（2002）诸家的统计］。这是 VO 语言的正常状况，反映上古汉语在这一点上比现代汉语更符合 VO 和前置词语言的常规①。这本来是一个很正常的情况。可是，现在我们将动词后的介词短语说成"补语"，看成了一种不同于状语的句法成分，而在现代汉语中有些被划归"补语"的成分很难说是状语。这样一来，本来正常的情况反倒变得不正常了。我们要说，古代汉语介词短语，尤其是最常用、题元种类最多的"于"字短语，一般是不做状语的。这在语言学家听来是十分奇怪的表述，介词短语不能做状语还算介词短语吗？接下来要补充说，在古代汉语中，介词短语的主要作用不是做状语，而是做补语，因

---

① 根据 Dryer（1992，1999），在他查考的 625 种语言（Dryer 1999 扩展到 910 种）中，汉语是唯一的介词短语前置于动词为主的 VO 型语言。

为它们在动词之后。那么其他语言的学者自然有理由问：世界上已经查考的数百种 VO 语言的介宾状语都是在动词后的，古代汉语的介词短语在动词之后极其正常，说它们不是状语，那么它们和其他 VO 语言中位于动词后的状语有何区别呢？是不是 VO 语言的介词短语都是以不做状语为常的呢？我想，至此，所谓"补语"之说就很难回答了，因为不能再说"因为它们在动词之后"了，而它们介引动词的旁格题元的作用确实是与其他 VO 语言中动词后的介宾状语是一致的。[①] 假如我们说古代汉语介宾状语的正常位置就是动词之后，有些则可以在动词之前，则一切问题都迎刃而解，不再是问题了。此外，古今汉语的一大差别是介词短语的状语逐渐变成以前置于动词为主，这与某些壮侗语目前在汉语影响下正在发生的演变也是一致的。

4.2 介词短语做补语之说造成了与定中结构等分析原则的显著矛盾

本来状中结构像其他句法结构一样，都有两种语序可能，即"状＋谓"和"谓＋状"，就像与状语同为修饰语之一种的定语一样，也有"定＋名"、"名＋定"两种语序。在大量语言中，定语的位置并不固定在核心名词的一端，而是分散在两端。如英语领属格、单个形容词、光杆名词等做定语在名词前，形容词短语、介词短语、分词及分词短语、关系从句做定语在名词之后，例如 (his new) book (written in French with a pretty cover)（他的用法文写的封面很漂亮的新书）、(my research) assistant (good at computer, who likes to play basketball)（我的喜欢打篮球的擅长电脑的研究助理）。再比较下面的景颇语定名结构（戴庆厦、徐悉艰 1992：326—327）：

[①] 当然，有些介词短语能前能后，如"易之以羊"和"以羊易之"，在前在后时其语篇功能等有些不同，这并不改变它们的句法成分性质。这在其他语言中也是常见的，如英语的介词短语有时也能在动词前（尤其是主语前），由此造成的语篇功能也有差异，但没有认为它们属于不同的句法成分。其他状语也有这种情况，如英语 clearly speak 和 speak clearly 语篇功能也有差异，但它们都是状语则是无疑的。

a.（an²hte a¹ grai¹ tsom¹ ai Jing¹hpo¹） hking¹
　　我们　的　很　美丽　的　景颇　　服饰
　'我们的很美丽的景颇族服饰'

b.（nu³ a¹ ga¹ja ai） ma¹nang
　　母亲　的　好　的　朋友
　'母亲的好朋友'

c. jong¹ma¹（ga¹ja ndai the）
　　学生　　　好　这　些
　'这些好学生'

a、b 两句中定语都在名词前，c 句定语在名词后，而且同样表示好的形容词 ga¹ja 在 b 句中前置，在 c 句中后置，这与古汉语某些介词短语既能前置又能后置的情况相同。上面这些语言中定语在核心的前后都被称为定语，并没有另外归为一个区别于定语的句法成分。状语包括介宾状语在不同语言中或同一语言中分别置于动词前后，是自然常见之事。假如介词短语后置就不算状语，而要改称补语，而定语在名词之前之后却仍然是定语，这显然是一种自相矛盾的做法，为科学方法所不取。此外，古代汉语中是否存在后置定语仍有不同看法。至少吕叔湘（1942、1944/1982：78）、周法高（1961）等学者认为古汉语中存在后置定语，如"禘自既灌而往者，吾不欲观之矣"（《论语·八佾》）、"请益其车骑壮士可为足下辅翼者"（《史记·刺客列传》）、"士卒堕指者什二三"（《史记·高祖本纪》）等例中的画线部分，吕叔湘认为是"加语"（定语）移在"端语"（中心语）之后的手法，周法高将此类归入"后加的形容语"。假如古汉语真有后置的定语，而并未看作定语以外的成分，那么将后置状语排除在状语之外就更无道理了。

4.3 将正常的后置介词短语看作补语将引出一系列难以接受的推论

在 VO 类语言中，介词短语做状语的正常位置是在动词后。假如用普通话的眼光来处理古代汉语，介词短语仅仅因为后置于动词就看作另一种句法成分即补语，那么类推到其他现象上更会产生显然无法接受的结论。

例如，德语、瑞典语等疑问句中主语要位于谓语动词之后，是否这时就不能再叫主语，而要另取名称？在 VSO 型语言（如爱尔兰语）中，本来主语正常位置就在动词之后，那么是否这些语言就没有主语而要给动词后的施事成分等另取名称？更有意思的是佤语，该语言的主语有动词前和后两种位置（即兼 SVO 和 VSO 两种类型），受语体类别（叙述体还是对话体）的影响（参阅颜其香、周植志 1995）。按介词短语在动词前后分别看作状语和补语的做法，是否要取消佤语动词后主语的主语资格，另造一个名称？世界上有 45% 左右的语言是 SOV 语言（如藏语、蒙古语、日语），假如只有动词后的宾语才叫宾语，那么是否这些语言中的宾格名词就因为不在动词后而不再是宾语，要归入另外一个成分？显然，没有人会对以上问题给出肯定的回答，因为其肯定回答显然是无法接受的甚至是荒谬的。那么，把谓词前后的修饰语分别归入不同的句法成分（状语和补语），也是完全相同的处理，也是无法接受甚至荒谬的。

4.4 将后置介宾状语看作补语造成了语言之间甚至古今之间的不可比性

所谓语序类型的差异，就是说同一种成分在不同语言中有不同的位置，成分相同是语序比较的前提。比如，现代汉语动词前的"把"字宾语虽然是受事，但是句法上它不被看作宾语，所以不改变汉语 SVO 的类型属性，比较的时候我们还是将无标记的 SVO 句式与其他语言的带宾句比较。所以，说现代汉语和英语的语序差别之一是介宾状语的前置为主还是后置为主，首先也认定了两者都是状语。假如我们说古代汉语介词短语在动词后不是状语而是补语，那么它就不能跟英语的介宾状语做比较了，因为两者根本不是同一成分。本来，古代汉语和英语在介词短语的语序类型上是很接近的，而补语之说却使这两种同类现象不再可比。而要别扭地说，英语介宾状语在动词后，古代汉语介宾状语在动前，动词后的介词短语因为属于补语而无法加入比较。这显然是扭曲语言事实的。语序类型的历史演变，也是以同一成分为参照的。现在大家都承认古今汉语的一大语序演变是介词短语位置由后至前的历史性移位，许多人对此进行了研究。可是，这一认定实际上是以移位前后属于同一句法成分为前提的。假如在前是状语，在后是补语，两者就是不同的句法成分，也就不存在可比性，谈不上语序演变问题。

五、小结与余言

上文的分析表明，现代汉语普通话语法体系所称的"补语"，在以先秦时期为代表的古代汉语阶段绝大部分类型还不存在，这类意义在当时是用其他结构形式来表现的。有个别小类的所谓补语（时量补语）是与动词前状语功能相当甚至可以自由变换的成分，只是一种后置状语。只有介词短语，在古代汉语中确以后置为主，这也正是 VO 语言介宾状语的正常位置。仅仅因为它们不在动词前就另造一个句法成分，无论从跨语言比较还是从语法内部的分析来看，都将引出一系列难以接受甚至荒谬的结论。因此，后置介词短语是正常的状语，不是什么补语。对后置介词短语的这种分析，也适合于其他具有状语性质的后置成分。

对所谓"补语"的套用，不仅影响古代汉语，也影响汉语方言语法和少数民族语言的研究。假如抛开普通话眼光，那么可以看到，像粤语"你走先、食碗添"等说法，是比普通话的"你先走、再吃一碗"更典型的 VO 语言中的状中结构，因为 VO 语言的状语更常是后置的。它们和普通话所说的补语的句法表现和语义作用也非常不同。现在有些人将这些结构也分析为动补结构，是非常不妥的。至于少数民族语言套用"补语"所造成的混乱可能更为重要，特别是状语本来以后置为主的壮侗语，硬套了补语概念后，引起很大的麻烦，因为或者该语言成为基本不存在状语的"怪语言"（不套汉语语法时一点也不怪），或者无法区分同在动词后的成分何为补语何为状语，因此一些壮侗语学者已经对前状后补的处理提出了质疑,如梁敏、张均如(1996:867)提到:"按照汉语的语法体系,在谓语前面的都是状语,在谓语后面的都是补语。在分析侗台诸语言的语法时,如采用同样的原则似乎有些不妥……我们倾向于把补语(补充成分)的意义限于趋向、结果、数量几类,除此之外都是状语,这样,在谓词的前面和后面都可以有状语(修饰成分)。"虽然梁、张二先生没有就他们的提议进行论证,但据我们的初步分析,这不失为一个较好的权宜处理办法。

本文对"补语"定名的讨论,不仅仅是一个术语问题,而是想通过这个问题的讨论,在古代汉语和汉语史领域增强以人类语言的共性和差异为参照系的语法观念,尽量克服单纯以英语等少数印欧语的眼光或普通话的眼光来硬套古代汉语。汉语是世界上少数的连续性语言材料最悠久、最丰富的语言之一,古代汉语和汉语史的研究是有望为普通语法学尤其是历史语言学做出重要贡献的领域,这也是汉语史学者义不容辞的使命。以人类语言的共性和差异为参照系来观察分析古代汉语语法及汉语语法演变史,应当是这种贡献的一个起步的基础。

本文得出的古代汉语不需要补语概念的结论,并不意味着可以马上取消现代汉语中的补语概念。事实上,这一结论让我们注意到中古以后的汉语出现了种种被归入补语的现象,从而凸显了古今汉语重大的类型差别;这一结论还促使我们思考,为什么这些现象目前还难以靠简单地取消补语概念来解决?启用这个没有普遍性的概念的理由是否充分?如果用普遍性概念来取代或解释中古至现代的汉语中的所谓补语,我们还有哪些工作要做?需要再次强调的是,现代汉语所谓补语的类别之间差异很大,并没有统一的句法和语义性质,难以简单地归入同一种句法成分。对它们进行句法上的定性,正是中古以后的语法史研究和现代汉语语法研究今后的一项重要任务。

参考文献
戴庆厦、丛铁华、蒋颖、李洁 2005 《仙岛语研究》,北京:中央民族大学出版社。
戴庆厦、徐悉艰 1992 《景颇语语法》,北京:中央民族学院出版社。
丁声树等 1961 《现代汉语语法讲话》,北京:商务印书馆。
管燮初 1994 《左传句法研究》,合肥:安徽教育出版社。

郭锡良 1997 介词"于"的起源和发展,《中国语文》第 2 期。

何乐士 1992 《史记》语法特点研究,《两汉汉语研究》,程湘清主编,济南:山东教育出版社。

黎锦熙 1924/1933 《新著国语文法》,北京:商务印书馆。

梁 敏、张均如 1996 《侗台语族概论》,北京:中国社会科学出版社。

廖序东 1979/1995 《楚辞语法研究》,北京:语文出版社。

刘丹青 2000 粤语句法的类型学特点,香港《亚太语文教育学报》第 2 期。

刘丹青 2003 语言类型学与汉语研究,《世界汉语教学》第 4 期。

陆丙甫 2004 可别度领先在汉语中的种种表现——浅论现代汉语语序的本质特点,《庆祝〈中国语文〉创刊 50 周年学术论文集》,北京:商务印书馆。

吕叔湘 1942、1944/1982 《中国文法要略》,北京:商务印书馆。

吕叔湘 1975/2002 《试论补语》,《吕叔湘全集》第十三卷,沈阳:辽宁教育出版社。

吕叔湘 1979/1984 《汉语语法分析问题》,《汉语语法论文集(增订本)》,吕叔湘著,北京:商务印书馆。

吕叔湘(主编) 1980 《现代汉语八百词》,北京:商务印书馆。

马建忠 1898/1983 《马氏文通》,北京:商务印书馆。

梅祖麟 1991 从汉代的"动、杀""动、死"来看动补结构的发展——兼论中古时期起词的施受关系的中立化,《语言学论丛》第十六辑,北京:商务印书馆。

潘允中 1982 《汉语语法史概要》,郑州:中州书画社。

太田辰夫 1958/1987 《中国语历史文法》,蒋绍愚、徐昌华译,北京:北京大学出版社。

瓦 罗(Varo, F.) 1703 《华语官话语法》,姚小平、马又清译,北京:外语教学与研究出版社,2003 年。(初版西班牙文 Arte de la Lengua Mandarina 成书于 1682 年,1703 年于广州出版。)

王 力 1943—1944/1985 《中国现代语法》,北京:商务印书馆。

王 力 1989 《汉语语法史》,北京:商务印书馆。

颜其香、周植志 1995 《中国孟高棉语族语言与南亚语系》,北京:中央民族大学出版社。

张 赪 2002 《汉语介词词组词序的历史演变》,北京:北京语言文化大学出版社。

周法高 1961 《中国古代语法·造句编》,台北:"中研院"史语所专刊 39。

Dryer, M. S. 1992. The Greenbergian word order correlations. *Language*, 68 (1), 81-138.

Dryer, M. S. 1999. Word order in Sino-Tibetan Languages from a typological and geographical perspective (draft).

Kortmann, B. 1999. Typology and dialectology. *Proceedings of the 16th International Congress of Linguists* (CD Rom). Amsterdam: Elsevier Science.

(原载《汉语史学报》,2005 年第 5 期)

语法化中的更新、强化与叠加[*]

零、小引

更新、强化、叠加，都是在语法化进程中出现的相关现象。通过几年来的介绍、研究（如孙朝奋 1994；刘坚等 1995），汉语历史语法学界对语法化中的语义虚化、语音弱化、重新分析等现象已经比较熟悉。而本文讨论的上述现象，虽然还讨论得不多，但却同样是语法化过程中必然伴随的现象，而且体现了语法化进程中更加复杂的一面。对更新、强化、叠加等现象的了解与认识，有利于建立更全面的历时语法化理论。本文将借鉴国外语法化理论中的有关论述，结合汉语实际，对这组现象做一点初步分析。

一、更新现象

1.1 何为更新

更新 [Hopper & Traugott（1993:10, 121）称为 renewal；Lehmann（1995: 21, 95）称为 renovation] 指用较自主的单位取代更虚化的单位起同样或类似的语法作用。这是语言里一种十分常见的现象。汉语中用当时还比较实在的"在、对、向、被、比"等取代上古很虚化的介词"于/

---

* 本文曾在第九届全国近代汉语学术研讨会（温州，2000 年 10 月）宣读，另蒙吴福祥先生多所指正，谨致谢忱。

於",就可归入此类:

(1) a. 季氏旅<u>於</u>泰山。(《论语·学而》)(於 → 在)
b. 与其媚<u>於</u>奥,宁媚於灶,何谓也?(《论语·学而)》(於 → 对,向)
c. 季氏富<u>於</u>周公……(《论语·先进》)(於 → 似,比,过)
d. 谷阳竖献饮<u>於</u>子反……(《左传·成公十六年》)(於 → 予,给)
e. 昔吾畜<u>於</u>赵氏,孟姬之谗,吾能违兵。(《左传·成公十七年》)(於 → 被)

在《左传》和《论语》成书的年代,对应于"於"的左边这些词基本上都只有实词(动词)用法,但后来它们或早或迟都语法化为介词,分别表达原来由"於"表示的某种功能,这便属于更新现象。到现代汉语中,这些词项都已成为典型的前置介词。当然"于/於"被更新不仅是虚词词项的更新,还涉及语序演变:有些介词短语的位置由动词后变成动词前。

更新现象本身比较简单,不过,更新现象的前因和后果却很值得探讨。既然语言中已经有一定的虚词用于相关的语法范畴,为什么说话人还要更新,用新要素取代旧要素?更新现象会给语言带来什么样的变化和影响?下面试略做分析。

1.2 更新现象的新奇性动因

从说话人角度讲,有些更新可能源于人类语言交际的一种重要倾向:用新颖的说法取代陈旧的说法以取得更强的语用力量(Lehmann,转引自 Haspelmath 1998:319)。所谓"语不惊人死不休",说的正是这个道理,只是诗歌对新奇性的追求更甚于普通语言而已。追求新奇也是实词词义发展演变或实词词项新旧交替的常见原因,例如有"日"不用而改说"太阳",舍"行路"而启用"走路"等。因此,实词的更新和虚词的更新本质上是相通的。

最能体现这种更新的是程度副词,因为程度副词有较强的语用功能，用"旧"了的词难以发挥这种功能，需要用新词来唤起听话人的注意（参阅 Hopper & Traugott 1993：121）。（2）中各例仅是对汉语常用程度副词更新链的一个粗线条的勾勒：

（2）a. 王占曰：<u>大</u>吉。(《甲骨文合集》35855)（张玉金 1994：75）
　　　b. 我朱<u>孔</u>阳。(《诗经·豳风·七月》)
　　　c. 臣之罪<u>甚</u>多矣。臣犹知之，而况君乎？(《左传·僖公二十四年》)
　　　d. 忽见一人，形状<u>甚</u>伟，被甲持刀。(《搜神后记》卷五，51)
　　　e. 逊遣人牵船，过一渡，施力<u>殊</u>不便……(《搜神后记》卷五，51)
　　　f. 水澳多船数有相触，惊怕<u>殊</u>多。(《入唐求法巡礼行记》卷一，4月1日条)
　　　g. 玉馔珍奇，<u>非常</u>厚重……(《游仙窟》)
　　　h. 唐太宗是唐家<u>很</u>好底皇帝……(《吴文正集·经筵讲义》)
　　　i. 他操的心还<u>怪</u>多的！（张贤亮《绿化树》）
　　　j. 这是真正的"约克崽"，优良品种，<u>特</u>通人性，特讲卫生……（莫言《师傅越来越幽默》）
　　　k. 对象是昌平某村的，穿着毛蓝褂子，脸蛋儿<u>倍</u>儿红。（网络散文）

据张玉金（1994），甲骨文中程度副词只有"大"一个。周代以后开始出现其他程度副词，如"孔"，但并没有广泛使用。至迟从春秋起，程度副词"甚"出现，但当时其形容词用法仍多于副词用法，如《论语·卫灵公》"民之於仁也，<u>甚</u>於水火"。"甚"逐渐成为后世文言的基本程度副词，算比较长寿，但在口语中其实早已式微。今天汉语各大方言区似不见以"甚"为区内主要程度副词的，是否有个别小方言残存"甚"则有待考察。中古时期，"殊"作为程度副词相当常见，如今也只偶见于文言语体。至晚到唐代，"非常"出现了，但数百年间"非常"的形容词用法仍比副词用法常见。直到现代汉语中才成为最常用的程度副词之一。近代汉语中"很"又作"狠"，曾有强调色彩，后来色彩淡化成为基本程度副词,沿用至今,字也只用色彩淡化的"很"了。程度副词的更新仍然没有停止,后来出现的"怪",当代北方口语中"特、倍儿"等只是更新例子中的一小部分而已。

以上副词大多经历"强调—常用—淡化—淡出"的兴衰过程。较晚起的"很、非常"等虽然还没有走完此路,但确实已经开始受到更新形式的挤压了,除了北方话本身的新生程度副词,目前还受到南方话"好"的强力竞争,比如把"很高兴"说成"好开心"。

1.3 更新现象与语法化损耗

虚词更新的动因不仅在于对新奇性的追求。我们知道,语法化重要特性之一是单向性,即由实到虚,而不会由虚到实。而且,语法化在单向的道路上是永不休止的。一个实词一旦开始语法化,那么它就踏上了语义虚化、句法泛化、语用淡化、语音弱化的不归路,由不足语法化(保留部分实义的半虚化),到充分语法化,到过度语法化[①],直到表义功能趋向于零、句法功能似有似无、语音形式走向消失。江蓝生(1999)就通过历史和方言比较揭示了"着"由实到虚到零的历程。这类现象可称为语法化损耗。这一性质决定了虚词语法化到一定程度总会因损耗而失去作用。更新现象,正是一种抵消语法化损耗的有效机制。

比如,据郭锡良(1997),"于"在商代文献中兼属动词和介词,介词用法仅限于时、地、对象数端,其他用法都要到周代后才逐渐发展出来。到春秋时,"于"就开始呈现过度语法化的迹象,表现为功能负荷过分多样。通过更新,一批动词先后虚化为前置词,原来"于/於"所负载的处所、源点、终点、对象、比较基准、原因、与事、施事等题元意义分别由"在、从、予/给、对、比"等不同的新生虚词表示,保证

[①] 不足语法化(under-grammaticalization),充分(full-)语法化和过度(over-)语法化的概念是笔者在与张伯江先生讨论尝试范畴语法化的通信中提出来的,详细解释见张伯江、方梅(1996:153)脚注4。

了口头和书面交际的效率。

再来看温州方言的"里"。"里"在温州话中是一个高度语法化的后置词。它完全没有单用能力，而且其语义和句法搭配面已经泛化到普通话需用"上"等表示的场合，如：

（3）黑板里｜（把事情推到）会计头里｜（带钱在）身里_{身上、身边}

正因为"里"已经充分甚至过度语法化了，所以当需要明确表示"里面"的意义时，温州话倾向于采用更新形式"底转"来代替原来的"里"，如：

（4）a. 房间底转点一只灯。

　　　b. 逮渠_{把他}关拉_在屋宕底转_{家里}。

　　　c. 鸡汤底转你再加倷儿_{点儿}盐。

如果不需要突出"里边"的意义，上述句子中的"底转"也可以换用"里"，如"房间里、鸡汤里"等。但是，"里"用于泛指处所的场合，就不宜换用"底转"，因为这些场合排斥"底转"所含的更加明确的"里边、内部"之义，如：

（5）a. 老师宿_在黑板里写字眼。

　　　b. 勿_别逮把倷_些鏖灶物事_{脏东西}掼_扔河里。

　　　c. 你着_要带倷儿_些钞票园_放身里。

由以上"于"和"里"的例子可以看出，更新可以弥补过度语法化带来的语义损耗，在需要时表达更加确切的语义。当然，具体到特定的单位，某些更新可能源于追求新颖性的动因，不一定等到虚词极度虚泛时才发生。但是，弥补语法化损耗的功能确实使更新现象容易得到语言的认可而获得成功，因为言语中也有很多更新现象不被语言接受。例如，"日、月"曾分别在某些场合被"太阳、太阴"代替，但只有"太阳"对"日"的更新被汉语接受，而"太阴"从未真正在汉语里取代"月"或后来的"月亮"。个人或群体言语中的虚词更新也会有不少是未被语言接受而昙花一现的，具有弥补损耗作用的更新则是语言优先"录用"的对象。

二、强化现象

2.1 强化的性质与类别

语法化中的强化（reinforcement）指在已有的虚词虚语素上再加上同类或相关的虚化要素，使原有虚化单位的句法语义作用得到加强。Lehmann（1995：22）指出当虚化成分过分弱化时，更新和强化是保存语法力量的两种选择。换言之，强化也是抵消语法化损耗的有用机制。

先从西方语法化理论著作常举的英语 on top of 谈起（见 Lehmann 1995：75；Haspelmath 1998：316），这是一个典型的强化例子。现代英语的 on 是个高度语法化的前置词，语义上相当于汉语中的后置词"上"或框式介词"在……上"，其原型义是"在物体的上方表面"，但引申出的语义域极其宽泛，如 on the wall（在墙上）指表面而不指上方，on Monday（在星期一）表日期，on grammaticalization（论/关于语法化）表示论题、on sale（减价中）和 on leave（休假中）指时间上的进行状态，on that condition（在此条件下/以此为条件）表示抽象的相关性，等等。因此，当说话人真想强调在某物上方表面时，会觉得 on 的意义太宽泛，所以会选用 on top of 这样在 on 的基础上增加词汇性成分组成的复合介词（字面上是"在……顶上"）。比较 Lehmann 所举的一对例子：

（6）a. Peter is standing on the table. '彼得站在桌子上。'

　　b. Peter is standing on top of the table. '彼得站在桌子的上面。'

（6a）是一般的表述，而（6b）的意义更加明确，明示所站位置是桌子的上方而不是常规的桌子的边上。人们把 on top of 看作复合介词，而不是按字面把 top（顶）看作受 on 支配的介词宾语，因为这一组合中的 top 已经开始虚化。意义上它比"顶"的词义宽泛，例如 on top of the table 无法译成"在桌子顶上"。语法上，top 不带定冠词，已经偏离了真正的名词性，而真正表示"顶"的名词在受到 of 短语修饰时必须带定冠词，比较 on top of the house（在房子的上面）和 on the top of the house［在房子的（最高处）顶上］①。

更新是新旧相替，而强化涉及新旧并存，而且新旧形式的表义作用及句法性质都可能相差较大，因此其表现形式更加复杂。本文参考已有的论述，通过对汉语事实的观察，把强化现象大致分为四类。on top of 一例代表了其中一类，不妨称之为具体强化，即用更加具体的词项来强化较抽象的语法化程度更高的单位。汉语的例子如表物疑问代词"何"后再加"物"构成"何物"，意义未变但指物的意义更加明确。第二类是同义强化。其中有的是同义并列强化，即将几个同义的虚词加在一起构成一个同义的新虚词。如并列几个假设连词构成的"倘若、藉第令"，由两个补语标记并列而成的"得来"（见刘坚等 1992：146）等。并列强化既符合虚词强化的普遍趋势，又符合汉语词汇双音化及多音化的趋势，两流相汇其势益盛，因而在汉语史上特别多见，尤其突出地表现在副词、连词等词类上。另一类是同义框式强化，如"像……似的"由一前一后两个比拟性虚词强化成框式介词，"假如……的话"由前后两个假设虚词强化成框式连词。第三类是连接强化，即在表达句法关系的虚词上再加上起连接作用的虚词，如元曲中经常在一些前置词短语后用带有连接词作用的"来"，帮助前置词把有关的题元介引给动词，如（引自何乐士 1992：46）：

（7）a. 我也曾把一个邓天王来旗下斩。（《关汉卿戏曲集》2.738）
　　　b. 望得无人拾，将这草科儿遮，将汝食来喂些。（同上 1.296）

这类强化的存在主要是因为汉语介词短语主要在动词前，同时使用前置词为主，使介词不在中介位置，不符合人类语言的常规。连接性成分是为了弥补中介位置的空缺。连接强化虽然也表现为框式虚词结构，如"把……来"（比较现代汉语"用……来"），与同义框式强化有共同

---

① 事实上与 on top of 结构类似的 in front of（在……前面），因为语法化程度更高，教学语法教材也早把它收为复合介词。不过 in front of 的意义跟 in 相差很大，实际上是作为补偿 before（在……之前）而不是 in 的新形式出现的，所以 in front of 无法看作强化的例子。

点,但其后一个虚词只有结构连接作用,没有语义标记作用。而同义框式虚词的前后两个虚词属同类语义的不同标记,如"假如……的话"中的两个虚词都表示假设条件。最后,第四类是焦点强化,即在有关虚词上加上焦点标记以示强调,并发展为固定的强调形式。如"何物"前加上焦点标记"是"构成"是何物",成为"是物"(＝什么)的前身(详2.3节)。

限于篇幅,本文只能讨论强化中的第一类即具体强化和第四类即焦点强化。第二类同义强化中的并列强化,已有不少论著涉及(如王海棻1991)。同义强化中的框式强化情况复杂,需专文讨论。第三类连接强化要结合语序发展的大背景来详细研究,容另文讨论。

2.2 具体强化

西方语法化著作中讨论的强化现象,大多属于具体强化。因为语法化的趋向是虚词的意义越来越抽象空灵,使虚词的信息量逐渐降低,因此到一定阶段便会促使虚词带上更具体实在的成分以使意义更为明确显豁。

在中古到近代的发展中,疑问代词"何物"的出现就是一个具体强化的例子。"何"是一个老资格的表物疑问代词,区别于表人的"谁／孰"、表处所的"安、焉"等。在疑问代词中,"何"是最基本最无标记的,它除表物外还表方式、程度、原因等。通过与各种语素的组合,它又可以进入其他代词的语义域,例如,"何人＝谁""何处／何地＝安／焉",此外还有"何时、何等、何如／如何、何为／为何、何以、何故"等。而其他语义域的代词不能反过来进入它的语义域。随着一些上古疑问代词逐渐淡出,"何"的作用愈益广泛,语法化程度也逐渐深化,表物的本义随之损耗。在这样的条件下,通过"物"字的添加强化其表物功能是最自然不过之事。"何物"一词便在中古时期[据柳士镇(1992:180),约汉末至魏晋间]应运而生。这就是具体强化。

"何物"成为新的表物疑问代词。但它一旦开始从名词性短语到代词的语法化历程,自身也无法避免进一步语法化。语法化的表现之一是人们逐渐不再感觉到它和名词"物"的联系,所以出现了"何勿"等书写变体[①]。表现之二是可以充当定语,被修饰者不限于人以外的"物",例如著名的"何物老妪"一语。不过,柳士镇(1992:180)强调,"'何物'在充任定语时,与被修饰的名词一起,常常含有蔑视、鄙夷或训斥的意味"。严格地说,这种贬义并不一定同定语位置有关,而同被修饰者为指人名词有关,因为"何物"修饰指物名词时并无贬义,如吕叔湘(1985:129)举的《北齐书》例"何处龙见?作何物颜色?"。可见,一方面,"何物"已经虚化为一个疑问代词而不复为一个疑问名词短语;另一方面,"何物"仍保留一些表物的意味,所以在用于人时有贬义产生。

介词发展中也有具体强化现象。上文说到上古汉语的多功能前置词"于/於"逐渐被多个后起前置词更新。实际上,"于"也可能以被强化的形式出现。例如,在表示处所题元时,"在"不但可以取代"于",也可以加在"于"上组成复合介词"在于",尽管它不如单用"在"常见(动词性的"在于"更常见)。"在"的处所意义比"于"具体明确,所以这也属于具体强化现象。比较:

(8) a. 椰树,……实如瓠,系<u>在于</u>巅……(《齐民要术》卷十"椰三二")

b. 吴为三军以系<u>于</u>后……(《左传·昭公二十三年》)

(9) 时有库司典座僧,<u>在于</u>众前读申岁内种(种)用途帐,令众闻知。[《入唐求法巡礼行记》卷一(十二月)廿九日]

例(8a)"在于巅"做动词"系"的处所补语,而在《左传》时代"系"的处所补语单由"于"介引,如(8b)。(9)是唐代文献中"在于"在

---

① 吕叔湘(1985:128)认为"何物"之"物"不是"万物"之"物",而应解作"等类、色样","何物"即"何等、何种",以此解释"何物"做定语的情况。我们觉得此"物"就是"万物"之"物"。"何物"因虚化而"物"义淡化做定语是很正常的,因为语法化的特点就是语义虚化。虚化以后可以再被强化,于是有"何物"后再加名词的情况。参阅2.3节的进一步讨论。反过来,作"何等、何样"讲,就很难解释"何物"做名词用的情况,如《世说新语·言语》"……于坐问张:'北方何物可贵?'张曰:'桑椹甘香,……。'"又如《世说新语·雅量》"沈令起彷徨,问:'牛屋下是何物?'"说这些"何物"本无"物"义,由"物"的"等、类"义转指"物"义,似嫌迂曲。理论上,由虚变实也不太合理。

动词前介引处所题元的例子。跟"在于"类似的有"到于",是用明确表终点义的"到"强化本来也能表终点的"于",比较:

(10) a. 他人也把那不顺理的言语加<u>到于</u>我。(《鲁斋遗书·大学直解》)

　　b. 如不欲前面的人以不善待我,便以我的心度量后面的人,也不敢以此不善先加<u>于</u>他。(《鲁斋遗书·大学直解》)

　　c. 山木如市,弗加<u>於</u>山;鱼、盐、蜃、蛤,弗加<u>於</u>海。(《左传·昭公三年》)

(11) 次日,<u>到于</u>果园扎营。有管园官员将果品等物来见。(《正统临戎录》)

(10a)的动补结构是"加到于我",同一文献中也有单用"于"的例子如(10b)的"加于他",可见"到于"由"到"加在"于"上而来。在先秦时只有单用"于"的形式,如(10c)。(11)是元代文献中用"到于"在动词前介引终点题元的例子。

当然,动词性的"在于"早在先秦汉语中就存在,这跟"在于"整个做前置词有很不相同的结构。试做结构分析如下:

(12) a. 不度<u>於</u>善,而皆<u>在於</u>凶德,是以去之。(《左传·文公十八年》)

　　b. [$_{VP}$ 在 [$_{PP}$ 于 [$_{NP}$ 凶德]]](VP、NP、PP分别表示动词短语、名词短语和介词短语)

(13) a. 椰树,……实如瓠,系<u>在于</u>巅……[＝例(9)]

　　b. [$_{VP}$ 系 [$_{PP}$ 在 [$_{PP}$ 于 [$_{NP}$ 巅]]]]

　　c. [V_P 系 [$_{PP}$ 在于 [$_{NP}$ 巅]]]

(12)是由"在"做动词短语VP的核心("在"与上句"度"对应),"于"是介词短语PP的核心。(13)是由"系"做动词短语的核心,"在"介引处所题元充当介词短语的核心。但请注意,此式的特殊之处在于前置词"在"所支配的不是一个名词短语NP,而是另一个前置词短语PP即"于巅",如(13b)所示。从共时语法状态来说,这似乎是难以置信的,汉语语法著作中似未见过这种介词支配介词短语的分析。然而，从语法化的角度看，这是强化现象的正常结果。只是因为共时分析很少顾及语法的动态性，所以忽略或回避了这种现象。不过，（13b）这种结构毕竟不是常规现象，只能作为强化后的过渡现象而存在。经过一定的阶段，（13a）就会出现重新分析，"在于"成为一个复合前置词，于是整个结构就应分析为（13c）。

"在"是作为强化成分加在原有前置词"于"上的。但"在"类词一旦成为前置词，本身也面临进一步的语法化，从而诱发新的强化，出现"虚化—强化—再虚化—再强化"的交替过程。请看吴语中的例子。

苏州话中与"在"相当的词是"勒"，早期有"拉、来"等舒声形式。"勒"跟普通话"在"一样为动词兼处所介词，但作为前置词，其语法化程度显然比"在"高一些。看例：

（14）小张勒_在图书馆里。

（15）小张勒_{本子浪}在本子上写字。

（16）小张勒_{学堂里}从学校里转_回来。

（17）田鸡跳勒_到戤盘里——自称自赞。（当地歇后语）

（18）从前有人送活鱼勒_给郑国子产。（郊区话或旧时市区话）

"勒"在（14）中做存在动词，在后面各句中做前置词，其中在（15）中为静态处所标记，在（16）中为起点/源点标记，在（17）中为终点标记，在（18）中为与事（接受者）标记。用处所标记兼表与事也正是上古汉语"于"的特色，比较：

（19）昔者有馈生鱼於郑子产……（《孟子·万章上》）

以上诸句中，（16）、（18）的用法为普通话"在"所无。（17）的用法普通话也能用"在"，但更常用"到"；而苏州话用"勒"更自然，所以熟语选择"勒"而非"到"。"勒"的使用范围已经接近古汉语"于"，而超出了普通话的"在"。正因为"勒"的语法化程度较高，所以也诱发了强化现象。下面分处所和与事两路来讨论。

表示处所的"勒"，不管做动词还是前置词，在当代苏州话中都常常被加上"蹲"说成"蹲勒"。上述（14）、（15）两句都能换用"蹲勒"，如：

（14'）小张蹲勒_在图书馆里。
（15'）小张蹲勒本子浪_{在本子上}写字。

苏州话"蹲"作为动词除了下蹲义外，本来已有接近普通话"待"（呆在那儿）的义项，由此虚化出表示处所的"蹲"。（14'）可有两种译法，一为"小张待在图书馆"，二即"小张在图书馆"。这个"蹲"是介于普通话"待"和"在"之间的动词。（15'）句意义完全等同于（15），其中的"蹲"已不能译成普通话"待"（*他待在本子上写字）。"蹲"也不能单独译成"在"，否则成了"小张在在本子上写字"。只能是"蹲勒"合起来译成"在"，即"小张在本子上写字"，"蹲勒"因而成为像中古近代汉语中"在于"一样的复合前置词。另一方面，"勒"的其他用途，如用作起点标记、终点标记、与事标记等，都不能用"蹲"来强化，显示"蹲"作为强化成分意义上比被强化的"勒"具体，符合具体强化的常规。有趣的是，虚化为复合介词的"蹲勒"本身又进一步语法化，形式上缩减为一个"蹲"，"蹲"字本身成了一个独立的前置词。例如（15'）可说成（15''）：

（15''）小张蹲本子浪_{在本子上}写字。

"蹲"的虚化是相当后起的新现象，在晚清长篇苏白小说《海上花列传》的全部苏州话对白中连一个"蹲"字都没用，上海话早期书面语料中也基本上不见"蹲"字。当代的较正式的上海口语如独角戏中，还只有"蹲"的存在动词用法而未见真正的介词用法，但在随意谈话的上海话口语录音语料中已出现不少"蹲辣"的介词用法，如：

（20）a. 伊拉_{他们}，就是讲，蹲辣业务浪向_{在业务上}是经常有联系个_的。
　　　b. 中间公司，卖出去又买回来，就蹲辣国内销售。

汉语史上的"于＞在"更新和苏沪吴语中的"勒＞蹲"更新都经历了虚化/弱化和强化之间的反复拉锯。试图示如下：

（21）a. 于/於（处所）<u>虚化</u>→ 于（多功能）<u>强化</u>→ 在于（处所）
　　　　　<u>弱化/虚化</u>→ 在
　　　b. 拉/来（处所）<u>虚化</u>→ 勒（多功能）<u>强化</u>→ 蹲勒（处所）
　　　　　<u>弱化/虚化</u>→ 蹲

学者们对"勒/辣"(<来/拉)的语源有"着""来""在"几种推测。假如真是"在",那么(21)两式还可以串起来,形成更多次拉锯的局面,如(22)所示:

(22)于(处所) —虚化→ 于(多功能) —强化→ 在于(处所) —弱化→ 在/来 —虚化→ 勒(多功能) —强化→ 蹲勒(处所) —弱化/虚化→ 蹲(处所)

下面再看与事一路。如上所述,用处所介词兼表与事的(18)这样的句子目前基本上只在苏州郊区使用,几十年前则还可以在市区话中听到。后来的市区话要用"拨勒"代替"勒"表达(18)的意思,如:

(23)从前有人送活鱼拨勒_给郑国子产。

(24)学堂_{学校}里奖一支钢笔拨勒小张。

"拨"是北部吴语中表示给予的动词,相当于普通话"给",如"拨_给小张一支钢笔"。在虚化程度高的"勒"上加上意义更实在的"拨",属典型的具体强化。"拨勒"不但用于给予类句子,而且用于被动结构,如:

(25)小张拨勒老师批评哉。'小张被老师批评了。'

可见"拨勒"确实已合成一个复合介词。不过,"拨勒"这种强化形式,似乎跟"在于"和苏州话的"蹲勒"等复合介词一样,也只是过渡形式,它很快又被缩减为"拨"。据石汝杰先生告知,(23)—(25)听起来也偏老了。更常见的说法是省去"勒"的(23')—(25'):

(23')从前有人送活鱼拨_给郑国子产。

(24')学堂_{学校}里奖一支钢笔拨小张。

(25')小张拨老师批评哉。

"在于、蹲勒、拨勒"三个词的平行发展过程如(26)所示,(26d)是对三者的概括:

(26) a. 于 —强化→ 在于 —虚化/弱化→ 在
　　　b. 勒 —强化→ 蹲勒 —虚化/弱化→ 蹲
　　　c. 勒 —强化→ 拨勒 —虚化/弱化→ 拨
　　　d. A —强化→ AB —虚化/弱化→ B

2.3 焦点强化

焦点强化是本文新提出的概念。它指在虚词上加上标注焦点的虚词或语素，造成虚词的强调形式，倒最符合"强化"的字面意义。人类语言最常使用系词做焦点标记，如英语表示焦点的分裂句所用的 be。自从汉语指示词"是"变成系词后，"是"也就逐渐成为汉语的焦点标记。以"是"字开头的虚词往往是焦点强化的产物。

疑问代词"什么"，学界都同意系来自"是物"；但对于"是物"之所由来，学界尚无定见。吕叔湘（1985：131）认为来自"是何物"的省略，"是何物"则是"何物"的强调形式（即本文所说的焦点强化形式）。这一解释的不足之处是文献中缺少"是何物"做疑问代词的例子。从强化理论和方言材料来看，这一解释是很合理的。下面我们先从方言材料说起。

吴语区许多方言存在人称代词的强调形式，就是在三身代词（一般限于单数）前加上一个"是"，而其历史源头可上溯至敦煌变文、《祖堂集》等近代文献［详见陈忠敏、潘悟云（1999），近代用例参阅吕叔湘（1985：179）］。其中有些方言保持与系词"是"同音，读 [zɿ] 类音，如湖州"是我 [zɿ ŋ]、是尔 [zɿ r]、是其 [zɿ dzi]"；有些方言促化为 [zəʔ] [zeʔ] 一类入声韵，按音可写作"实"。如南汇惠南"实我 [zeʔ β]、实侬 [zeʔ noŋ]、实伊 [zeʔ ɦi]"。汉语中处于主语位置的人称代词前都能带上"是"变成焦点，如"是他叫了我"。吴语的特点在于这些强调形式中的"是"已高度语法化。它在有些方言中可以用在并无焦点作用的代词前，语用上的强调功能已经淡化。句法上则能用在包括宾语在内的一切适合人称代词的位置，与非强调形式并无区别，如"小张叫是伊去"。而普通话不能说"小张叫是他去"。这些强调形式有时甚至取代不带"是"的普通人称代词，"是"虚化成一个无意义的代词前缀。人们往往已不知道其"是"的来源，因此有些上海话文献写作同音的"自"，即"自我、自侬、自伊"。在某些方言中，"是 X"式代词又发生弱化，缩减成一个音节。上海郊县很多乡村的方言第二人称单数为 [zu]，即 [zɿ nu]

的合音。

以上情况显示：第一，焦点标记"是"可以在代词前虚化成失去强调意义的词缀。第二，"是+代词"合成复合代词后可以因进一步语法化而产生脱落、合音等缩减现象。依此来推测，"何物"先构成强调式"是何物"，凝固后再缩减为"是物"是完全可能的。

实际上，吴语中由强调形式产生新词形的现象不限于人称代词。某些方言的方式/程度指示词也经历了类似的过程。比较"这么好"在几种相邻方言中的说法：

（27）a. 上海：介 [ka] 好 b. 吴江平望：实介 [zəʔ ga] 好 c. 苏州：实梗 [zəʔ gaŋ] 好

显然，吴江话的"实介"是上海话"介"的强调形式，来自"是介"；而苏州话的"实梗"音韵上与吴江的"实介""阴阳对转"，大概是儿化形式（比较"一些"在苏州话中说"一星"，"星"也当为"些"的儿化形式）。这是代词前带焦点标记并虚化为代词词缀的又一好例。"实梗"在《海上花列传》一类晚清小说中是方式/程度副词的基本形式，但近百年来由焦点强化形式来的"实梗"在语法化过程中又引发了一系列变化，再次展现"强化—虚化"的拉锯战。首先，"实梗"[zəʔ gaŋ] 弱化成合音形式"丈"[zaŋ]，所以"这么好"的意思后来可以说"丈好"。后来弱化的"丈"上又可以用指示语素"埃 [ɛ]（这。近指）、搿 [gəʔ]（这，那。定指）、威 [uɛ]（那。远指）"加以具体强化，于是当代苏州话又有了"埃丈好（这么好）、搿丈好（这么好/那么好）、威丈好（那么好）"的说法（参阅石汝杰 1999：94）。另一种变化形式是在代词后加上"样子"，如"实梗样子 > 丈样子 > 埃丈样子"等，这也属具体强化。不考虑加"样子"的情况，方式/程度指示代词在苏州话已经历了下列曲折过程：

（28）（介/梗）<u>焦点强化</u>→ 实梗 <u>合音弱化</u>→ 丈 <u>具体强化</u>→ 埃丈、搿丈、威丈。

比较（28）和（22）：（28）的强化包括了焦点强化和具体强化两种类型，而（22）处所前置词的多次强化都是具体强化。"强化—虚化/

弱化"的交替则是两者共同的。

吕著所设想的"什么"的来历，其实就跟上述"强化—弱化"交替过程相当接近。

"物"族疑问代词的语法化并不到"是物（＝什么）"为止。在东北话、吴语等方言中，"是物"可以合音为"啥"。"什么"的意义在某些方言中又说成单音节的"物"，如天津说"吗"[ma⁵³]，北京也说"吗"[ma⁵³]（限于"干吗"一语）、南京说"么"[məʔ⁵]（限于"干么事"一语）、广州话作"乜"[mʌt⁵⁵]（为"物"[mʌt²²]的变调形式）。"物"的疑问代词用法由来已久，曾作"没"，据志村良治（1995：196—197）始见于唐代。但"物"字本身发展不出疑问代词义，其疑问用法当是"何物""底物"或"是物"的弱化省略形式，志村氏相信是来自"是没"（是物）。再进一步，方言中的"啥、吗、乜"等又可以用表示"物"的"东西、物事、嘢[jɛ]"等加以具体强化。广州话的"乜嘢"[mʌt jɛ]又可以再次弱化而合音为"咩"[mɛ⁵⁵]。可见，"物"族代词发展过程之曲折不亚于苏州话的方式-程度代词。图示如（29）：

（29）a. 何 —具体强化→ 何物 —焦点强化→ 是何物 —脱落弱化→ 是物（什么）—具体强化→ 什么东西

b. 苏州话：（是物？）—合音弱化→ 啥 —具体强化→ 啥物事

c. 广州话：（是物？）—脱落弱化→ 物（乜）—具体强化→ 乜嘢 —合音弱化→ 咩

由此可见，研究语法的历史演变，不能只注意语法化，还要注意语法化的反作用力"强化"。人类语言的语法就是在强化与虚化/弱化的交替中不断发展，永不停息。强化现象还启示我们语言的一个重要性质：表达上的叠床架屋是语言的一个正常现象。"何"已有"物"义，又可以用"物"强化。"什么"即"是（何）物"，又可以用与"物"同义的"东西"强化。苏州话"实梗"本是指示语素，但合音为"丈"后又可以加上"埃"等指示语素强化。不但同义语素而且同一语素也可能在强化中反复出现。如"啥"是"什么"（＝是物）的合音，已含有"物"语素，但在苏州话中还可以再说成"啥物事"，含有两个"物"在内。了解了语言的这个特性,我们也就不必把实词中的叠床架屋现象如"凯旋归来""悬殊很大"之类批评为表达不当了,因为"凯旋""悬殊"在口语中语义已经弱化,加上同义的强化成分是很正常的。

三、叠加现象

3.1 叠加现象的性质

叠加(superposition)现象在西方的语法化著作乃至一般的句法论著中都未见到正面阐述,但我们发现它与语法化进程密切相关,所以在本文中一并讨论。本文所说的叠加,说全了是"同词异类叠加",即同一词汇成分以不同的词性在一个句法结构体中同现。比如宁夏中宁方言可以说"我给给了他一本书",前一个"给"是动词,后一个"给"有介词性质,与"我送给了他一本书"的"给"平行。所谓同现,是指发生结构关系,可以像"给给"那样连用,也可以不直接连用。如南京话"走小门走",前一个"走"是前置词,表示"从、经过",后一个"走"是动词。两个"走"结构上有关,但不直接相连,仍属于叠加现象。

叠加不同于重叠。重叠是形态现象,而叠加是句法现象。不过某些叠加也可能发展成重叠,因为从句法到形态是语法化的正常轨迹(见Lehmann 1995:13)。比如汉语动词重叠式 VV 如"走走"来自 V一V 结构如"走一走"(参阅范方莲 1964),换言之,VV 起源于动词和临时动量词的叠加,但我们无须像范文那样把现代的 VV 仍一律看作动量结构,因为现代的 VV 已有重叠形态的性质,它已经历了重新分析。语法结构可以在历时演变中改变其性质,这一认识正是语法化理论为语言学做出的主要贡献之一。

叠加要求同词异类,不同于同一词语以相同的词类在句法中同现。比如,"狗咬狗""敌人的敌人"等结构中也都有同一词语分别充当不同句法成分的现象,但两处"狗"、两处"敌人"都是名词,词性和词汇意义完全相同。这种现象不属于叠加。

跟重叠的顺口感不同，同词异类的叠加特别是相连叠加是让人觉得拗口的，所以理论上能出现的叠加在事实上不一定能出现。例如普通话可以说"送他书～送给他书""奖他书～奖给他书"，那么"给他书"照理也能说"给给他书"，实际上普通话不这么说。再如，上古汉语"在"为存在动词，"于"为处所介词。可以说"孔子在鲁国"，也可以说"孔子在于鲁国"。到现代汉语，存在动词和处所介词都用"在"。可以说"孔子在鲁国"，照理也能说"孔子在在鲁国"，事实上不行，而得换说"孔子待在鲁国"之类。再看普通话的"V 死"结构，如"打死、斩死、药死"等，在中古近代汉语中多说"V 杀"，如：

（30）a. 乃放犬咋杀之。（《搜神后记》卷 9，107）

b. 京兆府捉新裹头僧，于府中打杀三百馀人。（《入唐求法巡礼行记》卷四，9 月 13 日条）

c. 然不忍见大王失此，名节扫地，为众人唾骂杀去也。（马扩《茅斋自叙》）

在（30c）中，"杀"不但做补语，而且意义更加虚化，只夸饰程度而不表死亡。"杀"的补语用法被吴语全面继承并发展。但是，在近代汉语和当代吴语中都看不到与"杀死"对应的"杀杀"的例子。以上例子都显示，语言中有一种排斥叠加的力量。不过，汉语中还是能见到不少叠加现象。下面将探讨语言中为什么会允许出现这种拗口的叠加现象。

3.2 叠加现象与语法化等级

叠加现象存在的根本原因是虚化链的多阶段并存。语法化现象经常导致虚实并存，即虚化为虚词的单位同时仍保留着它的实词用法。英语中 have 一方面虚化为助动词，同时仍继续用作表"有"动词。汉语中"给"既是表示与事或受益者的前置词，又是给予动词。它们意义相关，但处在语法化链的不同阶段，有时就会以不同的语法身份同现，如英语中的 I have had some（我已经有了一些）和中宁方言中的"他给给了我"。反过来，正因为叠加现象是因语法化等级造成的，因此，叠加现象可以用作判断语法化程度的一杆标尺：叠加结构的出现意味着双方的语法化等级已显著不同，这就为语法化这种渐进的连续统插入了一个难得的观察得到的离散点。例如"给给他"的存在证明后一个"给"确实不再是典型的给予动词，也证明"送给他"中的"给"无法再分析为动词。

叠加现象常常表现在动介兼类词上。无锡方言与"在"相当的动词是"来"[lε]或其促化形式"勒"[ləʔ]。与"在"相当的前置词也是"勒"，它不读成舒声的"来"。表达"小张在上海"，无锡话至少可以有下列说法：

（31）a. 小张来上海 b. 小张勒上海 c. 小张来勒上海 d. 小张勒勒上海

往宽里说，c 句和 d 句都有叠加，前一个"来/勒"是动词，后一个"勒"是前置词。当然，单凭（31）还难以断定后一个"勒"一定是前置词。下面的（32）可以显示它们跟（31c）、（31d）句结构相同，"勒"在其中都是做前置词：

（32）小张住勒上海。'小张住在上海。'

往严里说，则"来"和"勒"已在语音上分化为不同词项，只有（31d）中的"勒勒"属典型的叠加。（31d）的存在也说明普通话理论上可以有"小张在在上海"这样的结构，只是因为避免拗口而没有实现。再如中宁话的"给给他"也属于由动词虚化为前置词引起的叠加。此外，普通话虽不说"给给他"，但"给一本书给他"还是可以接受的，这时后一个"给"也是前置词，属于"动……介"不连用的叠加。在南京话中，此式是表达给予义的常用形式（见刘丹青 1995：27）。再如湖南邵阳话，可以问"你去哪里去"，两个"去"分别是前置词和动词（储泽祥 1998：179），这是"介……动"不连用的叠加。前举南京话"走小门走"也属此类。它们都是由动词虚化为介词引起的叠加。

下面看一个动词虚化为语助词引起叠加的例子。动词"看"在魏晋六朝时引申出测试义，并进而虚化成尝试貌助词，到现代汉语中，形成"VV 看"尝试貌格式，只是它在北京话中不如在一些南方方言中常用（参阅陆俭明 1959；蔡镜浩 1990；张伯江、方梅 1996：§10）。普通话可以说"听听看、想想看、唱唱看、吃吃看"等,但基本上不说"看看看"。在南京话里,"听听看"等说法很常见,但遇到动词"看"则说成"看看瞧"。上海话情况与南京类似,遇到动词"看"说成"看看叫"("叫"疑为"瞧"的变体),其他动词后只用"看"不用"叫"。看来这些方言都避免出现"看看看"的叠加现象。不过苏州话此格式只用"看"做语助词,遇到动词"看"也照样说"看",如:

(33) a. 我去<u>看看看</u>,啥人敲门。'我去看看,谁敲门。'
　　　b. 让我<u>看看看</u>,啥个好物事。'让我看一下,什么好东西。'

"看看看"是典型的叠加:前面的"看看"是动词,后面的"看"是语助词[①]。苏州话允许这种叠加出现,显示其语助词"看"比北京、南京、上海等方言的"看"虚化得更充分,句法类推性更强。

叠加只要求两者的语法化程度不同,并不要求虚化的一方一定是彻底的虚词。比如,在动趋式、动结式和可能式中做补语的单位说不上真正的虚词,但确实比它们用作谓语动词时要虚一些。在这些格式产生的早期,其补语的动词性还比较强,见不到它们与其同源动词叠加的现象。到现代汉语中,这种叠加出现了,显示这些补语的语法化程度更深了。如儿歌"小兔儿乖乖,把门儿开开",后一个"开"是趋向补语,它还可以转化为可能补语说成"开得开、开不开"。在吴语中,可能补语与同源动词的叠加比普通话常见。例如苏州话:

(34) a. 车子里<u>蠫满勒</u>没满呢,还<u>上得上勒</u>上得去呢。
　　　b. 门勿开,<u>进勿进</u>进去不了。
　　　c. 水管坏脱哉坏了,水<u>出勿出</u>出不了。

叠加现象一般表现为一个单位的两次出现,但三次出现的情况也有发现,可称为三重叠加。据公望(1986),兰州话的一个给予句可以出现三个"给",如:

[①] 假如考虑到历史来源,重叠式"看看"也来自动词"看"和动量词"看"的叠加,则此式不妨看作三重叠加。不过,由于今天"看看"已是形态性重叠,因此本文还是只分析为二重叠加。假如说成"看一看看",倒可以分析为三重叠加。苏州话大致可以接受这一说法,但不如"看看看"自然。典型的三重叠加见下文例(35)。

（35）a. 你把书给₁尕王给₂给₃了没有？
　　　b. 我给₁给₂给₃了。

按公望的分析，"给₁"是介词［例（35b）中"给₁"的宾语省略］，"给₂"是动词，"给₃"公望文没有定性。从他的分析看，"给₃"的使用主要跟与事的人称、主语的主观态度和结果趋向等有关，带有情貌助词的性质。这样，三个"给"的虚化等级各不相同，按由实到虚的排列是"给₂（动词）、给₁（前置词）、给₃（助词）"，所以能够相互叠加，各司其职。公望指出，"给₂"读高平调而另两者读轻声。这也显示"给₁、给₃"是虚词。

四、结语：更新、强化、叠加三者的比较

更新、强化和叠加都可以归入人类语言语法化的伴随现象。

更新和强化都属于语法化的逆向产物，因为它们具有抵消和弥补语法化损耗的功能。语法化过程既创造语法也消蚀语法。它为语法提供了所需的虚词和形态成分，最终又驱使它们走向消亡。为了维持语言的交际功能，语言常在语法化的一定阶段对语法手段加以更新或强化。当然，更新和强化的产物本身也会因语法化而走向弱化，促使更后起的虚化成分来取代或强化它，形成长江后浪推前浪的永恒动态。

更新和强化的区别在于新旧交替还是新老并存（新老要素在同一句法位置一起出现）。实际上，更新和强化有时会发生在同一个虚词项目上。比如，"在"作为新生的处所前置词，既可以取代"于"，直接出现在原来用"于"之处，也可以强化"于"，组成复合前置词"在于"。不过，强化结构大多不能长期维持，老虚词往往会从复合虚词中脱落，最终还是变成以新代旧的单纯更新现象，例如"在于"作为复合处所介词早已从汉语中消失了，口语中剩下了"在"。再如前述苏州话处所前置词的例子，"蹲"强化原有的"勒"成为"蹲勒"，"蹲勒"又脱落"勒"剩下"蹲"，结果还是出现了"蹲"取代"勒"的结构。

叠加是语法化的顺向产物，是语法化程度达到一定高度的表征，因为同源的词项已经在同一句法结构中各司其职。更新和强化是多形一义——不同的材料发挥同样的句法功能；叠加则是一形多义——同样的材料发挥不同的作用。理论上，只要虚化成分的实词用法仍然存在，就会出现虚实叠加的结构。不过，实际的叠加现象比理论上允许的要少很多，因为叠加会造成拗口，很多理论上允许的叠加实际上被避免了，如动结式"杀杀"。

参考文献

蔡镜浩　1990　重谈语助词"看"的起源，《中国语文》第1期。
陈忠敏、潘悟云　1999　论吴语的人称代词，《代词》，李如龙、张双庆主编，南京：暨南大学出版社。
储泽祥　1998　《邵阳方言研究》，长沙：湖南教育出版社。
范方莲　1964　试论所谓"动词重叠"，《中国语文》第4期。
公　望　1986　兰州方言里的"给给"，《中国语文》第3期。
郭锡良　1997　介词"于"的起源和发展，《中国语文》第2期。
何乐士　1992　元杂剧语法特点研究，《宋元明汉语研究》，程湘清主编，济南：山东教育出版社。
江蓝生　1999　语法化程度的语音表现，《中国语言学的新拓展——庆祝王士元教授六十五岁华诞》，石锋、潘悟云编，香港：香港城市大学出版社。
刘丹青　1995　《南京方言词典》，《现代汉语方言大词典》分卷本，李荣主编，南昌：江苏教育出版社。
刘　坚、曹广顺、吴福祥　1995　论诱发汉语词汇语法化的若干因素，《中国语文》第3期。
刘　坚、江蓝生、白维国、曹广顺　1992　《近代汉语虚词研究》，北京：语文出版社。
柳士镇　1992　《魏晋南北朝历史语法》，南京：南京大学出版社。
陆俭明　1959　现代汉语中一个新的语助词"看"，《中国语文》10月号。
吕叔湘　1985　《近代汉语指代词》，江蓝生补，上海：学林出版社。
石汝杰　1999　苏州方言的代词系统，《代词》，李如龙、张双庆主编，南京：暨南大学出版社。
孙朝奋　1994　《虚化论》评介，《国外语言学》第4期。
王海棻　1991　六朝以后汉语叠架现象举例，《中国语文》第5期。
张伯江、方　梅　1996　《汉语功能语法研究》，南昌：江西教育出版社。
张玉金　1994　《甲骨文虚词词典》，北京：中华书局。

志村良治　1995　《中国中世纪语法史研究》，江蓝声、白维国译，北京：中华书局。
Haspelmath, M. 1998. Does grammaticalization need reanalysis?. *Studies in Language*, 22 (2), 315-351.
Hopper, P. J., & Traugott, E. C. 1993. *Grammaticalization*. Cambridge: Cambridge University Press.
Lehmann, C. 1995. *Thoughts on Grammaticalization*. München: LINCOM Europa.

（原载《语言研究》，2001 年第 2 期）

赋元实词与语法化

历时意义的语法化，也可以说虚化，是指意义实在的词汇成员（实词）逐渐演变成主要表示语法意义的虚词或形态性成分的过程。许多虚词的作用就是赋予某个语言单位以特定的语义角色即题元。本文借助语法题元理论，主要以汉语为例，参考类型学研究成果，揭示语法化过程的一种常见机制：自身能够赋予题元的实词，特别容易经过重新分析而演变（语法化）为真正的赋元虚词。

一、直接题元、间接题元与赋元虚词

题元（thematic role / theta role / θ-role），指句法结构中名词短语相对于动词/谓词的语义关系，所以又叫语义角色（semantic role）或语义格（semantic case）。题元理论是融合了格语法、配价语法、角色语法等学说的有关成分而发展成的句法语义理论，所以跟"格"（case）、"价"（valency）、"论元"（argument）等概念都有密切关系。题元，或者其同义近义概念，在当代不同派别的语言理论中都有重要位置，成为跨学派的共用概念，只是分类和用语并不统一。常被提到的题元有施事（agent）、受事（patient）、接受者（与事，recipient）、客体（theme）、工具（instrumental）、处所（locative，更广义的可以叫方所，spatial）、时间（temporal）、来源（source）、目标（goal）、经验者（experiencer，约相当于汉语文献中的"当事"）、致使者（causer）或外力（force）、受益者（benifactive）等（参阅徐烈炯 1998）。

主语和宾语位置分别默认的题元可以叫直接题元。主语位置的默认题元是施事，及经验者、致使者等施事类题元（agent-like roles）；宾语位置的默认题元是受事，及对象（theme）、结果（result）、内容（content）等受事类题元（patient-like roles）。这是主格-宾格型语言的情况，通格-作格型语言的情况略有不同，此略。另有很多题元通常要用专门的，通常是介词性的标记，例如英语中处所、来源和工具分别用前置词 in 等、from 和 with 表示，日语中处所、来源和工具分别用后置词 ni、kara 和 de 等表示。这些题元可以叫间接题元。其中的虚词既是赋予句法格的标记，也是赋予间接题元的标记，可以叫赋元虚词。

直接题元可以有间接表示法，间接题元也有直接表示法，这都属于有条件的特殊（marked）现象，而不是句法所默认的常规现象。施事可以在被动句中用施事标记如汉语"被"、英语 by 等表示，受事也可以由间接格（oblique）标记表示，比较：

（1）他洗了衣服。～他把衣服洗了。

（2）The seamstress sewed the dress. ~ The seamstress sewed at the dress.

女裁缝缝了衣服。～女裁缝把衣服缝了。

（参阅 Van Valin & LaPolla 1997：124）

其中的介词"把"和"at"便是间接格的标记。再如，在英语中，施事不出现时工具可以充当主语（The key opened the door），汉语中受事不出现时可以由工具做宾语（吃大碗），这都是间接题元的直接表示法，而其常规应该是英语的"I opened the door with this key"和汉语的"我用大碗吃饭"之类。

二、赋元实词：共时功能与历时语法化

本文想探讨的是题元标记中的一种特殊情况：有些实词本身能赋予

句法位置默认题元以外的题元，而不需要另用赋元虚词。与"吃大碗"之类不同的是，这类实词以赋予特定的间接题元为常规现象。例如，动词"用"后面的宾语，像"外国游客也用了筷子"中的"筷子"，就具有"工具"的题元性质，不需要另外用工具前置词来表明（与英语动词 use 情况相近）；动词"在"后面的宾语，如"我在家"中的"家"，是处所性的，不需要另加处所前置词；方位名词，如"里边请"中的"里边"，本身也有处所性，也可以不加处所前置词就能充当处所性题元。换句话说，不但虚词有赋元作用，某些实词也有赋元作用。我们把具有赋元作用的实词叫作赋元实词。

赋元实词的句法和语义性质都比较独特。赋元实词的研究不但具有共时的理论意义，而且对历时性的语法化研究也有重要作用。

从共时看，赋元实词的句法行为和语义解释都与一般实词不同。赋元动词在句法和语义上相当于一个普通（即非赋元）动词加一个赋元介词。例如，"用"相当于"以……做事"，"在"相当于"位于""存在于""座落于"，英语 to enter（进入）相当于 to go into, to reach（到达）相当于 to arrive at, to resemble（像）相当于 to look like。由于赋元动词本身隐含了一个赋元介词，所以有些赋元动词还排斥表示同一题元的介词，如我们不能说"以筷子用"或"以用筷子"，英语中不能在 with 表示工具的情况下说 to use with，也不能说 to resemble like。有些赋元动词可以与同一题元的介词同现，但用不用介词不影响语义，因为这种介词本身是冗余的［详第三节（3）—（7）例］。

从历时看，赋元实词很容易语法化为赋元虚词，是赋元虚词的重要来源。例如"在"本是方所赋元动词，但经过语法化，它可以做赋元前置介词，有时只能分析为介词。再如，现代汉语中的工具前置词"用"是由工具动词"用"虚化而来的。再如受益者前置词"为"，在古代汉语中本是受益者赋元动词，可以带受益者宾语，《辞海》释为"助、替"，例为《论语·述而》"夫子为卫君乎"，并可用在双宾语结构中，难以释为"助"，如"公从之，重为之礼"，即为他献礼。新派上海话和新派苏州话的受益者前置词"帮"也是来自带受益者宾语的"帮"。

从词性看，赋元实词主要有动词和名词（包括代名词）两类，其赋元方式和语法化途径都不同。形容词也有语法化为赋元虚词的，如"火一样红"中的"一样"，但一般不直接来自赋元实词。本文只讨论动词和名词。

先看共时的赋元方式。赋元动词将题元赋予其后的宾语，例如在"用筷子"中"用"将工具题元赋予其后做宾语的名词短语"筷子"。这是一种他向赋元（external role assignment）。赋元名词因自身的语义特点而带上一定的题元意义，是一种自我赋元（role self-assignment），例如处所方位名词在与动词组合时会自动获得处所题元，在"里边在开会"中，"里边"是方位名词，自然成为动词"开会"的处所题元。

再看历时的语法化。

赋元动词的语法化主要以动宾结构和包含该动宾短语的连动式为句法环境。汉语的动宾语序是"动+宾"。赋元动词会引起一系列重新分析。连动式重新分析为前置词短语修饰后面的或前面的动词。动宾短语重新分析为前置词短语。宾语的题元类别仍然没变，但其关系的方向已变，由原赋元动词的题元重新分析为另一个主要动词的题元，而赋元动词则成为句法上的前置词及题元标记。"在"由动词到前置词就经历了这一重新分析。

赋元名词语法化的句法环境是以自己为核心的领属结构和这种结构与动词核心所构成的修饰结构。在这种修饰结构中，核心名词自我赋予的题元也是整个领属定语的题元。通过语法化，核心名词重新分析为赋元虚词，原为领属定语的名词短语自身成为动词核心的题元。汉语的领属结构是"领属定语+核心名词"，所以赋元名词语法化的结果是逐渐变作赋元后置词。"里"由名词到后置词就经历了这一重新分析。

赋元实词的语法化并不一定到成为原来题元的虚词标记后就停止。"帮"在上海话苏州话中虚化为受益者前置词后，又进一步成为伴随者题元标记和并列连词，相当于普通话的"跟"，如"我帮伊讲"（我跟他说）、"我帮伊一淘去"（我和他一块儿去）。中古汉语中的"着"在成为方所前置词后又虚化为现在的体助词。"里"在成为方所后置词之后又虚化为句末语气词"哩"和"呢"（吕叔湘 1941/1984；刘丹青 1996）。"时"由时间赋元名词虚化为时间题元标记后又虚化为假设类小句的后置连词（艾皓德 1991）。这些方面，赋元动词和赋元名词有相似之处。

由于汉语语法学界受西方传统语法学的影响较大，而对现代类型学成果了解不多，往往只熟悉前置词（preposition）的介词性，并用"介词"一名专指前置词，却忽略了后置词（postposition）作为一种词类的存在及后置词的介词性，而且只注意到介词（adposition）常常来自动词。实际上世界上后置词语言不比前置词语言少；而且不管是前置介词还是后置介词都可以来自名词。Mallinson & Blake（1981：385—390）就在 Vennemann 研究的基础上进一步揭示了动词、名词和介词在发生学上的普遍联系。他们所举的例子，除了大家熟悉的前置词来自动词外，还有其他三种情况。在有后置词的语言中，介词从动词虚化来的轨迹为"宾语+动词→宾语+后置词"。如德语 betreffend（考虑到→关于，至于）。在有前置词的语言中，介词从名词，特别是表示"地方、头部、后背"等处所意义的名词虚化而来的轨迹通常是"名词+领格→前置词+宾语"。如泰语短语 thii baan，其词义分别为"地方"（与汉语"地"同源）和"家"，本义为定名短语"家的地方"，而虚化后成为前置词短语，意为"在家，家里"，名词 thii（地）虚化为前置词。后置词语言介词从名词虚化来的轨迹是"领格+名词→宾语+后置词"。如芬兰语短语 talon kohdalla，其词义分别是"房子"（领格）和"地方"，本义为"房子的地方"，虚化后成为后置词短语，意为"在房子里"，处所名词 kohdalla（地方）虚化为后置词。以上例子的共同特点是介词都来自赋元实词，不管来自动词还是名词，变成前置词还是后置词。

汉语，尤其是现代汉语，实际上是一种前后置词并用的语言，在共时的题元表达和历时的语法化过程中，都贯穿着前置词和后置词之间复杂的互动关系。例如，表示比较对象的赋元动词"似"不但语法化为前置词，也语法化为后置词，还有"似……也似"的用例（见江蓝生

1992），属于框式介词（circumposition）。这种情况在世界语言中并非罕见。Greenberg（1980，1995）就分析过部分埃塞俄比亚闪语族语言和部分伊朗语族语言前后置词并存形成框式介词的情况。上文对赋元实词功能的描写和语法化过程的表现，都是尽可能简化的，尽量避开了前后置词并用及虚化中的相互影响。下文将集中就方所题元的问题做一些更深入的探讨。这里的方所是广义的，包括各种与空间义有关的位置、起点、终点、路径等。

三、汉语的方所赋元系统

先从方所题元的表达手段谈起。汉语中的方所实词，可以分为两大类、若干小类。两大类是方所动词和方所名词。

方所动词分纯方所动词和准方所动词两类。

纯方所动词属于句法上的及物动词，要求带一个方所论元做宾语。现代汉语中最重要的方所赋元动词有两个，一个是题元意义最单纯的静态动词"在"，一个是表示位移方向的"到"（及同义书面词"至"）。此外，"上、下、进、出、入、回、过"等趋向动词，也都表示空间位移，常带方所宾语，也属于纯方所动词。"来、去"也表示位移，但它们表示的不是相对于某一客观处所的位移，而是相对于说话人的位置移动，属于主观位移动词。它们带处所宾语的能力在各方言中相差很大。在当代普通话中可以带，如"来北京、去广州"，但这种结构可能不代表老北京话的情况，是较后起的。老北京话应当说"上北京来、到广州去"。在粤语中，"来、去"带处所宾语的能力最强，但在很多吴语中，"来、去"不能带处所宾语，"来北京、去广州"是不合语法的。

准方所动词有不及物和及物两类。不及物准方所动词指一些本身有较具体的词汇意义的动词，不能带受事类宾语，但可以带方所宾语，如"走（大路）、逛（公园）、坐（沙发）、睡（小床）"等。及物方所动词指可以带受事宾语，但通常也要求一个方所题元作为谓语论元的动词。

这个处所题元可以位于动词之前，也可以在动词后。前一种情况如"桌子上放了书"，后一种情况如"把书放（在）桌子上"。其中的及物动词"放"，以及同义或同类的"搁、寄（放）、安放、装、调、派"等，都是及物性准方所动词。

纯方所动词是语法化的首选对象，因为其词汇意义概括而单纯，就表示方所类意义，并且词义本身已经蕴涵了一个处所介词的语义。齐沪扬（1996：125）提到与"在"的语义特点相同的动词只有"位于"一个。"位于"恰好是动词加介词构成的。当然，与"在"作用相当的动介组合体还有一些（不一定像"位于"一样已经成词），如"坐落于""存在于"等。在古代汉语中，处所前置词（主要是"於"）的意义既可以蕴涵在方所动词中，也可以与方所动词一起出现，两种表达方法在语义上是等价的。以下是杨树达（1930/1984：100—101）所举例子的一部分，其中 a 不带前置词，b 带前置词：

（3）a. 公<u>在</u>乾侯。（《春秋·昭公三十年》）
　　　b. 鱼<u>在</u><u>於</u>藻。（《诗·小雅·鱼藻》）
（4）a. 子<u>入</u>大庙，每事问。（《论语·八佾》）
　　　b. 鼓方叔<u>入</u><u>於</u>河，播鼗武<u>入</u><u>於</u>汉，少师阳击磬襄<u>入</u><u>於</u>海。（《论语·微子》）
（5）a. 叔孙通已<u>出</u>宫反舍。（《史记·叔孙通传》）
　　　b. 仲尼适楚，<u>出</u><u>於</u>林中。（《庄子·达生》）
（6）a. 吾尝西<u>至</u>崆峒……（《史记·五帝记赞》）
　　　b. 顺流而东行，<u>至</u><u>於</u>北海。（《庄子·秋水》）
（7）a. 吾自卫反鲁，然后乐正。（《论语·子罕》）
　　　b. 孟子自齐，葬<u>於</u>鲁；<u>反</u><u>於</u>齐，止<u>於</u>赢。（《孟子·公孙丑下》）

这种"於"字的自由隐现，在其他动词上就不允许。陈克炯（1997）注意到，在能用于"动＋於（于）＋宾"的六类动词中，只有"动向义"这一类可以让"於（于）"自由隐现，其余五类动词都很少能省略"於（于）"。他所说的"动向义"，就是指表示位移的方所动词，如（4）—（7）中的诸动词，都是本身蕴涵了方所赋元介词语义的动词。正因为这些词本身蕴涵了方所介词的意义,所以最容易语法化为方所义前置词。"在、到(至)"是这样,"进(入)、出、回(返)"等也是这样(详下)。

有趣的是,赋元动词语法化到一定阶段,也可以成为赋元虚词,在同源的实词前后隐现。比较:

(8)〈南京〉给他钱 = 给钱他 = 给钱给他

末句的后一个"给"便是与事标记。在广州话中,相应的说法是"畀钱(过)佢",可以隐现的与事标记是与给予动词不同源的"过"。当然这是与事而不是方所题元的例子。类推到方所题元,假如汉语某方言发现"在在北京""在北京在"这样的句子,应该并不奇怪。

准方所动词的词汇意义较具体,不利于语法化。例如陈克炯所举的"动向义"动词中,意义较实在的就没有语法化。但很常用的准方所动词仍可能虚化。南京话等江淮方言中,"走"就虚化为表示路径义的前置词:如:

(9)〈南京〉走大门走 / 走门前过

这种用法还反映在《儒林外史》中,如:

(10)因走南京过,想起……(《儒林外史》44回)

吴语常州话"走"也用作路径义前置词,浙江乐清大荆话(属台州片吴语)"走"还成为终点前置词,如:

(11)〈常州〉你到上海可以走南京走。

(12)〈乐清大荆〉我走老王屋里坐勒一记。'我到老王家去坐了一会儿。'

赋元方所名词也可分为纯方所名词和准方所名词两大类。

纯方所名词指能作为独立的名词或代词纯粹表示方所意义的单位。对现代汉语来说,大部分复合性方位词如"里面、上头、左边"和方所代词如"这儿、那儿、哪儿、哪里、那边"等都属于此类。单音节的方位词如"上、下、里、中、内、外、前、后、左、右、南、北、东、西"等,在古代汉语中都是独立的方所名词,现在其中的大部分在作为名词使用时有多种限制,例如不能自由地充当主语和动词的宾语、不能受带

"的"定语的修饰，可见它们已经处在由方所名词向更虚的词类语法化的过程中。方所名词能够以自身所带处所题元义出现在句法结构中，如"你里面请""你那儿待着"，也常用在一个名词短语后使那个名词短语成为处所题元，如"你房间里面坐""你小王那儿待着"。正是这种句法位置使得许多方所名词尤其是其中的单音节词虚化为处所赋元后置词的，与前置词一起成为汉语介词的两大句法类别。所谓"方位词"的称呼，实际上反映了它们程度不同地处在赋元名词与赋元介词中间的状态。

准方所名词指在方所意义外还有更具体的词汇意义的方所名词。准方所名词又分两大类。一类是方所专名，即大大小小各种各样的地名，如"银河系、中国、上海、张各庄、欧洲、开罗、嵩山、上甘岭、珠江、渤海、沙家浜、越秀公园、逍遥津、宣武门、南京路、鼓楼、银座、白金汉宫、枫丹白露"等。一类是方所通名，如"校园、操场、图书馆、商场、公园、车间、田野、农村、城市、外国、大地、地方、处所"等。这两类词就是储泽祥（1997）所说的"命名性处所词"，其共同句法特点是可以用在方所动词兼前置词"在"及"到、往"等之后（见朱德熙 1982：42），而普通名词只有加了方位词后才能用在这些词后。这两类词的语义共同点是不但能指方所，也能指实体（人群、组织、机构等或作为物质存在的物体），如"中国投了弃权票、建造了一座图书馆、挖掉太行山"中的"中国、图书馆、太行山"。准方所词的两类在句法上也有一些区别。方所通名可以后接后置词即语法化了的方位词，如"在图书馆"，也可以说成"在图书馆里"，这样用的时候实际上是把方所名词当作实体名词，通过加后置词而成为方所成分。而方所专名一般不能后接后置词，不能说"在中国里、在欧洲里"等。某些带通名的专名可以接后置词，如"（在）上甘岭上、南京路上、阳澄湖上、越秀公园里、白金汉宫里"等。这实际上是把方所通名当作一个专名和一个通名的组合，后置词还是加在通名上的（岭上、宫里等）。准方所名词意义较具体，不容易成为语法化的候选对象。不过，意义特别抽象的单音节准方所名词有虚化倾向，最明显的是"处"。它可以加在许多词语甚至小句之后使该短语成为方所成分，如"凭栏处、明亮处、肯尼迪总统遇刺身亡处"等，这些"处"前不能加定语标记"的"，可见"处"已经失去了名词的特性而接近于后置词，跟上举泰语 thii 和芬兰语 kohdalla 的情况如出一辙，因为表示抽象"地方"义的名词虚化为介词正是人类语言常见的现象。

汉语的方所性赋元实词和前后置介词可以有不同的组合搭配，使汉语方所题元的表达手段比较多样，几种方所赋元手段经常同时起作用，但也有仅靠一种手段起作用的。各种手段主要的组合类型如下：

1. 纯赋元动词+赋元名词：他在郊区、他在车厢的里边、他上了山、他到了北京、火车进了山西、汽车出了中国的边境；

2. 纯赋元动词+前置词+赋元名词（多见于古代汉语，其中的前置词"于"可以省略，成为第1类）：在于王所、子出于鲁国、我入于大殿；

3. 不及物准赋元动词+赋元名词（多见于现代口语，有动宾化-受事化倾向，可以有条件地变换为"把"字句，有的不能自由插入前置词）：走大路、睡火车站、住北京；

4. 及物准赋元动词+赋元名词（多见于现代口语，无动宾化-及物化倾向，可以自由插入前置词"在""到""往"等）：东西搁这儿、把箱子放里边、货物运北京、把你调招待所；

5. 非赋元动词（+简短宾语）+准赋元名词（多见于文言及现代书面语，无动宾化-受事化迹象，可以自由插入文言性/书面性前置词"于"，多是为构成四字格而省略前置词）：血战沙场、畅销世界、扬名西方、跻身仕途、饮恨江南、闻名全国、立足本地；

6. 非赋元动词/准赋元动词+前置词+赋元名词：住在南方、睡在旅馆、派到上海、飞翔在蓝天、上诉到高等法院、开往北京；

7. 非赋元动词/准赋元动词+前置词/纯赋元动词+准赋元通名/非赋元名词+后置词/纯赋元动词/赋元代词：放在桌子上、坐在沙发里、住在校园里、记在我名下、钻进对方公司的内部、存在你那儿、藏到老王那边、走进车间里；

8. 非赋元动词/准赋元动词+纯赋元动词+名词：放进抽屉、走出国

门、(将作料)放入面汤、走下神坛、冲上山顶、打回老家、蹚过小河;

9. (主语)+前置词+赋元名词/赋元代词+谓语:我在图书馆看书、他在北京住、他在北面等着你、我在桌子的前面放了一盆花、这幅画在那儿挂着、他往上海发传真;

10. (主语)+前置词+准赋元通名/非赋元名词+后置词/纯赋元名词/赋元代词+谓语:我在桌子上刻字、他在沙发里坐着、我在校园的里面住、他在我名字的下面打了记号、我往你那儿打电话、他们在车间里打架;

11. 赋元名词/赋元代词(+主语)+准方所动词+名词:门口站着个人、那儿竖着块牌子、桌子的前面放了一盆花、那儿挂着一幅画、房子的西侧我种了一排树;

12. 准赋元通名/非赋元名词+后置词/纯赋元名词/赋元代词(+主语)+谓语:房子里他们正在睡觉、花丛中蜜蜂在飞舞、信封上整整齐齐地写着他的名字、王经理那儿我们要开个会。

以上情况看起来叫人眼花缭乱:赋元性的成分既有实词性的;也有虚词性的;既有动词性的,也有名词性的;既有前置词性的,也有后置词性的。其实,从语法化的角度看,问题就可以简化。前置性的赋元实词都是动词,而前置性的赋元虚词则是从赋元动词虚化来的,所以它们可以统称为动源赋元词。后置性的赋元实词都是名词,而后置性的赋元虚词则是从赋元名词语法化来的,所以它们可以统称为名源赋元词。根据动源-名源的分类可以观察到下列现象。

(一)共同赋元与冗余现象。汉语处所题元常常由动源成分和名源成分共同赋予。共同赋元的语义结果之一是允许存在冗余成分,比如"走进车间里",实际上等同于"走进车间"。另一方面,赋元不单是一种语义现象,而同句法有关。有些冗余现象不能单纯根据语义标准来简化,如"睡在床上"不能说"睡在床",尽管后者已经足以表达前者的语义。

(二)赋元的必要性。现代句法理论认为,小句结构内的每个名词短语都应被赋予一个特定的题元[部分话题如拷贝式话题不循此例,参阅徐烈炯、刘丹青（1998：§4）及 Liu（1999）]，赋元的途径则有形态变化、虚词标记、句法位置和语义条件多种。对于汉语方所题元来说，形态变化不存在，单纯的句法位置也不足以表明方所题元。例如"他床睡觉"，"床"占据的是方所题元常占的句法位置，但句子不合法，一定要加上方所赋元成分说成"他在床上睡觉"或"他床上睡觉"才行。另一方面，单凭方所赋元成分而不在合适的句法位置也不行。"他买了许多东西在街上"是初学汉语的外国人常说的病句，"在街上"虽然带有显性方所标记，但因为句法位置不对，仍不能获得题元。可见汉语的方所题元通常需要由句法位置和方所标记共同赋予。总体上，汉语要求方所题元结构中至少有一方是纯赋元词或带前后置介词。

第 3 类情况不符合这一条，似乎是例外。其实，第 3 类结构有句法动宾化和题元受事化的倾向，实际上是通过动宾关系将受事题元隐喻性地用于方所意义，不是真正的方所题元。所以它们可以有条件地变换为"把"字句，如：

（13）把路走偏了 / 把所有的街道都逛了 / 把沙发坐坏了

准方所动词含有具体动作义，为它们将方所名词受事化创造了条件。而纯方所动词只有存在或位移的意义，没有具体动作义，所以不能有这种说法，"把门进"之类只存在于韵文中。

（三）赋元的灵活性。方所题元与句法位置有关，但汉语的句法位置并不十分固定，而有一定的灵活性。方所题元可以出现在句首、主语前、主语和动词之间、动词后四种位置。其中句首和主语前有交叉但并不等同，句首可以不在主语前，如（14）中的"床上"；主语之前也不一定是句首，如（15）中的"在图书馆"：

（14）床上挂了一顶帐子。

（15）昨天在图书馆我碰到了李小卫。

方所题元与方所标记有关，但方所标记有前置和后置两类，在实词本身有方所意义时，可以直接由实词的方所义赋元，不必依赖虚词性的方所标记。从以上列举可见，在纯赋元动词如"在、到、进、出、上"等后面方所题元不需要甚至不能用赋元前置词引出（如 1、8 类），在准赋元动词"走、睡、搁"等前后方所题元可以由前置词引出（如6、7类中用准赋元动词的例子），也可以不用前置词但给人省略前置词的感觉（如4类）。而非赋元动词如"记、飞翔、打、开会"等，则需要用前置词或纯赋元动词来引出方所题元（如6—10类中的有关例子）。再从名源赋元词看。本身含有方所义的通名、专名和方位名词可以直接用在要求方所题元的动源词"在、到、往"等后，而本身没有方所义的名词就要加上名源方所赋元词才能这么用。换言之，一个普通名词加一个名源方所标记与一个方所名词在题元功能上是等价的。再从名源词和动源词的互动关系看，有些纯赋元动词如"进、出、上、下"等可以由非方所名词充当方所题元（如8类），而在没有这些纯赋元动词的结构中，只有赋元名词或带赋元标记的名词才能充当方所题元。换言之，汉语在一定程度上可以选择用动源词或名源词来表明方所题元。以上这些情况都体现了汉语在方所赋元方面的灵活性。

需要指出，以上情况主要是就普通话说的。汉语方言之间在方所赋元法方面还是存在一些常被忽略的差异。比如，普通话动词加趋向性赋元动词如"进、出、上、下"可以带方所题元（如8类），吴语就很少这样说。调查显示，对（16）这类结构：

（16）躲进卫生间／爬上山顶／跳上舞台／摔下河去

江浙沪吴语的受访者大多不接受，而给出的方言句都是相当于（17）这样的结构：

（17）躲到卫生间里／爬到山顶上／跳到舞台上／摔到河里

另一方面，普通话里的大部分准赋元通名，即无须加方位后置词就能表示方所题元的名词，如"卫生间、舞台、学校、车间"等，在吴语中都难以算赋元名词，都要加后置词才能构成方所题元，如一般不说"在学校"，而要用"在学校里"这类形式。省略前置词的第4类，在许多吴方言中也很难接受，而要补入介词才成立。换句话说，方言中方所赋元的规则可能比普通话还要严格一些。普通话赋元方式的多样性跟兼收并蓄方言、文言等成分有关。不过，粤语中"来、去"也可以用在动词和方所题元之间，如"行来北大、飞去武汉"，普通话尚不能这样说，这也许与"来北大、去武汉"这类结构较后起,尚无足够时间虚化有关。

(四)赋元虚词语法化的渐进性。现代汉语几乎完全没有纯虚化的方所标记。文言性/书面性的"于"在先秦以后是纯虚化的,但它的题元负荷特别重,在方所题元大类内部可以表示所在、起点(取之于民)、终点(用之于民)等,在方所义外还用于时间(生于1948年)、比较对象(季氏富于国)、原因(出于关心)、施事(败于汉军)、关涉(太子方富于年、富贵于我如浮云)等题元,不是专用的方所介词。其他可以归入前置词的方所赋元成分都是从动词尤其是方所赋元动词来的,如"在、当、往、朝、从"等,并且至今仍不同程度地保留动词用法,常常很难辨清究竟是动词还是前置词,如"他在上海开了一家商店"中的"在"。在当代语法化理论中,渐进性(graduality)已被公认为语法化的最基本特征之一。在某些语言中或语言发展的某些阶段中,难以划清动词和前置词、名词和后置词,绝非语法学家的无能,而是体现了人类语言的本性。赋元虚词和赋元实词在赋元功能上的交叉重叠,也与双方这种"天然的血缘联系"有关。

赋元虚词大多从赋元实词语法化而来,语法化的渐进性决定了两者界限的模糊性。但是,从共时平面看,两者从句法结构到题元结构都有很不相同的作用和地位,应当作出很不相同的分析,换句话说,虚词所在的结构已经经历过一个重新分析的过程。至于处于模糊地带的现象,实际上就是正处在重新分析过程中的现象。从共时角度看,的确存在两种分析法,一种代表重新分析前的结构,一种代表重新分析后的结构。对汉语方所赋元实词的语法化这组实例的分析,可以帮助我们理解赋元实词语法化的一般性进程。我们从动源词分析到名源词,然后再分析两者在语法化中的互动关系。

关于动源词的语法化,先从"在"的三组例句谈起。

(18) a. 公在乾侯。(《春秋·昭公三十年》)

　　　b. 他在上海。

(19) a. 我在内心感激他。

　　　b. 他在《新民晚报》登广告。

（20）a. 子在齐闻韶。（《论语·述而》）

　　　b. 他在上海开了一家商店。

　　　c. 他在图书馆看书。

我们知道，所谓题元都是相对于一个谓词性核心而言的，虚词可以标记题元，但本身不能有题元。这一点对下面的分析很重要。在（18）中，"在"无疑是赋元动词，其宾语是"在"的方所宾语和方所题元，因为"在"是句中唯一的动词核心。在（19a）中，"我在内心"不成一个小句，"在"不再是动词。"内心"虽然还是"在"作为前置词的宾语，但"在内心"整体已经是动词"感激"的状语。在题元结构中，前置词"在"成了方所题元标记，本身不能再有题元。这样，"内心"就只能是谓语核心"感激"的方所题元。（19b）同此。从（18）到（19），"在"的词性、句法结构和题元结构都发生了演变，而且（19）这样的例子是"在"真正成为前置词的证据。对（20），以上两种分析都适用。

太田辰夫（1987：236）认为古汉语中，"'在'不能说没有动词'处在'的意义，不过这在现代汉语中也是同样的"。他的前半句是对的，后半句就不完全对，因为现代汉语有（19）这样的句子，其中的"在"只能是前置词，而古汉语没有这样的用法。所以，（20a）的确宜分析为连动句，其中的"子在齐"和（18a）、（18b）是相同的。而（20b）、（20c）也完全可以参照（20a）分析为连动句。另一方面，现代汉语已经有（19）这样的句子，"在"确实已经语法化为前置词，而表示方所的前置词用于（20b）、（20c）这样的句子也是非常正常的。所以，（20b）、（20c）也完全可以做（19）这样的分析。（20a）这样的连动句为动词"在"的语法化提供了有利条件，但必须到一定阶段说汉语的人可以把（20a）重新分析为前置词短语做状语的句子，"在"才成为前置词。而重新分析发生的证据是汉语出现（19）这样的句子，因为只有（20a）中的"在"可以理解为前置词，才可以类推出（19）类句子。对（20b）、（20c），两种分析法也都合理。但是因为它们已经处在重新分析发生以后的时期，所以还是分析为同（19）较合适。"在"具体是何时开始有（19）这样的用例，是一个有待进一步考察的问题。

赋元动词语法化为赋元虚词尽管有一些共同规律，但每个词几乎都有一部自己的历史，词与词之间在虚化程度和途径等方面可能有种种个案差异。尽管"在"至今仍同时保留着动词的性质，并且即使在可以分析为前置词的用例中，仍有部分动词的特性，如用"A不A"式来提问（他在不在《新民晚报》登广告？），但在纯方所赋元动词中它仍不失为语法化程度最高的成员。作为介词短语，"在……"可以用在方所题元所有的句法位置，即句首、主语前、主语和动词谓语之间、动词后，而一般的动宾短语没有这样的语序灵活性。下面我们以"在"为参照再来讨论一些纯赋元动词的情况。

"到"，由终点义赋元动词语法化为标记相同题元的前置词。"到"比"在"带有更多动词的特性，比如可以带"了"，在动词后的位置上可以用"得/不"来构成可能式（开得到/开不到南京）。可能就是因为这些动词特性，一些论著（如《现代汉语八百词》）只承认其为趋向动词而不列其介词词性。另一方面，"到"也能用于各种前置词的位置，显示其介词性的一面。而且，在某些句子中，如"这家公司到全国各地做广告"，以及用于时间题元时，如"我到三点钟再来"和"我等到三点钟"，"到"都没有谓语性，不能离开主要动词而成句，只能分析为前置词，因为这时我们不说"这家公司到全国各地"，更不能说"我到三点钟"。

"着"（著），原先的词汇意义是附着，可接方所名词，当属于方所赋元动词，大约从南北朝时期开始经常用在动宾短语或动词之后，可以看作方所赋元介词（柳士镇1992：115—116；何乐士1992b：174—175），如：

（21）序受剑，衔须著口中。（《搜神记》卷十六）

（22）虽长大，犹抱着膝上。（《世说新语·方正》）

（23）埋着地中，莫令贼见。（《敦煌变文集·李陵变文》）

这个"着"一度成为汉语中重要的方所介词之一，后来进一步语法化为体助词，前置词用法式微，现在可能只见于闽语［按梅祖麟（1988）的看法，则还有兰州话、吴语青田话］。有趣的是，表示方所的"着……"短语在共同语历史上一直只能位于动词后，不能位于动词前，而从更早时的汉代开始，汉语前置词短语已经明显以位于动词之前为主了（参阅何乐士 1992a：§5、§6）。这种语序上的限制，可能是因为"着"的介词用法在语法化的竞争中败给了其他候选对手如"在"和"到"，还来不及充分语法化就让位了。假如其前置词用法能持续更久，语法化的程度当能更高，也许会发展出动词前的用法。今天的闽语可以证明这一点，其表示方所的"着……"短语在动词前后都可以使用，如福州话（陈泽平 1998：147）：

（24）〈福州〉着墙吼乱画。'在墙上乱画。'
（25）〈福州〉眠床拍着厅中。'床摆在厅里。'

与汉语史上的"着"相反，有更多的表示方所题元的前置词短语，包括所有表示方所的双音节前置词如"顺着""沿着"，与其宾语构成的短语都只能用在动词之前。由于这符合汉代以后汉语的大势，因此其语序限制当与语法化的程度没有明显关系。

特别需要讨论的是所谓趋向动词中的几个单音节词"上、下、进、出、回、入、过"等。

汉语语法学通常把趋向动词看作动词的一个特殊小类或附类，甚至认为可以从动词中独立出来构成一个词类（如钱乃荣主编 1990：182），这说明人们已经感觉到它们有一定程度的语法化。本文把上面几个单音节的趋向动词归入纯赋元动词。很多表方所的纯赋元动词如"在、到、往"等都已经语法化为方所前置词，那么上述趋向动词有没有这种倾向呢？多数语法书都没提及趋向动词有前置介词用法。对于（26）这样的用法：

（26）滑下山坡 / 走进教室 / 写入名单 / 搬出仓库 /（船）摇过大河

通常都分析为"动—补—宾"结构。但范继淹（1963）提到动词后的趋向成分"可以分为两种变体：出现在一般宾语和存现宾语之间的是副词性变体；出现在处所宾语之前的是介词性变体"，其中"介词性变体"有"上、下、进、出、回、过"。吕叔湘主编的《现代汉语八百词》（范继淹是作者之一）也提到"跟某些外语比较，当动趋式动词后边是代表处所的名词时，动趋式里的'趋₁'的作用像一个介词，如'话说出口'，'走出门来'"（34 页，感谢张伯江提醒我注意这些文献）。这些分析是很有见地的。

　　动趋结构后的处所宾语当然都是方所题元，但动趋式的第一个动词都是非方所赋元动词或准方所赋元动词，后面的名词也可以是非方所名词或准方所名词，第一个动词和名词之间不能构成方所题元关系甚至形成不了动宾结构(*滑山坡、*搬仓库)。把这里的名词分析为第一个动词的方所宾语是不合理的。显然，这里的处所题元是由第二个词即趋向动词赋予的。在句法切分上，范继淹仍认为是"动趋/处所宾语"，这在句法上和节律上都是合理的。但是从题元结构看，仍不妨分析为动词带介词短语。题元是对动词核心而言的，假如"滑下"带"山坡"做方所宾语，则这个方所题元的核心应该是"滑下"，但"滑下"是个以"滑"为核心的自由短语。以"滑下"为核心还要归结到以"滑"为核心，而"滑"难以直接将方所题元赋予"山坡"。所以，可以认为带题元的动词核心是"滑"，"山坡"是"滑"的方所题元，"下"则是赋元标记，作用犹如"走到上海"中的"到"。这种分析既肯定了"滑"的核心地位，又反映了由"下"赋予方所题元的事实。这种分析也可以用来解释下列现象：

　　(27) a. 拨下一笔钱去 ～ b. 拨下去一笔钱 ～ c. 拨一笔钱下去 ～ d. 拨一笔钱

　　(28) a. 滑下山坡去 ～ b. *滑下去山坡 ～ c. *滑山坡下去 ～ d. *滑山坡

　　在(27)中，"一笔钱"是"拨"的受事题元，可以充当直接宾语，"下去"是趋向补语，它的位置何在乃至存在与否都不影响"拨一笔钱"的动宾结构和题元结构的成立；在(28)中，"山坡"是"滑"的方所题元，但"滑"本身不能赋予方所题元，所以必须由"下"一类题元标记来赋元，而"下"类词只能将题元赋予其右边的宾语，因此只有(28a)符合这个要求，(28b)—(28d)都不符合这个要求，所以都不成立。

　　当然，"下"类词的语法化程度也值得讨论一下。这类词的确有较多的动词特性。在主要动词后，它们仍然可以带体助词"了"等，如

"滑下了山坡"。不过"在、到"也是如此,如"坐在了/到了床上"。动词核心与"下"类词之间可用"得/不"构成可能式,如"滑得/不下山坡",这与"到"相同(见前)。"下"类词加宾语有时也用在动词前,如"下基层锻炼""进会议室讨论",但去掉后面的动词仍能单独成句,这一现象显示趋向词的动词性比"在、到"等前置词强。可以说,在由赋元动词向赋元前置词语法化的道路上,"在"走得比"到"远,"到"又比上述趋向词远一些。它们都具备了赋元虚词的作用,同时又程度不同地保留了一些动词的特征,这是语法化的正常现象。

下面讨论名源赋元词的语法化问题。Hopper & Traugott(1993:106—107)指出由名词到介词,特别是由表示人体部位或物体部件的实体名词到包括方所名词在内的关系名词再到介词是常见的语法化途径。在核心居前型语言中,这样形成的介词是前置词,如前面提过的泰语例子。在核心居后型语言中,这样形成的介词是后置词,如前述芬兰语的例子。在国内大部分汉语语法学论著中,后置词作为一种词类还没有被提及。

普通话中的单音节方位词,都能追溯到方所名词的用法,有的还能追溯到实体名词的阶段,如"里"原从"衣",指衣服的里子,属于物体部件名词,由此发展为表示方所意义"里边"的所谓关系名词,用本文的话说,就是方所赋元名词。关系名词的一大特点是充当领属结构的中心语,对方所关系名词来说,就是带上一个名词短语做领属定语,使整个领属结构成为方所题元。古代汉语领属结构的句法标记是"之",我们有"NP之上(下、内、外、东、南、西、北)",这个"之"正是古汉语中整个结构属于领属性偏正结构的明证。现代汉语中仍有"一人之下,万人之上""千里之外""城墙之内"等说法,但这时"NP之上"一类方位结构不但不能证明其中的"上"等是方位名词和整个结构是领属性偏正结构,反而证明"上"等不再是真正的名词、整个结构也不再是领属性偏正结构。首先,现代汉语句法中的领属标记已经是"的"而不是"之",但这些"之"却不能换用"的"。可见不是句法上的领属结构。其次,"之"作为领属标记有浓重的文言色彩,除固定组合外不能自由使用在口语中，如口语绝不说"小王之妈妈"，而"NP之"加方位词的结构却可以用于口语，可见它们是词汇性组合而不是自由的领属结构。再次，"里"是作为"内"及某些意义的"中"的同义新形式逐渐替换后两者的［据汪维辉（1997：38—42），这一过程始于西汉，盛于魏晋南北朝］，其语法化进程比其他几个词慢。有趣的是，汉语中有"NP之外/之内/之中"，却几乎没有"NP之里"。换句话说，在"里"作为"中"和"内"的竞争者和取代者出现的时候它已经不是真正的名词了，所以不能加领属标记"之"（也不能加"的"）。另一方面，直到今天，还有一些方位词有明显的名词性，因为它们能带"的"，如"桌子的上面""操场的东边"。所以，汉语的所谓方位词在句法上远不是同质的。

"上、下、中、里、外"等在逐渐失去名词性的同时也在不断地增加其虚词性。虚词性表现在这几个方面：1. 单用能力接近消失；2. 大量使用在名词性单位后，呈现虚词常有的定位性；3. 所能搭配的名词短语越来越广泛，词汇性选择制约越来越小，甚至扩展到没有方位意义可言的抽象名词和谓词性单位，如"思想里、行动上、关心下、发展中"；4. 词汇意义逐渐减弱，很多情况下只是为了语法需要而用，造成该类词使用频率大增；5. 各方位词之间意义差别缩小，出现语义中和、词汇互换，如"地上＝地下（轻声）""心上＝心中＝心里＝心下（近代汉语）"，方言的例子如吴语丹阳话"台里"（桌子上）、"面里"（面子上）、"书里"、"茶杯里"（蔡国璐 1995：21），吴语东阳话"台桌里"（桌子上），绍兴话和乐清大荆话"操场里"（操场上）、"黑板里"（黑板上）等；6. 语义上成对的方位词由于语法化程度差异而出现用法上的不对等，如"上、里"的用途远大于"下、外"（参阅吕叔湘 1965）；7. 语音上出现轻声、音素中性化、脱落等现象，如北京话"里、上"等念轻声，北部吴语的"上"不做后置词时念规则读音 [zã]，做后置词时上海、苏州念 [lã]，无锡、常州念 [n̠iã]，声母由 [z] 变成更中性化的 [l] 或 [n̠]；常州话后置词"里"元音央化，念成 [ləʔ]；据钱曾怡（1994：14），山东博山话后置词"里"剩下一个轻声的央元音 [ə]。

汉语语法学把名词短语加方位词的短语叫作方位短语。现代的"方位短语"内部结构是什么关系？"方位短语"的名称实际上回避了这个问题，可能答案有三个。1. 领属性偏正结构。"桌子的上面"一类无疑应该这样分析。但是失去了名词性、念轻声、意义空灵的上述方位词显然无法分析为领属结构的核心。2. 形态学上的附缀结构。从虚化程度来看这些方位词可以看作后缀。后缀是加在名词上的，但方位词却是加在整个名词短语上，如"他昨天刚刚买来的桌子上放着鲜花"中，"他昨天刚刚买来的"修饰的显然不是"桌子上"而是"桌子"，其直接成分应该是"他昨天刚刚买来的桌子/上"，把这样的"上"分析为后缀并不合适。3. 介词结构。由名词短语加标记方所题元的后置词构成。这样的分析既符合人类语言语法化的共同倾向，也符合汉语的实际，解决了上面两种分析存在的问题。而且一种语言前后置词共存并且形成框式介词（如"在桌子上""跟饿鬼似的"），在类型学上是很正常的。

从方所赋元名词到方所后置词的语法化，也涉及相关结构的重新分析。对方位短语本身来说，是内部关系由偏正关系到介词结构的重新分析；像由动词虚化为前置词一样，在更大句法结构中，还涉及题元结构的重新分析。例如（小字注为引者所加）：

（29）石之纷如_{人名}死於阶下。（《左传·庄公八年》）

"阶下"是一个以方所赋元名词"下"为核心的偏正短语，"下"前还可以加定语标记"之"，如：

（30）王遂行，卒於橫木_{山名}之下。（《左传·庄公四年》）

整个名词短语"阶下"为"死"的方所题元，前置词"於"则用作方所题元的虚词标记。"下"作为名词不是句法上强制性的，只在语义上需要时才用。所以，（29）所在段落既有用方所名词的（29）及（31），又有不用方所名词的（32）：

（31）死于门中／见公之足于户下（《左传·庄公八年》）

（32）公惧，队_坠于车／遇贼于门／杀孟阳于床（《左传·庄公八年》）

经过语法化，现代汉语"坐在地下"，"地下"是后置词短语，"地"被重新分析为"坐"的方所题元而不再是"下"的定语，"下"是方所题元的后置词,"在"是方所题元的前置词。"下"在句法上有强制性。"下"可以换用"上"而保持意义不变(坐在地上),也可以单独靠后置词赋元(坐地下),但是不能省略这个后置词(*坐在地)。方所题元也能用在动词前,方所后置词仍是必需的(在地下坐、地下坐、*在地坐)。

当然,并不是现代汉语中的所有方位词都需要做后置词分析,因为各词之间语法化程度相差很大。对于"NP+的+方位词"结构(如"桌子的上面")中的方位词,当然应分析为偏正的名词短语,其中的方位词是关系名词。对于"桌子上面",要区分两种情况。一种是"上面"不读轻声,这种"上面"前可以插入"的",仍分析为偏正短语。一种是轻读的"上面",前面不能插入"的",这时可按"桌子上"分析为后置词短语。对于现代汉语中名词短语后的"之上、以下"之类结构,我们都倾向于分析为后置词。这些"之"不能替换为"的"的事实就说明了它们已经经过了重新分析,不再是偏正短语。当然,语法化的本质属性就是渐进性,因此必然有些结构可以做两种分析。

除了方位词,本文把"这儿、那儿、哪儿"也看作纯赋元代词,其中的"这儿、那儿"也可以用在名词短语后,如:

(33)东西放在老王那儿。

(34)你从我这儿学不到什么知识。

其实这里"这儿、那儿"的主要作用不在指示,而在赋元,让指人名词充当方所题元。在英语中,这两句的翻译都不需要用到方所指代词here、there。在吴语中,与后置性"这儿、那儿"相对的常常是一个黏着的单音节后置词,如苏州话中的"搭",绍兴话中的"里",乐清大荆话中的"担"等:

(35)〈苏州〉物事摆勒老王搭。(义同33)

(36)〈苏州〉㑚勒我搭学勿着啥个知识。(义同34)

(37)〈绍兴〉伊个首饰放睐我里。'她的首饰放在我这儿。'

(38)〈乐清大荆〉渠个首饰园是我担。(义同37)

这些后置词都无法分析为指示代词。以上比较显示,普通话名词后"这儿、那儿"的位置并不需要用指示代词,"这儿、那儿"在这里也有某种程度的语法化,其功能是把方所题元赋予指人名词,因此也可以分析为虚化中的后置词。在书面语中,这种意义也说"放在老王处、从我处"等,但绝不能说"放在老王的处、从我的处"。可见这里的"处"已不是地道的名词,而是前面分析过的有所虚化的赋元后置词。

最后说说汉语前后置词的互动关系。

汉语在发展中所形成的前后置词并用的格局,是语序类型特点和语法化相互作用的产物。根据语序的倾向性共性,使用动-宾语序的语言大多取领属格后置于核心的语序。假如这些语言有动源介词,当然是前置词(由宾语前的赋元动词语法化);假如有名源介词,也会是前置词(由领属格前的核心名词语法化)。泰语就是这样的语言。同理,使用宾-动语序的语言大多有领属格前置于核心的语序,其动源名源介词都会是后置词。彝语就是这样的语言。汉语主要是动宾语序,促使动源介词虚化为前置词,又使用领属格前置于核心的语序,促使名源介词虚化为后置词,从而造成前后置词并存的格局。有趣的是,汉语有些动源前置词和名源后置词完全是同源的,如"上(上山上去)、下(下井下去)"。同源的前后置词并用的例子很早就出现了,如初唐的例子:

(39)于时,忽有一蜂子飞<u>上</u>十娘面<u>上</u>。(《游仙窟》)

只是动源介词和名源介词分别经过动宾结构和偏正结构的不同途径后,形成了前置词和后置词两种不同的语序属性。LaPolla(2002)认为介词前置还是后置跟语法化的来源有关,汉语的情况正是如此。

另一方面,汉语赋元名词向后置词的语法化,还有语序类型演变的动因。古今汉语的一大差别是动词的许多间接格(介词短语)由动词后移到了动词前。就方所题元而言,这一变化主要发生在两汉时期(何乐士 1992a;Peyraube 1994)。另一方面,方位词的大量使用也发生在这一时期。我们认为,这两者有一定因果关系。类型学成果显示,在人类语言中,介词通常位于作为题元的名词短语和作为核心的动词之间(Dik 1997:406—408)。当前置词短语移到动词前之后,前置词不再位于间接题元与核心之间,赋元名词向后置词的语法化,正好填补了间接题元与核心之间的空当,所以获得了很大的发展(刘丹青 1998;Liu

1998）。Greenberg（1980，1995）也发现，部分埃塞俄比亚闪语和部分伊朗语族语言中框式介词的形成也跟有关语言语序类型的演变有关，新型介词的产生有利于让介词位于间接题元与核心动词之间。

赋元实词向赋元虚词的语法化，动源前置介词和名源后置介词的互动关系，不仅仅表现在方所题元中。对其他题元中的情况，我们将另文讨论。

参考文献

艾皓德　1991　近代汉语以"时"煞尾的从句，《中国语文》第 6 期。
蔡国璐　1995　《丹阳方言词典》，南京：江苏教育出版社。
陈克炯　1997　试论先秦汉语补语与动词的类——兼谈"动补句"的句法句型特点，《语言研究》第 2 期。
陈泽平　1998　《福州方言研究》，福州：福建人民出版社。
储泽祥　1997　现代汉语的命名性处所词，《中国语文》第 5 期。
范继淹　1963　动词和趋向性后置成分的结构分析，《中国语文》第 2 期。
何乐士　1992a　《史记》语法特点研究，《两汉汉语研究》，程湘清主编，济南：山东教育出版社。
何乐士　1992b　敦煌变文与《世说新语》若干语法特点的比较，《隋唐五代汉语研究》，程湘清主编，济南：山东教育出版社。
江蓝生　1992　助词"似的"的语法意义及其来源，《中国语文》第 6 期。
刘丹青　1996　东南方言的体貌标记，《动词的体》，张双庆主编，香港：香港中文大学中国文化研究所吴多泰中国语文研究中心。
刘丹青　1998　连词与介词的语序一致性（提要），现代汉语语法学国际学术会议，北京大学。
柳士镇　1992　《魏晋南北朝历史语法》，南京：南京大学出版社。
吕叔湘　1941/1984　释景德传灯录中在、着二助词，《汉语语法论文集》（增订本），吕叔湘著，北京：商务印书馆。
吕叔湘　1965　方位词使用情况的初步考察，《中国语文》第 4 期。
吕叔湘（主编）1980　《现代汉语八百词》，北京：商务印书馆。
梅祖麟　1988　汉语方言里虚词"著"字三种用法的来源，《中国语言学报》第 3 期。
齐沪扬　1996　位置句中动词的配价研究，《现代汉语配价语法研究》，沈阳、郑定欧主编，北京：北京大学出版社。
钱乃荣（主编）　1990　《现代汉语》，北京：高等教育出版社。
钱曾怡　1994　《博山方言研究》，北京：社会科学文献出版社。

太田辰夫　1987　《中国语历史文法》，蒋绍愚、徐昌华译，北京：北京大学出版社。
汪维辉　1997　东汉魏晋南北朝常用词演变研究，四川联合大学博士学位论文。
徐烈炯　1998　题元的作用，现代汉语语法学国际学术会议，北京大学。
徐烈炯、刘丹青　1998　《话题的结构与功能》，上海：上海教育出版社。
杨树达　1930/1984　《高等国文法》，北京：商务印书馆。
朱德熙　1982　《语法讲义》，北京：商务印书馆。
Dik, S. C. 1997 *The Theory of Functional Grammar, Part 1: The Structure of the Clause* (Second, revised edition). Edited by K. Hengeveld. Berlin: Mouton de Gruyter.
Greenberg, J. H. 1980. Circumfixes and typological change. In E. C. Traugott, R. Labrum, & S. C. Shepherd (Eds.), *Papers from the Fourth International Conference on Historical Linguistics*. Amsterdam: John Benjamins.
Greenberg, J. H. 1995. The diachronic typological approach to language. In M. Shibatani, & T. Bynon (Eds.), *Approaches to Language Typology*. Oxford: Oxford University Press.
Hopper, P. J., & Traugott, E. C. 1993. *Grammaticalization*. Cambridge: Cambridge University Press.
LaPolla, R. J. 2002. Problems of methodology and explanation in word order universals. In Pan W. Y. (Ed.), *Dongfang Yuyan Wenhua*. Shanghai: Dongfang Chuban Zhongxin.
Liu, D. Q. 1998. Postpositions and the related word order types in Chinese. 第31届国际汉藏语言暨语言学会议，隆德大学，瑞典。
Liu, D. Q. 1999. Identical topics and topic prominent languages. 21届德国语言学会年会论文。
Mallinson, G., & Blake, B. J. 1981. *Language Typology: Cross-Linguistic Studies in Syntax*. Amsterdam: North-Holland Publishing Company.
Peyraube, A. 1994. On the history of Chinese locative prepositions.《中国境内语言暨语言学》，台北："中研院"历史语言研究所。
Van Valin, R. Jr., & LaPolla, R. 1997. *Syntax: Structure, Meaning and Function*. Cambridge: Cambridge University Press.

（原载《东方语言与文化》，东方出版中心，2002年）

语法化中的共性与个性，单向性与双向性*

——以北部吴语的同义多功能虚词"搭"和"帮"为例

一、引言

苏州、上海、无锡等北部吴语存在着一对有新老派差异的并列连词，即老派的"搭"和新派的"帮"。这对同义虚词都来自动词，还都是多功能虚词，而且两者的其他功能也是同义的，除了并列连词（和）的作用外，都还能用作伴随介词（跟）和受益介词（给、为）。然而两者从动词而来的语法化轨迹却基本上是相反的，即：

（1）搭：动词→并列连词
　　　　　→伴随介词→受益介词

（2）帮：动词→受益介词→伴随介词→并列连词

式（1）表示动词"搭"基本上同时派生出并列连词和伴随介词用法，然后伴随介词又派生出受益介词的用法。而式（2）表示动词"帮"先派生出受益介词用法，然后依次派生出伴随介词和并列连词。为什么会出现这种方向相反的语法化现象？其语法化机制是什么？是否违背语法化的单向性理论（unidirectionality，Hopper & Traugott 1993：§5）？这对有趣的同义虚词向我们提出了这些重要的理论问题。

＊ 本文的写作获中国社会科学院语言研究所重点项目"吴语句法类型研究"的资助。石汝杰教授提供了经整理的有关吴语虚词的大量电子版历史语料，一并致谢。

本文通过分析这对虚词的语义、用法和语法化路径发现，两者的多功能性和相反的语法化途径，有些方面反映了人类语言的共性，也有些方面反映了汉语的特殊个性（类型特点）。由于反映特性的方面实际上仍然遵循基本的语言原则，因此它们在更高层次上仍然反映了人类语言的共性。而看似相反的两条语法化链，换一种角度看也并没有违背单向性原则。

二、"搭"和"帮"在苏州、上海方言中的作用

虚词"搭"[taʔ⁵]在吴语文献中已存在数百年，也作"搭仔"（搭子、搭之），"仔、子、之"都代表完成体标记[tsʅ]。大体上"搭仔"多做并列连词，而不带体标记的"搭"则更常做介词。下面是长篇苏州弹词《三笑》（1801年印行）大量连词用例中的两例：

（3）a. 你搭华太师啥称呼介吓？（p. 51）'你和华太师什么称呼？'（实问什么关系）

b. 官宦人家出门，下船上岸，有上马单搭子号牌个吓的呀。（p. 78）

连词"搭"在苏州话中活跃至今，而在上海话中，该词也曾经是基本的并列连词，下面是20世纪早期上海话文献中的例子：

（4）a. 圣人搭之兵丁登拉待在营盘里，日脚长远者时间很长了。sm03wr（1913年）①

b. 爷搭儿子也实盖。sm27wr（1928年）'父亲和儿子也这样。'20世纪50年代时，上海这个连词仍以"搭（仔）"的形式出现，如当时有一首上海话土改宣传歌曲名为《地主搭仔农民到底啥人养活仔啥人？》，其中就用"搭仔"做并列连词。后来"搭"在上海话里逐渐被"脱"[tʰəʔ⁵]或"得"[təʔ⁵]取代（可能是"搭"的语音变体），此外还有众多同义词相继出现，有"告"（也作"交"，来自江淮方言）、"帮"、

---

① 这里的代码是"上海话电子语料库"（香港城市大学）中的语料编号。下同。年份指语料的出现年代。

"跟"（来自普通话），但没人用"和"。20世纪中叶以前的文献不见有用"告"做并列连词的，"帮"作为并列连词则是20世纪70年代以后的事，"跟"还刚刚出现在部分人口中。这些同义词中"告"和"跟"是官话成分，由江淮移民和普通话影响带进上海，目前尚未影响到其他北部吴语。当代新派上海话中，[aʔ]韵和[əʔ]韵合并为[ɐʔ]，"搭""得"都读[tɐʔ⁵]，"得"又不妨写作"搭"。不过[aʔ]、[əʔ]韵合并的上海年轻人已多半弃"搭"用"帮"。下面的例子取自"上海话电子语料库"中的真实谈话录音部分，括号里是说话人的性别和在1997年时的年龄（录音在1995—1998年间进行）。它们反映了新老派差异的大致年龄界限：老派用"搭"的变体"得、脱"，中派用"告"，新派用"帮"及"跟"，如：

（5）a. 总归要买水仙花，<u>得</u>仔兰，还有兰花。（女85）mo02av
　　 b. 读师范<u>脱</u>读中学呢，中学好像前途大。（男63）iw10av
　　 c. 我上课我<u>得</u>学生子交流蛮多。（男53）mo01av

（6）a. 侬<u>告</u>陆先生差勿多辰光毕业个。（男53）iw11av '你和陆先生差不多时间毕业的。'
　　 b. 工学院<u>告</u>民用院是上海、上海计委确保个_的单位。（女35）iw0007av
　　 c. 结脱个末就是宪法<u>告</u>刑法，已经结脱勒，乃末现在还辣该读民法<u>告</u>经济法。（女22）iw19av '已结业的就是宪法和刑法，已经结业了，那么现在还在念民法和经济法。'

（7）a. 现在上海闲话<u>帮</u>苏州闲话还是有交关区别嚎！（男27）iw04av
　　 b. 因为高中<u>帮</u>大学个_的，就讲，学习方法毕竟是勿一样个。（女24）iw16av

（8）阿拉_{我们}，我<u>跟</u>两个同学一道拼勒吃_{合着吃}。[同（7c）]

上述词项中，"搭（仔）"的变体和"帮"是吴语的自源虚词，是本文的考察对象。"告"和"跟"是他源虚词，本文不予讨论。

下面再看"搭"和"帮"表示伴随和受益的功能。

伴随介词和并列连词在汉语中总是同形的（详第四节），如"和、跟、同、与"。不少句子即使意义清楚也很难分辨其中虚词是连词还是介词，特别是当该虚词 X 在 NP_1-X-NP_2-V 的结构中时，其中的 X 往往存在两可分析，如（6c）、（7b）、（8）等例。不过，两者都有区别性的结构位置。在宾语位置［如（5a）、（6c）］、后面另有主语的话题位置［如（5b）］、定语位置［如（7b）］和被共用定语修饰的位置，NP_1-X-NP_2 中的 X 必然是连词；若 NP_1 和 X 之间有谓语 V 或状语性成分 Adv 隔开，即在 NP_1-V/Adv-X-NP_2 中，X 必然是介词。下面是"搭"（含"脱、得"，下同）和"帮"只能分析为伴随介词的例子：

（9）a. 我想办法<u>脱</u>校长商量商量。iw10av

　　　b. 阿拉学堂里向迭个人_{我们学校里这个人}呢，因为平常勿<u>得</u>伊熟悉啦，所以认也勿认得。mo01av

（10）a. 七所好像<u>帮</u>五所差勿多。iw04av

　　　b. 工资收入也<u>帮</u>侬_你部门个_的工作成绩挂钩个_的。iw04av

受益介词出现的句法位置与伴随介词相同，而意义上距并列连词更远，因为伴随介词短语表示后面的谓语是 NP_1 和 NP_2 共同参与的行为或共有的状态，而受益介词表示 NP_1 的单方面行为，NP_2 只是受益而不参与。普通话里，受益主要由接受者介词兼动词"给"在动词前表示，如"我给他倒茶"，而北部吴语普遍不允许"给"义动词兼介词放在动词前，而是由伴随介词兼表受益，如：

（11）a. 我<u>脱</u>侬_你介绍迭_这种药喏，就能够预防感冒个_的。bc03av

　　　b.（"噢"，伊_他讲："侬_你等一等嚎！"）伊讲："我<u>得</u>侬去查。"mo01av

　　　c. 侬刷一趟卡以后呢，伊<u>得</u>侬记一块洋钿……iw23av

（12）a. 伊就勿<u>帮</u>侬去订票子勒。iw12av

　　　b. 伊呢……，侪_都是我<u>帮</u>伊复习个。iw0011av

　　　c. 有个闲话_{有的话}，我一定<u>帮</u>侬_你买一本。iw06av

至此，我们已经清楚地看到，"搭"和"帮"这两个虚词都有并列连词、伴随介词和受益介词三种功能。上面主要举了当代上海话的例子，因为有丰富的真实语料。苏州话、无锡话的情况与此相同，不再重复。下一节我们探讨两者不同的语法化途径。

三、"搭"和"帮"的语法化路径

第一节例（1）、（2）已指出了"搭"和"帮"两者不同的语法化路径，这里我们将简要说明体现这种语法化路径的语言事实。

并列连词"搭"来自动词"搭"。作为动词，该词有"连带、连同"义，即在一个对象外再加上其他的共同参与者或承受者。"搭配、搭售"等词便含有此义。这个意义的"搭"在北部吴语中仍可作动词用，如"买西装要搭领带"。由连同、连带义发展出并列连词的用法。可以设想，开始时，"张三、搭仔李四，侪走哉"，就相当于说"张三，连带李四，都走了"。"搭NP"是带有插入语性质的动宾短语。后来经过重新分析和句法功能的扩展（例如做定语等），终于成为真正的并列连词。例如，当可以说"张平搭李兵个文章_{张平和李兵的文章}"，"搭"就是地道的并列连词了。不过至今"搭（仔）"前常有停顿，如（5a），这同"搭NP"原来的插入语性质有关。到现代上海话中，连词"搭"[taʔ⁵]弱化成央元音"得"[təʔ⁵]或"脱"[tʰəʔ⁵]，而动词"搭"仍读[taʔ⁵]，连词与动词在语音上分化，与源头动词的"脐带"一度已彻底断开。不过随着新派[aʔ][eʔ]两韵合并为[ɐʔ]，动词和连词重又同音。而在苏州话、无锡话中，动词"搭"和连词"搭"一直是同音的，都念[taʔ⁵]。

从历史文献看，很难说动词"搭"先派生出连词还是伴随介词。据《明清吴语词典》两主编之一石汝杰教授赐告，"搭"作为连词和介词虽然出现较早，但早期主要的并列连词和伴随介词不是"搭"，而是现在已不做连词兼介词的"听"。据我们对吴语"搭"字电子版历史语料的考察，在出现虚词"搭"的早期文献中，"搭"都兼有连词和介词的用法。吴福祥（2003）认为伴随介词和并列连词之间只能是前者派生出后者，不可能由后者派生出前者，可是我们从早期连词"搭"出现的位置看，它完全可能是由动词直接派生出来的，无须经过介词的阶段。请看例子：

（13）a. 注：张皮、赵铁、王打毡、龚锡匠、陆弓箭、阿寿官、孙<u>搭</u>爷尽来吃羹饭，我的天天天天天天天。词亦趣。（《山歌·杀七夫》）

b. 明星亮月晓霜浓，月暗星昏又是雨<u>搭</u>风。（《夹竹桃》303 页）

c. 姐道：郎呀，个星_{这些}香烛辉煌，才_都是我<u>搭</u>你两人心里火。（《夹竹桃》57 页）

（14）个个叫子_{这个就叫}此一时，<u>搭子</u>个个_{那个}彼一时吓_{语气词}。（《缀白裘》5 集 4 卷）。

（15）第二个，阿留<u>搭子</u>阿华谷两个，拉笃喷蛆乱话_{在那儿胡说八道}，弗要听俚_{别听他的}。（《大双蝴蝶》十九回）

（16）啥个大八珍介_{什么大八珍呢}？龙肝、凤髓、猩唇、豹胎、海鲨、雪蛆，<u>搭子</u>驼峰、熊掌。（《三笑》七回）

（13）诸例均为冯梦龙所编的明清之交苏州一带吴歌，属虚词"搭"的早期用例。（13a）为编者注文所引的歌词，谓语"尽来吃羹饭"前是一个 8 项并列的主语，最后两项"孙搭爷"之间用了连词"搭"。这个"搭"按当时的虚化程度也不妨理解为动词，表示"连同"，由此即可虚化为并列连词，而这个"搭"绝不可能是介词，因为无法理解为前面 7 个人为一方和"爷"为一方一起"吃羹饭"。可见从连同义动词到并列连词无须经过伴随介词的阶段。（13b）"雨搭风"做"是"的表语，可以理解为动词"连带"，也可以理解为并列连词"和"，但绝不能理解为介词。（13c）"我搭你"做表语中的定语，有"两人"同位复指，一起修饰"心里火"，也只能分析为连词，排除了介词的可能。（14）引自清初至乾隆年间的吴语戏曲集，"此一时"和"个个彼一时"并列起来做准系词"叫"的表语，（15）引自乾隆三十四年（1769 年）写成的苏州弹词，"阿留搭子阿华谷"做并列主语，还有"两个"复指。（16）引自 1801 年刻印的苏州弹词，答句是一个并列式名词句，"搭"不可能是介词，不过也不妨理解为动词"连同"。所以"搭子"

前有停顿。

由以上例子可以看出,"搭"的早期连词用例就有许多不能分析为伴随介词,但却可以分析为表示连同、连带义的动词。可见连同义动词可以直接派生出连词用法,完全不必经过伴随介词的阶段。当然也存在动词直接派生出伴随介词的机制。所以我们认为北部吴语"搭"的并列连词用法至少不晚于介词用法,两者都可以是由动词用法直接派生的。

此外,还有一个重要的语法现象值得注意。在"搭"的三个功能中,主要由连词"遗传"了动词带体助词"仔"的功能,形成"搭"和"搭仔"的变体。而"搭"作为伴随介词带"仔"的例子早期很少,后来则完全没有,"搭仔"已作为连词的专用词形。"搭"作为受益介词则从来没有带"仔"的例子。在晚清的《海上花列传》一书的苏州话对白中,"搭仔"共出现11例,其中10例是并列连词,1例是伴随介词,没有一例是受益介词。书中"搭仔"做连词的用例在今天的苏州话中仍很自然,而唯一的做介词的例子今天却很难接受:

（17）价末到倪花园里来哩,<u>搭仔</u>文君做淘伴,阿是蛮好？'那到我们花园来么,跟文君做伴,不是很好吗？'

当代苏州话这里只能用"搭"而非"搭仔"。与之相对照,不带"仔"的"搭"的用例中,连词用法大大少于介词用法。我们统计了《海上花列传》前11回,只能分析为介词的有119例,可以分析为连词或连介两可的例子仅19例。可见"搭仔"基本上只是连词的形式。现代上海话中,"搭"在语音上已弱化为"得/脱",而带"仔"的功能仍未失去,如（5a）的"得仔"。"搭"带"仔"的用法显示,在"搭"三种功能中,并列连词离动词最近,最可能是动词的直接后裔,伴随介词似乎就远一些,受益介词离动词最远,是进一步语法化的产物。

在与并列连词的关系上,伴随和受益是明显不等同的。伴随用法虽然词性上属前置介词,但语义上跟并列连词不但相近,而且有时几乎等同,都表示行为性质状态的共同性或相互性,以致在许多情况下结构有歧义而真值语义相同。如"今天他和小张吵架了",这个"和"允许连词介词两种分析,但不管哪种分析,说的是同一件事:被提到的那两个人之间发生了一种相互性行为"吵架"。因此，在汉语的各种变体中，无论是古代汉语的"与"，近代汉语的"共"，还是普通话的"和、跟、同"和方言的"搭、告"等，只要是并列连词，似乎无例外地身兼伴随介词。所以，一方面，并列连词和伴随介词都有直接从连同义动词语法化而来的机制，另一方面，上面那种真值条件相同的歧义结构也使并列连词和伴随介词有大量机会互相派生。因此，（1）所列的"搭"的派生途径，可能要加上体现这两者互相派生的机制才更加全面，即：

（18）搭：动词 →并列连词

　　　　　　→伴随介词→受益介词

在（1）和（18）中，我们都把"搭"的受益介词置于最右端，即语法化过程的最末端。下面就来说明这一点。受益介词在语义上跟连同义动词和并列连词都没有直接关系，而跟伴随介词较有可能发生关系（详见本节下文）。在词项分配上，不兼受益义的并列连词和不兼并列连词的受益介词在汉语中都很平常。前者如普通话"和"，后者如普通话"给"。这是从语义关系方面所做的分析。实际上受益介词"搭"离语法化源头远还有更直接的语言证据。《明清吴语词典》（石汝杰、宫田一郎 2005）中"搭"条的并列连词和伴随介词用例都早至明清之交的《山歌》，而受益介词的用例都是清末（19、20 世纪之交）吴语小说的例子，即《九尾龟》《海天鸿雪记》和《九尾狐》。下面是 19 世纪末的《海上花列传》中的若干苏州话用例：

（19）耐还搭_俚瞒啥？'你还给他瞒什么？'（三回）

（20）我就搭_给俚_{他/她}还仔_了债，俚原_仍说我勿好。（十一回）

上海话"搭"的受益介词可能出现更晚。直到 20 世纪早期的老上海话语料中，"搭"还只有并列连词和伴随介词的用法。我们检查了前述语料库中所有的老上海话语料，约 20 万字，没有发现一例受益介词用法。当时的受益介词用的是"替"，如：

（21）我愿意替侬_你送圣体，侬好好能_{好好地}预备。sm03wr（1913 年）

下面来看虚词"帮"。"帮"的虚化链始于帮助义动词。

"帮"本身的动词义就决定了其宾语不是严格意义的受事，而是受益者，属于拙文（刘丹青2002）所说的"赋元动词"，能赋予宾语以受益题元。当它出现在连动或兼语结构中，如"帮他干活"，便可能逐渐被重新分析为受益介词。由于"帮"的动词义和受益题元的意义十分接近，从动词到介词是一个很微妙的连续统，有很多用例很难确定"帮+NP+VP"中的"帮"是动词还是介词，如"帮他干活"之类。不过有一些"帮"只宜分析为受益介词。如上海话句子（22）：

（22）我帮侬倒杯茶。

语义上，"倒茶"完全是全句主语"我"的行为，是陈述主语的，"侬（你）"主观上客观上都完全不参与这一行为，不能成为"倒茶"的主语，而纯粹是谓语的受益者题元。此时的"帮"也不再有帮助的动词义，不能说成"我帮助侬倒杯茶"，更自然的普通话翻译是"我给你倒杯茶"。语法上，作为受益介词的"帮"不再能加体助词或重叠，如不能说"帮帮伊倒茶"。而作为动词的"帮"可以换用"帮助"，也可以加体标记或进行重叠，如"男生帮女生练球"可以说"男生帮助女生练球""男生帮着女生练球""男生帮帮女生练球吧"。

语义关系清楚显示动词"帮"最可能语法化为受益介词而不是伴随介词或并列连词。事实上找不到一种句子可以做后两种功能之一和动词"帮"的两可分析，这意味着不存在"帮"重新分析为伴随介词或并列连词的机制。而语言事实也证明了这一点。不但早期（20世纪初）的上海话"帮"没有伴随介词和并列连词用法，而且至今上海话中老派仍没有这两种用法，他们仍只用"搭"的变体或"告"表达这两种功能，但"帮"用作受益介词却见于中老派，如：

（23）另外学堂里还**帮**伊解决房子啊。mo01av（53岁）

可见"帮"的三种虚词功能中，受益介词是最先出现的。

并列连词和伴随介词无法以动词"帮"为语法化的直接源头，它们是在受益介词的基础上语法化的。从句法上说，受益介词和伴随介词词性相同，句法分布相同，由前者发展出后者比较容易。而受益介词与并列连词词性不同，句法分布不同，比如，宾语位置上的并列连词，如"我喜欢鱼和熊掌",就无法换上介词。因此,可以肯定,受益介词"帮"首先发展出伴随介词功能,再由伴随介词发展出一步之遥的并列连词。伴随介词区别于受益介词的表征是谓语所述行为状态属于介词前后两个 NP 共同具有,如(24),甚或有相互关系,如(25):

(24) 我现在<u>帮</u>福建人蹲呀。'我现在跟福建人(一起)住呀。' iw02av(24 岁)

(25) 因为侬_你出去<u>帮</u>跟人家打交道,本来就用嘴巴辣该_在讲闲话_{讲话}个_的。iw05av(28 岁)

这些"帮"在普通话中只能用"跟",不能用"给"或"帮"。而最能体现并列连词区别于伴随介词的位置是宾语、表语和定语,如:

(26) 伊分勒分部<u>帮</u>总部呀。'它分(成)了分部和总部。'iw16av(24 岁)

(27) 因为伊_它基本上还是国画<u>帮</u>油画,还有雕塑。iw13av(24 岁)

(28) 因为高中<u>帮</u>大学个_的,就讲,学习方法毕竟是勿一样个。iw16av(女 24 岁)

至此,"搭"和"帮"正好相反的路径已经得到清楚的显示。

四、语法化中的共性和个性

上一节讨论了"搭"和"帮"在语法化过程中同一词项不同功能之间存在的语义关系,如伴随介词和并列连词之间异常紧密的联系。这种语义关系是这些语法化得以发生的内在原因之一。我们知道,语法范畴可以具有语种特点,而语义关系却属于人类语言的共性,例如不管什么语言,假如既有并列连词又有伴随介词,那么总是能表示真值条件相同的关系。英语中,John and Bill went there 和 John went there with Bill 说的就是同一件事。既然这些语义关系在汉语中促成了相关的语法化,那么类似的过程应该也很容易(虽然不是必然)在其他语言中发生。我们确实经常看到不同语言中有互相近似的语法化现象,如由空间介词发展出接受者介词,就有古代汉语的"于"(卧于床~赠书于友)、老上海话的"拉"(坐拉椅子上~送本书拉朋友)、英语的 to(go to London ~ send the book to a friend)、日语的に(ni)等。此类体现共性的语法化还有很多,如用系词表示被动态〔古汉语"为……(所)"、英语 be〕,用表示"有"的动词表示完成体(南方汉语"有"、英语 have)等。

  但是,语义关系只是语法化得以发生的条件之一。有关语法化的发生还必须有至关紧要的句法条件,即容易发生多种理解和双重(或多重)结构分析的句法环境(例如连动式是动词向介词语法化的常见句法环境),这种环境最终可能导致对结构的重新分析,完成一个语法化的过程。而适合多重理解、多重分析的句法环境与特定语言的句法类型密切相关。如果相关的几种功能不容易在同一种句法环境中出现,那么即使它们在语义上密切相关,也不大容易发生语法化。如果说语义关系的条件更多地体现了语法化途径的语言共性,那么句法环境的条件更多地体现了语法化途径的语种个性。本文讨论的并列连词和伴随介词之间的语法化就体现了汉语的类型特性。

  并列连词和伴随介词的语义关系之密切,上文曾用"一步之遥"来形容,有时即便用"二而一"来形容也不为过。说汉语的人都会感到这两类词同源同形是最自然不过的事,吴语中无论是"搭"由并列连词兼伴随介词,还是"帮"由伴随介词发展出并列连词,都是极其自然、几乎不可避免的过程。可是,当我们多注意一些语言,就会发现同一个词身兼并列连词和伴随介词的情况在人类语言中很不常见,两者之间的语法化是汉语特殊的类型特点之产物,并不体现人类语言的共性。

  不管是"搭"由并列连词发展出伴随介词,还是"帮"由伴随介词发展出并列连词,都因为它们(标为 X)能出现在(29)所示的容易造成双重分析的句法环境中:

(29)a. NP_1 + X + NP_2 + VP

   b. 我搭伊争_{争吵}。

   c. 我帮伊争。

即使不改变意义,我们也能对(29)做双重分析,即:

（30）a. [[NP₁ X NP₂] VP] ~ b. [NP₁[[X NP₂] VP]]

在（30a）中，并列短语"NP₁ X NP₂"（我搭伊/我帮伊）是主语，X（搭/帮）是主语中的并列连词，谓语则是VP。而在（30b）中，NP₁单独做主语，VP是谓语，X NP₂则是修饰VP的介词短语，X（搭/帮）是一个伴随介词。不管哪种分析，实际意义都是句中提到的两个人彼此争吵。这是一种异构同义现象，是最容易发生重新分析的：只要有并列连词用法，就可以重新分析为伴随介词，反之亦然。难怪汉语各时期、各方言的这两类词通常是同一的，有此必有彼。但是，（29）这种句法化环境，却需要一些特定的类型条件，而这种类型条件恰恰是在人类语言中极其少见的。

要造成（29）这样的句法环境，必须同时满足下面两项类型条件：（1）使用前置介词，如普通话的"和、跟"等和吴语的"搭、帮"。（2）介词短语（PP）修饰动词时在动词之前，即PPV，如作为介词短语的"搭伊"在（29b）中位于动词"争"之前。而类型学调查的事实告诉我们，前置词语言主要是VO型语言，VO型语言中介词短语的常规位置在动词之后，即VPP。据Dryer（1992）对基于625种语言的语种库的调查，其中的VO语言只有汉语主要采用PPV，其他如英语、泰语等VO-前置词型语言，都采用或主要采用VPP语序。这些语言的伴随介词没有机会出现在（29）中X的位置上。PPV语序只出现在OV型语言中，OV型语言一般采用后置介词，这些语言的伴随介词会出现在NP₂之后，也没有机会出现在（29）中X的位置上。而不管什么语言，并列连词都会出现在（29）中X的位置上。因此，在许多人类语言中，并列连词和伴随介词是难有机会出现在同一位置的，因此也难以发生语法化所需的重新分析。

下面我们用一些具体语言的例子来说明（29）这种句法环境之难得，比较：

（31）a.[[我和他]吵架了]~ b.[我[[和他]吵架了]]

（32）〈英〉a. John and I quarreled. ~ b. John quarreled with me.

　　　　　　　John 和ₐ 我 吵架了　　John 吵架了 跟ₐ 我

（33）〈日〉a. Taroo to   Hanako ga   kenka si-ta.
             太郎   和连   花子   主格   吵架   了

     b. Taroo ga   Hanako to   kenka si-ta
        太郎   主格   花子   跟介   吵架   了

（34）〈彝〉a. zu³³ɬa¹³ tʂʰʅ²¹ zo³³ tɕʊ⁵⁵ zu³³ɬa¹³ ʔɯ⁵⁵ zo³³ zi¹³tse³³dʊ³³
             男青年   这   个   和连   男青年   那   个   结婚了
        '这个男青年和那个男青年都结婚了。'

     b. zu³³ɬa¹³ tʂʰʅ²¹ zo³³ ʔa²¹mə³³ɬa¹³ ʔɯ⁵⁵ zo³³
        男青年   这   个   女青年   那   个
        bu³³ zi¹³tse³³ dʊ³³
        跟介 结婚   了
        '这个男青年跟那个女青年结婚了。'

在较典型的前置词语言如英语中，相当于"和"的并列连词 and 位于并列式主语 NP_1 和 NP_2 中间，如（32a）；而伴随介词 with 所介引的 PP 则作为动词的附加成分通常位于动词之后，于是相当于前置词"跟"的介词会在动词后、NP_2 前，如（32b），绝不和并列连词 and 混同。在典型的后置词语言如日语中，意义上相当于前置词"和"的介词 to 是后置词，会位于 NP_2 之后，如（33b），也不会跟嵌在并列式主语 NP_1 和 NP_2 之间的连词 to 混同，如（33a）（感谢平田昌司教授提供例句）。虽然日语也用同一个 to 表示这两种功能，但两者句法位置不同，其同源当不是在同一位置的重新分析造成的。事实上在后置词-宾动型语言中，像日语那样并列连词和伴随介词同源同形的并不多见。看（34）所引的彝语（贵州毕节，丁椿寿 1993：295），就用 tɕʊ⁵⁵ 做并列连词，用 bu³³ 做表伴随的后置介词。两者的句法位置也不同。

由此可见，汉语各时代各方言的并列连词和伴随介词普遍存在的相互语法化现象，不仅有语义上的联系做基础，还有类型上的特殊性来使之实现，即一方面使用前置词、另一方面前置词短语又在动词前。这充分显示语法化既同人类语言共性有关，也强烈地受制于所在语言的句法类型。在更高的层次上，特定的语法化路径与特定的句法类型有关，这本身就是一种普遍规律，本质上还是体现了人类语言的共性。

五、语法化的单向性和多向性

北部吴语"搭"和"帮"都从动词语法化为连接性虚词，但是不能反过来由虚词发展出动词用法。就此而言，两个词都体现了语法化的单向性。但是，在更细的语法化链上，"搭"和"帮"却出现了相反的途径。这种情况给语法化的单向性理论提出了挑战。

通过对这两个词语法化过程的个案研究，我们获得了对这个理论问题的新的认识，发现了可以将相反的语法化路径和单向性理论统一起来的解释。

人们谈论单向性的时候，往往是以语法单位的类别来显示虚实程度的，例如"关系名词→介词→格词缀"这一常见的语法化路径中，关系名词最实，介词比它虚，而词缀比介词更虚。其实，这是一种简单化的说法，无法面对实际情况的复杂性。正是这种简单化的说法，给"搭、帮"之类现象造成了困惑。

语法化程度是一个综合指标而不是一个单一指标。它体现在语音形式、词汇搭配能力、句法适应面、语义实在度、语用色彩等许多方面。一个词语的语法化通常在以上方面同步迈向更深的语法化，但不同方面也允许有所参差，如句法上已很虚，但语音上可能还没有弱化的表现。因此，同一类别的词，不管属跨语言同类，还是同一语言内同类，其语法化程度都可以不同。所以，同为介词，甚至同为伴随介词，语法化程度可以不同。这就不是上述简单化的语法化路径可以反映的了。换言之，语法化程度不仅体现为不同的语法单位类别，而且存在个体差异，因词而异。对于语法化程度明显有别的不同类别之间的单位，通过类别就能知道语法单位的语法化程度，如被划为介词的单位总比被划为格词缀的类别语法化程度低。但是对于语法化程度相当的类别，语法化程度就主要取决于单位本身的情况。例如，介词和连词语法化程度难分高下，伴随介词和受益介词也难分高下。假如这些类别之间发生语法化，那么其语法化程度就要视具体词项而定。

下面我们就据此来分析吴语"搭"和"帮"的语法化程度。

"搭"的四个阶段，语法化程度依次加深，离实词的身份渐行渐远。动词"搭"永远读规则读音 [taʔ⁵]，而后面三个阶段在上海话中经元音弱化读成"脱 [tʰəʔ⁵]／得 [təʔ⁵]"。在后面三个阶段中，并列连词可以带体助词"仔"，伴随介词基本上不能带，但早期苏州、上海话有个别带"仔"的例子，受益介词则完全不能带"仔"。"搭"的几个功能在语义上很难区分虚实，因此语音形式和带体标记的能力就成为测定其虚实程度的良好指标。

"帮"的几种功能在语音上没有明显差别，但是我们还是能从其他方面看出其语法化的程度。如前所述，"帮"作为动词和受益介词可以通过谓语是否由"帮"后的 NP 发出、能否换用"帮助"、能否加体标记和能否重叠等方面显示出虚实之别。不过，由于受益义和"帮"的动词义十分接近，因此受益介词在很多情况下还是难以跟动词划分清楚。例如"小张帮他干活"，可以理解为小张干活，"他"只是受益者，也可以理解为"他"在干活，小张去帮助"他"一起干。事实上人们在听这类句子时，关心的主要是小张干活，至于受帮助的"他"本人是否干活了，并不重要。假如吴语的"帮"只虚化出受益介词的用法，我们可能根本不会注意到"帮"有非动词用法。作为受益介词，"帮"也大体上只是动词向介词语法化的过渡阶段，许多用例换用"帮助"、带体助词或重叠也能接受。即使把"帮"表受益的所有句子都看作动词也无大碍。而伴随介词"帮"就很不相同。伴随介词意义上绝不同"帮"的动词义发生纠葛，人们绝不会认为"我马上帮小张商量商量"中的"帮"还有帮助义，绝不能换用"帮助"，也完全没有带体助词、重叠等变化。到并列连词阶段，"帮"的词义离"帮"的动词义更远，也没有带体助词、重叠等变化。在并列连词阶段，"帮"还出现了语法化深化的另一表现，就是组合面的扩大。作为受益介词，"帮"后的成分主要是适合充当受益者的指人名词或有生名词，到伴随介词阶段，"帮"后的成分也还主要是有生名词，而到并列连词阶段，"帮"的前后就没有什么限制了，对生命度毫无限制，如"书帮杂志分开来摆"，而且连接谓词性成分也很自由，如"吃酒帮吃茶勿一样"。由此可见，对"帮"来说，语法化程度正是按其语法化链的次序（动词→受益介词→伴随介词→并列连词）而依次加深的。

从以上例子的分析可以看出，即使是方向相反的语法化链，也未必违背语法化的单向性。单向性可以表现在两个方面。其一，对于本身就表现出虚实程度不同的语类来说，语法化只能由语法化程度较浅的语类演化出语法化程度较深的语类。其二，对于本身虚实程度相当的语类来说，语法化只能是由语法化程度较浅的单位演化出语法化程度较深的单位。在虚实程度相当的情况下，不同的语类间可能出现方向相反的语法化链。只要每一链条内各环节单位的语法化程度是依次加深，就仍然符合语法化的单向性。北部吴语"搭"和"帮"正好相反的语法化链正是这种情况。这类现象实际上并没有违背语法化的单向性，但确实让我们对语法化的单向性获得更加全面深入的认识。

参考文献

丁椿寿　1993　《彝语通论》，贵阳：贵州民族出版社。
刘丹青　2002　赋元实词与语法化，《东方语言与文化》，上海：东方出版中心。
石汝杰、宫田一郎　2005　《明清吴语词典》，上海：上海辞书出版社。
吴福祥　2003　汉语伴随介词语法化的类型学研究——兼论 SVO 型语言中伴随介词的两种演化模式，《语法化与语法研究》（一），吴福祥、洪波主编，北京：商务印书馆。
Dryer, M. S. 1992. The Greenbergian word order correlations. *Language*, 68 (1), 43-80.
Hopper, P. J., & Traugott, E. C. 1993. *Grammaticalization*. Cambridge: Cambridge University Press.

（原载《语法化与语法研究》一，商务印书馆，2003 年）

重新分析的无标化解释[*]

一、重新分析的推手何在

重新分析是语法历史演变的重要机制。语法化、词汇化和其他一些语法历史演变都常经历重新分析。例如,"把"在所在句中由连动式的前一动词重新分析为给后面动词介引受事的介词[杜甫诗"醉把茱萸仔细看",参看王力(1980:412)],"破"由连动式之后一动词重新分析为前一动词的结果补语(《史记·项羽本纪》"为击破沛公军"),这是语法化中的重新分析。而"的话"由跨层组合变成一个虚词(参看江蓝生2004),这是词汇化中的重新分析。再如古汉语"是"由指示代词发展出系动词的用法,演变前后很难说孰虚孰实,至少不是典型的语法化,但也经历了重新分析,如(1)所示:

(1) a. [_{话题} 龟者] [[_{主语} 是] [_{谓语/表语} 天下之宝也]]。(《史记·龟策列传》)

b. [_{主语} 龟者] [_{谓语} [_{系词} 是] [_{表语} 天下之宝] 也]。

唐钰明(1993)认为例(1)中的"是"处于由指示代词到判断动词的"两可的过渡状态"。重新分析以双重分析为前提,所以此例正可拿来做重新分析之例。在(1a)中,"龟者"是判断句话题(或称大主语),"是"是复指话题的小主语,"是"后面判断谓语——这里是无系词表

---

* 本文获国家社科基金重点项目(03AYY002)资助,写作过程中曾与吴福祥教授、唐正大博士等讨论过,初稿及修改稿曾先后宣讲于第四届汉语语法化问题国际学术讨论会(北京语言大学,2007年8月)、南开大学(2007年11月)、中国传媒大学(2007年12月)、河北师范大学(2007年12月),一并致谢。尚存问题均由笔者负责。

语——的直接成分。在重新分析之后的（1b）中，"龟者"是判断句主语，"是天下之宝也"整个是谓语，其中"是"成了系动词，"天下之宝"是系词后的表语。这里的重新分析不但影响实词的层次结构，也影响虚词的层次结构，（1a）中"也"是加在判断谓语"天下之宝"后的，（1b）中"也"是加在"是天下之宝"后的。

对于重新分析的性质，国际历史句法学界已经有了一定的共识。Harris & Campbell（1995：61）在 Langaker（1977）定义的基础上将重新分析定义为"一种改变句法结构的底层结构却不涉及表层表现的任何直接或内在的调整的机制"。Heine 等（1991：215—216）也表示多少认同 Langaker 式的定义，只是认为里面还有些问题需要讨论，如对底层结构的理解。上举汉语"把"字句、动结式和"是"字判断句的演变过程，都符合这一机制。

至于重新分析的动因，我们注意到了历史句法学家们的一些探讨，其中不乏精辟之见。

Harris & Campbell（1995）没有专门分析重新分析的动因，但分析了句法演变的总体原因。该书认为句法的历史演变机制不外乎重新分析、扩展和借用三项（第 50 页）。至于句法演变的原因，该书认为语言接触、表层歧义、类推等都可以成为演变的原因（第 53 页）。该书后面还给演变原因进一步分了类，分为内部原因和外部原因。内部原因包括生理原因（如发音器官的生理属性）和涉及语言感知、处理和学习的心理/认知原因。外部原因包括语言的表现性用法、对语码的正面或负面的社会评价、识字教育、教育政策、政治规定、语言规划、语言接触等。这些原因有复杂的互动关系，或叠合、或竞争。在更具体的层面，Harris & Campbell（1995：§3.4）讨论了语用和风格需要促成的一种句法创新，即利用现有要素的迂曲式（periphrastic）组合造成一种新奇的临时表达式，其中多数稍纵即逝，而有少数会被社团重复和扩散，经过语法化后产生新的句法要素。迂曲式组合的途径往往是各语言共同的，如用表示"一点儿"一类意思的词语来强化否定义（试比较汉语：一点儿不好），用表示来源的虚词表示领属关系等，区别在于有没有机会固化为新的语法要素，如法语 pas（一步）重新分析成了否定词。英语的 a bit 也能帮助否定，但没有朝否定词语法化。这些是很符合语言事实的概括。以上解释可以概括为"多元互动说"。

Heine 等（1991：§2.1.1）分析语法化的动因，赞同"解决问题"的解释，即在表达手段有限的情况下常需用既有手段去表达新内容，特别是借表具体实义的手段去表达抽象空灵的内容，从而促成语法化。同时他们也注意到，有时以"此"手段表"彼"内容并非因为缺少专表"彼"内容的手段。对此，Heine 等以人类永恒的表达求新动机来解释，这也是很可信的。由于语法化与重新分析存在很大的叠合，因此这一解释也可部分视为对重新分析动因的分析，可以概括为"旧瓶新酒说"。

然而，对于重新分析动因的上述直接间接的分析，没能完全消除我们的疑惑。

（一）Harris 等的多元互动说难以很好地解释重新分析的单向性。单向性在语法化中的作用已被语法化学界普遍接受，虽然有人提到一些疑似例外的现象，但都是可以解释的，不能从根本上动摇单向性假说（见吴福祥 2003）。单向性其实还表现在许多不属于典型语法化的重新分析现象中。如上举"是"所体现的由指示词到系词的演变，并非汉语独有的重新分析。据 Heine & Kuteva（2002：94—103，108—109），由指示词变成系词的除汉语外还有古埃及语、Vai 语和 Sranan 语，而系词到指示词的则未见实例。可见"指示词→系词"也是一条单向性的演变路径。按照"多元互动说"，不同的因素在不同语言里作用力不同。这意味着有时 A 压倒 B，有时 B 压倒 A，则重新分析的方向应当也是多元的，这就难以解释重新分析尤其是语法化的重新分析中所体现的强烈的单向性。Heine 等的"解决问题说"，特别是用表具体实在语义的手段表抽象内容的观点，对单向性的解释力略强一些，但仍不能回答下面的问题。

（二）重新分析的前提是在特定语境中真值语义不变的双重分析。既然两种分析语义可以无别，那为何不能长期停留于前一种分析？即使出现了双重分析，为何不长期停留于双重分析，而是像我们常见的那样由新的分析逐渐取代原先的分析？上面介绍的两种观点，都不能很好地解释这一点。"旧瓶新酒说"的前提是表示具体实在意义的手段能够被用来表示抽象空灵的内容，Harris 等也认为可以用现有要素新创迂曲式组合来表达新义，实际上也是一种"旧瓶新酒说"。既然旧瓶可以装新酒，那么理论上它可以一直用下去，是哪一只"无形之手"将旧瓶点化（重新分析）为新瓶呢？上引诸说都没有清楚地回答这个问题。

（三）"旧瓶新酒说"承认酒的新旧和瓶的新旧并不严格对应，旧酒新酒都能用旧瓶装，酒味（语义）不变，则从逻辑上推，新酒旧酒也都能反过来用新瓶装，酒味也应不变。这样，就不会出现单向性限制了，至少是虚实程度不相上下的成分，如指示词和系词，就不应有单向性，而是可以互变。可为什么人类语言的实际情况却是如此强烈的单向性？

在注意到某些现有解释的局限之后，我们重新审视了文献所研究的诸多现象并进一步观察语言材料，结果发现，真正推动重新分析发生的动力来自语言的标记性特征。那只无形之手，就是人类语言向无标记状态演化的强烈倾向。我们将这一解释称为无标化（demarking）解释。本文第二节将从理论上阐述无标化解释，第三节将分类例示和验证无标化解释。

二、无标化解释述要

语言单位的有标记、无标记属性，是现代语言学不同流派普遍采用的概念，在语言类型学、功能语言学和优选论等领域尤其占有重要地位。本文采纳的标记性观念，基本上就是沈家煊（1999：§2）所系统介绍和阐述的新的标记理论，包括判断有无标记的标准。我们特别重视语言要素间的单向性蕴涵关系。例如，P 蕴涵 Q，显示 P 的存在必然意味着同时有 Q 的存在，而 Q 的存在不一定意味着 P 的存在。换言之，Q 的存在更无条件，是优势项，即无标记成分；而 P 的存在是有条件的，是非优势项，即有标记成分。

我们也借鉴孕育于音系学领域的优选论（Optimality Theory，简称为 OT）对有无标记性的重视，尤其是其语言单位的生成模式对重新分析的研究有直接的启发。优选论将语言单位的生成看作输入输出过程中几个因素竞争的结果，占优势的因素使符合它的单位胜出成为实际的输出项。决定输出的根本原则有两个：一个是忠实度原则，它要求输出尽可能与输入一致；另一个是标记性原则，它要求输出尽可能为无标记项（参看 Kager 1999：8）。

将优选论描述的共时输入输出过程引入到历时领域，前代的结构和后代的结构分别对应输入和输出，就可以很贴切地描述重新分析的标记性解释。在语言的历史进程中，忠实度原则要求输出和输入一致，标记性原则要求输出尽可能无标记。假如忠实度原则占优势，语法结构和单位就会保持不变，语法的延续性就体现了这一面；假如标记性原则占优势，就可能出现跟输入不同的更无标记的输出，重新分析等历史演变就体现了这一面。

下面我们就从几个方面来观察标记性在重新分析中的根本性作用。

在真值语义相同、结构上可以双重分析的条件下，语言结构的理解会自然地朝着更无标记亦即更优势的方向倾斜，其自然的结果是重新分析，即无标记的那种分析取代原先的更有标记的分析。正是这种力量，阻挡了逆向的演变，使重新分析具有了单向性。

仍以"是"的演变为例。在判断句中，指示词"是"所在的结构，比系动词"是"所在的结构，至少在下面三点上更有标记。1）用指示词"是"复指的判断句让判断句主辞出现两次，一次做话题，一次做复指话题的主语。而"是"做系词后，判断主辞只出现一次，更加符合经济性原则，是更无标记的结构。人类语言的判断句一般都避免主辞两现，即使在古代汉语中，大部分判断句也不采用判断句主辞两现的策略（如《论语·颜渊》中"政者，正也"）。主辞两现是高度有标记的结构。2）"是"作为指示词的判断句，不管主辞是否两现，都是一种名词谓语句，而名词与谓语是有标记匹配。动词是在任何语言中都跟谓语最匹配的词类，即使在古汉语中，更常做谓语的也是动词。其次是形容词，但形容词后面不能再带宾语、表语。因此，在须有表语的情况下，重新分析为系动词（判断动词）能使语类和句法成分达至无标记的匹配。3）以上两点都基于语言普遍性。还有一个与特定语序类型相关的标记性问题。根据 Dryer（1992）的大规模统计，VO 语言和"系词+表语"语序高度和谐。先秦汉语是 SVO 为主的语言，有少量有条件的 OV 语序。按理说"A（者），B 也"判断句不用系词，也不算违背这条共性。可是值得注意的是，先秦汉语中无系动词判断句后的语气词"也"基本上是强制性的，不用"也"是"很少见"和"比较特殊的"（王力 1980：348），这使"也"在功能上有了联系主语和表语的作用，接近虚词性系词。世界语言中系词并不都是动词，如日语的 desu（是）就是个虚词性系词。"A，B 也"实际上是某种"表语+（虚词性）系词"语序（"也"与藏缅语句末系词是否同源尚待研究），跟日语"表语+desu"语序一样。而这与 VO 语序是不和谐的，即有标记匹配。当然在先秦汉语中尚有几种有条件出现的 OV 语序（疑问代词宾语和否定句中的代词宾语前置于动词），"表语+系词"的不和谐尚不明显。汉代以降，有规则的 OV 都因 VO 的类推作用而消隐，统一为 VO，而"是"在汉代重新分析为系词（王力 1980：353），汉语由此转化为"系词+表语"类型，从时间上看也未必是巧合。

前面简要提到的语法化中的重新分析例子都符合无标化的属性。从连动式到"把"字句的重新分析（其他在连动式中虚化的介词类此）和由连动到动结式的重新分析，都实现了从连动句到带介词短语或结果补语的单动句的转化。连动句比单动句有标记，虽然连动句说不上汉语特有，但毕竟只是世界上少量语言所特有的现象，而单动句是任何语言都有的普遍现象。即使在有连动句的语言中，单动句仍是更基本的句式。从连动到单动，是一种显著的无标化。事实上，正因为连动是一种相对有标记的结构，所以其句法地位不很稳固，常常引起学者们做出不同的分析，而且也易致演变，演变结果通常是消除连动结构（参看高增霞 2006：43，44，114）。

以上诸例子都显示无标化是重新分析的主要推力。假如没有这一推力，有关结构尽可以停留在双重分析阶段或重新分析前的阶段。不过，这里存在一个很容易想到的疑问：既然重新分析之前的单位是有标记的，那么它们怎么会在语言中存在？下面就来讨论这个问题。

语言要素的原生状态都应是相对无标记的。但是，由于需要表达的内容愈益丰富或抽象，加上人类对新奇性表达的永恒追求，语言始终面临瓶少酒多或瓶旧酒新的矛盾，即语法手段少于或旧于想表达的语义内容。对此，如前所述，语言的应对策略通常是旧瓶装新酒。但旧瓶相对于新酒毕竟不是最匹配的容器，所以旧瓶一般不是原封不动的旧瓶，通常会有某些方面的功能扩展。而既有语法手段的扩展用法，往往使原来无标记的现象变得更有标记，从而带来有标记现象。

例如，语言要表达对一个已然事件的确认而缺少合适的手段，就可能起用动词"有"，以此肯定事件的存在，如广州话（及闽语、温州吴语等南方方言）的"我有去、我有打网球"。"有"作为领有/存在动词以带 NP 宾语为无标记搭配，"有+VP"则是有标记的结构，是"有"的扩展用法。这种扩展用法有标记，因此会促发重新分析，就是将动词前的"有"重新分析为表示确认、已然这一类语气或时体意义的助动词或副词。用助动词、副词等对已然事件表示确认是人类语言的常见手段，是无标记的[①]。其实由名词性论元扩展到动词性论元造成的有标记

---

① 表"有"动词重新分析为助动词等在人类语言中很常见，很多都跟时体有关。有些"有"义动词的重新分析不一定直接由带动词性宾语而来，但都与扩展的有标记化和重新分析的无标记回归有关。如印欧语的罗曼语族和日耳曼语族都使用表"有"动词做完成体（在罗曼语族中还做将来时）助动词，但诱发重新分析的结构不是"有"义动词带 VP 做宾语，而是"有"义动词带一个实义论元结构中的受事做宾语，而语义上支配该宾语的动词却以过去分词的形式充当宾语补足语，并且还与受事保持一致关系。经过重新分析，宾语成为那个实义动词的宾语，而表"有"动词重新分析为表示完成的助动词，实义动词则成为主要动词，不再与受事保持一致关系，但保留了其分词形式，因而使这些语言中的完成体形式定型为"表'有'动词+过去分词"的形式。如后期拉丁语的例句（引自 Hopper & Traugott 1993：57）：
Metuo　　　　enim　　ne　　　ibi　　　vos　　　　　　habebam　　　　fatigatos.
担心-I 人称单数　因为　　最少　　那儿　　你-宾格复数　　有-I 人称　　　使累-宾格复数
'因为我担心我已经累着了你们。'
此例还包含了与本文无关的篇章连接词语等，这里不必关注。请注意最后的 vos habebam fatigatos（累着了你们），其中主要动词是 habebam（有），其人称与主语的第一人称保持一致，vos（你们）是 habebam 的复数宾语（拉丁语 OV 语序占优势），而 fatigatos（使累）作为过去分词与宾语 vos 保持一致，是宾语补足语。在稍后的文献中，分词不再与宾语保持一致关系，因而有条件被重新分析为主要实义动词，而原来作为主要谓语的表"有"动词则重新分析为表示完成体的助动词，原来的过去分词则重新分析为主要谓语，但保留了分词形式。重新分析前，句子主要谓语是"有"，但此处并没有"有"的意思，其宾语是"你们"，而"你们"在意义上并不是"有"的受事，反而真正支配"你们"的"使累"却只充当宾语补足语。这样的结构显然存在句法关系与语义关系的错位，是有标记句式，是为了用现有手段表完成体而造成的。重新分析后，"使累"和"你们"成为句法上的动宾关系，而"有"只是完成体的助动词。这使整个结构无标化。

性,是很多实义动词重新分析的起因,通过重新分析为助动词、副词而变成无标记。如:

(2)会:懂得(+NP:会意)→能够(+VP:会游泳)→可能(+VP:会下雨)

(3)解:懂得(+NP:不解风情)→会、能(+VP:一朝儿郎偷得高皇号,还解捉你儿郎母。(《敦煌变文集·汉将王陵变》)|若能时习,将次自晓得。十分难晓底,也解晓得。(《朱子语类》卷二十)

(4)得:得到(+NP:丁氏掘井得一人)→能够(+VP:得偿夙愿)

(5)英语:be going to 将去(某地),动词组合(+NP)→ be gonna 将,助动词(+VP)

回过头再看前面举的"是"字判断句和连动、动结等结构的重新分析,也能看到其重新分析前的有标记现象是为了表达效果而功能扩展所造成的。"是"作为指示词,本来就可以做判断句主辞,无须采用主辞两现结构,如(转引自李佐丰 2003:247—248):

(6)左史倚相趋过,王曰:"是良史也,子善视之!"(《左传·昭公十二年》)

(7)吴将伐齐,越子率其众以朝焉。王及列士,皆有馈赂,吴人皆喜,唯子胥惧,曰:"是豢吴也夫!"(《左传·哀公十一年》)

例(6),"是"独立指代一个人,做判断句单一主语,是"是"最基本的无标记用法。例(7)句法上"是"仍单独充当判断句主语,但语篇上这里的"是"回指上文的"王及列士,皆有馈赂"这件事,说明"是"有回指事件性命题的功能,但句法上仍是单独做主语的无标记用法。正因为"是"有此回指功能,所以当判断句主语由小句甚至复句充当时,为了表达的和交际的有效性,说话人就可以用"是"来回指小句内的主语,从而出现下面这样的句子:

(8)八佾舞於庭,是可忍也,孰不可忍也?(《论语·八佾》)

(9)知之为知之,不知为不知,是知也。(《论语·为政》)

这种句子在三个方面更有标记:1)主语由小句甚至复句充当,而主语的无标记匹配是名词短语;2)表语主要由谓词("可忍也""知也")充当，比名词性表语更有标记。3）一个判断句内主辞两现，比主辞单现的情况如例（6）更有标记。不过这种标记性是为了应对主语、表语的复杂化而采取的策略，扩展了"是"的功能。"是"复指名词性判断句主辞是复指句子式主语的功能的类推。可是，这种类推的情况早期极其少见，请看下面的例子：

（10）富与贵，是人之所欲也。（《论语·里仁》）

（11）凡八极之云，是雨天下，八门之风，是节寒暑。（《淮南子·地形训》）

例（10）是王力（1980：353）所举的指示词"是"复指主语的例子，但这里"富与贵"不是典型的名词。我们检视了先秦和西汉文献《左传》《论语》《孟子》《庄子》《战国策》等，没有发现一例"是"复指的判断句主辞是典型的名词性成分。这是因为这种有标记结构与复指句子式主辞的句子相比缺少表达和交际的动因，严重违背经济性原则。到西汉著作《淮南子》中才发现了（11）那样的少数例子，到《史记》中这类例子才比较多（前人已多有例证），而此时也基本到了"是"可以重新分析为系词的阶段了。由此可见，"是"因为表达的需要而功能扩展，才导致较有标记的句式出现，但这种有标记性一旦扩展到交际动因不强的句法环境中，标记性原则就会战胜忠实度原则，通过重新分析输出新的无标记结构。

至于前述"把"字句和动结式的源头连动式，是比单动式有标记的结构，它显然是由表达内容的复杂化需求而促成的，因为它能容纳比单动句更多的信息。这里还有一个类型上的相关因素——汉语缺少谓语限定非限定的形态。在存在限定范畴的语言中，除谓语并列的情况外，其他单句范围内的多动同现都通过不定式、分词等形态手段来实现"去谓语化"，从而无须起用较有标记的连动式了。

本节的分析，可以简单图示如下，箭头代表历时性的输出：

（12）无标记 ——表达需求促成的扩展用法→ 有标记 ——无标化促成的重新分析→ 无标记
（旧瓶装新酒）　　　　　　　（新酒塑新瓶）

从（12）可见，重新分析是对功能扩展造成的有标记现象的回弹，最终是回归无标记状态，但这是一种新的无标记现象，已经不同于初始点的无标记现象。所以我们可以把重新分析的全过程描写为因语言单位的有标记扩展用法而引发的无标记回归。①

三、重新分析无标化类例

本节将用更多实例来验证第二节所提出的重新分析无标化解释，并展示无标化的具体类型。我们尽量选择已有较成熟的成果的例子，以免论证该现象本身的重新分析性质。

观察显示，重新分析无标化主要体现在两个方面：一是结构简化，包括结构层次减少，语法单位降级；二是自然匹配，即形式和语义达成更无标记（更自然）的配置。

3.1 结构简化②

在句法层面，层次少的简单结构是无标记的，而层次多的复杂结构是有标记的。因为复杂结构内含简单结构，有复杂结构必然有简单结构，反之则不必然。而重新分析的条件是分析前后真值语义基本相同，在同义情况下，结构简单、层次少的语法单位比复杂结构更无标记。我们看到，语法化中的重新分析总是沿着句法结构简化的轨迹发展。常见表现如下。

---

① Harris 和 Campbell 也很重视"扩展"的作用，但她们说的是重新分析之后相关成分以新的句法身份扩展其适用领域，这样的扩展是无标记性的推广，与重新分析之前的导致有标记性的扩展是不同的。例如"会、解"一类动词在开始带 VP 时，VP 都是一些需要一定技能的行为，如骑马、射箭、游泳、吟诗等，而一旦重新分析为表示能力的助动词，就可以扩展到各种动词，所以出现了例（3）中的"解晓得"（会知道）这样的组合，而作为"助动词+动词"的组合这样的结构是很无标记的。

② 吴福祥教授赐读本文初稿后告知，国外近年有些研究已经注意到，语法化的重新分析常常涉及结构简化，从形式学派的某些历史句法学观点看，结构简化是一种为参数定值所偏爱的演变。本文将结构简化提升为重新分析的根本动因——无标化的主要体现之一，并用大量汉语实例来显示其力量。

3.1.1 包孕复杂句变成简单句：主句弱化、从句"转正"

包孕复杂句是内部含有小句结构的句子。重新分析之后，主句的主要部分（通常是谓语动词及某些连带成分）弱化为某种虚词，而被包孕的从句则升级为主句，整个主句回归为简单句，即不再内含小句（暂不计多重包孕句的情况）。这是重新分析极常见的效应。

如"我说""你说"［关于"你说"的语法化，参看谷峰（2004）］、英语 you know（你知道，虚化后弱读为 y'know）之类言说动词组合在许多语言里虚化为话语标记。在重新分析之前，这些组合都是主谓结构，但其功能主要是语篇连接方面的，而其动词所带的宾语从句，倒是主要信息所在。重新分析后，该主谓结构虚化为话语标记，而从句则"转正"，升级为主句，句子不再有包孕成分。如（13）所示，括号层次的减少清楚显示了这一结构的简化过程：

（13）[[主语 我] [谓语 [动词 说 [宾语从句 你去吧]]]]。→ [[话语标记 我说]，[主句 你去吧]]。

这类话语标记不一定在句子的前部，弱化之后也常出现在宾语从句之后。而主谓式的话语标记还可以进一步脱落主语，只剩下一个言说类或感知类动词（OV 语言中则 V 本来就在宾语从句之后）。这类后置的无主语的动源话语标记容易进一步虚化为语气词，如西宁回民方言中的"说着"（参看张安生 2007）、廉江粤语中句末的"讲"（参看林华勇、马喆 2007）、广州粤语的语气词"啝"[wɔ^{33}]［张洪年（1972：178）描写为"重述所闻的助词"，并提到赵元任认为它是"'话啊'复合的结果"，"话"是相当于"说"的动词］。

以上是宾语从句随着主句弱化为语气词而转正为主句。带主语从句的句子，主句谓语也可以弱化成语气词，同时主语从句转正为主句。近代汉语颇多此类例子，如"罢了、休、不成"，都经历了从主句谓语到语气词的重新分析：

（14）[主句 [主语从句 你给他些钱钞] [谓语 罢了]] → [主句 [主句主体 你给他些钱钞] [语气词 罢了]]

（15）（十五年间一转头，）[主句 [主语从句 人生放下] [谓语 休]] →

[_主句_[_主句主体_ 人生放下][_语气词_ 休]]

（16）[_主句_[_主语从句_ 让你吃亏][_谓语_ 不成]]→[_主句_[_主句主体_ 让你吃亏][_语气词_ 不成]]

冯力（2007）证明，北部吴语动词后表近将来的"快"（"火车开快了"相当于北京话"火车快开了"），本是整个句子的谓语，而其前的部分（上例中是"火车开"）原为主语从句。重新分析后，"快"成为表近将来体的虚词，而主语从句升格为主句的主体。刘丹青（2007）分析了苏州方言从近代到当代一种与此同类但更曲折更深刻的重新分析，即主句谓语干脆脱落，由主句的话题标记"末"和谓语后的语气词"哉"跨层组合成一个复合语气词"末哉"，而原来作为话题的从句则升格为主句，择要图示如下：

（17）[_主句_[_话题从句_[_话题主体_ 你放心唱]][_话题标记_ 末][_谓语_ 是哉]]→[_主句_[_主句主体_ 你放心唱][_语气词_ 末哉]]

以上所有的重新分析例子，都导致包孕句变成简单句，从而变得更无标记。

3.1.2 复杂谓语变成简单谓语

这类重新分析主要发生于谓语位置。而上面的包孕句变简单句，主要体现于主语和宾语位置。所谓复杂谓语，对汉语来说，主要指连动、兼语这类包含多个谓语的情况，也可以包括动词支配动词性宾语的情况，如"我想看书"。对有些形态丰富的语言来说，可以指谓语动词带各种非限定动词短语的情况，如谓语动词带现在分词或过去分词做状语或带动词性宾语的情况，这时从属的动词仍可能要取非限定形式或动名词形式等。所谓简单谓语，就是一个谓语动词之外没有其他动词形式（不考虑动词的并列结构）。

很多由动词语法化为虚词的重新分析都属于此类，例子不胜枚举。"把"字（及古今汉语和方言的"将、持、捉、取、拿、担"等）处置式由连动式（复杂谓语）而成单动式（简单谓语），就属此类。其他在动词前由动词重新分析为介词的，如"在、对、为、因、管（管他叫大李)、论（论斤卖）"等也都属此类。在形态语言里跟由连动动词到介词相近的情形是由分词形式重新分析为介词，如英语 regarding NP、concerning NP 本来是分词短语，与谓语动词一起也构成了一种复杂谓语，重新分析为介词短语后，就不再是复杂谓语了。汉语由连动式到动补式的"击破、刺杀"等，也归此类。由于动结式已经词汇化（参看董秀芳 2007），在句法层面就由复杂谓语变成简单谓语了。

复杂谓语变简单谓语的另一种常见情况是带动词性宾语的动词重新分析为情态或时体类助动词，原来的宾语成为主句的实义谓语动词（"实义动词"比"主要动词"的叫法准确些，因为助动词往往仍然承担小句的形态部分——在汉语中表现为正反问形式，而实义动词可能仍残留部分宾语的属性，因此被一些学者分析为助动词的宾语），从而实现复杂谓语的简单化，如前面举过的"会""解""得"，英语的 have 等。现代汉语"想看书"的"想"正处在实义带宾动词和情态助动词双重分析阶段。情态助动词还可能进一步重新分析为纯粹虚词，使谓语部分的句法结构更加简化。如景颇语有发达的句尾词系统，承载了情态、语气和一致关系形态诸项功能，有点像汉语的语气词（参看戴庆厦、徐悉艰 1992）。根据梅广（2004）的意见，它们是由表示情态的动词虚化而来的，所以承担着限定动词的各种形态。由于今天的句尾词已经成为一种纯虚词，因而谓语部分的句法结构就更加简化了。

主要谓语动词与非限定式动词之间的另一种非动宾式复杂谓语，也可能经重新分析变为简单谓语，其结果也是主要谓语动词虚化为情态虚词。这方面的一个熟悉例子是英语 be going to VP（参看 Hopper & Thaugott 1993：1—4）。be going to 本是表"正在去/即将去"的现在进行或近将来时的位移动词，但重新分析后 be going to 成为一个表近将来时的时态成分（口语中弱化为 be gonna），与"去"的行为可以无关，如 I'm gonna buy this（我会买这个）。

3.1.3 小句结构简化为名词性短语

在句法中，名词性短语是比小句结构层次更低、更简单的结构。常规的小句结构内要含有 NP，NP 内却不必有小句，可见 NP 是更无标记的单位。有些语法化过程将主谓结构内的谓语重新分析为虚词，只剩下主语 NP 保留实词性并充当整个结构的主体，从而使小句结构简化为 NP，句法层次减少。如"NP_1 也好，NP_2 也好"（老王也好，老李也好），本来是两个以"好"为谓语的分句，重新分析后，只表示"NP_1 还是 NP_2"，本身不能成句，必须另加谓语（老王也好，老李也好，都已经同意了），"也好"成为后置性连词（postpositional conjunctions，参看周刚 2002：18—20）。"也罢……也罢"情况与此相同。

3.1.4 句法现象变成形态现象，简化了句法结构

由句法现象到形态现象是语法化的基本路径之一，也是重新分析的常见现象。这一过程必然导致句法结构的简化。一个常见的例子是一致关系。谓语动词上的一致关系形态常来自人称代词的某种弱化缩略形式。Givón（1976）分析非洲班图语言的一致关系形态就来自复指话题的人称代词在动词上的附着化，不同的语言处在附着化的不同阶段，有的代词语素接近独立代词，有些接近一致关系词缀［Creissels（2005）对整个非洲语言此类状况有全面分析］。我们在藏缅语中看到类似的过程。据孙宏开（1994a，1994b），很多藏缅语言的一致关系前缀或后缀就取该语言单、（双、）复数人称代词的元音或辅音，也有基本采用代词原形的，而祈使句的相关词缀总是与第二身代词词形相近。其文（孙红开 1994b）引了罗常培所举的一组独龙语的例子（第三人称用动词原形 $chia^4$，此略）：

（18）nga^4 ang^1 dza^1 kai^1 $chia$-ng^4.
　　　我　　饭　　吃　　能-后缀
　　　'我能吃饭。'
　　　na ang^1 dza^1 kai^1 $nə$-$chia^4$
　　　你　　饭　　吃　　前缀-能
　　　'你能吃饭。'
　　　ing^1 ang^1 dza^1 kai^1 $chia$-i^4
　　　我们　　饭　　吃　　能-后缀

gnie¹gning⁴　　ang¹　　dza¹　　kai¹ nə-chia-n⁴
你们　　　　　饭　　吃　　前缀-能-后缀

可以设想在重新分析为前缀、后缀以前，这些弱化代词应像班图语那样曾可以作为独立代词复指主语或话题（也常复指直接宾语和间接宾语，也许是话题化的宾语①）。在原来的句法结构中同一个论元可以先出现为先行词，再出现为复指代词，是一种不经济的有标记结构。在复指代词弱化、附缀化并重新分析为谓语动词的一致关系形态后，话题相应地重新分析为单一句法主语，句法结构得到简化，不再有同一论元句法上两现的状况，实现了无标化。再如汉语里有"小军他妈"这样的说法，这里的"他"是复指领属语"小军"的，也是同成分两现的有标记用法。在有些语言里，这种复指成分也可能附加到核心名词上成为与领属语保持一致关系的形态，从而简化句法结构。例如，鄂伦春语带领属语的核心名词上要加人称一致关系后缀，其形式显然来自三身代词，如（引自胡增益 2001：77—78）：

(19) a. ʃinŋi　　　　utə-j
　　　你（领格）　儿子（第二人称单数领属）
　　　'你的儿子'

　　b. munŋi　　　　kʊnm-mʊn
　　　我们（领格）　羊（第一人称复数领属）
　　　'我们的羊'

核心名词上表示领属语第二人称单数的后缀 j 与人称代词 ʃin（你）有关，而第一人称复数后缀 mʊn 与代词 mun（我们）有关。成为后缀后，句法层面就不存在同一成分两现的有标记现象了。更重要的是，领格代词（如例中的 ʃinŋi、munŋi）可以省略，只剩下带一致关系的核心名词就可以表示领属关系，如 utə-j 就表示"你儿子"，这实现了句法的再简化。再如介词（前置词、后置词）有可能进一步语法化为名词的格形态（Lehmann 1995/2003：§3.4.1.3），这可以使表达相应题元的手段从介

---

① 比较汉语代词复指话题的功能："老王，他不同意""这头猪卖了它吧"，再如例(10)的"是"。

词与 NP 的句法组合转化为单纯的带格名词，简化了句法的层次结构。汉语中形态虽不丰富，但也有这类现象。汉语动词的重叠式（如"打打"）就是由"动词+同源动量补语"（如"打一打"）重新分析而来［范方莲（1964）指出 VV 式的动量式来源并认为其至今仍是动量式，刘丹青（2001）肯定其已重新分析为重叠形态］，成为重叠这种形态现象后，原来的动量结构就简化为单个动词了。

3.2 自然匹配

语言内的研究和跨语言的比较都可以揭示形态-句法形式和语义内容之间存在着普遍性的自然匹配。自然的匹配在语种内通常是最常见的、最不受限的，在跨语言比较中则肯定是优势高频的匹配，因而是无标记匹配［关于"自然组配"的关联模式及其在词类研究中的应用，参看沈家煊（1999：§2.2.4，§10.4.3，§11.3.4）］。同时，语言也允许在表达需要的推动下使用不同于自然匹配的形义组配，它们的使用在语言内往往是更受限的，在跨语言比较中往往是较少见的弱势形式和有标记匹配。例如，用动词谓语表行为事件、用名词表示做动词论元的具体事物，是无标记匹配，如"他卖假货"。反过来，用动词谓语表事物，用名词做陈述，在表达需要时也可能存在，如"卖假货，他"（在特定语境中表达"买假货的是他"），但这是高度有标记的形式。上面这个是比较极端的例子，实际语言中存在的大量形义匹配主要是自然度的差别。如在英语中，动词和名词两端之间还有分词、动名词、由动词派生来的名词等中间状态，用于非谓语位置。用它们表行为事件，比用名词自然一些，但比直接用动词自然度略低些。就是这种相对的自然度，对重新分析有不可低估的作用。重新分析的一种强大动力，就来自人类语言对语义和形式之间自然匹配的强烈追求。由表达需求促成的非自然匹配如果长期大量出现，就会产生重新分析的压力，使之回归更自然的匹配。

例如，在汉语里，用"Q（量化修饰语）+NP"的形式表达整体量、全量和存在量（部分量）的事物，这是自然的匹配，可以用在适合名词的句法位置。此外，汉语中也存在 V+O（动宾）式的表达同类意义的格式，如：

（20）整体量：QN（全身、全国、全城、全世界）~ VO（满身、举国、倾城、满世界）

（21）全量：QN（所有地方、任何地方、任何时间）~ VO（遍地、随地、随时）

（22）存在量：QN（一些人、一些货、某些地方）~ VO（有些人、有些货、有些地方）

我们知道 QN 用于论元位置是自然的匹配，其中表时空的 QN 用于处所状语位置也是自然匹配；而 VO 的自然匹配是谓语，但这些 VO 也常常甚至更常用于论元或时空状语的位置，如"满身都疼、举国欢腾、倾城出动、遍地是宝、随地丢弃、有些人走了"等，这就是非自然匹配，它们是为了追求生动等目的而形成的表达式。这就产生重新分析的推力，要将右边的 VO 重新分析为跟左边一样的 QN 结构。其中搭配面广、使用频率高的"满"已基本完成了重新分析（参看储泽祥1996）。《现代汉语词典》（第5版）"满"字条有义项2"团使满"，义项4"圈全；整个：满身油泥｜满屋子的烟"等。"满身、满世界"这类整体量表达来自其"使满"义，现在该词典承认其表整体量时是形容词，实际上是确认其已被汉语使用者分析为 QN 结构，即实现了无标化。而"遍"的形容词义项尚未被该词典承认，但从词典"遍"的动词义项所举"满山遍野"这一例并列式就可以看出，"满山"和"遍野"结构趋同，语感一致，"遍"至少已到 VO 和 QN 双重分析的阶段，正向无标记的 QN 发展。"有些"则经历了词汇化的重新分析，原来是 VO 的"有/（一）些人"，现在是 QN 的"有些/人"。在"他被有些人骂"中，"有些人"用在介词"被"后，肯定是 QN，不能再分析为 VO。

再看正在发生的"中"的重新分析。"中"的一个主要义项是方位后置词，如"湖中、花园中"。由于空间到时间的隐喻机制，其前的成分也可以由 NP 扩展到表行为事件的 VP，如"讨论中、僵持中"，这时，其作用更多在于表示"正在进行"的体貌意义，而方位后置词与体貌语义之间不是自然匹配，体貌标记与体貌语义才是自然匹配，于是"中"也就在回归自然匹配的推力之下被重新分析为体助词，实现无标化。一旦重新分析为体助词，它就可以偏离后置词短语做动词的时空修饰成分的"本份"，进一步扩展到主句的主要谓语的功能，而在来自台湾的一些语料中还可以脱离"在"，成为一个更地道的体助词［参看张谊生（2002：36—58），本文的分析框架与张著不尽相同］，例如（引自张谊生 2002：45，49）。

（23）此刻他正在沉思中。

（24）专案人员全力查访三人下落中。（台湾报刊）

其他语言中也有与此类似的例子。阿尔泰语言的动词形态，本来往往是某种静词化形式（名词和形容词在阿尔泰语言中语法属性相近，合称"静词"），以这种形式来表示动词的某种范畴，如时态等。力提甫·托乎提（2001：132—133）指出："维吾尔语的现在-将来时成分 -i~-y（du）也是最初的以 -A 结尾的副词化形式加做系词用的 tur 和再加形容词化成分 -ur 而形成。……过去时成分 -Di 最初也是名词化成分……即谓语里出现的信息不是'谁做了什么'或'谁将要做什么'，而是'谁处在做某事的状态中'或'谁是做完了某事的人'。"这就是说，阿尔泰语言要表示谓语动词的某些范畴意义，首先要将动词"静词化"，将动作行为在句法形式上转化为某种状态，类似于用"他处在吃完的状态"来表达"他吃完了"，"他正在调查（的状态）中"表示"他正在调查"，与汉语"中"表时体的策略相近。但汉语"中"只是个别例子，而维吾尔语则是系统性采用这样一种策略。然而，"静词"的形式和动作行为的语义毕竟不是自然的匹配。实际上所谓"静词化"，只是从其历史来源说的。在共时平面，力提甫及其他学者都将这些本来用以"静词化"的形态成分分析为动词的时态，也就是承认它们早就重新分析为动词带时态成分了，而这正是与动作行为的语义自然匹配的形式结构。在这一重新分析中我们再次见到了形式和语义无标记匹配的推力。英语也有类似的情况。英语进行体后缀 ing 本也是动词名词化的标记，而进行体动词 V+ing 前要加系词 be 也表明结构上视后面的 V+ing 为名词性表语而不是动词性谓语。但它毕竟表示的是动作行为而不是实体状态，因此英语早已将这种名词化的结构重新分析为动词的进行体形态，从而回归了动词谓语和动作行为的无标记匹配。

以上讨论的自然匹配和 §3.1 讨论的结构简化是两种不同的无标化策略，不过在我们所观察的材料中，两者总体上是共谋合力因素，而不是相竞因素，这就大大强化了无标化的力量，增强了重新分析的单向性。

例如，上文分析古汉语"是"由指示词到系词的重新分析，有三点无标化的表现，其中第一点是结构简化，第二点是形义的普遍性自然匹配，第三点是类型和谐。它们的合力促成了重新分析的发生和完成。再如前面分析的汉语表情态的动词谓语由"实义动词 + 动词性宾语"重新分析为"情态助动词 + 实义动词"，一方面避免了动词带 VP 宾语这一复杂的结构，另一方面由助动词表情态、由行为动词充当谓语中的实义动词，比起由实义动词表情态、而行为动词却只充当宾语，是更加自然的匹配。两种无标化力量加起来促成了重新分析的发生。其他例子大多存在这种合谋关系，限于篇幅，不再一一细析。

我们也注意到这两种无标化有时看似不一致的情况。例如，"之所以，是因为"中的"之所以"作为配套的两个因果复句连词之一，来自"NP 之所以 VP$_1$，是 VP$_2$"这样的判断句结构，该结构本属单句［其演变史参看肖奚强、王灿龙（2006）］。"之"是结构助词，"所以"是关系代词短语，引导 VP 的原因，略近于英语 why，后面的"是 VP"是判断句的系词加表语，对原因作答。重新分析后，"之所以"词汇化为一个释因式因果句的结果句连词，整个"NP 之所以 VP，是因为 VP"由单句结构变成了复句，看似在结构上复杂化了；从形义关系看则匹配更自然了，因为其所表达的内容实际上是一个释因句，用复句连词表达匹配得更加自然。不过，重新分析前的单句结构并不是严格意义的简单句，如"项羽之所以败，是……"，"之所以"所在小句是一个无核关系从句，"所"是无核关系从句的关系代词，代替"项羽败"的原因，整个小句作为包孕句充当主句的主语（参看刘丹青 2005）。重新分析后，该小句由包孕句充当的主语变成一个简单句形式的结果分句，小句内形式是简化了。两个简单句构成的复句在结构层次上并不比由包孕句充当主语的单句复杂。因此仔细的分析显示，这里主要由自然匹配起作用，简化未起明显作用，但也绝没有结构的繁化，两者并不矛盾。当然也能找到只有结构简化起作用、匹配自然度无变化的例子。这些都不是两者的冲突。

本节以实例验证了本文提出的重新分析的无标化解释。为了以更加客观的方式来验证本文的解释，我们特别考察了三份独立的材料。第一份是 Heine & Kuteva（2002）的《语法化的世界词库》，特别是其中所列举的作为语法化源头最多的那些词语和范畴在词典中的虚化路径和实例（由 Maisak 统计，见吴福祥所作的国内版导读）。这代表了人类语言最常见的重新分析路径。第二份是该书所列的汉语例子（由龙海平、刘云统计，也见导读），含 40 多个汉语词 50 多条路径（有些只是语义范畴变化、不涉及结构的重新分析）。第三是吴福祥（2005）所总结的汉语中的多种语法化路径。后两份材料代表了汉语中已被研究的主要的重新分析例证。从三份材料中我们没有发现跟无标化方向明显相反的情况。

四、小结

重新分析是形态-句法历史演变的常见机制。以往几种研究语法化理论或历史句法学的主要著作虽然对重新分析的机制和动因做了富有启发性的解释，但仍未完满回答重新分析为什么要发生、特别是为什么具有单向性的问题。

本文提出"无标化解释"，认为促使重新分析实际发生并且具有单向性的根本原因是人类语言对无标记状态的追求。人类表达需求的无限拓展和表达方式的新奇性追求使得语言总会出现有标记的现象，主要是通过现有手段的扩展而发生，可称旧瓶装新酒现象。针对这种有标记现象，语言会产生回归无标记状态的推力，于是通过重新分析来实现无标化，产生新酒塑新瓶的效应。无标化的路向主要有两种，一种是结构简化（包括几种具体情况），一种是语法形式和语义的自然匹配。两种因素总体上是合力共谋关系，有时主要由一个因素起作用，但目前尚未见到两者明显矛盾冲突的情况。

参考文献

储泽祥　1996　"满+n"与"全+n"，《中国语文》第5期。
戴庆厦、徐悉艰　1992　《景颇语语法》，北京：中央民族学院出版社。
董秀芳　2007　从词汇化的角度看黏合式动补结构的性质，《语言科学》第1期。
范方莲　1964　试论所谓"动词重叠"。《中国语文》第4期。
冯　力　2007　北部吴语中心谓语成分虚化为时态助词现象分析，《中国语文》第3期
高增霞　2006　《现代汉语连动式的语法化视角》，北京：中国档案出版社。
谷　峰　2004　"你说"的语法化，《中国语文研究》总第18期，香港：香港中文大学出版社。
胡增益　2001　《鄂伦春语研究》，北京：民族出版社。
江蓝生　2004　跨层非短语结构"的话"的词汇化，《中国语文》第5期。
李佐丰　2003　《先秦汉语实词》，北京：北京广播学院出版社。
力提甫·托乎提（Litif Tohti）　2001　《维吾尔语及其他阿尔泰语言的生成句法研究》，北京：民族出版社。
林华勇、马　喆　2007　廉江方言言说义动词"讲"的语法化，《中国语文》第2期。
刘丹青　2001　语法化中的更新、强化与叠加，《语言研究》第2期。
刘丹青　2005　语法调查与研究中的从属小句问题，《当代语言学》第3期。
刘丹青　2007　话题标记走向何处？——兼谈广义历时语法化的三个领域，《语法化与语法研究》（三），沈家煊、吴福祥、李宗江主编，北京：商务印书馆。
梅　广　2004　解析藏缅语的功能范畴体系——以羌语为例，《语言暨语言学专刊》外编之四《汉藏语研究：龚煌城先生七秩寿庆论文集》，林英津等编辑，台北："中研院"语言学研究所。
沈家煊　1999　《不对称论和标记论》，南昌：江西教育出版社。
孙宏开　1994a　再论藏缅语中动词的人称范畴，《民族语文》第4期。
孙宏开　1994b　藏缅语中的代词化问题，《国外语言学》第3期。
唐钰明　1993　上古汉语判断句，《古汉语研究》第4期。
王　力　1980　《汉语史稿》中册，北京：中华书局。
吴福祥　2003　关于语法化的单向性问题，《当代语言学》第4期。
吴福祥　2005　语法化演变的共相与殊相，《语法化与语法研究》（二），沈家煊等主编，北京：商务印书馆。
肖奚强、王灿龙　2006　"之所以"的词汇化，《中国语文》第6期。
张安生　2007　西宁回民汉语的引语标记"说着"，《中国语文》第4期。

张洪年 1972 《香港粤语语法的研究》,香港:香港中文大学出版社。

张谊生 2002 《助词及其相关格式》,合肥:安徽教育出版社。

周 刚 2002 《连词与相关问题》,合肥:安徽教育出版社。

Creissels, D. 2005. A typology of subject and object markers in African Languages. In F. K. Erhard Voeltz (Ed.), *Studies in African Linguistic Typology*. Amsterdam/Philadelphia: John Benjamins.

Dryer, M. S. 1992. The Greenbergian word order correlations. *Language*, 68 (1), 43-80.

Givón, T. 1976. Topic, pronoun, and grammatical agreement. In C. N. Li (Ed.), *Subject and Topic*. New York: Academic Press.

Harris, A. C., & Campbell, L. 1995. *Historical Syntax in Cross-Linguistic Perspective*. Cambridge: Cambridge University Press.

Heine, B., Claudi, U., & Hünnemeyer, F. 1991. *Grammaticalization: A Conceptual Framework*. Chicago: University of Chicago Press.

Heine, B., & Kuteva, T. 2002. *World Lexicon of Grammaticalization*. Cambridge University Press.

Hopper, P. J., & Traugott, E. C. 1993. *Grammaticalization*. Cambridge: Cambridge University Press.

Kager, R. 1999. *Optimality Theory*. Cambridge: Cambridge University Press.

Lehmann, Christian. 1995/2003. *Thoughts on Grammaticalization* (2nd revised version). *Arbeitspapiere des Seminars für Sprachwissenschaft der Universität Erfurt,* Germany, 1st version. Munich: LINCOM Europa.

(原载《世界汉语教学》,2008 年第 1 期)

汉语是一种动词型语言

——试说动词型语言和名词型语言的类型差异

△枯藤老树昏鸦，小桥流水人家，古道西风瘦马。夕阳西下，断肠人在天涯。（[元]马致远《天净沙·秋思》）

△ Chinese as a verby language: On typological differences between verby languages and nouny languages（本文标题英译）

△ Better City, Better Life ～ 城市，让生活更美好！（上海街头双语标语）

零、引言：动词型语言和名词型语言

曾有人根据马致远《天净沙·秋思》一类作品，认为汉语是名词更重要的语言，西语须要谓语才成句，汉语可以单靠名词成句。事实可能恰恰相反。从类型学上看，印欧语其实远比汉语更接近名词型（nouny）语言。仅就汉语与英语比，汉语明显接近动词型（verby）语言。汉语中动词的作用比英语中动词的作用更加重要，反过来，汉语中名词的作用远不如英语中名词的作用重要。如本文正副标题分别使用了一个以动词为核心的小句和一个动宾短语，而它们的自然英译是一个名词性短语和一个介词短语，避免了动词性单位的使用。据我们初步了解，欧洲的印欧语多接近英语的情况，而汉藏语言等一些邻近语言较接近汉语的情况。确切的代表性尚需进一步考察。

上面所说的"作用重要",主要有两种表现形式。

1)在英语中只能或强烈倾向于用名词语充当的成分,在汉语中可以自由地用动词(及与动词同属谓词的形容词)充当。这一条可以简述为"英需名,汉可动"。

2)在英语中既可以由动词、也可以由名词或某种名词化成分充当的成分,在汉语中基本上只能由动词来充当。这里说的"名词化成分"包括由动词词根加名词化形态构成的单位。这一条可以简化为"英可名,汉需动"。

实际情况比这两条要复杂些。但反过来的情况,即"汉需名,英可动;汉可名,英需动",确实很难存在。以上两种情况的存在,使汉语中由动词出演的舞台和节目远比英语中由动词出演的舞台和节目要多,而汉语中由名词出演的舞台和节目远比英语中名词出演的舞台和节目要少。因此,我们说汉语(及它所代表的一些东方语言)是动词型语言,而英语(及它所代表的印欧语)是名词型语言。

除这两条之外,还有些现象是英汉均为可名可动,但英比汉更倾向于名词,汉比英更倾向于动词。这里虽然没有刚性制约,但也为英语的名词型和汉语的动词型补充了一些助力。

本文所比较的对象,是汉语的名词对英语的名词,汉语的动词对英语的动词。这是更有可比性的参项。我们没有直接比较汉语内部名词和动词的重要性、英语内部名词和动词的重要性,因为一种语言内部两个词类功能差异很大,可比性比较差。但是,由于动词和名词的作用大小是互为消长的,所以跨语言的名对名、动对动的对比,间接地反映了一种语言内部名词和动词的功能消长。正是在这个意义上,我们使用了名词型和动词型的名称。

名词和动词在两类语言中的功能差异,体现在语言的各个句法层级中,包括话语层面、小句层面、从属句层面、短语层面、词法层面等。下面我们就以诸层面为纲,用实例展示汉英两语动词型和名词型的类型差异。最后进行初步的总结和解释。

一、话语层面

本节讨论动词性单位和名词性单位在话语中的成句能力。人类语言典型的句子结构都以谓语动词为核心，名词性单位的单独成句能力总体小于动词性单位。不过，这方面也存在显著的语种差异。英语这类名词型语言的名词性单位，仍有不少单独成句的机会，而动词型语言中的名词性单位很少有这种机会。这种差异反映在各种言语行为类型的句子中。

1.1 感叹欢呼句。在印欧语中，反复喊名字或名字组合就能成为表达热情欢呼的口号。早年阿尔巴尼亚人在中阿交往场合常反复喊"恩维尔—毛泽东"（当时两国领导人）。在美国总统奥巴马的就职仪式上有不少群众高呼"奥巴马！奥巴马！"。而汉语涉及对领袖或欢迎对象的口号必须用含谓词的"毛主席万岁！""欢迎奥巴马总统！""首长好！"等才成句。

1.2 诅咒辱骂性口号。英语有"Death to invaders!""Shame on you, Barak Obama!"（希拉里·克林顿在总统竞选时发表过的言词）这类名词性口号句，它们把适合以谓语表达的语义内容用指动作状态的抽象名词来表示，让它充当句子的核心，而本来适合做主语的主体性论元却用介词介引，成为抽象名词的修饰语（仍可算该抽象名词的论元）。这类内容，汉语只能用"侵略者去死吧！""奥巴马（真）可耻！"这类以谓词为谓语的完整主谓句型来表达。前者表现为典型的祈使句，后者是形容词谓语感叹句。

1.3 请愿或号召的标语口号。英语常用带比较级定语的名词句表达请愿的目的，如标语牌上所写的"Shorter working time!"（更短的工时）、"Higher wage!"（更高的工资）、"Lower tax!"（更低的赋税）等标语，汉语内容相同的标语口号只能用动词谓语句，如"缩短工时！""提高工资！""降低赋税！"。号召性标语也有用这类比较级的。如文首引的上海双语标语，英文是带比较级定语的名词句："Better

Bity, Better Life",而中文则是兼语动词句:"城市,让生活更美好!"。标语创造者显然深通汉英这一类型差异。

1.4 指示牌一类书面禁止性标语(否定祈使句)。汉语只能用动词句,如"不准照相""禁止抽烟""请勿游泳"等。英语中可以用名词句,甚至将本属动词的词改造成动名词来构成名词。No photos(没有相片——意为"禁止照相")这一类,是用无指代词限定的名词来表示对行为的禁止。更常用的是离动词更近些的表达法,即用无指代词限定由动词加名词化词缀所构成的动名词,如"No photographing"(不准照相)、"No smoking"(禁止抽烟)、"No ballooning"(不准放气球/不准坐热气球)、"No swimming"(不准游泳)。英语这些禁止句用例固然也可以用动词性单位表达,如用"Don't swim"(别游泳),所以还只是"可名"而不是"需名",但这类动词性表达多见于口语。在指示牌等书面语中,更常见的是上述名词性表达,因而已接近"英需名"了,而汉语还是"汉需动"。

带 No 的否定祈使句涉及一个更大的问题。现代汉语不但没有 V+ing 这种动名词形式,而且也没有 no 这类名词性或限定词性的全量否定词,全量否定只能靠否定存在动词"没有"来表达。英语这类带 no 的名词性单位在话语中或上下文帮助下常常可以单独成句,如"No problem."(没问题)、"No way!"(没门儿!不行!)、"No idea."〔(我)没想法!不知道!〕、"Nothing."(什么也没有)、"No."(不/没有)。而从上面括号中的相应汉语表达看,它们或是动词语,或是修饰动词的副词"不"等。这本身是英语中名词性单位比汉语更活跃、更重要的表现,而 no+Ving 禁止句正是在这种名词型语言中发展出来的。汉语没有名词性或限定词性的全量否定词,就更没有以此来表达禁止性祈使句的句法结构了〔古代汉语"莫"的某些功能稍近英语 no,参看刘丹青(2005)〕。

1.5 自我介绍性的判断句。英语在当面对话中可以用名词直接介绍自己的名字,如 A、B 两个人在一个社交场合相遇,或由熟人将 A、B 两人拉到一起,两人可以这样开始对话:

（1）A：John.（= My name is John.）

　　　B：Bill.（= My name is Bill.）

　　　A：How are you doing?

这里的人名不是互相称呼对方，而是相互自我介绍，是判断句的省略形式。而汉语人名单独成句主要限于称呼句，在自我介绍时，汉语必须用动词显性出现的谓语句，说成：

（2）甲：我叫/是王平。

　　　乙：我叫/是李军。

1.6　提醒型书面祈使句。这里有两重对比。1）英语有"Wet floor!""Wet paint!"这种名词句，可以看作"Caution the wet floor/wet paint!"（小心湿地板/湿油漆！）这类句子省略谓语动词的结果。汉语不能省略谓语动词。2）作为祈使句提醒内容的宾语部分也倾向于用主谓结构而不是定名结构，如要说是"小心<u>地板滑</u>！"而不是"小心<u>湿地板</u>！"。此外，汉语即使采用非祈使的描写句来提醒，也需要以谓词为核心的主谓句，如"油漆未干！"。

1.7　礼仪性祈使句或日常招呼句。这在英语中是名词性语句的天下，虽然还只是"可名"而没到"需名"的程度，但实际上名词性单位占有明显优势，已接近"需名"的程度，而相应的祈使或寒暄内容，在汉语中是清一色的谓词中心结构。比较：

（3）军事式祈使口令：Greetings! ~ 敬礼！｜Attention! ~ 注意！立正！｜Salute to the heroes! ~ 向英雄们致敬！（salute作为动词时是及物的，后面不需要介词to）

（4）日常或节日问候语：Good luck! ~ 祝你好运！｜Good morning/afternoon/evening/night! ~ 早上好/下午好/晚上好/晚安！｜Happy Birthday! ~ 生日快乐！｜Happy New Year! ~ 新年好/新年快乐！｜Merry Christmas! ~ 圣诞快乐！｜Cheers! ~ 干杯！

（5）感谢应答类礼貌语：Thanks/Thanks a lot/Many thanks! ~ 谢谢/多谢/感谢！｜My pleasure! ~ 乐于效劳/不用谢！

以上有些对应的汉语礼貌语并不是汉语固有的，而是来自西方礼貌语的翻译，如"早上好、晚安"等，但翻译时没有也无法采用直译的名词句，因为汉语不接受这类表达式使用名词句，只能采用更符合汉语特点的谓词句。其实英语还有更简略的名词句形式，如"Morning"，汉语还是译为"早上好/早安"。汉语固有的相应礼貌语，当然也都是谓词性的，如"慢走""好走""慢慢吃""借光""请问""劳驾""睡个好觉""做个好梦"。广州话用"早晨"做晨间问候语，看起来很像英语早晨说的"Morning"，其实广州语"早晨"是形容词（麦耘，个人交流），近似其他方言说"（你）早"，指早晨的名词是"朝早"，不能做问候语。

1.8 疑问句。在语境中以单个名词性疑问代词表达的省略式特指疑问句是很多语言共同具有的，如"谁？""什么？""Who?""What?""Why?"等。我们关注的是，英语中存在一类以名词性疑问代词为核心构成的无谓语特指疑问句，语义上却相当于动词性的完整论元结构。如：

（6）What about John? ~ John 怎么办？

（7）How about going for a walk? ~ 出去散个步怎么样？

由翻译句可以看出，这类句子在汉语中都由常规的主谓结构来表达，而英语这类语言却能将它们包装成名词短语来表达，很能体现名词型语言的特点。不过汉语中也存在一类省略式特指疑问句，可以由名词语带"呢"构成，将谓词性的疑问词语省略，省略的疑问词语无标记理解是"在哪儿"，在语境帮助下也可以有其他理解。如上面的 what 句在汉语口语中可以说成"约翰呢？"，表示"约翰怎么办？"，这句也常用来表示"约翰在哪儿？"。同类的如"我的帽子呢？""行李呢？"。不过，这种疑问句的省略结果并不必然为名词性，留在表层的也可以是一个完整或省略的动词性条件小句。如：

（8）A：你答应的话会有很多好处。

B：(要是)(我)不答应呢？(=要是我不答应，会怎么样呢？)

所以这一汉语省略疑问句式并不像上举 what 句和 how 句一样是固定的名词构式，只是省略时不排斥剩下一个名词语，而且该式必须靠语气词"呢"才能成句；而英语的上述 what 句和 how 句是固定的名词语构式，不需要名词短语以外的显性单位来帮助成句。

1.9 感叹句。英语的感叹句最常使用带 what 的名词短语句，也使用简单的定名结构。如：

（9）What a beautiful house! ~ 多漂亮的一座房子！

（10）What a lovely girl! ~ 多么可爱的女孩！

（11）Poor boy! ~ 可怜的孩子！

从表面看，这类感叹句英汉都能光用名词语，其实 what 句和汉语"多（么）"句区别很大。what 是修饰名词的定语，而"多（么）"是修饰定语形容词的程度状语，句子必须带形容词。what 感叹句是真正的名词句，定语可以去掉，仅用褒贬义名词或抽象性质名词来表达感叹，这时不能用"多（么）"句来翻译，只宜用系词判断句。"多（么）"句不是专用的名词性感叹句，不能去掉"多么"所修饰的定语，反而能去掉核心名词剩下形容词，成为谓词句。如：

（12）What a hero! ~ 真是个英雄！│What a pity! ~ 真是个遗憾！
　　　What a mess! ~ 乱成了一团糟！│What a miracle! ~ 真是一个奇迹！

（13）（这房子）多漂亮啊！│（这些孩子）多么可爱！

综合来看，英语的 what 句是专用于凸显名词性单位的感叹句式，而汉语"多（么）"句是凸显形容词定语或谓语的感叹句。汉语倒是有一种比较凸显名词性单位的感叹句式，如"好一朵茉莉花！""好一个胡彪！"。但在这种构式中形容词"好"的作用非常关键，而其句法结构到底是不是定名结构，也是可疑的，因为单、双音节形容词不带"的"直接修饰数量名短语对"好"以外的形容词来说是不合格的结构，如"*大一张桌子！"（可说"一张大桌子"和"大的一张桌子"，下面各例以此类推）"*亮一个房间！""*漂亮一朵茉莉花！"。因此，这个可疑的例子难以作为汉语有名词性感叹句的明证。

1.10 标题用语。标题是一种名称，主要功能是代替作品供人们指称，因而标题用语普遍以名词形式为优势。在此前提下，不同语言对非名词性标题尤其是动词性标题的宽容度有很大差异。英语等印欧语言的标题强烈倾向取名舍动。假如标题内容指行为事件，会尽量避免直接采用动词形式或完整小句形式，而改用某种名词化形式或分词修饰名词的形式。假如是特指疑问句，一般会采用论元从句的形式，即不采用主谓易位的疑问句形式。汉语对动词性、小句性的标题要宽容得多。比较：

（14）《尽快解决银行监管问题》~ Early solution of the problem of supervision on banks expected

（15）《村民在山中发现一豹子》~ Villagers finding a leopard in the mountains

（16）《市长被批行动迟缓》~ Mayor criticized for slow action（另比较：行动迟缓 ~ slow action）

（17）《梦露临终最挂念谁？》~ Whom Monroe missed most in her last days?（而不用 Whom did Monroe miss most in her last days?）

（18）《应当怎样做父亲？》~ How to be a father?（而不用 How should we be a father?）

本文对本文正副标题的英译也显示了英语对名词性标题的强烈倾向。此外，汉语很多标题专用词语就是用来构成或可以构成动宾式标题的，如《标题用语词典》（尹世超 2007）所收的"论（略论、试论）、说（浅说、话说）、小议、咏、评（浅评、简评）、析（试析、浅析）、写在……之前/后/前夕/之时"，等等，都是做动词性标题短语核心的常用词语，体现了汉语对动词性标题宽容甚至喜好的一面（当然未必超过名词性标题）。这些含义，在英语中或改用名词并调整结构，如"Review of..." "Some remarks on..."，或改用介词短语，如"On..." "Towards..." "About..."。

有趣的是，林源（2009）指出，中国最早的一批汉语古典工具书，特别喜好动宾结构（包括其并列式）或主谓结构的书名，如《释名》、《说文解字》、扬雄《方言》的全称《輏轩使者绝代语释别国方言》。该文并依据多种证据证明汉代的《通俗文》也不是偏正结构书名，而是动宾结构的，即"通+俗文"（解释、通晓民间俗语）。林源（2009）没有提到的《尔雅》，其实也是动宾结构，"尔"通"迩"，表示近，这里做及物动词，表示"接近"。可见动词性标题在汉语中由来已久。这种情况在西方语文书文中是很少见的，当然也不是绝对没有，如语言学论文 *Conditionals Are Topics*（《条件句就是话题》，这是 John Haiman1978 年发表在美国 *Language* 杂志的论文），但在对动词性标题的宽容度上，汉语要比英语大得多。

1.11 小结。从以上分类分析可以看出，在很多句类中，英语表现出"可名"，有的小类接近"需名"，而汉语在表达相应内容时多表现为"需动"。

二、小句层面

汉语动词型特点在小句层面的集中表现，是小句对谓语动词缺失的强烈排斥。这与汉语小句对论元缺失的很大容忍形成鲜明对照，而论元的原型是名词语。换句话说，名词型和动词型的类型差别，在小句层面主要表现为论元必不可缺还是动词谓语必不可缺。

汉语的主语可以在不影响语义时自由省略。赵元任（1968/1979：51）曾指出："整句只是在连续的有意经营的话语中才是主要的句型。在日常生活中，零句占优势。"所谓整句，指主谓齐全的句子。零句是主谓不全的句子。他所举的零句，大部分是没有主语的句子。而英语的主语很难省略，意义上没有主语的句子也需要加个傀儡主语 it。

汉语中宾语的省略同样十分自由。徐烈炯（2003）指出："英语大多数动词及物和不及物界限分明，汉语大多数及物动词都可以不带宾语使用。"英语及物动词大多不能脱离宾语而用，所以与不及物动词界限分明。

主要由名词性单位充当的主语、宾语等论元，在汉语中可以自由省略，没有句法强制性，而在英语中具有很强的句法强制性，很难省略。反过来，由动词充当的谓语核心，在汉语句子中很难省略，而在英语中可以借助语境比较自由地省略。汉语特别排斥有主语宾语而省略谓语动词的句子，而英语允许这样的句子，特别是在结构平行、时体态等动词范畴与上文一致的并列句后分句中。比较：

(19) I ate noodles, and he rice. ~ 我吃了面条，他*(吃了)米饭。

(20) John will investigate a factory and Peter a high school. ~ 小张将调查一家工厂而小裴*(将调查)一所高中。

现代汉语的系词判断句中，夹在判断命题主语和表语之间的系词，在一般的判断句中也很难省略[①]，而英语并列句的后分句中常常省略系词。比较：

(21) a. Mr. Johnson is a famous doctor, and Mrs. Johnson his assistant.

　　 b. 张先生是一位名医，张太太*(是)他的助理。

当整个句子（非答句）相对上文只有主语是新信息时，英语可以省略主语以外的所有成分包括谓语动词，只保留主语及帮助表明主语的焦点性的副词性算子，而汉语无法省略这种句子的谓语动词，至少要让谓语动词或代替实义动词语的系词"是"与主语一起出现。如：

(22) ——Have a nice holiday!——You, too! ~
　　 ——祝你假期愉快！——(祝)你也*(假期愉快)/*(是)！

(23) ——George likes noodles.——Me, too. ~
　　 ——乔治喜欢面条。——我也*(喜欢)/*(是)！

在问话的答句中，汉语允许与上文相同而不夹在主语和宾/表语之间的谓语动词省略，只保留作为信息焦点的主语或宾语。如：

(24) ——谁动了我的奶酪？——你表弟。

(25) ——小明刚才吃了什么？——肉包子。

不过，即使在这种情况下，谓语动词也并不经常省略。赵元任（1968/1979：43）指出：

如果问话的谓语中有疑问词而不是主要动词，答话也往往连动词

[①] "是"在某些类别的表语前可以省略，不必有并列句等语境，如：鲁迅绍兴人、今天星期三。

一块儿说。

  他要吃什么？ 要吃肉。（或者）吃肉。

  你叫什么呐？ 我叫茶房。

  他几时来？ 初三来。

  你最喜欢跟谁下棋？ 最喜欢跟你下。

  只有在特殊场合，例如回答谜语，或者有意带点儿"冲"或者带点儿俏皮，才不用全谓语而只用与疑问词相当的词语。

  什么最便宜？ 水。

  你什么时候回家？ 三点钟。

  你猜我们猫爱吃什么？ 香瓜儿。

也就是说，虽然答句只出现特指疑问句的疑问代词对应词是许多语言允许的也是汉语允许的，但是，假如这一部分是名词性的，则在汉语中仍不是最自然的答句形式，带有特殊修辞色彩，真正自然的答句形式要包含结构上最接近的动词，体现了动词在句法中的显要地位。吕叔湘（1986）也在比较名词和动词的省略情况后指出："一般说，动词承前省略没有名词那么容易，例如不说'你坐那儿，我这儿''老大写诗，老二小说'。"[①]

  相应的英语，则以名词性答句为常见形式。假如要答得更完整，则必须用主谓齐全的句子，而不宜只取动词短语，尤其不能只取限定动词短语。如上面赵元任举的"吃肉"例，换成英语问句"What would he like to eat?"最自然的答句是名词"Pork"，也可以是完整的"He would like to eat pork"，而不能是有谓无主的"Would like to eat pork""Like to eat pork"或"Eat pork"。

  另一方面，当动词是焦点信息，而宾语是旧信息时，汉语可以很自然地只说动词，而英语却必须连宾语一齐说出，再次显示汉语偏向动词

[①] 梅广（2003）指出"现代汉语不允许有gapping，因此不能说'*我打乒乓球，我哥哥网球'，但这样的句子在上古汉语是存在的，例如《汉书·儒林传》'霸为博士，堪（为）译官令'，又《淮南子·说林》'为客治饭而自（治）藜藿'"。上古汉语这样的动词省略有多自由，还需要进一步调查。

型而英语偏向名词型的特点：

（26）——吃点水果吧。——我吃过了。~

——Eat some fruit, please.——I've eaten/ate *(some).

英语只有代动词 do 及其时态形式才能免用宾语论元（主语论元仍不能省），但代动词本身代表一个动词短语（生成语法中的 V' 或 V''，而不是 V^0），句法上已经包含了名词。如：

（27）—Do you like watermelon?—Yes, I do.

答句的 do 代表 like watermelon 而不是 like，所以后面不允许再出现宾语，这不构成反例。

以上有些现象是由问句结构看答句中的省略。还有一种角度是由陈述句看哪些句法成分可以作为特指提问的对象。在英语中，特指疑问句只能针对论元或其他题元成分而发，无法针对动词谓语。假如要问行为，只能将行为的内容改造成论元、用本来问名词性成分的 what 来提问，而动词则用非疑问形式的代动词 do 来表示。汉语虽然也是以问论元为主，但是却可以直接用谓词性的疑问代词对谓语提问，这是英语无法直译的。比较：

（28）你们怎么他了？ ~ What did you do to him?

（29）你们想把这些东西怎么样？ ~ What will you do to these pieces of stuff?

换言之，在省略方面，英语名不可省动可省，汉语动不可省名可省。在提问方面，则英语名可问动不可问，而汉语动名皆可问。比较下来，英语是名词型语言，汉语是动词型语言。

三、从属句层面

从属句（简称"从句"）是小句的一种，上面小句中对动词型还是名词型的偏好也适合从句，两者重合的部分不再多说。我们注意到的是，英语等语言用介词短语表达的从属性内容，在汉语中常常需要用从句表达，即从属成分要带上谓语动词变成从句。有些是语义驱动的，因为汉语介词没有相对应语义，只能用谓语来表示。如：

（30）the voice against his plan ~ 反对他计划的呼声

（31）an apartment with two bedrooms ~ 一套带两个卧室的公寓

更值得关注的是，还有一些是由句法性限制造成的强制性从句，因为有些介词短语缺乏直接做定语的能力，只能加进动词变成关系从句。如：

（32）a. trains from Shanghai ~ 从上海*（来）的火车

b. ships towards the south ~ 向南方*（开去）的轮船

c. guests from Hong Kong ~ *（来）自香港的客人 / 从香港*（来）的客人

d. the pupils with the parents ~ 跟家长们（*在一起）的小学生们

以上括号中无法省去的动词，其实在语义上是冗余信息，但在句法上必须添加，因为汉语中相应的介词短语一般不能充当定语。

在从句方面，还有一种现象值得注意。英语的一个宾语名词所表示的内容，在汉语中要用一个以该名词为论元的动词短语来表示。这类须解读为动词短语的名词，称为"事件强迫"［见宋作艳（2009）的介绍］，因为该名词实际上代表了一个以自身为论元的事件，必须按事件来理解。事件强迫现象本来都可以加进带 to 的非限定从句等来表示，但是在英语中有更多机会仅用名词语来表示，省去管辖这个名词的动词，即（33）中括号内的词语，而相应的汉语句强烈倾向不让这个动词隐去，即采用带该名词语做论元的非限定从句。如：

（33）a. He likes (to eat) fish. ~ 他喜欢*（吃）鱼。

b. His son is learning (to play) basketball. ~ 他儿子在学习*（打）篮球。

c. The teacher began (to lecture on) this lesson. ~ 老师开始*（讲）这篇课文。

这基本上也属于从句层面英可名、汉需动的情况。

四、短语层面

先看偏正短语。英语中某些定语表达的内容，在汉语中只能或可以用状语、补语来表达，即同样的修饰限制性内容，在名词型语言中依附于名词语，在动词型语言中依附于动词语，从而让名词和动词的强弱表现为名词短语和动词短语的强弱。以往讨论过的很多现象，在名词型和动词型对立的大框架下都变得可以理解了。比较：

（34）(to marry) a wrong man ~ 嫁错了男人

(to eat) two more apples ~ 再吃两个苹果 / 又吃了两个苹果

(to buy) one more book ~ 再买一本书

(to make) a pot of thick soup / *to make a pot of soup thickly ~ 浓浓地煮了一锅汤

The very book caused all these troubles. ~ 正是这书本身导致了所有这些麻烦。

wrong 和"错"的功能差异，曾被认为是两种语言的认知概念化的差异（戴浩一 2002），与此类似的形容词还有一些。放在动词型和名词型的大背景下，这可能只是这两种语言类型的正常句法差异的表现之一，未必与概念化甚至文化差异有关。例（34）汉语也有修饰语实现为定语的"煮了一锅浓浓的汤"的说法，这还是更无标记更不受限制的说法。两种结构在表义上特别是主观性上有显著差别（卢建 2003）。但是，只有动词型语言，才允许有句法错位的"浓浓"做状语的结构，使汉语可以借此表达细微的语义差别。

在英语中通常由表全量的名词限定语 all 表示论元的全量，而在汉语中常常由一批表达全量语义的副词来充当状语，如"都、全部、全、齐、共"。虽然名词上也能加"所有、全部"等，但有趣的是，名词限定语是可选的，而表全量的状语 all 却是必须出现的。如：

（35）All the students are gone. ~（所有）学生都走了。~ *所有学

生走了。

英语有一批否定代名词 none、nobody、nothing、neither，还有一个否定限定词 no。它们的作用是自任论元或充当名词核心的限定语，实际上是在名词上实现否定命题。现代汉语没有任何否定代名词或否定限定词，否定命题只能在动词上实现，直接用否定动词"没有"或靠"不"一类否定副词来构成否定谓语，无法靠论元位置上的否定来实现。如：

（36）Nobody will agree with you. ~ <u>没有人</u>会同意你的。

（37）He believes nothing. ~ 他什么都<u>不</u>相信。

（38）I have no friends here. ~ 我在这儿<u>没有</u>朋友。

再看并列短语。某些汉语连词（主要是选择类连词）连接的并列短语排斥名词、喜好动词（刘丹青 2008b），因而在两个单位共享动词谓语的情况下，宁可重复动词也不采用单纯名词并列的方式，而英语未见此类限制，能用来连接动词的连词也能连接名词。如：

（39）我去还是他去？ ~ *我还是他去？ ~ Should I or he go?

（40）面条好吃还是米饭好吃？ ~ ??面条还是米饭好吃？

（41）他伤了手还是伤了脚？ ~ ?他伤了手还是脚？

（42）老王是浙江人，或者老张是浙江人。~ *老王或者老张是浙江人。~ Either William or John is a New Yorker.

（43）我想吃面条或者馒头。< 我想吃面条或者吃馒头。

由以上例子可见，汉语（尤其是口语）特别排斥在主语位置用选择并列连词"还是、或者"等，宁可重复相同的动词或动词短语。在宾语、表语位置用"还是、或者"连接的名词并列结构接受度略强，但是在汉语口语中，还是更倾向于用这类连词连接两个整体性动词短语（例句中用小于号表示不如后者常用）。

下面看同位结构。名词型语言可以靠名词的同位语表达非限制性关系从句的补充陈述，即使该从句没有合适的名词可用，也可以加进 one 这类虚义代词作为关系从句的修饰对象。汉语的同位语在结构上较受限制，只能使用比较简单的指称性名词短语，非限制性补充陈述一般都要直接实现为相对独立的分句，至少要加进系动词"是"。如：

（44）I have been to Maldives, an island country known for its beach resort.

～我去过马尔代夫，??（这是）一个以海滩风光闻名的岛国。

（45）I have been to Maldives, the island country known for its beach resort.

～我去过马尔代夫，??（就是）那个以海滩风光闻名的岛国。

（46）Expressions represent the person's intended message, the one he or she is trying to convey.

～表情代表了这个人的意图信息，*（就是）他或她试图传递的信息。

（47）Dudu likes her little sister's teddy bear, the one she sleeps with.

～嘟嘟喜欢她妹妹的泰迪熊，*（就是）她抱着睡觉的那一只。

英语添 one，汉语加"是"，集中体现了名词型和动词型语言的区别。

五、词法层面及儿童语言习得的表现

在句法上名词活跃还是动词活跃，也会影响到词法层面，特别表现在名动相互引申转化的能力上。我们关注的是直接转化而不是派生构词的形态变化（包括变调等现象）。

语言学界早就注意到［参看沈家煊（2007，2009）及所引 Hopper & Thompson 等文献］，名词和动词的互相转用是不对称的。动作名用是本体隐喻，任何动作、事件、状况都有被指称的需要，因此动词用作自指的名词是极其常见的，是一种非常直接易懂的转化。名作动用则无法将名词义整体直接理解为动作事件，只能理解为以该名词为某种参与者（语言中的题元）的动作事件，理解上依赖更多的知识和语境因素，而且具有不确定性（名词所充当的题元有多种可能性），例如，同一个 shelter（架子），"He sheltered his study" 是 "他给书房配上了书架"，

shelter 是临时动词的工具材料题元，而"He sheltered these books"是"他把书都放上了书架"，shelter 是临时动词的处所题元。因此理论上名作动用比动作名用要困难，动词在词性派生上的能力应强于名词。

不过，上述不对称情况，在动词型语言和名词型语言中的表现程度很不相同。据王冬梅（2001：104）的统计，现代汉语里动作名用的实例是名作动用实例的 57 倍。而在英语这种名词型语言中，尽管名作动用在语义上一样地曲折，必须依赖语境和共享知识（参看 Clark & Clark 1979），但是其转化能力却相当可观。Clark & Clark（1979）以密实的分类词表和丰富的实例显示，英语名作动用极其广泛而活跃，从早已凝固为固有动词的实例（如 boycott，抵制，来自人名），到很新奇的用法（如 to pie demonstrators，向示威者扔馅饼，来自名词 pie，馅饼），形成了一个非常完整的凝固度等级序列连续统。虽然该文没有提供王冬梅（2001）那样的文本统计，但其所列举的大部分名词和动词用例在现代汉语相应词项中都难以或根本无法有动词之用。Chan & Tai（1995）参照 Clark & Clark（1979）的框架，考察了汉语普通话、广州粤语和台湾闽南话的名词派生动词的现象，并简要讨论了日语和韩国语的相关情况。该文发现 Clark & Clark（1979）所提供的英语名作动用的 9 种语义类别，在汉语及其方言中只发现了 4 种类型，实际用例也大大少于英语。而日语、韩国语更是基本不具备这种转用现象，只有个别孤例。这说明英语名作动用远比汉语及其他东亚语言自由和方便。如上引 pie 例相当于汉语说"我馅饼了示威者"，这是无法接受的。下面再略举数例：

（48）She wanted to **Richard Nixon** her friend.（字面：她想"理查德·尼克松"她的朋友。指她想偷偷录下朋友的谈话。来自美国尼克松总统在任时偷录反对党会议的"水门事件"。）

（49）Margret **747**'d to London.（字面：Margret "747" 至伦敦。指坐波音 747 飞机去伦敦。）

（50）Jack *cared* downtown.（字面：Jack "轿车"了闹市区。指坐着轿车去闹市区。）

（51）Ruth Buzzi *guesthoused* with Bill Dodge.（字面：Ruth Buzzi 跟

Bill Dodge"宾馆"了。指同住宾馆。)

在另外一端,英语有大量动词来自名词动用,只不过其动词用法早已凝固下来,如(有些是本文补例):to smoke(抽烟<烟)、to pipe(装管子,用管乐器吹奏<管子,管乐器)、to land(着陆<陆地)、to chair(主持<椅子)、to balloon(坐热气球<气球)、to face(面对<脸)、to beef(加强<牛肉,肌肉)①。

现代汉语中也有部分来自名词的动词或临时的动词用法,王冬梅(2001)第6章就举了"网(鱼)、袋(了一匣火柴)、猫(着腰)、(最)宝贝(我)、(把白菜)窖(上)、灰(了脸)、梳(头)、酱(一下萝卜)"等。Chan & Tai(1995)也做了名源动词的全面收集(其中有些宜归动源名词)。古汉语中名作动用的例子更多些,其中有些语义关系类型是现代汉语中较难成立的,如"(起死人而)肉(白骨)、(梁伯)妻(之)、(尔欲)吴王(我乎)、鱼肉(百姓)"。但总体上名作动用的情况远不如英语活跃、常见。这在核心基本词汇上有强烈表现。我们注意到,英语的核心基本名词,大多有动词义项,而汉语的同类名词绝大多数没有动词义项,尽管很多词历史悠久。我们以 Comrie & Smith(1977,见刘丹青 2008a)基于 Swadesh 的 200 基本词表和 100 基本词表所制的 207 条基本词中的全部实义名词(共 79 词,不包括方位名词和时间名词)为例,进行了英汉比较。考之以中型词典《朗文当代英语词典》(1997 年版)和《现代汉语词典》(第 5 版)。比较结果为(详目见附录):

	有动词义项	无动词义项
英语名词	62(78.5%)	17(21.5%)
汉语名词	5(6.3%)	74(93.7%)

英语中 62 个词的动词义项都与名词义项有意义联系,并且可以确

---

① 史金生教授曾在首都师大讲座讨论中相问:名作动用,似也可以解释为动词重要,所以才需要名词也来充当动词?现场未能详答。经思考,笔者仍然认为名词重要说才合理。因为,名作动用类似转喻,有部分(一个论元)代全体(事件整体)之类转喻关系。转喻表达常规就是喻体比本体显著而活跃,所以借喻体引导人们注意本体,名词大量作动用的情况反映的是名词比动词更重要。感谢史教授的问题。

定名词是词源。汉语中只有 5 个词（背、油、冰、烟、树）有动词义项，其中"树"的派生方向是动词到名词（古代树称"木"，"树"指种树）。"油"大致对应 fat/grease，即动物脂肪。"火儿"虽然能做动词，但已带有派生形态，所以不能算"火"的动词用法。名词型和动词型语言的差异在此得到又一次显著体现。即使再放宽标准，将汉语动词扩大为谓词，即包括形容词，也只能多出"肉、沙、皮"三个有形容词义项的词（其中"肉"的形容词义项是方言义项），有谓词义项的也不过 8 个词（10.0%），远少于英语有动词义项的 62 个词（78.5%）（尚不含形容词）。由此可见名词在英语中比在汉语中要活跃得多。其实在其他词项方面也是如此。汉语虚词（介词、副词、连词等）的语法化词源大部分是动词，名词成为语法化源头的要少得多，这里无暇细说。

　　这里揭示的汉语动词型语言的词汇、词法特点，其实在儿童语言早期阶段就有表现。以印欧语为基础的儿童语言习得研究显示儿童在早期习得的词汇以名词为显著优势。可是这一优势在汉语中并不明显，反倒是动词在早期语言中的重要性不容忽视。例如，据麦克阿瑟交际发展库对各年龄段有一半儿童已掌握的词汇量的统计（转引自 Ma *et al.* 2009），在 1:4（指 1 岁 4 个月，下同）时，英语最常用的 100 词中只有 3 个是动词，而汉语的对应数量是 27 个动词。汉语儿童在 1:7 时掌握 47 个动词，而英语儿童到 2 岁时才掌握 45 个动词。结合其实际使用中的活跃程度，汉语动词的优势更加明显。Tardif 等（1997，转引自 Ma *et al.* 2009）根据儿童语言的材料指出回答问题时英语倾向于使用名词而汉语使用动词［这与赵元任（1968/1979）对成人语言的观察相同］，Ma *et al.*（2009）据此认为汉语偏好动词而英语偏好名词。邹立志（2009）研究"上、下"等趋向动词的习得，其材料显示儿童"上、下"的自主产生时间顺序都是先动词、后名词。如动词"上、下"的产生年龄为 1:3，名词"上"为 1:8，名词"下"为 1:11。这也与先名后动的传统认识不一致，说明动词型语言在习得方面有动词优先的特点。在产出频率方面，"上"作为动词和作为名词的出现次数之比是 455:424，"下"的该项比例是 224:96，都是动词更常出现。张云秋（2009）为了研究多义词的儿童早期习得，在3：0前儿童所用的50个最高频词中选定8个词为对象——"看、花、上、坏、都、走、老、给"，她解释说"早期儿童语料中名词虽然不少，但多为单义词"，所以选词"主要是动词、形容词和副词"。这与汉语成人语言中动词更具有语义和词性派生能力是一致的。

对本文的描写，我们也不想回避例外的问题。我们注意到，汉语中有些现象可能被视为本文所论的例外。最明显的是有些判断句或描写句可以省略系词，直接用名词性成分做谓语，如"鲁迅绍兴人""他黄头发"。这类句子在英语中必须用系词或采用其他带动词的句式（He has brown hair）。这些现象的存在值得进一步研究，但与本文讨论的众多现象相比，它们无法影响汉语总体上的动词优先现象。另有些情况是汉语可以用名词性单位而英语也可以用名词性单位，这本身就不属于例外，如"好孩子！～Good boy！"。

六、动词型语言的相关特征及其初步解释

上面我们从大到话语（成句与否）、小到词法及儿童语言表现（语义和词性派生能力）共5个层面揭示了汉语属于动词型语言和英语属于名词型语言的情况。本节将进一步探讨动词型语言的一些相关语言特征，并尝试对动词型语言的类型特征进行初步的探讨。

从汉语及周边其他一些可能同样具有动词型特点的语言来看，动词型语言多同时具有下列相关特征，我们可以将其视为动词型语言的类型特征：

1）动词谓语的限定性形态不发达，缺少限定性和非限定性的区别。Sasse（2001）指出，形容词接近动词的语言倾向于动词没有时标记，形容词接近名词的语言动词多有时标记。汉语正属于前一类型（参看下面第4点）。时标记是谓语限定性的主要载体之一。反之，名词型语言的动词有限定-非限定形态，主要由主谓一致关系和动词的时态来表现。

2）主语和谓语的形态-句法联系比较松散，主语谓语相互制约较少，动词和宾语之间制约更少，主语、宾语都可以比较自由地摆脱谓语动词制约而删略。名词型语言的主谓之间及动宾之间有较为紧密的句法联系，包括一致关系标注等。

3）没有专用的动词原形，或动词原形并不与某种名词化形式相同。反之，名词型语言有专用的动词原形，如英语有不定式，其带 to 不定式可视为名词化形式之一，可以做主宾语等论元，而限定动词不可以做论元。俄语以带词缀 -атъ 或 -итъ 的形式为原形和不定式。

4）形容词属于广义的动词，因为可以直接做谓语，至少可以跟动词一起构成谓词（predicatives）这个上位词类，跟以名词为主体的体词（substantives）相对。反之，名词型语言的形容词更接近名词，在谓语位置上必须带系词，因而可以划入广义的体词。

5）动词可以直接充当论元或修饰成分，不必有各种名词化形式或分词形式。而名词型语言的动词除了某些非限定形式外，必须经过名词化的形态操作（如英语的 V-ing 形式和派生构词形式，如 propose > proposal、act > action）才能充当论元，带上分词形态（如英语的现在分词和过去分词）或构成关系从句才能做定语。

这些特征与动词型语言的动词优先表现的相关性还值得深入探讨，我们相信至少其中的一部分特征，甚至可能是全部特征，与动词优先的表现有相关性。下面我们对动词型语言和名词型语言差别的初步解释，就会用到其中的部分特征。

在试图解释动词型语言和名词型语言的显著类型区别之前，我们先要回顾一下人类语言的一些共同属性。名词的无标记语义匹配是事物，在句法语义结构中的无标记位置是充当论元；动词的无标记匹配是事件或命题，在句法结构中的无标记位置是充当独立小句或分句、从句的谓语核心。典型的完整句子，是由名词和动词分别充当论元和谓语核心，特别是要尽量保证主语和谓语两个句法成分一起出现。但是，词类成员并不总是出现在它的典型的无标记的位置，句子在语境信息足够的条件下也并不总要求主谓齐全。面对这些复杂情况，句法如何应对？这就与该语言的整体类型特点有关。我们的解释就从这里开始。

1）动词优先的消极动因。名词型语言有程度等级不同的各种名词化手段，满足了表示事件、命题的单位在不同句法位置的语法需求。动词型语言缺乏此类手段，例如汉语的"者、的、所"等名词化手段主要都是用来转指的，即指向动词所涉及的特定论元（施事主语、受事宾语等），无法用来自指（将行为事件当作指称对象）。于是，表示事件、命题的单位只好仍然保留动词的原来形式，"迫使"动词多了直接充当指称成分的能力。

2）动词优先的积极动因。名词型语言的谓语动词（限定动词）有各种强制性范畴需要表达，包括时、体、一致关系、式、态等（实际出现的形态手段少于这些，因为有些形态用零形式）。句法上则要有强制性的主语，及物动词要强制性地带上宾语。可以说，这些语言动词的形态和句法负担较重，也会造成表达的繁芜冗长。为了减少语法负担，在许多情况下就选择用各种非限定形式甚至名词论元本身来表示事件、命题，乃至单独成句、完成一次交际任务。这样，有些形态就不必明示，有些论元就可以免去。表事件、命题的单位因为程度不等的名词化而改变了词性身份，在句法上与名词合流或中和，这样就减少了动词性单位在语言中的重要性和活跃性。反过来，动词型语言的谓语动词没有这种强制性重负，随时可以轻装上阵，用动词本身来表达事件或命题，不必进行非限定性或名词化操作，这就增强了动词性成分在语言中的重要性和活跃性。

3）韵律动因。动词型语言的名词为什么难以用作动词，除了其他可能的原因外，还有一个至少对汉语有效的解释，即韵律解释。现代汉语的动词和名词有颇为不同的词长特征（刘丹青1996），动词至今仍以单音节为典型词长，绝对排斥三音节及以上音节，而名词以二到三音节为典型词长，也不绝对排斥更长的音节。这种差异，也妨碍了名作动用。而动作名用方面，虽然比较自由，但也主要限于双音节动词（陈宁萍1987），单音节动词的名词用法要少见得多。

以上解释本身有待进一步深化和检验，而这些解释事实上也只解释了动词优先的部分表现。本文只是抛砖引玉，希望有更多学者关注这一类型现象。

参考文献

陈宁萍 1987 现代汉语名词类的扩大——现代汉语动词和名词分界线的考察，《中国语文》第 5 期。

戴浩一 2002 概念结构与非自主性语法：汉语语法概念系统初探，《当代语言学》第 1 期。

林 源 2009 《通俗文》书名考，《中国语文》第 3 期。

刘丹青 1996 词类和词长的相关性——汉语语法的"语音平面"丛论之二，《南京师大学报》（社会科学版）第 2 期。

刘丹青 2005 汉语否定词形态句法类型的方言比较，日本《中国语学》总 252 期。

刘丹青 2008a 《语法调查研究手册》，上海：上海教育出版社。

刘丹青 2008b 并列结构的句法限制及其初步解释，《语法研究和探索》（十四），北京：商务印书馆。

卢 建 2003 可换位摹物状语的句位实现及功能分析，《语言研究》第 1 期。

吕叔湘 1986 汉语句法的灵活性，《中国语文》第 1 期。

梅 广 2003 迎接一个考证学和语言学结合的汉语语法史研究新局面，《古今通塞：汉语的历史与发展》，何大安主编，台北："中研院"语言学研究所筹备处。

沈家煊 2007 汉语里的名词和动词，《汉藏语学报》第 1 期，北京：商务印书馆。

沈家煊 2009 我看汉语的词类，《语言科学》第 1 期。

宋作艳 2009 现代汉语中的事件强迫现象研究——基于生成词库理论和轻动词假设，北京大学博士学位论文。

王冬梅 2001 现代汉语动名互转的认知研究，中国社会科学院博士学位论文。

徐烈炯 2003 话题句的合格条件，《话题与焦点新论》，徐烈炯、刘丹青主编，上海：上海教育出版社。

尹世超 2007 《标题用语词典》，北京：商务印书馆。

张云秋 2009 早期汉语儿童多义词的习得策略，儿童语言习得小型研讨会论文，中国社会科学院语言研究所，2 月 25 日。

赵元任 1968/1979 《汉语口语语法》，吕叔湘译，北京：商务印书馆。

邹立志 2009 普通话儿童趋向动词习得研究——以"上、下"两组为例的个案考察，儿童语言习得小型研讨会论文，中国社会科学院语言研究所，2 月 25 日。

Chan, M. K. M.（陈洁雯）, & Tai, J. H.-Y.（戴浩一）1995. From nouns to verbs: Verbalization in Chinese dialects and East Asian languages. In J. Camacho, & L. Choueiri (Eds.), *Sixth North American Conference on Chinese Linguistics*. Los Angeles: *Graduate Students in Linguistics* (GSIL) Vol. II: 49-74.

Clark, E., & Clark, H. 1979. When nouns surface as verbs. *Language*, 55 (4), 767-811.

Comire, B., & Smith, N. 1977. *Lingua Descriptive Studies: Questionnaire.* Amsterdam: North-Holland Publishing Co.

Ma, W., Golinkoff, R. M., Hirsh-Pasek, K., McDonough, C. & Tardif, T. 2009. Imageability predicts the age of acquisition of verbs in Chinese Children. *Journal of Child Language*, 36 (2), 405-423.

Sasse, H.-J. 2001. Scales between nouniness and verbiness. In M. Haspelmath, E. König, W. Oesterreicher, & W. Raible (Eds.), *Language Typology and Language Universals: An International Handbook.* Berlin & New York: Walter de Gruyter.

附 录

（1）207基本词表（刘丹青2008a:595）79个英语名词中有动词义项的词项（62词）：
back, bark, belly, blood, bone, breast, claw, cloud, dog, dust, earth, egg, eye, father, feather, fire, fish, flower, fog, foot, fruit, grass, guts, hand, head, horn, husband, ice, knee, leaf, leg, louse, man/male, meat/flesh, moon, mother, mouth, name, neck, nose, river, road, root, rope, salt, sand, sea, seed, skin, sky, smoke, snake, snow, star, stick, stone, sun, tail, water, wind, wing, worm

（2）207基本词表79个英语名词中没有动词义项的词项（17词）：
animal, ashes, bird, child, ear, fat/grease, hair, heart, lake, liver, mountain, person, tooth, tree, wife, woman, woods

（3）207基本词表79个汉语名词中有动词义项的词项（5词）：
背/背后，冰，烟，树，脂肪/动物脂/油❶

（4）207基本词表79个汉语名词中没有动词义项的词项（74词）：
动物，灰，树皮/茎皮，肚子/腹，鸟，血，骨头，乳房/奶子，小孩，爪，云，狗，尘土，耳朵，地/大地，蛋，眼睛，父亲/爸爸，羽毛，火，鱼，花（"花钱"与此"花"无关），雾，脚，水果，草，内脏，头发，手，头，心，角，丈夫，膝，湖，叶子，腿，肝，虱子，男人，肉，月亮，母亲/妈妈，山，嘴，名字，颈/脖子，鼻子，人，河/江，路，根，绳，盐，沙，海，种子，皮/皮肤，天/天空，蛇，雪/下雪，星，（树）枝，石头，太阳，尾巴，牙齿，水，妻子/老婆，风，翅膀，女人，树林，虫/蠕虫

（原载《世界汉语教学》，2010年第1期）

语言库藏类型学构想*

一、为什么要设立语言库藏类型学

语言库藏（linguistic inventory，或译为"语言库藏清单"），是指特定语言系统或某一层级子系统所拥有的语言手段的总和，包括语音及韵律要素、词库、形态手段，句法手段，包括虚词、句法位置等。语言库藏因语言而异，并且会导致语种之间形义关系的显著差异，不但深刻影响到语义范畴的形式表达，而且深刻影响语义范畴的存在状况和显赫性（mightiness）。因此，我们提议设立语言库藏类型学，以揭示语言之间因库藏而导致的类型差异。本文便是有关这一学科的初步构想。

inventory 指语言手段总和的用法，在语言学英文文献中早已有例，但在中文文献中还非常少见。下面是笔者在网上搜得的一些使用 inventory 一词的英文文献，涉及语音、词汇、语法各方面（中文为笔者所译）：

（1）Feature rank in the Latvian consonant inventory（"拉脱维亚语辅音库藏中的特征等级"，B. I. Vilks 的论文标题）

（2）Early Vocabulary Inventory for Mandarin Chinese（"汉语普通话的早期词汇库藏"，M. Hao、H. Shu、A. Xing、P. Li 合作的论文的标题）

（3）Moreover, the inventory of prepositions in English is a close

---

* 本研究获中国社会科学院重点课题"语言库藏类型学"资助。初稿曾在香港城市大学学术讲座（2010年2月）、"中国语言研究的新方法与新视野——中国语言的比较与类型学研究国际研讨会"（香港科技大学，2010年5月）、全国语言学暑期高级讲习班（南开大学，2010年7月）、法国国家高等社会科学院东亚语言研究所 SinoTyp 课题组（2011年2月）等处报告，同行讨论使笔者受益良多，另获审稿专家指正，一并感谢。尚存错谬均归笔者。

set.("而且，英语中的介词库藏是一个封闭集合"，引自 S. K. Naskar 和 S. Bandyopadhyay 的机器翻译论文)

列举不同语言的库藏差异不足以成为语言类型学的一个有价值的分支。我们提倡语言库藏类型学，部分受到凸显类型学（prominence typology, Sasse 1995）的启发。凸显类型学主要探讨话题凸显（Li & Thompson 1976 等）、焦点凸显（Kiss 1981, 1984, 1987, 1993 等系列论文，转引自 Sasse 1995，徐烈炯 2002）等类型现象，即一种语言的基本结构是注重表现话题或焦点这种来自语用、话语的范畴，还是注重表现与施事、受事等语义范畴更相关的主语、宾语这类句法范畴。我们对语言库藏的想法也起步于此，但是当我们把凸显现象放入语言库藏的大框架来思考，其思路已完全超越了现有凸显类型学的范围：(1)库藏类型学超越话题、焦点这些个别领域，而覆盖语言的所有方面，可以形成一种涉及整个语法乃至整个语言的研究视角和框架。(2)库藏类型学超越从语义出发寻找形式表现的传统，注重形式和范畴间的双向视角，而且以形式到语义语用范畴的视角为出发点，因为库藏首先是形式手段。(3)库藏类型学认为，特定语言中的任何领域都有某些范畴凭借自身的库藏优势扩展用途成为显赫范畴，而另一些语言则会有另一些范畴成为家大业大的显赫范畴。所谓显赫，不仅凸显，而且强势，它会在使用中"侵占"其他语义语用范畴的领地，带来语言间形-义关系错综复杂的局面，并成为语种间类型差异的重要肇因。

本文主要关注语法库藏，但库藏类型学框架也适合于语音、词汇这些层面。因此我们倡导整体性的语言库藏类型学。下面更具体地说明一下设立该分支学科的理由。

任何语言都存在语言库藏的有限性和表达需求无限性的矛盾，因此，语言库藏常常一物多用。以某范畴为核心义的手段常常会扩张领地，用于偏离或超越其范畴核心的领域。语义本身具有人类共性，但是哪些范畴能成为扩张力强的显赫范畴，有很大的语种差异，这是导致类型差异的重要因素。

关于库藏显赫的观察，首先来自对汉语话题优先特点的研究。刘丹青（2009）指出汉语话题优先的特征，一方面表现在语用上的话题常被句法位置和话题标记等显性表达，而且话题表达手段还常用来表达在其他语言里属于其他范畴的语义；另一方面，其他语言也有自己的被凸显的范畴并扩张到其他语义域。

人类社会需要表达的思想感情、需要完成的交际任务，在大类方面是相通的。人类语言语法库藏的核心功能具有一定的共性，它们首先用来表达人类交际中最重要的语义范畴、完成人类交际战略层面[①]的共同任务。表面差异较大的库藏，也在蕴涵关系中体现出其间的共性。Greenberg（1963/1966）有多条关于形态范畴优先等级的共性，如：

（4）32条：只要动词跟名词性主语或宾语有性的一致关系，总也有数的一致关系。

36条：一种语言如果有性的范畴，它总具有数的范畴。

30条：如果一种语言里动词有人称-数的范畴或有性的范畴，那么它总有时-式的范畴。

共性32和36条表明，有性范畴或性一致关系的语言，必然有数，反之则不然，有数未必有性。可见在人类语言中，作为语法范畴的"数"是比"性"更优先获得形态表达的范畴。共性30则表明人称-数范畴或性范畴和时-式范畴之间也存在这样的优先等级。

另一方面，形态手段的使用并不限于其原型功能。在向非原型功能扩张方面，语言会更多地展示个性，使形-义的跨语言对应大大复杂化。一些学者对基本的词类是否有普遍性［如 Bhat（2000）、Rijkhoff（2000）对形容词普遍性的否定］、句法关系是否有普遍性（Dryer 1997），都有所质疑，其根本原因应该就是库藏显赫性的语种差异带来的形-义关系的复杂性。

以动词的体为例。人类语言多有以表示动作完成为原型功能的手段，但这一手段能扩展到哪些功能的表达，随语种而异。如以完成义为原型的完整体标记"了₁"，它由完成义可以转表完成后状态的持续，如

[①] "战略层面"一语及其含义借自陆丙甫及其合作者的一些论文，如陆丙甫、郭中（2005）。

"书包里藏了一个游戏机",又可以表示动作产生的消失性结果,实际上是"了₁"与北京口语中的"喽"[lou]在普通话中的混同形式(马希文 1982),如"杀了这只鸡"。这些功能在其他有完成体或完整体标记的语言中未必表现为完成体或完整体。"了₁"还有离体范畴更远的用法,如"这双鞋大了一号""汤做咸了","了₁"表过量,很难再归入时体范畴,是汉语完整体特有的边缘功能。这类功能更难在其他语言的完成体/完整体系统中获得对应的表征。进行体也有类似的情况。如英语 He is dying(他快要死了)就是进行体的扩展功能。汉语有进行体,但不能有"他在死、他死着呢"的说法。

语言之间在库藏扩展方面存在显著的差异;但扩展的潜在方向,仍然呈现出语言共性,因为库藏扩展是由人类共同的认知、语用规律推动的。新兴的语义地图理论(Haspelmath 2003)已经显示这类各有差异的演变遵循着共同的方向和线路。

语言库藏的形态-句法属性对其适用域和扩张方向有很大的制约。

语义具有人类共性,但其表达手段的形式属性存在着显著的语种差异。一个范畴是用词汇手段、形态手段还是句法手段?用什么样的形态手段和句法手段?其强制性、类推性如何?这些形式特征会强烈制约相关范畴表达手段的适用范畴和扩张方向,造成类型差异。

例如,任何语言都有表达名词的数量范畴的需求,但是表示单复数等数概念的手段却有显著的语种差异,由此造成数形态在不同语言中显赫性的差异及相关后果。英语中复数除少量例外,都用附加后缀 -s 表示,是具有类推性和强制性的显赫范畴。复数手段由此派生出多种偏离复数核心义的功能。例如,复数名词常常用来表达类指(刘丹青 2002):

(5) Cats are friends of human beings. I like cats.

这里两处 cats 都不是为了表示数的分别,而是要表示猫的类指义。在汉语普通话中,只有人类及高等动物有复数后缀"们"可加,并兼表有定含义,它不能表示类指。如:

(6) 盲人们都过了马路。

(7) 盲人?(们) 是困难人群, 他经常提出帮助盲人*(们) 的提案。

例 (6) 谈论特定事件, "盲人们" 指特定的若干盲人, 不是类指。例 (7) 前一个 "盲人" 本来倾向表类指, 加了 "们" 反而难以表类指, 而倾向实指 (specific), 指特定的一群盲人; 后一个 "盲人" 只能表类指, 更不能加 "们"。至于低生命度对象, 没有复数形态, 只能用词汇单位表示复数 (一些柳树、很多石头), 这些复数词语完全不能表类指。

数范畴的例子显示, 表达手段的形式属性对库藏扩张的能力和方向有显著的制约。总体上, 一种语言手段的语法性或语法化程度越高、使用频率越高、能产性和强制性越大, 其扩张力和适用域就越广, 它就越有资格成为显赫库藏, 大致表现为 (">" 指强于):

(8) 形态手段 > 句法手段 > 词汇

其他如有定、全量、名词类别等范畴, 都可以看到由相关手段的显赫性差别导致的类型差别。其中有些将在后面各节讨论。因此, 语言库藏类型学的建立, 便于将库藏显赫性及其句法后果用作观察人类语言的类型差异及其深层共性的一个有用的新视窗。

二、形态库藏类型学

形态, 尤其是构形形态, 是语法性最强的语言库藏。以形态表达的范畴, 多为语言系统中较显赫的范畴。前文所举英语的进行体、复数等都是英语中的显赫形态。在形态现象内部, 类推性和使用强制性越大的范畴, 其显赫性越强。下面再举两例。

2.1 构形形态: 英语中的比较级范畴

英语的比较级是用来表示差比范畴的形态手段。这种手段的类推性和强制性都很强。除了个别异干法构成的比较级词形 (如 good ~ better), 英语比较级根据词根的不同使用两种可以类推的基本表达手段。一种是

加后缀 -er，另一种是在形容词前加 more，属分析性形态。英语差比句对比较级词形有强制性要求。虽然句法上已有"than + 基准"句式标明其为差比句，但形容词进入该句式必须取比较级，He is taller/more diligent than me 绝不能说成 He is tall/diligent than me。这种强制性不但使比较级形式具有更显著的形态特征，而且使它在英语中成为非常显赫的形态手段和范畴。凭借这种显赫性，比较级词形经常超越典型的差比功能，用于很多扩展功能或边缘功能。对比汉语，如刘丹青（2009）所举的"no longer"（不再）、"earlier/later than X"（在 X 之前 / 之后）、"Higher wage! Shorter working time!"（提高工资！缩短工时！）等都由比较级形态表达。差比句靠特定的虚词"比"及带"比"的特定句法结构来表示，如"他比我高"中，"高"为原形，形容词没有比较级形态，比较义的显赫度不如英语比较级。于是，上文所举英语比较级的扩展用法，在汉语中都使用与差比范畴无关的手段来表示。由此可见，英汉两种语言的差比范畴的显赫性大相径庭，所占领地范围迥异。

2.2　构词形态：英语副词构词形态的能产性

当构词形态具有较强的类推性和强制性时，构词形态也能成为显赫的语言库藏，在语言中发挥超越其原型功能的诸多功能。英语的副词构词法就是这样的一例。

除了少数单语素的副词如 soon、very 之外，英语副词大多由形容词按规则派生而来，绝大部分形容词都可以通过加后缀 -ly 构成副词，如 greatly、happily、fortunately，因而其能产性和类推性很强。这一派生还有链条的更前段：形容词本身又可以由名词派生出来，从而形成"名→形→副"的派生构词链。如 history > historical > historically, tradition > traditional > traditionally, marriage > marital > maritally, language > linguistic > linguistically。[①] 这一派生链强化

[①] 名词本身也可以由动词派生而来，派生链可以更长，如：educate > education > educational > educationally。其中动词到名词这一节与这里的讨论关系不大。

了英语副词功能域的扩展。下面就分析一项与这一派生链有关的功能扩张。

副词的基本功能是充当动词/谓词的加接成分（adjunct）或算子（operator，如焦点算子 only）。但是，在具有"名→形→副"能产派生链的语言中，显赫的副词状语还能像介词短语一样具有引介题元包括某些间接论元的作用，就是让本属名词的题元通过两次派生以副词的形式出现于句法结构。如以下几例的副词都包含了一个名词间接论元，等号后是换用介词引介论元的句式，括号中是名词到副词的派生过程：

（9）a. Their relationship is maritally-oriented. = b. Their relationship is oriented to marriage.（marriage > marital > maritally）'他们的关系是奔婚姻而去的。'

（10）a. This is a nationally distributed network. = b. This is a network that is distributed throughout the nation.（nation > national > nationally）'这是一个遍及全国的网络。'

（11）a. This is a materialistically inclined theory. = b. This is a theory (that is) inclined to materialism.（materialism > materialistic > materialistically）'这是一种倾向于物质主义的理论。'

例（10）、（11）也显示用派生副词引介间接论元，特别适合用于定语位置的谓语（以分词形式出现），因为这是内嵌的句法位置，排斥过"重"的成分，用一个副词引进论元，比用一个介宾短语更加简洁。非论元的加接性题元，以副词引进更加常见，如：

（12）Traditionally (≈ According to tradition) the wife lives with her husband's family. '传统上妻子跟丈夫的家人一起居住。'

（13）The conclusion is correct theoretically (≈ in theory). '这一结论理论上是正确的。'

正是凭借几乎无限能产的副词派生构词法在英语中的显赫性，英语副词能发挥其他一些语言的副词所难以发挥的作用。汉语副词就很难将论元以能产的方式放在副词中表达。

三、词类库藏类型学：量词个案

2.2 节谈到副词构词法显赫性的语法后果。本节讨论词类本身的显赫性。不同语言之间在词类方面有同有异。词类语种个性的一大表现是词类库藏的差异。有些语言拥有其他语言所没有的词类，有些语言的某个词类比其他语言中的同一词类显赫得多，可以在语言中扮演超出其原型功能的活跃角色，构成显著的类型特点。我们以量词为例加以分析。

世界上很多语言的数词可以直接限制名词，没有汉语那样的个体量词。至于单位量词，常可根据其形态句法表现而归入名词。汉语和一批亚洲语言具有个体量词，这些语言的单位量词和个体量词具有基本相同的语法特点，共同构成"量词"这个大类，在西方文献中被称为分类词（classifier）。在量词语言和非量词语言之间，是有无量词的词类库藏区别。在量词语言之间，是量词库藏是否显赫的问题，其中汉语普通话大致处于量词语言的中间态。

有些语言的量词远不如汉语普通话显赫，如多数藏缅语，尤其是藏语和喜马拉雅语群等偏西的语言，量词很不显赫。马学良主编（2003：134）在论述古藏语（体现为13世纪之前的藏文文献）时明确断言其"没有量词"，并举出名词和数词直接组合的例子。在论述现代藏语诸方言与古藏语相比的特点时，也没有提到量词的出现。不过，据王志敬（1994：111），现代拉萨藏语是有量词的，包括个体量词和单位量词等，只是"藏语量词为数有限"。而且从王志敬（1994：295—296）的语料看，数词无须借助量词就可以限制其前的名词，量词不是名-数之间的必要成分。羌语支普遍有量词。"除嘉戎语外，其他语言量词都比较丰富"（马学良主编 2003：244），不过，"有些语言在一些情况下数词可以不带量词直接修饰名词"，如道孚语、兰坪普米语、嘉绒语等（马学良主编 2003：247）。总体上，藏缅语的量词不如普通话显赫，不但因为汉语量词词库丰盛，更因为数、名之间的量词在句法上是强制性的，这是量词是否显赫的关键句法指标，也是影响量词在实际话语中出现频率的关键因素。

另一方面，很多语言及方言的量词比普通话量词更加显赫，如壮侗语言和粤语等汉语南方方言。先看壮侗语。量词在数名组合中是句法所强制出现的。量词也是指示词和数词组合时句法所强制要求的成分（而普通话允许指示词和名词直接组合，如"这书、那房间、这苹果、那鱼"等）。此外，量词还有如下多种功能，以壮语为例，大体代表了壮侗语的共性：

第一，量词可以脱离数词和指示词单用，在特定的句式中表示数量为"一"的个体（不定量词则表示不定复数）或周遍性的"每一"等，如（张元生、覃晓航 1993：53）：

(14) ki:³   pit⁷   nei⁴   pou⁴   tu².
　　 些　　鸭子　　这　　 个　　 只
　　'这些鸭子，每人一只。'

例中的量词 pou⁴、tu² 各自代表一个完整的名词语，具有名词代替语（pro-forms）即代名词的性质，语义上以其类别义和语境的结合分别指"每个人"和"一只鸭"。

第二，量词可以脱离数词和指示词单独接受后面定语的修饰，充当被修饰代名词，有名词化（转指）功能。这种功能在有些语言中是由被修饰代词或名词化后缀如英语的 one 和汉语的"者"等充当的，但 one 的解读完全取决于语境，而壮语量词则提供了名词的类别信息，如以下三例的量词分别代表人类、动物和植物（张元生、覃晓航 1993：57）：

(15) pou⁴   ço⁶
　　 个　　年轻　　'年轻人'

(16) tu:²   pi:²
　　 只　　肥　　'肥的（动物）'

(17) ko¹   he:n³
　　 棵　　黄　　'黄的（植物）'

这样的语序，也符合壮侗语定语基本后置的类型特点。这类量词用法，张元生、覃晓航（1993：57）就称为名词化。书中还举了量词加在动词和其他短语前使之名词化的例子（此处拼法按张、覃书，其音节末的 z、j、x 代表调类）：

（18）cat（heuj）> fagcat
　　　刷（牙）　　量词.刷　　'刷子'
（19）da　fangz > bouxdafangz
　　　眼　瞎　　量词.眼.瞎　　'盲人'

例（19）中的 boux 就是例（15）中的表人量词 pou^4。由以上例子也可以看出，在"量词+指示词/疑问代词"的组合中，甚至在"量词+名词"的组合中，量词都是被修饰限制的核心，表示类别，后面的成分限制量词，如下面四个"量+X"在结构上高度一致，都是以前面量词为核心的受后面名词修饰的结构：

（20）——tu^2　nei^4　tu^2　raw^2?　——tu^2　nei^4　tu^2　mou^1.
　　　　只　这　只　哪　　　　只　这　只　猪

'——这只是什么？——这只是猪。'（材料引自韦庆稳1982）

按汉语语感，"（一）只猪"中的"猪"像是核心，但在壮语里，与其他带量词的结构比，tu^2　mou^1（只+猪）中显然在后的"猪"是定语，短语字面义近于"猪的一只"。在例（20）的表语位置，"量+名"表示类指，换用其他语言，译为"猪"即可。从这类类指名词的变化形式也可以看出前面的量词是核心。比较：

（21）ko^1　rau^1 = fai^4　rau^1
　　　棵　枫　　树　枫（材料引自韦庆稳1982）

在两种指枫树的组合中，量词 ko^1 占据的正是 fai^4（树）的核心名词位置，都表示植物类别。

第三，用于类指的被饰量词进一步虚化为表类指的前缀，念轻声，如：
（22）$tə^0be^4$　sau^1　$ȵiu^2$　$tə^0məu^1$
　　　羊　　干净　　过于　猪

'羊比猪干净'（材料引自梁敏、张均如 1996：887）

例（22）中的表示羊和猪的名词前的 $tə^0$ 实际上就来自例（16）、（20）

中作为被修饰代词的指动物的量词 tu², tə⁰məu¹ 就是例（20）中的 tu² mou¹（只+猪）的读音弱化。由于量词在类指名词中的语义作用淡化，所以读音弱化，核心名词被重新分析为类指前缀，保留轻微的类别义和类指义。这一虚化可能是量词的高频使用导致的。壮语及其他壮侗语中还有很多类指前缀是由与该名词相配的量词虚化来的（游汝杰 1982）。

第四，"量+名"除了作为类指名词语，还常作为有定名词语。如游汝杰（1982）所举的武鸣壮语之例：

（23）ko:ŋ¹　ha:k⁸　ʔeu¹　　te¹　pai¹　ham⁸　nai⁴.
　　　 位　　 县官　 叫　　 他　 去　 晚　　这
　　　'那位县官叫他今晚去。'

（24）pai²　nai⁴　ʔan¹　　ka:ŋ¹　hi⁴　wa:i⁶.
　　　 于　　是　 个　　　 缸　 也　 坏
　　　'于是那个缸也坏了。'

我们认为这类在前的量词在句法上可能也是名词短语的核心，当短语整体为有定义时，量词则被重新分析为类似定冠词的成分。

以上 4 项，量词除了表示类别外，还分别具有独立代名词、被修饰代名词及名词化标记、类指前缀和定冠词的语法功能，这在没有个体分类量词或量词不显赫的语言中是需要用其他手段表示的。这 4 项还不足以全面反映壮侗语量词的功能，但与普通话相比，已足以显示其在语法系统中的显赫地位，因为这些功能都是官话系绝大部分方言的量词所没有的。

在粤语、吴语及部分湘语、徽语方言中量词功能比较多样，词类地位显赫，所以刘丹青（2002）将粤语等方言称为量词强势的方言，而普通话等官话方言是指示词强势的方言。以粤语为例（刘丹青 2000，2002，2008b），其量词的显赫地位至少表现在以下普通话量词所不具备的方面。（1）指示词和名词之间的量词像数-名之间的量词一样也是强制性的。（2）量词可以不依赖数词、指示词单独做宾语、动量补语等句法成分。（3）量词可以脱离数词、指示词单独限制主语或宾语名词，其中在主语位置时表示有定。（4）可以作为被修饰代词受领属名词、形容词、关系从句等修饰，有的起着无核关系从句或名词化的标记作用。

(5) 可以在上述定语和名词之间代替结构助词"嘅"充当定语标记。(6) 在实指名词语中，量词不能省略。(7) 当名词语为复数时，由不定量词"啲"起上述作用。"啲＋名词"结构不但常表有定，也常用于类指。苏州话等吴语与粤语情况接近，只是"量＋名"的使用频率稍不如粤语，但吴语量词表定指时还可以单独充当主语、状语，单独做定语标记也比粤语常见（此时粤语常用数量词组），这是比粤语量词更显赫的地方（石汝杰、刘丹青1985）。

粤语及吴语的以上几点，有些与壮侗语量词的功能相同或接近。但是两者的语序类型不同，南方汉语方言属定语前置型，"量＋名"都是量词限制名词，而壮侗语是定语后置型，因此"量＋名"应分析为量词受名词修饰。当核心名词同时受其他定语修饰时，粤语吴语量词和其他定语都在名词之前，量词在其他定语和名词之间便于兼做定语标记；而壮侗语量词和其他定语一般分别在名词之前和之后，量词并不居中，难起定语标记的作用。

前面提到，英语常用复数形态表类指，而粤语则除了用光杆名词之外也可以用复数无定量词"啲"（核心意义同普通话"些"）表示类指，这里略举数例：

(25) 啲女人都中意买衫。'女人都喜欢买衣服。'

(26) 啲猫係人类嘅朋友。我好中意啲猫。'猫是人类的朋友。我很喜欢猫。'

(27) 啲唐楼都係旧楼，人哋唔中意住啲唐楼。'旧式无电梯楼房都是旧楼，大家不爱住。'

此外，英语可以用定冠词表示类指，如 The panda eats bamboo。而粤语量词也有定指用法。复数、定指双重因素更便于"啲"发展出类指功能。这里的共性在于都用显赫的复数和定指形式表示类指。区别在于英语显赫的是复数形态和定冠词，粤语显赫的是兼有定指作用的复数量词。普通话量词既不能定指，显赫度也不如粤语，因此难以发展出类指用法。

量词和复数的关系，还引出另一个与显赫性有关的类型学问题。不少学者都提到类型学上以形态表现的个体量词和数形态存在着互补相斥现象，即有个体量词总是缺乏数形态，或数形态是非强制性的并限于少数名词。对此，Aikhenvald（2000：249）指出这一预测不乏例外，如 Yuki、Nootka、Tlingit 及达罗毗荼语系众多语言都是既有量词也有强制性数形态的。验诸汉语周边，例外也不难发现。根据马学良主编（2003：234，244），"羌语支各语言都有数范畴"，是用后缀表达的形态手段，"除史兴语外，大部分语言表数的后缀，既可以加在表示有生命事物的名词后面，也可加在表示无生命事物的名词后面。更重要的是，羌语支绝大多数语言的数范畴还通过一致关系延伸到动词、形容词上。充当谓语的动词、形容词要在人称和数上与主语（有的还包括宾语）保持一致，使用手段是词缀（包括前缀和后缀）。"这是典型的数形态语言。与此同时，羌语支语言又都拥有个体量词，"除嘉戎语外，其他语言量词都比较丰富"。可见，典型的数范畴和典型的个体量词这两种语言库藏并不存在简单的相斥关系。我们认为，与数范畴相斥的，未必是量词的存在，而可能是量词的显赫性。量词显赫度高的语言方言，确实对数形态排斥。例如壮侗语没有数形态，更没有数一致关系。粤语虽然人称代词可以通过后加"哋"构成复数代词"我哋、你哋、佢哋"，但是粤语名词不能加"哋"：*学生哋、*教师哋、*人客哋。这种互补关系在类指表达上得到集中表现。数形态语言使用复数形态表类指，而量词显赫的语言中用量词表类指。普通话因为量词还不够显赫，所以不能单用"量+名"表示类指。因此，我们将原来的蕴涵关系进行如下改写，以更准确地反映量词和数形态的跨语言表现：

（28）学界原来认定的蕴涵关系：量词（+）⊃ 数（-）

（29）新的蕴涵关系：量词（++）⊃ 数（-）（⊃：蕴涵；+：存在；++：显赫；-：不存在）

上面这个例子说明，语言共性和类型预测以往主要依据某现象的有无，这是不够的，因为还可能取决于现象的显赫与否。这是库藏类型学的价值所在。当然，库藏类型学要尽量为不同范畴提供显赫度的合理测试标准。

四、句法结构库藏类型学：并列／连动结构个案

句法结构是比较普遍的语言现象，比如一般语言都有主谓、动宾、定中、状中、并列等结构。但是，在不同语言中，句法结构仍然存在显赫度的差异。

古代汉语和英语都被认为是并列结构发达的语言（梅广 2003），而现代汉语普通话虽然有并列结构，但它的并列结构是不发达的。刘丹青（2008a）显示，汉语普通话表现出并列结构受限的诸多现象：虚化的词语并列结构受限；动词的并列严重受限，既有直接并列的严重受限，又根本不存在能广泛应用于动词并列的连词；并列结构还受到词长、句法位置等方面的限制。种种限制使普通话成为一种并列结构很不显赫的结构。但是，普通话的情况完全不代表古代汉语的情况。梅广（2003）从并列连词"而"的多样性功能中发现了古代汉语并列结构的显赫性，指出"历史上汉语句法结构的整个发展趋势就是从并列到主从，上古汉语是一种以并列为结构主体的语言；中古以降，汉语变成一种以主从为结构主体的语言。"我们则发现，普通话并列结构的不发达，不一定代表所有现代方言的情况。

"而"的基本功能是用作动词和形容词性成分乃至分句的并列连词。这一连接谓词的连词用法，本身在普通话口语中就没有对应手段可用（刘丹青 2008a）。实际上其语义作用，还远远超出并列的范围，与同属并列型语言的英语 and 的多能性相类。梅广（2003）所举的非并列的用法包括了以下这几种情况（引用时术语有所调整）：

用在偏正两个成分之间：古者十一而税｜则天下之民皆引领而望之矣｜尽心力而为之｜遵海而南｜旦旦而伐之

用在话题结构中，表条件：管仲而知礼，孰不知礼｜施诸己而不愿，亦勿施诸人

用在宾语（或补语）提升结构中作为轻声垫字：何事而不

达？何为而不成？｜诸侯之门而仁义存焉

梅广（2003）据此认为上古汉语是并列型语言，与并列连词 and 用途广泛的英语一样；而中古以后的汉语是主从型语言，因为"而""and"的很多功能都由主从（偏正）类标记所表示。上古汉语正是并列范畴因为显赫而显著扩张其使用领域的好例。

此外，如刘丹青（2003：126）所引，即使偏的部分是介词短语，即标明了从属语属性的成分，在先秦西汉文献中也不乏再加"而"的例子，如：

（30）晋师三日馆谷，及癸酉而还。(《左传·僖公二十八年》)

（31）越子以三军潜涉，当吴中军而鼓之，吴师大乱，遂败之。(《左传·哀公十七年》)

（32）因民而教者，不劳而功成。(《商君书·更法》)

（33）及诸校尉畏亡将军而诛之……(《史记·匈奴列传》)

（34）太卜之起，由汉兴而有。(《史记·日者列传》)

以上这些"而"在后代的汉语（尤其是口语）中没有相应的连词可用，只有书面语有时部分地沿用了文言"而"的功能。这更加凸显了并列连接手段在上古汉语中的显赫性。

"而"和"and"的泛化用法，不仅扩张到其他语言须用偏正结构表达的内容（并列型对主从型），也扩张到某些语言用连动句表达的内容（并列型/非连动型对连动型）。那些介于典型的并列和主从之间的内容，或以发生时间为序，或可归入主次关系（cosubordination）。这两类关系在现代汉语和许多南岛语、壮侗语和非洲尼日尔-刚果语系中都倾向于由动词语直接组合构成连动结构，它们都是连动型语言。例如非洲 Anyi-Sanvi 语（Aikhenvald 2006，序号重编）：

（35）Cùạ̀   cì   ákó   ꞌdí.
　　 狗   抓（惯常体） 鸡   吃
　　 '狗（常）抓鸡吃。'

这一连动句的两个动词语句法地位相当，主从标记和并列标记都没出现。译成汉语，也适合用连动句来表示，而英语作为非连动型语言在翻译时必须用并列连词 and 或从属语（不定式状语）标记 to，如：

（36）a. The dog catches a chicken <u>and</u> eats it.
　　 b. The dog catches a chicken <u>to</u> eat.

回到古代汉语。与现代汉语普通话或其他连动型语言中此类连动句子相应的内容，古汉语也常需要用并列连词"而"连接，例如（36）大概会说成"犬捕鸡而食之"而不是"犬捕鸡食"。所以古汉语也是一种非连动型语言。下面转引蒲立本（1995/2006：49—51），附转引者今译：

（37）犹缘木<u>而</u>求鱼也……缘木求鱼，虽不得鱼，无后灾。(《孟子1A/7》：好比攀着树［］抓<u>鱼</u>……）

（38）弃甲曳兵<u>而</u>走。(《孟子1A/3》：丢了铠甲拖着武器［］逃跑）

（39）此率兽<u>而</u>食人也。(《孟子1A/4》：这是带着野兽［］吃人）

这些例子在古汉语中以用"而"为常，不宜使用连动句，例（37）只在第二次出现时才省略"而"。它们所对应的现代汉语，没有与"而"对应的虚词可用（见空方括号"［］"处），用直接组合的连动句是最自然的翻译。

王力（1989：255—256）曾说古汉语很早就有连动式。但是，从该书所举的37例先秦连动式看，"再拜稽首而问曰"其实不是连动结构（"再拜稽首"为并列结构，其后则有"而"连接），其余36例全都是"来、往"二字与其他动词的连用。由此至少可以看出，此时连动式远不是广泛使用的句式，而主要限于个别动词所在的句子。我们赞同张敏、李予湘（2009）的判断，先秦汉语不是连动型语言或至少不是典型的连动型语言。

古汉语的并列型、非连动型特征被后起的主从型和连动型所取代，现代汉语各大方言的情况大抵是取代之后的状况。然而，我们发现仍有方言部分地存在并列型的特征，不过所用虚词不是"而"字。老派上海方言与它的后置连词"咾"就反映了这种类型特点。

老派上海话，尤其是20世纪上叶的上海话，有两套并列连词［参刘丹青（2003：200），其他北部吴语类似］，一套是跟普通话"和"等同义同用的前置连词，包括20世纪以来先后盛行的"搭、脱、交、帮"

等。另一个是后置连词"咾"(新上海话趋向少用),来自近代汉语两个动词间的"了"(钱乃荣 2003)。"咾"作为并列连词常用在两个名词语之间,如"老张咾老王"。"搭"的前置性和"咾"的后置性表现在停顿出现时的位置,如:

(40) a. 老张,搭老王 ~ *老张搭,老王
    b. 老张咾,老王 ~ *老张,咾老王

更重要的是,"咾"的作用远多于"搭"类和普通话"和"类连词。第一,在语类方面,"咾"是全能连词,可以自由地连接名动形各类成分及小句。如例(41)—(43)分别用来连接动词、形容词和分句(均取自香港城市大学上海话语料库中的部分 20 世纪早期的宗教文献和上海话教材):

(41) 皇帝就……指定皇后闹咾骂。'皇帝就指着皇后又发怒又责骂。'

(42) 伊拉常庄拣身体长咾大个,一则因为长咾大个保镖力气来得大。
    '他们常挑选身体又高又大的,一则因为又高又大的保镖力气较大。'

(43) 王家向来是做生意人家咾张家末历代做官人家。
    '王家向来是做生意人家,张家则是历代做官人家。'

第二,在关系方面,"咾"的作用远远不止于并列。如例(44)—(46)中"咾"像"而"一样在状语和主要动词之间起连接作用,这在其他方言的并列连词中是不多见的:

(44) 告伊拉赶紧咾顶真调查。'告诉他们赶紧地认真调查。'

(45) 不过因得轿车大咾开大勿快。'不过因为轿车大而不大能开快。'

(46) 准许伊照圣母个命咾做。'准许他按圣母的命令做。'

第三,在现代汉语中一般实现为连动句的内容,在老派上海话中常常不采用连动的形式,而要用"咾"来关联,如(译句的空方括号"[ ]"显示普通话相应位置不用连接词):

(47) 伊是靠鬼王咾赶脱鬼个。'他是靠鬼王[ ]赶走鬼的。'

(48) 今朝既然巧极大家侪到拉此地,格末多坐一歇歇咾谈谈。
    '今天既然巧极了大家都到了这里,那就多坐一会儿[ ]聊聊。'

这些情况显示在老派上海话中连动式不如普通话发达，它和古汉语一起跟普通话构成并列型和连动型的对立。

第四，"咾"还可以表达某些普通话宜加停顿但没有合适连词可用的复句关系（译句中加了方括号和逗号），如：

（49）我连忙开枪末，已经来勿及哉咾勿曾打着。'我连忙开枪，已经来不及了[，]没有打着。'

（50）不过倘使剃和尚头末，光秃秃咾忒啥难看哉。'不过假如剃了光头，光秃秃的[，]太难看了。'

"而"、老上海话"咾"和英语 and 都显示，作为普遍性范畴的并列结构可以在某些语言中成为显赫库藏，因而能够大大扩展其用途，而在另一些语言中成为受限范畴，必须依靠其他手段帮助来完成全面的并列表达（连动、停顿、对称格式等）。

五、从语义语用角度看库藏类型学

库藏类型学有两种观察角度：一是从库藏形式出发观察语义语用范畴在不同语言中的语法实现状况及显赫度；二是从语义语用角度出发来观察库藏类型，即考察哪些语义语用内容能在大量语言中进入语法库藏，甚至成为显赫库藏，哪些语义语用内容没有机会或只在极少语言中得以"入库"，而需要靠库藏中其他语义语用内容的表达手段来兼顾。据此，我们既可以探讨不同语义语用内容对人类语言的不同重要性，又可以探讨语义语用范畴"入库"或显赫的类型后果。

前文提到，复数形态或量词语言中的复数量词常被用来表达类指。这个问题换一个角度便是：哪些指称义有机会入库？哪些指称义经常不被明示或借用其他手段来表示？根据类型学研究的成果及我们的观察，下列指称库藏现象值得注意。

有定和无定的表达手段最常成为语言库藏。冠词是表达有定无定的最显著的专用手段。很多语言的库藏中具备冠词（或比冠词独立性更弱的指称词缀），而冠词的基本功能是做有定和无定标记。定冠词多来自指示词，不定冠词多来自指"一"的数词（Himmelmann 2001）。两者之中，又是有定最容易进入语法库藏。请看德国康斯坦茨大学共性档案库（The Universals Archive，Plank 2009）第 1163 条：

（51）如果一种语言有语法化的不定冠词，那么它很可能也有定冠词，反之则不必然。

这表明单有定冠词的语言多于单有不定冠词的语言。在两种冠词齐备的语言中，也是定冠词更加显赫。例如在英语中，定冠词在单数名词语和复数名词语上都要用，而不定冠词只用在单数名词语上，复数无定名词语不带指称标记。

冠词作为有定无定标记的强势还表现在语言接触中的强势，见上引共性库第 557 条：

（52）当有冠词和没有冠词的语言接触时，更常见的情况是非冠词语言接受冠词语言的冠词，而不是冠词语言丢弃冠词。

这一共性说明有定无定是很容易以冠词的身份进入人类语言库藏的语义范畴。

与此形成对比的是，类指（generic 或 kind-denoting，又称通指）虽然是语义学中的重要内容，却很难正式进入语法库藏。至今未见报道有语言将冠词这类指称专用的语法手段用于类指。Himmelmann（2001）是概述冠词的类型学成果之文，没有提到任何语言有以类指为原型义的冠词。再如 Rijkhoff（2002）考察了以 50 种语言为语种样本库的名词短语类型并引用了库外的很多语言，该书有 9 处提到类指义，有几十处提到冠词，但是没有一处提到有专表类指的冠词。这些事实足以说明类指义难以像有定无定一样进入语言库藏。

类指并非从来得不到语法形式的表征。人类语言确实有一些表类指的手段。重要的是，可表类指的手段都不以类指为其原型语义，而要借用其他语法手段兼表类指。例如，英语中可表类指的库藏有：定冠词（The panda eats bamboo～熊猫吃竹子）、不定冠词（A horse is a mammal～马是哺乳动物）、不带冠词的复数形式［见第一节例（5）］。现代汉语及北京话中可表类指的库藏有：光杆名词（女人就爱买衣服）、定冠词化的轻读指示词"这"（这女人就爱买衣服）、无定冠词化的数量短语"一个"（一个人要讲良心）等；此外还有粤方言中似定冠词的不定复数量词"啲"（啲女人都钟意买衫）①，吴语中似定冠词的泛用个体量词"个"（个女人就欢喜买衣裳）（方梅 2002；刘丹青 2002）。以上这些手段的名称已经表明了它们各自的核心语义和功能，特别是有定、无定和复数。不是专表有定无定的非复数形式也是先获得了有定无定的类冠词作用再兼表类指，如普通话的"这"、吴语的量词"个"、壮侗语的弱化量词等。这恰恰说明有定无定这些指称语义比类指显赫，能更优先入库。

库藏类型学除了关注语义语用内容是否容易入库之外，还要进一步关注入库的范畴有多显赫。

有定、无定在很多语言中入库成为冠词的原型语义。没有典型冠词的语言，也会有一些手段以表有定与否为基本功能之一。主要用来直指（deixis）的指示词同时也必然表示有定，可以视为以有定为基本语义之一的词类。当指示词在使用中主要用于回指而非直指并依附于名词（不独立使用）时，它们就会朝定冠词的方向发展，从而成为定冠词的最常见来源。而指示词是比冠词更加普遍的词类。这也强化了有定语义的显赫性。数量词语天然带有无定的属性。当其中的"一"不用来强调数量时，其无定的作用就被凸显，进而可能成为无定冠词的来源。不强调数量的"一"是比不定冠词分布更广的现象，这也强化了无定义的显赫性。汉语虽然一般被视为无冠词语言，但实际上正在形成分别来自指示词和数词"一"的定冠词和不定冠词（方梅 2002，刘丹青 2002，及所

---

① 粤语更常用光杆名词表示类指，如"女人都钟意买衫"。两种表达似稍有差别。加"啲"的，倾向于指说话人所在群体之外的类别，如"啲女人都钟意买衫"通常由男人或不爱买衣服的女人所说。光杆名词语没有这样的限制。香港科技大学姚玉敏博士同意这一分析。有学者认为"啲+NP"本身是表有定的，类指是靠全量词"都"赋予的。我们承认全量算子有利于强化类指解读，但不是表类指必需的，语料中存在不用"都"也表类指的实例，如"啲老板级真係开心，唔使做！"（老板级的人真开心，不需要干活！）。另外，普通话即使加"都"也不能让有定复数表类指，如"那些女人都喜欢买衣服"。

引文献)。

更进一步来说,有机会入库的表示有定无定义的语法手段,还可能在语言中扩展用途,扮演更活跃的角色,表现得更加显赫。例如,北京话口语中兼表定指、有冠词化倾向的指示词"这",不但能表示类指,还可以标记话题或将动词的谓词性弱化(方梅 2002)。粤语、吴语则由冠词化的量词担此功能(刘丹青 2002)。英语定冠词 the 作为强制性专用有定标记,有很多与定指有关的话语功能——情景作用、语篇作用、示踪作用、认同作用(相关概念参看方梅 2002),也有一些有定以外的扩展功能,如 the 可以用于类指(参看第一节),还有将形容词名词化兼类指的作用,如 the rich and the poor(富人和穷人)、the disabled(残障人士)。

除了有定无定和类指之外,指称义中还有实指和非实指的区别。尼日尔-刚果语系和南岛语言等较常用冠词来标记实指(Himmelmann 2001;Rijkhoff 2002:95)。也有学者认为粤语量词的指称功能主要是实指而不是有定(Matthews & Pacioni 1997),但量词只是兼表实指,在有定和无定非实指名词语中也可以出现量词。总体上标记实指的手段远不如标记有定无定的手段常见。

据此,按照跨语言的入库能力和显赫度,我们可以将基本指称义排出一个等级序列:

(53)有定 > 无定 > 实指 > 类指

这个序列并不是完整的。其实与实指相对的是非实指,与类指相对的是个体指(individual),此外还有一些指称义类别。但这些指称义通常在指称的标记系统中不占独立地位,要分解或归并为其他指称义,如非实指可能是类指或非指称(non-referential),个体指可能是有定或无定,实指或非实指。这些非独立指称义在排列库藏类型时可以略去。

按这样的思路,很多相关的语义语用内容都可以经过跨语言考察得出上面那样的等级序列。例如,在格标记系统的跨语言考察中,可以列出不同题元的入库度和显赫度。在复句中,可以列出不同逻辑关系的入库度和显赫度。在信息结构中,也可以列出不同地位的信息——已知信息、新信息,话题、焦点、偶现信息等——的入库度和显赫度等。

总结出等级序列仍然是研究的一个阶段性成果,它概括了人类语言中存在的重要现象。库藏类型学下一步还应当对相关现象做出科学合理的解释。

六、小结:语言库藏类型学作为语言类型学的一个分支

语言库藏类型学是语言类型学的一个分支,它在跨语言学考察的基础上,总结人类语言在语言库藏方面的共性和类型差异。

人类语言需要表达的语义是无限的,能进入语言库藏的语义语用范畴只占其中很小一部分。库藏类型学关注哪些范畴在人类语言中普遍性地进入库藏,哪些范畴只在少数或个别语言中进入库藏,哪些范畴从来不进入库藏,而要借助标示其他范畴的手段来表达。

对于只进入少数语言的库藏的范畴,库藏类型学要研究这些范畴与所在语言的其他类型特征可能存在的蕴涵关系或和谐关系。

库藏类型学还要研究各种范畴所用库藏手段的显赫度,因为显赫的库藏手段在语言中可以扩展用途、以此范畴表彼范畴,凭借显赫的库藏铸就显赫的范畴。库藏类型学特别关注同样的范畴在语种间的显赫性差异,因为显赫度可能产生重要的类型后果,使同样的语义语用内容在不同语言中以范畴归属非常不同的手段来表示,导致形-义更为复杂的关系。

库藏类型学根据相关范畴的跨语言入库能力和显赫度可以将不同的语义语用内容排出等级序列。库藏类型学在总结特征间的蕴涵关系时,不仅关注类型学传统所重视的特征的存在与否,还要关注范畴的显赫度。

库藏类型学所探求的跨语言蕴涵关系和等级序列,语言共性和类型差异,都符合类型学的目标、路径和方法。另一方面,它也从库藏分布和显赫度的角度拓展了类型学的研究领域和视野,改进了类型学的研究方式,从而有条件成为语言类型学一个前景广阔的新分支。

参考文献

方　梅　2002　指示词"这"和"那"在北京话中的语法化,《中国语文》第 4 期。
梁　敏、张均如　1996　《侗台语族概论》,北京:中国社会科学出版社。
刘丹青　2000　粤语句法的类型学特点,香港《亚太语言教育学报》第 2 期。
刘丹青　2002　汉语类指成分的语义属性和句法属性,《中国语文》第 5 期。
刘丹青　2003　《语序类型学与介词理论》,北京:商务印书馆。
刘丹青　2008a　并列结构的句法限制及其初步解释,《语法研究和探索》(十四),北京:商务印书馆。
刘丹青　2008b　汉语名词性短语的句法类型特征,《中国语文》第 1 期。
刘丹青　2009　话题优先的句法后果,《汉语的形式与功能研究》,程工、刘丹青主编,北京:商务印书馆。
陆丙甫、郭　中　2005　语言符号理据性面面观,《外国语》第 6 期。
马希文　1982　关于动词"了"的弱化形式 /.lou/,《中国语言学报》第 1 期。
马学良(主编)　2003　《汉藏语概论》,北京:民族出版社。
梅　广　2003　迎接一个考证学和语言学结合的汉语语法史研究新局面,《古今通塞:汉语的历史与发展》,何大安主编,台北:"中研院"语言学研究所筹备处。
蒲立本(Pulleyblank, E. G.)　1995/2006　《古汉语语法纲要》,孙景涛译,北京:语文出版社。
钱乃荣　2003　《北部吴语研究》,上海:上海大学出版社。
石汝杰、刘丹青　1985　苏州方言量词的定指用法及其变调,《语言研究》第 1 期。
王　力　1989　《汉语语法史》,北京:商务印书馆。
王志敬　1994　《拉萨藏语口语语法》,北京:中央民族大学出版社。
韦庆稳　1982　论壮语的量词,《民族语文研究文集》,《民族语文》编辑部编,西宁:青海民族出版社。
徐烈炯　2002　汉语是话语概念结构化语言吗?,《中国语文》第 5 期。
游汝杰　1982　论台语量词在汉语南方方言中的底层遗存,《民族语文》第 2 期。
张　敏、李予湘　2009　先秦两汉汉语趋向动词结构的类型学地位及其变迁,"汉语'趋向词'之历史与方言类型研讨会暨第六届海峡两岸汉语史研讨会"论文,台北,2009 年 8 月。
张元生、覃晓航　1993　《现代壮汉语比较语法》,北京:中央民族学院出版社。

Aikhenvald, A. 2000. *Classifiers: A Typology of Noun Categorization Devises.* Oxford: Oxford University Press.

Aikhenvald, A. 2006. Serial verb constructions in typological perspective. In A. Aikhenvald, & R. M. W. Dixon (Eds.), *Serial Verbs Constructions: A Cross-Linguistic Typology.* Oxford: Oxford University Press.

Bhat, D. N. S. 2000. Word classes and sentential functions. In P. M. Vogel, & B. Comrie (Eds.), *Approaches to the Typology of Word Classes.* Berlin: Mouton de

Gruyter.

Dryer, M. 1997. Are grammatical relations universal? In J. Bybee, J. Haiman, & S. A. Thompson (Eds.), *Essays on Language Function and Language Type: Dedicated to T. Givón*. Amsterdam: John Benjamins.

Greenberg, J. H. 1963/1966. Some universals of grammar with particular reference to the order of meaningful elements. In J. H. Greenberg (Ed.), *Universals of Language*. Cambridge: The M. I. T. Press.

Haspelmath, M. 2003. The geometry of grammatical meaning: Semantic maps and cross-linguistic comparison. In M. Thomasello (Ed.), *The New Psychology of Language* (Vol. 2). Mahwah: Erlbaum.

Himmelmann, N. 2001. Articles. In M. Haspelmath, E. König, W. Oesterreicher, & W. Raible (Eds.), *Language Typology and Language Universals: An International Handbook* (Vol. 1). Berlin & New York: Walter de Gruyter.

Li, C. N., & Thompson, S. A. 1976. Subject and topic: A new typology of language. In C. N. Li (Ed.), *Subject and Topic*. New York: Academic Press.

Matthews, S., & Pacioni, P. 1997. Specificity and genericity in Cantonese and Mandarin. In Xu L. J. (Ed.), *The Referential Properties of Chinese Noun Phrases*. Parris: CRLAO.

Plank, F. 2009. *The Universals Archive*. Retrieved from http://typo.uni-konstanz.de/archive.

Rijkhoff, J. 2000. When can a language have adjectives? An implicational universal. In P. M. Vogel, & B. Comrie (Eds.), *Approaches to the Typology of Word Classes*. Berlin: Mouton de Gruyter.

Rijkhoff, J. 2002. *The Noun Phrase*. Oxford: Oxford University Press.

Sasse. H.-J. 1995. Prominence typology. In J. Jacobs, A. von Stechow, W. Sternefeld, & T. Vennemann (Eds.), *Syntax: An International Handbook of Contemporary Research* (Vol. 2). Berlin & New York: Walter de Gruyter.

（原载《当代语言学》，2011年第4期）

汉语的若干显赫范畴：语言库藏类型学视角*

一、释题

显赫范畴（mighty category），是语言库藏类型学中的核心概念之一。语言库藏类型学（Linguistic Inventory Typology）是笔者倡设的语言类型学分支或一种研究视角（刘丹青 2011a）。这一分支注重语言中的形式手段库藏对语言类型特点的制约，认为一种语言的库藏中所拥有的语言形式手段及其语法属性会对一种语言的类型特点，尤其是该语言的形式和语义的关系类型，产生重大影响。因此，语言的库藏，特别是语法库藏，是塑造一种语言类型特点的根本成因之一。

传统的类型学调查研究，注重从范畴语义（含语用功能）出发，考察各种范畴义在不同语言中如何表达，即在不同的语法系统中如何实现（参看 Croft 2003：§1.4）。这一传统视角，偏重于从语义到形式的视角。与此相类似的认知语言学的范畴化的视角，关注哪些语义内容在语言中被形式手段凝固下来，从而得到范畴化（如 Taylor 1995）。这也是一种偏重从语义看形式的视角。而语言库藏类型学，重视形式和语义双

---

* 本研究获中国社会科学院重点课题"语言库藏类型学"的资助。初稿曾在中国语言类型学工作坊（香港大学，2011年7月21日）、首届现代汉语副词研究学术研讨会（广西师范大学，2011年10月29日）、"第四届海外中国语言学者论坛"（徐州师范大学，2011年12月10日）等处宣讲，英文版曾在语法接口国际研讨会（International Joint Symposium on the Interfaces of Grammar，中国社会科学院语言研究所，2011年10月19日）上报告，承蒙 Randy LaPolla、陆丙甫、Stephen Matthews、丁思志、张谊生、石定栩、金立鑫、黄正德、蔡维天等与会教授的讨论指教，并获唐正大、陈玉洁、王芳诸博士和博士生高再兰、白鸽、曹瑞炯、严艳群、盛益民等在本文写作修改中给予有益意见。谨一并致谢。发表前做了较大修改，尚存问题均归作者。

向互动，尤其关注形式手段对语义范畴的制约，冀以弥补传统视角偏重从语义范畴到形式手段的局限。

传统的视角，多少都隐含一种前提——语义内容是跨语言共有的，区别只在于人类语言是否将它们用形式手段来加以范畴化。而库藏类型学更加注重形式对语义的反制，不仅关注语义内容在语法中是否得到表现、是否范畴化，而且要关注一种语言的语法库藏中有些什么手段，这些手段的语法属性如何，会使语义得到怎样的表现，得到什么程度、什么性质的范畴化——成为核心范畴，扩展范畴，还是边缘范畴。

所谓显赫范畴，简单地说是在一种语言中既凸显、又强势的范畴。可以定义如下：

假如某种范畴语义由语法化程度高或句法功能强大的形式手段表达，并且成为该手段所表达的核心（原型）语义，该范畴便成为该语言中既凸显又强势（prominent and powerful）的范畴，即显赫范畴。

这一定义包含几项关键点：

1. 由语法化程度高或功能强大的手段表达的范畴，会在该语言中得到凸显，更容易获得直接表现。例如，焦点在匈牙利语中因为有更多机会被语法表征而得到凸显。

2. 显赫范畴的强势，指其所用形式手段具有很强的扩展力，能用来表达与其原型范畴相关而又不同的范畴，它们在其他语言中可能属于其他语义语用范畴。例如，在汉语某些方言中，话题结构和话题标记可以用作表达差比范畴的基本手段（详后）。

3. 显赫范畴，必须是在该形式所表达的语义中占据原型地位或核心地位的范畴。例如，疑问是汉语疑问代词的核心功能，至于无定、全量等，是疑问代词的扩展功能。

4. 对于语法系统来说，成为显赫范畴的基本条件就是表达它的形式手段语法化程度高或句法功能强大。具体表现在强能产性（类推性）、使用强制性（productivity and obligation）和较多样的句法分布。由于虚词（封闭性词类）也可以视为语法手段，因此对于虚词来说，词汇化程度也是成为显赫范畴的一个条件。适用面广的特定句法位置和使用频率高的专用构式作为形式手段也是造成显赫范畴的有利条件。

5. 显赫范畴意味着它们在心理层面是易被激活的、可及性高的范畴。

显赫范畴的功能扩展造成语义范畴在语法表征上存在核心（原型）范畴、扩展范畴和边缘范畴之分，使语言中形式和语义的对应关系比传统设想的更加复杂，也是在语言调查中容易产生认识偏误的地方。这正是设立库藏类型学的重要原因之一。

本文以库藏类型学视角概括作者部分既往研究成果和正在进行的研究实例，在几个语法层面举例性地分析汉语中的显赫范畴，重点关注显赫范畴的扩张能力。

二、汉语的显赫词类

2.1 动词作为显赫词类

实词不同于虚词和形态成分，本身不依据语法化程度来判定显赫度；实词词类作为语法范畴，主要根据语法功能是否强大这一标准来判断。

在汉语实词（或开放性词类）是否能够分类、如何勾勒汉语名动形等主要词类的分合模式等理论问题上，已有很多重要学者提出不同于传统词类观的观点，如高名凯（1953，1954，1963）主张汉语实词实际上不能明确分类；赵元任（1968/1979）等主张汉语形容词是动词的一个次类；McCawley（1992）认为形容词连动词内的次类都算不上，根本就是动词；沈家煊（2007，2009）提出汉语动词是名词的一个次类，形容词是动词的一个次类，形成三个词类的套叠模式。这些都是很有见地、值得学界深思的理论成果。而在操作层面，大多数汉语语法学者、汉语教学体系、标注词类的词典和汉语计算机处理系统目前都区分名词、动词、形容词这些主要词类。我们的类型比较以这种共识为前提来进行。

刘丹青（2010）主要以英语为比较对象，对汉语动词和名词的重要性及句法活跃度进行了探讨。名词和动词在一种语言里各有自己的作用,本身难以比较。这篇拙文所比较的,不是汉语的动词和名词,而是汉语和英语的相应词类。在这种比较的基础上,提出相比于英语的名词,汉语名词功能较受限制;相比于英语动词,汉语动词的功能非常强大。由此,在类型比较的意义上提出汉语是一种动词型语言(verby language),区别于英语的名词型语言(nouny language)。

上述拙文的比较,涉及了从大到小的各个语言单位层次和方面。文章讨论了单独成句的能力(包括许多种不同的功能句类),充当句内成分的功能和隐现情况(重要的词类多现难隐,不重要的词类易隐少现)、在短语结构中的句法功能强弱(分布的大小和吸引修饰成分的能力大小),词类功能相互派生能力(词性互转能力)、词类习得优先度。比较的详情,请参看刘丹青(2010),兹不赘述。这里只从库藏类型学及显赫范畴的角度做一点补充分析。

汉语动词在句法中的作用远比英语动词重要,而名词的成句和句法功能受到诸多限制,出现了大量英可名、汉须动,英须名、汉可动的情况。这正反映了汉语动词是一个显赫的词类范畴,符合句法功能强大的标准,而名词是相对英语语言名词更加弱势的范畴,无法完成在英语言中可以由名词完成的功能。

在心理层面,显赫的词类是心理上更容易被激活的词类,因而在句法上也就更加活跃。

功能扩展也是显赫范畴的重要特征之一。词类的功能扩张,本质是一种转喻,如以表事物的名词指代相关的动作,或以表动作的动词指代相关的事物。转喻机制的特点是喻体比本体凸显,心理上容易激活,因此被用来转指相关但不够显赫、不容易激活的本体。汉语动词可以自由地用作论元,而无论是句法上还是类型学上,做论元的原型词类是名词,做谓语的原型词类是动词。所以,动词自由地充当论元的本质是(显赫的)动词词类作为喻体转指(不够显赫的)名词。反之,汉语名词不像英语名词那样可以大量地转作谓语[英语中称为去名词化的动词,denominal verbs,见 Clark & Clark(1979)],表明汉语名词不够显赫,缺乏足够的激活度来大量用作动词谓语。词类转喻的长期、大量使用会凝固成新的义项。汉语基本名词不像英语基本名词那样普遍具有动词义项，正是汉语名词作用不活跃、转类功能弱在历时层面的反映。

因此，从库藏类型学的角度讲，动词型语言就是动词显赫型语言（verb-mighty language），名词型语言就是名词显赫型语言（noun-mighty language）。

2.2　量词作为显赫词类

如果说在开放性词类（major word classes）层面，汉语是动词显赫的语言，那么，在封闭性词类（minor classes）层面，汉语，尤其是部分南方方言，是量词显赫的语言。

汉语个体量词的国际通行术语是"数量分类词"（numeral classifier），"分类词"一名揭示其词义具有按形状等特征给事物分类的意义，而numeral或"量词"则反映了该类词所占据的位置是计量单位词（measure words）的位置（比较：三粒米～三斤米）。这个通行术语反映了量词具有两类相关度不高的功能（计量和分类），而从现代汉语的使用现状看，量词的主要功能既不是计量也不是分类，而在于个体化［详见刘丹青（2008a）及所引大河内康宪（1985/1993）］。量词的个体性在（1）中表现得最明显：

（1）a. 我招了个/些研究生（很聪明）。～ b. 我招了研究生（*很聪明。）

（1a）句宾语带泛用量词（general classifier）"个"或复数量词"些"，基本没有分类作用。但带了量词，就指向特定个体，因此可以在同句中被后面的谓语"很聪明"所陈述；而（1b）句"研究生"没带量词，就只指类而不能指个体，因此无法再在后面用谓语对其进行陈述。由此可见，量词这个功能性词类，已经不是一个单一语义范畴，而是一个至少包含了计量、分类、个体化多重功能的语类，其中个体化作用尤为凸显，而个体化在其他语言中是由数形态、冠词、量化词等手段实现的，其分类功能在某些语言中没有专用手段，但在班图这一类语言中是由名词的类别前缀及与名词组合的其他词类的类别一致关系来表示的（参看

Rijkhoff 2002：34—35）。这种多功能性，已使量词成为比较显赫的词类。更重要的是，量词在数词和名词之间的使用已经成为强制性句法规则，使得量词在数词出现的地方无所不在，也出现在数词并不出现的场合，如指示词之后（这本、那些），强化了这一多功能范畴的显赫性。

作为一个显赫的词类，量词还扩展到了其他一些功能①，或帮助实现这些功能，而这些功能在其他语言中可能是由其他范畴的手段来完成的。

1. 量词可以接受重叠操作表达全称量化，形成CC（个个），一CC（一个个）、一C一C（一个一个）、NCNC（两个两个）等全量的小类形态。除了个别兼量词的名词（人人、处处、时时）和数词"一"（一一进去）外，量词是汉语中唯一能独立承载全称量化形态的词类。这些形态可以单独作为名词性全量单位使用（个个都同意），也可以作为名词的量化限定词使用（个个学生都同意），有些形态也能做状语（一个一个地进去），还发展出指多量的状态性谓语用法，如"公园里红花朵朵，绿草片片""田里的稻草一堆一堆的"。

2. 量词可以跟指示词一起组成指量短语，在有定的定名短语中代替"的"作为临时的定语标记，用在领属定语、关系从句等定语和核心名词之间，这类功能在其他语言中常由领属语标记、关系代词等一类成分表示。如：

（2）小张这份申请书｜公司昨天新聘那个员工｜正在钓鱼那位老人

不过在这种结构中，指示词的作用大于量词，因为可以单用指示词而不能单用量词，如：

（3）小张这申请书～*小张份申请书

但是在与此有关的下一种功能中，量词的作用就必不可少了。

3. 在用法2的基础上删除核心名词，量词成为有定的定名短语中的支撑代词，它不能省略。这类功能在其他语言中常由关系代词或支撑代词（如英语one）等表示。如：

（4）小张这份｜我这杯｜公司昨天新聘那个｜正在钓鱼那位

在吴语、粤语等非官话方言中，量词的地位更加显赫，可称超级显

---

① Bisang（1999）将汉语及部分东南亚语言中量词的计量以外的功能总结为分类、个体化、指称和关系化。

赫词类，覆盖了很多在其他语言中属于不同范畴的功能。下面以苏州吴语和广州粤语为例择要说明。

1. 量词不带数词/指示词单独充当名词语的有定限定词，用在主语等有定名词常出现的位置，这种限定功能在冠词语言中通常由定冠词担当。如：

（5）〈苏州〉a. <u>本</u>书弗见脱哉。（这/那本书不见了。）
　　　　　　b. 拿<u>本</u>书看完哉。（把这本书看完了。）
（6）〈广州〉a. <u>件</u>衫好靓。（这件衣服很漂亮。）
　　　　　　b. 食晒<u>啲</u>生果（吃完了那些水果。）

2. 量词单独做论元，用于主语等位置，直指或回指一个有定的对象或一个行为事件（用动量词时）。这种用法至少见于吴语。其中的回指功能在其他语言中常由第三身代词担当，而苏州话的第三身代词一般不能代替非动物名词，量词的这一用法部分弥补了这一限制：

（7）〈苏州〉a. <u>张</u>是啥个纸头？（这一张是什么纸？）
　　　　　　b. <u>趟</u>我糖去。（那次我没去。）
（8）A：<u>辩</u>本书是小王个。B：弗对，<u>本</u>是我个。
　　（A：这本书是小王的。B：不对，它是我的。）

3. 量词可以在有定的定名短语中代替"个"（相当于"的"）作为临时的定语标记，用在领属定语、关系从句等定语和核心名词之间，这类功能在其他语言中常由关系代词一类标记表示，在普通话中要用"指示词＋量词"，在吴语、粤语中可以只用量词。如苏州话：小张<u>本</u>书（小张那本书）、红通通<u>件</u>衣裳（红红的那件衣服）、咬人<u>只</u>狗（咬人的那条狗）。

4. 在用法3的基础上删除核心名词，成为有定的定名短语中的支撑代词，这类功能在其他语言中多由关系代词或支撑代词等担当，在古汉语中有些可以用"者"表示。如苏州话：小张<u>本</u>、红通通<u>件</u>、咬人<u>只</u>。

综上所述，量词作为多功能超级显赫范畴在汉语及方言中的语义句法功能相当于其他语言中多种范畴的表达手段：代名词、指示词、数形态、量化词、分类形态、定冠词、领属语标记或属格形态、关系代词、无核关系化标记，等等，显赫范畴的扩张力展露无遗。其中有些与量词的原型功能较接近，是扩展范畴，如与指称、量化、称代有关的功能；

有些已经是它的边缘功能，离量词的原型功能已经较远，如作为关系代词、定语标记类的功能。

三、显赫的短语结构、句子及句子组合

3.1 动词短语层面，汉语连动结构比并列结构和主从结构显赫。

如果两个动词性成分 VP 组成一个短语，既非动宾亦非主谓，按西方的传统语法，它们不是并列关系就是主从（偏中）关系。前者两个 VP 地位并列，后者以一方为核心，另一方为依附于核心并受其支配的从属语（状语或汉语某些补语的小类）。但是，在许多非印欧语，特别是汉藏、班图等亚非语言中，VP 之间的关系还可能介于并列和偏正之间，无法非此即彼地划归这两类之一。它们被称为连动结构（serial verb constructions）。其中很多连动结构的两个 VP 可以从语义或语篇作用上分出一些轻重，这些连动式可以归属主次关系（cosubordination），这是融合从属/主从（subordination）和并列（coordination）两者词形而造的术语。还有些连动式难分主次，语义上更靠近并列关系。

连动式区别于并列式的主要特点是：1）两个 VP 的语序不能颠倒；2）不用连词。

连动式区别于主从式的主要特点是：1）任何一方不依赖于另一方而出现；2）没有任何表从属关系的形态（如分词）或虚词（如状语或补语结构助词）。

梅广（2003）曾以并列连词"而"在上古汉语中的广泛应用和在后代的显著萎缩为依据，认为先秦汉语是并列型语言，中古以后的汉语为主从型语言。我们同意他的前一个判断，上古汉语在动词短语方面确实是并列型语言，上古连动式不发达（张敏、李予湘 2009）；但是不完全同意他的后一个判断，因为中古以后的汉语应以连动为特征。至于主从，本身是人类语言更具有普遍性的范畴，在先秦和后代都存在，都算不上特别发达。汉语史上真正的类型演变是并列式由盛而衰、连动式由

弱而强。可以用下面这个例子来说明：

（9）竭泽而渔。(《吕氏春秋·义赏》)

（10）a. to drain the pool and catch the fish ~ b. to drain the pool to catch the fish

（11）排尽湖中或池中的水捉鱼。(《现代汉语词典》第5版"竭泽而渔"条释义)

在例（9）所代表的上古汉语中，两个有先后关系、方式-目的等关系的动词性成分VP，必须由并列连词"而"来连接，这个"而"很难省去（*竭泽渔）。显示上古汉语是并列结构显赫的语言。在英语中，表达该意可有二途：或用并列连词and来连接，形成（10a）那样的并列关系；或用不定式标记to来连接，形成（11b）那样的主从关系（to catch the fish做目的状语）。反正英语中这两个VP不能直接组合。可见英语中并列和主从都是显赫范畴，连动结构则不存在。而在现代汉语中，此义最自然的表达就是让两个VP直接组合构成连动关系，即（11）。这种直接组合既构不成并列结构，加不进并列连词；也构不成主从结构，加不进状语标记"地"（*排尽湖中或池中的水地捉鱼）或补语标记"得"（*排尽湖中或池中的水得捉鱼）。典型地反映了现代汉语连动结构显赫的类型特点。

下面进一步分别分析现代汉语中连动优于并列和主从的表现。

现代汉语VP的并列受到两大根本性的限制（详见刘丹青2008b）。

首先，动词的直接并列（不带连词）受到很多制约，包括节律的制约。"单音+单音"的并列基本是复合词，不能随意组合，有"吃喝、吵闹"而没有"喝吃、闹吵"，也没有"唱跳、坐睡、炒煮、看听、说骂"，等等。双音动词直接并列限于"双+双"，而且基本限于词内结构相同的，如"挺胸叉腰、腐化糜烂、胡编乱造"等（储泽祥等2002），接近于复合词。而"单+双"（*吃睡觉）、"双+单"（*收听看）等都是严格排斥的，而句法并列理论上不应有这样的限制。

其次，带连词的VP并列结构也备受限制，因为普通话不存在等立型的动词并列连词。"而"主要用于形容词而且有浓郁的书面色彩，连接动词时主要表转折(答应而没有去~*答应而去了)。"并"主要表弱递进(讨论并通过~*每个人都要吃饭并睡觉)。而最中性的连词"和"主要用于名词语、至少是论元位置的动词语(吃饭和睡觉都是人生的必需),不能自由地用作谓语(*他吃饭和睡觉了),参阅朱德熙(1982:157)、储泽祥等(2002)。

比较一下上古汉语。"而"是个用途广泛的谓词并列连词。"而"连接的 VP,基本上都可以用英语 and 一类谓语并列句表达,它们在现代汉语中绝大多数无法用并列连词来连接。有一小部分正好符合现代的直接并列式,有很多则在普通话中须省去连词成为连动句,如〔引自蒲立本(1995/2006:49—51),附本文作者今译〕:

(12)犹缘木而求鱼也……缘木求鱼,虽不得鱼,无后灾。(《孟子 1A/7》:好比攀着树〔 〕抓鱼……)

(13)弃甲曳兵而走。(《孟子 1A/3》:丢了铠甲拖着武器〔 〕逃跑)

(14)此率兽而食人也。(《孟子 1A/4》:这是带着野兽〔 〕吃人)

以上"而"字,在古汉语中以不省为常。(12)同一组合第二次出现且用于话题位置,才省去"而"字。古汉语连动式不发达,"而"的广泛使用是重要因素(梅广 2003)。而在普通话中,这些动词语多为直接组合,加不进并列连词。这些不用连词又不能互换位置的多 VP 结构,不是并列式,而是连动式,它们显示了连动式在现代汉语中的显赫地位。

连动式作为现代汉语中的显赫结构,不但用于古汉语或其他语言中以并列连词连接的短语,而且用于其他语言中以主从结构(状中关系)表达的短语。

(12)—(14)句的今译,在前的 VP 都用到了持续体助词"着"。而这种作为连动式 VP_1 体标记的"着",还扩展到了下列用例中:

(15)站着说│笑着说│炒着吃│开着窗户睡觉│唱着歌走路│睁着眼睛说瞎话

这些带"着"的 VP_1,表示的不是一串连续行为的前一行为,而是表示后面主要行为 VP_2 的伴随动作或状态,属于方式范畴。在主从关系显赫的语言中,这类带"着"VP 通常会译成某种从属成分(状语)——分词、介词短语（介词+动作名词/分词）、副词等。如"笑着说"可以说成英语的 to say with a smile、to say smilingly，"唱着歌走路"在英语中可以说 to walk singing、to walk while singing 等。在阿尔泰语言学中，做状语的动词形态称为副动词，即转化为副词功能的动词（近似于分词）。在元代蒙古语文本的直译体汉语中，有些副动词短语用汉语的动词带"着"来表示（祖生利 2002），这就说明元代的双语译者已经意识到汉语的"着"的表达功能与蒙古语中的副动词标记有交叉之处。但是，正如祖生利所说，"着"本身是动态助词，不标记动词和其他动词的关系。相应地，"V着VP"也不是状中结构，而是连动结构，与主要谓语至多构成主次结构而不是主从结构。

现代汉语的连动结构，其核心语义是表示两个或两个以上动作连续进行形成一个整体事件，如"他昨天吃了饭去公园和一帮老人下棋玩"。在语义认知层面，这些动作之间的关系可能分别偏向并列或主从，但这种偏向没有句法表征，很受语境左右。跨语言看，连动结构既会扩展到或挤占其他语言中属于并列结构的语义域，也会扩展到或挤占其他语言中属于从属结构的语义域，总体上在汉语VP域内与并列和从属三足鼎立。当然，由于在语义上有朝主从倾斜的情况，在一定条件下连动句也可能经过动词的语法化演化成真正的主从结构（高增霞 2006），如很多介词结构修饰动词的结构就是由连动式发展来的。

并列和主从是人类语言的普遍性句法范畴，有并列结构和主从结构是很平常的现象。而连动结构是少数语种特有的范畴。因此，假如一种语言连动结构能扩展到挤占并列结构和主从结构的程度，则连动已成为一种很显赫的范畴。

3.2 复句层面，主次复句比并列复句和主从复句更加显赫。这是上述短语层面的连动结构或主次结构在复句层面的某种同构性表现。

汉语文献中复句分为联合复句（广义的并列，即 coordination）和偏正复句，部分对应于国际文献中的并列句和主从句。但是，在国际文献中，并列句属于复合句（compound sentence），复合句内小句之间地位平等、互不相属；主从句属于复杂句（complex sentence），修饰主句的从句，其地位等同于状语，依附于主句。复合句和复杂句之上似乎没有一个"复句"的概念，在 Comrie 和 Smith 的调查问卷中（见刘丹青 2008a）复合句和复杂句位于完全不同的章节。而汉语文献中联合复句和偏正复句都放在"复句"概念下，除了个别著作（如黎锦熙 1924/1992），一般不提及偏句和状语的一致性。

这一差异的根本原因，在于汉语缺乏标示从句的形态，连词的使用则缺乏强制性，使联合复句和偏正复句的语法界限模糊（邢福义 2001：52—55）；甚至单句和复句本身的界限就很模糊，据邢福义（2001：558—565）统计，有些文本中单复句纠结的实例甚至多于单复句界限清楚的实例。有些通常被归在同一类的复句（如同为转折或同为因果）本身在句法上就横跨联合和偏正的大界，很多复句其实当属主次关系而不宜归入主从范畴。

于是，汉语复句领域也形成了主次、并列（联合）、主从三足鼎立的格局，主次复句作为显赫范畴侵占了并列和主从复句的很多领地，并且模糊了并列和主从之间的界限。①

主次句的特点是语义关系或逻辑关系跟某种主从复句相同或相近，但是次要分句在句法上因为不受连词的管辖而并不处于从属依附的地位，有着自身的独立性。

让步句和转折句（或对比句），在汉语中都被归在转折复句这个大类中。区别在于，前者的前分句（偏句）有让步连词，而后者前分句没有连词，与单句无别。两者的后分句（主句）则使用同样的转折连词，如：

（16）虽然我都求他了，但是他还是不答应。

（17）我都求他了，但是他还是不答应。

从句法上看，（16）句"我都求他了"受从属连词"虽然"管辖，决定其无法独立、只能依附于后面主句的地位。而（17）句"我都求他了"不受任何连词管辖，具有独立性，并不依附于后面的转折句，因而

---

① 当然，复句中的主次复句不能与小句内的连动结构完全对应，因为连动式中既有主次型的，也有单纯表示行为的时间序列的。后者如果表达为复句，还是要归入并列复句而不是主从复句。

(17)句只能是主次句,而不是主从句。当然,英语中也有让步句和一般转折句,但是两者结构和虚词选用完全不同,如:

(18) Although I even begged him for help, he refused.

(19) I begged him for help, but he refused.

(18)在从句上加 although、though 之类从句连词,句法性质等同状语,而主句上不能再使用 but 之类的并列连词,属于让步主从句。(19)两个分句都有独立性,前分句没有任何连词,只在后面的转折句上使用连词 but。but 并不造成句法上的从属关系,全句属于并列复合句中的转折句。but 和后面的部分之间可以使用逗号或句号(X. But, Y),甚至可以分属不同的段落,因此 but 前面的句子,也许是不同的句子,也许是并列句,反正与从属句无关。汉语无法这么分析,因为让步和一般转折都是用"但是、可是、然而、不过"之类的转折连词,这是让步和转折分析为同一类复句的根本依据,不能把转折连词分析为并列连词。因此,上面(16)、(17)的区别,无法分析为主从和并列之别,只能是主从和主次之别。

条件-结果复句(含中文文献所说的假设复句)一般分析为主从句。但是,汉语中允许条件分句不带连词,只在结果分句中使用"就、才"一类关联副词,这时条件句不受连词管辖,具有一定的独立性,如:

(20)你来,他就会听话。(比较主从句:<u>只要你来</u>,他就会听话)

(21)买二手车,这点钱才够。(比较主从句:<u>只有你买二手车</u>,这点钱才够)

从句法上看,(20)、(21)中没有显性语法手段规定无连词的条件分句处于句法从属地位,不同于带连词的条件分句。但是,这两例和括号中的主从类条件复句表达的语义关系又是一样的,都以后面的使用关联副词的分句为主句。因此,不带连词的条件分句,既不是并列句的分句,也不是真正的从句(偏句),而是以后面分句为主句的次要句,构成了主次复句。

先因后果的因果复句也存在着近似条件复句的情况。它有"因为 P,所以 Q"和"P,所以 Q"这两类常见的模式,使用同样的结果主句连词,但无连词的原因分句 P 具有一定的独立性，甚至 P 后可以用句号煞句（后来天下雨了。所以，运动会项目没有赛完）。P 在不带句号时，也和结果句 Q 构成了一种主次复句。汉语还有先果后因的溯因句，它也有两种常见模式。一种是"之所以 Q，是因为 P"；另一种是"Q，是因为 P"。同样，两个分句都带连词的是主从句，只有后分句带连词的是主次句。

　　从以上例子可以看出，汉语充满了介于并列复句和主从复句之间的主次复句，很多可以用于主从句主句的连词也常用于主次句，不如说它们只是主次句的主句连词，在与前面的从句连词呼应时才表主从关系。主次复句是汉语复句系统中的显赫范畴，这在口语中尤其显著，因为口语中前后关联词完整使用的情况要少得多。因此，我们需要用复句的三分观念来重新审视汉语的复句系统，以此逐一考察定位每类复句的属性。①

　　汉语还大量存在像连动结构一样完全不使用关联词语的意合复句，其中很多有类似因果、条件之类的隐性语义关系。这种句子也可以根据其语义关系归入主次句。如：

　　（22）天快下雨了，咱们早点回家吧。（隐性因果句）

　　（23）你们把活儿做得到位，我自然会给大伙儿涨工钱。（隐性充足条件句：只要……就）

　　汉语谓语没有明显的限定与非限定对立（Hu et al. 2001），加上主宾语省略比较自由，因此汉语短语和句子的界限比较模糊，连动结构如果中间加了停顿，就转化为复句。于是，短语结构和复句构造具有很大的同构性，也体现了"汉语句子的构造原则跟词组的构造原则基本上是一致的"（朱德熙 1985：4）这一特点往复句方向的延伸。短语中的并列、主从、连动（含主次）三分格局和主次结构的显赫性，自然就延伸到复句中来了。短语和复句的同构性还有一项重要体现。不管是主从还

---

　　① 针对汉语复句中联合和偏正常常难分的情况，邢福义（2001：38）也提出了一种三分法来取代：因果、并列、转折。这种三分法比较偏重复句逻辑语义关系，但恐怕有些主次句难以归入这三大类语义，例如背景-前景句、主题-释义句、本体-喻体句等。并列-主次-主从三分法更能兼顾句法和语义，并且呈现为一个更加有序的渐变性等级序列。

是主次，汉语连动结构和复句都以在后的部分为主要部分，在前的部分为从属或次要的部分。

四、语用范畴的语法化：话题结构的显赫性

自从 Li & Thompson（1976）以来，汉语语法理论学界基本形成共识：汉语是一种话题优先的语言，当然对这一命题的确切解读或有差异。虽然汉语的话题不像日语、韩国语那样由强制性使用的话题标记实现了更高程度的语法化，但是比起语法化程度很低的汉语主语来，汉语话题已是语法化程度很高的来自语用领域的显赫范畴了（参看徐烈炯、刘丹青 1998/2007）。刘丹青（2009）指出，汉语的话题优先特征，"不但使语用上的话题可以充分利用这种位置得到句法实现，而且还可以让话题位置完成在其他语言中由其他成分或手段完成的表义任务，随之形成很多难见于非话题优先语言的话题结构种类"，这正是显赫范畴的典型表现。下面我们结合该文材料，对汉语话题的这方面显赫表现做一点展示。

汉语形成了结构多样的话题结构，这些结构一般不见于非话题优先语言，而这些结构中占据话题位置的成分，语义上都符合话题的某个或某些基本属性，如有定、类指或已知信息等，但语用上未必都有很强的话题属性［如曹逢甫（1977/1995）所强调的话题的跨句话题链功能］，只是将话题的句法位置兼做他用。整个结构的语义在其他语言中常常用跟话题无关的结构来表达。

以下是话题结构多样化的一些例证（参阅刘丹青 2001，2009）

（24）a. <u>黄鱼</u>我买了<u>三条</u>。

　　　b. <u>衬衫</u>我喜欢<u>蓝的</u>。

　　　c. <u>中国现代小说</u>他爱看<u>沈从文的</u>。

（25）a. <u>药</u>你还是要备几种常用<u>药</u>。

　　　b. <u>老王</u>，老王出差了，<u>小张</u>，小张又请假了。

（26）a. 吵你肯定吵不过他。
　　　b. 他答应倒答应了，但是从来不兑现。

（24）是分裂式话题，将一个受事类论元分拆为二，核心名词或包含核心名词的短语居前做话题，限定修饰性的数量成分或"的"字结构居后做宾语。论元分裂的动因是将复杂名词短语根据其信息属性分为两个部分：受事的核心名词语作为类指成分充当话题，余下的修饰定语作为一种名词化的成分（数量短语和"的"字短语）留在宾语位置做句末自然焦点。这种分裂话题由于违背距离象似性（语义关系越近语序也越近）而很难存在于非话题优先语言，在汉语中则由于有额外的话题位置而得以将一个名词语内部的话题和焦点分开。在话题结构比较显赫的韩国语和日语中，也同样存在分裂式话题。（24a）—（24c）就可以直译为韩、日语的同类结构。更有意思的是，有些句子的居首成分，在韩、日语中既可以用话题标记，也可以用主语标记；而在分裂式话题句中，受事论元的居前部分只能用话题标记，不能用主语标记（与曹瑞炯、山田忠司个人交流）。这正体现了这种句式与话题结构的高度一致性，是话题化动因的产物和话题槽位（slot）强烈吸纳力的显示。

（25）是名词性的同一性话题（又称拷贝式话题），在前面充当话题的成分与述题中的成分相同或部分相同，话题成分并不给句子论元结构新增任何要素，是语义上冗余、句法上可删的句子成分，但整句有与语用强调直接间接相关的构式义，话题删除后会部分影响到整句的构式义。如（25b）这类句子要求平行的两项或多项一起出现，整句含有对诸多不如意状况抱怨的主观强调义，但这种抱怨义无法从话题或句法结构本身直接找到理据，是一种不太透明的构式义。这种话题结构因为违背经济原则（重复出现一次对论元结构零贡献的成分）而受到多数语言的排斥，全靠话题结构作为显赫范畴的力量带入话题优先语言的构式库藏中。在日语中，我们看到也有类似的结构，野田尚史（1996/2003：86）将其归入所谓"过剩型"话题，因为话题在语义上是多余的，如（编号按本文重排）：

（27）五百円硬货の両替は，左側5番の機械で両替てください。

'500日元硬币的兑换，请利用左边第5台机器进行兑换。'例（27）中带话题标记は（wa）的"両替"（货币兑换）与谓语部分的"両替"是同一成分。这个"両替"是可以连同前面的定语标记の（no）一起删除的。野田尚史指出："不能把这种过剩都看作是没有必要的，甚至认为是一种误用现象。因为有时候正是通过这种过剩的反复来强调想要强调的内容，从而使句子内容更容易为人所理解。"他所说的强调作用，与我们对汉语同一性话题的作用的认识是一致的。据曹瑞炯告知，韩国语也有（25）这种同一性话题，此时句首名词语也只能带话题标记而非主格标记。不过与（25b）结构上对应的韩语句子，后面与话题同一的名词语并不加主格标记，而是加表示条件、原因等义的后置词，亦即并不实现为句法主语，因此没有出现话题与主语同一这种跨语言罕见的情况。

（26）是动词性的同一性话题。（26a）句话题比较接近话题的原型功能，"吵"应当是上文中已被激活的已知信息，话题性很强。这种结构让一个成分在话题和焦点之处被两次提及，以成分增量实现信息强度的增量，成为一种强调句式。（26b）是一种专用于让步的话题构式，其话题并不要求有已知信息之类属性。让步可以看作来自强调义，正如有些让步句使用"固然、确实"等强调副词一样。动词性同一性话题是话题显赫和动词显赫双重因素作用的结果。以话题结构表达强调、让步等义，使话题扩展到其他范畴的领地，体现了话题的显赫性。话题一般由名词语充当，汉语却允许动词语也充当话题，由动词扩展到名词的领地，体现了动词的显赫性。这种需要两个显赫范畴合力才能形成的话题结构，可能比单一显赫范畴扩展所造成的结构更难出现在非话题优先语言中。日语、韩语虽然有名词性的同一性话题，但是难以有与（26）完全同质的动词性同一性话题。动词倒是能出现于跟汉语同一性话题相同的位置，但必须带上名词化词缀之后再做话题（与曹瑞炯、山田忠司个人交流）。这反映了日语、韩国语在动词显赫度上不如汉语。单有话题显赫的语言还不足以构成此式。

下面一类汉语特色的话题结构，也是话题显赫和动词显赫双重作用的产物：

（28）小张<u>学习</u>认真，<u>工作</u>积极，<u>处理事务</u>很有效率，<u>关心同事</u>仔细入微。

让一个非汉语母语者来分析（28），很容易将其中的动词语（带下划线部分）理解为谓语动词，而将后面的形容词语理解为状语（补语），如将第一个分句译为 Xiao Zhang studies hard。这样理解语义上可行，但句法上行不通。

在汉语中，这些 VP 不能带体标记（*小张学习了认真）、不能重叠（*小张学习学习认真）、不能否定（*小张不/没学习认真）、不能构成正反问（*小张学习不学习认真？），后面 AP 也不是补语。汉语的动词和补语直接组合时不容许带程度副词（看清楚了~*看很清楚了），动结式的补语前不容许插入时间状语（*他看从前清楚），而此处 AP 不受此限（小张学习很认真｜小张学习<u>从前</u>认真，<u>现在</u>不认真了）。种种句法行为表明，前面的 VP 在此已失去了动词性，不能分析为谓语。按传统，这类结构当分析为"主谓谓语句"。VP 是主谓短语的"小主语"，我们分析为主语后的次话题。句首的 NP 则是主语，因为后面的 AP 以句首 NP 为主体论元（小张……认真、积极、很有效率、仔细入微），按徐烈炯、刘丹青（1998/2007），作为谓语主体论元的 NP 优先理解为主语。NP 后的 VP 可以跟 AP 关系松散，是表示命题有效范围的框架性次话题，如"小张吃烤鸭很贪心"，"贪心"的主体是"小张"而不是"吃烤鸭"。同样，"小张学习认真"是"小张［在学习方面］认真"，上例中的"学习，工作，处理事务，关心同事"都是这种框架式话题。

这里我们看到，一方面动词性成分可以充当次话题，另一方面这个话题可以表达其他语言中受状语修饰的谓语的语义关系，随之让其他语言中修饰谓语动词的状语在汉语中升级为谓语。这些汉语特色的句法表征，靠的是汉语话题显赫加动词显赫，主语之外另有话题的句法槽位，其中还包括主语后的次话题槽位，并且次话题可以由动词充当。借助这一句法结构，可以让谓语在不属于前景信息时靠次话题化而背景化，同时让动词修饰语升格为谓语而实现前景化及焦点化，满足了汉语语用优先——对信息结构敏感的需求（参看刘丹青 1995，2011b）。

汉语话题结构还扩展到了一些更加专门的语义范畴域。初步研究发现，现代汉语以"比"字句为代表的差比结构，与其他语言的差比句比起来，有很多特别的个性。它在有些方面受到更加严格的限制，如比较主体不能出现在主语/话题以外的句法位置，而这样的限制不见于其他很多语言的差比句（比较英语 He likes noodles more than rice，比较主体 noodles 在宾语位置）；在另一些方面，它有更大的句法自由，例如可以让形容词的属性主体和比较主体分别实现为两个句法成分——一个主语，一个话题（如：价钱他比我便宜，质量我比他好），这又是很多语言的差比句所不允许的。我们发现，这些特有的限制和自由，都来自差比句的话题句属性，汉语差比句与话题结构高度同构，可以视为话题结构的一个子类。在话题优先更加显著的吴语中，差比句甚至可以不带专用差比标记，直接用简单的话题结构构成，话题标记成为帮助构成差比句的语法标记，如绍兴柯桥吴语（与盛益民个人交流）：

（29）我么，渠长。[他比我高。字面直译为：要说我么，（还是）他高]

由于差比范畴与话题结构语义联系上相当遥远，话题结构的这一用途也可以视为话题结构的边缘功能了。这个问题我们已另文探讨，此不详述。

五、结语及余言

以上我们列举并讨论了现代汉语普通话及部分方言中的若干显赫范畴，包括词类中的动词、量词，短语中的连动结构，复句中的主次复句，由语用成分语法化而来的话题结构。通过分析这些范畴的扩展用法可以发现，显赫范畴除了本身语法化程度高、句法功能强、使用频率高之外，都有一个共同的特点：它们除了用于该范畴本身的原型功能之外，都被用来表达其他相邻的甚至有一定距离的语义语用范畴，这些范畴在很多其他语言里甚至大部分语言里是由属于其他范畴的语法手段来表达的。

语法库藏中显赫范畴的扩展表现，与动物界的"显赫器官"的扩展功能有很强的可比性。

跨物种共有的器官，有共同的原型功能。这是比较研究的起点。例如，鼻子的原型功能是充当呼吸及嗅觉器官。但是，鼻子作为大象的显赫器官还有重要的扩展功能，是大象取水饮水、"抓"取树叶等食物甚至争斗厮打的基本工具。但这些功能在大部分动物身上不是靠鼻子完成的，而是由原型功能不同的其他器官完成的。如"抓"取食物（猎物）的功能在变色龙身上是由长达好几十厘米的可远距离"射击"的"显赫"舌头完成的，舌头作为众多物种共有的器官，其原型功能并不是抓取食物猎物，而是充当味觉器官。对蛇来说，舌头（信子）的一种重要扩展功能是探测环境信息，与嗅觉、甚至听觉功能相近。而狗舌头的扩展功能之一却是散热。这些功能与变色龙舌头的猎取功能相距甚远。而大象鼻子的打斗功能，在羊、鹿等身上是角这种器官的原型功能。角这种器官根本不见于其他很多动物的"器官库藏"。

因此，跨语言的形式-语义关系，正像跨物种的器官和功能的关系，远不是以往语言学理论所设想的那么单纯。库藏类型学的重要任务，就是要更客观地揭示这里的复杂关系。

总之，显赫范畴的强势表现是造成一种语言区别于其他语言的类型特征的关键要素；另一方面，显赫范畴的扩展用法又是造成语种之间形-义关系复杂性、多样性的重要原因。所以，研究一种语言、学习或教授一种语言、翻译或用机器处理一种语言，都需要特别重点地关注显赫范畴，因为它们会深刻影响这种语言的类型特点和表达方式。

最后，我们简单梳理一下显赫范畴在语言库藏类型学中的位置。库藏类型学有下面一些基本的研究对象和任务：

1. 特定语种的语言库藏特别是语法手段库藏的清单及跨语言比较。有了这样的清单，学者们可以一方面深入研究这些库藏手段的功能和作用范围，另一方面可以进行库藏的跨语言比较，研究不同范畴入库能力的语言共性和等级序列，初步设立语言之间不同的库藏类型。

2. 库藏显赫度的评估。从特定范畴所用手段的原型功能出发，参考语法化理论、语义地图理论等领域的研究成果，详细考察该库藏的扩展功能和边缘功能，注意显赫范畴对其他语义语用范畴的领地挤占及其类型后果，包括其他库藏的萎缩甚至阙如的状况。通过跨语言的比较，总结成为显赫范畴的类型因素和显赫范畴扩展线路的共性及差异。

3. 在上述研究的基础上，更加深入而全面地反思和探讨语言理论中形-义关系的理论，揭示由显赫范畴的扩展作用而导致的形-义对应关系的复杂状况，建立能覆盖这些复杂状况的跨语言的形-义对应新理论。

对照以上三点可见，本文所做的工作主要属于第二类，而且只涉及了汉语显赫范畴中的一部分，还有不少显赫范畴，如动补式（动结、动趋和能性动补式）、小称范畴、处置范畴等尚未涉及。库藏类型学任重而道远，期待更多有兴趣的学者共同来关注和探讨。

参考文献

曹逢甫　1977/1995　《主题在汉语中的功能研究——迈向语段分析的第一步》，谢天蔚译，北京：语文出版社。
储泽祥、谢晓明、唐爱华　2002　《汉语联合短语研究》，长沙：湖南大学出版社。
大河内康宪　1985/1993　量词的个体化功能，靳卫卫译，《日本近、现代汉语研究论文选》，大河内康宪主编，北京：北京语言学院出版社。
高名凯　1953　关于汉语的词类分别，《中国语文》10月号。
高名凯　1954　再论汉语的词类分别，《中国语文》8月号。
高名凯　1963　汉语语法研究中的词类问题，《安徽大学学报》第1期。
高增霞　2006　《现代汉语连动式的语法化视角》，北京：中国档案出版社。
黎锦熙　1924/1992　《新著国语文法》，北京：商务印书馆。
刘丹青　1995　语义优先还是语用优先——汉语语法学体系建设断想，《语文研究》第2期。
刘丹青　2001　论元分裂式话题结构初探，《面向二十一世纪语言问题再认识——庆祝张斌先生从教五十周年暨八十华诞》，范开泰、齐沪扬主编，上海：上海教育出版社。
刘丹青　2008a　汉语名词性短语的句法类型特征，《中国语文》第1期。
刘丹青　2008b　并列结构的句法限制及其初步解释，《语法研究和探索》（十四），北京：商务印书馆。
刘丹青　2009　话题优先的句法后果，《汉语的形式与功能研究》，程工、刘丹青主编，北京：商务印书馆。
刘丹青　2010　汉语是一种动词型语言——试说动词型语言和名词型语言的类型差

异,《世界汉语教学》第 1 期。
刘丹青　2011a　语言库藏类型学构想,《当代语言学》第 4 期。
刘丹青　2011b　"有"字领有句的语义倾向和信息结构,《中国语文》第 2 期。
梅　广　2003　迎接一个考证学和语言学结合的汉语语法史研究新局面,《古今通塞:汉语的历史与发展》,何大安主编,台北:"中研院"语言学研究所筹备处。
蒲立本　1995/2006　《古汉语语法纲要》,孙景涛译,北京:语文出版社。
沈家煊　2007　汉语里的名词和动词,《汉藏语学报》第 1 期,北京:商务印书馆。
沈家煊　2009　我看汉语的词类,《语言科学》第 1 期。
邢福义　2001　《汉语复句研究》,北京:商务印书馆。
徐烈炯、刘丹青　1998/2007　《话题的结构与功能》(增订版),上海:上海教育出版社。
野田尚史　1996/2003　《日语主题助词"は"与主语助词"が"》,张麟声译,北京:人民教育出版社。
张　敏、李予湘　2009　先秦两汉汉语趋向动词结构的类型学地位及其变迁,"汉语'趋向词'之历史与方言类型研讨会暨第六届海峡两岸汉语史研讨会"论文,台北,2009 年 8 月。
赵元任　1968/1979　《汉语口语语法》,吕叔湘译,北京:商务印书馆。
朱德熙　1982　《语法讲义》,北京:商务印书馆。
朱德熙　1985　《语法答问》,北京:商务印书馆。
祖生利　2002　元代白话碑文中助词的特殊用法,《中国语文》第 5 期。

Bisang, W. 1999. Classifiers in East and Southeast Asian Language: Counting and beyond. In J. Gvozdanović (Ed.), *Numeral Types and Changes Worldwide*. Berlin: Mouton de Gruyter.

Clark, E., & Clark, H. 1979. When nouns surface as verbs. *Language*, 55 (4), 767-811.

Croft, W. 2003. *Typology and Universal* (2nd edition). Cambridge: Cambridge University Press.

Hu, J. H., Pan, H. H., & Xu, L. J. 2001. Is there a finite vs. nonfinite distinction in Chinese?. *Linguistics*, 39 (6), 1117-1148.

Li, C. N., & Thompson, S. A. 1976. Subject and topic: A new typology of language. In C. N. Li (Ed.), *Subject and Topic*. New York: Academic Press.

McCawley, J. 1992. Justifying parts-of-speech assignments in Mandarin Chinese. *Journal of Chinese Linguistics*, 20 (2), 211-246.

Rijkhoff, J. 2002. *The Noun Phrase*. Oxford: Oxford University Press.

Taylor, J. 1995. *Linguistic Categorization*. Oxford: Oxford University Press.

(原载《世界汉语教学》,2012 年第 3 期)

显赫范畴的典型范例：
普米语的趋向范畴*

一、引言：显赫范畴与普米语的趋向范畴

显赫范畴是笔者所倡设的语言库藏类型学（刘丹青2011）的核心概念之一，指的是在一种语言中凸显而强势的语法范畴。刘丹青（2012a）曾提出如下定义和5条解释：

定义：假如某种范畴语义由语法化程度高或句法功能强大的形式手段表达，并且成为该手段所表达的核心（原型）语义，该范畴便成为该语言中既凸显又强势的范畴，即显赫范畴。

1. 由语法化程度高或功能强大的手段表达的范畴，会在该语言中得到凸显，更容易获得直接表现。例如，焦点在匈牙利语、索马里语中因为有更多机会被语法表征而得到凸显。

2. 显赫范畴的强势，指其所用形式手段具有很强的扩展力，能用来表达与其原型范畴相关而又不同的范畴，它们在其他语言中可能属于其他语义语用范畴。例如，在汉语某些方言中，话题结构和话题标记可以用作表达差比范畴的基本手段（刘丹青2012b）。

3. 显赫范畴必须是在该形式所表达的语义中占据原型地位或核心地位的范畴。例如，疑问是汉语疑问代词的核心功能，至于无定、全量

---

* 本文为中国社会科学院重点课题"语言库藏类型学"成果之一。初稿曾宣讲于中央民族大学语言学学术讲坛（2012年10月30日）和第二届类型学视野下的汉语与民族语言研究高峰论坛（北京语言大学，2012年11月，强星娜博士代读），蒙众多与会者讨论，孙宏开教授指教尤多。在此一并致谢。尚存问题均归作者。

等,是疑问代词的扩展功能。

4. 对于语法系统来说,成为显赫范畴的基本条件就是表达它的形式手段语法化程度高或句法功能强大。具体表现在强能产性(类推性)、使用强制性和较多样的句法分布。由于虚词(封闭性词类)也可以视为语法手段,因此对于虚词来说,词汇化程度也是成为显赫范畴的一个条件。适用面广的特定句法位置和使用频率高的专用构式作为形式手段也是造成显赫范畴的有利条件。

5. 显赫范畴意味着它们在心理层面是易被激活的、可及性高的范畴。

拙文(刘丹青 2012a,2012b,2013)对汉语中的若干较为典型的显赫范畴进行了共时、历时和跨方言的考察。然而,汉语终究是一种分析性语言,典型的形态很少,而显赫范畴的某些属性在形态范畴中表现得更加充分,如语法化程度、语法库藏的能产性和使用强制性等。因此,认识显赫范畴的属性,少不了形态型语言的例证。

我们发现,普米语及所在的羌语支语言的动词趋向范畴,是汉藏语系里一种极其典型的显赫范畴,在某些方面比汉语的显赫范畴更能完整地例示显赫范畴的诸多属性。羌语支语言的动词普遍有发达的趋向形态。其中普米语的趋向范畴[基于傅爱兰(1998,下文简称"傅著")的详细描写]是很适合我们分析显赫范畴的样本语料。

从跨语言角度看,趋向范畴并不是普遍重要的语法范畴,很多语言没有语法化程度很高的趋向表达系统,它基本上还没进入语法类型学的重点关注的视野。例如,德国康斯坦茨大学的语言共性网站(http://typo.uni-konstanz.de/archive)共收录 2029 条语言共性(主要是语法共性),其中没有一条是专门涉及趋向(方向)范畴的。[①] 再如《世界语言结构地图集》(http://wals.info)收录了 191 幅类型特征地图,大部分是语法特征图,而没有一幅涉及趋向范畴。与之形成对照,傅爱兰著《普米语动词的语法范畴》除第一章"导言"外,2—8 章共讨论了普米语动词的 7 种范畴,其中第 2 章就是"趋向",位居各范畴之首。这种排

---

① 有一条共性涉及 12 个语法特征的相互关系(共性 44),其中提到了方向状语(directional adjunct),指的是表方向的独立句法成分,应当如"往/向巴黎"之类成分,与趋向形态无关。

列方式，罕见于世界各语言语法著作的动词范畴描写。然而，对普米语来说，这一安排却自然之极，因为从傅著可见，普米语动词的趋向范畴在各个方面都很符合上引显赫范畴的属性。其实它也反映了普米语所在的羌语支的共性。马学良主编（2003：248）介绍羌语支的语法特点时，将趋向范畴列为动词特点的首项，指出"趋向范畴是羌语支语言动词的重要语法范畴，是这个语支在语法上有别于其他语支最显著的特征，也是这个语支各语言最有共性的语法现象"。

本文将以语言库藏类型学的显赫范畴观念，重点对照显赫范畴的5条特征，基于傅书的详细描写，对普米语的趋向范畴展开分析讨论，兼及羌语支的类似情况。

二、功能强大的语法手段

普米语动词的趋向范畴由6个彻底虚化的动词前缀表示，分别表示6种不同的方向：$tə^{55}$（向上）、$nə^{31}$（向下）、$thə^{31}$（离心，终点限制）、$də^{31}$（向心，终点限制）、$khə^{31}$（离心，终点不限制）、xa^{31}/a^{31}（向心，终点不限制）。

所谓终点限制，根据笔者从实际用例体味，就是有确切的目标，而终点不限制，就是只有大致方向，没有确切的目标。例如 $thə^{31}vbɑ^{55}$ 是终点限制的离心，傅著译为"扔过去"，有一个受事达到的目标；而 $khə^{31}vbɑ^{55}$ 是终点不限制的离心，傅著译为"扔出去"，方向向外，但不涉及受事的具体落点。总体上，每个词缀都有相当的类推性（从十几个动词到数百个动词）；由动词看前缀，每个动词依自身的语义特征可带1至6个前缀不等。在傅著所穷尽考察的普米语426个动词中，只有32个动词不能带趋向前缀，包括存在动词、判断动词、能愿动词等"本身无所谓方向的动词"。普米语的动词在句子中出现时，大多要带趋向前缀。事实上能带趋向前缀的动词中，也有相当数量的动词只表示与趋向比较遥远的关系甚或完全看不出的关系。傅著在论述每个趋向前缀的趋向意义及其引申用法时，常提到某些带该趋向前缀的词在词义上与该趋向无关。如38页所举的 phzɛ⁵⁵（遇见）、tʂhoŋ³¹lin⁵⁵（等待）、ʃtʃe³¹ʃtʃhi²⁴（商量）、ʂa³¹puʉ⁵⁵（玩耍）、sʉ⁵⁵zdʉ²⁴（想）、tʂo²⁴（交友）、tɛ⁵⁵xin³¹（撒谎）、ɖei²⁴（唱）、go²⁴（熬药）、dʒəu⁵⁵pʉ³¹（埋怨）、thau⁵⁵（责骂）等都是在句中带"向下"前缀 nə³¹ 的动词，但无论是词义还是句义都看不出跟"向下"的关系，如：

（1）a⁵⁵nie⁵⁵je³¹tə⁵⁵gə⁵⁵ nə³¹-phzɛ⁵⁵ -pin⁵⁵ san³¹
　　　我（施助） 他　　（向下）遇见-自主（第一人称单数已行体）
　'我找着了他。'

例（1）中通过遇见义动词加自主后缀表达一个找到的事件，与上下趋向无关，但还是带上了趋向前缀。趋向形态如此发达，足见该形态手段的强大，使趋向范畴在普米语的句法中时时处处得到表征，符合显赫范畴的第一条属性。

趋向范畴在其他语言中也有一些手段来表示，有些还是有一定语法化程度的手段，如汉语的趋向补语和英语的后置于动词的副词性趋向小词（也可以叫趋向补语，如 up、down、off、on、in、out、inside、outside、behind），这些趋向补语搭配面很广，语义上也出现了距趋向义较远的虚化引申义，如汉语"买下一片厂房、搭上一条命、想起一件事、唱起来、讲下去"和英语的 turn down（拒绝）、give up（放弃）、run out（用完了）、go ahead（请继续）等。但是这些趋向词的语法化程度还远不及普米语的趋向前缀。普米语动词在句中出现时至少在已行体上都要带上一定的趋向前缀，可与多个趋向前缀搭配的动词则要根据具体情况选用不同的前缀，而汉语、英语语篇中大部分语句的谓语并不是动趋式，即无须标明趋向。

三、语义语用扩展力

显赫范畴的第二个特征，是其所用形式手段具有很强的扩展力，能用来表达与其原型范畴相关而又不同的范畴，得到表达的范畴在其他语言中可能属于与趋向毫不相干的其他语义语用范畴。这一点在普米语动词的趋向范畴上也得到显著的体现。任何语言中大量动词所表示的行为事件未必与趋向直接相关，而普米语动词大部分要带趋向前缀，这就意味着很多动词的趋向前缀已经没有明显的趋向意义或者完全看不出趋向意义。

傅著 51 页在分析各个前缀的语义、功能和使用范围后，总结了几点，"其一，动词能否加前缀、加多少前缀，与动词本身的语义性质有关"，这点无须多解释。"其二，动词前所加前缀的表趋向的功能不一致，其功能与所加前缀数量成正比。"书中的前文已经指出，426 个动词中，只与一个前缀搭配和能与两个前缀搭配的占了大多数，分别是 208 和 99，共 307 个，达所统计动词的三分之二。傅爱兰指出，加 1—2 个前缀的，除少量动词外大多不表示动作方向，"只是认知上的某种类化的'趋向指向'"，"只有加 3 个以上前缀的，才主要用于区别方向"。加一个前缀的动词，"除部分动词本身具有'向上'的语义以外，大多数并不表示动词的方向，只是认知上的某种类化"。这从认知原理上很好理解。如果趋向前缀能表示行为的不同趋向，则该行为动词应当能搭配多个趋向前缀，以显趋向之别。只能跟一两个趋向前缀搭配的动词就意味着该行为或与趋向无关、或只有单一的固有趋向义，在这种情况下，趋向前缀也就不增添实际的趋向信息了。

然而，显赫范畴表达手段不会完全羡余、成为无用的库藏，因为我们发现，语言的经济性决定了语法库藏存在一条前人没有强调过的原则——"物尽其用"原则。许多语法库藏、尤其是高频使用的显赫范畴表达式会自然地被使用该语言的社群有意或无意地用来表达其他或近或远的概念，从而在不增加聚合及组合单位的情况下承载更多表义功能，而这些概念在其他语言中可能属于完全不同的其他范畴的内容。

从傅著所描写的情况看，普米语趋向前缀至少有以下的扩展功能。

1. 帮助表示完成、结果、已行一类体语义。傅著 72 页提到，趋向前缀"有些甚至与方向无关，而表示别的语法意义（如'完成体'）"。

在第五章"体"（122 页）中指出，"已行体中绝大部分必须加前缀，只有以下几个动词可以不加"，而"进行体后缀一般不与趋向前缀搭配"。这一对比说明趋向前缀与已行体匹配而与进行体不匹配。在这种情况下，趋向前缀已经与体形成匹配与否的关系，但还不是独立表体手段。而在"将行体"上，趋向前缀就成为表达体意义的主要手段了。傅著125 页指出，趋向前缀"将行体一般不加，只有当强调施事者一定会实施某动作时，才加前缀。……将行体重加前缀一般表示'动作的结果'，含有'完成、结束'的意思，而不加前缀只指'将来'，不强调'完成或结果'"。如：

（2）ɑ^{55}　dzi^{55}　dzɿ^{55}-ʃe^{31}
　　　我　饭　　吃（第一人称单数，将行）
　　　'我要吃饭。'

（3）ɑ^{55}　nie^{55}je^{31}　ti^{55}　dzi^{55}　khə^{31}-dzɿ^{55}-ʃe^{31}
　　　我　（施助）　这　饭　（离心）-吃（第一人称单数，将行）
　　　'我要把这碗饭吃了。'

例（2）只说了将吃，并未说吃到什么程度。整个谓语相当于一般将来时。例（3）加了表离心的趋向前缀，宾语也从泛指变成了有定，整个句子强调"吃"的行为将完成并产生结果，趋向前缀对这一语义的表达贡献良多，整个谓语相当于将来完成体。

此外，傅著（123 页）也谈到，通常不能加趋向前缀的进行体，如果"描述已发生的场景，少量趋向前缀可与进行体后缀搭配，一般用于回答问话时"，如：

（4）a. ti^{55}　wɑ^{31}gə^{24}mə^{55}　də^{5}pʉ^{31}　nəuŋ^{31}　tʂən^{31}　to^{55}　tə^{55}　pei^{31}　ʃtʃɛ^{31}　si^{31}
　　　这瓦　怎么　　弄　（连）房子上（向上）（到达）在（已行体）
　　　'这瓦怎么到房上去的？'

　　 b. tə^{31}gue^{24}je^{31}　ɑ^{55}　tʃi^{55}　tə^{55}-vba^{55}-zəu je^{31}
　　　他（施助）我（受助）（向上）扔-（进行）
　　　'他扔上来给我。'

趋向前缀标记的动词（4a）和（4b）是一对问答。从更多例子看，该用法不一定限于答话中，但不论是否使用在答话中，带趋向前缀和进行体标记的动词都像（4b）中的动词一样凸显该行为的方式功能。值得注意的是，这些句子只有进行体标记，没有已行体标记，却有已行体义。也就是说，在这样的例子中，趋向前缀在表示趋向的同时也"顺便"完成了表示过去进行时中的过去义，再次体现了"物尽其用"的原则。

从傅著（44页）的对比性举例中则可以看到，表示向上趋向的 tə^{55} 在某些心理动词上有突出完成义的作用，如 ʒdʒɑ^{31}（喜欢，爱）~ tə^{55}-ʒdʒɑ^{31}（喜欢上了）。

如例所示，普米语动词本身就有体的形态，但是，趋向标记可以帮助凸显体意义，或对体语义进行更细微的区分，或在某种情况下直接代替体标记表达体意义。

2. 帮助表示语用性否定意义。从傅著（44—45页）一些趋向前缀表特殊意义的用例可以看出，有些前缀似有反语、不受欢迎、不应该这一类体现言者主观态度的语用含意：

（5）a. ti^{55}tʂən^{31}gui^{55}je^{24} tə^{31}dʒɛ^{24} nɑ^{55}bie^{55} tə^{55}-ʒdʒɑ^{31}-pɑ^{31}si^{31}
　　这 小孩（施助）一下子　你（受助）（向上）-喜欢-（不自主，已行）
　　'这小孩一下子就喜欢上你。'
　b. ɑ^{55}　nɑ^{55}　bie^{55}　nə^{31}　-ʒdʒɑ^{31}　-si^{31}
　　我　你　（受助）（向下）　-喜欢　-（已行）
　　'（你以为）我喜欢你（其实不然）。'

（6）a. də^{31}-dʑɛ^{55}dʑəuŋ^{31}　　b. khə^{31}-dʑɛ^{55}dʑəuŋ^{31}
　　（向心）聚集　　　　　（离心）聚集
　　'聚集'　　　　　　　　'不受欢迎的聚集'

（7）a. xɑ^{31}-stan^{24}　　　b. nə^{31}-stan^{24}
　　（向心）关（羊）　　（向下）关（羊）
　　'正常的关'　　　　　'不该关，关得不正常'

例（5a），表喜欢的动词前加向上趋向前缀 tə^{31} 表示语用上肯定的意思，而（5b）动词前加向下前缀 nə^{31} 就表示反语——语义上肯定，语用上否定。例（6a）表示聚集的动词前加向心前缀，表示正常的聚集（语用上肯定或中性），而（6b）加离心前缀 khə³¹ 则表示不受欢迎的聚集（语用上否定）。例（7a）表示关的动词前加向心前缀表示正常的关羊，（7b）加向下前缀则表示不正常的关羊。

表面上看，以上例子似乎都是意义对立的趋向前缀对比着用，肯定否定是趋向前缀自身语义的自然引申。其实这里语用对立的双方在句法语义的组合上是不对称的。

就例（5）来说，a 句主观肯定加向上前缀，这是表"喜欢"的动词与趋向前缀的正常组配，因为喜欢是正面心理，因此使用倾向正面的向上前缀很正常，动词和前缀的语义都指向谓语所陈述的客观对象，没有言者态度的加入。而 b 句中向下趋向前缀在这里与"喜欢"的词义并不匹配，它并不是指向心理行为本身的，而是说话人对该句命题内容否定讽刺的主观态度。这时，趋向前缀不是作用于句子的客观真值语义，而是指向言者，成为表达言者否定态度的标记。这是趋向前缀表义功能的一大扩展。例（7）也是这种情况。加向心前缀时，与动词词义匹配，傅著说明言者态度可以是中性的（所谓肯定，应当是与否定态度相比而言的语境意义）。加离心前缀时，与动词词义不匹配，而且不改变真值语义（所述事实仍是关羊），改变的是言者的评论态度——说话人认为这一关是不正常的。从这些例子看，用"向下、离心"一类可带负面色彩的趋向成分标示说话人的主观态度是普米语中较成系统的手段。

用跟所加的实义动词词义无关的趋向前缀标示言者主观态度，这在其他语言表趋向的成分中并不多见。汉语"下去"似乎多少也可以表达一些负面色彩，如"烂下去了、堕落下去了"，但其实主要是靠所匹配的实义动词来表达的，趋向词不能加在正面义动词上表示负面讽刺评价，例如不能表达主观否定义的"优秀下去了"（只能表示继续优秀的客观义）。只有趋向范畴高度语法化和显赫的表达手段才可能有此扩展能力。

3. 趋向前缀与命令式的联系。虽然傅著没有正面讨论趋向前缀有无表命令式的功能，但是考虑到羌语趋向前缀与命令式的密切关系（孙宏开 1981a），我们也从傅著的描写中看到了趋向前缀与命令式的关系。首先，"命令式中，一般情况下加趋向前缀，但当有明确地点时，趋向前缀可省略"（傅著，52 页）。可见，命令式加趋向前缀有相当的强制性。当然，由于普米语命令式有自己的形态，因此，趋向前缀不是表达命令式的主要手段，而是命令式构成中的辅助手段。我们还注意到，普米语还有用分析性手段表命令式的情况，而加在不同种类的动词后表命令式的标记词，多数含有 $nə^{31}$，而这正是表向下的前缀：$nə^{31}sti^{31}$、$nə^{31}stin^{31}$、$pʉ^{55}nə^{31}sti^{31}$、$pʉ^{55}nə^{31}stin^{31}$、$ʃtʃɛ^{55}nə^{31}sti^{31}$、$pʉ^{55}ʃtʃɛ^{55}nə^{31}sti^{31}$（傅著，150—152 页）。在这些标记词中，趋向前缀总是位于 sti^{31} 或 $stin^{31}$ 之前，可以推测，sti^{31} 或 $stin^{31}$ 是现已虚化的与祈使有关的动词，$nə^{31}$ 总是位于这个虚义动词之前，这正是趋向前缀的位置。换言之，在所谓的分析式命令表达法中，也有趋向前缀在起作用。

4. 还有很多动词加不加趋向前缀或加什么趋向前缀会带来各不相同的未必与趋向义直接相关的引申义，这些引申义复杂多变，表义效果因词而异。

例如，动词 $sʅ^{31}$（死）带终点限制离心前缀 $thə^{31}$ 表示正常死亡（死在家里），带终点不限制离心前缀 $khə^{31}$ 表示野兽般死在荒野或说者对死者的憎恨感，带向上前缀 $tə^{55}$ 表示死而复生，带向下前缀 $nə^{31}$ 是诅咒人早死（傅著，48 页）。在这里，趋向前缀主要表达言者主观态度，与趋向义也有隐约的隐喻转喻关系。死在家里是符合常规的，有明确处所，因而用终点限制的离心前缀表示，死在荒野是终点难定的意外事件，因而用终点不限的离心前缀。人活着可以起来，死了只能躺下，因此用向上前缀表示死而复生，用向下前缀诅咒人早死。

这类用例虽然带有一些实义动词的个性，但是趋向前缀仍然符合它们的系统性功能，因为它们可以与动词的词义不相匹配。例如，死去只能是倒下、向下的趋向，但是普米语仍然可以在表死亡的动词"死"上用语义不匹配的表示向上的前缀 $tə^{55}$，从而整合出死而复生的语义，这也是显赫范畴才具有的扩展表达能力，体现了显赫范畴"物尽其用"的原则。而用终点不限制的离心前缀表示说话人对死者的憎恨感，则符合趋向前缀（尤其是离心类、向下类）表示言者负面主观态度的功能。

显赫范畴的扩展功能，需要对该范畴的使用进行详尽观察分析才能充分揭示。本文限于二手材料，对普米语趋向形态扩展功能的揭示还是相当有限的。假如有条件就此做细致的专题调查和记录，一个如此显赫的范畴，肯定会展示出更加丰富的扩展功能。

四、原型核心地位

显赫范畴必须在其表达形式所负载的诸项语义中占据原型地位或核心地位。普米语趋向前缀正体现了这一特征。我们可以借助普米语趋向范畴的例子来进一步剖析显赫范畴的原型语义和扩张功能的区别。

虽然普米语相当数量的动词带趋向前缀后并不表示空间趋向，但这个范畴的核心语义（原型义）无疑就是趋向，而其他的语义是它们的扩展功能或边缘用法。普米语趋向范畴的这些材料正好体现了显赫范畴的原型义和非原型义的区别，或者说"不对称性"。

4.1 原型和非原型义在系统性上的不对称性

趋向前缀的空间趋向义形成一个较严密的系统，每个前缀附于不同的动词表示空间义时有一种方向语义的一致性，不同的趋向前缀则形成多种维度的对立，有上下、终点限制的内外（向心离心）、终点不限制的内外三组对立。有些空间性特别强的动词可以分别带上6个前缀表示6种不同的方向，例如"指、倒（谁）、泼、给、刮（风）"等义的动词。

趋向前缀表示空间趋向以外的扩展义，则是系统性弱的、非直接的现象，受到各种条件制约。例如，趋向前缀可以扩展到动词体的范畴。但是，趋向手段所表示的体无法形成体的系统。趋向范畴主要与已行体匹配，已行体除个别例外，都必须带趋向前缀；与进行体则不匹配，只在少数特殊情况下（四音格、表过去进行等）可以与进行体匹配。与将行体也是在有限条件下匹配。可见，单凭趋向标记，无法形成完整的体系统。在趋向标记与体匹配的情况下，体的意义主要由体标记表征，只有在表将来完成或有结果的将行体中，趋向前缀才起到表完成的主要作用，即表示了"将来完成"这一复合体意义中的完成义。

4.2 语义投射的不对称性

趋向前缀所表示的其他语义，常是或强或弱的趋向义与动词词义互动的产物，通常带有隐喻借喻的功能，即以趋向语义域的义项为喻体，投射到其他语义域，表达后者域内的本体。在跨域投射中，源义域和目标义域有一种不对称性，有点类似词汇意义中的基本义与引申义的不对称。假如趋向前缀用于源义域（空间趋向范畴），语义就限于自身，与潜在的目标义域无关。而目标义域的本体由于是借助源义域的喻体来表达的，因此在表达本体时不可避免地会带上喻体义域的原有语义，至少喻体的本义会以联想义的形式存在。当普米语的趋向前缀用于空间趋向时，不会涉及趋向义可能的投射目标域；当用于其他义域的语义时，则它的趋向义仍会作为喻体存在于说话人的头脑中，至少是隐性存在。

例如，普米语一些表示机体非正常、不好的"形容词性的动词"（当指语义如形容词的动词）使用时要加表示向下的前缀 nə^{31}，如 dʑ^{24}（瘦）、dʑəuŋ^{55}（皮包骨）、bəuŋ^{55}（聋）、dzi^{55}（哑）、dʑən^{24}（呻吟）、ŋi^{55}（病）、dʑui^{24}（发抖）、xie^{55}（浑浊）、bzi^{24}（烂）（傅著，37 页）。这些性状本身不含向下的空间趋向，但用向下的趋向来指不正常的或变坏的状况是符合常规认知模式的，如汉语"衰落、（身体状况）下降、（精神上）堕落、落败"等都含有"落、下"类语素。这可能是因为生命力正常的动植物都往高处生长或挺立，而疾病、死亡会伴随动植物机体倒下等状况，因而可以从空间域投射到机体状况的语义域。这些词语加向下前缀 nə^{31} 时，说听者在心理上会联想到 nə^{31} 的本义（投射源点）。反过来，当 nə^{31} 用于真实的向下趋向的动词时，只会取其源点域的空间语义，不会带上投射目标域的语义。如 v⁵⁵[（日）落]、tsʅ⁵⁵[挤（奶）]、ʥin⁵⁵（坐）、ʨĩ²⁴（掉）、thĩ²⁴（使掉）、tʂhə²⁴（踩）、tʂoŋ²⁴[下（雨、雪、霜）]、ʃtʃho²⁴（春）（傅著，36—37 页）。

所以说，显赫范畴的跨域扩张，主要是一种单向投射，投射双方是不对称的。A 域投射到 B 域，用 A 域手段表达的 B 域语义必然会带有 A 域的痕迹，而 A 域手段指 A 本身，不会带上 B 的语义。

4.3　使用条件的不对称

显赫范畴的原型语义在使用中享有优先实现权，相对于其非原型义是最无条件的、最无标记的用法。显赫范畴的扩展义则需要一定的条件。在普米语趋向前缀所表示的语义中，我们没有看到表示趋向义需要什么条件，但是用于其他用途时，则往往需要一定的条件，包括词义、语境等。例如，表示完成体语义，一般要求与将行体标记同现，两者共同构成将来完成体。向下、离心类标记表示说话人的语用否定态度，也只见于少量特定动词上。在可以理解为空间趋向的场合，都是优先理解为空间趋向这类原型语义的。

综上所述，虽然显赫范畴具有强大的扩张力，可以扩展到其他语义域，使它看起来像是一个跨域多义的范畴，但是在语言系统中，它仍是作为一个单一范畴存在的，以一种语义域作为它的原型语义，其他用途均为其扩展义，是围绕着原型语义而存在的。所以，普米语的趋向范畴形态尽管有很多扩展的用途，但是它的本质是趋向范畴，这是没有疑义的。

五、语法化的程度与过度语法化后的强化

5.1　趋向形态的语法化程度

对于语法系统来说，成为显赫范畴的基本条件就是表达它的形式手

段语法化程度高或句法功能强大。具体表现在强能产性（类推性）、使用强制性和较多样的句法分布上。这一点在普米语的趋向范畴上表现得非常明显，普米语的趋向前缀是语法化程度很高的趋向表达手段。傅著穷尽考察的426个动词中，只有32个动词不能带趋向前缀，包括存在动词、判断动词、能愿动词等"本身无所谓方向的动词"。考虑到动词出现在句子中，尤其是在已行体句子中是强制要加趋向词的，这已是非常高的比例，体现了很强的类推性和使用强制性。我们很难在非羌语支语言的语法库藏中看到有如此大的强制性的动词趋向形态。

总体上，绝大部分动词都要加趋向前缀，但是具体到6个前缀和各个动词的组配能力，则远不是每个前缀都能加到所有这些动词上，因为要受动词词义的制约。这是任何形态都会有的现象。英语名词的数形态是很显赫的范畴，但是仍有相当数量的不可数名词没有单复数的区别，因为其语义与复数不匹配。趋向前缀本身有实际空间义，因此普米语大多数动词只适合带其中的一到两个前缀。这种语义制约并不影响普米语趋向范畴总体上的显赫程度。

普米语趋向范畴基本上没有句法结构方面的制约，凡是动词以谓语身份出现的句法位置就能用趋向形态。但是在体、式（语气）等方面有一些局部限制。如进行体一般不加，但在四音格及问答语境中谈论已发生行为的进行体（近似于过去进行体）时有部分动词会带趋向前缀（傅著，123页）。疑问式、命令式和祈使式三种式范畴表达式中，各有一些可以加趋向前缀、可以不加或不能加的情况（详傅著，52页）。这些都属于形态范畴的正常限制，其他语言中的显赫范畴也是经常有的。如英语祈使句对动词的时体也有各种限制，不是任何时体都能出现的。这些都并不减弱普米语趋向范畴的显赫性。

趋向前缀的强制性，最显著地存在于已行体，"已行体中绝大部分必须加前缀，只有以下几个动词可以不加"（"前缀"指趋向前缀。傅著，122页），进行体和将行体则是在某些条件下要加趋向前缀（傅著，123—125页）。这种强制性，还突出表现为语义上的羡余性。真正表空间的趋向前缀，需要在语义上与动词匹配。当动词本身有特定的空间义时，匹配常常意味着趋向前缀的语义已经包含在动词词义中。尽管如此，趋向前缀仍必须使用，可见它在语义上可能是羡余的，但是在句法上却是必须出现的，这就是形态的语法强制性的最显著体现。如：jo²⁴（抬）要加向上前缀tə⁵⁵，v⁵⁵[（日）落]、ʃtʃho²⁴（春）要加向下前缀nə³¹，ɖən²⁴[（棍子）断]、bʉ⁵⁵ɖa²⁴（散）要加终点限制离心前缀thə²⁴，ʃtʃin²⁴[（索）要]、zdʉ⁵⁵zdʉɛ²⁴（收拢）要加终点限制向心前缀də³¹，dʒɿ⁵⁵[生（孩子）]、pho³¹pho³¹（分家）要加终点无限制离心前缀khə³¹，thsɿ²⁴（接住）、ʃtʃʉ⁵⁵（搂）要加终点无限制向心前缀xa³¹/a³¹。以上这些动词加了趋向前缀，实际上并没有为动词增加什么信息，因为动词的词义已经包含了这些趋向前缀的语义。如"抬"肯定是向上用力的动作，"日落"肯定是向下的天体运动，"断开、散开"都是离心的行为，"索要、收拢"都是有明确终点目标的向心的行为，等等。这些前缀的使用，完全是语法强制性的效应。

5.2　过度语法化和强化补偿机制

关于显赫范畴语法化程度，还有另一种现象很值得关注，那就是过度语法化（over-grammaticalization）和由此而过度扩张导致的原型功能的弱化及其相应的补偿机制。

普米语的趋向形态事实上已经出现了过度语法化的情况，因为趋向范畴成为强制性形态，使得很多动词并没有空间趋向义也要带上趋向前缀，在"物尽其用"的原则下，不少趋向前缀实际上通过隐喻转喻等机制帮助表达了空间以外的意义，从而大量扩展到非原型语义域，使得趋向前缀表趋向的比重不高，一定程度上弱化了趋向标记表空间趋向这一原型功能。傅著（72页）在分析了趋向前缀功能多样化后指出："也许正是由于趋向前缀的多功能性，使得其原来表趋向的功能衰退，让位于带有一点分析性的趋向短语。这是普米语动词趋向发展的大势。"

傅文提到的趋向短语，某种程度上是普米语为了补偿趋向形态表趋向功能的弱化而出现的补偿现象，是趋向信息的强化［关于语法化中的强化，参看刘丹青（2001）］。下面我们引用傅著的材料做进一步的分析。

普米语除了直接在动词上加趋向前缀这一表达手段外，还常在主要动词后再带一个趋向动词，有点像汉语中的趋向补语，是分析性的句法成分，区别于趋向形态。

值得注意的是，这种语义强化的手段，并没有削弱趋向形态在语法上的重要性，因为用来强化趋向信息的趋向动词，本身也要强制性带上与主要动词上的趋向前缀等同的趋向前缀，使趋向前缀 P 在一个动趋组合中出现两次，形成"$P_1V_1P_1V_2$"式趋向强化结构，其实在语法上进一步表征了趋向范畴作为显赫范畴的分量。

能用作 V_2 的是一个封闭性的小类，只有 14 个词形，实际上只有离心和向心两大类语义，作者分别用"赶去、去"和"赶来、来"四个词来翻译，其他的区别都是式（陈述句命令句有别）、示证（亲见、听说等）等方面的区别。而一个谓语单纯用趋向前缀，还是趋向前缀加趋向动词，会导致主宾语的数、行为的方式等方面的不同。

从实例看，有些趋向动词与趋向前缀的语义有差别，表示了行为的不同侧面，例如（傅著，57，60 页）：

（8）nie^{24}　də^{31}　dzə^{55}nəuŋ^{55}　tə^{55}　kə^{31}　tə^{55}　nəuŋ^{31}
　　　你　这边　（从助）　　（向上）　割　（向上）　赶去
　　'你从这儿往上割。'（言者在下方）

（9）nie^{24}　u^{55}　dzə^{55}nəuŋ^{55}　nə^{31}　kə^{55}　nə^{31}　zəuŋ^{55}
　　　你　那儿　（从助）　　（向下）　割　（向下）　赶来
　　'你从那儿往下割。'（言者在下方）

（8）句表割的实义动词上加了向上前缀 tə^{55}，后面加的则是离心趋向动词 nəuŋ^{31}，但该词上也要与实义动词一样加上向上前缀 tə^{55}。从释义看，向上前缀表示收割行为的客观走向，离心趋向动词则表示收割方向离说话人而去的主观定向。（9）句实义动词上加了向下前缀 nə^{55}，后加的则是表示向心的趋向动词 zəuŋ^{55}，表示收割方向向说话人而来的主观定向，同时也要带与实义动词一致的向下前缀 nə^{31}。

有一些例子趋向前缀和趋向补语的语义甚至是相反的，如（傅著67页）：

（10） bʉ^{55} khə^{31}　jin^{55} khə^{31}　tʂhoŋ^{55},（ɻəuŋ^{55} khə^{31}- xiɛ^{55}nə^{5}sti^{31}).
　　　天（离心）晴（离心）来　　羊（离心）放（命令）
　　　'天放晴了，去放羊吧。'

此例实义动词和趋向动词都带终点不限制离心前缀 khə^3，但趋向动词本身是表向心的 tʂhoŋ^{55}。khə^{31}tʂhoŋ^{55} 成为带离心前缀的向心趋向动词。这一配置未必怪异，它可能体现了"天放晴"这一天气变化的不同属性。表"放晴"的动词与离心前缀搭配，可能凸显了云雾散开的客观情况；而后接向心趋向动词，则反映人们对晴天的正向期盼。后接分句正说明言者认为放晴便于放羊。此例也反映了趋向前缀和趋向动词的语义互补作用。

也有一些动词上所加的趋向前缀，与后面的趋向动词的方向是一致的，两者语义上有羡余强化关系。如（傅著，66、69页）：

（11）ŋaŋ^{24}　thə^{31}　keuŋ^{55} thə^{31}　lo^{24},（tʂhəuŋ^{55}　pʉ^{55}dziu^{55}).
　　　菜（离心）凉（离心）去　赶紧　吃
　　　'菜快凉了，赶紧吃。'

（12）ti^{55}　sɛ^{31}tua^{24}　də^{31}　xku^{55}　də^{31}　zəuŋ^{55}!
　　　这　树枝　（向心）弄弯（向心）赶来
　　　'把这树枝弄弯过来！'

例（11）实义动词 keuŋ^{55} 和趋向动词都加了终点限制的离心前缀 thə^{31}，而后加的趋向动词也是表离心的 lo^{24}，全句出现了三个表离心的语素，但都不是用于实在的空间趋向，这一用法体现了趋向前缀的强制性和趋向动词的语义强化作用。例（12）实义动词和趋向动词都加了终点限制的向心前缀 də^{31}，两者都有一定的趋向义，其中趋向动词的趋向义更强一些，有一定的强化作用。

趋向前缀和趋向动词的并用，并不都是羡余强化的作用。事实上普米语也利用这两种形式的对立表达其他一些语义对立，从而使趋向范畴又产生了新的扩展功能，进一步体现了语法库藏的"物尽其用"原则。例如，傅著（70页）指出："趋向前缀一般指一次性动作的方向，受事往往是个体；而趋向补语一般指重复性动作的方向，受事往往是群体。"如：

（13）ti⁵⁵　ɬiɛ³¹biɛ³¹　ʒdʒe⁵⁵　tə⁵⁵　　-ɬu⁵⁵!
　　　这　萝卜　　　颗　　（向上）拔
　　　'把这颗萝卜拔上来！'

（14）ɬiɛ³¹biɛ³¹　tə⁵⁵　　-ɬu⁵⁵　tə⁵⁵　　zəuŋ⁵⁵.
　　　萝卜　　　（向上）拔　　（向上）赶来
　　　'从下面把这片萝卜拔上来。'

从作者的释义可以看出，不加趋向补语的句子，表示的是对单个受事（萝卜）的行为；加了趋向补语，就成为对集体性受事（地块里的许多萝卜）的行为。在这里，语法库藏中的趋向形态和趋向补语的区别被用来表示受事的个体性（单数还是集体型复数）和行为的个体性（肢体的单一动作还是肢体的若干重复动作形成的整个行为）。这也可视为趋向范畴作为显赫范畴的另一些扩展功能。

从以上情况可见，趋向前缀和趋向动词的同现，有时意义相通，趋向动词有强化作用；有时语义不同甚至相反，趋向前缀和趋向动词分别凸显了动作行为的不同侧面，有一定的互补性；还有的时候被用来表示趋向范畴以外的受事和动作的个体-集体的范畴对立。

六、心理激活度和可及性

显赫范畴在心理层面是易被激活的、可及性高的范畴。趋向范畴的以上形态句法表现，显示显赫范畴在普米语母语者心目中是容易被激活、可及性高的范畴。由于趋向前缀使用的强制性，普米语的母语者至少在构造已行体及部分其他体的句子时，每说一个动词谓语都要决定选用哪个趋向前缀，或根据实际的空间趋向，或根据认知上以隐喻、借喻等机制被识解的趋向。这必然使得趋向概念作为一种语义范畴在说听双方的头脑中时刻都处于被激活的状态，因而也是在心理上很容易达及的对象。这种容易达及的语法库藏,犹如放在仓库中最醒目处的工具,自然会被说话人"物尽其用",用来表达其他相关范畴的内容,实现功能的扩展。以易激活的可及性高的手段作为喻体来表达其他语义域的范畴,是隐喻转喻中最常用的机制,也是表达中最经济、最省力、也最有效的选择。

七、小结

通过对普米语趋向范畴各方面表现的分析,可以看到普米语的趋向范畴在所有方面都体现了显赫范畴的属性,而且表现得非常典型。通过这一现象,可以加深我们对于语法库藏中显赫范畴的认识。

表达趋向范畴的形态是羌语支语言共有的语法库藏。从包含羌语支专节的马学良主编(2003),到分别描写羌语支语言的著述(如:麻窝羌语:孙宏开1981a;刘光坤1998:170—175;桃坪羌语:孙宏开1981b;雅都荣红羌语:黄成龙1997;LaPolla & Huang 2003:154—161;蒲溪羌语:黄成龙2006:132—135;白马语:孙宏开等2007:87—92;扎巴语:龚群虎2007:78—81;新龙木雅语:铃木博之2012),我们都看到了对趋向范畴的报道。这些描写虽然有详有略,但从中足以看出,本文所分析的普米语趋向范畴的各个属性,大体上也都存在于羌语支各语言中。例如马学良主编(2003)、LaPolla & Huang(2003)都提到了趋向前缀表时体义的现象。有些语言的趋向范畴还扩展到傅著没有提到的一些范畴,但其基本的机制仍是一致的。如铃木博之(2012)所描写的新龙木雅语的趋向范畴可以加在判断动词上表示说话人的主观判断,不同的趋向前缀加在判断动词前分别表示"以不确实的、没亲自确认过的、由情况判断的知识为基础的描述"和"以刚刚认识的、亲自看见而获得的知识(现知)为基础"等,从其描写看,似乎与示证范畴(evidentiality)非常接近。

此外,我们从这些著述中还可以了解到几点重要的情况。

1. 不同的语言趋向前缀有 3 个到 11 个不等（孙宏开教授提供），但是"各语言表示相同方向的前缀大部分有共同来源（马学良主编 2003：251）。这说明趋向前缀的源头早在羌语支分化之前的祖语中即已存在，其语法化已经历相当的时间跨度。当然，不同语言趋向前缀的语法化程度和显赫程度还要比照语法化和显赫度的测试标准来详细衡量，不能单看趋向前缀的数量。趋向前缀多的，不代表更加显赫，甚至可能语法化程度还不高、不够显赫。因为语法化程度高的成分往往数量很少；成员太多，可能会接近词汇性成分。另一方面，趋向范畴的形成，也不会早至羌语支尚未与其他藏缅语分化的时代，因为这类趋向形态在藏缅语中只存在于羌语支，是羌语支区别于其他语支的一项主要语法特征。有些非羌语支藏缅语有相当虚化的趋向形态，如喜马拉雅地区的苏龙语，但用的是三个趋向后缀（李大勤 2004：133—134），不应与羌语支趋向前缀有同源关系。

2. 语言趋向前缀与表示方向的方位词有词形上的密切关系，可以推测羌语支的趋向前缀是从方位名词虚化而来的（孙宏开 1981a；马学良主编 2003：236），而非来自趋向动词。这可以解释为什么趋向词缀都在动词前做前缀，而趋向动词补语却在动词之后，也解释了为什么趋向形态不像藏缅语及其他 SOV 语言的多数形态那样取后加形式。

3. 羌语支总体上是形态相当丰富的藏缅语，仅动词就有人称和数的一致关系、时体、式、态等各种语法化程度较高的形态范畴。趋向范畴在这众多范畴中仍显示了它的显赫地位，展示了"物尽其用"原则的威力。另一方面，因为语法库藏同时存在其他众多形态范畴，所以也在一定程度上抑制了趋向范畴的扩张域。在其他范畴较少的情况下，趋向范畴的表达手段可能还会进一步扩展，兼表更多的范畴，更充分地展现"物尽其用"原则。

研究羌语支语言的学者无不注意到趋向范畴在这些语言中很重要。而本文因为采用了库藏类型学的显赫范畴的观念和衡量尺度，所以可以将某形态的"重要性"落实为显赫范畴的五项具体指标，尤其是展示了"物尽其用"原则的作用力。需要说明的是，显赫范畴的五项指标，是刘丹青（2012a）提出来作为显赫范畴的共有属性的，提出时尚未想到与羌语支趋向范畴的联系。本文说明显赫范畴是有共性、可度量的，被诸家公认为羌语支共同特征的趋向范畴，正好完美地符合这五项指标。

从跨语言共性的角度看，显赫范畴可以分为两大类。一类是常见显赫范畴。它们在很多语种中都进入语法库藏甚至表现显赫，如名词代词的数、格，动词的时、体、态、式等，存在于世界上许多语言，在众多语言中可以归入显赫范畴。另一类是稀见显赫范畴。虽然它们涉及的语义内容在众多语言中都能得到表达，但在很多语言中不是语法库藏里的手段，更不是显赫范畴，只在个别或少量语言中作为显赫范畴而活跃地存在。羌语支的趋向范畴便是这样的一种显赫范畴。这种范畴在羌语支以外的藏缅语中就不存在。

显赫范畴是塑造一种语言类型特征的重要指标。比较起来，稀见的显赫范畴在语言类型分类时的地位更加重要，因为该范畴很少存在于其他人类语言，也就更加能作为存在该范畴所在语言或语群的类型特征而得到重视。LaPolla & Huang（2003：2）简要提及羌语支的两大特点时把存在趋向范畴作为其首要特点（另一特点是语音方面的），傅著将趋向范畴放在普米语动词各范畴之首，马学良主编（2003）将趋向范畴放在羌语支动词形态的第一种来讲，都与趋向范畴在跨语言分布中的稀少性有关。羌语支还有人称、数、时体、态、式等诸多形态范畴，有的也相当显赫，但这些范畴广泛存在于许多语言的语法库藏，因此它们作为某语种（语群）的特点就不像稀见的范畴那么显著。从解释的角度看，最常得到语法化形态化的范畴往往事关人类语言交流时最需要的信息，而稀见的形态范畴通常不是最需要语法化的表达内容。那么，它们为什么在那个别或少数语言中存在？与它们的其他类型特点是否有关？这是需要专门的深入研究才能解答的问题，因而也是更值得探讨的课题。调查和研究显赫范畴应当是语法调查的一项重点任务。

参考文献

傅爱兰　1998　《普米语动词的语法范畴》，北京：中国文史出版社。
龚群虎　2007　《扎巴语研究》，北京：民族出版社。

黄成龙　1997　羌语动词的前缀,《民族语文》第 2 期。
黄成龙　2006　《蒲溪羌语研究》,北京:民族出版社。
李大勤　2004　《苏龙语研究》,北京:民族出版社。
铃木博之　2012　新龙木雅语中带方向前缀的判断动词,《语言学论丛》(第四十五辑),北京:商务印书馆。
刘丹青　2001　语法化中的更新、强化与叠加,《语言研究》第 2 期。
刘丹青　2011　语言库藏类型学构想,《当代语言学》第 4 期。
刘丹青　2012a　汉语的若干显赫范畴:语法库藏类型学视角,《世界汉语教学》第 3 期。
刘丹青　2012b　汉语差比句和话题结构的同构性:显赫范畴扩张力一例,《语言研究》第 4 期。
刘丹青　2013　古今汉语的句法类型演变:跨方言的库藏类型学视角,《第四届国际汉学会议论文集·语言资讯和语言类型》,郑秋豫主编,台北:台湾"中研院"。
刘光坤　1998　《麻窝羌语研究》,成都:四川民族出版社。
马学良(主编)　2003　《汉藏语概论》,北京:民族出版社。
孙宏开　1981a　羌语动词的趋向范畴,《民族语文》第 1 期
孙宏开　1981b　《羌语简志》,北京:民族出版社。
孙宏开、齐卡佳、刘光坤　2007　《白马语研究》,北京:民族出版社。
LaPolla, R., & Huang, C. 2003. *A Grammar of Qiang with Annotated Texts and Glossary*. Berlin & New York: Mouton de Gruyter.

(原载《民族语文》,2013 年第 3 期)

论语言库藏的物尽其用原则[*]

零、引言：语言库藏类型学的核心要义

本文以我们倡设的语言库藏类型学（刘丹青 2011，2012）为背景，基于形式库藏-语义范畴相互关系的跨语言差异，特别是表达显赫范畴的语法形式的跨范畴扩张，提出语法库藏使用的一条基本原则——物尽其用原则。我们将该原则视为更加基本的语言经济原则在语法库藏（聚合关系）方面的一项重要体现，与经济原则在组合关系方面的表现一起构成语言经济原则的完整表征。

这里先简述一下语言库藏类型学的核心要义，包括其核心概念之一——显赫范畴。

语言库藏类型学注重语义范畴（含语用功能）和语法库藏手段的双向制约，尤其关注语言库藏在不同语言中的存在与否及库藏属性（显赫度）对语义范畴的影响，以及由此形成的形义关系的语际参差性，避免从语义范畴出发寻找语法对应物的单一视角的局限。

库藏类型学尤其重视不同语言中显赫范畴的作用。显赫范畴是语言库藏中语法化程度高和/或语法功能强大的语法手段所表示的范畴。显赫范畴的特点之一是具有范畴扩张的能量，即在特定语言中显赫范畴的

---

* 本文为中国社会科学院创新工程项目"汉语口语的跨方言调查与理论分析"的阶段性成果。初稿曾先后在首届语言类型学国际学术研讨会（2013 年 12 月 2 日，常熟理工学院）、香港中文大学（2014 年 3 月 20 日）、美国哥伦比亚大学（2014 年 5 月 8 日）、首都师范大学（2014 年 6 月 25 日）宣讲。会上会下蒙金立鑫、Hilary Chappel、李行德、蒋平、邓思颖、刘乐宁、洪波诸教授和唐正大、陈玉洁、高再兰、王芳、夏俐萍、郭中、白鸽、盛益民等博士惠予意见，一并致谢。尚存问题由作者负责。

表达手段可以扩展到其原型范畴以外的语义域，这是造成形义语际参差性的最重要原因。

本文旨在揭示语言手段的库藏属性所导致的显赫范畴扩张力背后的重要动因——语言库藏的物尽其用原则（The Maximum Utilization Principle of Language Inventory，简称物尽其用原则）。

在语法库藏中，存在着一种马太效应（The Matthew Effect）：越常用，越显赫；越显赫，越常用。具体地说，一种手段越是常用高频，越容易使所表达的范畴取得显赫范畴的地位；一种范畴越是显赫，其表达手段越是会高频出现，以至扩展到其他范畴的语义域。因此，每种语言都会形成一些自己的显赫范畴，显赫范畴的不同是形义关系语际差异的根本原因。这种马太效应在词库中也有表现，即高频词的极端多义性。

当然，显赫范畴也不会无限扩展，因为语言中也存在着制约显赫范畴过度扩展的因素，尤其是语言表达的区别性要求，此点容另文研究，初步讨论可参看刘丹青（2013a）。

本文将从语义范畴到语法库藏、语法库藏到语义范畴两个方向来论证物尽其用原则的作用及其限制。具体涉及时体范畴、趋向范畴、疑问代词、类指等个案的讨论。

下面先从作为本文重要理论基础的语言经济原则谈起。

一、从语言经济原则到物尽其用原则

语言的经济原则是法国语言学家 André Martinet 在前人相关思想的基础上明确提出的一条语言运转的基本原则。他强调经济原则在语言历史演变和语言共时状况中的作用，认为经济原则支配人们言语活动的规律，它不仅是节省力量消耗的同义语，而且是指在保证语言完成交际功能的前提下，人们对言语活动中力量的消耗做出合乎经济要求的安排；从这一点出发，它能对语言结构演变的特点和原因提供合理的解释（参看周绍珩 1980）。

语言经济性是语言使用和演变的根本原则之一，但不是唯一的原则。语言的结构和应用也受其他原则制约，那些原则和经济原则处于时而共谋、时而竞争的关系。如语序象似性原则，它有时能让语序本身表示现实中的时间顺序，省去表示时间的手段，这种安排同时符合语序象似性和经济性，形成共谋合力关系；也有时，象似性和经济性构成竞争。比较：

（1）a. 校长见了一次家长，班主任也见了一次家长。（两个小句，两个事件，符合语言单位象似性，不经济）

   b. 校长和班主任分别见了一次家长。（一个小句，两个事件，经济，不符合语言单位象似性）

我们认为，语言经济性在语言中的作用主要表现在组合和聚合两个方面。

组合经济性也可称交际经济性或在线经济性，作用于实际言语中的组合关系。其原则是：表达同样的内容，用尽可能少、短、简的语言单位。其最直接体现"经济性"的另一种说法是"省力"。

聚合经济性也可称认知经济性或恒久经济性，作用于头脑中的聚合关系，涉及语言库藏单位的获得、储存和调用。其原则是：尽量减少学习、记忆和取用的库藏负担。[①]

以往对语言经济性的关注，较多在组合-交际领域，例如同指省略、音素脱落、虚词省略、成分共享等。对聚合-认知经济性的关注偏少，但偶有涉及。例如，据 Sgall（1995），布拉格学派的类型学认为，一种语言倾向于采用单一类型的语法手段（例如同为前置或同为后置的语序），就是基于语言经济性的动因。这种经济性，不是说话时语法单位的简省，而是头脑中需要学习和记忆的语法规则更加单一，因而这是聚合-认知意义上的经济性。

聚合-认知经济性是语言的根本属性之一，作用强大。例如，对于

[①] 此外，语言学理论也可以有经济性，其原则是：用尽可能少、简单、直接的规则解释尽可能多的语言事实。这是组合经济性和聚合经济性在理论领域的投射，也体现科学理论的一般追求。

普通论元结构的三大成分 S（不及物主体论元）、P（客体论元）和 A（及物主体论元），理论上至少包含以下三种形态配置模式：S-P-A（三分）、SP-A（通格作格二分）、SA-P（主格宾格二分）。事实上，有格形态的语言绝大多数采用二分法，即主宾格类型或作通格类型，极少有语言采用三分法（Whaley 1997/2009：158）。这就是聚合经济性的巨大威力。SA 之别和 SP 之别都只有语义学价值而没有句法学价值，因为双方没有同句同现的机会。在同一小句中需要区分的只是 A 和 P，上述两种二分法各自都足以区分 A 和 P，三分法则超出了句法的最小需求，语言经济性将这种看似充分表义的形态配置毫不留情地挡在人类语言的语法库藏外。

语言库藏，是聚合关系的总和。物尽其用原则属于聚合-认知的经济性。格系统容二分拒三分的现象，就是物尽其用原则的体现之一，即充分用好通格（既表不及物主体，又表及物客体）或主格（既表不及物主体，又表及物主体）。该原则的用途主要体现在两个层面：

一般库藏层面：让语言库藏中的语法手段尽可能得到充分利用，淘汰不必要的库藏，就能减少语言库藏的总量。

显赫范畴层面：让容易激活、可及性强的显赫范畴得到充分利用，就能减少调用语言库藏手段的认知负担[①]。

笼统的语言经济原则无法直接而贴切地解释在跨语言比较中显现出来的语言库藏和显赫范畴现象。物尽其用原则能更具体确切地揭示其中的规律。该原则适用范围更明确——语言库藏，属于聚合经济性；涉及

---

① 本文初稿在会议上报告后，蒙博士生周晨磊告知笔者，Dixon（2010：221）已对类似现象有所注意，他说："看起来语言喜欢最充分利用它一切可用的手段。比如，一个以某词类为主要功能角色的范畴可能会发展出与另外一个词类有关的第二种功能。再如，格系统总是与名词（和代词）相关，但是在很多语言中格还被扩展到动词上，用于表示各种从句连接标记，或者把体或情态意义附加到整个小句上。时体标记通常加在动词上，但在某些语言中也用于名词。"(If often seems that languages like to make the fullest use of whatever is available. A category whose major role is with one word class may develop a secondary function with another class. A case system always relates to nouns (and often also pronouns) but in many languages cases can be extended for use with verbs, where they may mark varieties of clause linkage, or add aspectual or modal meanings to the clause as a whole. Tense and aspect markers are typically attached to a verb but in some languages they may also be used with nouns.) 这可以看作对相关原则的早期探索，虽然还没有将其理论化。特此录之。

面更有针对性——形义结合的模式,尤其是显赫范畴的跨范畴扩张;适用领域更专门——跨语言比较。

二、物尽其用现象例析:从范畴看库藏的视角

言语交际所需谈及的语义范畴是极其繁多的,每个语种只会让其中的一小部分范畴入库,即成为有专门语法手段表达的范畴;入库范畴中也只有一部分会成为显赫范畴。

陆丙甫、郭中(2005)认为,语法系统将人类交际中有战略需求的重要范畴凝固为语法范畴,其余则靠临时性的战术处理来解决。这一想法很有道理。

什么范畴被视为战略需求而得以入库,语言之间既有差别,又有共性。大体上,什么范畴入库、用什么手段入库、库藏属性(显赫度)如何,是因语言而别的,由此构成类型差异的重要方面;而什么范畴优先入库,则常常存在统一的优先序列,成为语言共性的重要因素。例如,有些语言名词有单数复数等形态构成的数范畴,有些语言没有名词数形态范畴,而名词与数词之间有个体量词(类别词)作为功能词。而同属量词入库的语言,汉语量词比藏语支的量词要显赫得多,汉语中吴、粤等方言的量词又比普通话及官话方言的量词要显赫得多。这是显著的类型差异。另一方面,看 Greenberg(1963/1966)共性 30 条:如果一种语言里动词有人称-数的范畴或有性的范畴,那么它总有时-式的范畴。这也就是说,动词的时-式是比动词的人称-数更优先入库的范畴,这是跨语言的共性。

人类语言尽管存在语义范畴入库的显著类型差异,但是语言之间又都是可翻译可沟通的。语法库藏各异的语言系统是如何表达同类语义的呢?

一种途径是迂曲说法(periphrastic expressions),即靠实词或其组合。比起语法手段(形态、虚词及不占时段的语序)来,词汇手段往往要牺牲一定的组合经济性,有时也会牺牲聚合经济性,因为可能要在词

库中储存更多词项。

另一途径便是现成的入库语法范畴、特别是显赫范畴的物尽其用，以这些范畴表达手段的扩展用法来表达非入库的语义范畴，从而在不增加库藏手段的情况下增加语义范畴的表达潜能。我们常常看到在甲语言中的 A 范畴语义，在乙语言中是由表示 B 范畴的语法手段表示的。在乙语言中，A 范畴并不是该手段的原型语义，而是 B 范畴作为显赫范畴的扩展语义。如用体范畴的手段来表达时范畴的语义（见下），用话题结构来表示被动语义（参看 Li & Thompson 1976），或用中动句、无定主语句、动词逆向句、逆被动句等来起到与被动句类似的改变主语宾语前景背景地位的作用（Keenan & Dryer 2007）。甚至在任何语言里都不入库的范畴，也可以在不同语法系统中用核心语义范畴各异的语法手段来表示，如类指，各语言没有专用入库手段，而常用其他显赫范畴来表示，如复数标记或定冠词等（见下，详见白鸽 2013）。

如何定义一个范畴的原型性需要专文讨论，这里只做简单说明。原型范畴是该手段最无条件获得的解读，是句子断言（assertion）的语义组成部分，不能被语境取消。而扩展范畴或边缘范畴的出现需要更多句法语义条件，有时只是句子的蕴含义（implicature），可以被语境取消。

本节先由语义范畴看语法库藏的角度来讨论一些物尽其用的例子。

说话时间是语言表达中重要的时间参照点，以此为基准划分出的时间段点，成为很多语言动词形态或虚词的核心语义，由此形成时态（tense）范畴。最基本的是现在（说话时所在时点或时段）、过去（说话时间之前）、将来（说话时间之后）的三分法时态，其中过去和现在（或非过去）的区分似乎更加基本。德国康斯坦茨大学的在线语言共性库 746 条共性指出：如果一个动词系统有时态对立的标注，那么该对立会存在于过去与非过去之间（IF there is an encoding of a tense opposition in a verbal system, THEN this opposition will hold between Past and non-Past.）。当然，还存在更复杂的时系统，例如将过去事件分为一天内的、一天到若干天的、一个月以上的、等等［参看罗仁地、潘露莉（2002）对日旺语的描述］。有时态的语言即使句中不用表时间的名词、副词、介词短语等，动词的形态也会展示出所述事件的时间属性。

然而，远不是所有的语言都有时态。例如，根据语言结构世界地图（WALS）第 66A 图的统计，在所统计的 222 种语言中，有 88 种没有动词形态的过去-非过去之别。而由上引共性 746 可以推断没有过去-非过去形态对立的语言也很难有其他的时态。不过，Timberlake（2007）指出美洲的 Mapudungun 语和 Lakhota 语都只有将来与非将来的动词形态对立，没有过去和非过去的对立，但前者也被描写为非现实式与现实式的对立（详下）。

那么，没有时态库藏的语言是否就必然无法在语法上表达时范畴，必须靠名词副词等迂说手段来表达时间？并非如此。体、式、趋向等范畴义都可能行使时范畴含义的功能。

汉语学界倾向于认为，现代汉语没有时范畴，只有用体助词（或称体词缀）"了、着、过"等表示的体范畴。Li & Thompson（1981）第 6 章明言汉语没有时标记，只有体标记，并将这几个助词都看作体标记。《现代汉语八百词》（吕叔湘主编 1980）称"了$_1$"主要表示"动作的完成"，"着"是"表示动态的助词"，表示"动作正在进行""状态的持续"等。"过"也是"表示动态的助词"，表示"动作完毕""过去曾经有过这样的事情"。该书所说的"动态"，大致就是后来所说的"体"而非"时"，实际上就是为了替换早期的"时态助词"的说法而提出的。不过，关于"过"的经历体用法，该书提到了"过去曾经有过"，而"过去"当属"时"的概念。赵元任（1968/1980：668）也将这个"过"称为"不定过去时后缀"（indefinite past suffix）。这一点可以一议。

Li & Thompson（1981：226）将"过"称为"经历体"（experiential aspect）。他们虽然也提到"过"表示该事件在过去至少发生一次，但重点不是该行为的发生，而是在"至少发生一次"。也就是说，即使其"过"含有"过去"的成分，该标记本身的语义偏重于事件的数量（至少一次）而不是时间（过去）。其实，"过"只是在语义上与过去时间最匹配，因而最常见于过去事件，但它并不排斥跟泛时或将来时等非过去时事件匹配，如：

（2）我想告诉身边所有的人，瑞士，是你一辈子不得不去的一个地方；只要你去过一次，你就会从此爱上她！（网文《我的瑞士旅行日记（一）——从此爱上你，瑞士》）

（3）明天呀就去我家，都尝尝晗儿的手艺。那可真的没话说的，不是我吹的哦，你明天尝过就知道了，保你吃了还想吃的。（网络小说《邂逅的爱恋！》）

（4）虽然我还没去过香港，但是明年的这个时候，我就已经去过香港了。

"过"在（2）中用于一个条件小句，具有覆盖过去、现在、将来三时的泛时性。而且本句主要面对尚未去过瑞士的人而说，更多指向将来。（3）、（4）两句"过"都与表将来的时间词语在小句中同现，是一种将来经历。可见"过"的本质属性是经历，本身并没有时间规定性。

其他与时体有关的虚词还有句末助词"了$_2$、来着"。"了$_2$"可以用于三时，肯定不是时标记。"来着"与过去时特别是近过去时关系密切。但是，陈前瑞（2008：§6）的统计显示，在早期（清代）文献中的"来着"虽然主要用于过去，包括近过去，但是仍有"过去现在两可"的例子。到现代和当代，非过去的例子更多。陈文所统计的当代105例中，只能理解为现在时的就有20例。可见与时范畴关系最近的"来着"也不是真正的时标记。

综上所述，汉语没有时标记，只有体标记。

然而，汉语的体标记在中性语境中都有各自默认的时态。具体地说，"了、过"默认过去时，"来着"默认近过去时，"着"默认现在时。下面分别举例分析。

（5）常四爷：要抖威风，跟洋人干去，洋人厉害！英法联军烧了圆明园，尊家吃着官饷，可没见您去冲锋打仗！（《茶馆》）

常四爷的整个话轮中没有时间词语或其他迂说的时间线索，其中带"了"和"着"的分句相当于单句中体标记的使用。很显然，在这里"烧了"只能理解为过去已发生的行为事件；"吃着官饷"指拿着朝廷的俸禄，并不是现场进行状态或某种具体状态的持续，而是一种惯常性状态，只能理解为现在时间。反之，假如去掉这两个体标记，就会带来句子内容在时体方面的模糊性。"英法联军烧圆明园"可能是说话前已烧或说话时还在烧，也可能是计划要烧。"尊家吃官饷"，虽然动词的情状类型（aktionsart）近于"状态"（state）而不同于"烧圆明园"的"活动"（activity），但也存在类似的多种时体的可能解读。由此可见，"了"和"着"在这里分别在表示完整体和持续体的同时单独传递了过去时和现在时的信息。

再看"过"。它比"了"和"着"更加直接地与时范畴关联，如：

（6）乌世保请的寿明，就是替他出主意请病假的那位弦师。此人做过一任小官，但不知从什么时候，为了什么就远离了官场，而且再没有回复的意愿了。（《烟壶》）

例（6）中"过"字小句及其前句都没有时间词语，但一用"过"字，即使后面后续小句不出现，也足以明确"做一任小官"是寿明的一段过去的经历。其实后续小句也没有出现表明时间段的词语，"不知从什么时候"并未提供区分三时的信息，只是"远离"后的"了"含有"过去"的信息，而这本身也是体标记附带的默认信息。

只要汉语的这几个体标记不受到其他因素的影响，即处在中性语境中，如我们平时简短交谈中说的"他吃了一碗面条""我游览过桂林""他惦记着大家"等，它们都自然包含了过去时或现在时的信息，即使句中没有时间词语。从这个意义上说，这些体标记确实具有表时的功能，其实在对外汉语教学和翻译等跨语言应用领域，人们也是常常利用体-时之间这种默认对应关系来实现语际沟通的。

但是，体标记的表体功能和表时功能毕竟有着本质的区别。体是这些标记固有的表达功能，属于动词所在小句的断言部分，是在任何情况下都存在的，只是可能因谓语情状小类而有一些微小的语义变体。时则是这些体标记在默认条件下所匹配的语义域，常常只是句子命题的蕴含而不是断言。

以"了"为例，作为完整体（perfective，也称实现体）标记，其优先解读是行为事件的完成（所以"了"又被称为完成体，虽然不很准确）。而一个完成的事件，如"烧了圆明园"，在没有其他时间限定的情况下只能理解为发生在过去，即完整体蕴含过去时。完成状况和过去时间在意义上密切相关，即使在完成体和过去时并存的语言中，也可能存在两者合并的情况。例：

（7）She must have arrived in New York (yesterday).

（8）You should have done it (three days ago).

英语在助动词后不能用定式动词，无法采用过去时，但是，在认识和道义情态辖域内，语义上允许有过去事件。这时，英语就是用完成体形式来表示过去时的。（7）、（8）情态词后的部分字面上可以解读为现在完成体，但这些句子也都能带上表示过去时间的状语，而英语主句中的现在完成体是不能与过去时间状语同现的。这表明它们也可以排除现在时解读、只取过去时解读。此句中这两种解读的真值条件相同，两种范畴义被中和（但并非歧义）。可见，完成体和过去时虽分属不同范畴，但相通的机会很多，这是前者默认蕴含后者的语义基础。

另一方面，毕竟"了"的过去时义只是它的蕴含义而不是断言义，因此假如出现其他条件，特别是不利于过去时解读的上下文，过去时义是可以被取消的。例如，（5）中带"了"的小句，如果处于（9）的语境，就不再指过去事件，而可以指将来的事件：

（9）赶快挡住英法联军往圆明园进军。等英法联军烧了圆明园再去救火就来不及了。

这里的"烧了圆明园"可以指设想中的将来行为，尚未成为现实，但"了"的完整体意义仍在。口语中常说的"吃了饭再走""快别闹，碰坏了东西要赔钱的"都含有将来时义。而"了"的体语义是在任何情况下都不可取消的。

综上所述，"了"本身是完整体标记，同时在中性语境下被默认理解为过去时。但过去时是句子的蕴含义而非断言义。假如出现阻断过去时解读的因素，过去时就会被取消。另一方面，"了"的过去时解读毕竟占据默认蕴含义的地位，反而是取消过去时解读需要更加特殊的条件，因此，"了"在很多情况下起着时态语言中过去时的表义作用。

以上思路也可以用来展示"着"的进行体/持续体和现在时间的类似关系,即进行体/持续体为断言义和现在时为默认蕴含义。限于篇幅,详述从免。

汉语"了"蕴含过去时的用途,可能代表了有体无时语言的普遍状况。这保证了人类语言在多数情况下都可调用能简洁表达行为时间的语法库藏。通过对体标记的物尽其用来实现表时功能,是物尽其用原则的具体表现。杨素英、黄月圆(2013)对体标记的语料做过统计分析,该文虽然没有明说体标记的表时作用,但也隐含此意:"时态和体标记是标记时间关系最重要的语法手段。汉语中没有时态,因此体标记的使用就必不可少。"

体的表时作用,可以从体范畴在实际言语中的使用度充分地看出。根据《现代汉语频率词典》(北京语言学院语言教学研究所1986),在"使用度最高的前8000个词词表"中,助词"了"仅次于"的",位居第二,是现代汉语的第二高频用词,从而使完整体成为现代汉语中毫无疑义的显赫范畴。虽然"了"还有句末助词"了$_2$"和"了$_{1+2}$"的用法,但"了$_1$"的使用度远高于"了$_2$"。我们为此进行了一项统计,以两部京味作品——老舍的剧本《茶馆》和邓友梅的小说《那五》为语料。统计明确的体标记"了$_1$"和明确的句末助词"了$_2$"的出现比例,排除正好位于句末的可能的"了$_1$"或"了$_{1+2}$"的用例。具体方法是,出现在动宾或动补之间的"了"计为"了$_1$"(如:耽误了事、揽了过来),出现在动宾句末尾或允许插入"了$_1$"的动补句末尾的"了"计为"了$_2$"(如:耽误事了、揽过来了)。动词或紧密的不能插入"了$_1$"的动补式本身位于句末时,其后的"了"(如:他吃了、东西弄好了)可能是"了$_1$""了$_2$"或"了$_{1+2}$",这类一律不计。动宾之间和句末都加"了"的(如"吃了药了"),"了$_1$"和"了$_2$"各计一次。统计结果如下:

(10)《茶馆》:"了$_1$"147次:"了$_2$"25次 = 5.88:1

(11)《那五》:"了$_1$"352次:"了$_2$"63次 ≈ 5.6:1

可见,在京味作品的对话语体和叙述语体中"了$_1$"的出现频率都是"了$_2$"的近6倍。由此推断,造成"了"的频率第二位的实例显著地以"了₁"为主。汉语的体标记虽然常用，但并不是强制性标记（吴福祥 2005），很多用例中的"了"即使删除也不影响句子的合格性和真值条件。如此高的使用频率，并非都出于完整体的语义需求。有些是为了表达"了"的扩展功能，如表消失性结果（扔了这张纸）、表示过量偏量（大了一号、挖浅了）等；也有很多用例是在表示完整体的同时附带提供过去时的信息。特别是表时需求较强的叙事性语体中，体标记可以完成很大一部分兼表时的作用，就不再需要大量使用时间词语。再来看《现代汉语频率词典》的分语体数据。"了"在该词典所用的报刊政论、科普、生活口语这三种语料中的出现词次分别是 4261、2531、3636，总共是 10428，而在文学作品这一种语料中就达 18253，远超前三种语料的词次总和。文学作品是四类语料中叙事性最强的语体，因而对时间信息和行为事件的过程性的表达需求也最强，而文学作品又缺乏生活口语的现场性，无法通过现场参照来包含时间信息，因此以表示过程性为本职、兼有表时功能的体标记就得到了最大程度的物尽其用。"着"和"过"的数据在语体分布上也表现出完全相同的倾向。杨素英、黄月圆（2013）对体标记的语料库统计也获得类似的结论。在口语、小说、报刊三种字数相当的语体语料中，"了₁"例分别占总数的 30.5%、48.8% 和 20.8%，即小说中"了₁"的用例约等于口语和报刊两种语料的用例之和。

　　物尽其用原则很容易造成语言之间的超范畴对应（trans-categorical correspondence），这是一种目前的类型学还关注得不够的现象。以体语言和时体兼备的语言为例，可以图示如下：

（12）体语言　　时体兼备语言

其中实线代表不同语言间同一范畴的直接对应；虚线代表语言间超出同一范畴范围的间接对应，线段两端的范畴并不同类，但是一端范畴所附带传递的蕴含信息可能作为扩展功能与另一端的范畴相对应。正因为语言间大量存在这种超范畴对应的现象，所以形义关系的跨语言表现可能

比一般设想的要复杂。超范畴对应不是特例，而是常态，单纯从语义范畴出发寻找表达形式的传统调查方式不足以充分反映这种关系。这正是语言库藏类型学的任务所在。

现代汉语显示了体范畴显赫的语言对体标记库藏物尽其用间接表达时态信息的情况。时态的超范畴对应不仅指向体范畴，也可能指向式（mood 语气）范畴或情态范畴，这尤其适合于传达将来–非将来的对立。这一交集还引起了学者对语言范畴认定的争议。

据 Palmer（2001：170）引述，Okell 曾认为缅甸语存在将来时标记与非将来时标记的对立。动词带非将来时标记 -te 可以表示现在和过去的行为，带将来时标记 -me 则表示将来行为，而 Comrie 不同意这一分析，认为这一对立不是时态的对立，而是现实式（realis）和非现实式（irrealis）的对立，因为 Okell 所谓的将来时标记 -me 也可以用来表达对现在和过去事态的判断，只是带有非现实的语气，如（按 Okell 的标注）：

（13）hmañ　　　-leíñ　-me.
　　　是.真　　　-无疑　-将来
　　　'这可能是真的。'

（14）mǎcithì　　sà-hpù-me　　htiñ-te
　　　罗望子果　吃-过-将来　　想-非将来
　　　'他一定吃了罗望子果。'（过去）

（13）是现在的事态，加了"将来时"后缀 -me 也不改变其现在时的属性，只是加上表示测度的语气。（14）有两层小句，从句加了 -me 也不改变其过去行为的性质，只是该从句受动词"想"的支配，是非现实语气。Comrie 敏锐地注意到了 Okell 的定性和语料的矛盾，根据语料看出所谓将来时只是该标记的蕴含而不是断言，因为其将来时义是可以被另一些条件取消的。Palmer 进一步引述 Comrie 的观点，认为澳洲 Dyirbal 语的所谓推断性将来时（putative future）实质上也是情态（modal）范畴而不是时范畴，因为它可以表示现在的惯常（而缅甸语的现在惯常行为是用所谓非将来时，即现实式来表示的）。Palmer 指出实际上英法西意诸多印欧语的所谓将来时都是情态而不是真正的时范畴，如英语的 will 等。

上文提到，Timberlake（2007）指出美洲的 Mapudungun 语和 Lakhota 语主要存在将来与非将来的动词形态对立，但将来与否的对立也被 Timberlake 描写为非现实式与现实式的对立。考虑到通常语言的时范畴系统优先区分过去和非过去，再结合 Comrie 对缅甸语、Dyirbal 语等的分析，可以推测 Timberlake 的后一种定性——非现实和现实，可能更为准确。

Comrie 对缅甸语的定性，似得到同属缅语支的景颇语的间接支持。戴庆厦（2012）对景颇语的形态做了详细分析，但是全书没有提到时、体范畴。另一方面，加在动词后的发达的句尾词是一个富有景颇语特色的显赫范畴。戴著将句尾词的功能概括为"指示句法成分"（即与主语宾语等保持一致关系）、"表示'人称'和'数'、表示'式'、表示'方向'"四个方面。在"式（语气）"这一功能中，戴著又分出"叙述式、疑问式、命令式、商量式、测度式、惊讶式"六种，其中命令式和商量式又可再分为一般式和强调式。其余四个式则还可再分为存在式〔相当于汉语"（是）……的"〕和变化式（相当于"……了"）。而"变化式多数指动作已经完成，或性质状态已经变化，在有的句子中，由于加上貌词，还能表示动作行为或性质状态的变化尚未完成，处于正在开始或正在进行阶段。这也是一种变化。"由此可见，在缺乏时、体范畴而式范畴发达的景颇语中，式标记部分承担了与体有关的功能，而这些体的功能又间接地与时相关。

上述景颇语的情况和缅甸语的情况并不相同，但似乎体现了缅语支的共性：时、体都不入库而式范畴显赫，于是就尽量对式范畴物尽其用，使之起到一定的表时、体的作用。

正因为时、体、式关系密切，所以在田野调查中，当调查者难以确定特定标记的核心范畴是什么时，往往在语法报告中标为 TAM（Tense, Aspect, Mood）。本文的分析说明，通过仔细的测试，我们还是可以分辨出真正入库的范畴是什么，哪些只是显赫范畴附带传递的蕴含信息。此外，还有一些趋向范畴显赫的语言如普米语等羌语支语言，可以用趋向形态表达体的内容或与体标记合作表达体系统中的小类（刘丹青 2013a；傅爱兰 1998），其中有些体明显默认时的解读，如完成体、将行体（被另一些学者分析为将来时）。

非入库范畴借助其他显赫入库范畴得以间接表达的另一个典型例子是类指意义的表达。

刘丹青（2011）参考国际上对指称表达手段的一些跨语言概括的成果指出，名词性单位的各种指称义跨语言的入库能力是不相同的，大致呈如下等级序列：

有定 > 无定 > 实指 > 类指

这一序列显示，在人类语言的几种主要的指称义中，越靠左的语义越有专用语法手段（冠词之类）表示，越靠右的语义越缺乏专用手段。尤其是类指，几乎没有语言有专用手段。但没有专用手段不等于无法表示类指［汉语的情况参看刘丹青（2002）］。绝大部分情况下，类指是靠其他指称量化手段的物尽其用来实现的，极少采用迂说手段如"人这个类、蜜蜂这个类、酒作为一个类"来实现类指表达，有极少数词则可以借助类指的专用词项或临时词项（实际多为了凑成双音节名词）的词汇手段来表达，如"人类、禽类、酒类、鞋类"等。借用其他指称量化手段表类指，既实现了组合经济性，避免了迂说法的繁复，也实现了聚合经济性，不增加词汇库藏和形态库藏，而是通过对库藏内相关手段的物尽其用来实现类指功能。类指对谓语类型等句法语义条件有较特殊的要求，这为物尽其用原则提供了上佳的用武之地，使其他手段在表达类指时能避免歧义，从而实现经济性和区别度的两全其美。

白鸽（2013）就此主题做了较为深入的跨语言考察，本文就通过简要摘引她的部分研究结论来展示物尽其用原则的作用。

类指的语义属性分别与非指称、复数、有定、无定等指称或数量属性有关。人类语言主要在这些范畴域中选用库藏手段来表达类指。白鸽的考察表明，选用什么手段主要取决于这些范畴中什么范畴在该语言中最显赫。换言之，语言会优先对显赫范畴物尽其用。

在允许光杆名词短语（下称光杆 NP）充当论元的语言中，光杆 NP 是最常见的类指形式，如"熊猫吃竹子""他爱养金鱼"。这些语言往往复数范畴不入库或不显赫，常存在个体量词，如汉语、日语。假如允许光杆NP做论元（因而可表类指）的语言中另有某一相关范畴非常显赫，那么该显赫范畴的相应库藏手段也会被用来表类指，甚至可以比光杆NP更重要。例如，巴西葡萄牙语在某些句法条件下可以由光杆NP表类指，但句法分布更不受限制的类指NP是复数NP。而不允许光杆NP（特指光杆单数NP）独立充当论元的语言自然也不允许其表示类指，如英语、法语等。

　　光杆NP虽然是表达类指最自然的单位，但是似乎不好说零标记就是表达类指的专用手段，因为这些语言的光杆NP都还见于其他指称义的用例，最普通的是与类指相近而不等同的非指称（non-referential），此外也表示有定、无定（包括实指 specific，非实指 non-specific）等。也没有理由说这些指称义是类指光杆NP作为显赫范畴扩张的结果，况且光杆NP的语法形式是零标记，因此，以光杆NP为类指形式的语言，不属于类指入库的语言。

　　再看有定标记（主要是定冠词）表示类指的情况。白鸽（2013：§5）考察了有定（定冠词等）表类指的跨语言状况。该考察以多项指标测定并列表比较了亚欧美洲近十种语言有定范畴的显赫度，包括有定标记的有无、使用的可类推性和强制性，适用的定指类型的多寡，有定标记的附带功能和扩展功能的有无及强弱等，然后对这些语言的类指表示方式包括有定标记表类指的能力进行考察。结果清楚地表明，一种语言有定范畴越显赫，其相应的库藏手段表类指的功能就越强大；有定范畴越微弱，其库藏手段越是没有表类指功能，并越可能用光杆或复数的NP表类指。例如，法语的有定范畴最显赫，用定冠词表类指的功能最强大、最不受限制，也最具有强制性，同时光杆NP和不带定冠词的复数NP都不能表类指。而Hidatsa语、印尼语的有定范畴最不显赫，有定标记不能表类指，光杆NP则可以表类指。

　　她对复数标记的考察（引自白鸽2013：§4）得到了类似的结论。复数范畴的显赫度表现在复数标记的有无、复数标记对各类NP的覆盖面、复数标记的强制性、复数标记为光杆NP赋予论元的功能等。对照各语言的类指表示法，尤其是复数标记的类指功能，结果发现，复数范畴的显赫度也与其库藏手段的类指功能成正比。英语的复数标记最显赫，英语表类指最常用最重要的手段就是复数 NP。普通话复数范畴很弱，复数 NP 也就没有表类指的功能。河北冀州方言复数范畴比普通话略显赫，其复数 NP 略有表类指功能，但很受限。

此外，白鸽（2013）也注意到有定范畴和复数范畴在类指表达方面的"竞争关系"。大体上，在有定和复数都比较显赫的语言中，最终也是范畴的显赫度决定类指功能的表达手段。例如法语有较显赫的复数范畴，但是复数没有单独表类指的功能，必须跟定冠词一起使用才可以表类指，而定冠词不管单复数都可以表类指。这是由于法语有定范畴的显赫度超过复数范畴，因此复数 NP 表类指的功能受到有定范畴的压抑。

以上简要介绍和分析已足以反映，对于语法上普遍不入库而在语言交际中常需传递的信息，人类语言会根据物尽其用原则让语义上邻近的相关入库范畴来兼带表达，以此实现语言库藏的聚合经济性。而邻近范畴的选择主要由入库范畴的显赫度来表示。也就是说，物尽其用原则优先体现在显赫范畴上。

三、疑问代词的物尽其用现象：从库藏到范畴的视角

特指疑问句是人类语言普遍存在且高频使用的句类，构成该句类首要要素的疑问代词，很容易成为显赫的功能词语。但是，语言不会让如此常用显赫的功能词只参与构成特指疑问句。在物尽其用原则作用下，疑问代词会自然地扩展出多种语义域。汉语疑问代词的多功能表现，很早就引起学者们注意（如吕叔湘 1982：182—186；朱德熙 1982：93—94），而不同语言具体的扩展路径，可以有所不同。下面从现代句法语义学的角度概述一下汉语疑问代词的扩展功能，包括以往著述未曾注意的用法，然后略做语言比较。

1. 遍称，即疑问代词在主语、话题等动词前的结构位置表示全称量化，如：

（15）a. 谁都不愿意听他的。　　b. 我什么菜都尝过了。

2. 任指。疑问代词如果是在否定句、情态动词句等非现实情态的辖域内，全量量化也可以解读为与全量关系密切的自由选择（free choice），即任指。此时遍称和任指的真值条件相同。如（15a）的"谁"，既可以是"所有人"，也可以是"任何人"，而实际所指相同——没人愿意听他的。在条件句等非现实情景中疑问代词只能理解为任指，如：

（16）a. 谁劝他也没有用。
　　　b. 我在哪儿都能找到朋友。
　　　c. 老王怎么拦他也拦不住。

3. 相互用法。这是由任指功能引申而来的用法，疑问代词（主要是"谁"）在同一否定小句中前后呼应形成表示相互关系的构式，如：

（17）a. 他俩谁也不认识谁。　　b. 他们谁也不欠谁的情了。

口语中的"咱俩谁跟谁啊"可能也与此功能有关。

4. 虚指，即疑问代词在宾语位置表示存在量的无定成分，一般是非实指无定（non-specific indefinite）的，约相当于"一个/一些""some"，如：

（18）a. 大家都饿了，咱们进饭馆去吃点什么吧。
　　　b. 没事就去哪儿随便走走。
　　　c. 这件事你找谁了解一下吧。

5. 主观小量，这是疑问代词在否定性谓语辖域内的一种语义功能，取值为"很少"到"没有"的模糊区间，详参刘丹青（2013b），如：

（19）a. 他中午没吃什么。（完全没吃或吃得非常少）
　　　b.（我们……）没怎么结过婚（小品台词，可指：没结过婚或结过婚但次数很少）

6. 连锁条件关系，即同一疑问代词在前后两个小句中配合使用，表示约束式条件变量关系，其中前一个是相当于自变量的任指性成分，后一个是受自变量约束的回指性因变量，回指任指性成分的取值。如：

（20）a. 他走到院子里逮谁骂谁。

b. 什么好吃我就吃什么。

c. 你走到哪儿我就跟到哪儿。

例（20a）前一个"谁"是任何人，可以取任何值。后一个"谁"回指前一个"谁"的取值。当"逮谁"的"谁"取值为"张三"时，"骂谁"的"谁"就是"张三"，当前一个"谁"取值为"李四"时，后一个"谁"就指李四。

7. 汉语疑问代词在疑问动词或其他言语、认知动词的辖域下可以充当间接问句的疑问成分，这可能是各语言的疑问代词普遍具有的功能，也不妨归入疑问代词的原型功能，如：

（21）谁得冠军谁得亚军，我都知道。

（22）他问我会议啥时候开？

（23）我告诉你怎么打开这种罐头。

（24）他很想知道哪里能找到这本书。

8. 疑问代词在口语中还有一些语法化程度较低的扩展用法，有时与指示词配合用，如：

（25）你去叫那谁，（就是小王，）叫他过来。

（26）他昨天买了一台，那什么……空气净化器。

（27）这种做法叫什么……放长线，钓大鱼。

第8种功能大体是话语中的临时处理，疑问代词反映了说话人临时选词障碍时不自觉发问（及有时自我回答）的情景，但这类用法可能是多种相对固定的扩展用法的最初由来。

疑问代词以上这些语法化程度、凝固度不等的扩展功能，都是其作为显赫范畴扩展来的。原型功能和扩展功能在语言系统中的地位不均等，表现在句法和语义两个方面。

句法方面，特指疑问用法是最不受限的功能，是无标记的解读；而各种扩展用法，都有非常特定的句法限制，包括句法位置、句类和构式等方面的限制。

例如，全量、任指解读都只能出现在谓语动词前的主语/话题句法域,并且要靠"都、也"一类量化副词辅助;其中任指解读只出现在非现实情态的辖域内。主观少量解读只出现在否定谓语之后的位置。连锁条件功能只出现在同一疑问代词前后呼应的构式中。虚指用法主要用在谓语动词后位置。如果用在主语类位置,要靠语气词、语调等配合才能表达无定义,否则会回归特指疑问解读,如"谁去前面看一下吧!"靠祈使作用的语气词"吧"和祈使句的语调,此句可以表达"让某个人去前面看一下"的祈使义,但假如没有"吧"和祈使句语调,本句仍然只能是特指问句"谁去前面看一下?"。间接疑问用法要靠疑问动词或其他言语、认知动词的管辖。而疑问代词的特指问用法是句法上的无标记功能,能适合各种句法位置、句型句类、情态、时体。即使是可解读为扩展功能的用例,也可以在语境帮助下回归特指问用法。如"谁也不相信他的话",靠了句首主语位置和轻读的副词"也"的帮助可以表达全量主语,但是在一定的对话语境下,如上文说"有人也不相信他的话",说话人就可以追问"谁也不相信他的话?"(此时"也"不轻读),"谁"又回归特指问用法了。

语义上,疑问代词的扩展功能仍然程度不同地与疑问代词原型功能有联系,反过来,疑问代词的原型功能,即真性特指问用法,却并不带有这些扩展功能的语义特征。

例如,全量和任指的用法,来自于"不管/不问/不论什么"这类小句或短语的省缩(详见张定 2010:§2.4.3.1),例如"不论谁,都想去">"谁都想去"。而在"不论谁"结构中,"谁"是疑问代词的间接问句用法,可以归入疑问代词的原型功能。而未省缩的说法至今仍存在。可见,全量/任指用法与疑问代词的功能有显著联系,并且存在于汉语使用者的语感中。这一省缩进程,在普通话和北方口语中比较快,但在一些南方方言中远没有完成。例如,上述意思苏州吴语就不能说"啥人侪想去",而只能说"弗管啥人,侪想去"[①]。

[①] 吕叔湘(1982:182)指出疑问代词做任指词时"上头常常加'无论'、'任凭'、'不管'等字样,但也不是非加不可"。而下面的引例,加这些字样的例子,都是近代汉语的实例,而不加的例子,都是作者自拟的例句。这正好反映了疑问代词作为任指词早期曾经要加"无论"类词,后来才可以不加。

再如，上文提到的第 8 类用法，实际上是疑问代词在语篇中的自问功能，仍未改变其疑问代词的性质。而疑问代词的虚指（无定）用法，与其自问功能有关。当说话人想谈及一个所指，而该所指的对象尚属无定非实指时，说话人一时难以用确切的词语来指涉，就会有自问的动因。例如，想说"进去吃点东西"，但又不确定要吃什么，心里自然会产生"吃什么呢"这样的疑问，这种心理外化投射到言语中，就会说出"进去吃点……什么呢"这样的话，与上述用法 8 相同。这种用法经反复使用，省缩凝固，就会产生"进去吃点什么"这种固定的说法，疑问代词从中获得了非实指无定的解读。无定和疑问的联系，在这种用法中并没有完全消泯，因为确实还有"进去吃点……吃点什么呢"这种中间状态的说法。

反之，当疑问代词用于特指疑问句时，它只有疑问代词的含意，不会带上那些扩展功能的含意。这种不对称，体现了原型功能与扩展功能不对称的范畴地位。

总之，疑问代词的扩展功能都有特定的句法及构式环境。在这些环境下，汉语母语人不需要调用其他专用手段，只用很容易激活的显赫范畴的库藏手段就能分别顺利表达很多种不同的语法范畴义。靠了其显赫性，疑问代词的扩展用法可以比该功能的专用手段还常用。例如，我们在谷歌（2013 年 8 月 22 日）上比较了"谁/什么人都喜欢他"一句的疑问代词"谁"及"什么人"与几种专表全量的非疑问量词成分的出现次数，显示结果如下：

（28）谁都喜欢他：99000000 次

什么人都喜欢他：69500000 次

个个都喜欢他：38200000 次

所有人都喜欢他：5230000 次

每个人都喜欢他：6130000 次

同样表示全量，原型功能为指人特指问的"谁"的出现次数是专表全量的 AA 式（重叠式"个个"）的近 3 倍，是专表全量的"所有人"和"每个人"的近 20 倍。而音节数与"所有人、每个人"相同的疑问代词短语"什么人"的出现次数也分别是三个专用全量成分的 2 倍、13 倍和 11 倍。这个例子虽然不一定能代表所有疑问代词的情况，但至少说明有时人们更喜欢对表示邻近的显赫范畴的手段物尽其用，而不是采用更加专用的库藏手段来表示相关范畴，就因为储存在头脑中显赫位置的范畴比其他库藏手段更容易激活取用。这是物尽其用原则的重要威力，假如将这一事实放在跨语言比较视角下，就会呈现出疑问代词与其他语言全量词语的超范畴对应比同范畴对应更加强大的情况。换言之，物尽其用原则可以强烈撼动形义关系跨语言对应的整齐性，挑战基于同范畴比较的各种传统理论。

更值得重视的是，显赫范畴的有些扩展功能还成为表该范畴义的唯一库藏手段，语言中没有其他手段可以代替其作用。如疑问代词在否定句谓语后表示"少—零"这一主观少量语义，这是其他量化成分所无法表示的意义。例如"没吃什么"可以表示吃得很少或完全没吃，这一区间内的任何量化语义值都符合该句子的真值条件。而"我完全没吃、我一点儿也没吃"只能表示全量否定，"我吃了一点点、我只吃了半碗"等又只能表示数量极少，不能覆盖"没有吃"之义。这种功能的物尽其用，就比有专用手段的库藏成分更加必要，作用也更大。

疑问代词的物尽其用显然不是汉语特有的现象，而是具有相当的普遍性，只是具体的扩展路径不尽相同。例如，英语的疑问代词及代词短语（Wh-words）大致没有汉语的上述 1 类和 3—6 类扩展用法，但是，它们有类似第 2 类表任指的用法，即通过与 ever 的结合构成 whatever、whoever、whenever 等任指代词。ever 本身有全量义（forever 是永远），加 ever 表任指与汉语疑问代词与"都"配合表任指的理据相近。俄语的疑问代词也可以表示不定指，有的疑问代词如 кто（谁）还能通过叠用（кто...кто）表示"有的……有的"的分配式无定（张会森主编 1979：280—281）。此外，英语疑问代词有汉语所没有的另几类扩展用法，首先，可以作为关系代词引出动词或介词的论元从句并充当从句中的一个成分，如：

（29）I bought what you like.'我买了你喜欢的。'

(30) He asked me where to find a restaurant. '他问我哪里能找到餐馆。'

这种用法同时兼有几种功能，既是从句关系的联系项，又是从句中的一个论元成分；如果支配它的主句动词是发问、言说、认知类动词，它还帮助表达间接问句，如上面的后一例句。汉语疑问代词不是关系代词，但是也有表达间接问句的功能（第7类用法），所以（30）中的 where 也可以用汉语"哪里"来对译，而上一例主句动词 bought 不是支配间接问句的动词，因此其支配的 what 不能用汉语"什么"来对译。英语的上述两例启发我们间接问句标记是疑问代词比较普遍的用法，可以归入疑问代词的原型功能，而论元从句关系代词的用法可能是从间接问句用法泛化而来的（从有限的主句动词小类扩展至各种动词），因此疑问代词在上述两句中的功能在英语中看起来是完全同类的。此外，英语疑问代词加 ever 的任指用法，同时也兼有关系代词的用法（I like whatever you like ~ 我喜欢任何你所喜欢的），这种用法也与汉语疑问代词的连锁条件式用法相类，上句就可以译成"你喜欢什么，我就喜欢什么"。最后，英语的部分疑问代词也可以作为感叹句的标记，如"What a beautiful place!"（多么美丽的地方啊！）、"How wonderful it is!"（这多精彩啊!）。英语疑问代词的这些扩展用法，也基本代表了德语、法语、俄语等印欧语的情况。

由疑问代词的例子可以看出，在语言库藏中据显赫地位、随时可激活的语法成分，自然会被母语人经常"征用"，让其物尽其用，从而形成与原型功能相关的种种扩展功能。假如显赫成分仅限于发挥其原型功能，反而是一种浪费库藏资源的反常现象。

四、小结

经济原则是制约语言系统构成和演化的重要因素。在语言学中，经济原则体现在组合-交际、聚合-认知和语言理论三大方面。本文提出的语言库藏的物尽其用原则，是一条体现聚合-认知经济性的原则。根据该原则，人类语言会让语言库藏手段，特别是表达显赫范畴的手段，得到尽可能充分的利用，以节省获得、储存和调用语言库藏的脑力资源。

基于语言库藏类型学对形式与语义双向互动的关注，本文分别以从语义范畴看语法库藏和从语法库藏看语义范畴两个角度举例分析了物尽其用原则的具体表现。

从语义范畴出发，可以看到，同样的语义内容，在不同的语言中不一定都用同属一个语义范畴的手段来表示，因为表达显赫范畴的库藏手段在物尽其用原则作用下常有强大的扩展功能，兼用来表示不属于自身范畴的语义内容，使语言中未入库的范畴也能够得到某种程度或方式的语法表征。例如，汉语中体范畴显赫而时范畴阙如，但体标记常常具有默认的时态解读，在实际交际中起着传递时态信息的作用。也有些时体范畴不全的语言，如缅语支的缅甸语、景颇语等，则靠显赫的式范畴手段来兼表时态信息。再如指称范畴中的类指，虽然在人类语言中通常不是入库范畴，但是不同的语言会在几个相关指称义——有定、复数、无定等中选用最显赫的范畴来兼表类指，靠物尽其用实现类指的表征。

从语法库藏出发，显赫范畴的语法手段一般不会仅仅用于其原型功能，在物尽其用原则作用下，这种手段往往会扩展出多种语义语用功能。疑问代词作为显赫范畴的多功能表现，就充分显示了这一点。当然，显赫范畴的扩展也要受到语言表达区别性的制约。

语法库藏，尤其是显赫范畴，虽然常常有扩展功能，但是其原型功能和扩展功能在语言系统中的地位有着显著的差异。

原型功能总是在句子的断言部分就表达的语义，而扩展功能有时只是作为库藏手段蕴含的默认语义，两者可以在一句中同时存在，但非断言的蕴含义是能够被语境取消的。

有些扩展功能也可以进入断言，此时，断言中的原型功能就被扩展功能所取代，两者不能并存，如定冠词表类指时就不再表有定，疑问代词表无定时就不表疑问。但是，白鸽（2013）的研究显示，不同的表类指的形式分别与类指的不同小类有匹配关系，该库藏的原型意义（有定或复数等）仍然会影响到类指表达的选择。而前文分析显示疑问代词的扩展功能也都与疑问功能有较为显著的语义功能联系。反过来，库藏手段用于其原型功能时，却不会带上其扩展功能义。这就是原型功能对扩展功能的单向制约，双方地位不对称。

在句法上，库藏手段的原型功能和扩展功能也处于不对称关系。原型功能作为无标记功能的句法分布最不受限，而扩展功能则各有特定的出现条件，句法分布很受限制。

正是原型功能和扩展功能在句法、语义上的不对称，保证了原型范畴在具有扩展功能的条件下仍能保持自身的核心地位，这是库藏手段得以物尽其用的关键条件。

由物尽其用原则催生的范畴扩展现象，导致语言之间不但存在同范畴对应，而且大量存在超范畴对应，语言之间的超范畴对应实际上是人类语言的常态而不是特例，而现有的语言学理论，不管是形式还是功能、认知，基本上都植根于同范畴对应观，因此都要面对物尽其用原则和显赫范畴的扩展现象带来的新挑战。

参考文献

白　鸽　2013　类指现象的跨语言研究，中国社会科学院研究生院博士学位论文。
北京语言学院语言教学研究所　1986　《现代汉语频率词典》，北京：北京语言学院出版社。
陈前瑞　2008　《汉语体貌研究的类型学视野》，北京：商务印书馆。
戴庆厦　2012　《景颇语参考语法》，北京：中国社会科学出版社。
傅爱兰　1998　《普米语动词的语法范畴》，北京：中国文史出版社。
刘丹青　2002　汉语类指成分的语义属性和句法属性，《中国语文》第 5 期。
刘丹青　2011　语言库藏类型学构想，《当代语言学》第 4 期。
刘丹青　2012　汉语的若干显赫范畴：语法库藏类型学视角，《世界汉语教学》第 2 期。
刘丹青　2013a　显赫范畴的典型范例：普米语的趋向范畴，《民族语文》第 4 期。
刘丹青　2013b　汉语特色的量化词库：多 / 少二分与全 / 有 / 无三分，《中国语文法论丛：木村英树教授还历记念》，日本：白帝社。
陆丙甫、郭　中　2005　语言符号理据性面面观，《外国语》第 6 期。
罗仁地、潘露莉　2002　信息传达的性质与语言的本质和语言的发展，《中国语文》

第 3 期。
吕叔湘（主编） 1980 《现代汉语八百词》，北京：商务印书馆。
吕叔湘 1982 《中国文法要略》，北京：商务印书馆。
吴福祥 2005 汉语体标记"了、着"为什么不能强制性使用，《当代语言学》第 3 期。
杨素英、黄月圆 2013 体标记在不同语体中的分布情况考察，《当代语言学》第 3 期。
张 定 2010 汉语多功能语法形式的语义图视角，中国社会科学院研究生院博士学位论文。
张会森（主编） 1979 《现代俄语语法新编》（上、下册），北京：商务印书馆。
赵元任 1968/1980 《汉语口语语法》，吕叔湘译，北京：商务印书馆。
周绍珩 1980 马丁内的语言功能观和语言经济原则，《国外语言学》第 4 期。
朱德熙 1982 《语法讲义》，北京：商务印书馆。
Dixon, R. M. W. 2010. *Basic Linguistic Theory* (Vol. 2). Oxford: Oxford University Press.
Greenberg, J. H. 1963/1966. Some universals of grammar with particular reference to the order of meaningful elements. In J. H. Greenberg (Ed.), *Universals of Language*. Cambridge: M.I.T. Press.
Keenan, E. L., & Dryer, M. S. 2007. Passive in the world's languages. In T. Shopen (Ed.), *Language Typology and Syntactic Description* (Vol. I). Cambridge: Cambridge University Press.
Li, C. N. & Thompson, S. A. 1976. Subject and topic: A new typology of language. In C. N. Li (Ed.), *Subject and Topic*. New York: Academic Press.
Li, C. N., & Thompson, S. A. 1981. *Mandarin Chinese: A Functional Reference Grammar*. Oakland: University of California Press.
Palmer, F. R. 2001. *Mood and Modality* (2nd Edition). Cambridge: Cambridge University Press.
Sgall, P. 1995. Prague School Typology. In M. Shibatani, & T. Bynon (Eds.), *Approaches to Language Typology*. Oxford: Clarendon Press.
Timberlake, A. 2007. Tense, aspect and mood. In T. Shopen (Ed.), *Language Typology and Syntactic Description* (Vol. III). Cambridge: Cambridge University Press.
Whaley, L. 1997/2009. *Introduction to Typology: The Unity and Diversity of Language*. Beijing: World Book Publishing. (First published by Sage Press 1997)

（原载《中国语文》，2014 年第 5 期）

古今汉语的句法类型演变：
跨方言的库藏类型学视角

一、引言：语言库藏类型学——从共时的"在库"到历时的"进库"

本文以笔者所倡导的语言库藏类型学（Linguistic Inventory Typology，见刘丹青 2011a）为工作框架，参考既往的研究成果，包括笔者的个人研究（如刘丹青 2001a，2003，2011b），对汉语的重要句法类型特点进行古今和跨方言的比较，试图揭示古今汉语在类型上影响深远的若干演变以及这些演变在现代方言中的共性和差异。其中古代汉语以先秦典籍所反映的语言为依据，暂不考虑甲骨文等更早的特殊文体语言。

语言库藏类型学关注语种的形式库藏和语义（含语用）范畴的双向互动，尤其强调语法形式库藏及其显赫程度对语义范畴的影响。其主要视角是由低到高的两大库藏现象：

（1）在库（available in the inventory）及进库（entering the inventory）：研究哪些语义范畴有机会在一种语言中成为语法库藏，即由专用的语法形式手段表示。在库是共时视角，观察语义范畴在语法库藏中的存在；进库或称库藏化（inventorization），是历时视角，观察语义范畴形成语法库藏要素的过程。在库和进库统称入库（being in the inventory）。进库的反面是离库（out of the inventory）或称去库藏化（deinventorization），即从语法库藏中消失。

（2）显赫度（mightiness）：研究哪些入库的手段造就库藏中的显

赫范畴，即表达该范畴的手段常用、能产及可类推，富有范畴扩张力，可以表达由近及远的其他语义范畴。

本文从库藏类型的角度出发，认为古今汉语的下列语法演变具有显著的库藏类型学意义，影响遍及汉语的主要方言，但演变的结果又因方言的不同而略有差异。

1）话题结构由古汉语中的普通入库范畴晋阶为现代汉语中的显赫范畴。

2）在整体语序类型上，汉语由古代的句法主导语言演变为现代的语用优先语言。

3）基本句法关系方面由古代的并列显赫语言演变为后代的连动显赫语言。

4）动结式、动趋式、能性动补式等动补结构发展成独立于连动式的新的显赫范畴。

5）由名词动词均衡对立的类型经过功能上的名消动长形成名弱动强的动词型语言。

6）从非量词型语言转型为量词型语言，削弱了名词表示个体的功能。

7）随着方位名词不同程度的语法化和使用强制化，普通名词失去了指处所的功能。

下文将逐一探讨这些类型演变及其方言差异，最后对类型演变的总趋势进行讨论。多数现象是以往文献（如太田辰夫 1958/2003；王力 1989；魏培泉 2003）讨论过的，本文则从跨方言的库藏类型学角度进行新的解读。文献有所涉及的演变细节不再一一详列，请参看有关文献。

二、话题结构由普通入库范畴晋阶为显赫范畴

马建忠（1898/1983：390—392）《马氏文通》已有专节讨论古汉语中非施事性成分充当"起词"的情况（卷之十，彖一，系七），其所引例句大都同时存在常规的主语，因此充当全句"起词"的成分多具有

话题性质，如下面诸例（长例或有删节。带下标同指标记的"之$_i$/其$_i$"是复指话题的代词，若话题化只留下空位而没有代词复指，则以带方括号的语迹标记 [t$_i$] 表示）：

（1）夫颛臾$_i$，昔者先王以 [t$_i$] 为东蒙主，且在邦域之中矣……（《论语·季氏》）

（2）子路$_i$，人告之$_i$以有过则喜。（《孟子·公孙丑上》）

（3）宁武子$_i$，邦有道则 [t$_i$] 知，邦无道则 [t$_i$] 愚。（《论语·公冶长》）

（4）之人$_i$也，物莫之$_i$伤，大浸稽天而 [t$_i$] 不溺，大旱金石流土山焦而 [t$_i$] 不热。（《庄子·逍遥游》）

（5）鸟$_i$，吾知其$_i$能飞，鱼$_j$吾知其$_j$能游，兽$_k$吾知其$_k$能走。（《史记·老子韩非列传》）

（6）马蹄可以践霜雪，毛可以御风寒，龁草饮水，翘足而陆，此马之真性也。（《庄子·马蹄》）

马建忠所举的以上例子，已经代表了古代汉语话题结构的诸多主要类型。例（1）话题提取了"以 X 为 Y"句式中的 X 做话题，空位所在小句的主语则为"先王"。"以"可以视为动词或介词，话题化造成的结果是兼语的空位或介词的悬空。两种空语类都为现代汉语所不容。① 例（2）的话题提取了动词"告"的宾语，宾语位置由"之"复指，"之"所在小句的主语则为"人"。例（3）的话题隔了条件从句与两个结果句的空语类主语同指，因而不再另有主语。其谓语分别是"知"和"愚"。例（4）的话题带了助词"也"做话题标记，与第一个分句的否定句前置代词宾语"之"同指，所在小句的主语同时与后面两个转折复句中的空主语同指。例（5）的三个主句都以"吾"为主语，被话题化的论元原位嵌入较深，是主句动词"知"的宾语从句内的主语，作为内嵌句主语按古汉语的规则由领格代词"其"（=NP+之）充当。例（6）的话题与两个述题小句的主语有语义上的领属关系，与现代汉语的"这棵树叶子大，枝条多"这一整体-部分类的话题结构一致，没有复指成分，述

---

① 这种悬空是古汉语固有的，不限于话题结构，因此不能据此认为古汉语话题化比现代更发达。

题部分没有明显的句法空位。

以上例子显示，在古代汉语中，可以话题化的成分和所构成的话题结构种类都相当多样，而且这些结构也属普通常见而非特异的形式。与非话题优先的 SVO 语言（如英语）相比，古汉语可以话题化的成分更多，话题化的样式更多。例（1）—（6）这些话题结构大多无法直译为英语的话题结构，而只能译为普通的主谓句。即使勉强说成话题结构，也是属于非常特异、难得一用的句式，不是常见自然的表达（参看 Steele 1978）。由此可见，话题结构在古代汉语语法库藏中确实存在，是入库的句法范畴。

但是，跟现代汉语的话题优先相比，古代汉语话题优先的程度有相当的距离。程丽霞（2005）对古今几种主要的话题结构做了统计分析，在这方面提供了较好的证据。

程文将述题内有代词复指受事话题的结构称为左偏置结构 TC_1，将述题内只有空位的称为 TC_2，后者是更加句法化的话题结构，因为涉及宾语的位移，而前者不改变原有句法结构，只是加了一个句首话题，更接近语用操作。程文统计了从先秦的《论语》到 1990 年的现代小说《血玲珑》共 8 种历代文献的话题结构，其 TC_1 和 TC_2 的出现次数之比如下：

《论语》　　　　　　　　TC_1:32（91%）　～　TC_2:3（8.6%）
《世说新语》　　　　　　TC_1:9（75%）　　～　TC_2:3（25%）
《祖堂集》（节选）[①]　TC_1:5（35.7%）　～　TC_2:9（64%）
《朱子语类》（节选）　　TC_1:4（30.8%）　～　TC_2:9（69.2%）
《老乞大》（节选）　　　TC_1:7（28%）　　～　TC_2:18（72%）
《水浒传》（会话部分）　TC_1:16（26.2%）～　TC_2:45（73.8%）
《红楼梦》（会话部分）　TC_1:21（10.8%）～　TC_2:174（89.2%）
《血玲珑》（会话部分）　TC_1:0（0%）　　～　TC_2:46（100%）

以上数据显示，语用属性较强的 TC_1 由盛而衰，句法属性较强的 TC_2 则

[①] 《论语》《世说新语》《祖堂集》，这三部著作的节选都是收入刘坚、蒋绍愚主编《近代汉语语法资料汇编》（唐五代卷 1990、宋代卷 1992、元代明代卷 1995）的部分。

从弱到强，后者逐步取代了前者。TC_2 是从 TC_1 发展而来的。此外，后代还逐步发展出了 TC_3（受事位于施事主语和动词之间，如：我昨日冷酒吃多了）、TC_4（没有施事主语，只有受事话题，如：那话怎敢说？）[①]、TC_5（整体-部分型话题结构，如：这三个伙伴，两个是买马的，一个是牙子）。这些都是英语之类非话题优先语言更为缺乏的话题结构。据此，通过与英语话题句演化的比较，程丽霞认为"汉语的话题结构在两千多年时间里已由原来的附接性成分演化为具有独立语法地位和丰富语义内涵的句法成分"。

现代汉语话题结构的重要性还不仅于此。除了以上这些话题结构外，现代汉语还出现了一些在世界语言中更加少见的话题结构（详见刘丹青 2001b，2009；Liu 2004），如：

（7）我黄鱼买了三条。

（8）他主任倒是一个主任。

（9）小张学习认真，工作积极，处理事务很有效率，关心同事仔细入微。

例（7）是分裂式话题结构，单一的受事论元"三条黄鱼"被分裂成次话题"黄鱼"和宾语"三条"两个句法成分，分置于动词两端。（8）是同一性话题结构，话题和述题中的一个成分一致，话题没为动词增加论元，是语义冗余成分。（9）是行为表达式的话题化，由语义上表行为的 VP 在主语后充当次话题，让 VP 去焦点化，而由本应充当行为动词状语性成分的词语升格为谓语并成为自然焦点。这几类的共性是，在保留 SVO 语序的前提下，借助于汉语句法库藏中的话题位置，放置与话题属性兼容（但语篇话题性不一定高）的成分，该成分既不依赖代词复指、也不留下空位，同时有别于主语，以此来表达一些在其他语言中不采用话题化的内容。对于句法库藏中没有专用话题位置的语言来说，甚至对话题仅仅入库但不够显赫的语种（如古汉语）来说，这些句法结构都是无法接受的。

① 引者按：TC_4，即施事和被动标记都不出现的受事主语句，是古代汉语就有的，不应列在此处，如《庄子·胠箧》"昔者龙逢斩，比干剖"。

因此，在现代汉语中，话题结构不仅存在于句法库藏，而且非常显赫，具有超强的扩展能力。不过，现代汉语不同方言在话题结构的显赫程度上仍有一定差异。

初步观察显示，吴语的话题显赫特征最明显，粤语较接近典型的 SVO 语言，话题的显赫度偏低。以普通话为代表的官话则介于两者之间。下面只举两项表现来说明。

表现之一，吴语（以上海话为例）强烈排斥有定成分做宾语，有定受事成分优先充当话题（主语前的主话题或主语后的次话题）；粤语（以广州话为例，参考了单韵鸣博士的个人通信意见，谨致谢意）对有定宾语较宽容，受事前置及处置句都很受制约；普通话对有定宾语的容忍度介于两者之间，有定受事如前置，优先采用带介词"把"的处置句，其次才是话题句（主要限于主话题）。如（参看刘丹青 2000，2001a）：

（10）〈普〉你快把那把钥匙还给我 > 那把钥匙你快还给我 > ?你快还我那把钥匙

（11）〈沪〉侬搿把钥匙快点还拨我 / 搿把钥匙侬快点还拨我 > 侬快点拿搿把钥匙还拨我 > ??侬快点还拨我搿把钥匙

（12）〈穗〉你快啲畀返条锁匙我 > ?你将条锁匙快啲畀返我 / ?条锁匙你快啲畀返我

假如受事成分是受到全量算子约束的有定成分，则吴语和普通话更强烈排斥受事后置做宾语，分别倾向于使用受事话题句和处置句，粤语则仍然自由地使用 VO 句。如：

（13）〈普〉他把那些水果全吃完了 > 那些水果他全吃完了 > *他全吃完了那些水果

（14）〈沪〉伊搿眼水果侪吃脱了 / 搿眼水果伊侪吃脱了 > 伊拿搿眼水果侪吃脱了 > *伊侪吃脱了搿眼水果

（15）〈穗〉佢食晒啲生果喇 > ?佢将啲生果食晒喇 / ?啲生果佢食晒喇

根据李英哲（1988/2001：168），台湾闽语使用主题-评论（即话题-述题）的倾向比普通话更强，尤其排斥某些动结式后面的有定宾语，如：

（16）a. 彼领衫穿无破。~ b. *穿无破彼领衫。

（比较：那件衣服没穿破。~ 没穿破那件衣服。）

表现之二，分裂式话题结构是强烈体现话题优先特征的结构，很难存在于非话题优先语言。① 在吴语和闽语中（参看刘丹青 2001b），（7）那样的分裂式话题结构是很常用的结构，在温州等南部吴语中甚至成为基本结构，"渠饭吃一碗爻了"是表达该意义的最常用的叙述句式。在普通话中，分裂式话题结构属于合语法而并不常用的句式（入库而不显赫），只见于对比性语境，如"米饭你吃了几碗？"（需要米饭与其他食物对比的语境），作为问话远不如"你吃了几碗米饭？"自然常用。而在粤语中，"佢恤衫买咗三件"比普通话相应句子还不自然，除非在一些很特殊的语境下才会说。

粤语的话题结构不如其他方言显赫，不等于说粤语的话题结构没有入库。与非话题优先的 SVO 语言相比，粤语的话题结构仍是一个显著的存在（参看马诗帆、杨月英 2003）。

三、整体语序类型由古代的句法主导走向现代的语用优先

在语序类型学最重要的两个参项——及物小句基本语序和介词类型

---

① 据曹瑞炯（个人交流）介绍，在通常被认为是主语话题并重语言的韩国语中，存在 SOV 型的分裂式话题结构，如：
　　1）개는 내가 세 마리를 키운다.
　　　　kay-nun　　　nay-ka　　　　sey-mali-lul　　　khiwu-n-ta.
　　　　狗-话题　　　我-主格　　　三-只-宾格　　　养-现在时-直陈
　　　　'狗我养着三只。'
　　2）내가 셔츠는 파란 색을 좋아한다.
　　　　nay-ka　　　syechu-nun　　　phalan-sayk-ul　　　cohaha-n-ta.
　　　　我-主格　　　衬衫-话题　　　蓝-色-宾格　　　喜欢-现在时-直陈
　　　　'我衬衫喜欢蓝的。'
韩语有格标记，这些例句清楚地体现出被一分为二的论元前部带话题标记，后部带宾格标记，并且这两种标记不能互换。

方面，古代汉语相对接近典型的 SVO-前置词语言。虽然它也兼有 SOV 部分特点，并且偶有后置词现象，但这些复杂现象大多可由句法规则控制，也有部分与语用因素有关。比较起来，古代汉语至少在这些语序方面更接近句法主导的语言；而现代汉语则离 SVO 语言的常规特征较远，比古汉语更多地体现刘丹青（1995）所说的汉语作为语用优先语言的特点。下面具体分析。

在甲骨文语言中，(S)VO 具有绝对主导地位。根据 Djamouri（2001）统计，甲骨文中 VO 和 OV 之比为 93.8%∶6.2%。先秦文献语言也以（S)VO 为基本语序；此外，存在几种大家熟知的（S)OV 结构，其出现条件分析如下。

1) 疑问代词宾语前置。如《论语·子罕》"吾谁欺，欺天乎"。疑问代词是个高度封闭的小词类，它们的统一前置属于明确的句法规则。而且，类型学上，代词宾语比名词宾语更容易前置（参看 Greenberg 1963/1966，共性 15），在 SVO 语言中代词宾语前置并不罕见，如法语作为 SVO 语言代词宾语就是前置的。

2) 否定句中的代词宾语前置。如《左传·襄公九年》"今楚师至，晋不我救，则楚强矣。"周法高（1959:39）认为虽然有一些否定句代词宾语后置，但这些例外"在汉以前文献中，仅占极少数比例，并不能影响此规则的正确性"，并且他认为这些例外是有一些原因的，如肯定否定对举、传抄失误、加"矣"强调等。这条规则涉及的否定词和代词都是高度封闭的语法类，因此其宾语前置规则有一定的句法强制性。而且，谦称尊称"臣、仆""子、君"等在真值语义上分别等于第一、二人称代词，但它们在语法上不属于代词，就不受这条前置规则的制约，可见，这一代词宾语前置规则受制于语法属性而不是语义语用属性。不过，否定句代词宾语前置的强制性不像疑问代词宾语前置那么强，存在不少例外，在实际语境中，宾语的前后取舍与语用也有一定关系。

3) "唯 O 是 V"型焦点句。如《左传·宣公十二年》:"率师以来，唯敌是求"。这种宾语前置的动因是焦点化，因而是一种语用操作。

由于这种焦点句已经高度构式化，因而成为先秦句法库藏中的一种构式。在典型的 SVO 语言中，用句法手段将宾语焦点化并导致前置，是常见的现象，如英语的分裂句："It is the enemy that I have been seeking."。

古代汉语的介词（前置词）都由动词虚化而来，因此也保留了一些 OV 语序带来的后置词用法，主要见于代词尤其是疑问代词宾语，与上述现象 1）和 2）密切相关，如"是以、何以、何为"等。而先秦时的方位词还有很强的名词性，尚构不成词类库藏中的后置词。

综上所述，古代汉语中的 OV 现象，基本上都是 SVO 语言内部受句法规则控制的一些变体，类似现象也常见于其他 SVO 语言，不影响古代汉语 SVO 语序的句法主导地位。

现代汉语也以 SVO 为基本语序，而且在中古以后就不再有以上三项宾语前置规则，但在许多方面却离 SVO 语言的类型特点更远。突出表现在：

1）中古以后兴起并盛行至今的"把/将"处置式，成为近现代汉语及物结构的显赫句型，这种受事前置的句式显著减少了受事成分在动词后的比例，而处置式与 VO 句的选用，只有一部分是句法制约，如现代汉语表现出来的动后限制（张敏 2010），导致宾语与多种其他成分（包括介词短语）在动词后的位置相互排斥，这时使用受事前置的句式，确属句法制约；而其他很多情况下，无法用句法规则说清，而受制于指称、信息结构、语篇等复杂的语义语用因素。

2）受事前置的话题结构通常无须再在宾语位置加复指成分，构成上引程丽霞文所说的 TC_2，取代了古代汉语中占优势的代词复指型的 TC_1。TC_1 不改变 SVO 语言的基本结构，只是在句首加了一个左出位（left-dislocated）的成分，该成分语用属性强，没有进入小句的核心句法成分。而 TC_2 改变了句子的 SVO 性质，其受事话题也作为受事的唯一表征而成为小句更内在的句法论元成分。

现代汉语的以上两点表现，罕见于其他 SVO 语言，也不见于古汉语，从而使现代汉语离 SVO 的句法常态很远。重要的是，以上宾语前置现象跟古代汉语的宾语前置规则，语序表现不一，有不同的性质。古代汉语的宾语前置，主要是强制性句法规则，是由论元结构、语类、句法结构等因素造成。而现代汉语偏离 SVO 语序的结构，都不是强制性规则。从语法库藏的角度讲，现代汉语的处置式是一种进入构式库藏的句法结构，现代汉语的话题结构则拥有比古代汉语的话题更显赫的句法位置，可以用来放置比古代汉语更加多样的成分。但是，用 VO 句，还是处置句，还是话题结构？是让宾语后置还是让介词短语等其他成分后置？其间的选择在现代汉语中主要不是由语类、论元结构这些句法条件决定的，而是取决于语境中的有定无定、信息新旧、话题还是焦点等语用因素。当然，古汉语的话题化也受信息结构的制约，但古代的话题化对基本语序影响不大，被话题化的受事类成分仍然由复指代词占据着宾语的位置。正是在这一意义上，我们认为古代汉语小句内的基本语序主要是句法导向的，而现代汉语的基本语序更多体现了语用对现代汉语句法的强烈制约。刘丹青（1995）曾从包括语序在内的很多方面，论证汉语是一种句法限制较小的语用优先语言。LaPolla（1995）认为现代汉语的主语宾语等成分主要是话题焦点一类语用成分而不是真正的句法成分。张伯江（2011）认为："汉语的句法结构很大程度上反映的是语用结构，而不是像英语那样主要地反映语义结构。"这些论述对话题的句法化程度的认知不尽相同，但程度不同地强调了在现代汉语语法中语用的作用较大，而这并不完全反映古代汉语的情况。总体上，从古到今，至少在基本语序方面，汉语语法库藏中强制性的句法规则在弱化，而由语用决定的规则或倾向在增加。

另一方面，在总体上语用优先的前提下，汉语不同方言在句法和语用的相对分量上仍有一定差异，语用优先的程度一般也与话题优先的程度相称。

吴语受指称、量化和信息结构等语用因素的影响最大。不但有定、类指的受事成分强烈倾向前置（分裂式话题结构也是将受事论元分为光杆名词和限定成分两部分，将表类指的光杆名词前置，将含限定成分的焦点信息后置），而且全量受事成分，不管用什么限定词，都几乎强制性地前置，比较以下普通话的常见说法和相应的苏州吴语的说法：

（17）〈普〉a. 见每一个客人

　　　　　　b. 不理睬所有的朋友

　　　　　　c. 没看一本书

　　　　　　d. 不带走一丝云彩

　　　〈苏〉a. 每个客人侪见

　　　　　　b. 所有朋友侪弗见

　　　　　　c. 一本书也嚹看

　　　　　　d. 一点云也弗带走

这些苏州话的句子很难将全量的受事移到动词之后，如：*见每个客人｜*嚹看一本书。可见吴语的语序比普通话对语用因素更敏感。

而粤语不但有定成分后置比普通话和吴语自由［见（10）—（12）］，并可以照搬（17a）—（17d）这些普通话全量成分后置的语序，而且还存在普通话也难以接受的有悖于现代汉语信息结构大势的语序现象。试举两例。

其一，普通话（及北部吴语）对动词的状语性成分有个基本的语序分工，属于行为事件的附加性信息的在动词前（称为状语，如"快走"，重点是"走"，"快"是附带的方式信息），属于焦点信息的在动词后（称为补语。如"走得快"，"走"是已知信息，重点在走的方式"快"）。这也是现代汉语信息决定语序的表现之一。但是，粤语却有一批属于附带信息的副词状语用在动词之后，与作为焦点的补语有相同的语序和很不同的信息地位。如"走先（先走）、食碗添（再吃一碗）、食多啲嘢（多吃些东西）"等。这些后置状语在其他SVO语言中也常做动词后状语，显示粤语更多采纳SVO语言的常规句法规则而更少受语用因素的影响。

其二，粤语更多偏离句末焦点的规则。汉语有很强的自然焦点居末的倾向。汉语特色话题句类型之一是所谓主谓谓语句，如"象鼻子长"。这一特色句型将自然焦点（上句中是"长"）置于句末，高度切合汉语信息结构的语序规则。同类的句子，在非话题优先语言中的表现形式之一是用"有"字领有句将焦点置于领有宾语的定语位置,并不一定位于句末,而位于句末的可以是没有信息量的名词,如:"An elephant has a long nose. He has ugly teeth."。"象有鼻子""他有牙齿",都缺乏信息量,只有"长、丑陋"才是焦点所在。它们的普通话直译句"象有一根长鼻子、他有一口丑陋的牙齿"等,远不如焦点在末的"象鼻子长"和"他牙齿丑陋"自然(参看刘丹青 2011c)。粤语同样使用焦点居末的话题句,但是它有一种"形 + 名 / 量"结构可以用作谓语和定语,在做谓语时可以表达普通话上述话题结构的语义。麦耘(1995)列举了大量这类组合及其用例,如:

(18)a. 呢个女人好<u>利口</u>。'这个女人嘴巴很厉害。'
　　　b. 佢做嘢好<u>快手</u>。'他做事情动作很快。'
(19)a. 我嘅生意好<u>细单</u>嘛。
　　　'我的这宗生意很小的 / 我的每宗生意都很小的。'
　　　b. 呢啲药丸好<u>细粒</u>。'这些药丸很小。'

这类组合的最大语用特点是,自然焦点不在句末,而在句末成分的定语上,与上述英语例句有共同之处,而句末的名词或量词则没有信息量。以(18)为例。每个人都有"口"(借指说话能力),句末的"口"信息量很低,焦点在"利"(厉害)上。余例同理。信息结构以如此语序呈现,很不合普通话、吴语的语感,而在粤语中大量存在。这说明粤语对句末焦点的敏感性不如普通话。这反映了语用优先在粤语中不如在官话和吴语中那么强烈。

四、基本句法关系由并列显赫型演变为连动显赫型

梅广(2003)基于古代汉语 VV 并列式的常用和并列连词"而"的常用及多样化,认为"上古汉语是一种以并列为结构主体的语言;中古以降,汉语变成一种以主从为结构主体的语言"。我们赞同梅先生关于上古汉语的判断,但是不尽同意关于中古以降的看法。中古以降汉语

很难说变成了以主从为结构主体的语言,而更像是变成了一个以连动结构为显赫范畴的语言。我们同意某些连动式进一步变成了有主从结构性质的动补式(参看第四节),但是连动式家族在两千来一直是汉语中有活力的结构,并非只是朝向主从结构演化的中间站。我们同意张敏、李予湘(2009)的看法:上古汉语连动式非常不发达,中古以后连动式逐渐发达,现代汉语是一种连动发达的语言。因此,汉语从古到今经历了由并列显赫到连动显赫的类型演变〔有关连动句的描写可参看吕冀平(1958/1985),高增霞(2006)〕。

主从(即偏正,包括动补)是人类语言的普遍句法范畴,是语皆有。并列结构的有无也不是类型参项,关键要看它是否在一种语言中表现得比在其他语言更强势、更具有扩展能力——可以用来表达其他语言中属于其他结构关系的语义。诚如梅广先生所见,中古以后主从式比上古汉语更加强势和活跃,但是,放眼其他语言,中古至现代汉语用主从结构表达的内容,在其他语言中用并列类结构来表示的情况并不多见。反之,确有一些在其他语言中多用主从结构表达的内容,在现代汉语中倾向于用主从以外的结构来表示。例如,我们用"象(,)鼻子长"这类话题结构,代替了其他语言更倾向用的"象的鼻子长""象有很长的鼻子"之类含主从结构的句式。下面将要谈的连动,更是表达其他语言主从结构内容的常见手段。

连动是仅见于一小部分语言的句法结构。[①]世界上很多语言的语法库藏中不存在连动式,它们以主从或并列等结构表达连动类的语义关系。因此,任何语言只要存在连动式,大致就划归连动型语言。假如连动式的功能发达,则可以进一步确定为连动显赫型语言。上古汉语连动式处于不发达状态,连用的动词多以并列连词"而"来连结,连动式处于句法库藏中的边缘位置。中古以降,连动式愈益发达,可以表达的语义关系越来越多。近现代汉语连动式的极其丰富多样,已有诸多文献论及。这里需要指出两点:

---

① Aikhenvald(2006:1):连动式广泛存在于克里奥尔语、西非、大洋洲、东南亚、亚马孙和新几内亚的语言。这也就意味着这些有限区域以外的很多语言是不存在连动式的。

1) 古代汉语很多用并列连词"而"连接的多动词结构,"而"在其中不能省略,它们在英语之类非连动语言中也可以用并列连词 and 之类连接,但在现代汉语中最自然的表达法是连动式,而且在很多情况下不容加进合适的并列连词。① 比较:

(20) a. 竭泽<u>而</u>渔

~ b. to drain the pool *and* catch fish

~ c. 抽干池塘的水 [ ] 捉鱼

(21) a. 弃甲曳兵<u>而</u>走

~ b. to put down the weapons *and* flee

~ c. 丢了铠甲拖着武器 [ ] 逃跑了

例(20)中,a 句按先秦的规则不能省略"而",b 句也不能省略 and,而 c 句不但不出现并列连词,事实上也不能自然地加进连词。这就意味着,现代汉语连动句可以表达在其他时代或语言中带连词的并列结构所表达的内容,是连动范畴向并列范畴的扩展。

2) 现代汉语的连动结构可以表达其他语言常用主从结构表达的语义关系。例如:

(22) 笑着说｜站着说｜炒着吃｜开着窗户睡觉｜唱着歌走路｜睁着眼睛说瞎话

例(22)中前面的"V 着(O)",语义上是后面动词的方式修饰成分,在英语中要用副词状语、介词短语或分词短语来表示,都属于从属成分。汉语中(22)这类结构有时也被分析为状中结构。但是,从句法形式上看,"V_1 着(O)V_2"只能是连动结构,这个"着"可以加到显然并非从属成分的谓语上,如"他们喝着茶谈着生意"。"着"是体助词而不是状语标记(状语标记是"地"de 或介词,如"笑嘻嘻地说""他以微笑迎接客人")。这里,连动式扩展到了主从范畴,表达在其他语言

---

① 现代汉语没有中性的连接谓语动词的并列连词,"和"主要连接名词及论元位置的谓词,"并"带有轻度递进,"而"带有轻度转折,谓语的直接并列和带连词并列都受到很大限制。参看刘丹青(2008)。

中包装为主从结构的内容。①

根据这些情况，我们认定中古以后汉语并列结构有所衰落，主从结构占了古汉语并列结构的一些地盘，但是并没有得到特别显著的扩展。反而是连动结构，可以左右开弓：既扩展到并列的语义域，又扩展到主从的语义域，从而真正发展为显赫范畴。

另一方面，汉语连动式的显赫度，存在跨方言的差异，下面举例说明。

北部吴语普遍存在一个可以用于名词、动词、形容词和各种句法成分的泛用并列后置连词，即放在并列结构前肢之后的虚词，若要插入停顿，要在该词之后，如上海话的"咾"、苏州话和无锡话的"勒"等。例如（括号中允许的停顿显示这个连词是后置词性的）：

(23) a. 张三咾（,）李四

'张三和李四'

b. 我辣屋里吃茶咾（,）看报。

'我在家喝茶、看报。'

在20世纪早期留下来的上海方言作品中，"咾"的使用十分广泛，其中有不少用例自然对应普通话和其他方言的连动式。如：

(24) 伊是靠鬼王咾赶脱鬼个。

'他是靠鬼王[ ]赶走鬼的。'

(《方言圣人行实摘录·圣女亚加大·童贞致命》，上海，土山湾印书馆，1913年)

---

① 有审稿专家认为，(22)中的"着"不可省略，可以看作从属语标记，正如英语-ing既是体标记，又是从属语标记。我们觉得这一看法值得重视，但还难以完全成立。"V着（O）"在语义上可以属于表方式的背景信息，但是"着"本身仍是进行持续体标记，可以用在主句谓语上，如上举的"谈着生意"，甚至还有方式背景信息不带"着"，主要谓语带"着"的情况，如"他举起双手托着箱子"。而体标记用在两个谓词之间不能省略也不限于"着"，"了"也有类似的不能省略的用法，如"猪就吃了睡，睡了吃"，不能据此就说"了"是从属语标记。至于"着"和英语-ing，两者有重要区别。V-ing本身不能做谓语，它表示进行体时，V前必须有系动词to be，它才是承担时态、一致关系的谓语句法核心，-ing确实有从属语标记的性质。而带"着"的动词包括动态动词有做谓语的功能，如：人们唱着、跳着 | 雪正下着呢 | 他们正开着会呢 [引自《现代汉语八百词》（吕叔湘主编1980）"着"条]。即使句中出现副词"正"和语气词"呢"，它们也都不是谓语性的。上举"谈着生意"的"谈"也是有动态性的行为动词。因此，只能说"着"有帮助表语义上的辅助性或背景性信息的作用，但是句法上它不是从属语标记，不改变(22)的连动句性质。

（25）今朝既然巧极大家侪到拉此地，格末多坐一歇歇咾谈谈。

'今天既然巧极了大家都到了这里，那就多坐一会儿［ ］聊聊。'

（Albert Bourgeois 编 *LeÇons sur le Dialect de Changhai*，301 页，上海，Cours Moyen，1939 年）

注释句中的方括号显示加连词"咾"的地方在普通话中不能加连词，只表现为连动式。

此外，也有些"咾"用在语义上的主从关系双方的中间，犹如古汉语的"而"用在"十一而税"这类主从关系中的例子：

（26）告伊拉赶紧咾顶真调查。

'告诉他们赶紧地认真调查。'［同例（25）书 137 页］

（27）准许伊照圣母个命咾做。

'准许他按圣母的命令做。'

（《方言圣人行实摘录·圣达尼老各斯加·耶稣会》）

由此可见，至少在老上海话中，并列结构仍是显赫范畴，并列连词可以从并列扩展到其他方言中用连动和主从来表达的关系，与古汉语的并列强势类型有共同之处。

五、来自连动结构的多种动补式成为新的显赫范畴

现代汉语包括动结式、动趋式和能性动补式在内的动补结构十分常用，是构成汉语语法类型特点的重要方面。虽然对这些结构的具体出现时间和形成过程还有一些不同意见，但基本共识是它们并非自古就有，而是在上古晚期到中古汉语中形成并逐步变得强势（参看太田辰夫 1958/2003：192—207，213—219；王力 1989：§17、§19）。动补结构的形成与连动式有较密切关系，某种程度上是连动式显赫的衍生物，由连动式凝固而来，但是它们今天已经与连动式割断了脐带，由动词和补语谓词按照动补规则大量形成，不再经过连动的中介阶段。

动补式脱离连动自身成为显赫范畴，有以下几点表现。

1）上古汉语由单个动词表示的行为，在中古以后要用动结式来表示。这是很多汉语史文献都提到的。① 例如：破之 > 打破 / 敲破 / 摔破它，伤其臂 > 打伤 / 击伤 / 压伤了他的胳膊，活之 > 救活他。再如上古汉语和其他语言用情态助动词表示的可能情态，在近代汉语以来常常用能性动补式表示，尤其是在否定时，如：吃得 / 不进、举得 / 不高、想得 / 不到。

2）动补式的词汇搭配面大大扩大。能构成动结式的组合数量大大超过一些存在动结式却很有限的语言。英语有 paint the wall white、shot him dead 等动结式，但是能用的动词和补语都非常少。现代汉语中能用于此式的动词和补语都非常多，甚至还有一些动-补之间、动-宾之间都很难组合，但借助补语和宾语的联系将三者组合起来的动结式，如"笑痛了肚子、看瞎了眼、跑丢了钱包、走湿了鞋"等。而能用于动结式的组合，大都能插入"得 / 不"，变成能性动补式。动趋式的组合也很自由，所有单音和复合趋向动词能都做补语。

3）动结式形成之初，补语主要用来表示动作的预期结果或自然导向的结果，如"射死"（射的目的就是让目标死）、"吹开"（开是吹的自然结果）。随着动结式的强势扩展，其搭配面越来越广，表达的语义关系也越来越多样，并造成动、补两个谓词的论元结构整合过程的复杂性。譬如，补语可以不是行为的预期结果或自然结果，而是行为的某种意外或附带的后果，涉及的宾语也可以不是行为的受事或施事（这也是动结式论元整合规则复杂化的原因之一），而是后果牵连的对象。如"（洗衣服）洗湿了鞋"，洗的受事是衣服，洗的目的是让衣服干净，而这个宾语"鞋"不是洗的受事，补语"湿"不是洗的预期结果或自然结果，而是洗衣时意外发生在旁涉对象上的后果。类似的或稍有不同的还有"（盖房子）盖穷了一家人""（逛商场）逛丢了孩子""这段山路跑累了他""吃饱了肚子""跑崴了脚""笑痛了肚子"，等等，这些结构对原型动结关系的偏离，反映动结式已经发展出强大的语义扩展力。

---

① 如太田辰夫（1958/2003：193—194）："在古代汉语中自动、他动两用动词很多。但是时代往后，产生了两用动词固定为自动用法的倾向。因此，作为古代他动功能的继承，使成复合动词就成为必要的了。"这里说的"使成复合动词"就是动结式。

4）动结式和动趋式的补语，以唯补词（刘丹青 1994）为中介，成为体标记和动相（phase）标记等虚词的主要来源。"了、着、过、起来、下去、上、下、来、去、完"等普通话或方言的体标记都来自补语。只有在语言中常用和重要的要素才能成为语法化的来源。

汉语方言全都具备以上三种动补式，但是发展的程度和表现形式仍有差异。

1）动结式的松紧度不同。众多重要文献将现代汉语动结式视为复合词（周迟明 1957；太田辰夫 1958/2003：193；吕叔湘主编 1980：17，34；梅广 2003；董秀芳 2007），因其结构紧密，不带连接成分。在动结式发展过程中，曾有过可合可分的阶段，动结之间插入宾语的例子如"风吹罗裳开""当打汝头破""斫右手断"等（转引自蒋绍愚、曹广顺主编 2005：§10）。这种隔开型动结式，显然不是复合词，而是句法组合。现代汉语方言中，仍然存在这种松散的动结式。泉州闽语在以 VCO 动结式为主的格局下，也残存了少量 VOC 结构，如"入三矸滇"（字面：装三瓶满）、"食日昼饱"（字面：吃午饭饱）（例见李如龙 1996）。而在桂南平话宾阳方言中［覃东生（2010 手稿），基于三材村、委栗村本地话］，只有 VOR 才是能产而自然的语序：

（28）a. 张三昨日吃酒醉啦。～ *张三昨日吃醉酒啦。

　　　b. 我吃饭饱啦。～ *我吃饱饭啦。

（29）a. 阿三敲水缸坏啊。＞?? 阿三敲坏水缸啊。（很不自然）

　　　b. 你再偷东西，我就拗你手断去。～ *你再偷东西，我就拗断你手去。

另有些方言的动结式中间要加连结性助词，状似普通话带"得"的组合式补语。这样的动结式也不是复合词，甚至不是黏合性补语。如泰如片江淮官话普遍有一个动词后的虚词"啊"（[a]，在入声韵和阳声韵字后分别读 [ka] 和 [ŋa]），它是个功能极多的虚词（李人鉴 1957；汪如东 2006，2008），其中包括用在动结式及动趋式中间，如海安话：

（30）吃啊伤啊，跌啊青啊，学啊会啊，煮啊烂啊，走啊慢啊

　　　（汪如东 2006：385）

这些例子表示"吃伤了、跌青了、学会了、煮烂了、走慢了"之意。其中后一个"啊"是体标记，相当于"了"，前一个"啊"则是动词和结果补语之间的联系项。泰如方言没有不带"啊"的"吃伤、跌青"等说法。同时，这个"啊"也可以用在普通话状态补语前"得"的位置，如如皋话"好吃啊没得命""重啊连我总拿不动"（鲍明炜、王均主编 2002：476—477）。

2）动趋式中间有联系项。普通话本身存在"举起一块牌子来""扔了一支烟过去"等部分或全部趋向补语与动词隔开的情况，这是比动结式更松散的表征。此外，在不少方言中，动趋式中间可以或要求用连接性助词。苏州方言动词带单音节趋向补语时中间要用"得"连接，如"走得来个（走来的）、明朝带得去（明天带去）"。山西的很多晋语和中原官话都要像某些近代汉语语料那样在动词和趋向补语间用"将"（或念"张"）或功能相同的"得"等（乔全生 2000：§10），如中阳"荷将来啦"、平遥"送将去[tiʌʔ]啦"、大同"送张来/去"、临汾"荷得来/去"等。乔全生认为"将、得"等是连接动词和趋向补语的结构助词。

3）能性动补式存在相反方向的差异。很多晋方言的肯定式可能补语不加"得"，而与前面动词形成黏合式动补式，同时在补语后加"了"（音[lɔ]或[liɔ]）（否定可能式则从普通话到方言普遍不带"得"，否定词直接用在核心动词后）。如：平遥"搬转了"（能搬开）、"窗子糊住了糊不住"（糊得住糊不住）（侯精一 1999：408）。这些能性动补式显然比普通话的能性动补式更加紧密。反过来，也有些方言的可能补语比普通话松散，可以后置于宾语（一般限于简短的代词宾语），如上海话"举伊勿起、推侬勿动"等。

各种隔开型补语的存在，对后文总结汉语类型演变大势有重要意义。

六、动词和名词的词类地位：从名动两立到名弱动强

刘丹青（2010）曾从多个角度论证汉语是一种动词型语言，区别于

英语的名词型语言。其中突出表现在两点：

1）从独立成句能力、句子内部构造到词义引申和儿童语言习得，汉语动词都比英语动词强势，英语名词及名词化成分比汉语名词性成分强势。

2）动词可以自由地充当名词的典型句法成分，即论元（主宾语等），而名词不能自由地充当动词的典型成分，即谓语核心。

但是，回顾历史，现代汉语这样的动强名弱格局，不是自古而然的。虽然没有理由说上古汉语像英语那样是名词型语言，但是上古汉语中名词的句法地位确实比现代汉语名词的句法地位重要得多。突出表现在以下方面。

1）名词做谓语。上古汉语中的典型判断句是不用系动词的，名词在语气词"也"帮助下独立做判断谓语。如："石碏，纯臣也"（《左传·隐公四年》）；"南冥者，天池也"（《庄子·逍遥游》）。自从"是"由指示代词演变为系词进入库藏后，名词谓语判断句就逐渐淡出库藏。现代汉语普通话中名词做谓语的功能已局限于个别小类的名词（某地人、日期等）。如果排除短语、只考虑单词，名词做谓语更受限制。汉语整体上从非系词语言转化为系词语言。这一转化显著压缩了名词性成分在语言中的活动空间，强化了动词和名词的不对等：动词可以自由地占据本属名词的论元位置，名词则不能自由占据本属动词的谓语位置。

2）名词做状语。上古汉语名词可以比较自由地充当状语，例如比况式的状语："豕人立而啼"（《左传·庄公八年》）、"庶民子来"（《诗经·大雅·灵台》）、"嫂蛇行匍伏"（《战国策·秦策一》）；工具状语："晋楚不务德而兵争"（《左传·宣公十一年》）；空间状语："若野赐之……"（《左传·昭公元年》）、"犹欲之楚而北求之也"（《荀子·乐论》）（转引自杨伯峻、何乐士 2001：58—62）。后代名词的这种功能基本消失，只有小部分以词汇化的化石形式遗留下来，如"蜂拥、蚕食、鱼贯"等。方位词做状语现代限于对举句式，如"上有老下有小"。名词的状语功能总体上离库了。

3）名词动词互转机制的变化。汉语动词自古至今基本上都能自由地用于论元位置，虽然在类型学上主宾语绝不是动词的基本功能。上古汉语名词可以比较自由地用作动词，即除了充当判断句谓语外，还可以用作普通的动词（包括带宾语），非常像英语中的 denominal verbs（Clark & Clark 1979）。几乎每一本古汉语语法书都会设立专节讨论名词做（判断谓语以外的）谓语的用法。周法高（1961：65—81）有"名谓式"一节，讨论了普通名谓式、名词的使谓式和意谓式三类做谓语的情况。杨伯峻、何乐士（2001：177—120）专门讨论了名词（包括代名词）用作动词的情况。仅两书涉及的名词就非常广泛，从专有名词、具体器物名词到身份职衔名词、抽象名词和时空方位名词，等等，很难用语义标准来排除不能做谓语的小类。两书所涉的大部分名词（及本文在括号中添加的现代对应词）在现代汉语中没有谓语用法，如：君（君主）、臣（臣子/臣民）、父（父亲）、子（儿子）、声、味、物（东西）、辕（车辕、辕木）、路、肘、手、口（嘴）、牙、吏（官吏）、天、家、风、门、角、尸（尸体）、耳（耳朵）、目（眼睛）、沟、公、墓、坟、井、王、天、虎、堂、虫、疆（边疆）、兵、夜、性、身、蚕、孺子、封豕（大猪）、茅、县、吴王、国、夷狄、夫人（以上选自周著）、雨、器、棺、妻、女、夏商、心、卿、尔、汝、吾（以上补自杨何著）。以上例子中，少数有变调构词模式（可能来自上古韵尾交替），如"王"做动词念去声，属于构词形态，大部分读音不变，是名词本身用作谓语。

4）重要的名词性量化词语被动词短语取代，新生的量化成分多由动词性成分词汇化而成。全量否定词"莫"被"没有人、没有什么"等短语取代，存在量化词"或"被"有人"等短语取代。后起的"有的、所有、一切、举（国）、满（地）、遍（地）"等量化词也由动词语义引申组合而来。这是重要词语上的动进名退的局面。

由于以上演变，动词强势依旧，而名词功能萎缩。在某种意义上，强势就是具有接近其他词类的功能，萎缩就是失去类似其他词类的功能。而从库藏类型学的角度看，只有句法功能强大、在语言心理中容易激活的词类才有扩展到其他词类的能力，犹如隐喻借喻也总是以显著的词语或物象来代表较不显著的词语或物象。词类的功能多样性本质上还是该词类作为显赫范畴的功能扩展力。动强名弱的配置，使现代汉语成为更加典型的动词型语言。

动词型特征在汉语方言中表现大体一致，只有轻微的方言差异，主要表现在有些方言能接受比普通话更多的名词谓语判断句。

如"张明是中学生"一句，在普通话中很难省略"是"，但是在刘丹青主编、唐正大副主编（2005）的19个点的方言语法语料库中，有8个点可以不用"是"，说成"张明中学生"，它们是：长沙、南昌、温州、湘乡、扬州、都昌、南宁、西宁。在对比句语境中，如"他是医生，我是护士"，"是"的省略更加容易，在语料库中增加到13个点，除以上8处外，增加了福州、成都、苏州、厦门、衡阳。不难看出，除了西部的西宁外，更能接受名词谓语判断句的方言都是南方的官话（西南官话、江淮官话）和非官话方言，包括吴、湘、赣、闽等。语料库中南方只有广州粤语和梅州客家话不能接受名词谓语判断句，这似乎与它们较强的 SVO 类型特征有关。与之形成对比，西宁方言由于藏缅和阿尔泰等民族语言的影响，本身带有 SOV 特征，这可能也是它较能接受无系词句的原因，因为 SOV 语言不在主语和表语之间用系词。

七、从非量词型语言到量词型语言的转型

类型学上具有重要指标意义的个体量词，在古代汉语中尚处在萌芽状态。数词可以直接限制名词，这一特征使上古汉语属于非量词型语言。随着量词库藏由小变大和量词在数名组合中出现的强制性，汉语逐步过渡到量词型语言。现代汉语中量词已经是数词和名词组合中不可缺少的要素。比较（古汉语例引自周法高 1961：274）：

（31）生丈夫：二壶酒，一犬；生女子，二壶酒，一豚。(《国语·越语上》)

（32）鲁君与之一乘车，两马，一竖子……(《史记·孔子世家》)

（33）他有一个孩子，家里还养着一条狗，一头猪，两匹马。

(31)—(32)中"壶"是临时容器量词,"乘"在古代被作为集体量词,因为车被视为一车和数马的集合。数词和其他名词即"犬、豚、马、竖子"相接,都不加量词。而相应的现代表达,数名之间的个体量词"个、条、头、匹"等都是不可或缺的。量词已经成为汉语语法库藏中名词计数时须强制添加的手段。

虽然所有汉语方言均属量词型语言,但量词的入库,并不意味着显赫。事实上汉语量词在不同方言间的显赫程度存在着较大差异。根据已有研究的丰富成果,吴语粤语是量词最显赫的方言,而北方,量词的显赫度存在显著落差。差距主要表现在以下方面:

1)北方方言基本指示词(这、那)和名词之间量词可免,如"这(本)书、那(只)包"。分别以苏州话、广州话为代表的吴语、粤语的指示词和名词不能直接组合,中间必须用量词。如苏州话"辬*(本)书",广州话"嗰*(只)包"。实际上江淮官话及其以南的方言都极少使用指示词直接限制名词的结构,只是有些方言不像吴语粤语那样绝不允许。

2)北京话等部分北方官话口语中,基数词"一、两、三"和名词之间的量词也可以脱落,由读固定阳平调的"一"和"俩、仨"显示其后有一个隐性的"个",如"来了一朋友、买俩苹果"。某些官话中这种脱落量词的数词可以由"一"到"十",如陕西商州话(张成材2007)。南方官话和非官话都不允许这种量词得不到显现的计量结构。

3)很多吴语、粤语方言和部分湘语、徽语、闽语(潮州话)及个别江淮官话(涟水南禄,王健、顾劲松2006)可以由"量词+名词"不依赖数词和指示词直接用在主语、主语的定语等位置上,主要表示有定的指称义(个别方言也用于无定)。如苏州话、广州话都可以由"本书、只包"等做主语。其他官话方言(除烟台方言,见刘探宙、石定栩2012)都未见这种用法。

4)在苏州吴语、广州粤语等方言中,量词可以用在领属语等定语和核心名词之间,不需要相当于"的"的专用定语标记,由量词兼做定语标记,同时表示有定的语义。如苏州话"小张买本书"(小张买的那本书），广州话"你只包"（你的这只包）。很多汉语方言，包括几乎全部官话，不能有这种用法。

5）吴语、粤语量词在4）中的用法也可以省略核心名词，直接由量词代替被饰名词充当名词语的核心，如苏州话"小张买本"（小张买的那本），广州话"我只"［我的那只（包）］。官话和其他很多方言没有这种用法。

以上几点显示，在吴语、粤语等南方方言中，必用量词和可用量词的句法位置都比官话多，量词的表义作用也更加多样，量词在南方汉语中更为显赫，其显赫性相应降低了名词的重要性，因为涉及个体的位置都要有量词出现，从而使名词失去或弱化了表个体的功能，成为更加典型的类别名词，区别于英语等语言的单数物体名词［sort noun vs. singular object noun，Rijkhoff(2002：54)］。

八、方位名词的语法化和普通名词的去处所化

汉语中的方位词从古到今在语法性质上发生过重要的变化。

先秦时期的方位词是名词的一个次类，在语句中主要发挥其词汇义功能而非语法标记功能。请看下例（见刘丹青 2003：130；另参看魏培泉 2003：§2.16）

（34）豕人立而啼。公惧，队＝坠于车。伤足，丧屦。反，诛屦于徒人费。弗得，鞭之，见血。走出，遇贼于门。劫而束之。费曰："我奚御哉？"袒而示之背。信之。费请先入。伏公而出，斗，死于门中。石之纷如死于阶下。遂入，杀孟阳于床。曰："非君也，不类。"见公之足于户下，遂弑之，而立无知。（《左传·庄公八年》）

由（34）可见，在介词短语中，方位名词的使用完全是由语义决定的。"于"是上古汉语介引处所题元的最重要的前置介词。"于"支配的表处所的短语，句法上并不要求加方位词，影响选择的是语义。所以，完全相同的句法条件下，"于车、于门、于床"不出现方位词，"于门中、于

阶下、于户下"则带方位词。

在现代汉语中，介引方所的前置词在带普通名词做处所题元时，必须要带方位词，如以上例子要说成：

（35）在车*（上）、在门*（边）、在床*（上）、在门*（里面）、在台阶*（下）、在门*（下）

再比较：

（36）a. 手上/手中/手里有钱～*手有钱

　　　b. 坐在地上/地下/地板上～*坐在地/*坐在地板

例（36）说明，这里的"上、中、里、下"等语义基本中和，互相换用不改变语义，但是不能省略，可见主要是因句法需要而用的。这也与双音节要求无关。（36b）如果"地"换成"地板"，只要不加方位词，仍然不合格。

此外，作为名词小类，古汉语方位词可以自由地受带"之"的定语修饰。如"疾不可为也，在肓之上、膏之下"（《左传·成公十年》）；"公入而赋：'大隧之中，其乐也融融。'姜姓出而赋：'大隧之外，其乐也泄泄。'"（《左传·隐公元年》）。现代至少单音节方位词已失去名词性，不能受带定语标记的定语修饰，如"在桌子（*的）上、在舞台（*的）下、在地道（*的）里、在车厢（*的）外"。当然，现代也有"之上、之下"等组合，但那是古汉语以化石方式留下的词汇化成分。它们不能和现代的定语标记组合，就表明它们不是活的名词了。

因此，现代汉语中的方位词已经程度不同地朝向介引处所题元的后置介词方向语法化了，其中部分主要用于后置的单音节方位词已经离名词词类很远，接近典型的后置词。

处所类前置词后面的名词强制性要加方位后置词，这使得现代汉语名词本身失去了充当处所名词的功能，其功能在又一个方面比古代汉语名词萎缩。

这个方面也存在一定的方言差异。吴语比普通话和粤语更彻底地丢失普通名词用作处所名词的功能。例如苏州话"在"义存在动词兼介词"勒"之后不能直接带下列名词，而这些名词在普通话"在"后加方位词是两可的，粤语"嚟"后则不加更自然：

（37）〈苏州〉勒学堂*（里）/邮电局*（里）/操场*（浪上）/图书馆*（里）/公司*（里）/车站*（里）

（38）〈普通话〉在学校（里）/邮局（里）/操场（上）/图书馆（里）/公司（里）/车站（里）

（39）〈广州〉嚟学校/邮局/操场/图书馆/公司/车站

以上六、七两点都进一步显示了汉语名词功能的弱化。

九、讨论与小结：汉语语法类型演变的大势

以上讨论了古今汉语的七点类型演变。其中的六点可以概括为两大趋势：

1. 第一、二、三点，都反映了汉语语法的一些重要方面从句法主导到语用优先的趋势。古代汉语语法至少在基本语序等方面更多体现句法导向，语法库藏中有更多句法性规则，而现代汉语语法更多体现语用优先，语用在语法中的作用变得更大。就第一点来说，话题比主语有更多语用属性，其出现与否也受制于语用因素。话题在语法体系中变得更加显赫，意味着语用在语法中的作用得到加强。第二点是第一点的泛化，即除了话题结构，在其他的语序方面，现代汉语也更多遵循语用规则而较少受句法规则的制约。第三点，连动式显赫。连动式比之用连词"而"之类连接的并列结构和用"之/的"介引的主从结构，更少句法制约，更多靠象似性等认知原则来组织结构。认知原则也是一种语用因素。

在方言差异方面，前两点，涉及语用因素中的信息结构。吴语受信息结构影响最大，粤语最小。以普通话为代表的官话则介于两者之间。在连动显赫所体现的认知因素方面，正好相反，老上海话等吴语由于更多使用带连词的并列结构，连动式显赫度不如其他方言，从而显得在这点上比其他方言更接近于古代汉语的句法主导型。这也说明不同的方言有不同方面的存古度，不宜单纯根据一个方面来判断哪个方言存古度更高。

2. 第五、六、七这三点，都反映了古代汉语名词在语法库藏中比后代强势和活跃，在功能方面与动词形成均衡对立的格局。第五点是名词整体活跃程度和活动能力变得不如动词。第六点表明它失去了充当个体名词的能力，要靠量词来获得个体性。第七点说明它失去了充当处所名词的能力，要靠后置词来获得处所性。这些情况相加显著减弱了汉语名词的语法活力，强化了动词和名词在汉语中显赫度的不对称。这些情况在方言中大致相同，有一些细微的差别：有些方言允许较多的判断句不使用系词，有些方言量词在某些条件下可以只以隐性方式存在，有些方言一部分名词还保留用作处所名词的功能，有些方言则有与之相反的表现，名词的功能比普通话更弱①。

以上没有讨论到的是第四点动补结构的发达和显赫。关于动补式发达所体现的汉语演变大势，有一些学者提出了一些值得重视的看法。

梅广（2003）指出："动词合并在上古汉语用得很多。这表示上古汉语的动词结构具有较多综合性，而后来的结构则朝向分析性（analytic）方向发展，终于完全以使成式取代了使动动词。"黄正德（2008）也基于其他一些语言现象持现代汉语比古汉语有更多解析性（=分析性）的观点，认为："相对于现代汉语，英语与古代汉语有相当丰富的 L-Syntax，许多动词可以在词汇部门派生而成（如 phone、fish、joke 和'电、渔、戏'等都可以做动词用，其来源是词法派生），但现代汉语缺少相应的派生词法，所以用'打电话、捕鱼、开玩笑'这类复式述语来表达同样的概念。所谓复式述语（complex predicate，complex verb）就是

---

① 有审稿人提出，第六点（量词的使用）和第七点（方位词的使用）其实反映了现代汉语表达更加有分析性，古汉语用一个名词可以表达现代汉语"量词+名词"或"名词+方位词"的组合的内容，古汉语更有综合性。我们觉得这一解释有一定道理，但不能解释问题的全部。量词的显赫性不仅表现为在数词和名词之间要加量词，而且更多表现为量词的多样化功能，特别是在吴语粤语中表定指、表定中关系、甚至单独做论元的功能，这些都与分析性无关。而方位词用于名词后也并不都增加分析性。例（36）各句显示，方位词的语义在其中基本不起作用，其使用完全是一种句法位置的需求，因此并不增加单位表义的分析性。方位词也发展出了一些扩展功能，与空间位置无关，如"原则上、根本上、理论上、暗地里"等，这些组合与空间表达的分析性与否也没有直接关系。再如，有些"名词+方位词"的组合反而不表空间，而表组织机构或领导群体，如"组织上、县上、省里、领导上（=领导）"，这些方位词也谈不上增加空间表达分析性的问题，而是方位后置词作为显赫范畴的功能扩展。

以短语的手段来表达相当于一个简单动词的概念。[Massam（2001）把这种结构称为准并入结构（pseudo-incorporation）]"他也将古代汉语"孤之事君"这一类 VP 名词化用法的消退与屈折形态的衰落联系起来，进一步阐述这一观点，认为"汉语屈折形态的消失导致'主之谓'结构的衰退，而派生形态的衰弱则引起轻动词结构与准并入结构的兴起，并辗转导致伪定语结构的滋长"。

关于古今汉语从综合到解析的观点，可以解释一系列现象，如上述学者提到的由单个谓词的使动用法到两个谓词构成的动结式，由单个名词做谓语动词到用动词短语来表达同样意思。但是，"综合＞解析"论也面对一些很难解释的现象，包括本文所总结的一些演变趋势。

中古以后显赫起来的连动式，在上古汉语中常以带"而"的并列结构出现。连动结构是不借助任何连接手段紧密结成一个整体的单位，而带"而"的并列式是由连词明确分割开的两个单位的组合。如"爬树找鱼"和"缘木而求鱼"，后者显然比前者有更强的解析性。连动式的显赫度增加是由解析性较强到综合性较强的演变。

再看动结式。梅广先生将动结式与更早时的使动用法相比较，由此例证汉语综合性向解析性的演变。这一比较本身是可信的。但是，古汉语表达致使范畴，不仅靠综合性的使动用法（其中有些可能有形态变化，也属于综合性手段），同时也用致使性兼语句，如：

（40）五色令人目盲，五音令人耳聋，五味令人口爽，驰骋田猎令人心发狂，难得之货令人行妨。（《老子·十二》）

这些兼语句的意思，也颇能用后代的动结式来表达，如：

（41）五色炫瞎眼睛，五音震聋耳朵，五味吃坏人嘴，驰骋打猎打狂了人心，珍奇好货诱坏了行为。

在致使手段类型学中，用形态手段表达属于综合性手段（使动用法可视为零形态的综合手段）。用另造词语表达致使属于词汇性手段（如吃~喂，英语 die~kill），两者可合并为综合性手段。用兼语句一类句法手段属于分析性手段[参看牛顺心（2004：§1.2）及所引 Comrie、Shibatani 等的论述]。而汉语表致使的动结式，被众多文献视为复合词,其性质介于综合性及词汇性致使式和分析性句法致使式的中间,而更靠拢词汇式一些(牛顺心 2004:§2.6),亦即更偏向综合手段一侧。动结式的显赫,既部分取代了古代汉语的使动用法(没有全部取代,现代也有"温暖人心、严肃纪律、坏了事儿"等使动用法),也大大分割了分析性致使结构的领地。像"跑累了马""笑痛了肚子""唱坏了嗓子""洗湿了鞋"这类常用的现代汉语动结式所表示的语义,在其他语言中通常要用更加分析性的句法结构才能表达。因此,即使是动结式的显赫,也不单纯是分析性的加强。所以,我们认为根据目前提出的证据,从综合性到解析性还不足以构成古今演变的大趋势。动结式的显赫与汉语库藏调整大势的关系还有待进一步考察。

总体上,本文提到的这些类型演变及其概括出来的大势,是遍及汉语方言的根本性演变。本文的跨方言比较,一方面让我们看到在演变速度和范围上的差异,另一方面也让我们更加确信这些演变的大势是汉语各方言的大势。

参考文献

鲍明炜、王　均(主编) 2002 《南通地区方言研究》,南京:江苏教育出版社。
程丽霞　2005　左偏置结构频率统计与话题结构的显现,《语法化与语法研究》(二),沈家煊、吴福祥、马贝加主编,北京:商务印书馆。
董秀芳　2007　从词汇化的角度看粘合式动补结构的性质,《语言科学》第 1 期。
高增霞　2006　《现代汉语连动式的语法化视角》,北京:中国档案出版社。
侯精一　1999　《现代晋语的研究》,北京:商务印书馆。
黄正德　2008　从"他的老师当得好"谈起,《语言科学》第 3 期。
蒋绍愚、曹广顺(主编) 2005 《近代汉语语法史研究综述》,北京:商务印书馆。
李人鉴　1957　泰兴方言中动词的后附成分,《中国语文》第 5 期。
李如龙　1996　泉州方言的体,《动词的体》,张双庆主编,香港:香港中文大学吴多泰中国语文研究中心。
李英哲　1988/2001　官话和台湾闽语的一些动词组结构比较研究,《汉语历时共时语法论集》,北京:北京语言文化大学出版社。
刘丹青　1994　"唯补词"初探,《汉语学习》第 3 期。
刘丹青　1995　语义优先还是语用优先?——汉语语法学体系建设断想,《语文研究》第 2 期。
刘丹青　2000　粤语句法的类型学特点,香港《亚太语言教育学报》第 2 期。

刘丹青　2001a　汉语方言语序类型的比较，日本《现代中国语研究》创刊第 2 期。
刘丹青　2001b　论元分裂式话题结构初探，《面向二十一世纪语言问题再认识——庆祝张斌先生从教五十周年暨八十华诞》，范开泰、齐沪扬主编，上海：上海教育出版社。
刘丹青　2003　《语序类型学与介词理论》，北京：商务印书馆。
刘丹青　2008　并列结构的句法限制及其初步解释，《语法研究和探索》（十四），北京：商务印书馆。
刘丹青　2009　话题优先的句法后果，《汉语的形式与功能研究》，程工、刘丹青主编，北京：商务印书馆。
刘丹青　2010　汉语是一种动词型语言——试说动词型语言和名词型语言的类型差异，《世界汉语教学》第 1 期。
刘丹青　2011a　语言库藏类型学构想，《当代语言学》第 4 期。
刘丹青　2011b　汉语史语法类型特点在现代方言中的存废，《语言教学与研究》第 3 期。
刘丹青　2011c　"有"字领有句的语义倾向和信息结构，《中国语文》第 2 期。
刘丹青（主编）、唐正大（副主编）　2005　"现代汉语方言语法语料库"，北京：中国社会科学院语言研究所。
刘　坚、蒋绍愚（主编）　1990—1995　《近代汉语语法资料汇编》（唐五代卷 1990、宋代卷 1992、元代明代卷 1995），北京：商务印书馆。
刘探宙、石定栩　2012　烟台话中不带指示词或数词的量词结构，《中国语文》第 1 期。
吕冀平　1958/1985　《复杂谓语》，上海：上海教育出版社。
吕叔湘（主编）　1980　《现代汉语八百词》，北京：商务印书馆。
马建忠　1898/1983　《马氏文通》，北京：商务印书馆。
马诗帆（Matthews, S.）、杨月英　2003　广东话话题化的处理动机，《话题与焦点新论》，徐烈炯、刘丹青主编，上海：上海教育出版社。
麦　耘　1995　广州话的后补式形容词，《广州话研究与教学》（第二辑），广州：中山大学学报编辑部。
梅　广　2003　迎接一个考证学和语言学结合的汉语语法史研究新局面，《古今通塞：汉语的历史与发展》，何大安主编，台北："中研院"语言学研究所筹备处。
牛顺心　2004　汉语中致使范畴的结构类型研究，上海师范大学博士学位论文。
乔全生　2000　《晋方言语法研究》，北京：商务印书馆。
覃东生　2010　宾阳话的述补结构和体标记（手稿）。
太田辰夫　1958/2003　《中国语历史文法》（第 2 版），蒋绍愚、徐昌华译，北京：北京大学出版社。
汪如东　2006　《海安方言研究》，北京：新华出版社。
汪如东　2008　泰如片方言中动词后附"啊"的两种结构，《语言科学》第 3 期。
王　健、顾劲松　2006　涟水（南禄）话量词的特殊用法，《中国语文》第 3 期。

王　力　1989　《汉语语法史》，北京：商务印书馆。
魏培泉　2003　上古汉语到中古汉语语法的重要发展，《古今通塞：汉语的历史与发展》，何大安主编，台北："中研院"语言学研究所筹备处。
杨伯峻、何乐士　2001　《古代汉语语法及其发展》（修订本），北京：语文出版社。
张伯江　2011　汉语的句法结构和语用结构，《汉语学习》第2期。
张成材　2007　商州方言口语中的数量连音变化，《中国语文》第2期。
张　敏　2010　"动后限制"的区域推移及其实质，中国语言研究的新方法与新视野——中国语言的比较与类型学研究国际研讨会，香港科技大学。
张　敏、李予湘　2009　先秦两汉汉语趋向动词结构的类型学地位及其变迁，"汉语'趋向词'之历史与方言类型研讨会暨第六届海峡两岸汉语史研讨会"论文，台北。
周迟明　1957　汉语的使动性复式动词，《山东大学学报》第1期。
周法高　1959　《中国古代语法：称代编》，台北："中研院"历史语言研究所。
周法高　1961　《中国古代语法：造句编》，台北："中研院"历史语言研究所。

Aikhenvald, A. Y. 2006. Serial verb constructions in typological perspective. In A. Y. Aikenvald, & R. M. W. Dixon (Eds.), *Serial Verb Constructions: A Cross-Linguistic Typology*. Oxford & New York: Oxford University Press.

Clark, E. V., & Clark, H. H. 1979. When nouns surface as verbs. *Language*, 55 (4), 767-811.

Djamouri, R. 2001. Markers of predication in Shang bone inscriptions. In H. Chappell (Ed.), *Sinitic Grammar: Synchronic and Diachronic Perspectives*. Oxford & New York: Oxford University Press.

Greenberg, J. H. 1963/1966. Some universals of grammar with particular reference to the order of meaningful elements. In J. H. Greenberg (Ed.), *Universals of Language*. Cambridge: M.I.T. Press.

LaPolla, R. J. 1995. Pragmatic relations and Chinese word order. In P. Downing, & M. Noonan (Eds.), *Word Order in Discourse*. Amsterdam & Philadelphia: John Benjamins.

Liu, D. Q. 2004. Identical topics: A more characteristic property of topic prominent languages. *Journal of Chinese Linguistics*, 32 (1), 20-64.

Rijkhoff, J. 2002. *The Noun Phrase*. Oxford: Oxford University Press.

Steele. S. 1978. Word order variation: A typological study. In J. H. Greenberg (Ed.), *Universals of Human Language: Syntax*. Stanford: Stanford University Press.

（原载《第四届国际汉学会议论文集·语言资讯和语言类型》，台北"中研院"，2013年）

汉语及亲邻语言连动式的
句法地位和显赫度*

零、引言

"连动式"（连动句，连动结构，serial verb construction），是描写汉语及亚、非、澳、美各洲众多语言时的一个常用概念，而在印欧、阿尔泰等其他大量人类语言的描写中并不需要这个概念。换言之，连动式只是部分语言的类型特征，它跟主谓、动宾、偏正、并列这类普遍性的句法结构不同，是具有某种特异性（peculiarity）的句法结构。

汉语等东亚语言的连动式得到了程度不同的语法描写和研究（如吕冀平 1958；Matisoff 1991；高增霞 2006），这为我们进行更深入的类型学研究奠定了基础。连动式的跨语言比较，例如 Aikhenvald（2006），更是为我们提供了单一语言研究所看不到的众多特点和连动型语言的类型共性，但这类比较受制于某些材料来源的简略性，对句法细节的揭示不够充分，概括也可能因此受限。另一方面，汉语学界内部的连动式研究，将连动式视为同一种普遍性的结构，其结构特异性尚未得到足够关注。而在一些主要强调语言普遍性的学派中，基本上不承认连动式作为一种结构的独立存在，连动式的特异性被有意无意地忽视回避。例如黄正德等（2013）作为一本系统探讨汉语形式语法的专著，全书内容

---

* 本文系中国社会科学院创新工程项目"汉语口语的跨方言调查与理论分析"的阶段性成果。初稿曾先后在陕西师范大学（2014 年 9 月）、第 47 届国际汉藏语言暨语言学会议（云南师范大学，2014 年 10 月）、全国汉藏语连动结构学术研讨会（浙江工业大学，2014 年 12 月）和日本神户市外国语大学（2015 年 1 月）报告，获多位与会者尤其是陆俭明、戴庆厦、孙宏开、邢向东、党怀兴、沈力、任鹰、彭国珍等先生的指正。谨致谢意! 尚存问题由作者负责。

和例句无一为连动式。这是并不可取的态度，毕竟，"不论在口头语言里，还是书面语言里，我们听到的、看到的，几乎大部分都是含有复杂谓语（主要指连动式，包括兼语式——引者）的句子"（吕冀平 1958：4）。回避策略，似乎显露出相关理论尚不能很好地应对连动结构。邓思颖（2010：181）则明确表明了形式句法对连动式的态度："'连动结构'事实上是不存在的，形式上也没有任何的特点，而连动句的一些功能也都可以从偏正结构或述补结构推导出来。"但已有形式派学者以反思的态度讨论了形式语法对连动句关注的缺失（李亚非 2014）。

连动式存在于几大洲的众多语言（Aikhenvald 2006）。回避或否认连动式的句法理论恐难以真正成为普遍性理论。本文将从连动结构的句法语义特异性出发，重新思考连动式在汉语句法系统中的类型学地位，兼及周边亲邻语言连动式的入库及显赫程度，探讨与连动式有关的类型学特征。

本文以新生的库藏类型学（刘丹青 2011，2012）为视角，认定连动结构为连动型语言语法库藏中的独立语法手段；由句法库藏地位出发，揭示其作为显赫范畴的强大功能。本文由汉语的考察兼及汉语的亲邻语言，主要涉及连动式的以下方面：入库身份、句法界定、原型范畴、显赫地位、库藏裂变、跨语言比较。

一、连动式的入库身份

1.0　连动式作为一种独立的句法结构，有别于世界上几种更普遍的基本语法结构。其独特之处遍及句法、语义、韵律诸端，其中句法特征是连动句赖以成为独立的句法结构的根本依据。下面我们先列出 Aikhenvald（2006）总结的连动式的跨语言基本属性，然后以此为参照来观察分析汉语连动式的句法语义属性，据此确定其句法库藏地位和类型地位。

Aikhenvald（2006）定义的连动式具有以下特征：

几个动词（短语）连用；其间没有任何表示并列关系、主从关系或其他依附关系的标记；语义上表达单一事件；语调特征与单小句式的句子一致；几个动词只有一个时、一个体、一个极性赋值（要么肯定，要么否定）；可以共享一个到几个核心论元；每个动词都能单独出现；连动式中的各个动词可以有同样或不同的及物性属性。

这些属性，已足以区别于任何正则的结构，包括与连动式可能有瓜葛的并列结构和主从结构。本节先据此就汉语情况择要分析。

1.1 连动式几个动词连用表示的是单一事件；而并列结构可以表达多个事件，不必表达单一事件，即使几个事件主体相同，也可以彼此无关，只是说话人将它们放到一起说。如：

（1）他有时候打球，有时候养花。

（1）表示的是同一施事的两种惯常行为，彼此没有相关性，也难以整合成一个内部紧密的宏事件。主从结构也可以表示两个无法整合为一的事件，如：

（2）他即使吃得很多也还是手脚无力。

"吃得很多"和"手脚无力"是两个彼此可以独立的事件，说话人将其放在一句中是要说明两个命题之间的关系而不是一个整合的宏事件。

连动式不同。连动式虽然包含多个动词（在汉语等语言里可以理解成更广义的谓词或谓词短语，本文简称为VP），但被整合成一个紧密的单一事件或命题，具有很强的单小句性（monoclausality, Aikhenvald 2006：6），其中的不同动词，只能表示一个宏事件中的组成部分，不能独立表达一个事件。如：

（3）他今天上山砍柴背回家炖了肉吃。

例（3）说的是一个单一事件，其中包含若干动作行为，所以是一个包含了若干微事件的宏事件。在本句中，"上山"不是一个孤立事件，而是砍柴事件（宏事件）的一部分（微事件），在表示先于砍柴的行为之同时表达了砍柴的地点——这在其他结构或其他语言中可能会用方所状语来表达。"砍柴"也不是独立事件，而是跟后面的"背回家、炖肉、吃"这一系列微事件紧密相连。后面几个VP的分析以此类推。每个微事件都无法独立作为事件命题存在，其中有行为的时间顺序，方式（以砍柴来炖肉，以炖肉来就餐)、材料(以砍来的柴为炖肉材料)、目的(上山为了砍柴,砍柴背回家为了炖肉,炖肉为了吃)等语义关系。这些关系使得每个VP所表达的微事件都无法脱离其他动词语而存在。用Aikhenvald(2006:13)的话说,连动式都有一种总体论元结构(overall argument structure)。例(3)中的好几个微事件,同时也都做总体论元结构的组成部分。

需要强调的是,例(3)中所表达的处所、次序,方式、目的等关系,是确凿存在、无法取消的,但这些关系都不靠专用的语法标记表示,而只靠连动式本身及其内部语序。假如句子取复句而非连动的形式,这些语义关系就不再是必然的了。例如:

(4)他今天上了山,(他)砍了柴,(他)背了回家,(他)炖了肉,(他)吃了。

虽然(4)的实际所指可以是跟(3)等同的事件,但其中各VP间的上述关系不再是必然的,另类解读也能接受。譬如,他上山和砍柴可以不是同一过程,甚至可以是先砍柴,后上山。"山"不一定是砍柴的发生地。"背了回家"的也可以是"柴"以外的东西。他炖肉可以烧背回的新柴,也可以烧早就在灶边的柴火。甚至他吃的东西可以是炖肉,也可以不是(他作为厨师给主人炖了肉,自己吃了别的东西)。

(4)这样的复句,是并列复句或至少属于联合复句的大类,分句之间关系松散,没有连动式内部那些必然的语义关系。由此可见,连动式内部的语义关系,是由连动作为一种独立的句法关系所带来的,因而连动是一种独立的句法语义关系。

连动式表达区别于并列等其他结构的语义关系,靠的是连动式特有的句法表征。具体而言,如Aikhenvald(2006:13)所述,结构上,连动式不采用任何表示并列或主从关系的标记(汉语中常表现为介词、结构助词等虚词)。韵律上,连动式的语调特征与单句一致。如(3)的几个VP之间都不能有停顿,保证整句的语调可以贯穿而过。一有停顿,就会在分句之间产生例(4)那样的效应,割断连动式内部的句法关系和语义关系。

即使各VP之间不加停顿,仍在一个单句的语调范域内,只要使用了并列类关联词语,整个结构的句法和语义关系就由该关联词语所规

定,各 VP 间的内在语义关系也就被该标记的语义属性所取代。如:

(5)a.他既上了山也砍了柴。b.他一边炖肉一边吃。c.他砍了柴并背回了家。

(5a)句把上山和砍柴当作两个事件来表达,用配套关联词"既……也"连接。上山处不必为砍柴处,砍柴也不必在上山之后。(5b)句把炖肉和吃当作两个同时进行的行为事件来表达,采用了表同时的并列关联词"一边……一边"。其优势解读之一是炖的肉和吃的东西并非一物,这显然不同于连动式"炖肉吃"的解读。(5c)句砍了柴和背回了家因轻递进并列连词"并"而被识解为两个相继行为。"并"字拉近了两个事件的距离,因此"背"的受事只能理解为"柴",但是两个事件之间仍没有方式目的的含意,这是区别于连动式的——光说"他砍了柴背回家",显然指砍柴是为了背回家。

1.2 连动式也显著区别于主从结构。如:

(6)a.他很有兴趣地看着。b.他发疯似的叫喊着。c.他像爱护自己的眼睛一样珍惜两人的友谊。

这几例分别用"地、似的、像……一样"这些标记表明前一个 VP 的状语地位。做状语的 VP 既不是独立事件/命题,也不是一个宏事件中的微事件,而是单一事件的一个侧面,充当全句所表事件/命题的方式、样貌等伴随特征。而连动式中带有处所、方式、目的等含意的 VP,本身不是修饰其他动词的从属题元,而是表达微事件、有自身谓语身份的 VP,语义关系的双方没有从属和核心的句法依存关系,因此将连动式都处理为偏正或述补关系,就抹杀了连动式和偏正式、述补式在句法和语义上的本质区别,既不可取,也没有操作性。尤其对于主要表示相继动作的连动式而言,要强行分出主从是既不可行也不可信的。

连动式中不同的 VP 在语义上可能同等重要(接近并列,但有时间顺序),但也可能有重要性或前景性的区别,如"他关了窗户睡觉","关了窗户"容易理解为主事件"睡觉"的方式。但那至多是程度之别,而不是质的差别,"关了窗户"自身仍是宏事件中的一个微事件。句法上,状语标记的有无造成了从属结构和连动式的根本区别。

1.3 根据 Aikhenvald（2006），连动式的另一个特征是"几个动词只有一个时态、一个体、一个极性赋值（要么肯定，要么否定）"。由于汉语缺乏形态上的时态范畴，因此，我们难以测试汉语连动式各个动词的时态特征。假如把时态范畴扩大到用时间词语（名词、副词等）表达的时态语义，则可以看到，汉语的连动式也要求时态的一致。例如：

（7）a. 他<u>昨天</u>在出口处举着牌子等客人。

　　 b. 他<u>刚才</u>在出口处举着牌子等客人。

　　 c. 他<u>将</u>在出口处举着牌子等客人。

　　 d. *他<u>昨天</u>在出口处举着牌子<u>今天</u>在等客人。

　　 e. *他<u>将</u>在出口处举着牌子<u>刚才</u>在等客人。

　　 f. *他<u>刚才</u>在出口处举着牌子<u>将</u>等客人。

（7a）—（7c）分别用时间名词或副词表示全句宏事件发生在过去、现在和将来。每句各有一个时间状语，其时间域统辖句中的全部两个 VP。而（7d）—（7f）每句各用两个不同的时间词分别修饰两个 VP，句子都不成立。可见，连动式所表事件被识解为包含了多个微事件的一个宏事件，一个事件只能在统一的时间中发生，因此不能在连动式的不同 VP 上使用不同的时间限制。

　　从理论上说，两个连用的 VP 如可表达两个不同的事件，那么两个 VP 完全可以各有自己的时间限定语。（7d）—（7f）的不合语法，有力说明连动式不是两个 VP 的简单相加，而是有着专用的语法意义——表达内部紧密结合的单一宏事件，自然排斥会导致多事件解读的多个时间限定语。另一方面，假如连动式中的两个 VP 是可以分离的事件，那么，即使它们需要时间一致，也至少可以各带一个相同的时间语，事实上这也不被许可，如：

（8）a. *他<u>刚才</u>在出口处举着牌子<u>刚才</u>在等客人。

　　 b. *他<u>昨天</u>在出口处举着牌子<u>昨天</u>在等客人。

有意思的是，只要加上逗号变成复句，刚才的这几项限制就不起作用了。如：

（9）a. 他<u>昨天</u>在出口处举着牌子，<u>今天</u>在等客人。

　　 b. 他<u>刚才</u>在出口处举着牌子，<u>刚才</u>在等客人。

可见，VP之间停顿之有无，兹事体大。有停顿，就是并列或顺承复句，表示几个并列或相继发生的事件，每个事件有一定的独立性，所以都可以加时间限定语，不管是相同的还是不同的；无停顿，就是连动式，受到单一事件的语义限制，只能用一个时间限定语。

现代汉语有体标记，以"了、着、过"为基本体助词。连动式中体标记的使用情况非常复杂，有待专题研究。在此只提一个事实：连动式的不同VP可以带不同的体标记；假如只带一个体标记，则其语义可以覆盖所有VP，也可能只管辖单个动词，如：

（10）a. 他吃了饭在休息呢。

　　　b. 卸了磨牵着驴子走了的是社里管牲口的地方。[吕冀平（1958：77）引赵树理小说]

　　　c. 小敏拿着镜子照过。

（11）a. 我（去年）卖了旧车买新车。

　　　b. 父母卖房筹钱给女儿治好了大病。

　　　c. 张老伯正捧着烟筒吸水烟。

　　　d. 小伙子走在大街上拖着一只箱子。

（12）a. 他举着石头想砸我。

　　　b. 小王买了一个木雕当书房的摆设。

　　　c. 许老伯走到大树底下蹲着。

（10）每一句内都用不同的体标记。（10a）分别使用完整体的"了"和进行体的"在……呢"。（10b）先后用了完整体"了"、持续体"着"和完整体"了"。（10c）分别使用持续体"着"和经历体"过"。这些句子都不能用一个体语义来统辖全句。（11a）、（11b）则反映了一个完整体标记统辖全句各VP的情况，其中（11a）"了"加在首个V上，（11b）"了"加在最末的V上。（11c）、（11d）反映了进行体的类似情况，用首个V或最末的V上加"着"来表示全句的进行体语义。（12a）、（12b）反映连动式只带一个体标记时语义上只管辖本VP的情况。（12a）句"举着石头"表明是持续体，而全句的重点在"想砸我"，其VP的语义与持续体或进行体都不匹配。（12b）中的"当书房的摆设"是惯常情况，不是前一 VP 的完整体"了"所能覆盖的。（12c）句前一 VP"走到"，语义上只能是完整体而不能与后面"蹲着"的持续体一致。

以上显示，汉语连动式对时态的单一性限制很明显，而对体的单一性限制基本不存在。这在语义上是可以解释的。对于行为事件来说，时间是更外部的框架，作用于宏事件整体，因此一个宏事件只能受一种时间框架的限定。体是事件内部的过程观照，能作用于其中的微事件，因此可以出现各种组配现象。

1.4 论元共享，指连动式几个动词（谓词）拥有共同的论元，该论元只在句中出现一次，即句法上只加于一个动词。跨语言来看，论元共享是连动式普遍的典型状况，但这并不意味着每个连动句都有论元共享现象，因为连动句的几个 VP 也可以有不同的论元。

几个 VP 共享主语是一种论元共享。汉语连动句以主语共享为常例，只有兼语句两个动词不共享主语。如"他出去买东西"的"出去"和"买东西"都以"他"为主语，即共享主语论元。而在兼语句"他派我买东西"中，VP_1 的主语是"他"，VP_2 的主语是 VP_1 的宾语"我"，属于功能切换连动式（switch-function SVC，Aikhenvald 2006：14）。①

更能体现连动式特质的是宾语论元的共享。因为，主语共享也是复句的常态，而宾语共享在复句中很受限制。同样的宾语在多个分句中反复出现是常态。反之，在连动式中，宾语共享接近于强制，即很排斥同一宾语在几个 VP 中反复出现。先看复句的情况：

（13）a. 福大爷刚唱一句："太保儿推杯换大斗"，他就赶紧放下弓子，[ ] 拍一下巴掌喊："好！"[ ] 喊完赶紧再拾起弓子往下拉。（邓友梅《那五》）

b. 我在一家店堂明亮温暖的快餐店吃一盘所谓的意大利面条，[ ] 喝了碗所谓的美国汤，然后 [ ] 买了罐真正的中国啤酒坐在靠窗的座位泡时间。（王朔《玩的就是心跳》）

---

① 广义的连动式包括兼语式。限于篇幅，本文主要讨论非兼语类连动式。

（14）a. 喜欢读书的张爱玲，却不喜欢买书。……她认为，买书，是人生的一种累赘。不仅不喜欢买<u>书</u>，她还"卖<u>书</u>"。（中国历史故事网《张爱玲：一个读书却不买书的才女作家》）

b. 昨晚在梦里我和朋友在河里钓鱼，我钓到了<u>一条鱼</u>，我朋友说<u>这种鱼</u>不能吃，我就把<u>它</u>放到另外一条河里去了。（"百度知道"网友提问）

（13）和（14）是主语同指和宾语同指在复句中的不同表现。（13a）除了第一分句主语用了"他"，后面两个分句中同指的主语都是零形回指（以空方括号显示）；假如在方括号中加进主语"他"，反而很难接受，三个分句共享一个主语论元最自然。（13b）后两分句同指的主语"我"也都是零形回指。假如在方括号中插入主语"我"，也不能接受或很别扭。例（14a）末一分句的"卖书"的"书"与上一分句的"买书"的"书"同指，却不能省去，两句无法共享宾语。（14b）最后两个分句中的"这种鱼"和"它"都是与前面的"一条鱼"同指的，虽然勉强也能隐去，但还是显现更加自然。

再看连动句，其中同指的宾语跟同指的主语一样都是强制地由几个 VP 共享，如：

（15）a. 今天一整天在家闲着无聊，本想出去买本<u>杂志</u>看［ ］。（新浪博客）

b. 这两天，甄正都是从河里抓些<u>鱼</u>烤了［ ］吃［ ］。（网络小说《南行记》12 章）

例（15a）的 V_1 "买"和 V_2 "看"共享 V_1 后的宾语"杂志"，V_2 后的宾语必须强制删除。（15b）"抓、烤、吃"三个动词共享 V_1 后的宾语"鱼"，V_2、V_3 后也必须删除宾语。

由此可见，连动句的主语共享和复句的表现基本一致，而宾语共享与复句的表现迥异。复句各分句的同指宾语以各自显现为常，而连动句各 VP 的同指宾语只出现一次，由诸 VP 共享。连动句的宾语共享遵循回指规则，即承前省，不能用蒙后省，例如"买本杂志看"不能说成

"买看本杂志"。①

宾语论元和主语论元还有一项重要差别。连动句几个 VP 之间必须共享一个主语论元,不能有不同的主语,兼语式的 VP_2 有新的主语是因为该主语同时是 VP_1 中的宾语,并不是全新的成分。而几个 VP 的宾语可以不同,这时就无须共享宾语论元,如:

(16) 他去菜市场买肉馅儿做了几个红烧狮子头。

不过,Aikhenvald(2006:13)强调典型的连动式有一个总体论元结构,各 VP 往往在其中扮演一定的角色,上文对例(3)的分析已显示,一个句子中的多个 VP 可以同时承担总体论元结构中的方所、时序、方式、材料、目的等角色,这仍然是迥异于复句和并列谓语的。

在连动句和复句中表现出来的主宾语不对称,根源在于主语和宾语不同的句法属性。主语和宾语被形式句法分别称为外论元和内论元。主语作为外论元实际上划定了小句的界限,几个 VP 必须共享这个论元。假如出现另一个外论元,即意味着该成分已经到了句外,不再属于同一小句,也就不能看作连动式了。而宾语作为内论元,跟着所在 VP 一起处在同一小句内,假如几个 VP 的内论元相同,则因为彼此句法距离近而必须共享,排斥重复;假如论元不同,则仍都在 VP 内部,不影响 VP 之间的紧密性。连动句和复句不同的共享规则,正体现了小句内结构和小句外结构的根本差异。

1.5 以上几小节,反映了连动句的诸多句法特征,这些特征使它显著有别于复句,即使后者由共享主语的被停顿隔开的数个 VP 小句构成。虽然某些连动句确实可以插入停顿变成复句,但远非所有连动句都能如

---

① 需要补充的是,在承前还是蒙后删除的问题上,主语共享跟宾语共享有细微差别。复句同指主语一般采用承前省的方式,即后面的分句零形回指,如(13)所示,但偶尔采用蒙后省即零形前指的方式,特别是当前分句是背景化信息时,这是宾语共享不允许的。零形前指例如(见方梅 2008):

[ ]无缘无故的丢了车,[ ]无缘无故的又来了这层缠绕,他觉得他这一辈子大概就这么完了,无论自己怎么要强,全算白饶。(老舍《骆驼祥子》)

连动句主语共享时更少采用零形前指,但显性主语也不是绝不允许后移,如:

[ ]吃了饭他在休息呢。

但这种主语后移的结构一般不再被视为连动句,连动句著述中见不到这类例句。

此变换（复句不能变成连动句的当然更多），而变换也往往带来或大或小的语义差别，上面的分析已经显示了这一点。再如：

（17）a. 他吃了午饭休息了一会儿出去上班了。~ 他吃了午饭，休息了一会儿，出去上班了。
　　　b. 小王有充足准备能胜任这项任务。~ 小王有充足准备，能胜任这项任务。
（18）a. 他买了一份报纸看。~ *他买了一份报纸，看。
　　　b. 他只好投靠亲友过活。~ *他只好投靠亲友，过活。
（19）a. 他有三条理由相信我的话。~ 他有三条理由，相信我的话。
　　　b. 他上午宰了羊做了午饭。~ 他上午宰了羊，做了午饭。

（17a）和（17b）无论作为连动句还是作为几个分句组成的复句都成立，语义没有显著差别，体现了连动句和同主语复句之间句法语义相似性的一面。

（18）就不能变换成复句，否则就不合语法。（18a）的光杆动词"看"无法自成陈述句。（18b）的"过活"这类动词没有一定的方式题元就不能单独成句，而 VP_1 原来带有方式题元的作用，拆成分句后失去了题元作用，使 VP_2 难以成立。

（19）看似连动式可以拆成复句，但分拆前后语义并不相同。（19a）的连动例，"三条理由"是"相信我的话"的依据，即"他有三条相信我的话的理由"。而其复句例更容易产生与之迥异的解读，即"请你相信我的话——他有三条理由"。"相信"更像祈使句谓语，主语就是听话人而不是前分句主语"他"。前一个分句成为后分句的"话"的内容，是"相信"所支配的话题化论元。（19b）两句意义看似相同，其实真值条件有异。作为连动式，所述的是单一事件，所宰的羊就是做午饭的主要内容甚或唯一食物。而作为复句，宰羊和做午饭可以是两件事。做的午饭可以包括羊，也可以不包括羊，他只是把羊宰了，午饭另有他物。

以上情况进一步彰显连动式无论在句法上还是语义上都是一种迥异于复句的独立结构，绝不是顺承复句（属于广义的并列复句，即联合复句）的压缩形式。联合复句内几个组成部分的语义关系是明确的，不会随着结构的松紧而改变。

连动句也不同于主从结构，因为它不使用任何从属连接词（subordinators）。谓词性的主从结构在汉语里主要表现为传统所说的状中结构和中补结构，两者在汉语里都可以用从属连接词（结构助词"地、得"，介词"在、对、从"等）来标示。即使部分词项可以不带虚词充当从属语，但它们的词类属性和句法表现也足以判定其为从属成分。例如，"就、才、都、稍、马上、立即"等副词修饰动词不用结构助词"地"，但这些词都不能做谓语，不符合连动式每个动词都能做谓语的要求。再如结果补语是直接加在动词后的，如"吃饱、卖完、浸湿"等，但结果补语都可以通过加"得"转化为可能补语，其中的动结关系不变，只是增加了可能情态，如"吃得饱、卖得完"等。而汉语连动句不但可以不用从属连接词，而且实际上加不进任何这类虚词，如上文所举的各个连动句实例。

有些连动句貌似可以加进从属连接词，其实加与不加，句法语义关系完全不同。如：

（20）a. 他们有计划去农村调查。~ b. 他们有计划地去农村调查。
（20a）例的"有计划"是句子的主要谓语之一，全句表达"他们有去农村调查的计划"，去农村调查是一个未然事件。（20b）句"有计划"带了状语标记"地"，谓语身份被取消，只用来修饰谓语"去农村调查"表示方式，即以事先计划好的方式来展开调查，此句通常表达已然或惯常的事件。可见两句从结构到语义都有彼此不同的特性。

综上所述，汉语连动式具备跨语言材料中总结出来的连动式的主要句法语义特征，是汉语语法库藏中具有独立句法地位和类型特异性的结构或称构式，既体现了汉语作为连动型语言的特性，也符合连动型语言内部的共性。

人类语言实词和实词的组合有四种基本的句法结构：主谓、动宾、主从和联合。其中主谓和动宾的整体功能不等同于其组成部分，主从和联合的整体功能等同于其核心成分或每个组成部分。如果把后两类称为向心结构，那么连动将向心结构由并列和主从的二分扩展为并列、连动、主从三分。英语等印欧语言都属于向心二分型，而有连动的汉语等语言则属于向心三分型。比较以下非洲 Anyi-Sanvi 语（Aikhenvald 2006：6）的例子及其翻译：

（21）a. Cùá cì   ákɔ́ ˈdí.
　　　 狗　抓（惯常体）　鸡　吃
　　　'狗（常）抓鸡吃。'

　　　b. The dog eats (lit. catch-eat) a chicken.（原书英译）
　　　c. The dog catches a chicken and eats it.（本文英译 A）
　　　d. The dog catches a chicken to eat it.（本文英译 B）
　　　e. 狗常抓一只鸡吃。

（21a）是一个典型的连动式，句中两个 VP 没有任何连词及表示从属关系的形态。作为非连动型语言，英语无法高度对应地译出此句，原引者的（21b）译，只译出了吃义动词，没有译出抓义动词，而括号中的直译又无法化为自然的英语表达。要想完整译出抓和吃两个相关的行为，英语必须带语法标记，或像（21c）那样用 and 式并列结构，或像（21d）那样用 to 式主从结构。而用同属连动型语言的汉语来翻译则非常自然，基本是词对词的对应，即（21e）。

语义上，连动式也使向心结构可以表现为区别于二分法的三分法类型，它占据的主要语义域是并列和主从中间的那一块。可以列表如下：

	向心结构		
非连动型语言	并列		主从
连动型语言	并列	连动	主从

连动式中每个 VP 都有谓语性质，结构上互不从属，这是接近并列的一面；另一方面，几个 VP 中往往有一个或多个 VP 担任整个构式的某种题元角色［见例（3）的分析］，这又使它们在语义上可能有偏向主从的一面。因此，很多连动式都可以纳入主次结构关系（co-subordination），从而形成向心关系的三分法等级序列：并列—主次—主从。

从历时演变的角度看，高增霞（2006）将连动式看作"从话语组织到句法结构的中间环节"，"在句子体系中处于单、复句之间的过渡位置"。这些措辞对连动式的句法地位多少有所保留。从两个方面看,高著的看法有一定合理性。第一,连动式是很多语法化过程的源头,例如很多介词结构、某些动补结构都有连动式的历史渊源。这使得连动式看起来有过渡阶段的表现。第二,连动式不像主谓、动宾、主从、并列四种结构那样是人类语言句法关系的普遍范畴,而是只见于部分语言的特异性范畴,从跨语言角度看是更有标记的现象,人类语言有将有标记结构重新分析为无标记结构的无标化倾向(刘丹青2005),这也使得连动式容易发生重新分析,使连动式看似过渡形式。但是,将连动式看作某种过渡形式,终究还是过分受制于非连动型语言的视角。从连动型语言自身视角出发,连动式有很明确的句法规定性,有别于其他几种主要结构。具体地说,它因不用连词而区别于并列,因不用主从类虚词而区别于主从,因没有管辖关系而区别于主谓、动宾、助动词短语,因没有停顿而区别于复句。因此,连动式必须视为一种独立的构式库藏。

在历时层面,连动式已经存在至少两千多年而未曾衰落,反而蔚为大观。因此,句法分析时首先要将连动式视为一种具有句法语义规定性的稳定的句法现象。即使有一些源自连动式的结构经库藏裂变从连动式中分化出去,如动补式,也不影响连动式在汉语中的生命力。

二、作为显赫范畴的汉语连动式

2.0 即使同为特定语言中的入库范畴,其显赫程度也可以很不相同,由此影响到语言的类型特点。汉语连动式在先秦汉语中就存在,但那时连动式作为入库范畴还很不显赫。张敏、李予湘(2009)指出"其实上古汉语并非连动型语言",刘丹青(2013)也认为先秦汉语连动式不发达与当时并列式的显赫有关。换句话说,当时并列式的语义域被连动式占据的部分还很小。王力《汉语语法史》(1985)对先秦汉语连动式共举了37个例子,其中35个例子都是以直指位移动词"来/往"为V_1的。可见,当时的连动式主要限于直指位移动词与其他VP的组合,适用范畴极受限制，完全称不上显赫范畴。

经过两千多年的发展，汉语连动式作为一种句法范畴已经完全符合刘丹青（2012）所述的显赫范畴的几条重要属性。

1. 功能强大，得到更多机会表征：连动式是一种以语序为主要手段的常用语法结构，在一系列句法特征上区别于其他结构，可以归入语法化程度高的手段。汉语连动式小类繁多〔参考吕冀平（1958）的分类〕，功能强大。

2. 功能扩展。这是下文将重点分析的。

3. 占据语义上的原型位置。连动式以时间顺序象似性的语序表征了连动范畴，其核心语义就是按时间顺序排列的若干微事件构成的一个宏事件。连动范畴各种小类和扩展用法，都围绕着相继发生的微事件这一核心语义，这是连动范畴的原型义。连动式的前后 VP 间往往还存在"行为（方式）-行为（目的）"这一类语义关系，具体表现为以 VP_2 为主事件的"方式+行为"（开了窗户睡觉），或以 VP_1 为主事件的"行为+目的"（买份报纸看），或分不出主次的"行为（方式）+行为（目的）"（去公园散步）。① 这些语义关系主要是由相继事件这一核心语义与特定语境结合而产生，而相继行为跟方式-目的关系本有很大的交集，前者在语境中很容易衍生后者的解读。

4. 语法化程度。连动句以语序为根本手段，同时在一系列句法表现上区别于其他结构，具有了自身的句法规定性，达到了相当的构式语法化程度。此外，对于符合连动式核心语义的内容，例如"买张报纸看、爬到树上找鱼"，只能用连动式，不能插入并列连词、停顿等变成并列结构或复句，具有了较强的类推性和一定的强制性〔比较"缘木而求鱼"之加"而"的先秦规则和"买张报纸咾看"之加"咾"的老上海话规则，参看刘丹青（2012）〕。这些都增强了连动式的语法化程度。

---

① 吕冀平（1958）分类分析了主语相同的复杂谓语句的几个谓语之间的语义关系，最基本的有"表示连续发生的几个动作""后一个谓语表示动作的目的，前一个谓语表示动作的方式""前一个谓语表示后一个谓语的方式""后一个谓语表示前一个谓语的目的"等。我们将此总结为这里的三种情况。

5. 心理上容易激活。这是可以由上述特点衍推出来的描述性特征而不是操作性特征。语法化程度高、功能强大的范畴肯定是该语言中容易激活的范畴。

下面，我们将重点展示第 2 点——连动式作为显赫范畴向其他相关范畴（并列、主从）的扩张，这是显赫范畴最根本的特征，也是库藏类型学最关注的形义之间复杂的互动。

2.1 连动式与并列关系

连动所占据的语义空间，在非连动语言中位于并列和主从的中介区域。连动式的原型义——先后相继的微事件组成的宏事件，在非连动语言中就是由并列结构表示的。

非连动型语言中并列关系可以包容相继事件，但并不以此为原型功能。原型的并列功能是平行对称，没有时间顺序象似性，在不考虑特殊语用需求的情况下，前后肢不管是 NP 还是 VP 都可以换位，如下列英语例子：

（22）John and Bill = Bill and John

（23）They were singing and dancing. = They were dancing and singing.

（24）He often swims and fishes in the summer. = He often fishes and swims in the summer.

当需要表达不分主次的相继事件时，非连动语言或连动不显赫的语言最自然的安排是按象似性排列的并列结构，如：

（25）He stepped to the sitting room and sat down in the sofa.（他走进客厅坐在沙发上。）

（26）公入而赋："大隧之中，其乐也融融。"姜出而赋："大隧之外，其乐也泄泄。"（《左传·隐公元年》）

（27）〈沪〉众人听得之，全从多化城里步行出来咾跟伊。（众人听了，都从许多城里步行出来[　]跟着他。）（上海话《新约全书·马太传福音书》第 14 章，1928 年，上海美华书馆）

（25）英语例中，用并列连词 and 连接走进客厅和坐在沙发上两个相继的微事件，此时两个 VP 不能换位。译成普通话只能用连动句，不宜加进任何连词。(26)是先秦汉语例,"入而赋"是先入后赋诗,"出而赋"是先出后赋诗,都有时间顺序,都用并列连词"而"连接,这个"而"在先秦汉语中一般不能省,而在现代汉语中此处无连词可加。(27)是并列结构比普通话更显赫的老上海话例句,"步行出来"和"跟伊"(跟着他)是相继行为,无法颠倒次序,而中间以加并列后置连词"咾"为常,译成普通话无连词可加。

由此可见,连动式的核心(原型)功能,在非连动语言中属于并列结构的扩展功能。这是语法库藏中没有连动构式时的自然选择。下面是一些翻译作品所体现的双语对比:

(28)我冲上前去将木盒搬了下来……(残雪《罪恶》)
　　　　I rushed up *and* took the box down...(Karen Gernant 和陈泽平译本)

(29)(她板着脸,似乎对我很瞧不起的神气,)转过脸去与我儿子说话,(说起父母与儿女之间的微妙关系,并借机发挥了一通。)
　　　　Then she turned to my son *and* talked with him (of the subtle relationships between parents and children and took the opportunity to develop this idea for a while).(出处同上)

(28)的"冲上前去"和"将木盒搬了下来"是宏事件中的两个相继的微事件,对此,汉语基本只能用连动句来表达,中间加不进连词或其他关联词语。而英译文则必须加 and。这时,and 连接的不是原型的并列肢,而是不能换位的相继动作,两个并列肢的语序是有时间象似性的。(29)情况近似。其他非连动语言也常如此,如俄语:

(30) Сядем　　　да　　　поговорим
　　　坐下(1复数)　并列连词　谈一谈(1复数)
　　　'我们坐下来谈谈吧。'(张会森主编 1979:528)

"坐下"和"谈一谈"是表示两个相继微事件的 VP,中间要用并列连词 да 连接,不能直接组合。

2.2 连动式与主从结构

正因为连动作为语义范畴处在并列和主从之间的区域,所以,它与主从结构也有密切关系，甚至同一个连动式在不同情景下既可以译成并列，也可以译成主从。如前引例（21）。下面是文学翻译中连动式被译成主从结构的例子：

（31）他们才不会在家里吵翻了天问父母要一点小钱来享用这种东西呢。（残雪《棉花糖》）

(If they were eating only air,) they wouldn't kick up such a row with their parents demanding a few pennies to enjoy this kind of thing.（Karen Gernant 和陈泽平译本）

微事件"吵翻了天"在总体论元结构中有方式题元性质。英译文将其译为句中唯一谓语动词，而后续的要钱事件用现在分词短语表示，享用事件用带 to 的不定式 VP 表示，并以正在虚化为情态-连接成分趋势的动词"来"对译不定式标记 to。（27）也可以改用其他译法，将要钱事件或享用事件译为谓语动词，其他译为从属 VP。

不考虑"来"的作用，① 本句的语义关系在连动式中有一定的典型性，也正好显示了试图根据语义关系将连动式一律划归偏正、述补等主从结构的不可行。吵架事件在该句的总体论元结构中有方式义，享用事件有目的义，中间的要钱事件既是前面吵架事件的目的，又是后面享用事件的方式。可见，连动式中的方式、目的关系，不必是指向主要动词的从属关系，而是互相修饰补充的几个微事件之间的关系。强行将其中任何一个动词分析为谓语，其他分析为状语或补语，都没有句法依据，是解读者的主观识解，结果因人而异。

2.3 连动式向并列语义域的扩展

连动在句法上是一种独立的结构类型，区别于并列、主从结构；在语义上，它占据非连动语言的并列和主从邻接的区域，与这两种语义关系都部分交叉。作为显赫范畴，连动会拓宽自身的语义域，向并列和主从两头进一步延伸，以至于有人从语义关系出发将其分析为并列或主从

---

① 假如"来"进一步虚化为连接性虚词，此句的享用事件就不能分析为连动的一部分了，但是前面两个微事件仍然构成了连动的 VP，没有明显的主从之分。此外，"来"也可以视为"要钱"的趋向补语。

结构。从库藏类型学的观点看，这是显赫范畴的正常扩展功能，不必分别定性为其扩张所到达的各自范畴。

连动式有一个小类是从肯定否定两方面叙述的，如：

（32）（我陪她到家大门口，）她双手抓住我的手不放……（搜狐网，2014年1月17日）

（33）陆云飞抓住权力不松手……（新浪网，2013年5月3日）

（34）其他学生陆陆续续都走了，梁帅还一直坐在那儿没走。（网文）

各句的正反两个方面是语义上互为补充加强的关系，没有主从关系及严格的相继关系，两者基本上是同时存在的状态，更接近并列关系。例如（32），从"抓住我的手"的瞬间开始，就处在"不放"的状态；在（34）中，梁帅"一直坐在那儿"的时间段里，也同时维持着"没走"的状态。但是，这些句子的肯定式和否定式之间不能像典型的并列结构一样换位，也不能加连词，否则很不自然并偏离原意，因此句法上只能属于连动式。如：

（32'）$^{??}$她双手抓住我的手并且不放。

（32''）$^{??}$梁帅还一直坐在那儿并且没走。

在观念上，这类连动式是从两个方面来叙述同一事件，事虽同时，但是认知过程却有先后，只能是先肯定后否定。假如不是先有"抓住我的手"，就难以理解"不放"的意思。所以，两个 VP 在知域里仍有先后顺序，于是句法上也用连动式来表达。不过知域的先后关系不影响其在事域中的同时性和同一性，比相继事件连动句更接近并列语义域，是连动向并列的进一步扩展，离主从也就更远了。

2.4 连动式向主从语义域的扩展

连动式的一个或多个 VP 可以成为所在总体论元结构的题元角色，经常见到的情况是几个 VP 间相互存在题元关系，如 VP_1 和 VP_2 互为方式和目的（上街买菜）。这是连动式很不同于并列关系的特质，并成为它向主从语义域扩展的基础。当连动的 VP 在语义上较明显地有主有次时，看起来就更接近主从关系，以致不少学者在句法上干脆分析为状中之类主从关系了（邓思颖 2010：182）。

最突出的情况是 VP₁ 带持续体助词"着"并且有显著的方式义，VP₂ 表示事件的主要行为。其中有的是不及物动词／形容词"V 着"做 VP₁；有的是及物动词不带宾语构成"V 着"做 VP₁（主要见于受事前置时）；有的是及物动词动宾式带"着"做 VP₁。不同的小类接近主从关系的程度有所不同。如：

（35）他笑着说｜直着／斜着画｜倒着走｜竖着挂｜哭着喊妈妈｜横着盖被子｜站着说话（不腰疼）｜他常常躺着思考问题｜

（36）牛肉可以炖着吃。｜菊花可以用凉开水泡着喝吗？（"百度知道"问题）｜风衣短裤搭配就要敞着穿（新浪网文标题）

（37）开着窗户睡觉｜踩着别人往上爬｜别开着夜车赶路｜弹着吉他唱流行歌曲

这类句子翻译成非连动语言时，常常要译成主从关系，将次要的 VP 译成副词、介词短语、分词短语（含阿尔泰语言学中的副动词短语，见下）等，甚至译成定语。如：①

（38）用副词：倒着走 to walk backward ｜ 竖着挂 to suspend/hang something vertically

（39）用定语：斜着画 to draw slant/oblique string

（40）用介词短语（或另加形容词及分词）：笑着说 to say with a smile｜弹着吉他唱流行歌曲 to sing pop songs with the guitar｜开着窗户睡觉 to sleep with windows open

（41）用分词：他笑着说。Said he smiling.｜他站着说话。Said he standing still.

（42）用连词引进的分词短语：他常常躺着思考问题。He usually thinks things over while lying on his back.

从汉语句法的角度看，（35）—（42）中的"着"除了体标记功能外似乎有一定的结构作用，其中很多例子是不能省去"着"的，否则会

---

① 唐正大、陈玉洁、白鸽诸位博士参与了下列例句的英译工作，特此感谢。不当之处由笔者负责。

不合格或结构和意义关系都有改变，如"*笑说、*站说话、*躺思考、*泡喝"等。还有一些能够省略"着"，而且省去后只能分析为偏正结构，如"斜画、竖挂、横盖被子"等。但是，以上带"着"的短语句子，还是只能分析为连动式。理由如下。

（一）"着"本身是持续体标记，不是结构助词，不能充当状语标记。持续体属于未完成体（又叫不完全体），功能上有表示方式、手段等背景信息的倾向。带未完成体的 VP 在语义上常常可以视为有依存性（参看方梅 2000）。因此在几个 VP 连用时，在前的带"着"的动词或 VP 确实常常带有语义语用上的背景性甚至依存性。但这仅是连动式在语义上的扩展，没有改变其句法性质。方文在强调连动式中这些成分的背景性和依存性时，并没有否定其句法结构上的连动属性，没有将其分析为状语。这很合理。在结构上，表背景的"着"并没有从属于核心的标记功能。事实上，"着"完全可以在表方式的 VP_1 和表主要动作的 VP_2 上同时添加，如：

（43）每当大家坐在一起，喝着茶谈着生意上的事，有一尊武圣像在旁，时常提醒着双方，不要只图利，还要重情分，讲究商业道德，有钱大家挣。（《保定晚报》，2012 年 6 月 17 日）

在"（大家）喝着茶谈着生意上的事"一句中，"喝着茶"是有方式义的背景信息，"谈着生意上的事"是前景信息和主事件。"着"同时用在背景和前景中，表示的都是持续体。这有力地说明"着"只是体标记而非从属标记，不能因为带"着"而将 VP 看作状语。

（二）带"着"连动式对状语标记是排斥的。汉语可以由 VP 做状语，其标记是通用的状语标记"地"，如：

（44）拼命地干活｜努力地练习｜有计划地促销｜变着法儿地整他

的确，这些带"地"的 VP 状语有的也可以省略"地"，变得貌似连动式，如"拼命工作、努力练习"，但这些结构带不带"地"，关系不变，不带"地"的地方都可以加上，是带"地"状语的标记省略，这种标记省略也见于其他状语，如"非常（地）有力、迅速（地）接近目标"。而真正的连动式即使 VP 语义上带有背景性、依存性，也不容许带上

"地",如:

(45)*笑着地说|*倒着地走|*竖着地挂|*站着地说话(不腰疼)|*开着窗户地睡觉

(35)—(42)中带"着"连动句的VP_1都不能加"地",说明汉语人心理上对连动式和VP状语是分得很清的,同样是在VP_2前的VP_1,甚至同样是背景性信息,是状语,就可以带"地",即使这个"地"有时可以省略,不是状语,而是连动式的VP_1,就不能带"地"。

据此标准,北京话中还有一些看似连动式的动词连用形式是状中结构,因为它们的VP_1是可以带"地"的,如"板着脸(地)训斥他、打着滚(地)叫"。

此外,前面分析过,有些"有NPVP"看似"地"可带可不带,实际上带不带"地"造成句法和语义关系迥异,如前举(20)。这更进一步说明能否加"地"分别代表了状中结构和连动结构。

(三)主要用于主句前景信息和谓语动词的完整体标记"了",有时也用作连动式中的VP_1,其中有些"了"不能省,如:

(46)他像头猪似的吃*(了)睡,睡*(了)吃。|脱了鞋(*地)过河|歹徒拿了把刀(*地)砍人

这些带"了"的VP即使有背景功能,也不能带"地",可见并不被母语人视为主从结构。其中有些"了"也不能省略,如"*吃睡、*睡吃"。那不能省的"了"是否有状语标记的作用呢?至今没见到有学者将此"了"分析为状语标记。我们认为,此处"了"的强制性,与其说是句法要求,不如说是语义要求。不是任何两个动词或VP都可以借助连动式而连用的,两者必须在语义上符合连动式的要求。"吃了睡、睡了吃"中的"了"表明了两个动作的时间相继性,从而符合连动式的语义特征。而"吃睡、睡吃"无法体现相继性,也就无法构成连动式。"了"的例子进一步显示体标记在连动式中主要表体,并不是状语标记。

(四)所谓背景性/依存性在连动式中是一个语义程度问题,与纯粹表示相继发生的事件、不分主次的连动式之间并没有明晰的界限,语义定性有很大的主观性。如果凭此来分辨并列和主从,将出现句无定论的

情况。简单如"买份报纸看",就有方式性 VP_1 修饰主要动作 VP_2、目的性 VP_2 补充动作 VP_1、VP_1 和 VP_2 为两个动作并重等多种分析法,没有哪一说有绝对说服力。只有"地"这类句法形式测试标准才能帮助确定 VP_1 是连动式的前项还是主从结构的从属语部分。

2.5 小结:语义扩展和句法属性、库藏裂变

本节以上各小节展示了连动式作为显赫范畴在语义上向并列和主从两个相反方向进一步扩展的情况。连动式的小类还有许多,但它们的语义关系大致在并列和主从的语义区间。这些扩展,不影响连动式在句法上仍保持自身的独立性和区别性,与句法上的并列结构和主从结构都有明确界限。句法和语义的非直线式对应,正是库藏类型学的核心关切之一。

作为显赫范畴的连动式在汉语中不仅有语义扩展的功能,而且是语法化的主要源头,多种重要句法结构以连动式为源头或句法环境,这也是高增霞(2006)的主要内容。本文认定的连动式范围比 Aikhenvald(2006)一文及同书中其他一些文章的连动式范围更严,因为我们认为,有些结构通过句法测试可以认定已发生语法化,其在共时层面的句法表现已不同于连动式,这时就不再看作连动式,而类似的情况在上引书中仍然被看作连动式,称为不对称连动式(指其中有的 VP 是封闭性小类,有虚化现象),这可能是因为很多语种被了解的深度有限、语料有限,不足以通过细密的语法测试来判断是否仍属于连动式。而汉语由于研究的深入,有条件以句法语义分析和测试来区分作为语法化源头的连动式和作为语法化结果的其他结构。在语法库藏中由一种语法手段独立成另一种手段的现象,我们称为语法库藏的裂变。动结式、动趋式等都是已经与连动式发生裂变的构式库藏。限于篇幅,本文不再细述。

三、周边语言连动式入库状况及显赫度

连动式是汉语的类型特点,也是周边地区很多亲邻语言的类型特点,但不是所有周边语言的特点。本节对此做一个粗略的概览。

连动式的存在跟多种类型特征有一定的相关性［参看张敏、李予湘（2009），及所引文献］。从周边语言情况看，张敏、李予湘（2009）提到和引用的诸因素中，形态类型及本文所强调的句法标记库藏，与连动式的入库（进入语法库藏）能力最为相关。形态稀少、句法标记库藏简单、分析性强的语言，一般存在连动式。形态和标记库藏丰富、综合性强的语言则较有可能没有连动句，至少没有典型的连动式。

壮侗语言位列世界上分析性最强的语言中。壮侗语普遍具有很典型的连动式，语法描写者往往列专题介绍连动式。

刘叔新（1998：109）列举连山壮语的语序时专门提到"动词述语1—动词述语2"的语序，其实就是连动句，如（编号重排，下同）：

（47）cçɛ⁵ tɐu³ lɔm¹ lɔ¹ ｜ pɐi¹ pɐk⁷kiŋ³ ku³cçɐm² kɛi² wɐn²
　　　借　来　看　啰｜去　北京　　玩　　几　天

Enfield（2007：36）在介绍老挝语区别于欧洲语言之处时提到的首要特点就是连动式。该老挝语语法专著设了多章专谈连动式，甚至说"老挝语小句语法的每一个问题都要靠理解不带标记排列的动词或动词短语间的潜在关系的范围。该语言的强大能量之一部分就是能造出在表层结构中排上多达6个以上动词的长长的神奇结构"（Enfield 2007：339），反映了作者对老挝语连动式显赫度的深刻印象。例如连用许多个动词的（48）：

（48）caw⁴ lòòng² qaw³ paj³ hêt¹ kin³ beng¹ mèè⁴
　　　你　试-出　拿　去　做　吃　看　祈使语气
　　　'你尽管拿（它们）试煮一下吃吧。'

何彦诚（2012：154—158）的6.4节专门讨论连动句，涉及表达相继性行为的连动式和表达各种论元关系的连动句。如：

（49）(...) tshai³¹ tshŋ⁵⁵ luŋ³¹ huai⁴³ χa⁴³ kʰi⁴³
　　　　　 然后　拿　　来　　切碎　　炒　　吃
（50）(...) tshŋ⁵⁵ ʔa⁴³ dian¹³ luŋ³¹ qʰau⁵⁵
　　　　　　拿　　把　　刀　　来　　切碎

同样属于分析语的苗瑶语族也普遍存在连动式。例如红瑶所说的优诺语（毛宗武、李云兵 2007：114）：

（51）naŋ²² pui³⁵ ŋaŋ³³ kə³³ tʰaŋ¹³ maŋ³⁵ no²²
　　　他　　睡　　在　　床　　上　　看　　书

在藏缅语族中，彝语支是分析性最强的，下面是毕节彝语的连动句例（丁椿寿 1993：384）：

（52）tʰi²¹ tʰo¹³ ve³³ ŋʋ³³ sɯ³³ bei¹³ tʰei³³
　　　他　衣服　穿　好　走　出　去
　'他穿了衣服走出去。'

（53）ŋʋ²¹ ȵi²¹ za¹³ su³³na³³ ŋo³³
　　　我　坐　下　字　写
　'我坐下写字。'

丁著对（53）分析得很妙。他指出这类句子中的几个谓语是"互为说明的，后一个动作表示前一个动作的目的，前一个动作表示后一个动作的方式"。如上例中，写字是坐下的目的，坐下是写字的方式。这充分说明连动式表题元关系，不必以一主一从的关系来实现，"互为说明"最能体现它们的关系。赵敏、朱茂云（2011：135）描写墨江哈尼族卡多话时也设了连动短语的小节，分为并列关系和补充关系两类，其中并列关系中表示连续动作的小类是比较典型的连动。并列关系中表示同时发生的小类和表示补充关系的小类都要在前面的 VP 后加话题标记，这就不是真正的连动。基诺语连动式似比卡多话发达，蒋光友（2010：233—236）举了大量例句，基本都符合典型的连动句，一个单句中可有 2—4 个动词出现。Matisoff（1991）分析了拉祜语连动式在语法化中的重要作用。

　　缅语支语言的形态介于分析性的彝语支和综合性较强的羌语支、藏语支之间。缅语支的景颇语存在连动式。戴庆厦（2012：346）3.6 节专讲景颇语的连动式。戴著指出连动式"大多是由两个动词连用的，其次是三个动词连用的，也有少数是四个动词连用的"。戴著主要分析中间不插入成分（多指语法连接标记）的连动句，因为"对插入式的连动算不算连动式，看法不太一致"。这一处理是合理的。按类型学的定位和本文的标准，插入连接性成分的动词短语连用就不再是连动式。不过戴著承认很多连动式同时有并列、修饰、补充等关系，甚至并列关系的连动式也总有一个动词是主要的。这样，从实例来看，戴著收录的部分例句按本文标准是否属于连动还不容易确定。（54）是比较典型的连动式：

（54）ʃi³³   ko³¹   sum³³pji wa³¹ ʃoʔ³¹tum³¹ ʃã³¹ʒoŋ³¹ to³³ ŋa³¹   ai³³
　　　他　话题标记　笛子　　回　抽吹　　使响　在　貌标记　句尾词
　　　'他回去吹响了笛子。'

属于缅语支的梁河阿昌语也有连动式，见时建（2009：237），不过其所举例句中有少数是前面的动词后带有后置连词的，带连接成分的都不应归入连动句。

在形态比较丰富的羌语支，未见有连动式的明显迹象。LaPolla & Huang（2003）、黄成龙（2006）、刘光坤（1998）诸部羌语方言描写专著，都没有提及连动式。LaPolla & Huang（2003）有一次提及一种连动结构，是指羌语中"好看"这类形容词修饰动词的复合词，不是真正的连动式。语料中偶见意义上相当于连动句、有两个VP构成的小句，在蒲溪羌语中都在VP₁后加状语标记 ŋi，如：

（55）ŋa kue-zo   ʂe-to ŋi   ər-guadi-uɑ.
　　　我　你-给　（趋）摘（状）　（趋）扔（进行）
　　　la-laque a-gu   ʂe-to ŋi tʂentɕi a-gu   ər-guadi-i
　　　（最）先 一（量）摘（状）　真的　一（量）（趋）扔（状态变化）
　　　'我摘了扔给你。开始摘了一个真梨扔下来。'（黄成龙 2006：252）

上例两句中表示摘取的动词后都带了状语标记，只有表示扔的 VP 才是谓语核心。在麻窝羌语的例子中，有个别带来去义动词的句子出现了来去义动词和其他动词不带标记连用的情况，这与上古汉语连动式主要限于"来/往"动词相似，如：

（56）qa tianjin ɕi   ma tsi kə   maptsʰi
　　　我 电影　（助）　不　看　去　不行
　　　'我不去看电影不行。'（刘光坤 1998：195）

白马语被认为可归属藏语支，但其丰富发达的趋向范畴很像羌语支。白马语也没有关于连动式的明确描写，我们仅在白马语语料中看到个别带来去义动词的动词连用例：

(57) ndʑi⁵³ mẽ¹³!　　tiẽ³⁵ĩ⁵³　ta¹³　ndʑi⁵³　ʃa⁵³!
　　　走　（语气）　电影　看　去　（祈使）
　　'走吧！（咱们）看电影去！'（孙宏开等 2007：132）

其他藏语支语言没有看到连动式的明确描写。王志敬（1994）《拉萨藏语口语语法》列有"连谓结构"的专章，但其中所谈的主要是相当于兼语式的致使结构，而且大多是要在两个 VP 间加标记的，不是真正的连动句。看起来更像连动式的是 ŋam⁵¹pʰe⁵¹（拿去）、tʰe:⁵⁵tuʔ¹³²（拿走）、pʰəp¹³²pʰe⁵¹（下来）、sim¹³jɔŋ¹³（抓来）等带"来/去"义动词的结构，但是这些组合从形式到内容都很像动趋式，而不是典型的连动式。因此，藏语看来难以列为连动型语言。

从汉藏语系的情况可以看出，连动式的入库和显赫情况，与其分析性成正比，与综合性成反比，连动式并不是汉藏语系的普遍特征，尤其稀见于形态较丰富的羌、藏语支。

形态比羌、藏语支更丰富的阿尔泰语系，更是普遍没有连动式。从最东边的鄂伦春语（胡增益 2001）到很西边的西部裕固语（陈宗振 2004），再到对阿尔泰语言的总体概论（力提甫·托乎提主编 2002），都没有连动式的痕迹。对于连动的语义域，阿尔泰语言主要表现为"副动词结构（相当于分词结构）+定式动词"的主从结构。如鄂伦春语（胡增益 2001：177）：

(58) minŋi ammɪw　ulukijə　wakʃa　　　　əmərgitʃəə
　　　我　父亲　　松鼠　　杀（顺序式副动）　回来（过去陈述式）
　　'我父亲打了松鼠回来了。'

(59) taril　əmərgikʃə　　　　məənməənŋi
　　　他们　回来（顺序式副动）　自己
　　　dʒəəktəwəl　dʒəbʃəə
　　　饭　　　　吃（过去陈述式）
　　'他们回来以后各吃各的饭。'

原书例句未加语法标注，引者查阅该书相关部分可知，(58)表回来的动词加了过去陈述式过去时附加成分 tʃəə，是谓语动词；表示杀的动词加了顺序式副动词后缀 kʃa。(59)同样是表"回来"的动词，表示在前的动作时，就要加顺序式副动词标记 kʃa，只有在后的表示吃的动词加了限定式的时式标记。可见，即使是相继进行的动作，在阿尔泰语言中也要分出主从关系，让前面的动词取副动词形式做状语。(60)由语义有主次关系的动词连用，自然也用副动词形式（胡增益2001：178）（语法标注为引者据该书其他部分补加）：

(60) bii　　tarɪ　　mʊrm-dʊ　　ujdaawɪ
　　 我　　那　　马-与格　　骑（目的式副动-反身领属）
　　 ŋənʃəw
　　 去（陈述式过去时-第1人称）
　　 '我为了骑那匹马才去的。'

原作者的汉译文照顾到了原句的语法标注。假如换用更地道的汉语翻译，似可说成"我骑那匹马去了"，在相继行为中兼表目的关系。

南亚语系是构形形态不发达的语言，可以推想有连动式。佤语就有"构成连动式的复杂谓语"，如（颜其香、周植志1995：449）：

(61) kiʔ　　hu　　ma　　vɔk　　ŋhoʔ
　　 他们　去　　地　　割　　稻子
　　 '他们下地割稻子。'

(62) nɔh　　hɔik　　hoik　　tin　　sok　　maiʔ　　nuʔ
　　 他　　已经……了　来　　这里　　找　　你　　刚才
　　 '他们刚才来这里找你了。'

李云兵（2005：168）的《布赓语研究》列举了4例"连谓短语"，是比较典型的表达相继行为的连动式，如：

(63) zau³¹　　mbei³¹　　bi⁴⁴
　　 去　　　买　　　衣服

(64) tu³¹　　zau³¹　　da³¹　　zɯ⁵⁵　　i⁴⁴
　　 出　　去　　　看　　　见　　　他

由以上情况可见，连动式算不上本区域的一个地域性特征，而更像是一种与形态类型相关的句法特征。连动式主要存在于形态稀少、语法标记偏少的语言中。在连动式存在而不显赫的语言中，最可能有的类型是"来/去"动词和其他动词连用的连动式。我们在东亚、东南亚的语言调查研究中，未必都能找出连动式。从东亚地区连动式的显赫度与形态的高度负相关看，上古汉语连动式很不发达的事实倒是有利于上古汉语形态较为丰富的假说。

从现有成果看，有些民族语言的描写对连动式的标准掌握不够一致。今后描写连动式首先要排除使用连接性标记的动词连用结构，其次要谨慎处理含虚化成分的动词连用结构，已经虚化的成分不必再看作连动式中连用的动词，也不宜将动结式、动补式等已经由连动式中裂变出来的结构看作连动式。

四、结语

连动式是一种存在于部分语言、独立于其他句法结构的结构（构式）库藏，是一种带有类型特异性的句法结构，不同于偏正、并列、主谓、动宾等更普遍的结构库藏。

连动式中的各个动词或动词短语在一个小句中按时间顺序象似性连用而不依靠形态、虚词或停顿来连接。汉语连动式在时体、论元共享等方面都符合连动式的类型共性。总体上，连动式要有统一的时态（语义上的），但是可以有不同的体。当几个 VP 有一致的体时，常常只用一个体标记覆盖所有 VP 的体。连动式不但共享主语，而且常常共享宾语。这些表现使连动式显著不同于被停顿隔开的分句所构成的复句。

连动式的原型语义是相继发生的行为作为一个个微事件合起来构成一个宏事件。连动式的语义域位于非连动语言的并列和主从邻接处。连动式拥有一个总体论元结构，不同的 VP 在充当微事件谓语的同时也常对整体论元结构具有一定的题元角色，不同的题元间常有语义上相互修饰的功能，例如方式-目的连动式。

汉语这种连动式显赫的语言，连动式会向并列和主从两个方向扩展，形成更接近并列或更接近主从的语义关系。这是显赫范畴扩展的正常现象，只要句法上没有发生可验证的裂变，它们仍然属于连动式而不属于并列或主从结构。有些来源于连动式的结构因其中有动词发生深度语法化而不再具有谓语属性，这时语法库藏会发生裂变，形成不同于连动式的结构库藏，例如汉语的动结式、动趋式、介词短语等。通过句法测试可以确定已裂变的结构，应当从连动式中剔除出去，而不像现在很多类型学著述那样仍然归入连动式中。

连动式在东亚、东南亚地区常见而并非普遍，它作为一种语法库藏的存在与否及显赫度，主要跟语言的形态和句法标记显赫程度有关。连动式主要存在于形态稀少、句法标记不丰富的语言中，包括壮侗语、苗瑶语、藏缅语中的彝语支及景颇语支、南亚语系，而羌语支和藏语支等形态丰富的藏缅语基本不存在连动式，或只有少量由"来/去"动词和其他成分连用的连动式。形态更丰富的阿尔泰语系不存在连动式。类似连动式的语义域在阿尔泰语言中主要以副动词结构加谓语动词来表达。

参考文献

陈宗振　2004　《西部裕固语研究》，北京：中国民族摄影艺术出版社。
戴庆厦　2012　《景颇语参考语法》，北京：中国社会科学出版社。
邓思颖　2010　《形式汉语句法学》，上海：上海教育出版社。
丁椿寿　1993　《彝语通论》，贵阳：贵州民族出版社。
方　梅　2000　从"V 着"看汉语不完全体的功能特征，《语法研究和探索》（九），北京：商务印书馆。
方　梅　2008　由背景化触发的两种句法结构——主语零形反指和描写性关系从句，《中国语文》第 4 期。
高增霞　2006　《现代汉语连动式的语法化视角》，北京：中国档案出版社。
何彦诚　2012　红丰仡佬语参考语法（英文本），中国社会科学院语言研究所博士后出站报告。
胡增益　2001　《鄂伦春语研究》，北京：民族出版社。
黄成龙　2006　《蒲溪羌语研究》，北京：民族出版社。
黄正德、李艳惠、李亚非　2013　《汉语句法学》，张和友译，北京：世界图书出版公司。

蒋光友　2010　《基诺语参考语法》，北京：中国社会科学出版社。
李亚非　2014　形式句法、象似性理论与汉语研究，《中国语文》第 6 期。
李云兵　2005　《布赓语研究》，北京：民族出版社。
力提甫·托乎提（主编）　2002　《阿尔泰语言学导论》，太原：山西教育出版社。
刘丹青　2005　重新分析的无标化解释，《世界汉语教学》第 1 期。
刘丹青　2011　语言库藏类型学构想，《当代语言学》第 4 期。
刘丹青　2012　汉语的若干显赫范畴：语法库藏类型学视角，《世界汉语教学》第 2 期。
刘丹青　2013　古今汉语的句法类型演变：跨方言的库藏类型学视角，《第四届国际汉学会议论文集·语言资讯和语言类型》，郑秋豫主编，台北："中研院"。
刘光坤　1998　《麻窝羌语研究》，成都：四川民族出版社。
刘叔新　1998　《连山壮语述要》，北京：高等教育出版社。
吕冀平　1958　《复杂谓语》，北京：新知识出版社。
毛宗武、李云兵　2007　《优诺语研究》，北京：民族出版社。
时　建　2009　《梁河阿昌语参考语法》，北京：中国社会科学出版社。
孙宏开、齐卡佳、刘光坤　2007　《白马语研究》，北京：民族出版社。
王　力　1985　《汉语语法史》，北京：商务印书馆。
王志敬　1994　《拉萨藏语口语语法》，北京：中央民族大学出版社。
颜其香、周植志　1995　《中国孟高棉语族语言与南亚语系》，北京：中央民族大学出版社。
张会森主编　1979　《现代俄语语法新编》（上册），北京：商务印书馆。
张　敏、李予湘　2009　先秦两汉汉语趋向动词结构的类型学地位及其变迁，"汉语'趋向词'之历史与方言类型研讨会暨第六届海峡两岸汉语史研讨会"论文，台北。
赵　敏、朱茂云　2011　《墨江哈尼族卡多话参考语法》，北京：中国社会科学出版社。
Aikhenvald, A. Y. 2006. Serial verb constructions in typological perspective. In A. Y. Aikhenvald, & R. M. W. Dixon (Eds.), *Serial Verb Constructions: A Cross-Linguistic Typology*. Oxford: Oxford University Press.
Enfield, N. J. 2007. *A Grammar of Lao*. Berlin: Mouton de Gruyter.
Matisoff, J. 1991. Areal and universal dimensions of grammaticalization in Lahu. In E. C. Traugott, & B. Heine (Eds.), *Approaches to Grammaticalization* (Vol. II). Amsterdam: John Benjamins.
LaPolla, R. J., & Huang, C. L. 2003. *A Grammar of Qiang with Annotated Texts and Glossary*. Berlin: Mouton de Gruyter.

（原载《民族语文》，2015 年第 3 期）

汉语指代词的若干库藏类型学特征

本文从跨方言（兼及汉语史和民族语言）的视角讨论汉语指代词的若干库藏类型学特征。主要关注指代词，包括指示词、人称代词和兼代词的指示词，并论及指代词库藏背景下的反身代词，但不包括疑问代词。疑问代词的语用交际功能与上述指代词小类相差较大，宜另文再述。

库藏类型学的核心关注在于语言形式库藏和语义范畴的双向互动，尤其关注范畴的库藏地位（入库、显赫、裂变等）对语义范畴及语义表达的制约或反作用（刘丹青2011，2012）。库藏类型学特别关注特定范畴向其他语义域的扩展用法，就指代词来说，还包括了向领属及广义定语标记、定冠词及类指标记和话题标记等功能域的扩张。这些方面已有较多文献讨论（如方梅2002；刘丹青2002，2005，2013；陈玉洁2010等），且与反身代词关系不大，本文不再涉及。

一、指示词的基本句法分类

在类型学中，基本指示词分为指示代词（做论元）和指示形容词（做限定）两类（Diessel，网上资料）。在有些语言中，这两类各有词形、彼此区别，如法语指示代词celui和指示形容词ce。福州话也有指示代词tsui[53]和指示形容词"只"tsi[33]〔本文的分类，基于陈泽平（1998）的描写〕。tsi[33]只能修饰量词和数量短语；而tsui[53]只能做论元（主宾语），但它使用受限，只指非人的事物，还不算真正的基本指示词。有些语言指示代词和指示形容词不分，既可做论元，又可以做限定语，如英语"this/that"类型和普通话"这/那"类型。还有一类是指示代词和指示形容词各有不同的屈折形态，这类与汉语关系不大，本文不做讨论。

不过，Diessel 也承认，有些语言没有典型的指示代词，指示代词的功能（做论元）需要由一个指示形容词加一个名词、代词、量词之类的要素构成，并举了韩语 ce il（那+东西）一类例子。他指出语言结构世界地图集（WALS）的处理是将这种"指示词+X"的组合也算作一种指示代词，因此韩语这类语言也算指示形容词和指示代词有别的语言。

实际上，韩语根本没有基本指示代词。普通话及很多官话方言是指示形容词和指示代词合一的类型，但有很多方言（尤其在南方）跟韩语的类型近似而又有自己的特点。由于汉语词类库藏中的量词是显赫范畴，因此最常见的组合是"指示词+量词"。由于量词数量庞大，接近开放性的词类，无法将指量组合都看成是指示代词，因此，Diessel 的分类系统，不很切合汉语方言的情况。

汉语中有基本指示代词的方言，指示代词一般都兼指示形容词。像福州方言 tsui^{53} 这种不能做限定语的指示代词比较少见，而且受语义类别限制，称不上基本指示词。跟两类指示词不分的方言相对的方言类型，不是两者有别的方言，而是指示代词阙如的方言，即只有指示形容词，而没有指示代词。指示代词的功能由"指示词+量词"组合完成。更大的特点在于，能够比较自由地充当限定语的，恰恰不是指示形容词，反而是指示代词，因为指示形容词常常只能限定数量短语甚至只能限定量词。这些情况，反映了显赫的量词范畴对指示词类型的强大制约。已有的指示词分类法没有充分顾及量词显赫语言的类型特点。

下面我们列出几种代表性方言的基本指示词句法功能分类情况。益阳湘语据夏俐萍（2013）。定襄晋语、屯昌闽语和广州粤语，分别据范慧琴（2007）、钱奠香（2002）、李新魁等（1995）。湘南土话指示词的功能参考卢小群（2004:120），湘南土话也有属于北京、益阳类型的。苏州、吴江等吴语方言的情况，由作者自己语感和调查所得，也可参看谢自立（1988）、刘丹青（1999）。绍兴吴语据盛益民（2014）。

表 1　汉语方言指示词的句法功能类型

	论元	限定非数量 NP	限定数量短语	限定量词
北京、益阳（大部分官话同此）	+	+	+	+
定襄、广州、屯昌、江永和临武土话	−	−	+	+
苏州、吴江、绍兴	−	−	−	+
*	+	+	−	−
*	−	−	+	−

注：苏州、吴江、绍兴等吴语指示词限定数量短语仅限数词为"两"，而且这个"两"通常为虚数，在苏州、吴江话中还变读为阴平，所以此项仍打负号。

没有列举的方言，其基本指示词基本上都属于表 1 三种类型之一，未见异常情况出现。福州方言假如不计语义受限的指示词 tsi^{33}，其实也应归入定襄型这一类。我们用"*"举例说明部分逻辑上存在而实际不存在的类型。如没有可做论元、可限定非数量 NP，却不能限定数量短语或量词的基本指示词类型；也没有可限定数量短语，却不能限定量词的基本指示词类型。从以上分布模式中，可以勾勒出以下规律：

1. 被认为最重要区别的论元功能和限定一般 NP（非数量成分）的功能，在汉语方言中是关系最紧密的两种功能，呈双向蕴涵关系，即能做论元的指示词，也能限定一般 NP，反之亦然。公式为：

（1）论元功能 ⊃ 限定非数量 NP

2. 由于论元功能及限定非数量 NP 功能都蕴涵着限定数量短语及限定量词，能限定数量短语的也能限定量词，反之则不然，因此汉语方言指示词呈现以下连续的单向蕴涵关系：

（2）论元功能 / 限定非数量 ⊃ 限定数量短语 ⊃ 限定量词

以上蕴涵关系所表现的汉语内部的共性特征，都是由量词的显赫库藏地位所造成的。其中指示词功能越少的方言，量词越是显赫——常用而强势。下面是指示词句法分布面最广的北京话的实例：

（3）论元：这（位）是我的弟弟。｜这（些）是香瓜，那（个）是什么瓜？｜别碰这碰那的。

限定语：这张纸｜那本书｜那五斤鱼｜这房子｜这满满的一桶｜那戴眼镜的老师

下面是指示词分布功能最单一的苏州话的部分用例，显示基本指示词只能直接限定量词，连限定数量短语时都需要强制再加一个"个"：

（4）埃_这只鸡｜埃_这*（个）三只鸡｜辫_这*（个）五百斤米｜喂_那*（个）十个人

3. 由以上蕴涵共性可以看出，汉语方言间指示词的重要句法类型界限，不在论元功能和限定功能之间，而在限定非数量成分还是数量成分之间。这使得 WALS 的分类法对汉语的用处不大。

4. 对于没有论元性指示词的方言，指示词的论元功能主要靠"指示词（＋数词）＋量词"组合来完成，指量组合大都是临时性的组合，可能有极少数有一定程度的词汇化，如苏州话的"指示词＋个"［例（4）中数量短语前的"埃个"等组合］。

指示词直接做论元和指量短语做论元，语义上是不同的，后者比指示词多出了量词所表达的类别义（"这本"指书，"那幢"指房子，等等），而其中的量词是句法上强制性要求出现的。这正是库藏类型学所强调的形式库藏对语言表义范畴的制约（反作用）。

5. 即使是有论元性基本指示词的方言，也常用指量短语做论元。指示代词的代词功能主要见于主语，做宾语受限制，需要对举、重读等条件；即使是主语位置也常使用指量短语，如例（3）括号内的量词。这些都体现了量词显赫型语言的特点。

非基本指示词的词类属性比较多样化，一般都可归属指示代词，但不一定是指示代名词，也可以是指示时间代词、指示处所代词、指示副词，甚至还可以是指示叹词［关于指示叹词，参看陈玉洁（2010：65—71）及所引文献］。此处不赘。

二、指示词的距离范畴

距离范畴是指示词在直指以外最常负载的信息。常见类型是远近二分。有些方言由此扩展出更远指（有的"远指-更远指"被描写为"中指-远指"）、是否可见等细分。有些方言在距离指示之外有专用的中性指示词；有少数方言只有中性指示，不能区分远近（详见陈玉洁 2010：§4）。陈敏燕等（2003）展示了在江西省范围内数十个方言点指示词距离范畴的多样性。距离范畴在不同本体的指示词中呈现出不同的细化程度，体现出等级序列（储泽祥、邓云华 2003），按从细到粗的排列，呈如下等级序列：方所距离范畴 > 人或物 > 时间 > 性状程度或方式。距离范畴在指示词词形上存在语音象似性，距离远近跟元音开口度、辅音响度等成正相关性（刘丹青、陈玉洁 2008，2009）。包括体现共同范畴的相同语音背景和体现远近的象似性语音差异。值得注意的是，有些超过二分的指示词系统可能是方言接触的结果。例如，根据张维佳（2005），晋中地区是"这-那-兀"（近-中-远）三分格局，是周边晋语"这-那"二分系统和相邻中原官话"这-兀"二分系统叠加的结果。方言接触导致指示词库藏中出现了三个词形，为了语言库藏的物尽其用（刘丹青 2014），便形成了"近-中-远"三分的格局。这正说明库藏对语义范畴的反作用，库藏的存在倒逼出语义上的三分，而不全是表达需求促成了三分。更有意思的是，根据张维佳（2005），这个"兀"本身就可能来自突厥语的 ol，即下文将提到的哈萨克语远指代词兼第三人称代词也与之同源。

三、基本指示词的数范畴

基本指示词的数对立（如英语单数 this、that，复数 these、those 之类）一般不见于汉语。数对立主要以量词库藏实现："这个～这些"，广州话"嗰只～嗰啲"。这再次体现了库藏成分的跨范畴制约。有的指示词纵有"一"的语音并入，仍然兼表单复数，如北京话 zhèi/nèi：

（5）这 zhèi 人｜那 nèi 张油画｜这 zhèi 三个家伙｜那 nèi 几位朋友｜那 nèi 五斤枣儿

但是有个别方言存在指示词单复数的词形对立。如山西晋城方言，表示这和那，"指单个儿事物"时分别用 [ti³³]、[ni³³]，"指两个以上事物"时用 [tiəʔ²²]、[niəʔ²²]（乔全生 2000：19）。从来源说，可能是某个与复数有关的语素（很可能是复数量词"些"）融合进指示词，但共时层面已经是单复数的词形对立了。稍有单复数区分迹象的是内蒙古西部化德方言的"这、那"（邢向东、张永胜 1997：70—71），在与单复数量词搭配时出现了词形的区别。"这、那"单用时分别为 [tsəʔ˚]、[nəʔ˚]，"这个、那个"分别为 [tsɛ˚ kəʔ]、[nɛ˚ kəʔ]，"这些、那些"分别为 [˚tsʮ ˚ɕie]、[˚na ˚ɕie]。[tsɛ˚]、[nɛ˚] 和 [˚tsʮ]、[˚na] 的对立似乎与单复数之别有关（还要看"这三本书"用什么词形）。

由于汉语量词普遍区分单数复数（个～些），量词的显赫造成汉语指示词普遍不区分单复数，而依靠量词来体现单复数区别。

四、指示词的本体分类

基本指示词的原型功能是指示实体性的对象，与实体名词相对应。但是语言交际中还有其他本体属性的对象需要指示，如时间、处所、样貌、方式、程度，甚至动作本身，这些指示词语法上往往跟其他词类范畴相对应。对此，语言有以下几种策略。

一是基本指示词＋本体语素，如 this time、this place。这种组合仍是名词性的，用到句子里需要加上虚词才符合该本体范畴的句法需求，如 at this time、in that place 等。

另一种是不同本体有不同的指示词，其中往往也能隐隐切分出指示性语素和本体语素，如 there=th(is)+(wh)ere；then=th(is)+(wh)en。实际上有的基本指示词也能切分出指示词语素和本体语素，如 that=th(is)+(wh)at。这种策略构成的指示词往往直接符合该本体范畴的句法需求，分属不同词类或小类。

汉语不同方言基本指示词的本体覆盖面广狭有异，有些语言基本指示词本体覆盖面较窄，不同本体常常需要用不同的指示词词形相配；有些则更多地靠基本指示词加不同的本体语素（常是量词）来表示。下面是一个简要的分类。

1. 指示词+本体语素：这/那儿、这会儿、这里、这一带、这么、那样、这刻儿（南京）。类型学调查默认的是这种情况，可是汉语中并不都是这种情况。

2. 指示词本身有本体变异，一般由指示词和量词或本体语素合并导致音变。晋语及邻近中原官话中这类音变较多见。由于这些语音变体没有表现出论元功能跟限定功能之间的对立，因此没有影响我们上面建立的蕴含关系［见例（2）］。例如定襄晋语（范慧琴 2007）：

（6）基本指示语素，不单用，须跟其他语素构词：直 $tʂəʔ^2$~兀 $vəʔ^2$

合音，可单用做定语：治 $tʂʅ^{53}$/□ $tʂE^{53}$ ~ 未 vei^{53}/外 vE^{53}

处所方位：□儿（搭）$tʂuɤr^{214-35}(\cdot ta)$ ~ 窝儿（搭）$/uɤr^{214-35}(\cdot ta)$

直儿（搭）$tʂəʔ^{214-35}(\cdot ta)$ ~ 兀儿（搭）$vər^{214-35}(\cdot ta)$

（直突儿/治那/治半儿~兀突儿/未那/未半）

时间：治会儿 $tʂʅ^{53} xɤr^{214}$/直会儿 $tʂəʔ^2 xɤr^{214}$ ~ 未会儿 $vei^{53} xɤr^{214}$/兀会儿 $vəʔ^2 xɤr^{214}$

（治会搭/直会搭/治阵儿~未会搭/兀会搭/未阵儿）

方式：真块 $tʂəŋ^{214-35} kuE^{214}$ ~ 温块 $vəŋ^{214-35} kuE^{214}$

性状：□们 $tʂE^{53} məŋ^{214}$ ~ 外们 $vE^{53} məŋ^{214}$

程度：真（块）$tʂəŋ^{214-35}(\cdot kuE)$ ~ 温（块）$vəŋ^{214-35}(kuE^{214})$

真儿 $tʂər^{214}$/直来（来）$tʂəʔ^2 E^{53}(\cdot E)$ ~ 温儿 $vər^{214}$/兀来（来）$vəʔ^2 E^{53}(\cdot E)$

数量：真儿先些 $tʂəŋ^{214-35}\cdot ɕiərʔ$ ~ 温儿修儿 $vər^{214-35}\cdot ɕiərʔ$

［真儿些些儿/真些（些）/直些（些）~温儿些些儿/温些（些）/兀些（些）］

综上，不计儿化形式，近指词和远指词各有如下对应的四个词形：

（7）近指：直 $tʂəʔ^2$、治 $tʂʅ^{53}$、□ $tʂE^{53}$、真 $tʂəŋ^{214}$

远指：兀 $vəʔ^2$、未 vei^{53}、外 vE^{53}、温 $vəŋ^{214}$

不同词形各有不同的搭配对象或使用范围。

据范慧琴（2007），"直"和"兀"当来自近代汉语指示词"这"和"兀"；"治"和"未"分别是"这一"和"兀一"的合音；□ tṣE^{53} 和外 vE^{53} 等是"这块、兀块"的合音（"块"是晋语中近似于"个"的常用量词）；"真" tṣəŋ^{214}、"温" vəŋ^{214} 等词则是"这们、兀们"的合音（"们"是相当于"么"的词缀）。

定襄晋语的指示词库藏，使得说话人在指示不同本体的对象时必须选择不同词形的指示词。基本指示词主要以黏着语素的形式存在。

3. 使用不同的词根表示不同本体的指示，其中样态、方式、程度类较多。其实英语的 now 也是有独特词根的时间指示词。这一类有时是历史久远的语素合并，到后代因失去语感联系而发生库藏裂变，通过专业考释能够或易或难地追溯出其中普通指示词的要素。

（8）今（～天、～年；〈粤〉～次）

〈苏州〉故歇 [kou^{44}ɕiəʔ^{5}]（这会儿，现在。"故"不用于其他组合，"歇"是时段量词）

〈无锡〉嗯敖 [ŋ^{55}ŋɐ^{31}]（方式：这样。"嗯"[ŋ] 可能是指示词"尔"，但无其他用途；"敖"语源不明）

〈上海〉介 [ka^{52}]（程度：这么）

〈广州〉啹 [k□m^{35}]（方式：这么）

五、指示词和人称代词的库藏分合

指示代词和人称代词是指代词库藏内部的主要分野。但是人类语言中也不乏两大类别在库藏中的合并或交融现象，这主要是由指示词向人称代词扩张的用法造成的。

现代英语看不出指示词和人称代词的关联，但是单数第二人称代词的旧词形 thou，让人想到其与 this、that、these、those、they、there 等指示代词的可能联系。法语第三人称代词 le（他）跟定冠词同形，它们都来自拉丁语 ille，ille 既相当于英语 that 也相当于英语 he，显示了第三人称代词和指示代词的同源。许多阿尔泰语言，如哈萨克语（见耿世民、李增祥 1985：50—53）第三人称代词与远指指示词同形。

上古汉语没有独立的第三人称代词。主格位置常常直接用名词指称，有时用"彼"表示第三人称（"彼"有时也用于宾语和领格位置），但是"彼"是远指代词，指人时，"彼"也可以说"彼人"，相当于"那"和"那人"的关系。王力（1989：49）、蒲立本（2006：89）都把主语位置上指人的"彼"看作指示词而不是人称代词。宾格位置上的第三人称主要用"之"，这个"之"也来自指示词（"之二虫又何知？"《庄子·逍遥游》）。而且人们注意到古汉语"之"有少量"活用"为第一第二人称的用法，实际就是指示代词的回指用法，并不是第三人称代词的扩张。例（9）是周法高（1959：88，注二）引的指第一人称的多个例子之一，例（10）是"之"在同一段话中先后指第二人称和第一人称的用例，郭锡良（1980）据此认定其为表"'泛称'的指示代词"：

（9）齐王曰："寡人不敏，今主君以赵王之教诏之，敬奉社稷以从。"（《战国策·齐策一》）

（10）士季曰："谏而不入，则莫之继也。会请先，不入，则子继之。"（《左传·宣公二年》）

这种用法也见于西周语料，据张玉金（2006：153），在西周语料中第三人称代词"之"共 401 例，活用为第一人称者 2 例，活用为第二人称者 8 例。虽然比例不高，但足以反映"之"不像张玉金所认定的是真正的第三人称代词，因为真正的第三人称代词很难如此"活用"。这些情况足以反映先秦汉语指示词库藏向人称代词的扩展。

现代汉语方言大都有独立的三身代词，但是西北汉语中存在用远指代词"那"指第三人称的情况，如关中方言（唐正大 2005）。在关中方言代词库藏中同时有"他"，但是"他"在"那"的挤压下萎缩为带贬抑类感情色彩的代词，显示库藏手段的相互制约和对库藏的物尽其用。据唐文分析，西北方言远指指示代词兼表第三人称的现象，跟周边阿尔泰语的影响不无关系。

第二人称代词与指示词也有关系。上古汉语的"尔""而"既是第二人称代词，同时又是指示代词。以下用例取自王海棻等著《古汉语虚词词典》（1996）：

（11）【尔】人称代词　用作第二人称代词……我无尔诈，尔无我虞。（《左传·宣公十五年》）……

　　　　　指示代词　表示近指……夫子何善尔也。（《礼记·檀弓上》）

（12）【而】人称代词　用作第二人称代词……夫差，而忘越王之杀而父乎？（《左传·定公十四年》）……

　　　　　指示代词　表示近指……豫让拔剑三跃，呼天击之，曰："而可以报知伯矣！"（《战国策·赵策一》）

词典对此多作为多义词不同义项收录。第二人称代词"尔""而"的独立性比较强，跟指示代词用法已比较疏远，词典的处理反映它们在先秦汉语中已经发生库藏裂变，不被视为同一单位了。不过，吕叔湘（1985：186—187）专设一小节"指示代词和三身代词"，分析"若"是远指指示词兼第二身代词，并引用法国人 W. Bang 的意见："初民先有指示的概念，后有三身的概念。第一身往往跟近指代词同源；远指代词又分较远较近两类，前者大多跟第二身相关，后者大都跟第三身相关。"吕著同时也指出古汉语第三身"之"原来是近指代词，"其"原来是中指代词，"彼"原来是远指代词，并指出远指代词"彼"完全让位给跟第二身有关系的"那"。从语言共性角度推测，还是指示词扩展到人称用法的可能性更大一些。

现代汉语及各方言第二人称代词和指示词之间没有明显的关联，但是，第二人称代词普遍表现为来自日母字"尔、汝"的 n-古代声母类词形"你""尔""汝""侬"等，而远指代词"那"正如吕叔湘所论，也跟这个"尔"有关。只是在现代汉语中已经发生了库藏裂变，在语言心理中已经不被视为同一个库藏单位了，只留下了遥远的历史联系的痕迹。

虽然总体上指示词和人称代词的关联表现为指示词向人称代词的扩

展乃至裂变，但人称代词库藏有时也会产生指示词的效应。下面以苏州方言的处所复合词为例。

苏州话等吴语中都有一批"存在动词/前置词+方位后置词"的复合词，相当于吕叔湘（1941/1984）研究过的近代汉语"在里"，功能上近似于存在动词短语或介词短语"在这里/在那里"。由于其中的实义处所语素已被省略，因此处所义比较虚化，在动词前后常起进行体或持续体的作用。如上海话的"辣辣"、苏州话的"勒海"等。刘丹青（2003）中用PPC来指称这类词语。在苏州话老派中，有一对PPC有明显的远近指对立，即"勒里"表近指"在这里"，"勒哚"表远指"在那里"。但是"里""哚"在苏州话中都只是处所方位语素，没有距离义，远近指对立从何而来，从字面上难究其竟。刘丹青（2003）通过比较苏州及周边吴语的人称代词，发现这两个词的距离义源自人称代词的复数后缀。请看表2：

表 2　苏州话代词复数的词形

人称/数	单　数	复　数
I	我 [ŋəu]	伲 [n̠i]（<我里）
II	倷 [nE²³¹]	唔哚 [n²³¹⁻²¹ toʔ]
III	俚 [li⁴⁴]，嗯倷 [n⁴⁴⁻⁵⁵ nE⁻²¹]	俚哚 [li⁴⁴⁻⁵⁵ toʔ] / 嗯哚_新 [n⁴⁴⁻⁵⁵ toʔ⁵⁻²]

苏州话的复数后缀由处所语素发展而来，但是可能受方言接触的影响，第一人称和第二、三人称的后缀不一致。第一人称复数后缀跟无锡话三身复数后缀一致，用"里"（比较无锡话：我里、你里、佗里），早期苏州话材料第一人称复数代词就写作"吾里"，后来合音成了"伲"；第二、三人称后缀跟常熟话一致，用"哚"（比较常熟话：我哚、恁哚、渠哚）。由于苏南吴语复数后缀来自方位处所语素，因此复数代词本身能够作为处所成分用在存在动词/介词之后，如"勒唔哚"（在你们这儿/在你们家）、"勒俚哚"（在他们那儿/在他们家）。由于第一人称现在已经合音为"伲"，没有显性的方位处所语素了，因此现在不能说"勒伲"，但是早期应该也可以说"勒我里"。至此，谜底就显露出来了："勒里"来自"勒我里"的减缩，与第一人称有关，因此是近指；

"勒哚"来自"勒唔哚""勒俚哚"的减缩,与第二、三人称有关,因此是远指。人称代词库藏成分用人称对立的曲折方式表示了指示范畴中的距离对立。这是人称范畴扩展到指示范畴的难得实例。但是,由于词形和语义的演化,"里"不再显性出现,人称的本义也隐去了,因此今天的苏州方言母语人和当地研究者在拙文之前都不了解这种距离指示义是从人称对立而来的。人称范畴和指示范畴之间已经完成了库藏裂变。

六、人称代词的数范畴及第一人称复数的包括范畴

人称代词某一形态范畴总是比名词的相应范畴优先入库。汉语名词没有性数格,古代汉语也没有性数,代词是否有格则有争议(王力1989:44)。代词在现代汉语各方言中普遍有数范畴,个别方言代词有格。但是所有汉语共时历时变体都未见代词的性范畴,这里先讨论数。

先秦汉语代词单复数同形,没有数范畴。上古到中古时有一些半虚化的复数性成分,如"侪、辈、属",还没到形态的程度(王力1989:50—51)。随着复数后缀"们"的出现,汉语代词单复数对立的复数范畴形成,并且具有强制性。对几个听话人说"你们快去吧"绝不能说"你快去吧"。方言中复数后缀除了"们"外还有"都"(冀南晋语)、"侬"(闽语)、"人"(部分客赣徽语)、"哋"(粤语)、"拉"(部分北部吴语)、"仍"(温州吴语)、"哚"(苏州等地吴语)、"里"(无锡等地吴语)、"家"(常州等吴语、部分晋语)。语法化程度低一些的有"大家"(祁门徽语等)、"几个"(岳西赣语等)等。大部分复数后缀可能由名词性语素语法化而来,"都"可能来自全量副词的重新分析,如"他+都去">"他都+去"。有些低语法化复数标记还不是强制性复数范畴,尚处代词和复数词语的同位结构的阶段,如祁门徽语"我大家""你大家",如果所指人数较少,也可以说"我两个""你三个""他几个"等,可见"大家"还只是对复数意义的一种词汇性支撑,不是强制性复数标记,这些方言的代词复数范畴还没有真正入库。山东方言虽然

有"他们",但第三人称复数"更多情况下是说'他那些人儿(牟平、荣成)''他这伙(济南)''他几个(临清、东明)'等"(钱曾怡主编 2001:237)。

北方话数量短语"两个""三个"通过语音脱落和并入,形成了单音节的"俩""仨",其中的"俩"在东北方言中已经语法化为双数后缀,因为它可以加在单数代词后表示双数,如"我俩""你俩""他俩"。单数代词和"俩"已无法分析为同位结构,因为单数代词不能单指超过一个的对象。北京话中这种结构至多处于萌芽状态,还不普遍,一般仍说"我们俩"等。"仨"则在东北话中也难以加在单数代词后,一般要说"我们仨"而不说"我仨"。所以,双数在东北官话基本算入库,而三数尚未入库(参看刘丹青 2009)。

有代词单复数区别的语言,常常出现复数代词的单数用法,显示出复数范畴的扩张。最常见的是以第二人称复数指单数表示尊敬(及疏远),如法语的 vous,俄语的 вы,语言学上称为 V 形式,与 T 形式(法语 tous,俄语 ты)相对,这些尊称一般翻译为"您"。"您"在历史上也是"你们"的合音,但在今天的普通话中已经跟"你们"发生库藏裂变,不再视为同一形式。但是,除了尊称,汉语中还有一种复数单数化的动因,就是在表示人的亲属及社会关系时,用复数形式做单数所指的领属语,这些复数形式如果扩展到非领属语位置,即一般的论元位置,便会出现不同程度的复数代词单数化(详见陈玉洁 2008),这是比较有汉语特色的现象。如"俺、您/恁、怹"这些北方口语中的鼻音尾的代词,都来自带"们"的复数形式。[①] 在河南商水等中原官话中,遇到亲属称谓、所在团体及区域等核心名词时,无论领属成分属单数复数,形式上都要用这些复数形式做定语,不能用"我、你、他"等。更影响数范畴库藏地位的是,这些指单数的复数形式程度不同地获得了做论

[①] 吕叔湘(1985:77)认为"俺、您/恁、咱"等鼻韵尾字都来自跟"们"的合音,但是认为现代北京话尊称"您"跟早期复数的"您"无关,这点未必合理。该书没列举"怹",还认为唯独"他们"没有合音形式。其实"您"跟"怹"一并考虑更证明它们都来自带"们"的复数代词,也符合尊称的常见来源。

元（主宾语）的地位，尤其在山东方言中最终"俺"成为了自然的第一人称单数代词，只是情感语气上与"我"有所分工（钱曾怡主编 2001：235）。在"俺"出现单数化的方言中，其复数意义却因此而模糊弱化，需要用其他复数形式来强化，如陈玉洁（2008）所举商水方言中的"俺几个""恁几个"等。而在南方方言中，复数代词在领属位置上的单数用法，并没有扩展到论元位置，论元位置的单复数界限仍然保持得比较清楚。

汉语很多官话方言存在第一人称复数代词包括式和排除式的区别，表现为"我们（俺们）"和"咱（们）"的对立。这一对立在北方口语中较显著，在普通话或书面语中，由于居于强势的复数代词"我们"不区分包括和排除，因此这一对立表现得比较微弱。在口语中，"咱们"还有一些扩展用法，给包括式和排除式的对立格局增加了一些复杂性。

1."咱"本身跟"俺"一样是个单数化的鼻韵尾（<们）复数形式，很多人将"咱"用作单数第一人称，就没有包括和排除的区别了。如"你叫咱去，咱就不去"。其强化形式"咱们"则专用于复数。

2.为了增加交互主观性，强化听者视角，拉近双方距离，有包括式"咱（们）"的北方话经常用"咱"指听话人（第二人称）单方面的事物，如记者采访公司时会说"咱公司近年来经营状况怎么样"。这种情况也造成了包括-排除范畴的复杂化。

南方的包括式则以散点分布的方式存在。例如苏州吴江区方言同时毗邻苏州市区和上海郊区，但是苏州上海都不分排除式和包括式，吴江话却区分得很清楚。表示包括式"咱们"的词是由相当于"我和你"三字并列式中后两字合音构成的二字式（参看刘丹青 1999），如（用例有调整，带下划线者为合音形式的记音字）：

（13）a. 松陵镇（区政府所在地，原县城）：吾脱倷 ŋ³¹ tʰəʔ³ nɔ⁴⁴（我和你）> 吾<u>他</u> ŋ³¹ tʰɔ⁴⁴（咱们）

b. 黎里镇：吾克倷 ŋ³¹ kʰəʔ³ nɔ⁴⁴（我和你）> 吾<u>揩</u> ŋ³¹ kʰɔ⁴⁴（咱们）

（14）a.〈松陵〉吾他一淘去。（咱俩一块儿去）

b.〈平望〉吾揩是老朋友特。（咱们是老朋友了）

无锡常州接壤区域则由三字并列式"我喊你"（我和你）直接脱落首字构成包括式，即"喊你"（咱们），如"喊你走吧"（咱们走吧）。因为包括式的有无及其与其他人称代词的互动，汉语方言形成了不同的人称代词切分模式（参看吴建明 2013）。

七、代词的格

格系统的核心要素是名词代词充当谓语核心的不同题元时的词形区别，尤其表现为主宾格区别或作通格区别。领属格标明了两个名词语之间的关系，不是最原型的格现象。代词有专用的领属形式是较常见的现象，例如古汉语（延续到现代书面语）"其"就是一个第三人称领属格代词，现代汉语中有代词领属格的方言也不罕见，如梅县等地客家话的"偓ŋai > ŋa"。这些不是此处的关注重点。

汉语自源性的代词格主要表现为江浙邻近地区部分吴语，如海盐（胡明扬 1987）、吴江（刘丹青 2003）报道的单数代词主宾格分别用双音节形式和单音节形式的倾向，及江西铅山赣语（陈昌仪 1995）主宾语分别用单音节和双音节形式的情况。此外就是祁门徽语单数第一人称分主宾格（ɑ⁴²~ʂɯːə⁴²）的记录（沈同 1983；平田昌司主编 1998：229）。

由语言接触导致的格系统则表现为西北地区方言的格系统，相关的格系统不是专门由代词词形表现的，而是由通用于名词和代词的后置格标记表示的，如表示宾格的"哈"（见张安生 2011 等）。这些格系统是在与有格的蒙古语族语言和藏语等 SOV 型语言的深度接触中形成的，与 SOV 语序一起成为方言的鲜明类型特征。

这些情况总体上不改变汉语是一种格范畴不入库的语言，无论名词还是代词。代词虽然有少量的格形态现象，但是这些格不能独立表达论元的句法属性，必须依附于语序，实际上是代词的语序变体。这种库藏特点对汉语句法造成了深远的影响。

八、指示词和人称代词的生命度敏感

生命度（animacy）本身在汉语中不是一个语法入库范畴，并没有表生命度的专用语法形式。但是，指示词、人称代词及其相关范畴都对生命度有一定的敏感性，有时甚至成为形态或句法使用中的条件限制。条件限制虽然不是专用语法库藏，却常常能转化为库藏成分兼表的语义范畴，有学者把这类现象视为范畴的间接实现［如 Nesset（1999）对俄语定指范畴的分析］。生命度作为条件限制而成为指示词、人称代词等库藏成分能够间接实现的语义范畴。

基本指示词本身没有生命度限制，能够与各种对象同现。如"这人""那书""这计划"等。但是，有些方言存在对生命度有选择性的指示词，如福州话指示代词 tsui^{53} 只用于指代非人的事物。又据乔全生（2000：19），洪洞方言中，基本指示词是"这$_1$"[tʂei^{52}]、"兀$_1$"[uo^{52}]，而"这$_2$"[tʂa^{52}]、"兀$_2$"[ua^{52}]"主要用于指人，很少用于指物"，跟福州话 tsui^{53} 的生命度限制方向正好相反。这类对生命度有选择性的指示词在南北方言中还有很多，这是在指示词库藏中间接实现的生命度范畴。

再看人称代词。汉语人称代词就是单数的 tā 和复数的 tāmen，在口语中没有英语的"he—she—it"这种性和生命度的差异，"他、她、它"的用字区别是 20 世纪初新文化运动中仿造西方语言做出的纯书面区分，在汉语母语人的心理词库中并未扎根，这从中国人学英语时"he—she"的易混就可以看出（刘丹青 1993）。但是，这个看似中性的人称代词在使用中有隐形的生命度限制，王珏（2004：211）引用威妥玛在一百多年前就注意到的汉语第三人称代词很少用于非生命物，也少用于复数的现象。我们注意到，第三人称代词的生命度限制要注意现场直指和回指的区别。在现场直指时向人类显著倾斜，难以用于非人类；作为回指成分使用则可以比较自由地指非人对象。三个人称中，第一第二人称是言谈的说和听双方，只能是人类成员，这是跟指示词不同的因素；第三人称则是说听以外的一方，是以说听双方为参照确定的对象，自然也以说听者同一层次的人类成员为优先理解；要将生命度低于人类的一方纳入这一层次，多少会有认知障碍。这种认知障碍因各种因素而有不同的程度。初步归纳有这几个因素。

1. 生命度低的比生命度高的更难接受，如（括号中斜杠后的成分适合替换"它"）：

（15）（指着走过的猫）：？它（/这）是什么猫？——波斯猫。（比较：他是什么人？——门卫。）

（16）（指着桌子上的榴莲）：??它（/这）是什么水果？——榴莲。

（17）（指着一本书）：??它（/那本）是我一直想买的书。（比较：他是我一直想请的人。）

2. 动词后宾语位置比主语和"把"字宾语位置更难接受无生命的直指的"它"。如：

（18）（指着一张凳子）：

a. ?它（/这个）需要修一下了。（比较：他需要提醒一下了。）

b. ?你把它（/这个）搬上车吧！（比较：你把他送上车吧！）

c. *你去搬它（/这个）吧！（比较：你去扶他吧！）

3. 复数"它们"比单数"它"更难接受，因为复数"们"用于名词时就有指人的限制，这种限制也会体现在代词上。即使是复数物件，用"它"指也比用"它们"强些。如：

（19）（指着一堆青菜）：

a. ?你把它（/这些）洗一下。（比较：你把他安排一下。）

b. *你把它们（/这些）洗一下。（比较：你把他们安排一下。）

以上不成立或难以成立的用"它（们）"的例句，翻译成英语都可以用指示词或指示词短语，但用人称代词也成立，而汉语中只能用指示词或指示词短语。英语甚至能用代词 it 指要问的现在时间，汉语绝对不能接受代词的这种用法：

（20）What time is it? ~ *它（/这/这会儿）是什么时候啦？

人称代词用于回指时，由于有先行词的出现，人们可以从先行词追踪到相应的非指人解读，借此较容易消除代词指非人对象的认知障碍，不过接受度仍然不完全相同。

1. 主语和"把"字宾语位置比动词后宾语位置更能接受不指人的人称代词，如：

（21）a. 这个字很陌生，它是什么意思？

　　　b. 这个字很陌生，我要把它练练。

　　　c.ʔ这个字很陌生，我要练练它。

2. 回指代词在宾语位置时，动作性强、有结果，特别是有消失性结果的谓语更能接受：

（22）a. 这件衣服很破了，你扔了它吧。～ b.＊《趣味动物学》很好看，你看看它（/这本书）吧。

（23）a. 有三家旅店老亏本，我要卖掉它们。～ b.ʔ有三个房间退房了，我要打扫它们（/那些房间）。

显然，汉语人称代词总体上比指示词要求更高的生命度，难以匹配低生命度的所指，这与人称代词的基础是言谈角色有关。方言中这种排斥更强烈，因为受欧化的"它"影响小。例如上述带问号的可疑例句，如果将他们换成苏州话的第三人称代词"俚"/"俚哚"，则大多会完全不合格。

反过来，对于高生命度的对象，如人类，则是人称代词比指示词（短语）更能接受。指示性成分指人，在不少情况下不自然或不能接受，南方方言中可能尤其如此。这跟库藏的物尽其用原则有关。在同样具有现场直指功能的前提下，既然基于言谈角色的人称代词有指人的倾向，而指示词没有这种限制，那就让它们按生命度分工最合理，能物尽其用地发挥库藏的别义功能。比较英汉打电话的始发语：

（24）a. Hello, this is John Defoe speaking. ～ b. 喂，我（/＊这）是张德福。

这种情况下汉语必须要用人称代词"我"而不能用指示词"这"。再如北方人在不明对方称谓时，有时会用"这位先生""这位大妈"来招呼对方。在吴语中，一般不会在这种情况下使用指示词短语，只会配合手势直接用称谓名词叫"先生""阿姨"等，或者用第二人称代词（因为吴语没有尊称代词，显得稍不礼貌，但仍比指示代词适宜），如苏州话：

（25）喂，先生 / 倷 /*辫位先生！倷走过来点阿好？
　　'先生，你走过来一些好吗？'

总结以上分析，在汉语中，人称代词跟指人名词是无标记匹配，指示词或指量短语则跟非人对象是无标记匹配，两个库藏分工有序、物尽其用。

九、汉语指代词库藏特点对反身强调范畴的影响

汉语词库中，反身代词和人称代词界限并不分明，反身代词跟某些人称代词有渊源关系。这是汉语库藏类型特点对反身代词的重要影响。

汉语北方话的包括式代词"咱"，现在读 zán，早期常写作"偺"，是"咱们"的合音，而未有"们"并入的"咱"则念 zá，是近代汉语中"自家"的切音（即合音，吕叔湘 1985：63，98），在韵文中入麻花韵。因为"偺"也被写成"咱"，导致"咱"有了两读，分别代表"自家"和"自家们"的合音。

"自家"正是现代南北很多方言的基本反身代词。吴语常以"自家"为基本反身代词。普通话虽然用"自己"，但北京口语是"自个儿"，不排除是"自家儿"的白读弱化音。北京郊区及周边河北等地农村"×家庄"常说成"×各庄"（如庞各庄西瓜），"各"就是"家"的白读弱化音。"自家"本是自称，相当于"我"，其复数形式"自家们＞咱（们）"成为第一人称复数的包括式代词。前举祁门话的第一人称宾格代词 ʂɯːə⁴²，记为"晓"或"洒"（两字在祁门话中同音），后者又让人联想到《水浒传》鲁智深口中的"洒家"，确实可能有关。"洒"当为"自家"的合音"咱"的变体。陆澹安《小说词语汇释》："关西人自称为'洒家'。'洒'即'咱'之转音。""自"是浊声母从母字，在从邪母

经常相混的背景下，清化时可能读入擦音 s 或 ʂ，而祁门话的"家"有 ɯːə 韵读法。

"自家"在方言中分别成为第一人称代词和反身代词，说明了反身代词跟人称（言谈角色）亦有内在的联系，甚至与言谈角色的关联比跟句内回指的关联更紧密。这从词类库藏角度解释了汉语反身代词远距离回指及所谓情景指用法（logophor，Huang & Liu 2001）的由来。

反身代词与第一人称的关系还促成了反身代词经常用作第一人称的婉辞，降低"我"可能带来的自信自傲一类色彩；在间接引语中则可以理解为第三人称代词。如：

（26）在机关呆了 10 年，自己一直以来也觉得机关工作不是自己想要的，有一定的技能，是否适合跳槽。（网络提问求答）

（27）《为什么自己一直找不到结婚的对象遇不到对的人》（网文标题）

（28）《白落梅经典语录（自己非常喜欢的作者）》（网文标题）

（29）《为什么自己一直遇不到对的人》（珍爱网网文标题）

（30）刘晓庆还在现场介绍道，自己正在排练舞台剧《武则天》，预计 12 月演出。……她觉得这样也很好，因为之所以需要从头再来，是自己以前太倔强和不懂妥协。（《自己以前太倔强》,《北京日报》，2015 年 11 月 19 日）

例（26）—（30）中的"自己"都是用在不受约束的位置上，更像是人称代词，这跟汉语反身代词与人称代词难分难解的特点有关，而致力于区分人称代词和反身代词的约束三原则，也就很难用来刻画汉语反身代词的特征。

汉语及其亲邻语言反身代词的一大特点是并不大量用于该类词的定义性位置——与主语同指的宾语位置，而是经常出现在主语同位语、副词性强调语、强调性定语等位置。如：

（31）《他自己聪明，就以为全世界都很愚蠢》（蒋方舟网文）（同位语）

（32）他们的不解风情，总有一天也会"学着自己长大"。（蒋方舟上述网文的正文）（状语）

（33）《"大学校长自己应该像一所大学"》（《文摘报》2007年文）（同位语）

（34）他深有体会地回答说："大学校长的首要素质是自己应该像一所大学。"（《文摘报》上述文章的正文）（单独做从句主语论元）

（35）问：我经常自己骂自己，别人骂我时我很难过，但是自己骂自己却感到好像轻松了很多？

答：自己骂自己，是因为内心比较讨厌自己，不接纳自己。自责让你能减轻负罪感。但你也许自尊心非常高。因此受不了别人骂你，那样伤了你的自尊心。（网络问答）（强调反身搭配；纯宾语位置反身用法）

（36）自己的事情自己做。（强调定语与强调状语的配合）

在民族语言方面（阿尔泰语言除外），我们发现各描写语法中关于反身代词的用例大多为强调用法，较少见到宾语用法。甚至反身代词的定义就用强调代词的定义，如刘光坤（1998：138—139）关于麻窝羌语如是说："反身代词是用来强调某人或本人亲自或单独进行某种活动。"所举例句都是强调用法，没有反身用法。如：

（37）qanqan   ka:
　　　 我自己   去
　　　'我自己去。'

（38）ɹu   ɲuɲu   qu:ɹ   dzu   tɐu   ji
　　　 马   自己   家   前加   来   后加
　　　'马自己回来了。'

这也是汉藏语系（广义）及南亚语系描写语法的常见情况。我们查检了手头的《中国新发现语言研究丛书》19部，其中16部在词类部分谈到反身代词（个别叫"自身代词"），当中只有6部（史兴语、格曼语、扎巴语、布芒语、布赓语、俫语）举到的反身代词例句各有一例做宾语，其余都是做主语同位语、强调代词、定语等的例句，远比做宾语的例句多；其余10部（白马语、柔若语、苏龙语、达让语、唐汪话、优诺语、拉坞戎语、阿侬语、莫语、普标语）都只举了做主语同位语、强调代词、定语等的例句，没有做宾语之例。虽然不能说没有举到的语言都不存在反身宾语的情况，但是至少说明在汉语亲邻语言中反身代词做反身宾语不是其显著的用法，其他句法功能更加常见。可能因为反身代词少用于反身宾语，所以有些语言可以用另类手段表达反身关系。如杨通银（2000：115）《莫语研究》一书中莫话语料部分有这样一个用例：

（39）tə²liŋ² map⁸ pa:i¹ map⁸ taŋ¹, liŋ² zui⁶ map⁸ liŋ³.
　　　猴子　打　去　打　来　猴子　自己打　猴
　　'猴子们打去打来，都是自己打自己。'

此句表达是复数/群体意义的反身行为，但是被认定为反身代词的 zui⁶ 用在强调状语的位置，而宾语位置出现的是跟主语同形的名词。就个体来说，故事说的是猴子与蝗虫约架抢地，蝗虫按虫王吩咐都飞到猴子的脸部等要害部位，猴子挥棍打蝗虫结果都打了猴群的其他伙伴。但是，本句用了反身代词做强调状语，说明句子是以群体为单位按照反身行为来识解的，翻译时就译为反身行为句。本则故事的标题、故事被提及时的说法及其翻译如下：

（40）mai⁴ liŋ² map⁸ liŋ³
　　　棍子　猴子　打　猴
　　'猴子的棍子打猴子的故事'

（41）mai⁴ liŋ² map⁸ liŋ³ ti³ ku¹sŋ¹
　　　棍　猴　打　猴　的　故事
　　'猴子打自己的故事'

例（40）的主语不是猴子，而是猴子的棍子（莫话领属定语后置），打的宾语是猴子，但是没有像正文一样用反身代词。语料中故事标题被翻译成非反身行为句。但在《莫语研究》（115页）中介绍来自汉语"的"的借词 ti³ 的用法时，引了此例做"故事"一词的定语，翻译中略去了"棍"，译成反问行为句"猴子打自己"。值得注意的是，书中82页有对反身代词 zui⁶ 的简介，说"zui⁶ 一般直接放在人称代词之后，强调自身，在句子共同做主语、宾语"。但实际做宾语的唯一例子中，zui⁶ 恰恰不放在动词后的宾语位置，而且与人称代词分离了，宾语位置出现的仍然只是人称代词，如：

（42）man¹   zui⁶   kun³   man¹,   me²   kun³   ai³liŋ⁶.
　　　　他　　自己　　管　　　他　　　不　　管　　　别人

这是用单数人称代词表反身，比上述群体义的"猴子"更清楚地显示人称代词用于被约束的位置，反身代词却用于强调状语的位置。

另一方面，在有反身范畴或"典型"反身代词的语言中最常用反身范畴或反身宾语的行为，在汉语中恰恰是不能或不宜用反身代词的。如英语 wash himself、shave himself、dress herself 是常用的反身句法。哈萨克语中，有用后缀 -ən/-in、-n 构成的反身态，但反身态只用于"kij-in 穿、dʒuw-ən 洗、qəuw-ən 梳、qəmta-n 刮、orɑ-n 裹严、buw-ən 系好腰带"这少数动词（耿世民、李增祥 1985：63），跟英语最基本的反身结构很一致。而这些在汉语中都是不能或不宜用反身代词来表示的，"洗自己、刮自己"这些句法上不能算错，但是中国人没有这么说的。都说"刮胡子、洗澡、穿衣服、梳头"等。

这些反身代词对宾语位置排斥的原因可能不止一个。就汉语来说，影响反身代词充当宾语的因素可能包含这几个方面：

1. "自己"中的"自"本是先秦汉语中一个只能前置于动词的反身兼强调代词，似前附缀（proclitic），从不与动词分离（参看刘丹青 2008：193，554）。这与该时代某些代词的前置倾向一致，但"自"的前置规则更加刚性。其库藏基因中就有对后置位置的排斥，与强调功能更加亲和。现代汉语"自己打自己"的构式也反映了"自己"对动前位置的偏好。

2. 反身代词本身是有定成分——听话人能够确定对象的成分。有定成分在汉语中有强烈的前置倾向，宾语位置则有对有定成分的排斥性。

3. 反身事件是一种施受同指的特殊论元结构，天然具有语义特异性和语用强调色彩。有些语言的反身成分还带宾格或属格形态，如英语 himself/themselves 和 myself/yourselves 分别含有代词的宾格和属格形式。汉语反身代词没有格标记，本身又与动前位置更亲和，单独充当宾语的能力偏弱，因此常靠"自己打自己"这类双重反身来强调，或者将个体与身体部位分离，通过部位名词做宾语来避免反身宾语，如"洗澡、刮胡子、穿衣服、梳头"。

4. 汉语反身代词与人称代词尤其是第一人称有深厚的同源、交融的库藏联系。第一人称作为生命度和有定性居于首位的单位，与主语-话题位置的亲和力天然大于跟宾语位置的亲和力。汉语反身代词与人称代词的库藏联系也解释了为什么反身代词能自由出现在各种非约束位置。前文考察还表明，总体上在同等条件下，如非指人状态下，主语位置比宾语位置更能接受人称代词；在宾语位置，人称代词比指示性成分更受排斥。

以上四点，不同程度地跟汉语反身代词在汉语词类库藏和形态句法库藏中的地位和属性有关，体现了语言库藏对语法类型特点的深刻影响。汉语亲邻语言对反身代词做宾语的某种排斥，可能部分也有类似的原因，具体情况有待专门考察。

参考文献

陈昌仪　1995　江西铅山方言人称代词单数的格，《中国语文》第 1 期。
陈敏燕、孙宜志、陈昌仪　2003　江西境内赣方言指示代词的近指和远指，《中国语文》第 6 期。
陈玉洁　2008　人称代词复数形式单数化的类型意义，《语言教学与研究》第 5 期。
陈玉洁　2010　《汉语指示词的类型学研究》，北京：中国社会科学出版社。
陈泽平　1998　《福州方言研究》，福州：福建人民出版社。
储泽祥、邓云华　2003　指示代词的类型和共性，《当代语言学》第 4 期。
戴庆厦、蒋　颖、孔志恩　2007　《波拉语研究》，北京：民族出版社。
刀　洁　2007　《布芒语研究》，北京：民族出版社。
范慧琴　2007　《定襄方言语法研究》，北京：语文出版社。
方　梅　2002　指示词"这"和"那"在北京话中的语法化，《中国语文》第 4 期。
耿世民、李增祥　1985　《哈萨克语言简志》，北京：民族出版社。
龚群虎　2007　《扎巴语研究》，北京：民族出版社。
郭锡良　1980　汉语第三人称代词的起源和发展，《语言学论丛》第六辑，北京：商务印书馆。
胡明扬　1987　海盐方言的人称代词，《语言研究》第 1 期。
黄布凡　2007　《拉坞戎语研究》，北京：民族出版社。
江　荻、李大勤、孙宏开　2013　《达让语研究》，北京：民族出版社。
李大勤　2002　《格曼语研究》，北京：民族出版社。

李大勤　2004　《苏龙语研究》，北京：民族出版社。
李锦芳　1999　《布央语研究》，北京：中央民族大学出版社。
李新魁、黄家教、施其生、麦耘、陈定方　1995　《广州方言研究》，广州：广东人民出版社。
李旭练　1999　《佤语研究》，北京：中央民族大学出版社。
李云兵　2005　《布赓语研究》，北京：民族出版社。
梁敏、张均如、李云兵　2007　《普标语研究》，北京：民族出版社。
刘丹青　1993　"他、她、它"三分法的弊端、根源与对策，《语文建设》第 4 期。
刘丹青　1999　吴江方言的代词系统及内部差异，《代词》，李如龙、张双庆主编，广州：暨南大学出版社。
刘丹青　2002　汉语类指成分的语义属性和句法属性，《中国语文》第 5 期。
刘丹青　2003　苏州话"勒 X"复合词，《吴语研究》（第二届国际吴方言研究学术研讨会论文集），上海市语文学会、香港中国语文学会合编，上海：上海教育出版社。
刘丹青　2005　汉语关系从句标记类型初探，《中国语文》第 1 期。
刘丹青　2008　《语法调查研究手册》，上海：上海教育出版社。
刘丹青　2009　语法化理论与汉语方言语法研究，《方言》第 2 期。
刘丹青　2011　语言库藏类型学构想，《当代语言学》第 4 期。
刘丹青　2012　汉语的若干显赫范畴：语法库藏类型学视角，《世界汉语教学》第 3 期。
刘丹青　2013　汉语方言领属结构的语法库藏类型，《语言研究集刊》（第十辑），上海：上海辞书出版社。
刘丹青　2014　论语言库藏的物尽其用原则，《中国语文》第 5 期。
刘丹青、陈玉洁　2008　汉语指示词语音象似性的跨方言考察（上），《当代语言学》第 4 期。
刘丹青、陈玉洁　2009　汉语指示词语音象似性的跨方言考察（下），《当代语言学》第 1 期。
刘光坤　1998　《麻窝羌语研究》，成都：四川民族出版社。
卢小群　2004　《湘南土话代词研究》，北京：中国社会科学出版社。
吕叔湘　1941/1984　释景德传灯录中在、著二助词，《汉语语法论文集》，吕叔湘著，北京：商务印书馆。
吕叔湘　1985　《近代汉语指代词》，江蓝生补，上海：学林出版社。
毛宗武、李云兵　2007　《优诺语研究》，北京：民族出版社。
平田昌司（主编）　1998　《徽州方言研究》，东京：好文出版。
蒲立本　2006　《古汉语语法纲要》，孙景涛译，北京：语文出版社。
钱奠香　2002　《海南屯昌闽语语法研究》，昆明：云南大学出版社。
钱曾怡（主编）　2001　《山东方言研究》，济南：齐鲁书社。
乔全生　2000　《晋方言语法研究》，北京：商务印书馆。

沈　同　1983　祁门方言的人称代词,《方言》第 4 期。
盛益民　2014　吴语绍兴柯桥话参考语法,南开大学博士学位论文。
孙宏开、黄成龙　2002　《柔若语研究》,周毛草译,北京:中央民族大学出版社。
孙宏开、刘光坤　2005　《阿侬语研究》,北京:民族出版社。
孙宏开、齐卡佳、刘光坤　2007　《白马语研究》,北京:民族出版社。
孙宏开、徐　丹、刘光坤、鲁绒多丁　2014　《史兴语研究》,北京:民族出版社。
唐正大　2005　关中方言第三人称指称形式的类型学研究,《方言》第 2 期。
夏俐萍　2013　湘语益阳(泥江口)方言参考语法,中国社会科学院语言研究所博士后出站报告。
徐　丹　2014　《唐汪话研究》,北京:民族出版社。
王海棻、赵长才、黄　珊、吴可颖　1996　《古汉语虚词词典》,北京:北京大学出版社。
王　珏　2004　《汉语生命范畴初论》,上海:华东师范大学出版社。
王　力　1989　《汉语语法史》,北京:商务印书馆。
吴建明　2013　人称"聚合结构"的语言视角,《当代语言学》第 4 期。
谢自立　1988　苏州方言的代词,《吴语论丛》,复旦大学中国语言文学研究所吴语研究室编,上海:上海教育出版社。
邢向东、张永胜　1997　《内蒙古西部方言语法研究》,包头:内蒙古人民出版社。
杨通银　2000　《莫语研究》,北京:中央民族大学出版社。
意西微萨·阿错　2004　《倒话研究》,北京:民族出版社。
张安生　2011　甘青河湟方言名词的格范畴,《中国语文》第 4 期。
张维佳　2005　山西晋语指示代词三分系统的来源,《中国语文》第 5 期。
张玉金　2006　《西周汉语代词研究》,北京:中华书局。
周法高　1959　《中国古代语法:称代编》,北京:中华书局。

Diessel, H. Pronominal and adnominal demonstratives. In *The World Atlas of Language Structures Online*. Retrieved from http://wals.info/chapter/42.

Huang, C.-T. J., & Liu, C.-S. L. 2001. Logophoricity, attitudes and *ziji* at the interface. *Syntax and Semantics*, 33, 141-195.

Nesset, T. 1999. The Realization of (in)definiteness in Russian. *Poljarnyj Vestnik*, 2 (2), 336-339.

(原载《语言研究集刊》第十八辑,
上海辞书出版社,2017 年)

语言库藏的裂变：吴语"许"的音义语法分化[*]

一、引言

"许"在历史上曾是表处所的"所"的变体（参看冯赫 2013）。处所词"许"靠了语言中处所主义（localism）的扩展能力获得了显赫的库藏地位，在吴语中滋生出众多语义和功能，从处所名词直到体标记、语气词及量化词内的语素。而这些语义语法变体又因为语音分化而在母语人心中失去了联系，被识解为彼此无关的词汇或语法库藏要素。这种情况，本文以库藏类型学的观念视之为库藏裂变，即语言库藏中的多义多功能要素因语音语义语法等故而分化为不同的要素，在母语人心目中已不再是同一个库藏单位。"许"的语音、语义和语法分化，正是语言库藏裂变的典型实例。这类裂变，不但与语音演变、语义分化、词汇化、语法化等有关，而且是语言库藏类型学必须关注的课题，因为它让我们看到，库藏单位不但有显赫范畴的扩展用法（刘丹青 2011，2012，2013），而且也有制衡过度扩张的机制，裂变就是这样的机制之一。

本文将在前人相关考察（如李荣 1980；梅祖麟 1995/2000；钱乃荣 1997：113；潘悟云、陶寰 1999）的基础上，主要根据太湖片吴语考察"许"的语音、语义和语法裂变。

---

[*] 本文获中国社会科学院创新工程项目"汉语口语的跨方言考察与理论分析"支持。初稿曾在全国汉语方言学会第十七届学术年会（广州暨南大学，2013 年 12 月）大会报告，获游汝杰先生等指正，另盛益民博士、夏俐萍博士也对本文初稿提出有益意见，一并致谢。感谢《语言学论丛》匿名评审人的意见及提供的昆山话材料。尚存问题皆属笔者。

二、"许"的语音层次

"许"作为中古鱼韵上声字在北部吴语中有一个强势的规则音 [ˉɕy]（无撮口呼方言为 [ˉɕi]），在姓氏和一般写作"许"的词语中都取此读，如"老许、许诺、允许、许可证"等。这也是很多吴语区人见到"许"字后唯一会发的音。但是，学者们通过音韵比较和语义分析，指出还有不少词语中读音各异的语素也是"许"的白读，其中除了许诺义外，其他用法的白读"许"是古代"所"的变体"许"的沿用，与姓氏和许诺义没有语源关系。

李荣（1980）似最早指出吴语有些鱼韵字除 [y] 读外还有 [ɛ] 类白读（见组声母遇此读非颚化的舌根音），所举的例子有"锯去渠鱼虚"，另在附注中补了南昌"许"与此对应的文白两读 [ˉɕy] 和 [ˉhe]，并指出南昌白读"许"的意思是"那、那么"。

那么吴语的"许"是否也存在 [ˉhe] 类白读呢？据石汝杰（2011），英国传教士艾约瑟《上海方言语法》（1868 年）一书就收有"许"的 hü²、hé² 两读，石文分别折合为 [ˉhy] 和 [ˉhɛ]，后一读的语义是"许愿、许诺"。这一读音和用法的词在苏州方言中也有。有方言著作以同音字记录，即视为本字不明。可见其与"许"字的联系已不易觉察。叶祥苓（1993：92）则收了苏州话"许"字条的 [ˉhɛ] 音，注为："同意给人东西：俚问吾借廿只洋，许三日就还葛，今朝第五日哉，人影子匣勿见‖许读 hɛ 只限于本词条，其余都读 ɕy。"可见叶著认定许诺义的 [ˉhɛ] 是"许"，但不认为"许"还有其他念 [ˉhɛ] 的义项及用法，如"勒海"的"海"等。

张惠英（1980）认为吴语中写作"该、赅"的表示占有的 [ˌkei]（崇明音）实为"居"（宧）字，并举许诺义的"许"和虚肿义的"虚"的 [hei] 读为旁证。占有义的 [ˌkei] 是否是"居"（宧），尚无定论，但"许"有 [ˉhɛ] 类白读则已被确认。

梅祖麟（1995/2000）在李荣（1980）、张惠英（1980）等研究的基础上，明确指出"上海话有个音韵层次，其中见系鱼韵御韵的字读[ɛ]，例如'虚'[.hɛ]、'锯'[kɛ˧]、'居'（寓）[.kɛ˧]占有、'许'[˙hɛ]愿、'许'[˙hɛ]那里。其他吴语方言也有这样的音韵层次。"此文的一项进展是将上海话"辣海"（动词兼介词：在那儿，在）、"海头"（那里）中的"海"确定为"许"，与南昌话及温州话和闽语中的指代词"许"联系起来。①

钱乃荣（1997：113；1999）考察了跟上海话"辣海"（在那儿）和"NP 海头"（NP 那儿）有关的众多吴语处所语素的语音形式，认为其可能是"许"。明确可以定为处所"许"的是上海郊区奉贤话文读"许"的语素，见于表示"这儿"的"荡滩许中 [dõ²²tʰɛ²² ɕy³³tsuŋ³¹]"或"舸搭许在 [geʔ²²ʔdæʔ³ ɕy⁵⁵ e³¹]"。这至少证明了吴语中"许"作为处所语素的存在。钱著对"海"的源头为"许"不是很确定，可能跟该字在上海话中可以判断为阴平有关。另一个原因是，"海头"的早期形式"壛头"（1862 年麦高温著《上海方言习惯用语集》）中的"壛"，原书记音是 han 或 hay，相当于国际音标 [hɛn] 和 [hei]。里面出现的鼻音韵尾，钱著认为可能是白读"许"的儿化，但口气不很确定。因为钱先生注意到上海一带吴语的处所语素"许"的主要元音，与表示许诺的白读"许"[hɛ]并不同韵。它先出现为 [.hɛn]（写作"壛"），后脱落鼻韵尾成为 [hɛ]（仍作"壛"，随咸山摄字一起脱落鼻韵尾）。后来上海话（市区）[ɛ]、[ɛ] 两韵合并，才写作与"许"的白读同韵的"海"。

在钱著的材料中，我们看到的与这个"海"相关的处所语素或指代语素词例还有（白读"许"的习用同音字加线，下同）：

（1）〈江阴〉果海面 [kɜɣ⁵² hæ³³mɪ⁴³]（那边）
　　〈常州〉间海点 [kæ⁵⁵xæ³⁵tɪ³¹]（那边）

---

① 据钱乃荣（1997），该字声调是阴平而不是上声，有别于"许"的本调。其实，这个词在上海话"海头"中确实表现为阴平，但是在吴语的其他用法中"海"主要用在连读组后字位置，如吴江话（笔者母语之一）"东海、西海、南海"（东边、西边、南边），本调并不都清楚。不过"勒海"（在那儿）一词中"海"在阳入后念阴上调 42，而阴平调在阳入后当念阴平本调 44。另在作为"[hɛ⁴⁴]边"（边上）一词的前字念阴平。因此，可以认为处所义的白读"许"既有保持阴上调的，也有变异为阴平的。

〈绍兴〉"亨"[haŋ⁴³]（那），"亨头"[haŋ⁴³ dɤ⁵²]（那儿）

〈无锡〉"哼"[hən⁵⁵]或"亨"[haŋ⁵⁵]，如"里面"说"里哼"[li²² hən⁵⁵]（引者按：此外，相当于上海话"辣海"的词无锡话说"来哼"[lɛ²¹³⁻¹³ hən³¹]。此外，"这边、那边"说"意亨"[i⁴²³⁻⁴⁴ haŋ⁵⁵]、"过亨"[kɤɯ⁴²³⁻⁴⁴ haŋ⁵⁵]）。

〈上海、苏州〉"向"[ɕiã]（钱著认为是"亨"一类的腭化形式），如"里向"[li²² ɕiã⁴⁴]（里边）。

〈嘉兴、上海〉"化"[ho/hɒ]，如嘉兴"勒化"[ləʔ² ho²³]（在那儿）、旧上海"拉化"[lɑ ch]（在内）。

钱乃荣（2003）还举了上海话"辣海"（在那儿、在里边）在吴语中的更多变体："'来海'、'来化'、'来亨'、'来哈'、'来罕'，都是书中自然记下的各地'拉墰（儿）'的变音。"

钱著为研究"许"的发展和裂变提供了丰富的资料，但他似乎只是暗示这些[h]声母的处所及指示语素有同源关系，而没有明确断定它们是"许"的白读，反而强调"'海'只是在苏州、宝山等地与'许'韵母同音"（指"许"的白读——引者）。

清代吴地学者翟灏（？—1788，浙江仁和人）在他的《通俗编》一书中已经注意到吴语中念[ho]的处所语素是"许"。请看石汝杰、宫田一郎主编（2005：387）《明清吴语词典》收录的"里许"一词的解释：

（2）里许〈名〉里面。又作"里啊"。囗今吴音曰里啊，啊，虚我切，即里许也。《传灯录》"投子指庵前片石，谓雪峰曰：'三世诸佛，总在里许'"辞意尤明。(《通俗编》33卷）

可见，翟灏认为民间读作"虚我切"（折合为[ʰho]）的跟"里"组合的"啊"，其实就是"许"，并以《传灯录》"里许"用例为证。这个"里许"，在今天的北部吴语中看似难寻其踪，其实它就以鼻音儿化的形式表现为苏州上海等方言的"里向"[li ɕiaŋ]一词①，"向"与"许"的另

---

① 本文在不影响讨论时注音略去声调。很多词用于不止一个方言，调值各不相同；只注调类又无法反映连读变调后的实际调值，且很多连调尤其是后字单字调不明。

一白读儿化形式"亨"[haŋ]相比就多了一个[i]介音并因此按规则念颚化声母[ɕ]。无介音形式则表现为余杭临平方言的"里"[hɛ]（还有"东[hɛ]、西[hɛ]"等，盛益民提供）。这个[hɛ]在临平话中也与咸山摄字同韵，当也来自"许"的儿化。而汉语史上"里许"的存在远比《传灯录》早，看冯赫（2013）所举：

（3）秋风里许杏花开，杏树傍边醉客来。（[唐]戴叔伦《听歌回马上赠崔法曹》）

（4）随便里许坐……（[唐五代]《敦煌变文·燕子赋》）

（5）汝去入石室里许……（[唐五代]《祖堂集·洞山和尚》）

（6）仁义礼智之苗脉已在里许。（[南宋]《朱子语类》卷五十九）

潘悟云、陶寰（1999）在梅祖麟（1995/2000）基础上又一次推进了对"许"字的研究。

在语义功能上，潘陶文明确地将很多吴语实词和功能词中的语素溯源为"许"，如苏州话"场化"（地方）中的"化"[ho]，各地吴语中与上海话"辣海"同义同构、但后字念[ho/hɔ/ha]的存在动词，丽水片吴语的远指代词[ha][a][haʔ][aʔ]等，以及绍兴话远指代词"亨"[haŋ]和对应于上海"辣海"的"来亨"中的"亨"、昆山话"勒亨"中的"亨"[hã]等。

在读音上，潘陶文用历史层次分析法对这些不同的读音与"许"的关系做了更深更细的研究，有以下几点重要见解。1）"许"念[ho]类读音（含促化入声读法）是麻韵读法，[ha]类音（含声母脱落的[a]类读法和促化读法）是佳韵读音。古江南方言麻佳同韵，实际就是麻韵读法，而"鱼韵和一部分麻韵在上古同属鱼部，所以鱼韵字如果读入麻韵从上古的角度看那是比较容易理解的事"。2）认为绍兴话的远指代词"亨"[haŋ]和对应于上海"辣海"的"来亨"中的"亨"的鼻韵尾"来源有待研究，很可能属于一种儿化现象"。这与钱乃荣对老上海话写作"墟"的han[hɛn]读的推测相同。潘陶文还将苏州话的方式状貌疑问副词[naʔ$^{23-2}$ hã^{55}]（怎样，常写作"哪亨、捺亨"）这类词拿来比较，因为这个[hã^{55}]在吴江话中念非鼻音韵母的[ha^{-423}]，因此鼻韵尾（或鼻化可能也是儿化的产物。

前贤的研究，逐步加深了我们对"许"字语音流变的认识，简要梳理如下：

1）"许"在吴语中除了用于大多数带"许"词语的文读音 [ᶜɕy] 读外，还有一个 [ᶜhɛ] 类的白读，表示许愿、许诺及表示处所及远指代词。表处所及远指代词时，有的方言仍念阴上，有的方言转成阴平。"许"跟中古鱼韵中的一批字共享 [ɛ] 韵白读，包括"锯去渠鱼虚"。[ɛ] 韵白读在遇摄三等合口字中只见于鱼韵（平赊上去小韵），不见于同为遇摄三等合口、今普通话与鱼韵无别的虞韵（赊上去小韵）。可见此读形成于鱼虞有别的中古层次，至今只在少数鱼韵字的白读中存在，其他鱼韵字多被鱼虞不分的 [y] 韵层次所覆盖。

2）"许"作为一些封闭性词项内的语素的白读除了 [hɛ] 类读音（本文下称白读Ⅰ）外，还有读成 [ho] 类（下称白读Ⅱ）及 [ha] 类的白读（下称白读Ⅲ，多见于南部丽水地区）。白读Ⅱ是中古以后的麻韵读音，但体现了上古鱼麻部分地合一阶段的历史层次，应当是比白读Ⅰ更早的层次。白读Ⅲ则直接是鱼韵字的上古韵母，是最古的层次。可见"许"的白读都是比文读 [ᶜɕy] 早的历史层次，这些语义功能一直是活跃在吴语口语中的强势成分，而且因为语义偏离本义，所以没有被后世通语带来的文读层覆盖。但不同的白读也处在不同的层次，有些层次还并存于一种方言中，这是探讨其语义语法引申、裂变时需要特别注意的。

3）"许"的某些用法在一些区域读上述白读音，在另一些区域或另一些词语中读相近的鼻韵尾/鼻化音节 [haŋ] 等，其中关系非音韵演变关系，但可以用吴语常见的鼻音儿化来解释。我们认为钱著和潘陶文的这一推测合理可信。而且，"许"的鼻音儿化形式的主元音多为 [a]，可见其也保存了上古"鱼"部韵母。鼻韵尾减缓了元音高化的步伐，增大了与"许"的其他读音的分化。下面再就儿化问题略做补证。

以鼻辅音自成音节/鼻音韵尾/鼻化为特征的儿化，是吴语区广泛存在的现象，与"儿"等日母字白读的鼻音声母也相符。区别在于儿化盛行于中、南部吴语，在北部吴语中只残存为一些零星的词汇化现象。

有的儿化鼻韵尾因被识解为固有的韵尾而跟随普通鼻韵尾字一起经历阳转阴（去鼻音化）的演变。如老上海话"虾"说 [↙hø]，而 [ø] 韵都来自咸山摄字，即原来是带鼻音韵尾的（其韵母可构拟为 [*(u)on]）。"虾"作为麻韵字，当念 [o] 韵，[↙hø] 一读必定经过鼻韵尾儿化后并入了 [*(u)on] 韵（"虾儿"可构拟为 [*hon]），然后跟随 [*(u)on] 韵字一起变成了今天的 [ø] 韵字①。在苏州话中，带有鼻音儿化特征的词语只有三四个：囡儿 [nø$^{31\text{-}22}$ ŋ$^{\text{-}44}$]②、小干儿 [siæ^{41} kø^{44} ŋ$^{\text{-}21}$]、小娘儿 [siæ^{41} ȵiaŋ$^{223\text{-}55}$ ŋ$^{\text{-}21}$]、筷儿 [k^{h}uɛ$^{412\text{-}44}$ ŋ$^{\text{-}21}$]。但另有一些本字不明的鼻韵尾功能词当来自儿化，如：

（7）一星 [iɪʔ^5 sin$^{44\text{-}55}$]（一些）

苏州话口语不用"一些"，但"些"字可读 [si^{44}]，与"星"仅有韵尾 [n] 的差别③。近现代文献中不乏"一些儿"的用例。"一星"的语义与"一些儿"等同，可以判定是"一些儿"的凝固化。再如：

（8）捺亨 [naʔ^{23} haŋ$^{\text{-}55}$]（怎么，怎样）

苏州话"捺亨"[naʔ^{23} haŋ$^{\text{-}55}$] 在吴江区各镇方言中念"捺哈"[naʔ ha] 或"哪哈"[nɔʔ hɑ]。潘悟云、陶寰（1999）推测苏州话"捺亨"是"哪哈"（吴江）的儿化形式，不无可能。而钱乃荣（1999）在检视吴语指代词概貌时，列举了更多与"许"的鼻音儿化类似的儿化现象，如吴语处所语素"埭"[da] ~ "荡"[dɑŋ]、"哚 [toʔ]" ~ "东"[toŋ] 等。这些发生儿化的词语都是封闭性词类成员，其中有些是指代词，有些是处所词/语素，都与"许"兼有的处所词和指代词功能同类。这些例证说明这类词语的鼻音儿化曾是吴语中颇常见的现象，只是鼻音形式后来在北部吴语中因词汇化而凝固成语素内的固有读音了。

除了以上所举，还有一些包含白读"许"的词语。

通常写作"海"的 [↙hɛ] 在吴江方言中，可以放在方向词后表示一个

---

① 比较徐通锵（1985）对宁波话"鸭"的 [ɛ] 类音的分析。
② "囡"本身就来自"女儿"的合音，见潘悟云（1995）。
③ 苏州话韵尾 [n][ŋ] 不对立，是不同韵腹后的条件变体。

城镇上的方向位置，如"东海（镇东头）、西海、南海、北海"①。而在昆山千灯话中，"东壃"指较远较大的东部地区，如嘉定等；"西壃"指较大较远的西部地区，如吴江等；"南壃、北壃"亦然。吴江话的"许"[ʰhE]还能直接放在基本（单音节）指示词和处所指示词后面，构成处所指代词，如"该海"（这边）、"矮面海"（那边）。这个"海"跟上海话的"辣海"（在那儿）、"海头"（那儿）中的"海"都来自处所词"许"。从"东海、西海"等的用法也可以推想，地名"上海"也可能是同类用法的"上许"的白读。"海派"之"海"未必与海洋的"海"有关。

再如，石汝杰、宫田一郎主编（2005）收的表示"多少"的吴语疑问代词"几呵、几化、几花、几呲、几哈、几货、几夥、几何、几鑵"等条目，都以写法较通行的"几化"（苏州音 [tɕi⁴² ho⁻⁴²]）为主条，释为"同'几化'"。这些词都是"几许"的同一白读的异写。该词典收的"几许"条所引的清末方志已经说得较好：

（9）几许〈代〉同"几化"。多少。□ 多许，"许"俗音若黑可切，见《隋书》；又问人多少曰几许，见《古诗》。（光绪版《宝山县志》14 卷）

词典所引的《宝山县志》的话，其实是对"多许"的解释，指出其中的"许"念黑可切（折合为上海话 [ho]），顺带提及问多少的"几许"，当然这个"许"也是念 [ho] 的，所以就相当于写作"几化"的那个词中的"化"。该词典以写同音字的"几化"为主条，而不以符合本字的"几许"为本条，可能是因为该词典注重收录文献词语，不重考释本字，而当地人的书面作品中用的多为"几化"等同音字写法，反而是"几许"仅见于学术考释性的地方志条目，并不为大众所感知。母语人并不一定知道此字与"许"相关，因为音义都与文读很远。

"多许"[ta⁴⁴ ho⁻²¹] 是另一个带白读Ⅱ"许"的词语，表示很多，就

---

① 石汝杰、宫田一郎主编（2005:244）"海"字条表明上海话也有此义。其义项 2 注："〈名〉表示方位，边，面。有人写作'许'。"引例："南海，即南面，居租界者称南市为南海也。北海，即北面，居城内南市西区一带者，每称公共租界北为北海也。"（《清类稗钞·方言》）词典作者称"有人写作'许'"，并未明确"许"是否为本字。

是上文《宝山县志》所解释的条目。此词在语音上和语法上都有特点。语音上，不但"许"的读音特殊（方言文学作"多化、多花、多呵"等），而且"多"不念规则音 [tou⁴⁴]（苏州），而念白读 [ta⁴⁴]，与"拖" [tʰa⁴⁴]（~鼻涕）、"破" [pʰa⁴⁴]（衣裳~）等白读音的韵母相同。歌戈韵念 [a] 韵是较早的层次。语法上，[ta⁴⁴] 只用在量词前（~个人、~条鱼、~斤米｜*人~），[ta⁴⁴ ho⁻²¹] 则主要做名词的定语（~人、~水果），也可在语气词帮助下做谓语（人~啦），而"多"的规则读音 [tou⁴⁴] 只做谓语、补语，不做定语（人~｜饭吃得~｜*~人｜*~个人）。

数量语素有无念白读Ⅰ的？目前文献未见论及。我们注意到吴江话有一个词 [hE⁴⁴ uE⁻²¹] 可暂写作"海威"（"海"念阴平），表示很多，如"好吃物事海威"（好吃的东西很多），"赚着海海威威钞票"（赚到了许许多多的钱）。"海"字念"许"的白读Ⅰ，语义也合，应该就是"许"的白读，但"威"语源不明。此外，昆山千灯话中，还有表示少许的"许"也读白读Ⅰ，如"一许许" [hE⁴⁴ hE⁴⁴]。由此可见，数量语素"许"也有不同层次的白读。

三、处所义"许"的语义功能引申脉络

"许"字从言午声，许诺义合其本义。北部吴语中，只有文读和白读Ⅰ可表此义，情况比较单纯，本文不再讨论。其他诸白读的音义都来自处所"许"，而处所"许"是"所"的变体，与"许"的语源义无关，属同音假借。下文只说与处所"许"有关的用法。

3.1 吴语"许"和中古"许、所"的关系

一般认为表示处所的"许"是"所"的变体，可能是某种方言变体。冯赫（2013）以汉语史事实说明，"所"有很多与处所有关的用法，表现为多种特定结构，而"变体'许'的分布局限于本体'所'分布范围

的一个子集之内"。具体地说，在冯文所调查的"存现/位移 Y""X 之 Y""动 Y""名_指物 Y""名_指人 Y""何 Y"这 6 种"所"能充当 Y 的格式中，"许"主要出现于最后的"名_指人 Y"（至裔许）和"何 Y"（归在何许？）二式，"名_指物 Y"则只找到一例。前三式"许"都不参与。"名_指人＋许"魏晋之际开始出现，多见于南北朝时期南方系文献。冯文并指出：

（10）变体"许"产生的关键语境是"X 所"结构式。这类"X 所"的"所"倾向于脱离实词范畴（去范畴化）、与前成分 X 的组合也更趋紧密（结构式化或凝固化）。反之，没有去范畴化与结构式化的自由语素性质的"所"，则没有产生变体"许"。

这里的关键点是，"所"能单独用作处所名词，而"许"不能，只能依附在 X 之后，而且 X 主要是指人名词，这种位置的"所"或"许"主要表示以 X 为定位点的一个大致区域，而不是带有实体性的一个确切场所。

吴语"许"的用途多样性似乎远超中古时期处所性"许"的用法，但仔细分析，可以看到吴语用法的多样性，包括一些很虚化的用法，仍是继承中古南方系文献"许"的用法而发展来的，并没有继承古代"许"所不具备的"所"的多种用法。"所"自身发展出的虚化用法，也基本跟"许"不同。也就是说，两者伴随着地域分工在功能上也渐行渐远了。

3.2 "许"作为处所名词内的语素

尚未发现吴语白读的"许"有单独做处所名词的情况。最实在的处所义用法是苏州话的"场化"，与"场所"同构，该词是表示"地方"的地道本地说法，可以取代任何位置的"地方"一词。但是其中念白读 II 的"许"只是一个构词语素，并不能单独成词。其他如前举上海话吴江话的"东海、南海"等和"该海"（这儿）等词中念白读 I 的"许"，处所义也稍明显。在另一些处所指代词中，由于内含其他处所成分，"许"的字义不是很凸显，如前举江阴话的"果海面"（那边）、常州话的"间海点"（那边）等。正是因为念白读 II 的处所"许"不能作为一个处所名词来单用，因此在语言心理上就无法取得词项那样的清晰地位，使众多吴地母语人对高频处所语素"许"的语义和词汇关联并无认知，导致同音字蜂出。

3.3 "许"的处所后置词用法

另一个与中古"许"贴近的用法是以 X 为参照点表示空间区域位置的"X 许"，如见于老上海话和上海郊区话的"X 许"结构："床海"（床边上）、"浜海"（河边）。但这种用法出现率低，有时要加一个方位语素（如"浜海浪"：河边上）。更常见并且可类推的是加后缀"头"的"X 海头"形式，这种结构像中古的"X 许"一样，X 以指人名词为主，如"张三海头（张三那边）、娘舅海头、老师海头、我海头"。正如冯赫（2013）所说，中古"X 所／许"结构中的"所／许""倾向于脱离实词范畴（去范畴化）"，实际上相当于后置词了，不能算独立的处所名词。"海头"虽然是双音节词，但仍然只能以后置词身份出现，其早期形式就是旧上海话及周浦等郊区话的"墙头"（含儿化鼻音成分，后作"海头"）、"墙上"。如钱乃荣（1999）引用的《上海方言习惯用语集》所举旧上海话：

（11）侬要到伊墙头去，打切打切看。'你要到他那儿去打听打听看。'（第 62 页）

（12）第块浜墙上我伲要筑石剥岸。'这块河边上我们要筑石头的驳岸。'（第 93 页）

上海话中这一位置的"海（头）"没有距离指示义，只有处所义。当用于指人名词后时，跟这个"海头"相当的位置在很多北部吴语（包括苏州话、无锡话、老上海话）中用"搭"来表示，如"娘舅搭、我搭"等，"搭"也只是个处所语素或后置词，没有距离指示义。普通话口语没有这么一个语素，所以要用处所指代词翻译。在现代汉语书面语里，这个"海（头）"或"搭"可以译成距离上中性的"处"，意义上很对应，如"舅舅处、我处"。

此外，这个带有儿化成分的"壚"还从空间引申到时间，用在"小壚里"一词中，表示小时候（钱乃荣 1997：113）。鼻尾脱落后，念 $[ha^{-55}]$。在昆山千灯话中，也有"小壚里"（有个弱读形式"小壚底"），此外，在部分乡村"壚"还可以用于其他时间词，如"故壚"是"现在"的意思。

3.4 "许"用作"在里"式复合词的后字

吕叔湘（1941/1984）率先研究近代汉语中的"在里"，指出了它的功能，并以吴语的类似结构相比较。刘丹青（1996a，2003a，2003b）在巢宗祺等前期文献的基础上研究了吴语的这类结构特别的复合词，例如上海"辣辣、辣海"，苏州"勒哚、勒里、勒海、勒浪（'浪'为'上'的变读）"，吴江"勒里、勒头、勒浪、勒海"等，也兼及其他方言的类似复合词（如粤语"嚛度"、福州闽语"著吼"、泉州话"佗例"等）。由于这类词的前字和后字分别具有前置词和后置词的属性，所以刘丹青（2003a）称之为 PPC 复合词（preposition-postposition compound）。下文沿用这一缩写。上述拙文的要点如下：

1）PPC 结构的前字，都是表"在"义的存在动词兼介词，即吴语中的"辣（勒、来……）"，相当于近代汉语"在里"中的"在"。

2）做 PPC 后字的语素都是处所性的后置词，即都能用在一个名词或代词后表示处所，该短语并且成为可以直接受"在"类存在动词及处所类介词支配的单位（而一般的名词不加方位后置词就不能受这类动词介词支配），比较其成词用法和短语组合用法：

（13）〈上海〉辣辣（辣拉）：辣老王拉（在老王家）

（14）〈苏州〉勒里：勒房间里｜勒啰里（在哪里）

（15）〈苏州〉勒哚：勒朋友哚（在朋友家）｜勒哩哚（在他家）

（16）〈苏州〉勒搭：勒同学搭（在同学那儿）｜勒伲搭（在我们这儿）

（17）〈吴江〉勒浪：勒台浪（在台上）｜勒辫浪（在这边）

（18）〈吴江〉勒头：勒辫头（在那儿——中远指）｜勒矮头（在那边——远指）

另一方面，PPC 的后字，除了作为后置词（包括处所指代词的后字）外，都不能单用做处所、方位名词；作为句法结构，并不能受"勒"的支配。因此，上引诸篇拙文认为，这些"在里"类吴语复合词不是直接由"勒"支配后字而组成的，而是由上述结构经中间名词代词的脱落而形成的。如"勒房间里"＞"勒里"，（13）—（18）的比较就显示了这一点。

下面我们再来看"许"的白读变体及鼻韵尾儿化形式在 PPC 复合词中的作用：

（19）〈上海郊区〉辣海：辣床海（在床边上）｜辣浜海（在河边上）｜辣朋友海头（在朋友那儿）｜辣娘舅海头（在舅舅那儿）｜辣我海头（在我这儿）

（20）〈吴江〉勒化：勒娘舅场化（在舅舅那儿）｜勒啥场化（在什么地方）｜勒辫场化（在这地方）

（21）〈无锡〉来哼：来朋友场哼（在朋友那儿）｜来啥场哼（在哪里）（《华抱山全集》，朱海容等 2007）

以上例子显示，"许"的白读变体或儿化形式"海、化、哼"都可以用在后置词位置，都可以通过中部省略而生成 PPC。这里的特点在于，"许"常常不能单做处所后置词，而要以双音节形式出现，但组合成 PPC 时，整体必须仍然保持双音节，因此成词时须再删除"许"前后的音节（"海头"的"头"，"场化、场哼"的"场"），以实现 PPC 的双音化。

比较"场化"和"场哼"，可以清楚看出，"许"可以用在"场许"（地方）一词中，只有在无锡话中可以发生鼻音儿化。北部吴语的"场许"（场化、场哼）一词，比普通话的"地方"更多用于后置词，各种指人、指物甚至专有地名后都可以加"场化"，凸显其处所题元（而非实体）的属性。如吴江话：

（22）物事勒老张场化（东西在老张那儿）｜勒广场场化跳舞（在广场那儿跳舞）｜我场化呒拨水特，伊场化有。（我这儿没有水了，他那儿有。）｜山东场化天比江南冷点。（山东那一带天比江南冷一些。）

正是这种常见的后置用法，使"场化"常有机会像其他后置词一样用在"勒N"之后，并通过删除前字"场"构成同样结构的复合词"勒化"等①。

比较上海、苏州等地的早期材料和现代用法，可以看出，与以言谈者为坐标的表远指近指的几个 PPC（见本页注①）相比，早期的"辣海"（来海、勒海）主要表示"在里边、在内"，指向客观位置〔事物的里边或某一数量范围内，参看刘丹青（2003b）〕，早期上海话语法书中"许"的儿化形式"壗"[ˌhɛn]被注释为"里面"（钱乃荣 1997：175）。而苏州话"许"的齐齿呼儿化形式"向"[ɕiaŋ]只用在"里向"（里边）一词中，都显示"许"与里边、内部义的固有关系，这与中古近代汉语中的泛指处所的"许"相比是更专门的语义，其引申机制尚待探讨。在新上海话中，多个 PPC 逐渐集中为以"辣辣~辣海"分表近指-远指的格局（当代"辣海"又受到"辣该"的有力竞争），苏州话表近指-远指对立的"来里~来哚"已衰落，"勒浪、勒海"等变得常用，远近不分，但在上海苏州的一些固定组合中，"辣海、勒海"仍保留了在里边、在内的语义，如"侪勒海"（都在里边、总共：侪勒海五千块）。"勒海"作为语气词的语义，也从该义顺流而来（见下）。

在与"在里"式复合词相当的带"许"PPC（辣海、勒化、来哼）中，绍兴话"来享"[lɛ²² haŋ³³]（远指的"在"）的"享"不能用作处所后置词，也不能单独用作处所名词或用在其他复合词中充当处所语素。它是绍兴话的基本远指指示词，相当于普通话的"那"，与近指指示词"个"相对。它可以跟处所语素组成处所指代词如"享里"（那里）。那么，"享"是以什么身份进入这种复合词的呢？

一种设想是"享"是以基本指示词的身份充当 PPC 的后字，即"来

---

① 吴语某些 PPC 复合词的距离指示义也证明了 PPC 来自相关短语中间名词代词的脱落。刘丹青（2003b）指出，苏州话"勒里"表近指，"勒哚"表远指。从字面本身得不到解释。经过与人称代词复数形式的比较，该文发现，苏州话复数形式有处所功能，表示某某人家里。而"里"正好是早期第一人称复数"我里"的后缀（现"我里"已合音为"伲"），"哚"是第二第三人称复数"唔哚"[n³¹⁻²³ toʔ⁵⁻²]、"俚哚"[li⁴⁴⁻⁵⁵ toʔ⁵⁻²]的后缀。苏州话可以说"勒唔哚"（在你家）、"勒俚哚"（在他家），去掉中间的代词就成为远指的"勒哚"（在那儿）。同样的，"勒我里"去掉中间的"我"就成为近指的"勒里"，只是因为今天的苏州话"我里"已合音为单音节词而不再能表示处所用在"勒"后了。假如 PPC 是前字和后字的直接组合，就无法解释近指和远指的来历。

亨"结构上相当于"在那"。这一假设遇到较大困难。1）吴语中基本指示词（不表处所）本身是不能受存在动词兼处所介词支配的。2）其他的 PPC 中后字全部都是可以做后置词的处所语素，无此功能的难以进入 PPC 复合词。另一种推测是，"来亨"来自"来+NP+亨里"，在删除 NP 时因为要符合整个 PPC 的双音节限制而删除"里"，形成"来亨"。这个可能性比刚才的假设大一些，但也不理想。其他双音处所词进入 PPC 时，删除的都是指代性成分，剩下的是处所成分。按此，"来 NP 亨里"删除后应当是"来里"（无锡话就有此词）而不是"来亨"。

我们推测，"亨"在绍兴话中本来是有处所词/语素用法的，因此可以像其他吴语中的"许"一样用在 NP 后表处所，也就有机会与 NP 一起受存在动词兼处所介词的支配，进而产生 PPC 用法。盛益民（2012）初步证明，"许"在部分吴语中有指示词用法，其源头仍是处所词/语素。我们基本上同意盛益民的分析（详下一小节讨论）。因此，可以推想绍兴话"亨"发展出远指词用法后，原来的处所词用法衰落了，但是在 PPC 中保留下来了。这一推想有更实在的证据。盛益民（2012）引用的材料显示，离绍兴很近的嵊州（绍兴市管辖）和余姚（宁波市管辖，方言上离绍兴更近）的"亨"都有纯表处所、不表指示的情况，如嵊州崇仁"当中亨"[tõ^{53} tsʊŋ^{22} hã^{52}]（当中）、余姚"中央亨"[tsʊŋ^{32} iã^{22} hã^{44}]（中间）（钱乃荣 1992：749）。可见白读"许"的处所用法曾经是北部吴语的普遍状况，绍兴"亨"应也有过这种用法，包括用作处所后置词，不管是单音节的"亨"还是带"亨"复合词，而 PPC"来亨"在"许"的处所用法衰落后仍留存了这一用法。这样，就符合 PPC 产生机制的一致性。

四、非处所义"许"的语义功能引申脉络

处所范畴是其他很多语义范畴的历时来源，由处所范畴的强大扩展能力造成的很多语义语法多功能现象被称为人类语言中的处所主义，处

所范畴也因此成为很多语言中的显赫范畴。"许"作为表处所的"所"的变体至少在北部吴语中得到了强势的扩展，有些复合词在虚化中前字脱落又造成"许"字重新成为一个多功能的虚词。本节基于前贤和笔者的既往成果进一步简述其语义功能的引申脉络，主要包括指示词、体标记和数量语素。

4.1 指示词功能

"许"的白读形式及儿化形式在吴、闽、赣的很多方言中充当指示词，包括与"这/那"相当的基本指示词，如绍兴话"亨个老倌"（那个人）。"许"在中古、近代汉语中就有指示词的用法。不排除闽、赣语的"许"直接继承汉语史上指示词"许"的可能。但是至少北部吴语中的指示词"许"，据盛益民（2012）的分析，是从"许"的处所用法发展而来的，未必是汉语史上指示词"许"的直接继承。这里着重引述盛文的下述论据，并补充几点。

1）盛文注意到，以"许"为个体指示词的吴语点，"许"也必有处所指示词用法，反之则不必然（引者注：实际上北部吴语多数点不用"许"做指示词，但大多——假如不是全部——有含"许"的处所词）。可见个体指示是从处所指示发展来的，有些方言还停留在处所指示阶段，没发展出个体指示义，而个体指示是基本指示词的主要功能。

2）绍兴等方言用"许"的儿化形式"亨"[haŋ]做基本指示词。儿化发生在处所词语上可以理解，发生在基本指示词上很难理解。汉语方言没有发现基本指示词发生儿化的现象。只有先在处所词上儿化，才可能随着处所指示向个体指示的扩展而带到基本指示词上。

3）指示代词中表示本体的语素因指示语素脱落而成为指示词，在世界语言中有旁证。

我们同意以上三点，此外再补充两点。

1）盛文引述吴语中的众多例子证明，在吴语中，因指示语素脱落而造成指示语素后的本体语素（指个体、处所、时间、方式等）成为指示语素的情况并不少见。这是处所语素"许"成为指示语素的机制。我们认为这种机制的发生条件,可能与"指量名"脱落指示词、使"量名"结构成为有定成分的机制是一致的。而吴语正是"指量名"可以脱落为有定"量名"结构的方言(石汝杰、刘丹青1985;钱乃荣1997:98—99)。量名结构发生这种脱落是有条件的,首先是在主语位置上,因为主语有强烈的定指倾向。因此,指示词脱落作为处所成分"许"变成指示词的机制,应当首先发生在主语位置上。

2)语言事实也提示我们可能存在盛文所论之外的另一种机制。白读"许"或带白读"许"的处所名词及代词一般都能用在名词之后或指示词之后构成处所单位,这是中古"所"的变体"许"的主要功能,如老上海话/上海郊区的"海"(床海,浜海)、"海头"(娘舅海头),吴江的"海"(该海:这边),无锡的"亨"[haŋ](过亨:那边)。"海、海头"这些语素或词本身是纯粹的处所成分,没有距离指示义。这些"NP许(儿)"翻译成普通话时必须要加个指示词,如"舅舅那边",这是因为普通话口语中欠缺相当的库藏成分,假如用书面语的"处"翻译,就不用加指示词了,如"舅舅处、你处"。但是"许"类成分用在作为坐标的名词之后会获得格式赋予的定指义,如"娘舅海头",肯定是有定的处所。当临时的有定语义因组合感染成为固定义,这些处所词便可能脱离坐标名词单用,从而成为处所指示词,进而可能发展为基本指示词。

上海郊区的另一个处所词"荡埭"[daŋ da],就兼有这两种功能。"荡、埭"本身都是表"地方"的处所名词或语素,如"辫荡"(这儿)、"娘舅辫荡"(舅舅这边)、"娘舅荡埭"(舅舅那边)、"娘舅辫埭"(娘舅那儿)。但是,"荡埭"本身可以做处所指示词,如"荡埭风大唻"(这儿风很大)。这种指示词的用法就可能由名词后的"荡埭"脱离名词而成。假如名词后的"海头"脱离名词单用,也可能获得这样的指示义。

4.2 体标记和语气词

吴语中的 PPC 都可以在动词前表示进行体、在动词后或整个动词短语后表示持续体，这是吴语表达进行体和持续体的主要手段，以往描写已经很多（如石汝杰 1996；游汝杰 1996；刘丹青 1996a，1996b，2003b；陶寰 1996；钱乃荣 1997：207—209）。其中有些方言在动词后表示持续体时，可以只用 PPC 的后字，甚至必须用后字。下面略举几例带"许"的：

(23) a.〈苏州〉我勒海奔勒，勿觉着冷。（我正在跑着，所以不觉得冷。）（石汝杰 1996）

b.〈上海〉大家辣海_在参观展览会。（钱乃荣 1997：207）

c.〈绍兴〉外头来亨_在落雨，要带伞。（陶寰 1996）

(24) a.〈苏州〉坐勒海比立勒海适意。（坐着比站着舒服。）（石汝杰 1996）

b.〈上海〉坐辣海比立勒辣海适意。（坐着比站着舒服。）（钱乃荣 1997：209）

c.〈绍兴〉伊眠床高头困亨。（他在床上躺着。）（田野调查）

d.〈绍兴〉伊来亨屋檐下底立亨。（他在屋檐下站着。）（田野调查）

以上（23）是进行体句子，（24）是持续体句子，其中绍兴话持续体在陶寰文中和笔者的田野调查记录中，动词后都只用 PPC 后字"亨"（有远指义），没有"V 来亨"的用例。

在吴江方言中，PPC 原词（如"勒海"）和后字（如"海"）都可以在动词后做持续体标记，但如果 PPC 用在动宾或动补之间，则前字一般不省。如果要突出持续体句子中某种事物的存在状态，则 PPC 可以用在唯补词性质的体标记"好"后，有时也跟完成体标记兼完成后状态持续标记"仔"（音 [zɿ]）配合使用，如：

(25) a. 伊勒房间里坐（勒）海。（他在房间里坐着。）

b. 门口头立勒海一个人。（门口站着一个人。）

c. 伊一只新帽子带好（勒）海。（他戴着一只新帽子。）

d. 伊戴仔一只新帽子（勒）海。（他戴着一只新帽子呢。）

当 PPC 在动词前做进行体标记时，不能单用后字"许"，如"伊

*(勒)海吃饭"。

PPC 还发展出语气词的作用。PPC 本来就倾向于位于句末。当句子不是行为事件句而是属性句时，有些 PPC 或其后字仍能用于句子末尾，其中就包括苏州话、吴江话的"勒海"。吴江话"勒海"的语气词用法跟其早期的表示范围数目方面的"在内"义及引申出的"总共"义有关，是"总共"义的主观化，通常与句子中表示大数目的词语同现，夸饰性地渲染主观大量，与普通话"呢"兼表进行和夸饰渲染语气的功能有共同点，如：

（26）辫件衬衫五百块（勒）海。（这件衬衫五百块呢。）
（27）教学楼有三十层（勒）海。（教学楼有三十层呢。）

4.3 "许"做表量语素

"许"在汉魏六朝文献中就有表示不定数量的用法，王海棻等（1996：384）就收了"许"的"数词"义项，在几种格式中表示约数，如"往来二十年许""长三尺许""去江岸五里许""貌如二十许来""年可十八九许"等。在北部吴语中，"许"并没有独立的数词用法，但其白读Ⅱ [ho] 及白读Ⅲ [ha]（通常分别写作"化、花"和"哈"等）可以作为表数语素用在两个复合词中。一个是疑问词"几许"（多少。写作"几化"等），另一个是"多许"（很多，主要做定语。写作"多化"等）。此外，白读Ⅰ用在吴江话 [hE uE]（很多。主要做谓语。字可做"海威"）和昆山千灯话的"一许许" [hE⁴⁴ hE⁴⁴]（一点儿）当中。

这些表量用法可能来自中古"许"的约数义，也可能像中古"许"一样由处所义自然引申而来，因为有多个读音层次。空间义发展出表量义也是常见的演变路径，常常从空间范围进而表示数量范围。如"以上"本来是表示空间高度范围的词，下列用法体现了空间范围到数量范围的引申脉络："地面以上 > 三层以上 > 三十岁以上 > 三百斤以上"。"许"也可以表示空间范围，如苏州话"侪勒海"从字面的"都在内"到表示"总共"（侪勒海五千块），就由空间范围引申出数量范围义。

五、从"许"看语法库藏的裂变

处所语素"许"在吴语中的音义分化,反映了人类语言库藏裂变的现象,即某个成分被母语人视为语言库藏中彼此无关的几个成分。下面就从库藏裂变的角度做点分析。

5.1 "许"的语音裂变

在第二节中,我们已经讨论了"许"语音上的分裂。下面从库藏裂变的角度,对此做进一步的分析,有几点需要注意:

1)"许"的不同读音常并存于同一个方言,加上已融入音节的儿化音就更多。例如,苏州方言中"许"的读音有文读 [ˉɕy⁴²]、白读Ⅰ[ˉhɛ⁴²](许诺)或 [hɛ⁻⁵⁵/⁻⁰](多写作"海":勒海)、白读Ⅱ[ˉho](多写作"化、花":场化、几化、多化)。儿化形式 [ɕiaŋ⁻⁵⁵](多写作"向"或"厢")。上海、吴江、余杭等各点都有3—4个读音,无锡更多达6个读音:姓许 [ɕy]、场化 [hu]—几化 [hu]、场哼 [hən]—来哼 [hən]、意亨 [haŋ]—过亨 [haŋ](这边—那边)、里向 [ɕiaŋ]、侪勒海 [hɛ](都在内、总共)。

2)除了规则读音(文读)外,白读诸音也处在彼此有别的历史层次,如苏州各个读音之间基本不存在相互派生演变关系,在本地人语感中没有关联感,被视为无关的读音。即使是语义有关的不同白读也没有关联感。如从小说吴江话的笔者,直到修改本文时才意识到同属量多义的"海威"的"海"跟"多化"的"化"有关,而当地人从未觉得这两个语素之间有任何联系。

3)除了 [ɕy] 类规则读音外,其他各读在方言文献中多用同音字记录,很少写作"许"(许诺义的白读Ⅰ有时写作"许")。甚至一个读音可能有多种同音写法,如苏州的白读Ⅱ [ho] 就有"化、花、呵、吪、哈、货、夥、何、罅"等写法,其中不少用字出自吴语文学名著。

这三点说明，这些不同读音的词或语素，在当地人语言心理中已是不同的库藏单位，没有同一性。比较一下复合词"多许"二字特别明显。前字"多"念 [ta⁴⁴]，与强势规则读音 [tou⁴⁴] 韵母相距甚远，但方言文献中都写成"多"，仍视为"多"；而后字却基本没人写作"许"。显示母语人对这两个语素的字源认同感迥异。后字与"许"的联系，属专家考释的结果，而不是母语人的语感。可见，在语言库藏中同源的单位，虽然是凭借语义联系进行扩展的结果，但是扩展到一定程度，库藏单位可以裂变成不同的单位。决定其裂变的力量，不单是语音一项，而有语音和语义、语法功能等多重因素。

5.2 "许"处所用法的音义裂变

第三节讨论的"许"的用法都与处所义有关，但是在吴语母语人心理中，它们并未被识解为同一个词/语素。从音-义的结合来看，就更加明显。大致来说，念白读Ⅰ [hɛ] 类音的语素和念白读Ⅱ [ho] 类音的语素，很难被识解为同一单位。而同样念"化"的语素，也因语义、功能分化而联系松散，处于严重裂变状态。

1) 以"场许"为基本处所名词（或之一）的北部吴语，其中的"许"都为白读Ⅱ [ho] 或 [hu]，没有念白读Ⅰ [hɛ] 的。在钱乃荣（1992：737）所收的 33 个吴方言点中，用"场X"的有 7 个（多数为"地方"和"场化"并存），全部都是"场化"，"化"音 [ho]/[xo]，没有一个"场海"。其实这 33 个点中还有一些也用"场化"而此书未录，如苏州。这些用"场化"的方言中有一些方言有"勒海"类的 PPC，如昆山、苏州，而且这两个方言没有"勒化"。由于音系中并不存在其他 [o]~[ɛ] 异读的同源词，因此"场化"的"化"和"勒海"的"海"缺乏语感上的联系。至于"场化"和"勒化"并存的方言，如吴江黎里，两个"化"可能有一定的语感联系，但由于下面讲的原因，这种联系相当微弱。

2) "许"在多地吴语中表现为鼻音儿化，根据其读音分别写作"壖"[˳hən]、"亨"[haŋ]、"哼"[hən]、"向/厢"[ɕiaŋ]。这些大抵是白读

Ⅰ [hɛ] 的儿化，而与白读Ⅱ [ho] 无关。由于北部吴语的儿化是一种化石形态，"儿"已在词汇化中变成词内音素，因此母语人一般都视儿化词为独立的词或语素，与其非儿化形式之间缺乏关联度。例如吴语区常用的"囡"字本为"女儿"的合音（潘悟云 1995），但是当地人另造新字，视为与"女"无关的单位。① 而"许"的儿化和非儿化形式在单一方言中往往并不并存，例如苏州用"海"就不用"亨、哼"。因此对于一个特定方言来说，母语人也无法感知儿化与非儿化形式的关联。还有个别儿化形式，与"许"的分离更加明显，如"向"只用于苏州、上海等地"里向"一词，已经成为一个读音特别的孤立语素，没有其他用途。若非学者探求，在母语人心中绝对想不到跟"许"的关联，甚至跟"勒海"的非儿化形式"海"也不会产生联想，在尖团不分的方言（如上海话）中还貌似有理据地写作"里厢"（苏州话老派"厢—向"有尖团之别）。

3）"场化"之"化"只是个构词语素，在语言心理中的凸显度远低于词。而"辣海""勒海"等词中的"海"，也只是构词语素，虽然存在一定的处所义，但这种处所语义在特定格式的挤压下已经非常微弱。一个突出表现是 PPC 词本身可以像单个及物存在动词兼介词（=在）一样另带处所题元，如近代苏州话文献：

（28）江苏候补知县，有差使来里上海。（……有差事在上海）（《海上花列传》第 1 回）

（29）寓来哚陆里？（下榻在哪里？）（《海上花列传》第 1 回）

在清末苏白小说《海上花列传》里近指的"勒里"（当时作"来里"，今无锡话仍说"来里"）和远指的"勒哚"都可以带处所题元，如"上海""陆里"（哪里）。"勒海"当时主要表"在里边、在（范围）内"，用例较少，书中没有带处所题元的，但功能跟"勒里、勒哚"一样，是可以带处所题元的，如"小张勒海上海"（小张在上海）。由于处所语义已由后面的独立题元表达，在构式压制（construction coercion）下，作

---

① "囡"在吴语区也作"媛"，"囡囡/媛媛"是女孩甚至小孩的爱称，所以"媛"也常入女性人名，但进入普通话时被当作"名媛"的"媛"而读作 yuán，这其实是与"囡"（"女儿"合音）完全无关的语素。

为 PPC 后字的"海"无法再理解为处所题元，至多保留远指近指一类距离义。于是，跟读音不同的"场化"的"化"就更难建立心理同一性了。即使是"勒化"的"化"，跟"场化"之"化"在语言心理中的同一性也极弱。而且，据徐越（2003），表示"在"的意义，嘉兴各县实念"辣霍"，后字音 [hoʔ]，这是"化"[ho] 的促化，而其中用"场化"的方言，"化"并未促化为 [hoʔ]。这就使"场化"之"许"与"辣霍"之"许"不但语义、功能显著分化，读音上也分化裂变了。

4）"许"的儿化形式在上海话中也用于"小壒里"（小时候）一词，由空间而时间，后来鼻尾脱落后促化为 [haʔ]，语感上与表处所的白读Ⅰ、Ⅱ都毫无联系了①。

5）"勒海"一类 PPC 及其中的后字还有更虚化的用法，用作体标记和语气词等（见第四节），"海"和处所义相距更远，更难跟读"化"的语素关联了。

以上分析显示，即使同为处所"许"的白读，北部吴语"化"和"海"在母语人语言心理中已经分化为不同的语素，没有了同一性。即使是同为读"化"的语素，也很难在"场化"和"勒化"中得到同一或同源的识解，后字促化的"辣霍"之"霍"与"场化"之"化"的裂变就更加明显了。

5.3 "许"进一步发展体现的库藏裂变

在第四节中，我们看到"许"在部分吴语中又发展出指示词、体标记、语气词、数量语素等功能，这些功能与"许"的原初功能关系更远，是进一步的裂变现象。

某些以"许"为指示词的方言已经不用"许/许 X"做处所名词，如绍兴方言的"亨"。但是正如第二节所举，绍兴邻县嵊州和余姚就有

---

① 文献中有附会作"小孩里"的，其实与"孩"[ɦɛ] 不同音，只是与普通话"孩"音近。如：侬小孩里大起来勿是靠托女人个奶奶否？（你小时候长大不是靠女人的奶吗？）（《方言圣人行实摘录·圣女亚加大·童贞致命》，上海土山湾印书馆，1913 年）

"亨"做处所名词并用在后置位置的情况，如嵊州崇仁"当中亨"[tõ^{53} tsoŋ^{22} hã^{52}]（当中）、余姚"中央亨"[tsoŋ^{32} iã^{22} hã^{44}]（中间）。可以设想绍兴的"亨"也曾有过这样的用法。另一方面，随着处所词用法在绍兴话中的消亡，指示词"亨"与处所性的"许"也就裂变为更加不同的库藏了。

"勒海"一类 PPC 的原结构是动宾或介宾，因此它还是更多用在句末，用在句中的情况不如句末多。总体上，PPC 做体标记与其表示处所的功能没有完全裂变，母语描写者在翻译这类句子时，也在译成体标记和处所成分兼体标记之间摇摆，因为确实有轻微的处所义。注意钱乃荣（1997：208）对以下例句的译文：

（30）a. 窗开辣海。（窗开在那儿。）
　　　 b. 交关人侪立辣海。（许多人都站在那儿。）
　　　 c. 照片墙头高头贴辣辣。（照片在墙上贴着。）

（30a）、（30b）句"辣海"并没有译文所显示的那么明显的处所义，假如译成"窗开着""许多人都站着"，也基本不错，至少在很多语境中是毫无问题的。而（30c）用"着"来翻译，并不是因为 PPC 换成了近指的"辣辣"，而是因为句子前面已有处所状语"墙头高头"（墙上），动词后无法再译成处所了。在吴江话中，句末只用 PPC 后字的比用 PPC 原词的处所义更弱，基本是纯粹的体标记了，但是与表处所的 PPC 的心理联系还是明显存在的。而作为语气词的"勒海"在词形和语义上与表示"在内"的"勒海"有一定的心理关联，尚未完全割裂。但在只说后字"海"时，"海"成了单音节语气词，与其前身"勒海"的联系就更微弱了，因为处所"海"本来也不是一个语义很透明的单位，基本已经裂化。

表数量与表处所或指示的白读语素"许"在当代吴语的语言心理已经完全割裂了。这由读音和语义透明度等多重因素造成。从读音看，表量语素"许"在"几化"、"多化"二词中念白读 II [ho]，与表处所白读 I 音义皆远，没有语言心理联系。而且，在这两个词中，语义透明度主要由表量语素"几、多"体现，"许"的表义作用很模糊。这个"许"虽然与苏州话等方言中的"场许"（场化）一词中的"许"同音，但"场许"一词的语义透明度主要由"场"体现，"许"的表义作用很模糊，完全不足以与表量语素"许"建立心理联系。而在存在白读Ⅱ的 PPC 即"勒化、辣霍"一类词的方言中，如嘉兴、吴江盛泽和黎里（钱乃荣 1992：971，984—985），其中"许"的语义透明度也很低，处所义主要靠"勒/辣"表示，也无法与表量的"许"关联。至于单用的"霍"，主要用于体标记等虚化义，更难与表量语素关联。吴江的"海威"，完全没有语义透明度，给人单纯词（像叠韵词）的感觉，其中白读Ⅰ的"海"无法跟"许"的任何变体关联，包括同属表量语素但读白读Ⅱ的"几许、多许"中的"许"。由于现代普通话口语的"许"并不表数量，而吴语中表数量的白读Ⅱ"许"与作为规则读音的文读"许"语音上也已经裂化，因此表数量的白读"许"与文读"许"也没有语感的联系，只有近代个别学者型文人才觉察这个"几化、几呵"其实就是文献中的"几许"（见上引光绪年间的《宝山县志》）。

六、总结

"许"在中古时是处所语素"所"的变体，用于"所"的部分用法，包括由空间义引出的数量义。主要见于南方文献。北部吴语"许"的规则读音跟共同语接近，为 [ɕy] 类读音，也是当地人见到"许"字时的唯一读法。相对于一些白读，此读可被视为文读音。

吴语中存在一些实为白读的"许"的词或语素，但通常并不被当地人觉察为"许"[①]。

一个是表示许诺义的动词"许"，念白读Ⅰ [ʰɦɛ] 或 [ʰɦɐ]，是白读"许"作为独立实词使用的唯一用法，见于上海、苏州等地老派方言。在新派方言中已经衰落。

另一个是处所词"许"，也念白读Ⅰ [ʰɦɛ][ʰɦɐ] 一类音，其中 [ʰɦɐ] 在上海、临平等方言中实际是鼻音儿化形式并入寒山摄后随寒山摄字的

---

① 徐越（2007）专设一章详论浙北吴语的文白异读，其中没有涉及"许"字。

鼻音声母脱落而成的读音，有些念 [hE] 的则尚未有鼻化的证据，如苏州话、吴江话。这个处所成分的声调，或保留阴上调，或改读阴平。其用途主要有二：一是用作处所后置词或后置词内语素，如上海话、吴江话"东海、西海、南海、北海"，余杭临平话"里海"，上海话"床海、浜海""娘舅海头""我海头"等。二是跟在存在动词兼处所前置词"辣/勒"之后组成 PPC 复合词"辣海""勒海"等，做存在动词、介词和体标记等。在另一些方言中，这个处所词或后置词语素"许"又以儿化形式表现为 [haŋ][hən] 等（写作"亨""哼"等）。处所用法在少数方言中发展出指示词用法，如绍兴话"亨"。此外，上海"许"的早期儿化式"壖"[han] 还从空间义发展出时间义的"小壖里"（小时候），其读音后来分化为 [ha]，与处所"许"的各种形式更是完全裂化。

同为"辣 X"PPC 的后字，"许"在有些方言中念历史层次更早的白读Ⅱ [ho]（写作"化"等）或其促化形式 [hoʔ]（写作"霍"）。白读Ⅱ又是"场许"（地方，写作"场化"等）一词中后字的读音。如果说 PPC"辣海"源自"辣 NP 海（头）"的 NP 脱落，"辣化"当源自"辣 NP 场化"的 NP 脱落。有些方言有"场化"一词，但相应的 PPC 却是"勒海"，如苏州话。因此，"许"的这两种白读，语音历史层次不同，PPC 成词的具体来历也不同，虽然所构成的是内部结构一致的复合词。

无论是"辣海"类、"来亨"类还是"辣化/霍"类，都能发展为体标记（动词前的进行体和动词后或句末的持续体），并可能进一步发展出句末语气词的用法。在动词后体标记或句末语气词的阶段，PPC 常由"许"一个字代替，"许"在降格为词内语素后，又在语法化过程中重新成为独立虚词，同时在语感上与处所用法失去联系，越发裂变，与"许"字的规则读音（文读）更是完全裂变。

"许"的白读还有表量语素用法，见于白读Ⅱ或Ⅲ的疑问数词"几许"（多少）、定语位置表数词"多许"（很多）两词及白读Ⅰ的吴江话表多形容词 [hE uE] 中。这个"许"也许继承了在中古近代文献中表约数的功能，但也可能是吴语自身从处所义引申而来的，因为它们有不同的读音层次，而且语义上与约数也有一定距离。

总之，虽然以上"许"的所有读音和用法（除了许诺义）都来自古代"所"的变体"许"的演化发展，但是在当地人语感中，这些不同的读音和不同的语义都彼此无关，被用"许"以外的各种同音字来记录，已经失去了语感语源方面的联系，被感知为语言库藏中互不相同的成分，亦即被裂化了。因此，从库藏类型学和显赫范畴的角度看，不但要看到显赫范畴扩张带来的语法库藏多功能现象，特别是原型功能与扩张功能的相关性，而且要看到扩张到一定阶段，特别是在语音变异和语义引申同样较大的情况下，同一来源的库藏手段完全可能裂化，各自独立为不同的句法语义手段。

因此，库藏的裂变，包括裂变的机制、语音句法语义在库藏裂变中的互动等，也是库藏中发生的值得重视的现象，而以前专门关注这一话题的文献很少。特别是裂变的测定标准等，需要细化和增强操作性。库藏成分的裂变，其实不仅是语言库藏类型学应当关注的课题。语法化理论、语义地图理论等聚焦人类语言一形多义现象的学说，目前主要关注语言单位的语义扩展。实际上语言单位不会无休止地扩展，否则将造成区别度的降低。因此，这些学说也必须关注语言单位的裂变，包括裂变的动因、机制和条件，这样才能构成更加全面的理论体系。而关注说话人对语言单位习得和感知的心理语言学、认知语言学等，也应当将库藏裂变纳入研究课题，因为裂变最终表现为说话人心理上对相关单位不同义项和功能的认同度。

参考文献

冯　赫　2013　处所词"所"与"许"的关系,《中国语文》第 6 期。
李　荣　1980　吴语本字举例,《方言》第 2 期。
刘丹青　1996a　东南方言的体貌标记,《动词的体》, 张双庆主编, 香港：香港中文大学中国文化研究所吴多泰中国语文研究中心。
刘丹青　1996b　苏州方言的体范畴系统与半虚化体标记,《汉语方言体貌论文集》, 胡明扬主编, 南京：江苏教育出版社。
刘丹青　2003a　《语序类型学与介词理论》, 北京：商务印书馆。
刘丹青　2003b　苏州话"勒 X"复合词,《吴语研究》（第二届国际吴方言学术研讨会论文集）, 上海市语文学会、香港中国文学会合编, 上海：上海教育出版社。
刘丹青　2011　语言库藏类型学构想,《当代语言学》第 4 期。

刘丹青　2012　汉语的若干显赫范畴：语法库藏类型学视角，《世界汉语教学》第2期。
刘丹青　2013　显赫范畴的典型范例：普米语的趋向范畴，《民族语文》第4期。
吕叔湘　1941/1984　释景德传灯录中在、著二助词，《汉语语法论文集》，吕叔湘著，北京：商务印书馆。
梅祖麟　1995/2000　方言本字研究的两种方法，《吴语和闽语的比较研究》（中国东南部方言比较研究丛书），上海：上海教育出版社。
潘悟云　1995　"囡"所反映的吴语历史层次，《语言研究》第1期。
潘悟云、陶寰　1999　吴语的指代词，《代词》，李如龙、张双庆主编，广州：暨南大学出版社。
钱乃荣　1992　《当代吴语研究》，上海：上海教育出版社。
钱乃荣　1997　《上海话语法》，上海：上海人民出版社。
钱乃荣　1999　北部吴语的代词系统，《代词》，李如龙、张双庆主编，广州：暨南大学出版社。
钱乃荣　2003　《上海语言发展史》，上海：上海人民出版社。
盛益民　2012　论指示词"许"及其来源，《语言科学》第3期。
石汝杰　1996　苏州方言的体，《动词的体》，张双庆主编，香港：香港中文大学中国文化研究所吴多泰中国语文研究中心。
石汝杰　2011　艾约瑟《上海方言语法》同音字表，日本熊本学院大学《文学·言语学论集》第18卷第1号。
石汝杰、宫田一郎（主编）　2005　《明清吴语词典》，上海：上海辞书出版社。
石汝杰、刘丹青　1985　苏州方言量词的定指用法及其变调，《语言研究》第1期。
陶寰　1996　绍兴方言的体，《动词的体》，张双庆主编，香港：香港中文大学中国文化研究所吴多泰中国语文研究中心。
王海棻、赵长才、黄珊、吴可颖　1996　《古汉语虚词词典》，北京：北京大学出版社。
徐通锵　1985　宁波方言的"鸭"[ɛ]类词和儿化的残迹——从残存现象看语言的发展，《中国语文》第4期。
徐越　2003　浙北吴语的"霍"，《吴语研究》（第二届国际吴方言学术研讨会论文集），上海：上海教育出版社。
徐越　2007　《浙北杭嘉湖方言语音研究》，北京：中国社会科学出版社。
叶祥苓　1993　《苏州方言词典》，《现代汉语方言大词典》分卷本，李荣主编，南京：江苏教育出版社。
游汝杰　1996　杭州方言动词体的表达法，《动词的体》，张双庆主编，香港：香港中文大学中国文化研究所吴多泰中国语文研究中心。
张惠英　1980　吴语劄记，《中国语文》第6期。
朱海容（搜集整理）、华祖荣等（唱述）　2007　《华抱山全集》（无锡梅里长篇口传文学整理版），上海：上海文艺出版社。

附录：北部吴语"许"语义语法分化图

多许（化）[很多] 几许（化）[数量疑问词：多少]→几许（化）[感叹副词：多么]
　　↑　　　　　　　↑
"所"→有一定参照物的区域义"许"→　场许（化）

东/南/西/北许（海）、许边　里许儿（亨/向/厢）小许儿（墚，哈）里　许（海）头[那儿]
　　　　　　　　　[边上]　↓　　　　　　　　　[小时候]　许儿（墚、亨）头[那儿]
　　　　　　来许（辣海、勒海、勒化、落霍）　　　　　↓
　　　　　　来许儿（来哼）[动词：在那儿]　　　许儿（亨）[指示词：那]
　　　　　　　　　↓
　　　　　　来许（辣海、勒海、勒化、落霍）
　　　　　　来许儿（勒亨）[复合介词：在那儿]
　　　　　　　　　↓
　　　　　　来许V（辣海、勒海、勒化、落霍）　V来许（辣海、勒海、勒化、落霍）
　　　　　　来许儿（勒亨）[进行体副词：在]　V来许儿（勒亨）[持续体助词：着]
　　　　　　　　　　　　　　　　　　　　　　　　　↓
　　　　　　　　　　VP来许（辣海、勒海、勒化、落霍）
　　　　　　　　　　VP来许儿（勒亨）[语气词：呢]
　　　　　　　　　　　V许（V海、V霍）[持续体助词：着]
　　　　　　　　　　　　　↓
　　　　　　　　　　　许（海、霍）[语气词：呢]

（《语言学论丛》第五十一辑，商务印书馆，2015年）

汉语动补式和连动式的库藏裂变

一、问题的由来

库藏裂变（split in inventory）本质上个心理语言学问题，即存在于母语人心理的语言库藏内两个或多个成分由同一性成分裂变为不同且无关的成分，语言心理上不再视作同一物。这个主题，有三个主要由来——语言库藏类型学的理论需求；形式语言学对连动式的认知偏差；语言类型学对连动式的认知模糊性。此外，研究一形多义现象的诸学说对裂变问题的忽略也促使库藏类型学面对并解决语言学中的库藏裂变的问题。

1.1 库藏裂变

我们创设的库藏类型学（刘丹青 2011，2012），主要关注形式和语义的关系这个语言学的根本问题。其核心思想是：语言形式库藏对语义范畴有很强大的制约（反作用力），跨语言视角下的形义关系，不是传统设想的那么简单，即普遍性的语义范畴在不同语言中用不同的形式手段表示出来；实际是形式库藏的存在及其所在范畴的显赫程度，会严重影响人类交际对语义范畴（而不只是对形式手段）的选择，特定语种的显赫范畴常常能强势地扩展其语义域，表达很多在其他语言中归属其他范畴的语义，在语言库藏"物尽其用原则"的驱动下呈现出"越常用，越显赫；越显赫，越常用"的马太效应，使得语言之间常常存在跨范畴的对应（刘丹青 2013a，2013b，2014）。但是，显赫范畴的扩张也要受到语言交际区别性和丰富性的制约。库藏手段在扩展过程中会分化出很多新的语义语法功能，其中有些会在形式意义等方面与其库藏源头发生裂变，在母语人心理中成为无相关性的库藏形式。刘丹青（2015a）指出，以一形多义现象为主要研究对象的理论学说，如语法化学说、语义地图理论、认知语言学隐喻转喻理论等，都需要回答一个问题：多功能形式在母语心理中是不是同一物？这就是裂变的问题。但迄今为止，我们没有看到这些学说专注于此。比如，语法化的重新分析，并不能解答语言心理的同一性问题。汉语"在"由动词重新分析为介词、副词，但是母语人仍然感觉这三种功能是同一个词。可见重新分析不一定导致裂变。库藏类型学的理论旨趣使它必须直面这类问题。于是，显赫范畴的扩张和库藏裂变，构成了库藏类型学正反相存的两大类核心课题。显赫范畴扩张，已有本人和其他学者的成果（如夏俐萍 2013；李昱 2014；史文磊 2014；白鸽 2015；陆丙甫等 2015 等）展开探讨，而对库藏裂变的研究还刚刚起步。

刘丹青（2015a）以吴语多功能语素"许"（常写作"海"，如"海头、辣海"等，另有"化、霍、亨、向"等记录其变体的写法）为例，提出了"库藏裂变"的概念。来自中古处所语素的"许"和承诺义的"许"以白读形式 [hɛ][ho][hoʔ] 一类读音及儿化变体 [haŋ][hən][ɕiaŋ] 存在于吴语各地方言中，除了许诺义外，"许"还有处所语素、后置词、指示词、副词构词成分、体标记、估量语素、语气词等彼此相距很远的语义功能。当地人不但对大部分用法跟通常念文读阴上调 [ɕy] 的"许"字的联系已经没有感知，而且对有些白读用法之间的联系也浑然不觉，视为彼此无关的成分。吴语文献很早就用不同的记音字来记录这些用法，表明了其间的同源关系在吴语人语感中已经断裂。

有语音载体的形态、虚词等库藏手段，裂变的验证相对容易；句法库藏的裂变，包括结构、构式等，因为没有固定语音载体，其间的裂变更难寻迹。不过，对于两种单位是否属于同一类结构，母语人会有感觉，即使不会叙说，也会在句法行为等方面表现出来，而母语学者对这些结构的描写分析定性，如果比较准确的话，也在一定程度上反映裂变与否的状态。在将来有条件用心理实验方式来验证裂变之前，我们可以先通过句法行为的分析测试来探讨句法库藏的裂变问题。

本文考察动补式和连动式的库藏裂变。动补式并不是一种普遍性的句法范畴，而是汉语中的一种语种特异性（language-specific）结构或构式（刘丹青 2005a，2005b）。汉语很多动补式是从中古以后成为显赫范畴的连动式发展而来的。对连动式在现代汉语中的显赫度，包括其扩张能力，参看刘丹青（2015b）。而来源于连动式的动补式是否已经与之裂变、裂变程度如何，是一个很好的裂变个案。此外，动补式和连动式的句法地位，都是不乏争议的理论课题。对动补式和连动式裂变的探讨，有助于回答相关的问题。

1.2　形式语法的连动观

在形式语法的句法功能范畴中，连动式的位置比较尴尬。形式语法所认可的普遍性句法结构，即基本短语类型 NP（后来的 DP）、VP、AP 和 PP 中以及句子中的 IP、CP 中，都没有连动式的恰当位置。VP 中有动宾关系和其他动词-补足语关系，也有主从关系（可以容纳汉语中的动补结构），VP 也可以构成并列关系，但是都不涉及连动式。*The Handbook of Contemporary Syntactic Theory*（Baltin & Collins 2001）作为一本煌煌八百多页的手册，索引中没有 Serial Verb Construction 或相关的条目。Phrase Structure 章节中也没有谈及连动式。总体上很少见到形式学者的句法理论探讨提及连动式。这与形式语言学的出发语言印欧语基本是非连动语言似不无关系。

汉语中连动式是一个显著的存在。吕冀平（1958/1985：4）指出，"不论在口头语言里，还是书面语言里，我们听到的、看到的，几乎大部分都是含有复杂谓语（主要指连动式，包括兼语式——引者）的句子"。然而，探讨汉语形式句法的著述不一定关注连动式。如《汉语句法学》（黄正德等 2013）作为一本较系统地探讨汉语形式语法的专著，没有对连动式的正面讨论，只在一个脚注中表示了对连动式独特句法属性的否认，认为连动只是表面相同，实际分属并列、主从等不同句法结构(黄正德等 2013：158)。形式语法可以认为连动式不是一种独立结构,分属于其他基本结构,那么在其所归属的基本结构的讨论中,似也不必彻底回避连动式这种如此显赫的存在。邓思颖(2010：181)倒是设了连动式的小节,但是依然承袭了上述看法:"'连动结构'事实上是不存在的,形式上也没有任何的特点,而连动句的一些功能也都可以从偏正结构或述补结构推导出来。"

正如刘丹青(2015b)所详述的,连动式有自己统一的形式特点,汉语连动式与偏正结构在句法和语义上有根本性差别。至于汉语连动式和动补式的关系,本文将从裂变的角度进一步说明,连动跟动补式早已是不同的句法结构了。因此,形式语法忽视连动式的态度,正是本文写作的缘起之一。不过,我们也看到,作为黄正德等(2013)的作者之一,李亚非(2014)中对形式语法忽视连动式的做法有所反思,提出了形式语法正视和分析连动式的理论意义和思路。这是令人欣喜的进展。

1.3　类型学的连动观

类型学界比其他学派更加正视连动式的客观存在,将连动式视为部分语言的基本句法结构之一,并创造了连动型语言(serializing languages)的概念。

Whaley(1997)的《类型学导论——语言共性和差异》设有连动式的专节,放在"主次结构"(cosubordination)的大节下。cosubordination 是一个由并列(coordination)和主从(subordination,即偏正)拼合起来的新词,即介于并列和主从之间,也可以说既非并列又非主从。它主要是为连动而造的术语,针对的就是传统句法学观念中没有给连动式明确定位的状况。这是对连动式独立句法地位的明确肯定。

Aikhenvald & Dixon(2006)比较集中地体现了类型学界对连动式的主流看法,并提供了世界上多种连动型语言方言(包括粤语)的描写分析,其导言(Aikhenvald 2006：1—3)对连动式定义性表述如下(引者自译):

连动式是一系列动词一起用作于一个单一谓语，没有表示并列、主从或其他句法依存性的任何显性标记。

连动式是一种语法手段，包含了多样化的形式和功能，它们并不构成一个单一的语法范畴。它们跟非连动型语言中的复句和从属结构的语义和功能有一些相似性。

这些表述概括了连动式共同的句法构成和多样性的语义功能，但对于连动式是否是并列和主从之外一种独立的句法结构，态度比较模糊。

德国康斯坦茨大学的语言共性网（Universals Archive, Plank ed.）所录几千条语言共性中，有几条关于连动式的语言共性，多次提及连动式跟SVO语序和孤立语（形态很少）特征的正相关性，同时又提到并列型连动和主从型连动（coordinate serial verb construction vs. subordinate serial verb construction）。Plank主编在评论相关共性时也常使用这一对术语，似乎暗示连动式可以分别归属并列结构和主从结构。

在汉语连动式方面，吕冀平（1958/1985）从复杂谓语角度对连动式和兼语式进行了细致的描写分析，高增霞（2006）则主要从语法化和类型学的角度，对连动式做了深入分析。

Aikhenvald & Dixon（2006）既充分展示了连动式客观存在，又留下了重要的困惑，尤其是对汉语研究来说。该书区分了两类连动式：一类是对称性连动，各VP都由开放性词语充当，具有能产性；一类是非对称连动式，其中一方由封闭性动词小类构成。在非对称连动的封闭性词语中，我们常常看到一些独立性可疑的动词，所在结构能否视为地道的连动式，颇令人生疑。由于相关描写都很简略，难以展开有效的句法测试。特别明显的是，该书导论及各篇专论，包括Matthews（2006）关于香港粤语连动式的描写，都包含了一些汉语学者看来属于动结式、动趋式等动补结构的例子。例如：

（1）Igbo语（Aikhenvald 2006，转引自Lord 1975:27）
　　　ó　tì-wà-rà　　　　　　étéré　à
　　　he　hit-split.open-TENSE　plate　the
　　'他打破了盘子。'

（2）Taba 语（Aikhenvald 2006：2，转引自 Bowden 2001：297）
n=babas　　　welik　　　　　n=mot　　　do
3sg=bite　　　pig　　　　　　3sg=die　　REAL
'它咬死了猪/它把猪咬死了。'

（3）香港粤语（Matthews 2006：76；汉字为本文作者所加）
你攞啲衫嚟。
lei⁵　lo²　di¹　saam¹　lai⁴
you　take　PL　clothing　come
'你拿些衣服来。'

（4）Lango 语（Aikhenvald 2006：5，转引自 Noonan 1992：212）
ámìttò　　　　　cwè　　　　kàttò　　　　rwòt
1sg+want+PROG　fat+INFIN　exceed+INFIN　king
'我要胖过国王。'

以上各例，(1)、(2)显然相当于汉语动结式，对应"破"和"死"的词在汉语对应例句中都是结果补语。(3)粤语例在汉语语法学中一般分析为动趋式，宾语后的"嚟"（来）分析为趋向补语。(4)相当于粤语的"过"字差比句（普通话偶用），超过义动词近似粤语"过"，这种基准在汉语中一般分析为补语，主要谓语是那个表示"胖"的词。

对于那些取自陌生小语种的例句，人们无法测试其中相当于汉语补语的词是否具有独立动词和谓语资格。调查描写深度的欠缺，可能正是类型学无法排除其连动式属性的原因之一，表层结构只看到有几个动词在连用。然而，如果类型学认定的连动式中充斥这样的例子，难免助长形式学派将连动式视同主从动补类结构，进而否认连动式独立存在的资格。

Haspelmath（2016）对类型学的连动观做了深刻反思。首先，他从自己提出的（跨语言）比较概念（comparative concept）和（单语种）描写范畴（descriptive category）的区别出发，认为连动式是一个比较概念，它既不是一个自然类和普遍概念（很多语言没有连动式），也不是一种单语种的描写范畴（不同连动型语言的连动式可以有不同的属性）。比较概念只为比较而存在，连动式的定义只要合于比较之需、能从中概括出一些规律，就算合理。他注意到不同语言的连动式，属性各有不同。根据这种情况，他提出了与Aikhenvald（2006）不尽相同的连动式定义：

> 连动式是一种单句构式，由多个独立动词构成，没有连接成分，其间没有谓语和论元的关系。

Haspelmath对该定义涉及的属性逐条做了阐释，其中与本文论题密切相关的新见是：

1. 不强求连动式表示单一事件，因为与单句属性基本重合，而且单一事件没有客观标准。

2. 不必规定连动式共享体貌（aspect）、语气（mood）和论元，这些共享是连动式可以有而不是必须有的属性（其中语气和论元问题也列入了他的十条总结，而体貌没在十条总结中）。

Haspelmath并根据文献语料讨论了对连动式的十条总结，摘译如下：

1. 在所有连动式中，各动词拥有单一的时态（tense）；
2. 各动词拥有单一的语气（mood），包括情态和示证范畴；
3. 各动词不能拥有不同的时间或处所的修饰语；
4. 像单动词句一样拥有单一的语调；
5. 如果一个连动式表示一种因果关系，其语序必须是时间象似性的，因在果前，先发生动作在后发生动作之前；
6. 如果只有一个人称、时间、语气或否定标记，它总是在句子的边缘部分，即在第一个动词前或最后一个动词后；
7. 各动词至少共享一个论元；
8. 连动句语言都有同一主语的连动式，也许同时还有其他类型；
9. 在不同主语的连动式中，第二个动词总是不及物的；
10. 一个连动式不能有两个主语。即，如果一个非施事被共享，那么施事也必须被共享。

Haspelmath虽然认为连动式不是一个自然类，但是确认在比较意义上连动式是一种有统一属性的构式,并且共享许多句法语义特征。下面我们讨论动补式和连动式的裂变,会参考类型学对连动式特征的有益概括,同时用汉语动补和连动裂变的细节事实进一步肯定连动式是一种独立的句法结构。

二、汉语动补式和连动式的渊源

刘丹青(2005a,2015b)指出,汉语的"补语"本非普遍性概念,在古代汉语中基本可以不用,但为了更好地描写现代汉语,目前还需要这一概念来收容一批其他句法概念还接纳不好的结构。借用 Haspelmath 的观念,"补语"及"动补式"不是比较概念,而是语种描写范畴。刘丹青(2005a)列出了现代汉语的 10 类补语。其中带补语标记"得"和介词的补语小类,都与连动式无关,或历史上曾经有关,现已彻底裂变而无关了,因为连动式根据定义不能有任何连接性虚词。这样,现在仍然可能跟连动式纠缠的,是不用虚词连接的补语,即朱德熙(1982)所说的黏合式补语,主要就是动结式和动趋式。

动结式和动趋式的来历,得到了汉语史学界的密集探研[参看蒋绍愚、曹广顺主编(2005)第十章所引所述,赵长才执笔]。基本共识为,动结式和动趋式是从连动结构发展来的。不过,汉语史学界在做此表述时,不一定严守连动式的句法定义,常将连动式定义为动词并列结构,有时会将古代汉语带连词"而"的并列结构也视为连动句。如吴福祥(1999:183):"动补结构是由连动演变而来的。连动式是由两个或两个以上的动词并列而成的动词性结构";蒋绍愚、曹广顺主编(2005:320):"动结式的产生是以动词连用(连动式)为句法前提的,连动式是一种动词的并列结构"。梁银峰(2007:7—8)谈到趋向补语结构的前身是趋向连动结构,而趋向连动结构的例子既有"牛羊下来""逃去"这种直接组合的,又有"下船而来""出国而去"这种带"而"的。好在,动结式和动趋式的直接源头结构,只会是不带"而"的连动结构,不会是带"而"的并列结构，因此我们只需针对真正的（不带连词的）连动结构来讨论动补式的裂变。对某些动词连用，看作连动还是并列，不影响对裂变的讨论。

三、动补式和连动式的裂变

与连动式的类型学文献和形式语法学者不同，汉语学界的主流，不管是现代汉语学界，还是汉语史学界，无一不将连动式和动补式处理为彼此独立的句法结构。其中现汉界可能凭借语感优势，往往不证自明地将两者分开，反映了连动和动补在母语人语感中的区别，但是尚欠句法论证。汉语史学者研究连动式向动补式的演变，由于缺少语感，反而更多关注两种结构的句法表现和语义功能的细节，从而给本文的讨论提供更多参考。张敏、李予湘（2009）将历时演变和现代类型综合起来看，该文在评论 Croft 关于位移动词词化类型时指出，他将汉语官话的动补式"误判为属于连动阶段，这大概是受到前节所述三分法的影响，其实无论动趋式还是动结式，相关语法化早已达至 SF 阶段"。这里说的 SF 指卫星框架语言，即趋向补语和结果补语已归从属成分，不再是连动的状态。这与本文的认识方向是一致的，虽然没有用库藏裂变的概念。本文的目标基本是共时性的，关注在现代汉语中，动补式和连动式是如何或多大程度上被母语人识解为不同的句法结构。

3.1 动结式和连动式的裂变

从共时的角度看，动结式和连动式的裂变表现在句法的很多方面，试分述如下。

3.1.1 V_2 的及物性

典型的及物性动结式 VRO 是 $V_t+V_i/A+O$ 结构，太田辰夫（1958/2003：

196—198）最先注意到连动式 V_1V_2 中 V_2 及物性的演变对动结式（太田视为"使成复合动词"）从连动式中分离出来的关键作用。上古汉语虽然也有"扑灭、击破"一类组合，但是，上古时自动词 V_1 "灭、破"等本有他动词的用法，因此他认为这些组合是"等立复合动词"。上古汉语动词的并列结构及其连词"而"非常显赫（梅广 2003；张敏、李予湘 2009；刘丹青 2013b），动词并列结构一般要带"而"，而这些组合都遵循时间象似性原则，又不如复合词般紧密，因此我们遵从汉语史学界主流观点，将上古的"扑灭、击破"视为连动式。太田认为，以后，很多 V_2 固定为自动词了，而真正的自动词用于 V_2 的位置是在唐代以后，这时，使成复合动词（即动结式）才真正开始。太田之后，许多学者，如志村良治（1984/1995）、梅祖麟（1991）、蒋绍愚（1994）、吴福祥（1999）等，都对动结式形成的时代各抒己见；尽管结论纷纭，但基本上都采纳了太田的思路，以宾语前的 V_2 真正为不及物时作为动结式产生的明证。

动结式的形成时间不是本文的关注点，但从太田起得到学界认可的判断标准却给我们提供了共时裂变的线索。连动式 VP 的组合（$VP_1+VP_2+VP_3\cdots\cdots$），如刘丹青（2015b）所举：

（5）他今天上山砍柴背回家炖了肉吃。＞今天上山＋砍柴＋背回家＋炖了肉＋吃

其中包含的 VP 除了单个动词"吃"没有组合成分，其他 VP 都是自由的动词短语。这代表了真正的连动式的状况。而汉语动结式真正形成之后，自动词的 V_2（含 A）本身已不能带宾语，但 V_2 后却可以有宾语，V_2O 无法形成一个 VP，因此无法与 V_1 形成连动关系，只有 V_1V_2 合成一个单位才能带后面的 O。如：

（6）a. 打破茶杯 ＞ 打 ＋*破茶杯（作为定名结构成立，但作为 VO 不成立，下仿此）

b. 擦亮皮鞋 ＞ 擦 ＋*亮皮鞋

c. 喝完酒 ＞ 喝 ＋*完酒

需要注意的是，中古近代变得不能带使动宾语的自动词，发展出存现句

用法，后面可以带实为施事者的存现宾语，使得有些动结式的 V_2 显得貌似可带宾语，如：

（7）a. 打死了一个人 > 打 + 死了一个人

　　　b. 赶跑了几个小偷 > 赶 + 跑了几个小偷

这里有两点可说。1）上面的分解是一种假象。如果我们补上主语进行分解，问题就更清楚了：

（8）a. 他打死了一个人 > 他打 +$^{\#}$ 他死了一个人

　　　b. 他赶跑了几个小偷 > 他赶 +$^{\#}$ 他跑了几个小偷

带 # 号的部分，孤立地看是所谓领主属宾句，即存现宾语是主语所领属的对象，这显然不是 VP_2 在本句中的意思。因此，这些结构不可能是 V_1 和 V_2O 的组合。2）动结式 V_1V_2O 不以体助词使用为必要条件，如"打死一个人""赶跑几个小偷"，而这些 V_2 带宾语的存现句以出现体助词为条件，如不能说"他死一个人"。可见例（7）、（8）中的 O 是 V_1 的受事宾语而不是 V_2 的存现宾语。

　　V_2 的及物性限制，是动结式和连动式裂变的充分条件，不是必要条件。通过这个句法测试，人们可以明确知道这种结构不再是连动式。事实上动结式还有很多其他论元结构，包括 V_2 具有较强的致使及物性、SV_2O 可以单独成句等，如：

（9）他学会了法语。> 他学了法语 + 他会了法语

（10）他办坏了一件事。> 他办了一件事 + 他坏了一件事。

（11）他凿沉了一条船。> 他凿了一条船 + 他沉了一条船。

这个时候，母语人语感就起作用了。对于当代中国人来说，能够很清楚地感知到"学会法语""办坏一件事""凿沉一条船"跟"打死一个人"是同类的结构，而跟"上山砍柴背回家""买份报纸看"这类连动式相距很远。况且，动结式的裂变不是单靠这一条标准，下面将要讨论的裂变的其他表征，也能用来判断裂变与否。

3.1.2　论元共享性：各个动词与主语的共现性

　　论元共享，是连动式的重要特征，尤其是施事主语共享，是连动式的优

先属性［例（12）］。主语也可以在被动句中作为受事被共享［例（13）］，或分别作为诸动词的施事主语和受事主语被共享［例（14）］。兼语式作为连动式中的特殊小类，则由 V_1 和 V_2 共享兼语分别作为自己的受事宾语和施事主语［例（15）］：

（12）他今天上山砍柴背回家炖了肉吃。［＝例（5）］

（13）（名犬）被人偷走卖给饭店宰杀（新闻标题）

（14）女子陆丰打工被骗，从发廊被卖山村做人妻3年（新闻标题，逗号原为空格）

（15）一男子教唆别人家小孩砸坏邻居物品（新闻标题）

在这种论元共享关系中，不管是连动还是兼语，每一个VP都可以以主语为主体论元或受事论元，或者以兼语为主体论元。如例（12）的"他"是所有VP的主体论元；例（13）的"名犬"是所有三个VP的受事论元；例（14）包含两个连动式，"女子"在前一个连动式中是 V_1 的施事和 V_2 的受事，在后一个连动式中是 V_1 的受事和和 V_2 的施事。例（15）是兼语句，主语是 V_1 的施事， V_1 的宾语则是 V_2 的施事。

动结式的论元构成则更为多样化（参看郭锐2002）。很多动结式具有像连动式一样的论元关系，无须多举；但是 V_1 或 V_2 也可能根本无法与主语有论元关系，且看一些论元结构比较特殊的动结式：

（16）他的肺都气炸了。（*他的肺气了）

（17）（出去散步，）钱包都散没了。（出去散步，*钱包都散了）

（18）我教会他拼音。（引自郭锐2002）（#我会＋*会他拼音）

例（16），"肺"可以是 V_2 "炸"的施事（或受致使动词支配的施事），但对于 V_1 "气"来说，"肺"既不是施事（*肺气了），也不是受事（*气了肺），根本不是 V_1 的论元，两个V完全不共享论元，不符合 Haspelmath（2016）第7条总结："在所有连动式中，各动词至少共享一个论元。"例（17）的"散"在语境中指散步，主语"钱包"对"散"来说既非施事亦非受事，而只是结果补语"没"的客体，也不共享论元。例（18）的"我"不是 V_2 "会"的施事，但"会"也不以后面宾语之一"他"为受事或与事，而是以"他"为施事；"他"是"教"的受事，却被并不支配"他"的"会"隔开。可见动结式在论元结构上早已突破了连动式的常规，构成规则迥异，发生了显著的裂变。

3.1.3 组合项的数量

连动式是一个可扩容的句法结构，这在现代汉语中尤其明显。像例（5）那样的多项式连动句，理论上没有绝对的限制，很难说到几项为止。其他小类的连动也有多项连用的，如：

（19）他俩 骑着车 一路谈笑着 去郊外 野餐。

（20）老王 斜躺在那儿 一动不动 想些好事情 宽慰自己。

（21）他 穿过走廊 走过来 握着我的手 不放。

而动结式是内部结构高度受限的构式，一个动词只能带一个结果补语。母语人很容易造出上面这种多项组合的连动句，但是绝对不会在结果补语上再加结果补语，哪怕是虚化为程度成分的结果补语，即使该成分原来可以用在做结果补语的词上。如：

（22）砸坏了，坏透了 > *砸坏透了

（23）学聪明了，聪明绝了 > *学聪明绝了

实际上动结式中连动词和补语的音节数都有限制，V_1 只能是单、双音节的，V_2 以单音节为主，能做 V_2 的双音节谓词很少，而且对双音节 V_2 有所排斥，"$V_{1双} + V_{2双}$" 会降低带宾语的能力。如：

（24）洗白、吹干、洗清、说明白、洗干净、交代清、考虑清楚、看糊涂了、*观看糊涂了

（25）洗清（窗帘）、说明白（道理）、交代清楚（??事情）、整理干净（*我的房间）

面对这种内部凝固的结构，很多学者将动结式看成复合动词（周迟明 1957；太田辰夫 1958/2003；Li & Thompson 1989：54；志村良治 1984/1995；董秀芳 2007）。是否属于复合词，尚可推敲，但这些看法至少说明动结式内部很紧密、很受限，而连动式则开放得多、扩容力强。两者在母语人的句法库藏中显然归在不同的范畴下，以完全不同的规则来生成。

3.1.4 单项扩展性

连动的每一个 VP 单项都能自由扩展，带上主语以外的论元和修饰成分。如：

（26）你 把草药搬到场上 匀匀地摊开来 好好地晒一天。

（27）她应该 多吃水果 大量地补充维生素。

（28）他们 小心地关上房门 悄悄地商量事情。

动结式只能整体接受一些状语的修饰，如"把草药仔细地洗干净"，补语 V_2 不管单双音节都绝对不能扩展。与 V_2 意义相近的带"得"补语则完全可以扩展，甚至必须扩展。

（29）草药晒干了。＞ *草药晒很干了。＞ *草药晒干得不得了。

（30）草药洗干净了。＞ *草药洗很干净了。＞ *草药洗干净得不得了。

（31）?草药晒得干了。＞ 草药晒得很干了。＞ 草药晒得干得不得了。

（32）?草药洗得干净了。＞ 草药洗得很干净了。＞ 草药洗得干净得不得了。

3.1.5 向可能动补式的变换

连动之间不能构成可能动补式，动补之间能构成可能动补式。这一区分非常重要，是主从关系和非主从关系的句法展示。"得"在现代汉语中是补语标记，不管用于什么补语种类，都表明了其后补语的从属地位。可能式是专用于动结式和动趋式的一种句法操作，结果补语前可以加"得/不"，动词和结果补语的语义关系没有变，只是在这一层关系之上加了一个情态范畴。"得"的使用就表明了结果补语句法上的从属语地位。例如：

（33）a. 扫清 ＞ 扫得清 / 扫不清　b. 说明白 ＞ 说得明白 / 说不明白 c. 捣碎 ＞ 捣得碎 / 捣不碎

连动式各 VP 之间或者是平等的关系，或者是主次关系，但不能是主从关系。因此，不管平等关系、前主后次（买份报纸看 / 握着手不放）还是前次后主（笑着说 / 开着窗户睡觉），都不能转换成可能式。

3.1.6 时体范畴

Haspelmath（2016）认为连动式不必要求体貌（aspect）的共享，一个连动式中的不同 VP 可以具有不同的体貌；同时又说连动式只能有一个时间处所修饰。这说明时态和体貌在连动式中有不同的处境。汉语连动式的情况正符合此点。刘丹青（2015b）以实例显示，汉语连动式不允许有时间修饰的不同，如例（34），但是可以有体貌的差异——"了、着、过"及体貌副词"在"等表示的都是体貌而非时态，如例（35）、（36）：

（34）他昨天在机场接客人～*他昨天在机场今天接客人。

（35）他哼着歌曲逛了半天市场。

（36）他父母卖了房子在给女儿看病。

与连动式不同，动结式内部结合紧密，只允许在整个动结式后用一个体标记，V_1 和 V_2 之间排斥体标记。而且结果范畴属于动词情状（内部体）中的完结体，因此与进行/持续体助词"着"和进行副词"在"天然相斥：

（37）扫干净了院子～*扫了干净了院子～*在扫干净院子～*扫干净着院子

（38）摔断了腿＞*摔了断了腿～*在摔断腿～*摔断着腿

这说明动结式体标记的使用由构式整体决定，单个动词的属性不能成为带体标记的条件。这显示连动式和动结式存在完全不同的体标记使用规则。

3.1.7 动结式在方言中的标记形式

如前所述，可以构成可能式是黏合式结果补语为从属成分的表征；此外，某些方言事实还能进一步说明黏合式结果补语是从属成分。

虽然普通话和大部分方言都采用黏合式动结式，但是江淮官话泰如片方言，却普遍采用组合式动结式（参看刘丹青 2013b）。这些方言的结果补语前面普遍有一个动词后的虚词"啊"[a]，该词在入声韵和阳声韵后分别顺同化为 [ka] 和 [ŋa]（李人鉴 1957；汪如东 2006：385，

2008），如：

（39）吃<u>啊</u>[ka] 伤啊，跌<u>啊</u>[ka] 青啊，学<u>啊</u>[ka] 会啊，煮<u>啊</u>[a] 烂啊，走<u>啊</u>[a] 慢啊，关<u>啊</u>[ŋa] 好啊

这些例子表示"吃伤了、跌青了、学会了、煮烂了、走慢了、关好了"之意。其中后一个"啊"是体助词，相当于"了"，前一个"啊"则是动词和结果补语之间的联系项（结构助词），相当于"得"。泰如片方言没有不带"啊"的"吃伤、跌青"等说法。也就是说，泰如片方言的动结式是显性的主从结构。所用的虚词"啊"是个多功能虚词，包含处所介词、完成体助词等功能。更值得注意的是，这个"啊"也相当于普通话"得"，即从属语标记，用来引出可扩展的状态补语。如如皋话"好吃啊没得命""重啊连我总拿不动"（鲍明炜、王均主编 2002：476—477）。因此，泰如片方言的动结式"煮啊烂"在形式上跟普通话"煮得烂"相当，语义范畴上则跟"煮烂"一致。这旁证了动结式是一种主从结构，核心动词在前，结果从属语在后。

至于连动式，我们没有看到对应的方言表达有加从属语标记的情况。我们所发现的仅有的在连动类语义组合中加连接性成分的方言是上海话（尤其是 20 世纪早期的老上海话），但它加的是并列标记（咾）而不是从属语标记。参看刘丹青（2013b），此处不赘。

由此可见，在跨方言比较中，从显性标记来看，动结式呈现出明显的主从结构属性，而连动式跟并列结构更些近。两者的裂变非常显著。

本文从以上七个方面证明，汉语史上来自连动式的动结式，在现代汉语中已裂变为句法上跟连动式迥异的另一类结构，犹如新的蜂王来自原蜂巢，却已飞出旧巢建起了另一个新的蜂巢。这七个方面主要涉及句法行为，体现的是母语人对不同语言库藏手段的语言直觉或称语感，这就是库藏裂变。

3.2 动趋式和连动式的裂变

动趋式与动结式的演化史大同而小异。动结式和连动式的裂变状

况，大致适用于动趋式和连动式的裂变；同时，动趋式也有少量区别于动结式的句法和韵律特点，包括复合趋向词的离合情况，体标记的使用位置，轻读的情况等。下面我们参照动结式的各小节做简要述说，相同的部分适当归并，趋向动词有特色之处则略增小节。

3.2.1 论元结构和论元共享

本小节与 3.1.1 和 3.1.2 两小节相对应。根据梁银峰（2007），先秦时期"动词 + 趋向动词"（下作 VD）还是连动式。东汉到魏晋南北朝时期，VD 结构发生了一些重要的句法和语义变化，引起了连动式向动趋式的重新分析。梁文的分析，尤其是其中的两个变化，为我们分析动趋式和连动式的裂变提供了重要参考。

变化之一是 VD 结构的施事从动词前发展到可以出现在动词后，梁著认为这使得 VD 结构变得紧密，向复合词方向演化，是重新分析为动趋式的开端。如：

（40）此或时夷狄之地，生出此谷。（《论衡·感虚篇》）

（41）飞来双白鹄，乃从西北来。（《乐府诗集·相和歌辞》）

（42）何况神通感应，……化成净土，踊出妙塔乎？（《颜氏家训·归心篇》）

我们认为，这一变化有重要的句法学意义。原来 VD 共享施事主语论元 S（SVD=SV+SD）符合连动式的常规论元关系。施事后移后，趋向动词作为作格动词可以有条件地带施事做宾语（但也未必句句自然），如"出此谷""来双白鹄""出妙塔"，而前面的 V 与后置的施事未必能构成自然的动宾关系，因为汉代以后自动词的使动用法已呈颓势，诸如"飞双白鹄""踊妙塔"都不是自然的组合。连用动词的论元共享关系已经动摇，而施事主语共享是连动式的优先选项，在施事居后的情况下，句首除了处所成分不能再有真正的论元，共享关系主要体现在施事宾语上，因此共享关系的动摇对连动式的性质冲击很大。

这一变化的影响至今犹存甚至更强。VD 结构整体作为作格动词性单位带施事宾语的组合是比较自然的，但是 V 和 D 都有可能无法跟宾语组合。例如：

（43）走开了几个人＞走了几个人＋*开了几个人（"开"只有表示开除义才成立）

（44）招来了一些批评＞招了批评＋??来了批评

（45）送去很多大白菜＞送很多大白菜＋*去很多大白菜

（46）投降过来一些士兵＞*投降一些士兵＋过来一些士兵

"来"和"去"在作为谓语使用时，对施事有生命度的要求。低生命度的施事跟"来""去"的组合比高生命度的施事组合要有条件得多，这是导致以上（43）—（46）测试中的组合难以成立的原因。总体上，DO 的不成立比 VO 的不成立更重要。因为 VO 不成立，虽然导致宾语无法共享，但仍可分析为 V+DO 的连动式；如 DO 不成立，就不再是形成连动所需要的 VP，连动式就不复存在，只能由 VD 整体来带宾语了。因此，我们认为当 VD 组合的施事出现在动词后，该组合就迈出了去连动化的重要一步，裂变已经初步形成。

梁银峰（2007）注意到的另一个变化是 VD 的受事可以充当主语前的话题，如例（47），也可以让施事主语隐去，直接变成受事话题句，如例（48）：

（47）a. 舍中财物，贼尽持去。（《百喻经·奴守门喻》）
　　　 b. 好甜美者，汝当买来。（《百喻经·尝庵婆罗果喻》）

（48）箭当拔出，重毒消灭。（《六度集经》卷五）

受事话题出现后，连动的论元共享关系进一步复杂化，连动组合受到严重冲击。如例（47）受事话题和施事主语同现的句子 T+S+V+D，V 以 S 为施事主语，而 D 与 S 没有论元关系，只以 T 为广义施事论元，而 T 又不在 D 后，使得 V+D 组成连动的理据减弱。到（48）例中，施事已经隐去，受事话题更像主语；它是 V 的受事，却是 D 的施事，连动式应优先实现的施事主语共享不复存在，进一步促成连动向动结式的重新分析。

这类受事主语的动结式，在现代汉语中比连动的裂变更加明显。现代汉语受事主语句的谓语常带被动标记"被"，"被"句法上管辖结合紧密的 V 和 D，难以分析为两个 VP。例如：

（49）嫌疑人被带下去了。

首先，"被"字句很难用光杆动词，使用时有附加成分和体标记的要求，光是"被带"不成立。"带下去了"必须组成一个单位才能受"被"的管辖，无法分解成"被带＋下去"两个成分。其次，该句也难以分解为"被＋[带＋下去]"，因为"被下去"不成立。再看不用"被"的受事主语句，由于现代汉语趋向动词D对施事有较高的生命度要求，即使是施事类的关系也不一定能自然成立。如：

（50）点心已经捎过来了。＞点心已经捎了＋$^{??}$点心已经过来了

（51）破桌子已经搬出去了。＞破桌子已经搬了＋$^{??}$破桌子已经出去了

因此，梁银峰（2007）所指出的中古时发生的两项位置变动，已经在论元结构方面强力催化了动趋式和连动式的裂变。

3.2.2 组合项的数量和可扩展性

这一小节对应3.1.3和3.1.4两小节。连动式可增容、可扩展，理论上是一个没有增容扩展限制的句法结构。动趋式一个动词只能带一个单纯趋向动词或由两个趋向动词复合而成的双音节趋向动词，如"起来、过去、上来、下去"等。它跟动结式有一项区别：复合趋向动词有时可被宾语隔开，这样，在动词后可以出现两项趋向成分，如"拿出一个包裹来、走上台阶去"等，形式上比动结式多了一项，实际上是复合趋向动词的非连续形式。

至于扩展，趋向补语本身没有任何扩展能力，不能带修饰限制成分。有一点需要指出，VD结构所带的处所"宾语"，往往是靠趋向词介引的，因为行为动词常不能直接带这些处所成分，此时，处所成分较接近趋向动词的论元性扩展成分。例如：

（52）汽车开上了山的顶峰＞*开了山的顶峰～上了山的顶峰

（53）他把食物带进了车厢＞*带了车厢～进了车厢

范继淹（1963）将趋向动词的这类用法视为介词性用法，吕叔湘主编（1980：34）沿用了范文的这种分类。这样，（52）、（53）中的处所成分，可以认为是趋向补语扩展的产物。不过，这里说的介词用法，只是

部分功能相当，趋向词本身的直接成分还是动词而不是处所成分，体助词"了"的位置表明趋向动词靠着动词而与处所成分有间隔。而且，趋向补语一旦用于这种结构，处所成分就占了宾语槽位，动词不再能带宾语，趋向补语事实上没有对句子的扩展做贡献，本质上符合不可扩展性。

3.2.3 向可能动补式的变换

动补之间能构成可能动补式，这一点对动结式和动趋式同样适合。如"走不进去、看不出来"。甚至一些更虚化的、被认为有体标记作用的趋向补语，仍然保留了向动补可能式转化的能力，如"唱不起来、说不下去"。这是跟连动式非常显著的差别。

3.2.4 体标记用法

动趋式总体上也是整个结构带体助词，尤其在带宾语时。有时，体助词有趋向动词之前和之后两种位置，但这仅限于以复合趋向词煞句时，只要带上宾语，就不允许体助词插在核心动词和趋向词之间。如：

（54）他跨过去了～他跨了过去～他跨过栏杆去了～*他跨了过栏杆去了

（55）他买回来了～他买了回来～他买回来了一包饼干～*他买了回来一包饼干

也就是说，虽然动趋式内部比动结内部松散些，但动趋式整体带体标记的用法更不受限、更无标记。这跟连动式常常由在前的动词带体标记（如"买了书看"）是很不相同的。此外，连动式几个 VP 可以有不同的体标记，而动趋式不能带不同的体标记。假如 V 后和 D 后都带体标记，那也必须是相同的，如"买了回来了"。如果说"跨着过去了"，这已经是连动式，而不是动趋式了。这里的"过去"不轻读，而趋向补语总是轻读的（详 §3.2.6）。

3.2.5 动趋式在方言中的标记形式

动趋式也在一些方言中表现为使用标记的组合式结构。苏州方言动词带单音节趋向补语"来、去"时，中间要用"得"连接，如：

（56）汽车从上海开<u>得</u>来。'汽车从上海开来。'

（57）小王明朝拿物事送<u>得</u>去吧。'小王明天把东西送去吧。'

这两个直指性趋向词是苏州话中最常做补语的单音节趋向动词，客观定位的单音节趋向词（上、下、进、出……）很少用作补语。所以，单音节趋向补语带"得"近乎强制，而"得"正是汉语中的补语标记，在苏州话中也用于其他类别的补语，如"唱得穷响"（唱得很响）、"唱得嗓子痛"。这是趋向补语从属成分的很好体现。

像苏州话一样，山西的很多晋语和中原官话也要在动词和这类趋向补语间用来自近代汉语的"将"（或念"张"）或功能相同的"得"等（乔全生 2000：§10），如中阳"荷<u>将</u>来啦"、平遥"送<u>将</u>去 [tiʌʔ]啦"、大同"送<u>张</u>来/去"，临汾"荷<u>得</u>来/去"等。乔全生（2000）认为"将、得"等是连接动词和趋向补语的结构助词。其中"得"跟苏州趋向补语标记"得"相同，"将"（张）则是近代白话小说就常用的趋向补语标记。

3.2.6 韵律模式

连动式各个 VP 都是单一句调域内独立的韵律词或韵律短语，个别单音节的动词可以作为韵律附缀（clitic）加入相邻韵律单位，但都清晰保留本调，不会轻读。轻读有别于轻声，保留本调，但音节强度减弱。关于轻读和轻声的区别，可参看叶军（2008：53—56）的说明[①]。实义结果补语不需要轻读，甚至可以在强调时重读，如"杀死了人、学会了法语，东西买贵了，房间扫干净了"。只有虚化成唯补词（刘丹青 1994）的才可能轻读，如"气死了"。而动趋式是不管虚化与否都要轻读。可见在韵律模式上动趋式与连动式的区别更加明显。如：

（58）走去、买来、跳过去、冲上来、传开来、坐起来、躺下去

即使是与动词隔开的趋向补语，也是轻读，往往呈附缀状态，附着在前

[①] 叶著举的轻读成分的类别包括了结果补语和趋向补语。但他就结果补语举的例子是"累死"，这是虚化为程度成分的补语。

一个单位上，如：

（59）走进房间去了｜把他们送进医院去｜买了一包饼干回来

重音模式的差异，让动趋式和连动式的裂变有了明显的语音表征。这种差异，对动趋式和兼语式的区别尤其关键，参看§3.2.7。

3.2.7 动趋式和兼语式的区别

现代汉语动结式的 V_1 和 V_2 永远是紧密组合的，而兼语式的 V_1 和 V_2 永远被兼语所隔开，因此动结式和兼语式不可能相混。趋向补语有时出现在宾语之后，而兼语之后也能出现趋向动词，使得两种构式有机会同形，而且两种构式的真值条件也可能一样。如：

（60）a. 他带一个客人进来。~ b. 他带一个箱子进来。

例（60）a、b 两句的表层结构完全一样，语义关系也一样，V_1O 是主行为，OV_2 是主行为的结果。但是，我们把（60a）分析为连动式的小类兼语式，至少以兼语式为歧义解读之一，而把（60b）分析为带宾动趋式。这么区分的依据何在呢？下面我们暂不考虑 a 句的歧义性，先将它作为连动句分析，与动趋式 b 句形成对立。

1）兼语式 V_2 带正常谓语重音，趋向补语 V_2 则取轻读（参看§3.2.6）。上面（60a）"进来"有两读，作为兼语句可以带常规谓语重音；b 句"进来"只能轻读。下面我们依据这一标准来进一步比较兼语式和动趋式的区别。

2）例（60a）的 V_2 是陈述 O 的谓语，所以 V_2 也可以换用趋向动词以外的各种动词性成分，只要 OV_2 本身成立。即使让趋向动词改做普通动词 V_2 的趋向补语，句子依然成立：

（61）他带一个客人在河边钓鱼。｜他带一个客人看病。｜他带一个客人走进来。

而例（60b）中的 V_2 是动词短语 VO 的趋向补语，只适合趋向动词。另一方面，趋向补语可以忽略其前名词的生命度限制，单独的 OV_2 可能并不自然，但趋向补语照样自然。如：

（62）带一个箱子进来 > $^{??}$一个箱子进来了

（63）背了这些大米出去 > ⁇ 这些大米出去

（64）找了一些笔误出来 > *一些笔误出来

3）只有能带兼语的动词才能用于兼语式，而动趋式不受这一限制。如果 V_1 用非兼语动词，那么趋向词只能解读为补语，不再能变换为非趋向动词，同时韵律上取轻读，不再能带常规谓语重音，如：

（65）a. 他们拉了一个孩子来。~ b. 他们抱了一个孩子来。

（66）a. 他们拉了一个孩子走进来。~ b. *他们抱了一个孩子走进来。（做同主语的连动可合格）

例（65a）是歧义句，作为兼语句 V_2 可以不轻读。（65b）换用非兼语动词，V_2 只能是趋向补语，必须轻读。（66a）用兼语动词"拉"，V_2 可以用非趋向动词"走"。（66b）句换用非兼语动词"抱"，非趋向动词"走"做兼语式的 V_2 就不成立，除非 V_2 陈述主语"他们"，全句为主语共享的连动式。

4）趋向动词作为兼语式的 V_2 只能整个在宾语后，作为趋向补语的 V_2 如果由复合趋向词充当，可以让宾语出现在两个字中间。一旦兼语句的趋向动词也被拆开，V_2 就只能做趋向补语解读，必须轻读。如：

（67）a. 他们带了一个客人进来。~ b. 他们带进了一个客人来。

（67a）是歧义句，"进来"可以作为兼语句的 V_2 不轻读，也可以作为趋向补语轻读。b 句"来"只能作为趋向补语轻读。

以上分析显示，即使在表层结构相同、真值条件也相同的情况下，现代汉语动趋式和连动式中的兼语式也发生了明显的裂变，有很不相同的句法和韵律表征。这种差别，在现有类型学连动学说框架中是难以识别的。

四、讨论和小结

以上我们通过展示七八个方面的句法和韵律事实，论证了现代汉语动结式和动趋式虽然语源上来自连动式，但是在共时层面早已裂变为无关的句法构式，由很不相同的一系列句法规则来生成，受到很不相同的句法条件制约，由此证明它们在母语人的句法（构式）库藏中已经分置于不同的仓位，无法再归入同一大类的构式。至于动结式和动趋式两者之间，则共享着很多相同相近的生成规则，属于黏合性补语这个大类中的不同小类，兹不赘述。

一般的句法研究，用一项句法测试——最小对比，就可以证明两个结构的差异。但这种差异，未必大到归属不同的结构，可能只是同一结构内部小类的差别。本文所说的裂变，是指在母语人心目中分属不同及无关的语法库藏成分。因此需要用多方面证据来充分证明彼此的根本区别。我们相信，这种库藏裂变，最终将能通过心理语言学乃至神经语言学的实验来验证。

至此，我们可以回答本文开头所提出的问题。

1）对库藏类型学来说，不但同源的虚词或形态成分可能在语言库藏中裂变为不同且无关的要素，而且同源的抽象句法要素，包括构式，也可能在语言演变中裂变为不同且无关的要素。从连动式中孕育发展出来的动补结构——动结式和动趋式，就发生了与连动式的库藏裂变，连动式和动补式各自成为汉语中不同的显赫构式。

2）对于形式语言学来说，连动式作为句法结构和句法范畴的独立存在不容忽视，连动式与并列式、偏正式（刘丹青 2015b）和动补式都有根本性的差异，众多关键句法行为和韵律行为的区别表明连动式和动补式早已彻底裂变，无法共享一个语法范畴。

3）对于语言类型学来说，以往只看连用的动词之间是否有联系项，将没用联系项的结果成分、趋向成分统统归入连动式，从而得出连动式没有统一的语义功能、难以成为一个单一范畴的结论。这种处理可能是语法研究深度不够导致的，语言中客观存在的库藏裂变可能未得揭示、范畴之间的重要区别可能被掩盖，因而上述结论须待质疑。尤其如§3.2.7所述的动趋式和兼语式有相同的表层形式和真值条件，却仍能测试出两者不同的句法和韵律表征，说明单纯根据动词连用来判定连动式是危险的。至少在现代汉语中，结果性成分、趋向性成分等已显著裂变的成分应当毫不犹豫地排除出连动式之外，这也是立足于母语人语言知识的汉语学界一贯的做法。这样，汉语连动式就可以是一个更加具有内在一致性的句法范畴。若连动型语言都能如此深挖细掘，剔除形同实异的成分，也许更多语言将被证实存在由连动式出发的裂变现象，连动式作为更加统一的跨语言句法范畴的前景足可期待。

4）语法化学说、语义地图理论、认知语言学的隐喻转喻理论等关注一形多义现象的理论，不能仅仅满足于解释语义扩展的线路和规则。这只解决了问题的一半。凡是一形多义现象，都要回答一个根本的心理语言学问题：这些多义多功能形式在母语人心目中是被视为同一个成分的，还是不同的且无关的成分的？在语言库藏中裂变与否，对母语人最终如何感知和使用这些成分至关紧要，是语言学理论无法回避的。也期待心理语言学一起参与，以自己的学科强项帮助回答这些问题。

参考文献

白　鸽　2015　定指标记与类指义的表达——语言库藏类型学视角，《外国语》第 4 期。
鲍明炜、王　均（主编）2002　《南通地区方言研究》，南京：江苏教育出版社。
邓思颖　2010　《形式汉语句法学》，上海：上海教育出版社。
董秀芳　2007　从词汇化的角度看粘合式动补结构的性质，《语言科学》第 1 期。
范继淹　1963　动词和趋向性后置成分的结构分析，《中国语文》第 2 期。
高增霞　2006　《现代汉语连动式的语法化视角》，北京：中国档案出版社。
郭　锐　2002　述结式的论元结构，《汉语语法研究的新拓展》（一），徐烈炯、邵敬敏主编，杭州：浙江教育出版社。
黄正德、李艳惠、李亚非　2013　《汉语句法学》，张和友译，北京：世界图书出版公司。
蒋绍愚　1994　《近代汉语概论》，北京：北京大学出版社。
蒋绍愚、曹广顺（主编）2005　《近代汉语语法史研究综述》，北京：商务印书馆。
李人鉴　1957　泰兴方言中动词的后附成分，《中国语文》第 5 期。
李亚非　2014　形式句法、象似性理论与汉语研究，《中国语文》第 6 期。
李　昱　2014　汉语双及物构式二语习得中的语言变异现象研究，《世界汉语教学》第 1 期。
梁银峰　2007　《汉语趋向动词的语法化》，上海：学林出版社。
刘丹青　1994　"唯补词"初探，《汉语学习》第 3 期。
刘丹青　2005a　从所谓"补语"谈古汉语语法学体系的参照系，《汉语史学报》（第五辑），上海：上海教育出版社。

刘丹青　2005b　小句内句法结构:《语法调查研究手册》节选,《世界汉语教学》第 3 期。

刘丹青　2011　语言库藏类型学构想,《当代语言学》第 4 期。

刘丹青　2012　汉语的若干显赫范畴:语言库藏类型学视角,《世界汉语教学》第 3 期。

刘丹青　2013a　显赫范畴的典型范例:普米语的趋向范畴,《民族语文》第 3 期。

刘丹青　2013b　古今汉语的句法类型演变:跨方言的库藏类型学视角,《第四届国际汉学会议论文集·语言资讯和语言类型》,郑秋豫主编,台北:"中研院"。

刘丹青　2014　论语言库藏的物尽其用原则,《中国语文》第 5 期。

刘丹青　2015a　语言库藏的裂变:吴语"许"的音义语法分化,《语言学论丛》(第五十一辑),北京:商务印书馆。

刘丹青　2015b　汉语及亲邻语言连动式的句法地位和显赫度,《民族语文》第 3 期。

陆丙甫、应学凤、张国华　2015　状态补语是汉语的显赫句法成分,《中国语文》第 3 期。

吕冀平　1958/1985　《复杂谓语》,上海:上海教育出版社。

吕叔湘(主编)　1980　《现代汉语八百词》,北京:商务印书馆。

梅　广　2003　迎接一个考证学和语言学结合的汉语语法史研究新局面,《古今通塞:汉语的历史与发展》,何大安主编,台北:"中研院"语言学研究所筹备处。

梅祖麟　1991　从汉代的"动、杀""动、死"来看动补结构的发展——兼论中古时期起讫的施受关系的中立化,《语言学论丛》(第十六辑),北京:商务印书馆。

乔全生　2000　《晋方言语法研究》,北京:商务印书馆。

史文磊　2014　语言库藏显赫性之历时扩张及其效应——动趋式在汉语史上的发展, *International Journal of Chinese Linguistics* (Vol. 1, No. 2)。

太田辰夫　1958/2003　《中国语历史文法》,蒋绍愚、徐昌华译,北京:北京大学出版社。

汪如东　2006　《海安方言研究》,北京:新华出版社。

汪如东　2008　泰如片方言中动词后附"啊"的两种结构,《语言科学》第 3 期。

吴福祥　1999　试论现代汉语动补结构的来源,《汉语现状与历史的研究——首届汉语语言学国际研讨会文集》,江蓝生、侯精一主编,北京:中国社会科学出版社。

夏俐萍　2013　益阳方言"阿"的多功能用法探析——兼论由指称范畴引发的语义演变,《中国语文》第 1 期。

叶　军　2008　《现代汉语节奏研究》,上海:上海书店出版社。

张　敏、李予湘　2009　先秦两汉汉语趋向动词结构的类型学地位及其变迁,"汉语'趋向词'之历史与方言类型研讨会暨第六届海峡两岸汉语语法史研讨会"论文,台北。

志村良治　1984/1995　《中国中世语法史研究》,江蓝生、白维国译,北京:中华书局。

周迟明　1957　汉语的使动性复式动词,《山东大学学报》第 1 期。

朱德熙　1982　《语法讲义》,北京：商务印书馆。

Aikhenvald, A. Y. 2006. Serial verb constructions in typological perspective. In A. Y. Aikhenvald, & R. M. W. Dixon (Eds.), *Serial Verb Constructions: A Cross-Linguistic Typology*. Oxford: Oxford University Press.

Aikhenvald, A. Y., & Dixon, R. M. W. (Eds.). 2006. *Serial Verb Constructions: A Cross-Linguistic Typology*. Oxford: Oxford University Press.

Baltin, M., & Collins, C. 2001. *The Handbook of Contemporary Syntactic Theory*. Oxford: Blackwell.

Haspelmath, M. 2016. The serial verb construction: Comparative concept and cross-linguistic generalizations. *Language and Linguistics*, 17 (3), 291-319.

Li, C. N., & Thompson, S. 1989. *Mandarin Chinese: A Functional Reference Grammar*. Berkeley: University of California Press.

Matthews, S. 2006. On serial verb constructions in Cantonese. In A. Y. Aikhenvald, & R. M. W. Dixon (Eds.), *Serial Verb Constructions: A Cross-Linguistic Typology*. Oxford: Oxford University Press.

Whaley, L. J. 1997. *Introduction to Typology: The Unity and Diversity of Language*. Thousand Oaks: Saga.

（原载《语言教学与研究》,2017 年第 2 期）

语言库藏类型学与认知语言学[*]

零、引言

0.1 语言库藏类型学（Linguistic Inventory Typology）是笔者在研究话题优先（徐烈炯、刘丹青 1998；刘丹青 2001，2008，2009；Liu 2004）、动词型-名词型语言（刘丹青 2010）等显赫语言现象的基础上于 2010 年倡设（刘丹青 2011，基于 2010 年会议论文）的一个语言类型学分支，旨在围绕形式和语义的复杂参差关系进行深入的跨语言研究，揭示语言（语法）形式库藏和语义范畴的互动，尤其是库藏对语义的影响。此后有系列论文继续推进库藏类型学的理论构建和个案研究（刘丹青 2012a，2012b，2013a，2013b，2013c，2014a，2014b，2015a，2015b）。语言库藏类型学的理念和研究方法，尤其是该理论中的核心概念"显赫范畴"，已得到一些同行的认同并付诸研究实践，与此相关的已有成果有强星娜（2011）、吴建明（2013）、夏俐萍（2013）、林忠（2013）、李昱（2014）、史文磊（2014）、王芳（2014）、高亚楠和吴长安（2014）、陆丙甫等（2015）、夏俐萍和严艳群（2015）、白鸽（2015）等，并形成了一批以此为框架的学位论文和博士后出站报告。

0.2 库藏类型学注重从跨语言的视角观察语义范畴（含语用功能）和语法库藏手段的双向制约，尤其关注语言库藏在不同语言中的存在与

---

[*] 本文由会议报告《语言库藏类型学与它的小伙伴们》之一部分扩充改写而成。原稿涉及语言库藏类型学与认知语言学、语法化理论和语义地图模型的关系，曾在第三届类型学视野下的汉语与民族语言研究高峰论坛（北京语言大学，2014 年 11 月）上宣读，本文只取其中库藏类型学与认知语言学的关系这一主题。

否及库藏属性（显赫度）对语义范畴的影响。

以往的语言类型学大体上认定（Greenberg 1963/1966；Croft 2003：13），不同的语言有很不相同的语法体系和手段，由此形成的语法形态范畴和句法结构也不相同，但是语义内容是跨语言普遍的，因此类型学所从事的跨语言比较，应当从语义范畴出发，假如从句法范畴出发，往往已经带有语种的成见。Croft（2003：13）明确地说，"最终解决方案是语义"，即看同样的语义范畴在不同的语法体系中是如何得到结构表征的。Croft（2001/2009：133）也怀疑语法范畴如主语、宾语之类的普遍性，认为即使是主语宾语这样的语法范畴也往往有语种个性，并且存在于特定构式中，很难有跨语言的共性。

库藏类型学则认为，普遍性的语义范畴无疑是存在的，但是跨语言的形义关系，并不是一种语义对应一种或多种语法手段那么简单。从语义范畴出发寻找语法对应物，既是有用的视角，也有内在的局限，不能作为唯一的考察路向。库藏类型学强调要补充由形式库藏反观语义范畴的视角，注意到语言库藏的存在与否与相关语言范畴的显赫度，会对语义系统产生影响，形成形义关系的语际参差性，其中影响最大的现象是显赫范畴的超范畴扩张和语言之间的跨范畴对应。这是库藏类型学特别关注而其他语言学理论——包括认知语言学、形式语言学及目前的类型学理论等——比较忽略的现象。因此，库藏类型学重点研究的是语言学理论的一个核心问题——形义关系，特别是语际形义参差现象。

0.3 对一形多义现象的关注是库藏类型学和认知语言学及其他相邻学说的共同点，如何描述和解释一形多义现象，则构成了语言库藏类型学和其他相邻学说的区别。

无论是词汇手段还是语法手段，一形多义多能（以下多简称一形多义）现象是人类语言一定程度上的常态。以有限的形式手段表达无穷的意义，除了依赖组合的力量和语言的递归性，一形多义也是任何语言都大量采用的扩大语言表达力的经济性策略。甚至研究一形多义现象时不太被注意的音系层面，其实也有一形多能现象。例如某个声调调值，可以代表甲调类的本调，在另一些组合中又可以是乙调类的条件性变体（变调）。普通话的 35 调值（语音学上的声调）就分别代表阳平的本调和上声的变调两种调类身份（音系学上的声调）。再如福州话的 [ouŋ] 韵，既是 [ouŋ] 韵的本韵，用于阴平、阳平、上声等调类，如"恩"[ouŋ⁵⁵]；又是 [uŋ] 韵的变韵，是 [uŋ] 韵遇阴去、阳去时的调类变体，如"问"[ouŋ²⁴²]。而 [ouŋ] 韵本身又有变体 [əuŋ] 作为自己的变韵（参看赵元任 1934/2006；陈泽平 1998：13—14，76—77）。同一个语音单位在表征语言单位方面的功能是不同的。一形多义现象也是造成语义范畴语际差异的重要的甚至根本的原因。

鉴于语言中无处不在的一形多义现象，很多学派都将一形多义现象当作自己重要的甚至核心的研究领域。认知语言学很重视研究隐喻、转喻等认知机制在人类语言中的广泛作用，以此解释语言使用中大量的一形多义现象。其他多个学说也以研究一形多义现象为自己的核心领域。如语法化学说主要研究一个形式如何从实词义项发展出虚词的功能和形态功能。语言类型学的语义地图学说直接研究语言单位多功能模式的跨语言共性和差异。语言库藏类型学也将一形多义现象作为自己的核心研究领域，因此，以上提到的这些学说，都是库藏类型学最相邻的学说，库藏类型学的提出和发展，也确实得益于这些学说的丰富学术营养。但是，我们之所以在已有上述这些理论学说的情况下，还要倡设语言库藏类型学，是因为库藏类型学以自己特有的视角——注重形式库藏对语义范畴的反作用——观察到了人类语言在形义关系上的一些根本性属性，甚至不再把一些看似一形多义的现象简单地定性为一形多义（详后）。这些情况在认知语言学等现有学说的框架内无法获得很好的揭示和解释。这就构成了语言库藏类型学与其他相邻学科的区别所在。

本文选取以上诸学说中的认知语言学为比较对象，通过讨论库藏类型学和认知语言学的关系，阐发库藏类型学的理论内核和研究范式。我们无意全面评述认知语言学，而主要围绕认知语言学和库藏类型学密切交汇的理论区域，主要是范畴化问题和一形多义问题，分析库藏类型学和认知语言学的共同关切和不同取向。

一、语言库藏类型学的基本概念

为了下文的比较，这里先解释一下库藏类型学的若干基本概念，借以简述库藏类型学的形式意义观，顺便提及这些概念中已经隐含的与认知语言学的理念区别。

1.1 语言库藏（linguistic inventory）

语言库藏指特定语言整体或其中某一子系统中的形式手段的总和。语言库藏包括语音及韵律要素、词库、形态手段、虚词、句法成分及其位置、构式、复句等所有语言单位的层面。语言库藏类型学适合于以上所有方面的研究，目前我们关注的重点是语法库藏，主要指从形态到复句的各级库藏，但是也涉及语音要素、词库等方面的库藏类型学问题。

认知语言学强调语言的认知基础。认知是语义的来源。在语言的形义关系中，认知语言学自然强调语义对形式的制约作用。库藏则是语言的形式手段一面（与形式语言学说的"形式"不同）。语言库藏类型学以"库藏"命名，就是在承认语义对形式的制约作用之前提下特别关注形式对语义的反作用。库藏类型学在理念上认同形义双向互动。但在诸多学说都集中关注语义对形式的制约作用的情况下，库藏类型学承担的重点任务就是考察形式对语义的反作用。

1.2 显赫范畴（mighty category）

指一种语言中凸显而又强势的句法语义范畴。所谓凸显，即该语义在特定语言中容易获得形式表征，得到明显的范畴化。所谓强势，即该范畴所用的语法库藏手段，还常常扩展到其他一些语义内容的表达，而这些内容在其他语言里经常是用其他语法-语义范畴的手段来表达的。

显赫范畴在语法上表现为常用，类推性强，使用强制性高，在语义上占据该手段表达的语义域的核心（原型）位置，在心理上容易激活（参看刘丹青 2011，2013a，2013b）。而扩展用法的表征要通过跨语言比较来观察，看其在其他语言中经常归属什么范畴。

显然，库藏类型学像认知语言学一样高度关注语言的范畴化问题。显赫范畴的属性中也含有"原型"特征，跟认知语言学的原型范畴论有关。但是，显赫范畴需要以"其他语言"为参照，应当在跨语言学比较中确定；而认知语言学的范畴化，一般是在单一语言内部界定的。因此，语言库藏类型学本质上是一种类型学说，以跨语言比较为己任。

1.3 入库（in inventory）和离库（out of inventory）

得以进入语法库藏的手段，称为入库或在库。某种形式手段从特定语言库藏中消失导致相关范畴在该语言中消失，称为离库。入库和显赫是两个等级。显赫以入库为前提，但入库范畴只有获得显赫所需的强势才能归入显赫范畴。这些术语都传达库藏类型学特有的概念。

1.4 库藏裂变（split in inventory）

针对一形多义现象，库藏类型学特别关注语言形式在心理库藏中的同一性问题。显赫范畴扩展产生的多义多能现象，在语言库藏中都属于同一个单位。如果来自同一库藏单位的成分或手段在扩展过程中因为形式变异、语义分化等原因在语言心理中失去了联系，不再被母语人视为同一个单位或手段，即称为库藏裂变（详见刘丹青 2015a）。范畴内的扩张和库藏裂变的关系，类似词汇学中多义词和同音词的关系。但是，这后一对概念只见于词汇学领域，研究语法多义现象的各种学说，都不太注意清晰界定同义或同源单位的同一性问题。而这个问题对库藏类型学来说，是事关理论核心的问题，因此需要特别关注，"库藏裂变"就是为了表征这一区别而设立的概念。

1.5 超范畴扩张（trans-categorical expansion）和跨范畴对应（cross-categorical correspondence）

语言中的显赫范畴经常扩张到其他范畴，即表达显赫范畴的库藏手段用于其他语言中属于其他语义语用范畴的功能，这就是超越自身范畴的扩张。当一种语言的显赫范畴在自己语言中出现超范畴扩张时，它就会和其他语言的其他范畴发生跨范畴对应。例如，汉语体貌范畴也兼带起到表达（隐含、默认）时态的功能，就是一种超范畴扩张；而汉语的体貌范畴和其他语言的时态范畴就出现了跨范畴对应，即体貌范畴和时态范畴的对应（详下）。超范畴扩张是就特定语言内部说的，虽然也需要其他语言的参照；跨范畴对应是就语言之间的形义对应关系说的。两者是对同一现象的不同角度的观照。超范畴扩张和跨范畴对应是形义关系语际参差性的主要成因，也是以往语言学理论不大重视的领域，需要库藏类型学展开研究。

二、认知语法的语言范畴化学说与库藏类型学的显赫范畴观

2.1 认知语言学的范畴化理论

2.1.1 语言的范畴化作用

语言范畴化是认知语言学等理论的基本概念，指语言使用者在使用语言单位时以此对外部世界的对象所进行的某种归类/分类。当人们用同一个语言单位指称两个或两个以上的不同对象时（如用"狗"指不同的狗的个体，或用"红"指深浅色调彼此稍有不同的颜色）就在进行归类/分类，即建立类，也就是范畴化（参看 Taylor 1995/2001：F41）。

范畴化所借助的语言单位有实词、虚词、形态、句法结构等。范畴化在语言系统中的实现方式主要有词汇化（由专用词项来表达）和语法

化（包括形态化、虚词化、构式化等）。需要用临时性的短语或句子来表达的观念不是范畴化或至多是低程度的范畴化。

在另一个层面，语言学的术语系统又将语言单位本身进行语言学的范畴化，形成"语素、词缀、词、名词、动词、短语、句子、主语、谓语"等这些范畴。

在人类所处的外部世界或人自创的观念、想象世界中，充满了离散的或连续的万千事物，个体数量胜于恒河沙数，语言单位将这无数的个体概括成有限的类别。在类的内部，包含很多既有共性又允许互有差异的个体；在类和类之间，则划出一定的界限，虽然界限也常常是模糊的。语言单位在范畴化过程中的作用是至关重要的，甚至是决定性的。

重视语言单位在范畴化中的作用，这也是语言库藏类型学的基本起点。正是依靠特定语种库藏中的各种单位或表达手段，该语种才能形成特定的词汇范畴和语法范畴，表达一定的语义类别。范畴化其实就是语言实现其思维工具功能的主要机制。在语言库藏单位造就范畴系统这一点上，库藏类型学基本认同认知语言学的范畴化理论。

2.1.2 认知语言学的原型范畴观

原型范畴，是认知语言学的重要的甚至核心的概念。范畴化理论的核心内容就是原型理论，所以 Taylor（1995/2001）《语言范畴化》一书的副题是"语言学理论中的原型"（prototype，又译"类典型"）。与原型理论相关的范畴化理论学说还包括家族相似性、隐喻引申和转喻（借代）引申等。

原型理论认为，范畴并不是传统逻辑语义学所认为的由对内一致、对外排斥的非此即彼的一束特征所界定的，而是以原型为代表的一系列边界模糊的成员所构成的集。原型是最能代表该范畴的成员，拥有最多该范畴的典型属性，此外还有很多成员程度不同地属于该范畴，它们也可能程度不同地属于相邻的另一个范畴。范畴和范畴之间并没有清晰的界限，但是不同范畴的原型是显著有别的。例如，"杯子"范畴的原型跟"碗"范畴的原型是不会相混的。但是，随着器皿直径和深度的比例、有无把手、甚至盛着饮料还是食物这些参数的变化，具体器皿对"杯子"和"碗"的隶属度会改变，可能以不同的程度同时隶属于"杯子"和

"碗","杯子"和"碗"之间并没有截然的界限(参看 Taylor 1995/2001：§3.2；Lakoff 2005：121)。这是词汇项所体现的范畴化的原型性。

我们也完全可以将原型范畴理论用到语法范畴等语言学范畴上来。例如,形态中的复数也是一个原型范畴,有典型的复数,也有复数形式的另一些不等同于复数的用法。例如 a tree、three trees,这是原型的单数和复数的对立,trees 表示树超过一棵。但是 oats(燕麦)的复数就不是典型的复数,因为只有复数形式,不管多少都用这个复数形式,类似于不可数名词的用法;同样的 sweat(小麦),是与燕麦接近的粮食作物,不管多少,都用 sweat 的单数形式,正是不可数的用法。而 savings(储蓄)、belongings(随身行李),也没有单复数的对立,不管存多少钱、存多少次,不管带多少件行李,都只用复数形式。复数的类指用法,如 Cats like fish(猫喜欢鱼)中的 cats,不指具体的猫,而是猫作为一个动物类的特性。同样的意思,也可以用单数加冠词说成 The cat likes fish。但是这些复数表达都在不同程度上围绕着原型的复数范畴而存在,采用着复数的形态。

家族相似性(family resemblance)是范畴原型性的一种表现形式。一群对象以不同的方式带有该范畴原型的一些特点,彼此又各有一些不同于其他对象的特点,人们通过一个个同中有异的具体实例来感知把握一个范畴,由这些实例成员共同组成一个围绕着原型的范畴,范畴成员和非成员之间并没有明确的界限。Taylor(1995/2001：39—40)以维特根斯坦举过的英语 game(比赛,游戏)的各种种类之间的异同关系为例来说明家族相似性原理。

范畴化、原型论,以及家族相似性这些互相关联的概念,都同时适合于词汇和句法领域。例如,词类具有家族相似性,袁毓林(1995)就以家族相似性的观念分析过汉语词类,也将原型范畴和家族相似性拓展到句法结构等其他语法领域。我们注意到,被划归名词的词语,彼此之间都有一些共性,但很难找到对内统一对外排斥的属性。不同的成员都各有特点,彼此间共性所在和差异所在也各不相同,还有些成员是否属于名词也比较模糊,例如方位词、用作动量补语的名词("打了一鞭子"中的"鞭子")、所谓动名词(如"计划、学习、座谈、决斗")。因此，名词构成一个原型范畴。句法结构，包括构式，作为具有家族相似性的原型范畴，也可以举出很多例子。如汉语的双宾语构式，"给他一本书""教他数学""教他开车""叫他老王""评他一个劳动模范""说他坏话""扣了他一顶大帽子""喷了他一脸水""罚他款""抢他钱包"，等等，每个小类的内部语义关系和句法属性都不尽相同（可以通过句法变换展示），但彼此又都在某些方面有共同点。

2.2　库藏类型学的范畴观与认知语言学的异同

库藏类型学像认知语言学一样高度重视语码（即语言库藏中的成分或手段）的范畴化作用和范畴化对语言特点包括词汇句法语义系统的作用。它们都认识到，词汇成员或语法要素能将人类认知中的范畴化成果凝固下来，成为一种语言中比未经范畴化的内容更加凸显和稳固的东西。范畴化的内容，可以因语言而异。例如谓语动词的时态（tense）义，即现在、过去、将来等的区别在有些语言中是通过形态手段（或加上虚词手段）高度范畴化的，而有的语言中时态义没有范畴化，只在需要时态表达时以迂曲方式来实现。库藏类型学也基本接受认知语法范畴化理论中的原型论观点，同意一个范畴未必可以用有限的区别性特征进行非此即彼的划分，同时接受家族相似性等范畴化现象的分析。

但是，库藏类型学对范畴化在语言中的作用有自己的独特见解，认为认知语言学关于范畴化的学说，不足以充分揭示语言的形义关系的复杂性和跨语言差异的实质。下面主要围绕语法范畴问题，分析一下库藏类型学的范畴观跟认知语言学范畴观的主要差异。

2.2.1　认知语言学主要关注单个语义范畴本身在特定语言中的表征，库藏类型学更多从跨语言角度关注多个范畴间的关系，关注范畴化中的强者——显赫范畴向其他语义语用域的扩张。

范畴化理论注意到具体语言的范畴化让特定的语义语用范畴在该语言中得到明确表征，从而获得稳定的优先表达的机会。例如，时态依靠形态手段在英语中得到了范畴化，这样，时态在英语中就获得明确表征。这表现为每个定式动词（finite verb）都必须显性标明事件或命题的时间状态。而在时态没有范畴化的语言中，时态信息往往通过时间名词、时间副词、时间从句等手段迂曲式地表达，或用体标记等相近范畴蕴含（刘丹青 2014a），很多时候时态信息在显性层面是阙如的，意义上也确实可以模糊。请看例（1）：

（1）灶君是玉皇大帝专派来监督人们生活的看守者。<u>腊月二十三这天</u>他要到天上去汇报，被他观察<u>监视了一年</u>，谁能没一点错事呢？若被他如实汇报，惹恼玉皇老爷就有麻烦。只得想办法对付。<u>发现他</u>天天看人下厨，养成贪吃习惯，人们就在送行宴会上，专门用麦糖给<u>他做些糖瓜</u>，外边还<u>沾上芝麻</u>，看着好看，吃着脆甜。灶君贪嘴，少不得要多吃几个，哪知一到嘴里就变得黏黏糊糊，把嘴黏得张不开了。到了天上汇报时，说起话来含糊不清。<u>知道上了当</u>却不敢揭发，怕暴露自己多吃多占的错误。玉皇老爷听不明白，也就得过且过，不再深究人们的错误了。

把灶君放心<u>送走</u>，人们本可以自由自在过年了。但好事多磨。<u>人间没神仙了</u>，妖魔也会放开胆子作怪。但据说妖怪都怕两样东西，一怕红色，二怕爆炸声。所以过年时人们<u>先用红纸写</u>"春联"（民间叫写对子）贴在门口。<u>再放爆竹烟花</u>，除夕之夜，绝不走动，各家备好食品，全家聚在一起，以娱乐守岁。天一亮妖魔退走，人们这才出门走动，互相拜贺平安<u>度过了一年</u>。（邓友梅《糖瓜祭灶新年来到》）

例（1）是邓友梅叙述北京年俗的文字。既然是风俗，就是反复发生的，从体范畴来说，属于惯常体（habitual aspect）。但是，惯常体只是体貌（aspect）而非时态（tense）。在时态语言里，惯常体可以跟不同的时态组配，例如英语的 used to 专用于过去惯常体。从时态上看，这段叙述似当属泛时态（timeless），在有些语言中归属现在时的一种用法，如英语的 timeless present tense。但是，汉语没有时态标记。作者为了表达的生动性，以单次事件的笔触来描写惯常行为，有写明单一时间范围的（腊月二十三这天），有完整体标记配合时量补语的（被他观察监视了一年），有用达成貌动词、具有瞬间一次性的（把灶君放心送走），等等。

例中画线的部分都是有悖于泛时态的。从时态上说，段落中的事件表达既可以识解为过去——通过叙述过去的状况来反映习俗，也可以识解为将来——每到过年都将如此来一遍，也可以是泛时（属广义现在时）。而在汉语中，作者不需要考虑它们的时态问题，因为没有范畴化，既可以借用其他时态的迂曲手段来表示泛时行为，也尽可以留下时态的模糊空间，不必一一指明。所以该段落中大量的语句没有明确的时态义属性。

库藏类型学不但关注范畴化的内容本身在所在语言中的表征，更关注入库范畴中的强者——显赫范畴向其他语义语用域的扩张，因为这是范畴化对形义关系更加深远的影响，也是范畴化塑造一种语言类型特点的更强大的力量。而显赫范畴向其他语义语用域的扩张，需要用其他语言作为参照来观察，只有在比较中我们才能知道什么是范畴化及其功能扩张所造成的类型特点。前文所引的我们以往的系列研究已经揭示了范畴化的这种扩张力，而认知语言学的范畴化理论还未见系统地正面涉及这一方面。

例如，汉语语法没有将时态（tense）范畴化，却将体貌（aspect）范畴化了，其中包括语法化程度已经很高的体助词"了$_1$、着、过"，还有体貌义的句末语气词（了$_2$、来着）及一批半虚化的体貌标记（起来、下去、上、下），还可以加上虚化程度偏低的体貌副词，如"已经、曾经、正、在、正在"等，它们共同组成了一个体范畴系统。其中最核心最显赫的入库手段是体助词，它们在语言使用中的强势使得体貌成为汉语的显赫范畴。刘丹青（2014a）显示，汉语表达实际上常常让作为显赫范畴的体貌成分物尽其用，靠体标记默认时态意义："了$_1$"、"过"默认过去，"着"默认现在。这也是造成完整体标记在汉语虚词中占据绝对高频位置（仅次于"的"，位居第二）的原因。换言之，体范畴常常将其功能扩张到其他语言属于时态范畴的语义域。赵世开、沈家煊（1984）通过语料对比统计，发现汉语"了"的用例在英语中有45%实现为一般过去时，只有23%实现为完成体。这显示汉语的体貌范畴常常与其他语言的时态范畴对应，我们称为跨范畴对应。根据Bhat（1999，转引自尚新2005），在时体式（式，mood，尚新文称为态）三种动词范畴中，得到凸显的范畴往往代替行使其他两个范畴的功能。尚新（2005）认为汉语是体凸显的语言，英语是时凸显的语言，汉语体便常常有时间指向功能。他将体范畴的时间指向归因于体义相交特征。库藏类型学则将这种现象视为更广泛的显赫范畴扩张的具体实例之一。刘丹青（2014a）指出，体貌的时态义，只是有条件的默认或兼带隐含，并不改变其体的本质，也不改变汉语没有时态范畴的类型特征。体标记所隐含的时态义，常常不是断言，是可以随着句子结构或语境因素的变化而取消的，如"了"也可以用于将来行为——"你吃了饭再走吧"，或在条件句中表达非现实事件或惯常体——"喝了我的酒，上下通气不咳嗽"，但它们确实又在未被取消时在语言交际中扮演重要角色，甚至在语篇统计上占有优势（如上引赵、沈文所得，有45%的"了"适合译为英语过去时）。

再如，副词作为词类主要是对动词或形容词谓语进行修饰限制，通常没有论元属性，是一种修饰功能的词类范畴化。在很多语言里，我们看不到副词承担着内含动词论元的作用。但是，在英语的构词法库藏中，由于存在名词向形容词和形容词向副词的高度能产的派生形态，两种构词手段的连环运用使副词派生法和副词状语的位置成为显赫范畴，可以在分词小句等特定结构中容纳动词的非宾语性的论元成分，作为两重派生之源头的名词循此成为了动词的论元。而非宾语性的论元成分，在其他语言中主要是通过介词等手段引进的，在英语中也可以换用介词表示（参看刘丹青 2011）。如：

（2）a. This is a nationally distributed network. = b. This is a network that is distributed *throughout the nation*.（nation > national > nationally）'这是一个遍及全国的网络。'

（3）a. This is a *materialistically* inclined theory. = b. This is a theory (that is) inclined *to materialism*.（materialism > materialistic > materialistically）'这是一种倾向于唯物主义/物质主义的理论。'

由于有了这种构式法，英语还能让某些名词直接带上副词后缀充当论元，因为这些名词本身就是形容词直接转用为名词，于是可以在已经转用作名词的形容词词形上带上副词后缀。这里，起更大作用的是形容词的词形，而不是形容词的词性，因而更加体现了语法库藏的扩张力。如下面例（4），individual 本身是表示"个体的、个人的"的形容词，但是该词又可以转指名词"个体、个人"，并且该形容词并不能还原成名词词根 *individue 之类，于是带上副词后缀后，形式上是该形容词的副词形式，实际为动词 orient 介引了"个体、个人"这一论元：

（4） a. The school took some individually-oriented educational measures. =
b. The school took some educational measures that were oriented to individuals.
（individual > individually）'该校采取了一些面向个体的教育措施。'
英语副词构词法作为一种构词法库藏手段出现了功能扩张，成为英语中从句位置介引论元的重要手段之一。这种副词构词法与其他语言的论元型介词形成了跨范畴对应。①

范畴化造就的语法范畴在语种内部的超范畴扩张和语种之间的跨范畴对应，是库藏类型学带来的新视角，这些都不在认知语言学的范畴化理论范围内。尤其是跨范畴对应，必须是跨语言研究的结果，而认知语言学主要基于单一语言系统内部的研究。

2.2.2 认知语言学重视隐喻、转喻等机制在一形多义现象中的作用（Lakoff & Johnson 1980），库藏类型学认为一形多义有更加复杂多样的原因，而显赫范畴的扩张力则是促成这些现象的重要动力，大量的一形多义现象无法用隐喻转喻之类认知-语义机制来解释。

在认知语言学的原型范畴论中，一个原型范畴的语言单位或手段在表达偏离其原型的语义功能时主要就靠语义引申机制，最重要的是隐喻（暗喻）和转喻（借代）（Taylor 1995/2001：122）。隐喻基于不同认知域/经验域的两个概念的联想关系或相似性（Taylor 1995/2001：130—131），也即不同语义域的相似性；转喻基于两个概念的相关性，要求两者并存于一个给定的观念结构中（Taylor 1995/2001：123—124）。不仅词汇范畴如此，句法范畴的引申扩展，也主要基于这些模式。Taylor

---

① 根据 Lehmann（2015：93），英语副词后缀源自名词 like（相似物）的语法化，其源头结构"形容词+like"本是一种定中结构，X+like 大致表示"X 的样子"。现代英语短语"...and the like"（……等等）仍然保留了 like 的名词义。因此，该副词后缀来源不是介词 like，本身没有介引名词论元的作用。法语副词后缀 ment 也来源于同类名词的语法化，X+mente 在通俗拉丁语中表示"X 的意思"。

(1995/2001：§11.5，215)设有专节讨论句法结构的隐喻用法，文献中还有专门研究语法中的隐喻的专著，如 Steen(2007)。隐喻转喻机制已在汉语语法研究中得到广泛应用。既有共时层面的研究，如袁毓林(2004)用容器隐喻、套件隐喻的实例解释汉语中的一些同现关系，沈家煊(1999)对汉语语法中的转喻现象的研究；也有历时层面的语法化研究，如吴福祥(2007)用隐喻和转喻尤其是后者来解释方位词"后"的语法化机制。

语言库藏类型学所关注的显赫范畴的功能扩展，虽然可能跟隐喻、转喻这些引申机制有关，但主要不是这些，甚至不限于语义引申机制，而是由很多不同的语法库藏原因和用法机制造成的。库藏类型学更关注的是原型范畴同时兼表其他功能的现象，而隐喻、转喻这些机制都用来解释喻体取代本体、一个场合只出现一种功能的现象，因此隐喻转喻等语义引申机制很难成为库藏类型学功能扩展的主要机制（详下）。

例如，话题的本质属性是话题性，话题性作为一个语篇的概念，包含一系列语篇特征，如信息的起点，有定或类指（两者可归并为可辨认度，两者都有可辨认度），已激活性或易激活性（如无定成分就不是易激活的信息），统摄后面述题内的空位及回指成分的功能，话题链功能等。这些，都跟话题的内在本质属性相关联。但是，徐烈炯、刘丹青(1998：228—237)指出，上海话的话题标记"末"等，还常有很强的对比功能，能构成对比性话题（但功能不同于对比焦点），如（徐烈炯、刘丹青 1998：229）：

（5）我有两个媳妇；大媳妇末蛮会做人个，小媳妇末，一眼勿懂啥，只晓得孛相。（蒲课 50 页）

'我有两个儿媳；大儿媳么，很会做人的，小儿媳么，一点儿（道理）都不懂，只知道玩儿。'

由对比性功能还发展出了分句连接功能，如：

（6）李小姐真是有福气。屋里向末有铜钱；爷娘末双全；身体末好，搭之做人，也蛮和气个。（蒲课 289 页）

'李小姐真是有福气。家里又有钱；爹妈又双全；身体又好，

加上做人,也挺和气的。'

例(5)、(6)中带话题标记"末"的句子,在普通话译句中宜加上关联副词"又",而上海话原句用了"末"就不再需要关联词语。例(6)末一分句没用话题标记,就用了连词"搭之"(和,而且)。可见话题标记有分句连接功能。这是从例(5)那种话题对比功能进一步发展出来的。

  对比性作为一种语篇特征常见于跟话题相对立的焦点,跟话题性倒没有必然的联系。也不能说对比性功能是话题功能的隐喻或转喻的产物。徐烈炯、刘丹青(1998:206—212)在分析话题的原型意义和核心功能时没有包括对比性。我们认为,话题标记的对比性来源于话题标记的凸显功能(highlighting function),而凸显性(prominence)在语篇中更多地是焦点的属性①。所有焦点都属凸显信息,而话题中只有一部分带有凸显性,并且其凸显性还不能超过同句中述题中的新信息(刘丹青、徐烈炯1998)。因此凸显功能不是话题的固有属性,话题标记是在话题所在的语篇中获得凸显功能,进而发展出对比功能的。这里起作用的是语篇机制而不是语义引申的认知机制,而更重要的原因是话题标记在该方言中的显赫强大。话题标记甚至可以发展出代替系词的功能(刘丹青2008:§1.12.1.1;强星娜2008),这种功能,可能来自话题标记用于名词性表语时的语境感染和吸收,因为话题标记位于主语和表语之间,又常与系词相邻,因而将本来由系词表达的判断关系吸收为自己的兼带功能,以显赫的话题标记覆盖了系词功能。话题标记和系词也很难说是隐喻或转喻的关系。

  又如,上文分析的副词状语的介引论元作用,来源于"名>形"构词形态吸纳论元的作用,再由"形>副"构词形态从形容词继承该功能,主要靠的是特定形态机制的显赫性,不能说介引论元作用来自副词范畴的隐喻、转喻或语义引申的其他认知机制。

  再如,刘丹青(2012b)指出,"比"字句作为现代汉语的基本差比句在句法上是汉语话题结构的子结构,是话题结构扩展的产物。"比"

---

① 根据刘丹青(2014b),"凸显"有功能语法含意和认知语法含意的区别。此处指的是功能语法意义上的凸显。功能语法的凸显主要基于信息结构。焦点成分都带有凸显特征。

字差比句在句法上迥异于其他许多语言的差比句,有特殊的句法自由,如可以将属性主体和比较主体分开(价格百货大楼比我贵),也有特殊的句法限制,如比较主体和基准必须出现在主语/话题区域,不能出现在谓语核心之后(I eat more noodles than rice > *我比米饭吃更多面条),这些都与话题结构有高度的同构性。从语义-认知角度,很难在差比句和话题结构间建立隐喻相似性和转喻相关性,其他语言也很少看到差比句与话题结构同构,甚至汉语史上和方言中的其他差比句也不像"比"字差比句那样有所有这些话题结构的属性,如古汉语"苛政猛于虎"、粤语"阿良高过阿豪",基准就在后面。这种情况的形成,与"比"字短语历史上来自带话题性的动词短语有关。话题结构是"比"字由比较动词语法化为前置介词的构式环境,因此,话题范畴向差比范畴的扩张,由语法化和构式化机制所造就,而动力则来自话题结构的显赫性,认知-语义机制的作用则并不明显。这种机制,跟 Goldberg(1995:§3)关于构式之间的承继性有一定关联(构式语法也产生自广义的认知语法),即子构式可以从母构式继承特征。可以认为汉语"比"类差比句从话题句构式中继承了特有的句法自由和句法限制。不过,Goldberg 讲构式承继,更多还是强调认知理据的继承,包括隐喻、转喻等机制在其中的作用,而我们的库藏类型学研究发现这里更多地是从显赫范畴的构式库藏中继承到的句法特征,与认知-语义没有直接的关系。世界上众多语言的差比句甚至汉语的其他差比构式并没有这类特殊的句法自由或句法限制,尽管差比范畴的认知基础是相同的。只有话题结构特别显赫的语言才发生了这两种范畴的句法同构。因此,形式库藏视角所看到的东西不是认知-语义视角所能看到的。

三、认知语言学的义项独立观与库藏类型学的义项非独立观

库藏类型学和认知语法在范畴化扩展功能上的最根本差异在于对义

项独立性的不同认识。对义项非独立性的关注可能是库藏类型学的形义观与认知语言学和其他几乎所有语言理论的形义观的分水岭。

认知语法认为,一个范畴,在家族相似性范围内的成员都属于该范畴本身,对应于词汇中的单义词或多义词中的单一义项。假如具体成员之间身份不明,至多会产生模糊(vague)。例如,"杯子"是单义词,尽管有些杯子可能不典型,甚至更像碗,属杯属碗有些模糊,但不影响"杯子"和"碗"本身义项的确定。超出该范围,须用隐喻或转喻等手段来解释的,就是该范畴的扩展功能,一形多能,对应于词汇中的多义词的不同义项。假如多能之间界限不明,就会产生歧义(ambiguity)。在特定语境中,原型功能和扩展功能只能二取其一。如"他是一匹黑马",此处"黑马"用来隐喻预想之外的有力竞争者,它就不再指它的原型义项——动物界的黑色之马。Taylor(1995/2001:102)设置了一些测试方式来判定两个成员是该范畴的同一功能还是扩展之后的不同功能。具有家族相似性的不同成员仍可以作为单义词用一个词项来表示,受共同的修饰,而通过转喻隐喻引申的义项就不能跟原型义项合为一个言语词表达或很难共享修饰限制。下面我们举一个汉语的例子:

(7)他俩每人画了一棵树,张浩画了一棵松树,李睿画了一棵棕榈树。

"松树"没有片状叶子,"棕榈树"没有分枝,各自缺少"树"的原型的一项主要属性,但是还是以家族相似性的方式被认同为树,所以能有(7)的说法。再看下例:

(8)??张浩画了一棵松树,王珊画了一棵柳树,李睿画了一棵双宾语结构树,一共画了三棵树。

(8)听来很怪,因为语法学的结构树形图是原型树的隐喻用法,很难跟原型用同一个言语词来指称,也很难接受共同的修饰限制。一个词在指称一个义项时,无法同时指称另一个义项。

言语交际中确实有一个单位同时指向两个义项的情况。在传统理论中,主要被归入两种情况,一是可能导致误解的歧义,二是双关修辞手法，二者均非言语交际的常态。①

句法语义范畴同样如此。Taylor（1995/2001：201—202）指出英语领属结构所指的原型领属关系有一系列属性，但作为一种句法结构的领属式也常用于在一个或多个方面偏离原型领属属性的众多语义关系（其他语言亦然，偏离幅度和范围或有不同）。例如，John's car，可以是约翰拥有的轿车（原型义），也可以是约翰租来的车，约翰正在开着的（不属于他的）车，约翰经常谈论的（不属于他的）车，等等。尽管 John's car 可以在不同情景下分别表示不同的语义关系，但是在特定场合，John's car 只能表示这种种关系中的一种。换言之，一种形式在聚合关系中可以表达多种语义功能，在组合关系中只能表达潜在语义功能中的一种。

实际上，不同语法理论迄今所关注的一形多义现象，主要就是指这类现象，可以称为"聚合为多、组合为一"或"语言为多，言语为一"。这类多义观可以概括为"义项独立观"，即语言（聚合关系）中的多义形式在言语语境（组合关系）中只呈现其中的一个义项，因此每个义项在语言使用中都是彼此独立的。

语言中大量存在符合义项独立观的现象。但是，多义现象不仅于此。语言库藏类型学所关注的范畴扩张及其造成的结果，主要并不是上面这种聚合为多组合为一的现象，而是显赫范畴在表达原型范畴的同时兼表其他范畴语义功能的现象，其中包括的一种情况，是在特定语境中兼表的范畴得到临时的凸显②，原型范畴义仍然存在，只是不被凸显。由于一形多义现象在传统理解上已经被纳入义项独立观的框架，因此，库

---

① 出现失误性歧义时，说话人并未意识到该单位在语境中多解的可能性，本意只想表达单一语义。如在接电话时用"小明出去了"来告知对方小明已出国，就可能给受话人传达歧义信息，不知背景者很可能误解为只是临时出家门。双关修辞有意指向两个义项，但这是在特定语境下偶尔采用的积极修辞手段，有的近乎语言游戏。如理发店的对联"虽是毫末技艺，却是顶上功夫"，"毫末"指头发，通过双关指细微小事；"顶上"指头顶，通过双关指技术的高超顶尖。正是因为语言常态是多义单位在一个语境中只能指单一义项，所以交际时才需要避免含混，或以双关的特殊手段来达到修辞和游戏的特殊效应。

② 这里的"凸显"接近认知语法意义上的凸显，指在认知心理中的相对重要性，参看刘丹青（2014b）。

藏理论所涉及的义项非独立的功能扩展和兼表现象，跟这些一形多义现象不宜相提并论。上面所举的显赫扩展的例子，基本上例示了这些现象。下面略加分析。

如尚新（2005）、刘丹青（2014a）所分析，汉语的体标记在无标记语境中都有默认的时态解读，即完整体"了₁"和经验体"过"默认过去时，进行体/持续体"着"默认现在，因此，它们也就能在表达体貌的同时兼带完成标示时态的交际功能。如：

（9）常四爷：要抖威风，跟洋人干去，洋人厉害！英法联军<u>烧了</u>圆明园，尊家<u>吃着</u>官饷，可没见您去冲锋打仗！（老舍《茶馆》）

（9）的"了"和"着"分别用在单谓语句的动词上时，这种情况下默认的理解分别是过去时和现在时。汉语母语人对此都会获得这样的解读。正是靠着这样的兼表功能，外国人在学习和使用汉语时，经常可以将母语中的相关时态用汉语的体标记表示（当然远非处处有效）。另一方面，即使在兼表时态信息时，体貌义仍然存在，并作为原型范畴处在不能取消的断言部分，而时态义则处在可以被取消的默认隐含地位。两种语义在语境中并存而有主次，这与认知范畴化理论所关注的原型功能（基本义）和扩展功能（引申义）之间你上我下式的交替关系是很不相同的。

再如，英语定冠词 the 的原型意义是表示名词短语的有定性，属于指称范畴。此外，定冠词也有多种扩展功能，其中之一是名词化功能，如在 the rich、the poor、the disabled 等表述中，the 帮助形容词用作类指名词，表示作为一类人的富人、穷人、残疾人。英语语法书一般不提定冠词 the 有名词化功能，但是倘若没有 the，这些形容词无法直接作为类指名词充当论元，可见其确实有帮助名词化的功能，如：

（10）He likes to take care of *(the) poor.

另一方面，即使在帮助名词化时，定冠词的作用依然存在。这里的 the poor 是类指性名词语。很多类指成分和定指成分在一点上享有共性——都是说话人设定听话人能够认定和激活的对象，这是类指能分享定冠词有定功能的理据。英语中没有专用的类指手段，类指表达是通过复数形态、定冠词 the、不定冠词 a/an 等手段表示的，用什么手段与类指的语义次类属性有关。白鸽（2015）引述 Carlson（1977）、Vergnaud & Zubizarreta（1992）、Krifka *et al.*（1995）等研究说明，英语的"定冠词+光杆可数 NP"表类指时，一般只限于指称那些在人们头脑中的"已经确定下来的类"（well-established kinds），而不能指称那些带有临时分类性质的或尚未在人们头脑中固化下来的类（ill-established kinds）。例如，可以用 The Coke bottle 指作为瓶子的一类的可乐瓶，但是不能用 the green bottle 指绿色的一类瓶子（该短语能表示有定的一只绿瓶子）。定冠词用来让形容词名词化时更是如此，因为"定冠词+形容词/分词"表类指时能用的形容词更加有限，仅限于少数普遍固化于母语人心目中的一些人群类别，富人、穷人、残疾人等都是如此。这表明，即使在显然具有名词化功能时，标记有定指称的原型功能仍然存在，只是在特定语境中，名词化功能作为扩展功能可能比原型功能更加凸显，这也是库藏扩展中常有的现象。上述例子呈现出以下的超范畴对应：

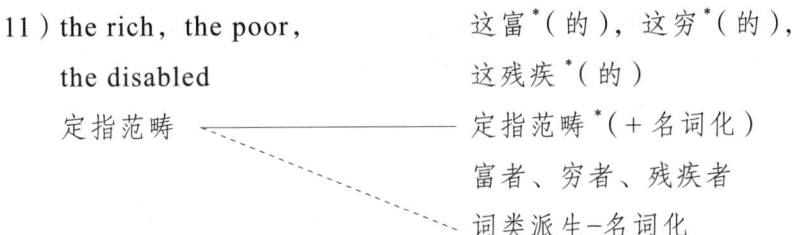

（11）the rich，the poor，   这富*（的），这穷*（的），
         the disabled   这残疾*（的）
       定指范畴 ——————— 定指范畴*（+名词化）
                               富者、穷者、残疾者
                               词类派生-名词化

the 是定冠词，属于有定范畴，汉语跟它最接近的范畴是含定指义的指示词，所以以实线表同范畴对应。但是在这儿，汉语必须借助名词化手段如加"的"才能使对应的汉语组合自然合格，说明英语定冠词此时兼有名词化功能，书面汉语也可以加名词化标记"者"。但汉语名词化操作属于词类派生范畴，跟英语的定指标记不属同一范畴，所以用虚线表示其跨范畴对应。定指范畴和词类派生范畴不存在相互替代、二取其一的隐喻、转喻关系，而是在同一个表达式中同时存在并得到表征的不同的语义功能侧面。名词化的功能及类指功能都是由定冠词 the 作为显赫范畴扩展到词类派生范畴和类指语义域而产生的。三种功能同时以不同的方式存在，是义项非独立现象的显著体现。

另一方面，显赫范畴的扩张，不会永无止境。一个单位的表义负荷，会受到人脑的记忆负担和理解难度的制约。过度扩展，会在库藏手段上形成语义和/或形式的分化，从而导致库藏裂变。例如，刘丹青（2015a）展示，中古方位成分"许"在现代吴语中有很多扩展义项和功能，却因为语义和语音的分化，已经被大部分母语人视为不同的成分，无法感知它们与"许"的关联，它们彼此之间的关联也已经中断，不再视为同一单位。句法库藏同样如此。汉语动结式基本上是从连动结构发展来的，但是今天，动结式和连动式已经被普遍视为不同的结构，有不同的形式特征和功能特征（需另文详述），这也是句法层面的库藏裂变。库藏裂变与否，是库藏类型学的重要研究对象，需要进一步加强，还需要心理语言学实验等手段的介入，以更准确地反映母语人对库藏同一性的心理感知。

要充分了解和解释自然语言中形义关系的复杂性，不但要关注义项独立视角下形义之间的非一对一关系，更要关注义项非独立的种种情况。这是目前的认知范畴化理论和其他语言学派尚未关注的领域，也正是语言库藏类型学作为语言理论的学说在重点开拓的领域。

四、小结

语言库藏类型学和认知语法共享对范畴化的重视，都高度关注语言中普遍存在的一形多义/多能现象。认知语言学范畴化理论中的原型理论、家族相似性观念，以及隐喻、转喻等理论板块，都对库藏类型学有启发作用。

语言库藏类型学的显赫范畴理论，不但关注范畴本身在所在语言中的表征，而且特别关注范畴之间的关系，将显赫范畴向其他语义语用域的功能扩张，视为导致形义关系语际参差性的一个主要因素。由此体现库藏类型学和认知语言学的众多差异。

显赫范畴的功能扩张，不仅要关注对象语言本身，还要以跨语言比较为参照。这种功能扩张，在语言内部表现为超范畴扩张，在语言之间则造成跨范畴对应。这与认知语言学重点关注单一语言的范式不同。

显赫范畴的功能扩张，有各种机制，其中相关范畴库藏手段的显赫度是重要因素。很多扩张无法用认知语言学的隐喻、转喻等认知-语义机制来解释。

认知语法等传统各派理论研究一形多义现象，包括转喻隐喻理论，都建立在"聚合为多、组合为一""语言为多、言语为一"的义项独立观的基础上，义项之间是"你上我下"的交替关系。库藏类型学注意到功能扩张多以默认蕴含、同时兼表、非断言、可取消这类情况出现，常常在表达一种语义范畴的同时兼带表达另一种范畴的语义。只有跳出传统义项独立观，才能充分揭示这些事关人类语言形义关系本质的现象。

参考文献

白　鸽　2015　定指标记与类指义的表达——语言库藏类型学视角，《外国语》第 4 期。
陈泽平　1998　《福州方言研究》，福州：福建人民出版社。
高亚楠、吴长安　2014　从显赫词类的扩张性看量词"趟"的语法化历程，《古汉语研究》第 2 期。
李　昱　2014　汉语双及物构式二语习得中的语言变异现象研究，《世界汉语教学》第 1 期。
林　忠　2013　介词结构漂移的语用功能解释，《中国社会科学院研究生院学报》，第 4 期。
刘丹青　2001　论元分裂式话题结构初探，《面向二十一世纪语言问题再认识——庆祝张斌先生从教五十周年暨八十华诞》，范开泰、齐沪扬主编，上海：上海教育出版社。
刘丹青　2008　话题理论与汉语句法研究，《当代语言学理论和汉语研究》，沈阳、冯胜利主编，北京：商务印书馆。
刘丹青　2009　话题优先的句法后果，《汉语的形式与功能研究》，程工、刘丹青主编，北京：商务印书馆。
刘丹青　2010　汉语是一种动词型语言——试说动词型语言和名词型语言的类型差异，《世界汉语教学》第 1 期。
刘丹青　2011　语言库藏类型学构想，《当代语言学》第 4 期。
刘丹青　2012a　汉语的若干显赫范畴：语言库藏类型学视角，《世界汉语教学》第 3 期。
刘丹青　2012b　汉语差比句和话题结构的同构性：显赫范畴的扩张力一例，《语言研究》第 4 期。

刘丹青　2013a　显赫范畴的典型范例：普米语的趋向范畴，《民族语文》第 3 期。
刘丹青　2013b　方言语法调查研究的两大任务：语法库藏与显赫范畴，《方言》第 3 期。
刘丹青　2013c　古今汉语的句法类型演变：跨方言的库藏类型学视角。《第四届国际汉学会议·语言资讯和语言类型》，郑秋豫主编，台北："中研院"。
刘丹青　2014a　论语言库藏的物尽其用原则，《中国语文》第 5 期。
刘丹青　2014b　当功能遇到认知：两种概念系统的貌合神离，*International Journal of Chinese Linguistics*, 1 (2), 136-156。
刘丹青　2015a　语言库藏的裂变：吴语"许"的音义语法分化，《语言学论丛》（第五十一辑），北京：商务印书馆。
刘丹青　2015b　汉语及亲邻语言连动式的句法地位和显赫度，《民族语文》第 3 期。
刘丹青、徐烈炯　1998　普通话与上海话中的拷贝式话题结构，《语言教学与研究》第 1 期。
陆丙甫、应学凤、张国华　2015　状态补语是汉语的显赫句法成分，《中国语文》第 3 期。
强星娜　2008　话题标记代系词功能的类型学初探，《语言科学》第 6 期。
强星娜　2011　上海话过去虚拟标记"蛮好"——兼论汉语方言过去虚拟表达的类型，《中国语文》第 2 期。
尚　新　2005　体义相交理论：汉语体标记的时间指向功能，《语言科学》第 5 期。
沈家煊　1999　转指与转喻，《当代语言学》第 1 期。
史文磊　2014　语言库藏显赫性之历时扩张及其效应——动趋式在汉语史上的发展，*International Journal of Chinese Linguistics*, 1 (2)：293-324。
王　芳　2014　条件句的非典型成员——事实条件句，《汉语学习》第 2 期。
吴福祥　2007　汉语方所词"后"的语义演变，《中国语文》第 6 期。
吴建明　2013　人称"聚合结构"理论的汉语视角，《当代语言学》第 1 期。
夏俐萍　2013　益阳方言"阿"的多功能用法探析——兼论由指称范畴引发的语义演变，《中国语文》第 1 期。
夏俐萍、严艳群　2015　湘赣语小称标记"唧"的主观化及形态演变——以湖南益阳方言为例，《方言》第 3 期。
徐烈炯、刘丹青　1998　《话题的结构与功能》，上海：上海教育出版社。
袁毓林　1995　词类范畴的家族相似性，《中国社会科学》第 4 期。
袁毓林　2004　容器隐喻、套件隐喻及相关的语法现象——词语同现限制的认知解释和计算分析，《中国语文》第 3 期。
赵世开、沈家煊　1984　汉语"了"字跟英语相应的说法，《语言研究》第 1 期。
赵元任（Chao, Y.-R.）　1934/2006　The non-uniqueness of phonemic solutions of phonetic systems, *BIHP*, Vol. 4, Part 4. 另载《赵元任语言学论文集》，吴宗济、赵新那编，北京：商务印书馆。
Croft, W. 2001/2009. *Radical Construction Grammar: Syntactic Theory in Typology Perspective.*

Beijing: World Book Publishing. (First published by Oxford University Press 2001)

Croft, W. 2003. *Typology and Universals* (2nd Edition). Cambridge: Cambridge University Press.

Goldberg, A. E. 1995. *Constructions: A Construction Grammar Approach to Argument Structure*. Chicago: University of Chicago Press.

Greenberg, J. H. 1963/1966. Some universals of grammar with particular reference to the order of meaningful elements. In J. H. Greenberg (Ed.), *Universals of Language*. Cambridge: M.I.T. Press.

Lakoff, G. 2005. *Ten Lectures on Cognitive Linguistics by George Lakoff*. Edited by Gao Y., & Li, F. Y. Beijing: Foreign Language Teaching and Research Press.

Lakoff, G., & Johnson, M. 1980. *Metaphors We Live By.* Chicago: University of Chicago Press.

Lehmann, C. 2015. *Thoughts on Grammaticalization* (3rd Edition). Berlin: Language Science Press.

Liu, D. Q. 2004. Identical topics: A more characteristic property of topic prominent languages. *Journal of Chinese Linguistics*, 32 (1), 20-64.［中译文载徐烈炯、刘丹青《话题的结构与功能》（增订版），强星娜译，上海教育出版社，2007年版。］

Steen, G. J. 2007. *Finding Metaphor in Grammar and Usage.* Amsterdam/Philadelphia: John Benjamins.

Taylor, J. 1995/2001. *Linguistic Categorization: Prototypes in Linguistic Theory* (2nd Edition). Beijing: World Book Publishing. (First published by Oxford University Press 1995)

（原载《杉村博文教授退休记念　中国语学论文集》，白帝社，2017年）